U0578948

当代马克思主义经济学研究报告

（2010~2013）

THE CONTEMPORARY

MARXIST ECONOMICS

RESEARCH REPORT

(2010-2013)

主　编／刘　灿

副主编／李　萍　盖凯程

社会科学文献出版社
SSAP
SOCIAL SCIENCES ACADEMIC PRESS (CHINA)

序 言

自2008年国际金融危机爆发迄今已逾五年。后危机时代，经历了“资本主义的失败”[①] 的反思和“回到马克思”，经济学发展呈现出新的图景：“发展马克思”如一泓春水涌动。一方面，当代资本主义的新发展和转型发展中国家（包括我国）的改革开放新实践，为当代马克思主义经济学的进一步发展和创新提供了全新的素材、视角和思维方式；另一方面，马克思主义经济学在当代发展和创新的高度和境界，又取决于它基于新实践、新问题、新现象和新研究在理论上突破的程度和水平，取决于它分析、回答和解决当代经济领域的重大理论和现实问题的程度和水平。不言而喻，创新和发展马克思主义经济学，用发展的马克思主义经济学的新识新论，来解决当代世界与社会主义实践的新的重大问题，成为时代的新的要求。

在这一新的大背景下，2010年10月，西南财经大学创建了马克思主义经济学研究院。作为国内马克思主义经济学研究的基地和学校四大学科特区之一，研究院立足于我校建设特色鲜明的高水平财经大学的办学定位，传承和发挥我校的理论经济学学科优势，紧跟学科发展前沿，瞄准学科发展的趋势，拓展学科发展的研究领域。研究院成立以来，按照“构建大平台，组建大团队，承担大项目，贡献大成果”的思路，利用多种形式，开展国内外科研的合作与交流，加大了科研方法的探索和研究范式创新的力度，努力追踪国内外经济理论研究前沿，从关注当代资本主义经济发展与中国经济的改革和发展两个视角，围绕马克思经济学的当代创新与发展、

① 理查德·波斯纳：《资本主义的失败——〇八危机与经济萧条的降临》，沈明译，北京大学出版社，2009。

马克思主义经济学中国化即中国特色社会主义理论体系政治经济学基础研究、中国市场化改革及经济转型的理论与实践问题研究三个方向进行了系列的科学理论研究，形成了一批较有影响的研究成果。这里，我们选取了部分有代表性的研究成果，特别编辑出版了《当代马克思主义经济学研究报告（2010～2013）》，以作为三年来研究院致力于“回到马克思与发展马克思”的研究成果巡礼之一。

《报告》共分为上下两篇。

上篇为“近年来国内外马克思主义经济学研究进展综述”。我们分别从“当代西方马克思主义经济学研究进展”“中国马克思主义经济学研究新进展和主要特征”“2010～2013年我国政治经济学研究关注的主要问题”三个层面全面梳理总结了近年来国内外马克思主义经济学研究的现状、特征、进展和趋势。

在“当代西方马克思主义经济学研究进展”部分，我们分别从马克思主义经济学的传统问题研究（价值转形、劳动过程与剥削、利润率下降规律、货币理论、经济危机、经济正义）和非传统问题研究（生态、女权）两个层面剖析了当代西方马克思主义经济学发展的新特点。

在“中国马克思主义经济学研究新进展和主要特征”部分中，通过梳理，我们发现当代中国马克思主义经济学研究的主要特征有：探索马克思主义经济学的中国化，形成了一个比较完整的中国特色社会主义经济学理论体系；批判性地研究和借鉴现代西方经济学的理论与方法，不断推进马克思主义经济学的创新与发展；构建中国马克思主义经济学研究的新范式，实现马克思主义经济学研究的“创造性转化”。

在“2010～2013年我国政治经济学研究关注的主要问题”部分，我们则突出问题导向，分别从基本理论问题、概念解析、劳动关系、产权理论和所有制实现形式及国有企业改革、分配关系等角度介绍了2010～2013年我国政治经济学界关注的主要问题，梳理了研究者们在各个具体问题上提出的最新观点。

下篇为“近年来马克思主义经济学研究院马克思主义经济学中国化研究成果荟萃”。分别以“马克思主义经济学中国化研究”“马克思主义经济学基础理论及其当代实践”“西方马克思主义经济学研究动态”“马克思主义经济学在中国的传播与发展史研究”四个专题收录了近年来马克思主义经济学研究院相关研究人员的代表性论文。

近三年来，面对国内外经济和社会形势复杂而迅速的变化，我国政治经济学界的研究不仅直面最前沿的问题进行深入探讨，也积极展开与其他学科的对话和交流，在理论与方法两个层面寻找突破。政治经济学的研究视野得到了极大拓宽，研究方法获得了即时更新，针对具体问题在研究的理论深度和实践意义方面都获得了很大的进展。

在此大背景下，西南财经大学马克思主义经济学研究院作为其中的一支重要力量，始终坚持立足于中国特色社会主义实践，秉承马克思主义基本原理和方法论，借鉴现代经济学研究的有益成果，为推进马克思主义经济学理论在当代的创新和发展而不断发出自己的声音并展现自身政治经济学研究的最新智慧。

本报告基本上按照专题设置需要为序编排论文，特此说明。报告的编辑和出版，感谢来自多方面的支持和帮助：西南财经大学学科特区项目提供了经费资助；西南财经大学马克思主义经济学研究院的高级学术顾问、学术委员们贡献了其最新的研究成果；西南财经大学马克思主义经济学研究院的研究人员也提供了相关研究成果；刘灿、李萍、盖凯程、吴垠、李怡乐等承担了辑录与编纂的工作；社会科学文献出版社社会政法分社王绯社长为本书的出版给予了大力的支持。最后，需要特别说明的是，本书所选论文均为公开发表的成果并根据排版需要对其格式及内容进行了适当调整。在此，向刊发以上论文的各刊物一并致以谢忱！

编　者

2014 年 3 月

目　录

上　篇

下　篇

一　马克思主义经济学中国化研究

二 马克思主义经济学基础理论及其当代实践

三 西方马克思主义经济学研究动态

四 马克思主义经济学在中国的传播与发展史研究

上　篇

当代西方马克思主义经济学研究进展

刘 灿 韩文龙[*]

引 言

当代马克思主义经济学的发展经历了几次高潮—低潮的反复。自20世纪30年代起，受大萧条等影响，马克思主义经济学开始复兴。尤其是在西欧，马克思主义经济学者重点研究了马克思主义经济学的基本原理、经济计算问题、资本主义发展过程以及大萧条的成因等。一些非马克思主义的经济学学者也加入了研究马克思主义经济学的“潮流”中，如一些学者试图沟通凯恩斯和马克思两者的经济思想和理论体系。这一研究“浪潮”在20世纪六七十年代达到了高潮。美国、日本、欧洲等国家和地区的马克思主义经济学者大量涌现出来。他们不仅关注价值转形、利润率下降、通货膨胀、国家财政、经济危机和垄断资本主义等理论视域，还关注女权、环境以及不发达国家的发展等问题。20世纪90年代初，苏联解体后，西方马克思主义经济学研究转入低潮期，很多学者放弃了马克思主义经济学的研究。之后，坚守马克思主义经济学研究的学者，除了发展马克思的传统理论，如价值转形理论等，还以反对新自由主义经济学为主。2008年金融危机后，西方马克思主义经济学又出现了“复苏”势头，研究的重点则是对金融危机的分析，以及对新自由主义经济学的进一步批判。

当代西方马克思主义经济学的发展道路是曲折的，但成果是丰硕的。梳理和介绍其理论发展的主要成果，对发展中国特色的马克思主义经济学具有重要的理论借鉴意义。那么从什么角度来进行介绍呢？国内有学者把

---

* 刘灿（1951～），女，西南财经大学原副校长，马克思主义经济学研究院院长，教授，博士生导师。研究方向：产权理论。

韩文龙（1984～），男，西南财经大学经济学院博士研究生。研究方向：马克思主义经济学。

当代西方马克思主义经济学分成几大流派，然后分别给予介绍。这也是一种较好的方法。不过，在笔者与西方几位有代表性的马克思主义经济学者，如美国麻省大学阿默斯特分校经济系的大卫·科茨（David. Kotz）等的交流中认识到，西方学者对马克思主义经济学的分类主要是两大类：马克思主义经济学的传统问题研究和非传统问题研究。传统问题主要包括价值转形、劳动过程与剥削、利润率下降规律、货币理论、经济危机、经济正义等，非传统问题研究生态、女权等。不同的学者会选择不同的问题进行研究，因为对具体的研究范畴提出新的阐述会形成新的体系，如价值转形理论中的 NI 方法（New Interpretation）和 TSS 方法（The School of Temporal Single System）。笔者认为只有关注具体研究范畴，并以此为基础梳理出研究历史、现状和新进展，才会对中国马克思主义经济学的研究具有启发和借鉴意义。为此，笔者将当代西方马克思主义经济学研究分为两个域：马克思主义经济学传统问题研究和非传统问题研究。而在传统问题研究域中重点选了价值转形、劳动过程与剥削、利润率下降规律、货币理论、经济危机和经济正义六个具体范畴进行述评，在非传统研究域中则重点述评生态马克思主义和女权马克思主义。

一　传统问题研究

（一）价值转形

价值转形是经典马克思主义经济学理论的重点和难点。当代西方马克思主义学者对价值理论，尤其是价值转形做了很多研究。因为劳动价值理论是理解马克思经济学的基础，而价值转形既是马克思主义经济学的难点，也是西方马克思经济学者将马克思主义经济学转向实证化研究的必经之途。马克思的经济学理论是建立在劳动价值论基础上的。如何将劳动“生产”的价值转化为现实中的价格，并应用于实证分析是当代马克思主义经济学者面临的主要挑战之一。

马克思在《资本论》中详细论述了价值转形问题，即如何从价值转化为生产价格，再转化为市场价格。但是这一论述却成为人们理解马克思经济理论的难点。从定性分析来看，价值是可以通过转形，转化为价格的，但是要在定量分析上解决这一问题确实很有挑战性。当代西方马克思主义学者主要从定量角度来研究价值→价格的转形问题。他们对价值和转形理论做了哪些研究呢？国内有学者对此作了较好的梳理：主要有古典解法、斯拉法方法、NI 方法和 TSS 方法等。[①] 古典解法的代表人物有波特凯维茨（Bortkiewicz）、塞顿（Seton）等。他们基本追随的是马克思对价值→价格转形问题的解释，其实质是将用价值表示的简单再生产转化为以生产价格表示的简单再生产。波特凯维茨（Bortkiewicz）假定了三个部门，为了实现价值总量和价格总量的一致性，他们将三个部门的价值与价格比例设为 1，但是不同部门所占的比例是不同的。[②] 后来塞顿（Seton）将三部门扩展到了 N 部门。[③] 不过，新方法证明在价值→价格转形过程中，生产商品消耗的劳动与商品的价值之间并不存在严格一致的数量关系。古典解法之后的代表人物则是斯拉法（Sraffa），他认为价值和价格体系是两分的，利润率和生产价格都是由真实工资和生产的技术系数来决定的。[④] 斯拉法的研究一度占据了价值转形理论的主要位置。之后，以弗利（Foley）、杜梅内尔（Duménil）为代表的 NI 学派（New Interpretation），[⑤⑥] 以及以克里曼和麦可隆（Kliman and McGlone）、弗里曼和卡切迪（Freeman and Carchedi）为代表的 TSS 学派（The School of Temporal Single System）对斯拉法的研究提出了质疑，[⑦⑧] 通过引入货币因素对价值和价格转形问题进行了新的阐述。NI 理论认为在资本主义的现实世界里，货币占有重要的地位，而货币则是劳动时间最好的表示，货币可以代表社会必要劳动时间，实现劳动价值与商品价格的沟通。社会必要劳动时间的货币表示可以是一个比率，即净国民生产总值与消耗的总物化劳动的比值，用这一比率可以解决价值转形中遇到的

---

① 高伟：《西方马克思经济学价值—价格理论述评》，《马克思主义研究》2009 年第 4 期。

② Bortkiewicz, L. Von. Value and Price in the Marxian System, *International Economic Papers*, 1952, Vol 2, pp. 5 – 60.

③ Seton. F. The " Transformation Problem ", *The Review of Economic Studies*, 1957, Vol. 24, No. 3, pp. 149 – 160.

④ Sraffa, P. *Production of Commodities by Means of Commodities*, Cambridge, Cambridge University Press, 1960.

⑤ Foley D. , The Value of Money, the Value of Labor Power and the Marxian Transformation Problem, *Review of Radical Political Economics*, 1982. 14 (2), pp. 37 – 47.

⑥ Duménil Gerard, Beyond the Transformation Riddle: A Labor Theory of Value, *Science & Society*, 1983. Vol. 33 (4), pp. 427 – 50.

⑦ Andrew J. Kliman, Ted McGlone. A Temporal Single – system Interpretation of Marx' s Value Theory, *Review of Political Economy*, 1999, Volume 11, pp. 33 – 59.

⑧ Freeman, A. & G. Carchedi (Eds) . *Marx and Non – equilibrium Economics*, Cheltenham, UK, Edward Elgar, 1996.

问题。不过，NI 方法只是对劳动价值论的核心理念给了新的解释，还是没有真正解决价值转形问题。TSS 理论则认为应该在价值体系和价格体系之间建立相关联系，使两个体系能够互相融合，形成分时期研究的单一体系。用什么来链接价值体系和价格体系呢？TSS 学派依旧使用了社会必要劳动时间的货币表示，具体来说就是货币价值的倒数。TSS 理论有两个基本假设：产品价值和价格分期决定假设和商品与货币交换假设。利用一个在一定时期给定的劳动时间与货币的比率来实现价值和价格的转形。TSS 理论推导的主要结果是：劳动价值量和价格总量最终是一致的；有正的剩余价值存在，就有正的利润存在；劳动节约性的技术变迁会诱发利润率下降规律。[①]

古典解法→斯拉法方法→NI 方法→TSS 方法，当代西方马克思主义经济学者对价值→价格转形作出了很多阐释，使转形问题在定量研究方面取得了很大的突破，这是非常值得肯定的。因为，只有价值→价格转形问题在定性和定量研究上取得一致，才能使转形问题具有现代经济学的理论和实践意义。

（二）劳动过程与剥削

当代资本主义的发展，越来越重视组织形式的变迁。从马克思主义经济学的视角看，与组织形式紧密联系的是劳动过程，即重视资本和劳动之间的矛盾如何影响企业组织的经济绩效，以及如何影响工人的权利和福利。当代西方学术界，具有代表性的三种劳动过程理论是：布莱顿研究小组的劳动过程理论、法国帕洛瓦斯的劳动过程变迁理论、汤普森的劳动过程核心理论。[②]“布莱顿研究小组”的劳动过程理论的核心观点是在资本主义生产方式中，资本实现了对劳动的双重统治，一是生产资料的资本主义所有制，资本家占有生产资料；二是在生产过程中，资本家实际控制了劳动、产品等。资本主义生产是使用价值生产的劳动过程和价值增殖过程的统一。当代资本主义劳动过程的特征就是脑力劳动和体力劳动在范围和深度上的分工，基于官僚管理体制对工人的等级式控制，机器替代劳动后出现的劳动去技能化，以及专业化分工带来的劳动的碎片化。[③] 以法国学者帕洛瓦斯为代表的

① 高伟：《西方马克思经济学价值—价格理论述评》，《马克思主义研究》2009 年第 4 期。

② 谢富胜：《当代资本主义劳动过程理论：三种代表性表述》，《马克思主义与现实》2012 年第 5 期。

③ Brighton Labour Process Group. The Capitalist Labour Process, *Capital & Class*, Vol, 1, 1977.

劳动过程变迁理论重点关注了资本主义劳动过程的定义、地位、发展阶段等。帕洛瓦斯认为劳动过程就是将原材料等投入转化为具有使用价值的产品的生产过程，是劳动、劳动对象和生产资料相互结合和统一的过程。劳动过程是与资本主义生产体系和资本运转体系密切关联的。总体来说，资本主义的劳动过程经历了简单协作、工场制、机器大工业、现代工厂制、泰勒制、福特制和自动化生产等几个发展阶段。① 以汤普森为代表的劳动过程核心理论则重点关注资本主义劳动过程中的去技能化趋势，雇主对工人的控制技术，以及劳动力市场的非均质问题。② 西方学者对劳动过程的研究呈现了多元化，其研究也逐渐突破阶级分析框架，重视将性别（尤其是女性权利）、种族、公民身份等纳入生产过程和劳动过程，意图构建工人主体地位和工厂政体的微观基础。③ 不过，近年来，阿德勒等学者呼吁劳动过程理论的研究应该继续回归马克思主义，注重资本主义生产力发展和资本的价值增殖对社会化的影响，尤其应该重视生产的集中化、大型化和强联系，以及工人技能水平发展的趋势，以及社会意识形态的变化等。④

与劳动过程密切相关的则是剥削问题。资本家对工人采用的一切控制和管理技术都是为了最大限度地提高劳动生产率，创造更多的剩余价值。马克思在《德意志意识形态》和《共产党宣言》等著作中都论述了剥削问题，认为在生产资料的资本主义私有制下，资本家无偿占有工人创造的剩余价值，这是资本主义剥削的典型表现。正如有学者总结的，马克思剥削理论是以劳动价值为基础的，资本家对工人的剥削体现在两个层面：一是技术层面的剥削，二是道德层面的剥削。⑤ 而以约翰·罗默为代表的学者则抛弃了劳动价值论，利用主流经济学的均衡模型来推演剥削问题，认为资本主义剥削源于财产占有的不平等，而不是来源于剩余价值的占有；而剥

① C. Palloix. The Labour Process: From Fordism to Neo – Fordism, in Huw Beynon and Theo Nichols eds., *The Fordism of Ford and Modern Management: Fordism and Post – Fordism*, Vol. 1, Northampton: Edward Elgar Pub., 2006.

② P. Thompson. Crawling from the Wreckage: the Labor Process and the Politics of Production, in D. Knights & H Willmott eds, *Labor Process Theory*, London: Macmillan, 1990.

③ 闻翔、周潇：《西方劳动过程理论与中国经验：一个批判性的述评》，《中国社会科学》2007 年第 3 期。

④ 谢富胜、李安：《回归马克思主义——欧美学术界劳动过程理论争论的新动向》，《马克思主义与现实》2009 年第 5 期。

⑤ 段忠桥：《约翰·罗默的非劳动价值论的剥削理论》，《马克思主义研究》2006 年第 3 期。

削的不公平性源于资本这一要素初始分配的不公平性。[①] 虽然罗默的剥削理论具有创新性，但是其已经严重偏离了马克思构建剥削理论的理论基础。当代西方学者的剥削理论也逐渐偏离了马克思主义的剥削理论内涵，从经济领域的剥削逐渐走向了哲学意义上的剥削，从生产领域的剥削走向了流通流域的剥削，并且剥削研究的范围也正在逐步扩大，如对妇女的性别剥削、对少数族裔等的超剥削等。[②]

当代西方学者，尤其是马克思主义经济学学者对劳动过程理论和剥削理论进行了拓展性研究，丰富了相关理论，但是其研究也逐渐偏离了马克思关于劳动过程和剥削问题的论述。因此，在劳动过程和剥削问题研究中，如何回归和发展马克思的相关阐释是值得进一步思考的。

（三）利润率下降规律

20 世纪以来，西方马克思主义经济学者们对利润率下降规律的争论仍然无休无止。他们争论的焦点在于影响利润率下降的因素是什么，以及实证检验中利润率的变化趋势。其中四次大的学术性争论是值得一提的：置盐信雄与罗默的争论、沃尔夫与莫斯里的争论、库伦伯格和莫斯里的争论、勃伦纳和莫斯里的争论。[③]

马克思认为剩余价值率、资本有机构成等会影响利润率下降。西方马克思主义学者们还考虑了真实工资率、劳动生产率、生产性劳动和非生产性劳动的比例变化、社会制度和冲突的积累以及人口统计学等因素。（1）剩余价值率和资本有机构成。在马克思主义经济学的经典理论中，剩余价值率和资本有机构成的变化是导致利润率变化的两个主要因素。如置盐信雄和汤普森等对利润率下降规律的研究中都涉及了剩余价值率和资本有机构成，并将其模型化。[④⑤] （2）技术变化。因为技术进步可能会导致资本有机构成提高，而资本有机构成的提高又会降低利润率，所以一般认为利润率下降是技术变化

① 约翰·罗默：《在自由中丧失——马克思主义经济哲学导论》，经济科学出版社，2003。

② 鲁克俭：《当代西方剥削理论评析》，《教学与研究》2003 年第 8 期。

③ 刘灿、韩文龙：《利润率下降规律研究述评——当代西方马克思主义经济学研究的新进展》，《政治经济学评论》2013 年第 4 期。

④ N. Okishio. Technical Change and the Rate of Profit. *Kobe University Economic Review*, 1961, (7).

⑤ F. Thompson. Technical Change, Accumulation and the Rate of Profit. *Review of Radical Political Economics*, 1995, 26 (4).

的结果。不过罗默认为这一影响可能会因为其他抵消性的因素而变得无效。[①]当假定工人的真实工资消费约束不变时，罗默认为，如果采用成本节约型技术，一般性均衡的结果会使利润率增加。（3）真实工资率。克里斯蒂安森（Christiansen）认为影响利润率的因素除了资本技术构成和由生产率决定的有机构成外，还包括真实工资率。[②]（4）劳动生产率。沃尔夫构建了新的利润率模型。[③] 以此为基础，沃尔夫提出影响利润率的主要因素是劳动生产率增长率和真实工资增长率。（5）生产性劳动和非生产性劳动的比例变化。莫斯里等提出了导致利润率下降的新的解释：人均资本存量的增加、非生产性劳动与生产性劳动的比例的增加。[④⑤] 他认为利润率与剩余价值率呈正方向变化关系，而与资本构成、非生产性成本和资本与可变资本的比例呈反方向变化关系。由此可以推导出，随着非生产性劳动的增加，利润率会出现逐步下降的趋势。（6）社会制度和冲突的积累。鲍尔斯、戈登和韦斯科夫（Bowles & Gordon & Weisskopf）利用积累的社会结果理论（Social Structure of Accumulation），即 SSA 理论分析了利润率下降规律问题。[⑥] 他们不仅关注了影响利润率的经济因素，而且拓展了视域，聚焦了影响资本积累和技术变化过程的社会制度和社会冲突等因素，这些因素包括阶级斗争、国际冲突以及其他可以引起制度结构性变革的因素。（7）工资推动型的利润挤占。对资本主义利润率下降问题的解释，格林和苏利夫（Glyn & Sutcilffe）以及韦斯科夫（Weisskopf）等学者提出工资推动型的利润挤占是其主要原因。[⑦⑧] 他们认为 20 世纪

---

① E. Roemer. The Effect of Technological Change on the Real Wage and Marx' s Falling Rate of the Profit. *Australian Economic Papers*, 1978, (6).

② J. Christiansen. Marx and the Falling Rate of Profit. *American Economic Association*, 1976, (66).

③ E. Wolff. The Rate of Surplus Value, the Organic Composition, and the General Rate of Profit in the U. S. Economy, 1947 - 67: Reply. *The American Economic Review*, 1988, (78).

④ F. Moseley. The Rate of Surplus Value, the Organic Composition, and the General Rate of Profit in the U. S. Economy, 1947 - 67: A Critique and Update of Wolff's Estimates. *American Economic Review*, 1986, (78).

⑤ F. Moseley. The Rate of Profit and the Future of Capitalism. *Review of Radical Political Economics*, 1997, (12).

⑥ S. Bowles, D. Gordon, E. Weisskopf. Power and Profits: the Structure of Accumulation and the Profitability of the Postwar U. S. Economy. *Review of Radical Political Economics*, 1986, (18).

⑦ A. Glyn, B. Sutcliffe. *British Capitalism*, *Workers and the Profit Squeeze*. Harmondsworth: Penguin Books, 1972.

⑧ E. Weisskopf. Marxian Crisis Theory and the Rate of Profit in the Postwar U. S. Economy. *Cambridge Journal of Economics*, 1979, (3).

60 年代末和 70 年代初，美国工人通过工会等形式的斗争取得的高工资是引起利润率下降的主要原因。（8）人口统计学因素。科特雷尔和科克肖特（Cottrell & Cockshott）认为现代成熟的资本主义社会已经经历了人口特征的转变，即人口出生率已经低于人口再生产水平。这预示着劳动力供给将会出现停滞和下降。虽然这一影响可以部分地被退休年龄的推迟以及女性参与生产的数量的增加抵消，但是在这种情况下，任何净资本积累都会压低利润率。①

西方马克思主义经济学学者还对利润率下降规律进行了实证检验。对利润率检验的理论依据主要是马克思主义经济学的经典理论、修正理论（主要是莫斯里修正模型、汤普森模型、考葛的多期模型、伊斯凯尔模型）以及加入时间趋势项的计量分析。② 实证检验的结果也是多样化的：（1）利润率上升。吉安（Gyun）利用美国和欧洲七国制造业部门的数据分析了利润率变化的趋势，其实证结果发现，在过去的 30 年间美国等国家制造业部门的利润率出现了上升的趋势。这是由更高的剥削率，即剩余价值率引起的。③（2）利润率下降。蒂帕克和帕纳约提斯利用带时间趋势项的时间序列模型检验了美国 1948～2007 年的利润率变动趋势，发现利润率变动趋势有点随机游走的迹象，不过从长期来看却显示出一般利润率下降的趋势。④ 考克肖特、科特雷尔和迈克尔森（Cockshott & Cottrell & Michaelson）利用英国的数据测度了利润率等的变化趋势，其结果显示资本有机构成增加和利润率下降的假设是有效的。不过这种有效性需要建立在正的资本积累率的条件之上。⑤（3）利润率趋势的不确定性。沃尔夫的实证结果显示一般利润率和剩余价值率在 1947～1958 年都出现了下降，而在 1958～1963 年剩余却上升了，在 1963～1967 年缓慢增加，一般利润率在 1947～1967 年下降了仅仅 1%，但是剩余价值率却增加了 7%。这说明利润率的上升虽然具有波动

① A. Cottrell, P. Cockshott. Demography and the Falling Rate of Profit, *Indian Development Review*, 2006,(2).

② 刘灿、韩文龙：《利润率下降规律研究述评——当代西方马克思主义经济学研究的新进展》，《政治经济学评论》2013 年第 4 期。

③ G. Gyun. The Dynamics of Manufacturing Profit Rates in Seven Industrialized Countries. Working Paper, 2009.

④ B. Deepankar, T. Panayiotis. Is There a Tendency for the Rate of Profit to Fall? Econometric Evidence for the US Economy, 1948－2007. Working Paper, 2010.

⑤ P. Cockshott, A. Cottrell, G. Michaelson. Testing Marx: Some New Result from UK data. *Capital & Class*, 1995,(55).

性，但从长期来看具有微弱的下降趋势。[①] 于特纳和玛安瑞利用经典的利润率公式实证分析了澳大利亚 1919 ~ 1981 年剩余价值、资本有机构成和利润率的变化情况，发现三者并没有呈现出可识别的运动规律。[②]

经典的马克思理论认为由于资本有机构成等的变化，利润率会呈现逐步下降的趋势。西方马克思主义学者对这一理论进行了重新阐述，认为真实工资率、劳动生产率、生产性劳动和非生产性劳动的比例变化、社会制度和冲突的积累以及人口统计学因素等都是影响利润率下降的因素，而实证检验的结果也表明，利润率存在上升、下降或不确定等情况。这些研究成果，无论是肯定还是否定利润率下降规律，都从研究视角和方法论角度等扩展了马克思提出的利润率下降规律的内涵，为我们认识利润率规律提供了丰富的知识内涵。

（四）货币理论

马克思在《资本论》等著作中详细论述了货币的起源、价值、功能和循环问题。之后，在很长一段时间里，马克思的货币理论并没有被重视和研究。不过，从 20 世纪 70 年代开始，面对经济滞涨问题，西方马克思主义经济学者对马克思的货币理论产生了新的研究兴趣，研究成果丰硕。其中，以法国的德布朗霍夫（De Brunhoff）、狄拉德（Dillard）、波林（Pollin）、克罗蒂与戈尔斯坦（Crotty & Goldstein）、巴兰与斯威齐（Baran & Sweezy）等为代表的学者，从货币制度理论、内生货币理论、投资理论和通货膨胀理论等方面进一步发展了马克思的货币理论。[③] 狄拉德（Dillard）比较分析了凡勃仑、凯恩斯和明斯基等人的货币理论思想，提出了马克思的货币制度理论，其主要内容包括：货币在资本主义生产体系中处于核心地位，货币的出现是商品经济发展的必然结果；货币制度是与生产相互结合的制度，货币经济的核心是现代企业制度；货币制度是一种私有产权制度，也是一种垄断性的制度安排。[④] 波林（Pollin）、莫罗（Mollo）等提出

① E. Wolff. The Rate of Surplus Value, the Organic Composition, and the General Rate of Profit in the U. S. Economy, 1947 - 67. *American Economic Review*, 1979, (69).

② D. Jüttner, H. Murray. Notes and the Numbers on Marx's Falling Rate of Profit. *The Economic Record*, 1983, December.

③ 任力：《西方马克思主义货币理论分析》，《国外社会科学》2011 年第 3 期。

④ D. Dillard, Keynes and Marx: A Centennial Appraisal, *Journal of Post Keynesian Economics*, Vol. 6, No. 3, 1984, pp. 421 - 424.

了马克思的内生货币理论，认为货币是伴随商品的出现而出现的，它是内生于商品生产的社会经济关系中的，而流通中所需要的货币量 M 则是由商品交易量 q、商品的平均价格 p、总产量 Y 等决定的，用公式表示为 $M = pY/q$。① 克罗蒂和戈尔斯坦（Crotty & Goldstein）在所有权和控制权分离、外部融资、委托代理关系以及金融脆弱性等理论假设下，利用厂商行为理论建立了马克思—恩格斯的投资模型，并认为被迫式竞争使厂商增加投资，过高的财务杠杆率会增加金融风险，导致长期资本积累率下降。② 西方马克思主义经济学者主要发展了三类通货膨胀理论：垄断资本通货膨胀理论、冲突型通货膨胀理论和多余货币通货膨胀理论：③ 巴兰与斯威齐（Baran & Sweezy）等提出并发展了垄断资本通货膨胀理论，认为在垄断资本主义阶段，为了支持基础设施建设、实施社会保障政策和促进就业与企业创新的战略等，政府需要大量的资金支持来完成上述目标。在税收无法满足筹资要求的时候，大规模的财政赤字和政府债务规模的扩大会导致爬行式的通货膨胀。④ 波迪与克罗蒂（Boddy & Crotty）等提出的冲突型通货膨胀理论认为资本主义社会资本家和工人的利益分配冲突是通货膨胀的主要来源，这种通货膨胀是利益分配需求量、价格和工资变动频率以及资本利用率等的正函数，是劳动生产率的负函数，且这种利益冲突性通货膨胀具有一定的惯性。⑤ 萨德－费洛（Saad Filho）等提出的多余货币通货膨胀理论则认为在资本主义私有制下，资产阶级为了解决产出过剩和有效需求不足而实施的一些政策措施会使流通中的货币量和产出价值量之间产生差异，而这种差异可能会导致货币多余，产生货币贬值，引发通货膨胀。⑥

---

① Robert Pollin, Marxian and Post Keynesian Developments in the Sphere of Money, Credit and Finance: Building Alternative Perspectives in Monetary Macroeconomics, in Mark Glick (eds), *Competition, Technology, and Money: Classical and Post Keynesian Perspectives*, Edward Elgar Publisher, 1994, pp. 97－117.

② James Crotty & Jonathan Goldstein, A Marxian－Keynesian Theory of Investment Demand: Empirical Evidence, in Fred Mosely & Edward N. Wolff (eds.), *International Perspectives on Profitability and Accumulation*, Edward Elgar, 1992.

③ 任力：《西方马克思主义货币理论分析》，《国外社会科学》2011 年第 3 期，第 4～11 页。

④ E. Baran & E. Sweezy, *Monopoly Capital*, London: Penguin, 1966.

⑤ R. Boddy & J. Crotty, Class Conflict and Macro－Policy: The Political Business Cycle, *Review of Radical Political Economics*, No. 7, 1975, pp. 1－19.

⑥ Saad Filho A. Concrete and Abstract Labourin Marx's Theory of Value, *Review of Political Economy*, No. 4, 1997, pp. 457－477.

当代西方马克思主义经济学者从货币制度、内生货币、投资和通货膨胀等方面进一步发展了马克思的货币理论，扩大了货币理论研究的范围，引入了新的方法，取得了丰硕的成果，是非常值得肯定的。西方学者在发展马克思的货币理论的时候，更多地借鉴了主流经济学的理论和方法，如货币数量理论、托宾的 Q 理论等，有些偏离马克思货币理论的本来内涵。不过，作为理论发展的尝试，这些研究方法和方向是值得肯定的。

（五）经济危机

马克思在其著作中从货币、信用扩展、资本主义生产方式等多个方面论述了经济危机产生的可能性和必然性。传统的马克思主义经典作家从生产过剩、消费不足、比例失调、利润率下降等角度进一步阐述了马克思的危机理论。英国学者克拉克（2011）总结了考茨基、卢森堡、希法亭和斯威齐等对经济危机的论述：① 考茨基认为资本主义的经济危机是长期生产过剩危机，一方面资本家无限度地扩大生产，另一方面工人的工资却不断受到挤压，相对过剩人口大量出现，限制了工人消费，最终导致生产过剩型经济危机。② 卢森堡认为资本主义扩展的动力不是来自生产，而是来自消费，消费不足是导致资本主义危机的主要原因。因此，资本主义为了解决消费问题，不仅会在资本主义体系内扩展消费，也会通过国际贸易和殖民扩展在资本主义体系以外寻找新的需求。③ 希法亭则认为在资本主义发展的新阶段，金融资本和产业资本相互融合，逐步控制了整个资本主义经济。这一阶段，固定资本的重要性逐渐增加，且长时间占用大量资本，降低了资本的流行性，降低了资本主义经济的灵活性。这种资本供给和需求之间的比例失调是产生经济危机的主要原因。④ 斯威齐则认为消费不足和比例失调论并不能真正解释资本主义危机，认为当代资本主义危机多是与利润率下降这一规律联系在一起的。⑤

与传统的马克思主义经济危机理论不同，当代西方马克思主义经济学

---

① 克拉克：《经济危机理论：马克思的视角》，杨健生译，北京师范大学出版社，2011 年第 1 版，第 15 ~ 81 页。

② 〔德〕卡尔·考茨基：《埃尔福特纲领解说》，陈东野译，生活·读书·新知三联书店，1963。

③ 〔德〕罗莎·卢森堡：《资本积累论》，彭成舜等译，生活·读书·新知三联书店，1959。

④ 〔德〕鲁道夫·希法亭：《金融资本》，福民等译，商务印书馆，1997。

⑤ 〔美〕保罗·斯威齐：《资本主义发展论》，陈观烈、秦亚男译，商务印书馆，1997。

者进一步丰富和发展了马克思的危机理论，从新的视角来阐述经济危机。其中，最具代表性的当代危机理论是SSA的经济危机理论和法国调节学派的危机理论。

（1）SSA的经济危机理论。SSA理论（Social Structure of Accumulation，即积累的社会结构理论，最早是由戈登、爱德华兹和瑞克（Gordon，Edwards & Reich）等提出的。[①] 戈登认为资本主义的积累需要一定的制度结构：积累的主体、积累的动力、积累的系统性条件，以及单个资本积累的条件。[②] SSA理论的实质是长周期的经济危机理论，主要被用来解释大萧条和二战以后美国等资本主义国家经济为什么会出现大繁荣和滞涨。SSA理论的主要观点是：影响资本主义经济长周期性波动的主要因素就是影响资本主义积累的各类制度。哪些制度结构会影响资本主义的积累呢？这些结构包括政治、经济、文化、国际和国外等多个方面。资本主义积累的制度结构具有连贯性和持久性，好的制度结构有利于资本主义经济的繁荣发展，坏的制度结构则会造成资本主义经济的停滞或萧条。长期来看，资本主义的经济危机就是积累的制度结构发生变迁的结果。有学者利用SSA理论详细比较了不同制度结构下美国的经济发展绩效。如科茨（Kotz）比较了美国二战后和新自由主义时期美国资本主义积累的社会结果，提出了管制资本主义和自由资本主义分别对应管制的积累结构和自由的积累结构。[③] 科茨认为在管制资本主义阶段，主要是大萧条和二战以后，国家对经济进行适度干预；劳资合作程度高，工人通过工会可以争取到较好的工资待遇；企业之间的竞争适度，企业可以获得可观的利润；承认政府在经济和社会发展中的经济作用。相反，在20世纪70年代美国等主要资本主义国家经济出现停滞后，新自由主义思想开始占据了主导地位。此时，新自由主义者反对国家干预，削弱工会的利润，鼓励过度竞争，认为政府干预市场经济会给企业等主体的经济活动带来损失。

（2）法国调节学派的危机理论。法国调节学派的理论和SSA理论基本

---

① Gordon，Edwards & Reich. *Segmented Work*，*Divided Workers*，Cambridge University Press，1982.

② Gordon，D. Stages of Accumulation and Economic Cycles，In T. K. Hopkins & I. Wallerstein eds，*Process of the World System*，Beverly Hills，1980，pp. 9 –45.

③ Kotz，D. M. Neoliberalism and the Social Structure of Accumulation Theory of Long – run Capital Accumulation，*Review of Radical Political Economics*，2003，35（3），pp. 263 –270.

上是在大体相同的时代提出的。阿格列塔（Aglietta）最先提出了调节理论（Regulation Theory），随后利派逖（Lipiet）和博伊尔（Boyer）进一步阐述了这一理论。[①] 调节学派认为资本主义发展是积累体制发展的结果，每一个积累体制都对应一些对积累过程起作用的调节模式。比如，调节学派认为“福特制”是二战后资本主义积累的主要模式，其中“福特制”主要依赖流水线生产，依赖工人阶级的大众性消费。调节学派的学者认为存在三种积累的体制，第一类是通过增加劳动时间和劳动力供给进行积累的外延扩大型积累体制，第二类是通过提高劳动生产率，增加工人阶级等大众大规模消费而进行的内涵式积累体制，第三类也是通过劳动过程变化和劳动生产率提高，但是不包括大众大规模消费的内在积累体制。[②] 美国和法国等资本主义国家，在不同时期经历了不同的积累体制，故其结果也是不同的。调节学派的学者非常重视对阶级危机的分析，他们认为第二种积累体制会引发资本主义危机。因为，当生产率不断提高后，产品极大丰富了，资本家只注重提高投资于固定资产，对工人工资实行抑制，工人的工资没有随着劳动生产率实现同步上涨，结果会造成资本主义生产的资本有机构成提高，但是整个社会的消费不足，出现产能过剩，出现资本主义经济危机。一旦危机出现，就说明资本主义现行的调节方式出现了问题，需要建立以新的劳动关系和劳动组织为内容的新的调节方式和积累方式。[③]

在继承传统的马克思主义经济学危机理论的同时，一些学者发展出了新的危机理论，如 SSA 理论和法国调节学派的危机理论。这些理论拓展了经济危机理论的范围，也具有较好的解释力，是值得肯定的。面对新时期资本主义危机，尤其是金融危机内涵的变化性，仍然需要不断的理论创新。从马克思主义经济学的视角来解读新金融危机，仍然具有很强的解释力。

（六）经济正义

1971 年哈佛大学教授罗尔斯在《正义论》一书中批判了功利主义正义观和直觉主义正义观，提出正义即公平的正义原则。罗尔斯的正义观点引

① Kotz. D. M. A Comparative Analysis of the Theory of Regulation and the Social Structure of Accumulation Theory, *Science & Society*, 1990, Vol. 54, pp. 5 – 28.

② 李其庆：《法国调节学派评析》，《经济社会体制比较》2004 年第 2 期，第 123 ~ 134 页。

③ 李其庆：《法国调节学派评析》，《经济社会体制比较》2004 年第 2 期，第 123 ~ 134 页。

发了西方政治学家、哲学家和经济学家等社会科学家对正义问题的讨论。其中，一些西方马克思主义者重新整理马克思的文献，梳理出了与“正义”相关的论述，做出了新的解读，提出了“交易正义”“产品分配正义”“生产资料的分配正义”“生产正义”“权利正义”等正义原则。[①] Wood（1972）提出了马克思经济学的“交易正义”理论，认为虽然马克思没有对正义做出完整而清晰的解释，但是其文献中对交易正义时有论述。[②] 如马克思在《资本论》第3卷中写道：“生产当事人之间进行的交易的正义性在于：这种交易是从生产关系中作为自然结果产生出来的。这种经济交易作为当事人的意志行为，作为他们的共同意志的表示，作为可以由国家强加给立约双方的契约，表现在法律形式上，这些法律形式作为单纯的形式，是不能决定这个内容本身的。这些形式只是表示这个内容。这个内容，只要与生产方式相适应，相一致，就是正义的；只要与生产方式相矛盾，就是非正义的。在资本主义生产方式的基础上，奴隶制是非正义的；在商品质量上弄虚作假也是非正义的。”[③] 可见，Wood将马克思的正义理解为以所有权为基础，建立在强制性法律约束基础上的交易正义，而交易正义的合理性来源于交易与生产方式的一致性。Husami（1978）对Wood（1972）的交易正义提出了质疑，认为马克思的经济正义原则是关于产品分配正义的。他认为马克思的正义原则具有阶级性，无产阶级可以利用这个正义标准去批判资本主义的生产和分配模式，而无产阶级的正义原则具体体现在《哥达纲领批判》中马克思提出的“按劳分配”和“按需分配”的分配原则中。[④] Peffer（1990）关于马克思经济正义原则的分析和Husami（1978）的论述具有相似性，支持产品分配的正义原则。他还继承了马克思在《哥达纲领批判》批判中提出的按劳动分配和按需分配的分配原则，并进一步细化了这些原则。[⑤] Cohen（1981）基于自然权利观点，认为资本主义所有

① 柳平生：《当代西方马克思主义对马克思经济正义原则的重构》，《经济学家》2007年第2期。

② Wood Allen. W. Marxian Critique of Justice, *Philosophy and Public Affairs*, Vol. 1, 1972, Spring.

③ 马克思：《资本论》（第三卷上），人民出版社，1975，第379页。

④ Husami Ziyadi. Marx on Distributive Justice, *Philosophy and Public Affairs*, Vol. 8, 1978, Autumn.

⑤ Peffer R. G. *Marxism, Morality and Social Justice*, Princeton, New Jersey: Princeton University Press, 1990.

制和生产方式严重侵蚀了人们的自然权利，因此资本主义具有非正义性。要重构经济正义，就需要破除资本主义生产资料的资本家占有制，实现所有权的共有。[①] Nielsen（1988）批判了 Wood（1972）等的正义思想，将马克思的经济正义思想从分配领域扩展到了生产领域。他认为在资本主义私有制体制下，资本家占有生产资料，工人只能靠出卖劳动力为生，资本家却无偿占有了剩余价值。这说明在生产过程中存在剥削，这是非正义的。[②] 要建立社会主义的正义原则，其中的路径之一就是建立生产过程正义。生产方式决定分配方式。只有建立了生产过程正义，才能实现产品分配的正义。要建立生产过程正义，就需要将生产者和生产条件结合起来。Roemer（1988）提出了拥有生产资料所有权的不平等是产生资本主义剥削和收入不平等的主要原因，因此实现生产资料的分配正义是实现马克思经济正义的关键。[③]

罗尔斯等从自由主义出发提出了“公平及正义”，虽然比功利主义正义和直觉主义正义更具有新颖性，但是其正义仍然是在资本主义既定的制度背景下对正义定义和内涵的重新解释。而西方马克思主义学者从“交易”“产品分配”“生产资料的分配”“生产”和“权利”等角度来解释和扩展马克思的经济正义，批判了资本主义制度下的剥削和不平等，既丰富了马克思的经济正义理论，也为我们理解正义提供了新的视角。

二　非传统问题研究

（一）生态马克思主义

马克思和恩格斯在《资本论》等著作中并没有重点论述生态问题。不过，随着工业化的发展，环境问题日益严重，一些马克思主义学者开始寻找马克思和恩格斯等著作中有关生态问题的论述，试图建立起马克思生态主义体系。其代表人物主要有詹姆斯·奥康纳（James O'Connor）、约翰·贝拉米·福斯特（John Bellamy Foster）、本·阿格尔（Ben Agger）、威

---

① Cohen G. A. Freedom, Justice, Capitalism, *New Left Review*, 1981,

② Nielson Kai. Marx on Justice: the Tucker – Wood Thesis Revisited, *The University of Toronto Law Journal*, Vol. 38, 1988, Winter.

③ Roemer John. *Free To Lose: An Introduction to Marxist Economic Philosophy*, Harvard University Press, 1988.

廉·莱易斯（William Leiss）。[①] 生态马克思主义学者认为，马克思提出的资本主义社会生产力与生产关系之间的矛盾，不仅仅会由于生产相对过剩和消费不足而产生经济危机，而且会由于过度发展生产力，过度开发和利用自然资源和生态资源而破坏人与自然之间的和谐，导致生态危机。生态危机已经是继经济危机之后，资本主义国家需要面对的第二大危机。奥康纳曾论述到“对劳动的剥削以及资本的自我扩张的过程、国家对生产条件的供应的管理、围绕着资本对生产条件的利用与滥用而进行的社会斗争等问题”。[②] 可见，生态马克思主义学者将研究的重点从传统马克思主义者关注的生产力和生产关系之间的矛盾以及重构，转移到了对生产条件的重构，尤其是对生态问题给予了特别的关注。为了使生态马克思主义的立论具有坚实的马克思理论的支持，以柏克特（Burkett）为代表的学者从劳动二重性入手，重新阐述了马克思的劳动二重性理论。[③] 柏克特认为马克思的劳动二重性理论可以解释为：具体劳动生产出来的使用价值是物质和资源等转化的结果，体现的应该是人与自然的“新陈代谢”关系，而抽象劳动创造的价值，体现的则是资本家、工人阶级的社会关系，由此可以将自然与社会、自然规律与社会实践联系起来。[④]

生态马克思主义注重分析经济发展过程中的生态问题，从不同的视角来阐述生态问题产生的原因，并提出了相关的解决之道。这对于解决工业化过程中，人类的经济社会发展中遇到的生态和环境问题具有一定的借鉴意义。同时，生态马克思主义也扩展了马克思主义研究对象的外延，具有一定的进步意义。

（二）女权马克思主义

女权马克思主义可以看作马克思的权利和阶级理论在女权领域进一步拓展的结果。当代，最具代表性的女权马克思主义者是美国的凯瑟林·吉布森和澳大利亚的朱莉·格雷汉姆，在其著作《资本主义的终结——关于政治经济学的女权主义批判》中她们继承了马克思主义的很多观点，利用

① 李佃来：《美国马克思主义的流派及其理论进展》（上），《学术月刊》2010年第4期。

② 〔美〕詹姆斯·奥康纳：《自然的理由——生态学马克思主义研究》，唐正东、臧佩洪译，南京大学出版社，2003，第265页。

③ 李佃来：《美国马克思主义的流派及其理论进展》（上），《学术月刊》2010年第5期。

④ Paul Burkett, *Marxism and Ecological Economics: Toward a Red and Green Political Economy*, Brill Academic Publishers, 2006.

结构主义和后结构主义的方法论，从女权主义的视角来剖析当代资本主义的发展。[①] 女权马克思主义者追求性别平等，要求实现妇女的解放。在此过程中，她们从阶级压迫和解放、私有制中家庭和婚姻的演变、生育劳动等视角，利用马克思主义的基本原理来阐述和解释“性别盲点”问题。[②] “性别盲点”是由朱丽叶·米切尔提出的，她认为人们对性别问题的研究缺少重视，使这一领域成了“沉默的一角”。[③] 女权马克思主义者对马克思的《德意志意识形态》和恩格斯的《家庭、私有制和国家的起源》中关于阶级、平等、权利等方面的内容进行了引用和重新解读，来探讨妇女不平等的起源和原因，同时探讨父权制与资本主义的关系，以图寻找到性别平等和妇女进一步解放的途径，同时使妇女逐步摆脱传统家庭带来的束缚，逐渐进入职业领域，在社会中扮演越来越重要的角色。

女权马克思主义者结合马克思和恩格斯等的马克思主义者的观点，在“性别视域”中找寻女性不平等的起源和原因，来挑战传统的男权社会，追求男女平等和妇女解放。从人类发展和进步的角度来看，追求权利平等无疑是正确的，也是值得肯定的。不过，女权主义者宣言的一些过激的言论确实值得慎重思考。

三　简要评论

纵观当代西方马克思主义经济学的发展，可以总结出马克思主义经济学发展的新特点：(1) 研究的主题和范围拓宽了。当代西方马克思主义经济学学者以及非马克思主义经济学学者不仅研究马克思主义经济学的传统问题，如价格—价值转形、资本循环、劳动过程和剥削、利润率下降、货币与信用、金融危机等，还研究生态、女权、种族等问题。(2) 研究的方法更加多元化。学者们不仅利用文本分析、文献梳理以及历史分析法，还不断借鉴西方主流经济学的研究方法，尤其是数学和计量工具的使用使当

① 刘莉：《西方马克思主义女权主义对资本主义和社会主义的新诠释》，《华南师范大学学报》（社会科学版）。2004 年第 12 期。

② 王宏维：《论西方马克思主义在社会性别视域中的演进与拓展》，《马克思主义研究》2006 年第 8 期。

③ 米切尔：《妇女：最漫长的革命》，载李银河主编《妇女：最漫长的革命》，生活·读书·新知三联书店，1997 ，第 8 ~ 45 页。

代马克思主义经济学的研究更加“现代化”了。（3）理论的逻辑性和现实的批判性意味越来越浓。为了应对西方主流经济学者认为马克思主义经济学是“粗线条经济学”的批评，越来越多的马克思主义经济学者利用现代经济学的方法开始构建具有微观基础的马克思主义经济学。同时，对主流经济学理论的批判，对现实社会的审视和批判也越来越强烈。（4）宽视角和跨学科视域正在形成。越来越多的西方学者从其他学科视角来研究马克思主义经济学，如生物学视角、演化经济学视角、社会人口学视角等。（5）与非马克思主义经济学之间的沟通和联系越来越密切。尤其是，一些学者比较分析了凯恩斯、熊彼特、明斯基等人的理论与马克思主义经济学的异同。另外，一些学者还致力于比较、分析和借鉴新古典经济学的理论和方法来发展马克思主义经济学。

虽然当代西方马克思主义经济学的发展取得了一些丰硕的成果，但是其被逐渐边缘化的趋势越来越明显。20 世纪七八十年代是马克思主义经济学发展最辉煌的时代之一。那时候在美国等国家主流经济学杂志上都可以看到研究马克思主义经济学基本原理和应用的文章，甚至一些非马克思主义的大经济学家也加入了发展和批判马克思主义经济学的行列。不过，苏联解体后，马克思主义经济学和马克思主义的研究一样，陷入了低谷。以美国为例，很多当时的马克思主义经济学家转而研究其他经济问题，而马克思主义经济学研究的论文发表杂志也越来越少，目前仅 *Review of Radical Political Economics* 和 *Science & Society* 等少数几本专业杂志发表相关论文。不过，在美国等国家，还是有一些马克思主义者或非马克思主义者在研究马克思主义经济学的。他们既研究传统问题，也从空间地理、主流经济学等领域寻找理论工具和方法。值得注意的是，一些学者一直在构建马克思的宏观经济学和微观经济学。如果构建成功，这将是一次意义非凡的进步。另外，一些不发达国家的学者和留学生对马克思主义经济学的热情与日俱增。在 2008 年金融危机后，新自由主义经济学受到了质疑，凯恩斯主义和马克思主义等经济学派又开始逐步“活跃”起来。笔者坚信西方马克思主义经济学一定会走过曲折，取得进一步的发展。

中国马克思主义经济学研究新进展和主要特征

吴 垠*

从2010年迄今，中国的市场化改革进入了一个新的阶段。适应这一历史背景，马克思主义经济学研究也有了新的进展。本部分拟对近期的马克思主义经济学研究新进展及其特征做出概括。

一 从总体来看，马克思主义经济学近几年的新进展依然可以用孟捷（2013）[①] 的“创造性转化”一词来概括，相关学者的观点概括如下

孟捷（2013）指出，马克思主义经济学的创造性转化这个命题的提出，从根本上说，产生于20世纪90年代以来市场经济在全球的普及。马克思主义经济学除非在自身的范式内进行一些大的“手术”，否则不足以解释发展社会主义市场经济的必要性以及相关联的一些重大问题。不少新马克思主义派（简称“新马派”）经济学家在根本立场上是一致的，一方面拒斥历史已经终结的谬论，另一方面坚信发展某种社会主义市场经济的必要性。以下4个方面的问题——（1）如何在理论上解释市场经济实现协调的可能性；（2）如何系统地阐明市场经济与创新在制度上的联系；（3）如何解释市场经济制度的多样性；（4）如何处理好政治经济学与生态主义相结合的问题——成为孟捷所指出近期马克思主义经济学创造性转化的新进展及研究方向。

---

* 吴垠（1981～），男，西南财经大学经济学院副教授，硕士生导师。研究方向：产权理论。

① 孟捷：《危机与机遇：再论马克思主义经济学的创造性转化》，《清华政治经济学报》2013年第1期。

显见，马克思主义经济学新发展或曰“创造性转化”，离不开对中国市场化改革进程难点问题的深入分析。对此，程恩富（2013）[①] 指出，马克思主义政治经济学领域主要围绕党的十八大报告、习近平总书记的一系列重要讲话和十八届三中全会决定的相关问题，进行了深入的探析，主要在①关于基本经济制度、②关于财富和收入的分配、③关于（市场和政府，本报告作者注）双重经济调节和④关于经济开放模式等方面开展了一些新研究，得到了一些新观点。

从全球视角的马克思主义经济学创新来看，李慎明（2012）[②] 认为，要取得马克思主义研究的新进展，必须有效地揭示与分析本次全球金融危机的原因和出路。他指出，根据马克思《资本论》中所暗示的危机爆发原理，这场国际金融危机的根本原因是，信息革命领衔的新的高科技革命推动生产力极大发展和劳动生产率极大提高，在国际垄断资本主导的经济全球化深入发展的情况下，在全球范围内使生产社会化甚至生产全球化与生产资料私人占有之间的矛盾、生产无限扩张与社会有限需求之间的矛盾加剧的必然结果。以信息技术为主导的高新科技革命即信息经济的迅猛发展，极有可能是在全球范围内推动新的社会形态，即社会主义和共产主义社会形态大发展的最新工具。李扬（2012）[③] 则认为，只有从马克思主义经济学的基本立场出发，才能透彻认识当前有关国家资本主义的热点讨论，认识到中国的崛起是社会主义市场经济的胜利，而非国家资本主义的兴起。需要认识到：第一，西方学者批评中国及其他新兴经济体通过国家资本主义获得不公平竞争优势，是发达经济体在优势被打破之后想的一个新招，这其实反映了国际竞争格局的新变化。第二，西方学者批评中国搞国家资本主义是没有道理的。国家资本主义的概念非常模糊，从讨论集中的领域来看，主要是说政府和市场关系。但无论是资本主义初始阶段，还是二战后的凯恩斯主义时期，都带着浓厚的国家资本主义色彩；即便是 20 世纪 80 年代后当新自由主义占主导地位时，国家资本主义在国际领域中的表现依然非常突出。第三，中国崛起是社会主义市场经济的胜利。西方学者现在

① 程恩富：《2013 年政治经济学研究扫描》，《中国社会科学报》2013 年 12 月 30 日。

② 靳卫萍等：《全国第六届马克思主义经济学发展与创新论坛综述》，《经济研究》2012 年第 10 期。

③ 靳卫萍等：《全国第六届马克思主义经济学发展与创新论坛综述》，《经济研究》2012 年第 10 期

攻击国家资本主义，无非是看中国崛起心里不舒服。而且在这种情况下，还非要把中国的成就说成是资本主义的。

创新与发展马克思主义经济学，离不开最基础的政治经济学教学、科研和人才培养。对此，刘灿（2013）[①] 指出，中国经济学教育要以马克思主义为指导，把中国经济学学术话语体系贯彻于人才培养的环节之中，构建中国经济学的教学体系，这关系到我们培养什么样的人。通过人才培养才能更好地把中国经济学学术话语体系构建和传递下去。这个教学体系包括培养目标和培养方向、课程设置、教学内容、学术训练方法、学生的科研方向即他们的选题（这里主要指硕士博士特别是博士研究生）。如果我们这一批学者在构建中国经济学学术话语体系上做了很多努力，但是没有贯彻到人才培养上，我们指导的博士生的论文在方向上离开了马克思主义的理论和方法，离开了中国经济改革与发展的实际，在话语体系上完全是西方经济学的，完全的数学化、模型化，那么我们的教学体系是有问题的。需要对①经济学学科基础教育和课程设置、②学术训练和科学研究、③社会实践、④学术开放和学术交流展开马克思主义经济学的创新设置，努力发出我们的声音。

概而言之，正如张宇、邱海平（2012）[②] 所指出的那样，发展中国政治经济学必须着力推进马克思主义经济学的中国化、时代化、大众化，把马克思主义经济学的基本理论与中国实际更好地结合起来，努力完善和不断发展中国特色社会主义经济理论。中国政治经济学的发展必须以马克思主义为指导，立足中国，面向世界，充分反映我国的基本制度、发展道路、历史经验和核心价值，探索中国最广大人民根本利益的实现路径，在尊重传统的基础上与时俱进，建设具有中国特色、中国风格、中国气派的政治经济学理论和学术话语体系。要特别注重：（1）学习和研究经典著作；（2）出版和再版一批高水平的马克思主义政治经济学教材；（3）超越金融危机的表面，更多地从资本主义经济制度的本质和发展阶段出发，研究资本主义的发展趋势和历史走向；（4）深入认识以公有制为主体、多种所有制经济共同发展的社会主义初级阶段基本经济制度；（4）不再局限于我国收入差距扩大这一现象，而是深入探讨其背后的深层次原因以及我国较大的收入差距对整个经济社会发展的影响；（5）更加重视研究中国道路和中国模式的整体结构，从经济、政

① 刘灿：《构建以马克思主义为指导的中国经济学的教学体系》，《政治经济学评论》2013 年第 1 期。

② 张宇、邱海平：《2011 年政治经济学研究的新进展》，《人民日报》2012 年 3 月 15 日。

治、文化、社会等多个方面以及从基本制度、经济体制、发展道路、转型方式和经济全球化等多个视角概括中国道路和中国模式的特征；等等。

二　从一些具体的研究创新领域来看，马克思主义经济学近几年新进展的主要观点如下

1. 关于“使市场在资源配置中起决定性作用”的马克思主义经济学研究创新观点

何秉孟（2014）[①] 指出，十八届三中全会《决定》用“使市场在资源配置中起决定性作用”取代此前的“基础性作用”，是中国特色社会主义市场经济理论的一个重大创新，对这一理论创新必须准确解读。真理再多迈出一步，就成谬误。这一点用在理解“使市场在资源配置中起决定性作用”问题上十分恰当。“使市场在资源配置中起决定性作用”同新自由主义的“市场原教旨主义”之间是有边界的。如果我们不注意划清边界，准确地拿捏好、掌握好分寸，多迈出一步，就会堕入新自由主义的万丈深渊，就有可能犯颠覆性的历史性错误。

郭占恒（2014）[②] 指出，发挥市场在资源配置中的决定性作用需要做到：第一，处理好政府和市场的关系；第二，建设统一开放、竞争有序的市场体系；第三，完善产权保护制度，保证各经济主体平等参与竞争；第四，要加快构建开放型经济体制。

高尚全（2013）[③] 指出，发挥市场在资源配置中的决定性作用，第一，要求市场资源要素的流转和聚集由市场的价值规律主导，并要剔除其中不良垄断和过度行政管制等人为设置的限制市场资源要素流动的各种障碍；第二，要求市场主体必须符合市场经济的要求；第三，发挥市场在资源中的决定性作用必须准确定位宏观调控；第四，必须转变政府职能，明晰政府与市场的不同职能；第五，必须加强政府公共服务；第六，必须以建设法治政府为导向，落实放权、限权、分权。

---

① 何秉孟：《使市场在资源配置中起决定性作用》，《中国社会科学报》2014 年 1 月 10 日。

② 郭占恒：《市场在资源配置中起决定性作用是深化经济体制改革的“牛鼻子”》，《观察与思考》2014 年第 1 期。

③ 高尚全：《使市场在资源配置中起决定性作用》，《前线》2013 年第 12 期。

2. 关于马克思主义经济学研究平台从一维转向三维的创新观点

李欣广（2012）① 指出，经济学研究平台的维度问题是经济学形态的问题。自从经济学科产生以来，经济学形态发展就经历了一维→二维→三维的阶段性过程，反映了经济学形态的多样性变化。所谓“维度”，就是指学科的研究平台所依托的系统。大多数经济学科属于一维形态，就是指该学科的研究依托经济系统这一维，这是经济学最早产生的形态。三维经济学形态是指以经济系统、社会系统、生态系统为研究平台综合研究经济问题。马克思主义经济学面临全面建设富裕、文明、民主的社会主义社会的新使命，需要将经济学形态从一维转变成三维。科学发展观对此形态转换给出了理论指导与精神动力。这一转换途径有：学科范畴上从一维转向三维；研究前提上构建跨越三个系统的“广义社会人”概念；透过三维系统中的事物来研究经济规律；理论应用上包含经济、社会、生态各领域的综合性措施；研究方法上三个系统的定性分析与定量分析混合使用。马克思主义经济学研究使命的拓展，需要运用可持续发展经济学的这一理论研究方法，从“一维”转向“三维”。李萍等（2012）② 从生态马克思主义的角度指出，检视和比较中西方关于生态价值问题的研究文献，基于马克思劳动价值论，并将其引申扩展到探索生态价值的致思路径是：沿着人类社会生产力发展水平不断提升的线索，从经济系统、生态系统和生态经济系统考察商品总价值、生态总价值和商品价值总量之间的内在关联及其数量变化关系。随着人类社会生产力水平由低到高的提升，商品总价值、生态总价值和商品价值总量三者之间呈现由同向递增变动到无序变动、再到更高层次的同向递增变动的趋势。在中国当前经济社会发展面临严峻生态问题的状况下，重新认识和理解生态价值问题，将有利于改变当前衡量经济社会发展指标过度单一的局面，有利于转变人们对自然生态资源、生态环境的不合理开发和利用的传统发展理念，有利于有效推动自然资源定价和参与市场化治理，并为其提供理论基础，从而使自然生态环境能够被科学、合理、协调、可持续地开发和利用。

3. 关于马克思主义空间政治经济学的创新观点

武剑、林金忠（2013）③ 指出，马克思主义空间政治经济学是近十余

---

① 李欣广：《马克思主义经济学形态从一维向三维的转换》，《桂海论丛》2012 年第 4 期。

② 李萍、王伟：《生态价值：基于马克思劳动价值论的一个引申分析》，《学术月刊》2012 年第 4 期。

③ 武剑、林金忠：《马克思主义空间政治经济学：研究进展及中国启示》，《江海学刊》2013 年第 4 期。

年来国际马克思主义研究领域最重要的理论进展。马克思主义空间政治经济学主要经历了两个发展阶段：第一阶段从20世纪60年代末至80年代初，此阶段研究侧重于从马克思著作里追溯并解析概念，即把马克思的政治经济学理论和思想体系应用到资本主义世界地理空间格局的形成和发展方面；第二阶段从80年代初一直延续至今，在这一阶段，学者们不再满足于单方面地从马克思理论中汲取营养，而是在继承了马克思理论批判精神的同时，认为马克思主义的发展也需要地理空间的某些理论支持。据此，这一阶段的马克思主义空间政治经济学发展不再放在挖掘马克思的哪些理论可直接应用到城市空间、区域发展中，而是用空间知识和方法对马克思的有关论述进行再解释、再构造，以弥补马克思政治经济学中忽略空间因素的不足。在上述两个发展阶段中，马克思主义空间政治经济学的主要代表人物有列斐伏尔、卡斯特尔、哈维、苏贾等。这些学者虽然研究视角和理论侧重点各自有所不同，但都遵循一些基本的共同研究范式：第一，认为城市的兴衰基于竞争性的资本主义机制，而不是一个自然的生态学过程；第二，城市、区域的空间位置是固定不变的，但资本是流动的，因此地理空间的发展必须顺应资本流动的规则；第三，主张将空间维度纳入传统的历史唯物主义方法论中，使之升级为“历史地理唯物主义”。马克思主义空间政治经济学理论的经典代表理论有：空间生产理论、空间集体消费理论、空间不平衡发展理论、历史—地理唯物主义方法论。马克思主义空间政治经济学站在整个社会历史的高度，从生产关系的角度分析空间的生产、消费、分配问题，属于宏观维度。西方新古典空间经济学则是在具体历史和社会背景下，运用精致的数理模型去探寻空间演化的细微机理，属于微观维度。这两种不同维度的理论可以解释空间经济发展过程中出现的不同问题。如果能将两种理论有机地结合起来，消除原来只用单一维度看问题的方法，就能够为我国的空间经济发展提供更为全面的理论视角。

马克思主义空间政治经济学在理论上主要有三大贡献：第一，将马克思主义政治经济学理论从时间维度拓展到了空间维度，对资本主义的分析从原来的“劳动力—资本”二位一体上升到“土地—劳动力—资本”三位一体的高度，从而发展了马克思主义政治经济学。第二，将马克思主义空间政治经济学里的空间思维反过来扩展到马克思历史唯物主义哲学方法论，使之升级为历史地理唯物主义方法论，极大地增强了对现实世界的认识和解释能力。第三，解放了我们的思想，使我们能更具有批判精神地认识到马克思主义理论是一个发展的过程，并能不教条地将经典马克思主义论述奉为唯我独尊的理论，对国际上有关马克思的理论研究不再贴上“西方马克思主义”这样一类标签来加以区别。只有这样，才能更加开放地吸收国际先进的马克思主义理念，才能更加促进马克思主义理论蓬勃发展。

4. 关于用马克思主义经济学的方法分析国民收入报酬的创新观点

杨智恒（2012）[①] 指出，马克思主义政治经济学基于劳动产权概念，在收入分配领域提出了按劳分配原则。按劳分配实质是一种劳动激励，其前提是必须实现劳动力价值的足额补偿。国民收入实行按劳分配，具有正当性。不过，按劳分配原则并不完善，其在企业亏损承担和资本参与收入分配现实原因方面的理论阐释不足导致了国民收入分配的合理性和现实性原则的产生。以资本承担不确定性建立起来的合理性原则是片面的，需要批判；以资本和劳动的基本分工事实建立起来的现实性原则说明了资本的作用和价值，实现了资本和劳动的统一。按照现实性原则思路展开国民收入分配问题研究在理论上和实践上都具有重大意义。

更进一步，冯志轩（2012）[②] 指出新古典经济学在解释劳动报酬占比时存在问题和缺陷，并探讨了马克思主义经济学在分析这一问题时的思路，给出了探讨劳动报酬占比的替代性的指标和方法，利用这一指标重新分析了中国劳动报酬占比的变动趋势，认为中国劳动报酬占比在2002年之前呈现上升趋势，2002 年之后开始经历剧烈的下降；同时对比世界一些主要国家的这一指标，认为中国的劳动报酬占比剧烈下降与国际整体环境相关。而乔晓楠等（2012）[③] 遴选了 15 个国家（地区）作为样本，比较了它们跨越中等收入陷阱的经验与教训，运用马克思主义经济学的原理对其进行了分析，并基于中国经济的发展现状提出了以下改善收入分配的对策建议：第一，缩小收入分配差距，避免过度城市化；第二，减小对出口的依赖，扩大内需，避免过度消费挤压储蓄；第三，以自主创新和人力资本积累推动产业结构调整；第四，控制货币供应量，保持物价水平稳定。

---

① 杨智恒：《马克思主义政治经济学域下国民收入分配问题研究》，《求索》2012 年第 4 期。

② 冯志轩：《国民收入中劳动报酬占比测算理论基础和方法的讨论——基于马克思主义经济学的方法》，《经济学家》2012 年第 3 期。

③ 乔晓楠等：《跨越“中等收入陷阱”：经验与对策——一个基于马克思主义经济学的视角》，《政治经济学评论》2012 年第 3 期。

5. 关于马克思主义经济学中国化的创新观点

贾厚明（2013）[①] 认为，马克思主义经济学中国化是马克思主义经济学与中国实践相结合的必然产物，是马克思主义经济学创新和发展的具体体现。马克思主义经济学中国化要解决马克思主义经济学与经济学一般理论、西方经济理论之间的关系，回答中国社会主义市场经济实践提出的新问题。只有努力构建中国化的马克思主义经济学新体系，才能最终体现马克思主义经济学在指导中国经济建设中的地位与价值。蒋南平、崔祥龙（2013）[②] 认为，对于马克思主义经济学中国化的理论成果及实践成果是否具有普适性的问题，学术界存在较大分歧和多种理论误区。马克思主义经济学中国化的理论成果及实践成果必须具有普适性，才能不仅具有中国意义而且具有世界意义，才是发展了马克思主义经济学。任何国家在马克思主义经济学本土化过程中形成的理论成果及实践成果是否发展了马克思主义经济学，普适性是一项重要标准。黄莹、林金忠（2012）[③] 也指出，马克思主义诞生后即深刻地影响了当代欧美、日本以及中国的经济学研究，同时，西方经济学的理论观点和研究范式反过来推动了马克思主义经济学的发展。当代欧美、日本的马克思经济学发展路径和成功经验表明，中国当代经济学研究的发展与创新，关键在于坚持马克思主义经济学的主流地位、基本理论观点以及研究方法，进行“合乎马克思主义基本精神和中国国情的理论创新”，同时在坚持马克思主义经济学的理论视野下，吸收现代西方经济学的科学成分，亦包括用马克思主义经济学的基本理论观点对现代西方经济学进行批判与否定。

6. 关于围绕劳动力商品命题的马克思主义经济学研究创新观点

张旭、常庆欣（2013）[④] 指出，后马克思主义思潮对西方的马克思主义经济学研究的影响日益加深。而后马克思主义经济学在批判经典马克思主义中的经济主义倾向时，把对劳动力商品概念的批判作为核心，这种批判是建立在对马克思劳动力商品概念的错误理解之上的。通过对后马克思

① 贾厚明：《论马克思主义经济学中国化的几个问题》，《经济纵横》2013 年第 5 期。

② 蒋南平、崔祥龙：《马克思主义经济学及其中国化的普适性问题》，《社会科学研究》2013 年第 6 期。

③ 黄莹、林金忠：《马克思主义经济学的发展与借鉴——欧美、日本和中国的经验》，《江苏社会科学》2012 年第 6 期

④ 张旭、常庆欣：《后马克思主义经济学研究反思——以劳动力商品概念分析为例》，《当代经济研究》2013 年第 7 期。

主义劳动力商品概念批判的反批判，才能真正理解后马克思主义经济学和马克思主义经济学的联系与差别。

孟捷、李怡乐（2013）[①] 指出，从政治经济学的角度探讨劳动力商品化的政治经济学含义，应辨析劳动力商品化与无产阶级化在概念上的区别和联系。在此基础上，他们从五个主要的方面概述了改革以来劳动力商品化以及雇佣关系的发展历程，分析了不同制度因素之于劳动力商品化或去商品化的影响。最后简略地回顾了近年来针对劳工的社会保护运动的崛起，以及以波兰尼理论为基础的分析框架之于中国经验的适用性。他们指出：首先，劳动力作为“虚构商品”，其商品化的程度可谓直接反映了中国市场化改革的发展程度。我们需要定性和定量地分析这种波兰尼眼中的“虚构商品”是如何被构造出来的，有哪些制度因素提升了劳动力商品化的程度，又有哪些制度因素限制了其商品化。其次，中国市场经济发展中的严重不平衡，造成了劳动力商品化过程中的一系列结构性差异，换言之，在不同部门、不同地区、不同身份之间，劳动力的商品化程度是各不相同的，这又影响到现实中的劳动力市场结构。最后，在由政府主导和调控的向市场化的转型中，社会保护运动如何被压制，又如何因应各种社会矛盾而展开，决定性地影响着劳动力商品化的长期变化趋势。

7. 关于马克思主义文化思想与发展中国特色社会主义文化理论的创新观点

许丹等（2014）[②] 从《1844 年经济学哲学手稿》出发，提出了马克思主义文化思想的观点。他们认为，《手稿》中的文化思想所蕴含的历史唯物主义特质，使其区分了以往的一切文化史观，在文化理论的发展史上具有凿空拓荒的意义，是历史唯物主义文化理论的诞生地和秘密。《手稿》（1）确立了马克思文化思想的自然存在前提；（2）确立了马克思文化思想的逻辑起点：人的本质是自由自觉的活动，文化是劳动的产物，是人的本质力量的对象化；（3）提出了文化异化的扬弃与人的全面发展的观点：人的自觉意识觉醒，人的本质力量得到充分发挥，人的文化特性得到全面发展，是人向合乎人性的人的复归，是人道主义的实现。

---

① 孟捷、李怡乐：《改革以来劳动力商品化和雇佣关系的发展》，《开放时代》2013 年第 5 期。

② 许丹等：《〈1844 年经济学哲学手稿〉——马克思主义文化思想的诞生地和秘密》，《云南社会主义学院学报》2014 年第 1 期。

沈妩（2013）[①] 提出：马克思主义城乡融合思想对城乡文化统筹发展有重要的启示，是对上述马克思主义文化思想在中国经济领域的具体分析。他指出，马克思主义经典作家在论述城乡关系时，从历史唯物主义的角度批判地吸收圣西门、傅立叶和欧文等空想社会主义学者关于城乡关系和发展的观点，在肯定了城市的出现、城乡功能分离的合理性、必然性和进步性的基础上，提出了自己的城乡融合的思想。而城乡文化一体化是城乡一体化的重要内容，也是城乡一体化发展的重要途径，这对我们正确处理城乡关系、推动城乡协调发展具有重大的现实意义。

李震（2011）[②] 对马克思主义视域下从科技生产力到文化生产力的变动进行了分析。他认为，改革开放初期，邓小平明确提出了科学技术是生产力，而且是第一生产力的论断，并以此有效地推动了中国综合国力的全面增长和文明程度的整体提升，在理论上合理地丰富和发展了马克思主义。30 多年后的今天，中国实质上已经将文化当作一种重要的生产力。作为生产力，文化与科技有着明显的区别。科技在本质上是一种工具，也是一种公器。而文化既不是工具，也不是公器。而是一个民族，或者一个种群共同遵守的约定，可以说是一种公约。科技不具备意识形态属性，而文化具有很强的意识形态属性。因此，文化是一种与科技完全不同的生产力，它既是生产资料，又是生产工具，也是生产者本身的一部分。这是从社会主义核心价值体系、创新性、人才支撑、满足人民文化需求等方面阐发了文化这一生产力的基本属性。这些论述，在很大程度上丰富和发展了马克思主义的基本理论，体现了中国共产党践行马克思主义中国化的坚实步伐和创新能力。

8. 关于马克思主义经济学主流地位的研究的创新观点

胡培兆（2013）[③] 指出，在建设中国特色社会主义的历史进程中，我国经济学界没有理由奉当代西方经济学为主流经济学，再甘愿做它的小学生；相反，应当在创建与建设中国特色社会主义相适应的中国经济学中堂堂正正地做令世界刮目相看的中华民族复兴的学者。政治经济学在我国衰落，主要责任是我们马克思主义经济学研究者没能紧跟时代潮流，而习惯

---

① 沈妩：《马克思主义城乡融合思想与城乡文化一体化发展》，《求索》2013 年第 11 期。

② 李震：《从科技生产力到文化生产力：马克思主义中国化的新进展》，《陕西日报》2011 年 12 月 25 日。

③ 胡培兆：《马克思主义经济学的主流地位不可动摇》，《政治经济学评论》2013 年第 4 期。

于固步自封，著作缺乏时代感。创新是灵魂。马克思主义经济学界只要顺应浩浩荡荡的改革开放大潮，奋勇进入理论前沿阵地，努力开拓、创新，夺取理论制高点，发挥理论创新的先进性和权威性的引领作用，就必定能坚守住主流地位。

洪银兴（2012）[①] 指出，马克思主义经济学的主流地位体现在其时代化和创新的过程中。马克思创立的经济学所阐述的未来社会基本特征或基本规定性对社会主义国家的发展起着指导作用，但仍然需要我们根据具体实践进行理论创新。这有两个方面的原因：一方面，马克思当时预见的社会主义经济制度的特征与现实的社会主义经济实践存在较大差别。尤其是在半殖民地半封建社会基础上建立的社会主义中国，在实践中不能教条式地照搬马克思的一些具体论述；另一方面，马克思只论述了未来社会的基本特征，而没有也不可能具体阐述未来社会的经济体制。我们在现实中发展和创新社会主义经济制度和经济体制的过程，就是马克思主义关于社会主义经济的基本原理与中国经济实践相结合的过程，就是马克思主义经济学时代化的过程。

关柏春（2012）[②] 指出，马克思主义经济学的主流地位需要马克思主义经济学现代化。具体而言，实现马克思主义经济学的现代化是要揭示现实社会的本质关系，要防止把它引导到“应用化”“数学化”的方向，引导到“应用研究”“政策研究”的方向上去的做法。需要解决三大理论难题，第一，从社会主义市场经济现实出发证明劳动具有商品的性质；第二，马克思认为资本家所得利息属于剥削收入，那么，社会主义劳动者所得利息是什么性质呢？第三，如何解释经营者与劳动者相互需要、相互依赖、互利双赢的过程，如何解释这种新的劳资关系？关柏春认为，解决了上述三个理论难题，也就找到了实现马克思主义经济学现代化的路径。而只有经过理论现代化的马克思主义经济学才能由革命的经济学转变成建设的经济学，才能摆脱被边缘化的状况，迎来辉煌的新生。

何自力（2010）[③] 指出，阶级性、实践性、历史性和价值导向性相统

---

① 洪银兴：《马克思主义经济学的时代化》，《人民日报》2012 年 10 月 31 日。

② 关柏春：《从革命到建设：马克思主义经济学的现代化路径》，《中国社会科学报》2012 年 9 月 21 日。

③ 何自力：《论马克思主义经济学的独特品质及其主流地位》，《天津商业大学学报》2010 年第 5 期。

一是马克思主义经济学的独特品质，它决定了马克思主义经济学是科学的经济分析体系。当代资本主义发展的实践已经证明西方经济学方法论和基本理论存在严重缺陷，它不应该也不可能取代马克思主义经济学成为主流经济学。建设中国特色社会主义必须坚持马克思主义经济学的主流地位，使马克思主义经济学在中国社会主义现代化建设和改革开放中发挥主导作用。要做到这一点，一方面必须毫不动摇地坚持马克思主义经济学的立场、观点和方法，另一方面必须推动马克思主义经济学的发展和创新。

三　近期马克思主义经济学的研究呈现出的主要特征

1. 紧密联系我国改革开放与社会主义市场经济建设的实际，积极探索马克思主义经济学的中国化，初步形成了一个比较完整的中国特色社会主义经济学理论体系

十八届三中全会对社会主义市场经济体制的进一步明确定位，使马克思主义政治经济学研究的本土化、规范化、中国化研究找到了新的着力点。马克思主义政治经济学的中国化进程将继续为中国特色社会主义经济理论体系的形成与发展贡献力量。表现在：中国的马克思主义学者们将继续以马克思主义经济学的理论范式为基础，对中国经济改革与经济发展中的重大现实问题进行深入的研究，围绕生产力与生产关系、社会主义生产目的、市场经济的实质与特征、国有经济的地位与作用、现代企业制度的内涵和形式、社会主义条件下深化对劳动和劳动价值理论的认识、按劳分配与按生产要素分配的关系、经济全球化的实质与对外开放的战略和走新型工业化道路等问题，分析市场在资源配置中起决定作用的具体表现，以及政府作用的不同定位。这些讨论将有力地推动马克思主义经济学中国化的进程。

2. 批判性地研究和借鉴现代西方经济学的理论与方法，把马克思主义政治经济学理论与中国改革开放的实践相结合进行理论创新，不断推进马克思主义经济学的创新与发展

马克思主义经济学的创新特征在这一时期表现在：（1）对马克思主义经济学理论进行深入学习和研究，并与中国的改革开放实践相结合进行理论创新，逐步创立中国特色的社会主义经济学理论体系；（2）对现代西方经济学进行批判性研究和借鉴。因此，马克思主义经济学与西方经济学两大理论体系的比较研究以及马克思主义经济学的创新和发展研究，成为这一时期理论研究的两个最重要的专题。例如，关于价值转形、劳动生产率与价值量的关系以及利润率下降等具体的热点问题，国内外马克思主义经济学家们或多或少都引入了西方经济学的分析方法加以深入研究，这些都是有新意的研究方式。

随着改革开放的深入，特别是西方经济学的大规模引入和海归经济学者的增多，西方经济学理论体系的力量在我国逐渐加强，两大理论体系的比较研究成为经济学界研究的重要问题。讨论的主题有：两大理论体系的区别与联系；研究方法以及相关理论的比较；西方经济学的可借鉴之处等。

一般认为，马克思主义经济学注重历史的、本质的、规范的和质的分析；西方经济学注重现状的、现象的、实证的和量的分析。要全面认识和把握客观事物，必须把它们的历史和现状、本质和现象、规范和实证、质和量的分析综合起来。因此，要在坚持马克思主义经济学主导地位的同时，批判地吸收西方经济学的合理成分，只有把两种理论中有利于生产力和市场经济的积极因素综合起来，并用以指导实践，才能使社会主义经济更好地健康发展。关于如何创新和发展马克思主义经济学的研究主要围绕以下几方面问题：对传统马克思主义经典理论的缺陷及传统马克思主义研究方法的深刻反思；关于马克思主义经济学创新必要性、创新路径的研究；关于马克思主义经济学研究对象、研究方法创新及研究范式的重构；马克思主义经济学中国化问题研究。

多数学者认为，任何科学的理论都是时代的产物，马克思主义政治经济学也不例外。马克思主义政治经济学创立的时代是工业化初期。当今人类进入工业化后期，应该认识到马克思主义经济学的经典理论也具有历史的局限性。马克思主义政治经济学能否创新，也关系到马克思主义的生命力，关系到社会主义的前途命运。要实现马克思主义经济学理论的创新，必须坚持实事求是，一切从实际出发，把马克思主义基本原理与中国的实际相结合；同时必须充分吸收人类社会创造的一切文明成果。正如恩格斯所说："马克思的整个世界观不是教义，而是方法。它提供的不是现成的教条，而是进一步研究的出发点和供这种研究使用的方法。"[①] 因此，坚持马克思主义经济学从根本上来说，就是要坚持以历史唯物主义和唯物辩证法为基础的这种分析范式、理论框架或方法论原则，坚持马克思主义指导地

① 《马克思恩格斯全集》（第 39 卷），人民出版社，1974 年，第 406 页。

位必须坚持马克思主义的与时俱进的品格，不断推进马克思主义经济学的创新与发展。

3. 逐步摆脱传统政治经济学研究中的“教条主义”方法，积极构建中国马克思主义经济学研究的新范式，实现马克思主义经济学研究的“创造性转化”

韩国马克思主义经济学学者金炯基（2013）的观点颇具新意。[①] 他认为，经典马克思主义经济学虽然是永恒的，但也有其局限性，需要尝试融合多种方法论，大幅创新研究范式，提出马克思主义经济学范式创新的议程，并在此基础上提出革新马克思主义经济学方法论的研究计划。新马克思主义经济学的研究规划主要包括：（1）应发展一种可以综合确认人类作为社会关系的整体和社会关系的自主主体的方法论；（2）找到特定的可以综合识别集体斗争和个人选择这两个经济主体的行为模式的方法，来阐明微观经济现象和宏观经济现象之间的相互作用；（3）应该在“复杂劳动—使用价值—价值—剩余价值”而非“简单劳动—价值—剩余价值”关系的基础之上，分析资本主义；（4）应该阐明“再生产—生产—消费”循环中的关系；（5）创建一种能够充分认识国家、市场和市民社会的方法论，对资本主义替代模式的发展能提供有效的政策指导；（6）需要创建一种能够阐明“使用价值—熵—生态系统”的关系的方法，从而有助于克服生态危机。

显然，进入中国社会主义市场经济改革的新阶段，马克思主义经济学的创新力度应当更大、更明确。应当指出，必须把原有的以苏联为代表的政治经济学范式和以新古典主义为代表的西方经济学杂糅起来的政治经济学双轨制研究思路彻底抛弃，找到不回避当代中国社会经济发展的现实矛盾，且关注资本主义经济发展新趋势的马克思主义经济学的新研究范式。

新范式的基本方法是唯物辩证法，但须在研究内容和思路上实现“创造性转化”，全方位地创新马克思主义经济学。首先，不能把资本主义生产关系和经济制度视为一般和永恒的范畴与“洋教条”，也不能把社会主义市场经济体制改革的既有成果当作一成不变的教条，应发挥马克思主义经济学与时俱进的时代特征。其次，应进一步重视结构分析方法、制度分析方法、数理分析方法等超越从传统抽样到具体逻辑演绎的研究方法，不拘一

① 金炯基：《马克思主义经济学的局限性和创新议程》，《学术月刊》2013 年第 8 期。

格地提高马克思主义经济学研究手段的现代化水平。最后，构建现代马克思主义经济学范式还应当遵循以下三条基本原则：一是以马克思经典范式为基础，坚持马克思主义经济学的“硬核”，即基于历史唯物主义世界观的基本信念与价值观，基于唯物辩证法科学方法论的分析方法以及马克思主义经济学的基本假设与基本原理；二是以现代经济社会问题为导向，构建现代马克思主义经济学；三是以西方经济学的方法、成果为借鉴，构建马克思主义经济学综合范式。[①]

① 于金富：《构建现代马克思主义经济学范式》，《马克思主义研究》2008 年第 4 期。

2010～2013年我国政治经济学研究关注的主要问题

李怡乐*

近三年来，面对国内外经济和社会形势复杂而迅速的变化，我国政治经济学界的研究不仅直面最前沿的问题进行深入探讨，也积极展开与其他学科的对话和交流，在理论与方法两个层面寻找突破。在这一背景下，我国政治经济学的研究视野得到了极大拓宽，研究方法获得了即时更新，针对具体问题在研究的理论深度和实践意义方面都获得了很大的进展。在本部分中，我们将介绍2010～2013我国政治经济学界关注的主要问题，梳理研究者们在各个具体问题上提出的最新观点，以期展现中国政治经济学研究的最新智慧，促进学界同人们的相互交流。

一　政治经济学基本理论问题研究

（一）劳动价值论

劳动价值论是政治经济学的基本理论问题。面对经济和社会发展过程中愈加复杂的劳动分工，我们如何利用劳动价值论解释纷繁复杂的经济活动在价值创造和实现过程中的作用，是政治经济学长期面临的重大现实问题和理论挑战。近年来我国学者围绕这一问题也进行了更为具体和与时俱进的研究。

（1）“广义价值论”之争。表现之一是围绕着“广义价值论”的研究、争论和批判。蔡继明（2010）吸收新古典和斯拉法的价值理论，对“广义

* 李怡乐（1986～），女，西南财经大学讲师，博士研究生，硕士生导师。研究方向：当代资本主义经济。

价值论”作了进一步阐发；[①] 蔡继明、李亚鹏（2011）继续对基于劳动异质性的广义价值论进行表述，并从劳动异质性的角度对劳动价值论，以及简单劳动和复杂劳动的折算作了新的解释。[②] 王小军（2012）则对“广义价值论”进行了批评，认为价值由两种社会必要劳动时间共同决定的观点是错误的，是把马克思的价值理论等同于西方主流经济学的价格均衡论，将供求引入了价值决定。[③] 陈文通（2013）认为不能将劳动价值论拓宽，拓宽的实质是将一切社会关系视为商品交换关系，在理论上是不科学的，也没有实践意义。[④] 与此同时，何炼成（2010）结合科技革命的新形势和我国改革开放的实践，提出了进一步深化对社会主义和社会主义劳动的认识。[⑤] 鲁品越、桂徽（2010）尝试构筑了创新型劳动的价值创造模型。[⑥] 杨戈和杨玉生（2010）强调了区分生产劳动与非生产劳动对于认识价值扩张、资本积累、政府干预分配以及资本主义经济发展的新趋势等都具有重要意义。[⑦]

（2）价值到价格的转形问题。以劳动价值论为基础，如何处理好理论上价值到价格的转化以及现实中价值与价格的关系，是学界长期致力于研究的问题。近年来我们看到中国学者继续在“转形问题”上展开讨论，做出了更多精细化的研究。荣兆梓（2009）批评了西方经济学对劳动价值论内涵的误解导致萨缪尔森在推倒转形公式时使用了不恰当的劳动消耗系数得出了错误的结论。[⑧] 丁堡骏（2010）认为将再生产平衡作为转形研究的基本条件是不正确的，应将平均利润公式作为转形分析的不变性方程。[⑨] 冯金华（2010）在对既有转形模型进行审视的基础上质疑了转形问题本身是否存在。[⑩] 张忠任（2012）从转形问题出发，分析了供求因素在价值决

① 蔡继明：《从狭义价值论到广义价值论》，格致出版社，2010。

② 蔡继明、李亚鹏：《劳动异质性与价值决定》，《经济学动态》2011年第4期。

③ 王小军：《广义价值论批判》，《当代经济研究》2012年第3期。

④ 陈文通：《劳动价值论不宜拓宽》，《经济纵横》2013年第1期。

⑤ 何炼成：《社会主义社会劳动和劳动价值论新探》，社会科学文献出版社，2010。

⑥ 鲁品越、桂徽：《创新型劳动的价值创造模型》，《经济学家》2010年第3期。

⑦ 杨戈、杨玉生：《生产劳动和非生产劳动与当代资本主义》，《当代经济研究》2010年第3期。

⑧ 荣兆梓：《转形理论的现代表达及转形问题的最终解决——评萨缪尔森的〈奥卡姆剃刀〉》，《经济学动态》2009年第10期。

⑨ 丁堡骏：《再生产平衡条件公式是如何被引入转形研究领域的》，《当代经济研究》2010年第4期。

⑩ 冯金华：《生产价格会偏离价值吗?》，《经济评论》2010年第3期。

定中的作用，提出决定商品价值量大小的始终是第一种社会必要劳动时间。[①] 余斌（2013）剖析了斯蒂德曼联合生产研究中的三个根本性错误，并且针对斯蒂德曼所举的数值例子，给出了更符合马克思原意的纠正性解答。[②] 王今朝、龙斧（2012）探讨了劳动价值论作为价格决定性理论的基础。区别了应然价格和实然价格（即市场价格），在一一映射和利润率相等的假设下，证明了应然价格应该是价值的截距为 0 的仿射变换。由价值所决定的应然价格应该成为衡量任何一个社会实然价格合理性的标尺，劳动价值论可以成为中国未来进行价格管理制度安排的理论基础。[③]

（3）价值量的决定问题。有关商品价值量的决定问题也在近年间引起了学者们一轮热烈的讨论。李炳炎（2010）分析了社会必要劳动时间的四种含义，并重新探讨了商品价值量的决定规律。[④] 冯金华（2013）证明了社会必要劳动时间决定商品价值量的基本原理同时适用于单一生产和联合生产，只要所涉及的联合产品都是稀缺的有用物品，则它们包含的社会必要劳动量或单位价值量都将大于零。[⑤]

2011 年之后关于“成正比”的理论研讨正式展开。“成正比”理论是指劳动生产率和单位时间创造的价值量成正比的理论。孟捷（2011）梳理了成正比理论的核心观点，包括：（1）在商品按价值出售的前提下，把生产率进步带来的超额剩余价值归因于单位时间创造了更多价值；（2）成正比规律与成反比规律并不矛盾，成正比是以成反比为前提的，两者是由同一原因带来的同时并存的规律；（3）成正比规律不仅存在于个别企业的层面，还可在一定条件下推广到部门和国民经济的层次。[⑥]

对“成正比”持支持意见的观点和论证主要有：张忠任（2011）讨论

---

① 张忠任：《商品价值量决定与两种含义社会必要劳动时间》，《当代经济研究》2012 年第 2 期。

② 余斌：《斯蒂德曼讨论联合生产条件下价值决定问题的主要错误与纠正》，《经济纵横》2013 年第 4 期。

③ 王今朝、龙斧：《马克思价值决定价格理论的数理阐释——对中国价格管理体制的一种思考》，《马克思主义研究》2012 年第 11 期。

④ 李炳炎：《商品价值量的决定规律新探——论社会必要劳动时间的四层含义》，《经济学家》2010 年第 10 期。

⑤ 冯金华：《单一生产、联合生产与价值决定》，《学习与探索》2013 年第 1 期。

⑥ 孟捷：《劳动生产率与单位时间创造的价值量成正比的理论：一个简史》，《经济学动态》2011 年第 6 期。

了三个看似矛盾的命题：劳动生产率与商品价值量成正比，商品的价值量与体现在商品中的劳动量成正比，与这一劳动的生产率成反比。并在此基础上对现实经济问题进行了解释。[①] 孟捷（2011）在劳动价值论的前提下，论证了价值创造中劳动和资本可能存在的正和关系。在工人技能长期提升的历史趋势背景下论证了劳动生产率与单位时间创造的价值量成正比的理论，将其运用于分析以技术变革和劳动复杂程度提高为基础的价值形成过程，与正和关系成立的条件。[②] 朱殊洋（2013）对程恩富教授"新的活劳动创造价值"的假说进行了数理验证，认为劳动生产率和价值量之间存在正比关系，探讨了劳动复杂度与价值、劳动复杂度与劳动生产率的关系，对形成价值的劳动的概念进行了扩展。[③]

对"成正比"持反对意见的论证主要有：余斌、沈尤佳（2011，2012）回到马克思的文本当中，重新梳理了"有效劳动系数""价值转换"等术语的含义，[④] 并且认为社会生产率水平与劳动强度、劳动复杂程度没有直接的关系。[⑤] 王朝科、郭凤芝（2012）重新提出了在"同一部门""同一劳动""同一时间"的假定下，在遵循"商品的价值与凝结在商品中的劳动量成正比""同一劳动在同一时间内提供的价值量总是相同的"的定理下，"成反比"理论必然成立的结论。质疑了"成正比"理论的存在性。[⑥] 冯金华（2012）批评"成正比"理论混淆了社会必要劳动和有效劳动，并把后者当成了决定价值的劳动；混淆了劳动量的变化和劳动生产率的变化以及二者对单位商品价值量的不同影响。"成正比"的推论过程违背了劳动价值论本身。[⑦] 白瑞雪、白暴力（2012）构造的模型显示了劳动生产率提高会出现使用价值与价值、价格和价值的对立运动，使用价值会增加，而

① 张忠任：《劳动生产率与价值量关系的微观法则与宏观特征》，《政治经济学评论》2011年第2期。

② 孟捷：《劳动与资本在价值创造中的正和关系研究》，《经济研究》2011年第4期。

③ 朱殊洋：《对"新的活劳动形成价值假说"的数理分析》，《马克思主义研究》2013年第5期。

④ 余斌、沈尤佳：《论一定长度的工作日表现为相同的价值产品——回应成正比争议的第1个命题》，《教学与研究》2011年第11期。

⑤ 余斌、沈尤佳：《论单位商品价值量下降规律——回应成正比争议的第2个命题》，《教学与研究》2012年第3期。

⑥ 王朝科、郭凤芝：《也论〈劳动生产率与单位时间创造价值量成正比〉》，《教学与研究》2012年第5期。

⑦ 冯金华：《商品价值量的变化与某些"成正比"观点的误区》，《教学与研究》2012年第5期。

价值会减少，商品价值会降低，而价格会提高。①

（4）劳动价值论的其他研究。针对劳动价值论的方法论意义、劳动价值论中核心概念的释义以及价值函数的构建等问题，政治经济学界的学者们也做出了许多创新性的研究。裴宏（2012）分析马克思劳动价值论的“分析起点”和“逻辑结构”，并结合一定的思想史素材，论证了马克思的劳动价值论包含着“实体”和“形式”的对偶，并在这个观点下对马克思的劳动价值论进行了解释。② 许光伟（2013）对裴宏的研究进行了点评和深化，提出真正含义的马克思劳动价值论是实践态的历史理论，一是归根到底要指向真实对象——历史生产；二是它形成历史与逻辑统一的具体方式是将理论和认识始终看作“被生产的”，服从一个总的认识对象范畴——生产关系。③

刘召峰（2013）以“劳动的耗费、凝结与社会证成”为中心线索，对价值的概念、生产劳动的三重含义、两种社会必要劳动时间的关系、“价值转形”中的真实问题和理解误区做出了有益的诠释和解读。④ 王朝科（2012）总结了既有的基于劳动价值论的价值函数构造，并且提出了价值函数构造中应具有的基本共识：劳动二重性和商品二因素理论是价值函数的理论基础；价值函数应同时包含价值创造和价值形成的过程；处理好价值函数和生产函数的关系。⑤ 张开（2013）探讨了等量劳动互换的两种形式——等价交换和按劳分配，价值的实体是抽象的人类劳动或社会必要劳动时间；按劳分配的实体则是直接的社会一般劳动，这种差别则根源于所有制的不同。⑥

（二）利润率问题研究

利润率是马克思主义经济学的宏观研究中最为核心的指标，直接显示

① 白瑞雪、白暴力：《劳动生产率与使用价值、价值和价格变化的辩证关系》，《政治经济学评论》2012 年第 3 期。

② 裴宏：《马克思实体与形式对偶的劳动价值论》，《政治经济学评论》2012 年第 1 期。

③ 许光伟：《是矛盾的对偶，还是历史的发生？——兼评〈实体与形式对偶的劳动价值论〉》，《政治经济学评论》2013 年第 3 期。

④ 刘召峰：《“从抽象上升到具体”与马克思的劳动价值论——以“劳动的耗费、凝结与社会证成”为中心线索的解读》，《政治经济学评论》2013 年第 4 期。

⑤ 王朝科：《基于劳动价值论的价值函数研究述评》，《政治经济学评论》2012 年第 3 期。

⑥ 张开：《等量劳动互换的两种形式：等价交换和按劳分配》，《政治经济学评论》2013 年第 4 期。

了资本主义经济变化发展的特征，同时一般利润率的长期变化趋势也将反映资本主义生产方式的内在矛盾和发展规律。西方学者关于“一般利润率下降”所做的研究特别体现在围绕“置盐定理”展开的讨论。对此，国内学者也进行了积极深入的研究。骆桢（2010）综述了围绕置盐定理的各种争议，澄清了置盐定理与马克思的论述的本质区别，构造了符合置盐定理思想却导致一般利润率下降得以实现的“反例”，并且推倒了技术创新导致利润率下降的约束。[①] 余斌（2012）指出置盐信雄过于关注成本，以成本准则取代利润准则，使他所分析的利润率下降模型将资本的贬值归入平均利润率下降的范畴。[②] 谢富胜、李安、朱安东（2010）的研究则基于对利润率指标的深入考察来分析现实经济体的运行，他们利用包含了劳资斗争、价值实现和有机构成三因素的利润率公式，借助美国非金融部门和金融部门利润率变化的经验数据，综合解释了利润率波动或下降的根源以及经济危机发生的机理。[③] 刘灿、韩文龙（2013）综述了当代西方马克思主义经济学对于利润率变化规律的研究，在有机构成和剩余价值率变化以外，近期研究考虑了真实工资率、劳动生产率、生产性劳动和非生产性劳动的比例变化、社会制度和冲突的积累，以及人口统计学等因素对于利润率变化的作用。[④]

（三）虚拟经济运行规律研究

针对虚拟经济在现实经济发展中愈加突出的地位和影响，以及给资本主义生产方式运行带来的新特征，理论界对虚拟经济运行的内在机理、研究虚拟经济现象的方法与路径以及虚拟经济和资本主义危机的关系进行了更深入的探讨。刘骏民（2011）描述了当前虚拟经济直接创造GDP，并导致美国经济中的就业岗位创造与GDP创造严重脱节的状况，这一状况使假定GDP创造与就业创造一致的经济增长理论完全脱离了美国现实经济。马克思关于资本均衡配置先于价格决定从而先于资源配置的理论为构建更符

---

① 骆桢：《对“置盐定理”的批判性考察》，《经济学动态》2010年第6期。

② 余斌：《平均利润率趋于下降规律及其争议》，《经济纵横》2012年第9期。

③ 谢富胜、李安、朱安东：《马克思主义危机理论与1975～2008年美国经济的利润率》，《中国社会科学》2010年第5期。

④ 刘灿、韩文龙：《利润率下降规律研究述评——当代西方马克思主义经济学研究的新进展》，《政治经济学评论》2013年第4期。

合实际的资源配置理论提供了重要启示。一个正在形成的虚拟经济研究的基础理论框架可以通过建立包括描述货币变量直接创造 GDP 的经济增长理论有条件地承认“货币非中性”，在客观描述虚拟经济资金配置功能和风险积聚与配置功能的基础上重建资源配置的一般均衡理论。[①] 刘晓欣（2011）利用虚拟经济的独特运行方式和资本积累的特殊方式来解释金融危机的发生。美国核心经济从制造业转向金融和地产业导致了经济运行方式的改变，而价值化积累则为金融资产的膨胀、流动性膨胀以及投机活动铺平了道路。[②] 杨继国（2013）认为虚拟经济帮助实体经济部门不能正常回流的过剩资本找到了新的相对独立的运行空间，然而货币资本回流规律强行把虚拟经济领域的货币资本拉回到了它的真正起点——实体经济的货币资本。强制回流的过程也是虚拟经济条件下新型经济危机爆发的过程。发展中国家应对虚拟经济发展进程进行严格监控，保持货币政策的相对独立性和有效性，避免发达国家通过虚拟经济危机对发展中国家的财富进行再分配。[③]

（四）基本理论的综合拓展研究

基本理论研究是政治经济学研究的骨骼，与此同时，利用马克思主义经济学的基本理论解释现实前沿问题是学科自身保持活力与不断发展的必由之路。近年来，政经学界在基本理论的现实应用研究中取得了很多新的成果，不仅深入挖掘了理论自身的内涵，拓展了应用的范围，也为决策者提供了有益的政策建议。

（1）资本循环和周转：社会再生产基本理论的拓展研究。任治君等（2010）运用马克思资本循环理论对利息的变动趋势和波动进行了分析。[④] 齐新宇等（2010）在马克思再生产基本模型中加入了政府部门，分析了其行为对再生产实现条件的影响。[⑤] 宋晓舒（2010）将研发费用引入扩大再生产模型，探讨了解决消费品过剩的途径。[⑥] 王朝明、李西源（2010）提

① 刘骏民：《经济增长、货币中性与资源配置理论的困惑——虚拟经济研究的基础理论框架》，《政治经济学评论》2011 年第 4 期。

② 刘晓欣：《个别风险系统化与金融危机——来自虚拟经济学的解释》，《政治经济学评论》2011 年第 4 期。

③ 杨继国：《货币资本回流规律与虚拟经济危机》，《当代经济研究》2013 年第 5 期。

④ 任治君、牟新焱：《信用经济条件下的利率模型探索》，《当代经济研究》2010 年第 6 期。

⑤ 齐新宇、徐志俊：《政府行为对两大部类增长率的影响》，《马克思主义研究》2010 年第 3 期。

⑥ 宋晓舒：《考虑研发费用的扩大再生产模型研究》，《当代经济研究》2010 年第 3 期。

出了可根据马克思关于社会总产出中用于满足公共需要方面的阐述构建马克思主义的公共产品理论的观点。[①] 陈少克、陆跃祥（2012）提出在两大部门经济平衡模型中要加入课税因素时，必须通过全面、整体性的课税结构组合来维持平衡。面对随时会改变原有平衡的资本有机构成变化，课税结构的设置需要加入科学的自动稳定机制。[②]

（2）地租理论和空间的生产。谢地（2012）重温了马克思和恩格斯对资本主义条件下土地与住宅问题的论述和对社会主义的土地及住房制度的构想。以此为基础反思了我国在处理土地和住宅问题上的经验、教训，提出了深化土地和住宅制度改革的建议。[③] 孙秋鹏（2013）在马克思地租理论的视角内讨论了在政府征收宅基地的过程中，如何保障农户参与地租分配的权利。[④] 范瑛（2013）从理论基础和方法论两个方面总结了马克思主义对新马克思主义城市空间理论的贡献，从城市空间批评的角度探讨了马克思主义的当代价值和对待马克思主义的科学态度。[⑤] 朱江丽（2013）在新马克思主义空间生产理论的视角下，通过分析资本全球性空间生产对世界城市化进程的影响及拉美地区“过度城市化”陷阱，提出中国特色社会主义城市化道路应坚持城市群和城镇两种城市化主体形态空间协调发展和以人为本的社会主义城市化方向。[⑥] 陆夏（2013）尝试了对地租理论的拓展应用。她提出劳动者对自身劳动力的所有权的垄断可以使劳动者获取类似地租的劳动租金收入，在劳动价值论基础上，建立了一个现代市场经济中的劳动者薪酬福利体系的分析框架。[⑦]

（3）从劳动地域分工到区域经济发展。丁任重、李标（2012）解读了

① 王朝明、李西源：《马克思主义公共产品及其构建性价值》，《当代经济研究》2010年第7期。

② 陈少克、陆跃祥：《课税结构、价值流动与经济平衡——一个马克思经济学的分析框架》，《马克思主义研究》2012年第7期。

③ 谢地：《马克思、恩格斯土地与住宅思想的现代解读——兼及中国土地与住宅问题反思》，《经济学家》2012年第10期。

④ 孙秋鹏：《地方政府征收宅基地过程中的利益分配问题探讨——基于马克思地租理论的视角》，《马克思主义研究》2013年第11期。

⑤ 范瑛：《城市空间批判——从马克思主义到新马克思主义》，《政治经济学评论》2013年第1期。

⑥ 朱江丽：《资本全球性空间生产与中国城市化道路探索》，《马克思主义研究》2013年第11期。

⑦ 陆夏：《劳动租金论与劳动者薪酬福利的理论解析》，《马克思主义研究》2013年第3期。

马克思的劳动地域分工理论中蕴含的生产力均衡布局、协调配置、工农结合、城乡结合等理论原则，在此基础上解读了我国区域经济格局变迁的历史路径并提出了构建外向型的外围经济带、以外带内的经济走廊等政策建议。[①]

（4）马克思主义经济学的竞争理论。高峰（2012），[②] 孟捷、向悦文（2012）[③] 集中讨论了马克思主义经济学的竞争理论，分析了马克思本人强调的资本主义基本经济制度对于竞争的影响，和后来的马克思主义经济学家更多探讨的各种中间层次的制度形式对于竞争的影响。

（5）马克思主义经济学的宏观研究方法。赵峰等（2012）提出新古典和凯恩斯理论基础上的国民账户体系很难直接用于进行政治经济学研究，并尝试在马克思主义国民经济核算理论的基础上，在中国现有国民经济核算体系下，对投入产出表进行调整获得政治经济学所需要的核算数据，并以此计算了 1987 年以来政治经济学中的一些重要经济指标。[④] 刘小怡（2013）认为马克思事实上已经系统论述了商品市场均衡、货币市场均衡、商品市场与货币市场的相互影响，这样已经构建了他自己的宏观经济模型。马克思的宏观经济模型对于市场经济条件下政府运用货币政策干预宏观经济运行具有重要的现实指导意义。[⑤] 李哲（2013）以商品、资本和信用三大要素为中心构建马克思的均衡和非均衡理论，旨在揭示资本主义生产方式固有矛盾和社会总供求非均衡的必然性。[⑥]

此外，宋树理（2013）用动态博弈模型演示了马克思关于发达国家和欠发达国家间的不平等交换关系的思想。[⑦] 刘坤（2013）讨论了剩余价值率和单位劳动成本之间的反比关系。保持劳动生产率不变，低工资国家的

---

① 丁任重、李标：《马克思的劳动地域分工理论与中国的区域经济格局变迁》，《当代经济研究》2012 年第 11 期。

② 高峰：《关于马克思主义竞争理论的几个问题》，《中国人民大学学报》2012 年第 6 期。

③ 孟捷、向悦文：《竞争与制度：马克思主义经济学的相关分析》，《中国人民大学学报》2012 年第 6 期。

④ 赵峰、姬旭辉、冯志轩：《国民收入核算的政治经济学方法及其在中国的应用》，《马克思主义研究》2012 年第 8 期。

⑤ 刘小怡：《马克思的 IS－LM 模型及其现实意义》，《经济学家》2013 年第 10 期。

⑥ 李哲：《论商品、资本与信用及其相互关系——兼论马克思均衡和非均衡理论的当代价值》，《马克思主义与现实》2013 年第 3 期。

⑦ 宋树理：《马克思国际不平等交换思想的动态博弈新解》，《当代经济研究》2013 年第 5 期。

低单位劳动成本意味着高剩余价值率和相对剩余价值的取得，由此推论出经济全球化条件下资本输出可以提高剩余价值率，为资本带来相对剩余价值。[①]

二　政治经济学重要概念解析

在《资本论》序言当中马克思这样说，“我要在本书研究的，是资本主义生产方式以及和它相适应的生产关系和交换关系”。这意味着对“生产方式”的正确理解是我们明确政治经济学研究对象必须要解决的问题。近年来，几位著名学者再度就“生产方式”的概念展开了热烈的讨论。林岗（2012）解读了“生产方式”在不同语境中的三种含义：在《资本论》中表示生产力的生产方法或劳动方式；社会生产关系；作为生产力和生产关系统一体的社会经济形态。[②] 高峰（2012）将“生产方式”的基本用法分为社会生产的类型或社会生产的劳动方式。“资本主义生产方式”可以被理解为“资本主义劳动方式”，以生产力的社会化发展为基础且被资本主义生产方式塑造，同时体现劳动的技术方式和社会方式。研究资本主义劳动过程，就是对资本主义生产方式的研究。[③] 吴宣恭（2013）指出，将生产方式定义为结合方式或劳动过程、劳动方式都无法说明它是独立于生产关系之外同生产力、生产关系并列而且决定生产关系的中介环节。否定政治经济学以社会生产关系为研究对象，极易导致否定社会主义公有制的错误。[④]

此外，孟捷（2013）分析了马克思的三种正义概念，并基于此探讨了资本占有剩余价值在什么意义上是不符合或符合正义的。[⑤]程启智（2013）讨论了马克思生产力理论的两个维度，即要素生产力和协作生产力。[⑥] 沈越（2013）讨论了马恩著作中 Bürger 和 bourgeoisie 的译法问题。前者应为市

---

① 刘坤：《资本输出与相对剩余价值：基于劳动价值理论的分析》，《政治经济学评论》2013 年第 1 期。

② 林岗：《论〈资本论〉的研究对象、方法和分析范式》，《当代经济研究》2012 年第 6 期。

③ 高峰：《论“生产方式”》，《政治经济学评论》2012 年第 2 期。

④ 吴宣恭：《论作为政治经济学研究对象的生产方式范畴》，《当代经济研究》2013 年第 3 期。

⑤ 孟捷：《论马克思的三种正义概念——也谈资本占有剩余价值在什么意义上是不符合（或符合）正义的》，《中国人民大学学报》2013 年第 1 期。

⑥ 程启智：《论马克思生产力理论的两个维度：要素生产力和协作生产力》，《当代经济研究》2013 年第 12 期。

民，后者应为资产阶级。中译者在资产阶级一种意义上理解法文和英文的bourgeoisie，并根据它与Bürger存在对应关系，误以为后者也有资产阶级的含义。这正是人们把古典市民（或中产阶级）经济学误判为具有资产阶级性质的由来。[①]

三　劳动关系研究

劳动关系是物质资料的生产过程中人与人之间的基本关系。马克思主义经济学以历史唯物主义和剩余价值理论为基石，以劳动关系为反映人类社会生产组织方式和社会矛盾演变的核心概念。在当代马克思主义经济学的研究视野中，生产场所内微观层面的劳动过程转变反映了技术变革与劳资关系的相互作用，全社会角度的劳资关系变化则体现了资本积累的制度基础的演变。近年来，我国政治经济学界的学者们就劳动过程、阶级问题和社会主义的和谐劳动关系等问题进行了更深入的探讨。

（1）劳动关系的马克思主义研究方法探讨。刘凤义（2012）将马克思主义经济学的劳动关系分析框架界定为“技术—制度—绩效”，由此分析资本主义劳动关系的演变，以及当代资本主义劳动关系的多样性问题。[②]

（2）劳动过程的历史演变。谢富胜（2012）介绍和分析了蒙哥马利、弗里德曼和爱德华兹的劳动过程理论，展现了在资本主义发展的过程当中，雇佣劳动的反抗与管理策略动态互动的过程。[③] 谢富胜、周亚霆（2012）基于国外对知识管理和技能变化进行的理论和案例研究阐明了知识经济下资本主义劳动过程发生的某些新变化。资本主义劳动过程变革的实质是社会剩余价值的创造通过语言的、交际的和情感的网络采取了合作的互动性的方式。[④] 谢富胜、李钟瑾（2013）介绍了西方学者从劳动主体性出发对正统劳动过程研究的批判。这一浪潮将认同、性别、年龄、种族、公民权、国籍等问题引入了资本主义劳动过程理论。当主体

① 沈越：《论古典经济学的市民性质——马克思市民理论再探讨》，《经济研究》2013年第5期。

② 刘凤义：《劳动关系研究中的马克思主义分析框架——兼谈资本主义劳动关系的演变》，《马克思主义研究》2012年第9期。

③ 谢富胜：《从工人控制到管理控制：资本主义工作场所的转型》，《马克思主义研究》2012年第12期。

④ 谢富胜、周亚霆：《知识经济与资本主义劳动过程》，《教学与研究》2012年第3期。

性研究的视角返回马克思主义经济学，考虑资本积累对资本主义当事人行为的决定性时，可以使劳动过程研究重拾理论上的连贯性。[①] 宋宪萍、孙茂竹（2013）探讨了跨国流通组织凭借资本权力关系在异质空间的销售与采购建立起的结构化的劳动控制网络，认为各种网络加剧了工人阶级的分裂和分散化。[②]

（3）政治经济学视角下的阶级问题研究。孙寿涛（2011）指出 20 世纪 70 年发达国家工人职业结构白领化的实质是白领工人的无产阶级化。表现为白领工人在技能水平、收入、失业各方面与蓝领工人的趋同。[③] 姜辉（2011）认为阶级问题在当代面临着“后工业主义”“后福特主义”“后现代主义”“新政治”和“新社会运动”的挑战，应从生产关系和权力关系的本质层面来认识和理解阶级问题和阶级关系，从民族国家范围和全球范围相结合的维度来考察当代资本主义阶级关系的变化发展，从历史与现实的统一中动态考察资本主义阶级关系的演变及特征。[④]

（4）劳动者权利问题。杨晓玲（2013）认为马克思主义经济学探讨了包括劳动合作与和谐发展的商品经济一般的理论。马克思经济学关于经济权利的核心观点，关于崇尚劳动创造以及劳动者通过接受教育和训练积累人力资本的经济思想，关于生产力系统协调均衡发展的思想，以及集约化生产方式的理论等，都为我们提供了对合作、和谐劳动关系开展积极思考的理论前提。[⑤] 荣兆梓（2013）认为劳动平等是贯穿于社会生产总过程的制度规则。只是在社会主义条件下，劳动平等才取得了社会价值体系的主导权，成为社会经济体系中占主导地位的基本经济关系。社会主义市场经济条件下，提高劳动平等实现程度的任务复杂而艰难。通过公有制为主体的市场经济能够建立起全社会范围内更高程度的劳动平等。[⑥]

---

① 谢富胜、李钟瑾：《主体性与劳动过程研究的后现代转向》，《教学与研究》2013 年第 5 期。

② 宋宪萍、孙茂竹：《试论后福特制生产方式下跨国流通组织的劳动关系》，《教学与研究》2013 年第 5 期。

③ 孙寿涛：《20 世纪 70 年代以来发达国家工人阶级的“白领化”特征》，《教学与研究》2011 年第 2 期。

④ 姜辉：《论当代资本主义的阶级问题》，《中国社会科学》2011 年第 4 期。

⑤ 杨晓玲：《马克思剩余价值理论的再认识与和谐社会的构建》，《教学与研究》2013 年第 11 期。

⑥ 荣兆梓：《劳动平等及其在社会主义市场经济下的实现》，《教学与研究》2013 年第 2 期。

四　产权理论、所有制实现形式和国有企业改革的讨论

中国共产党十八届三中全会提出“公有制为主体、多种所有制经济共同发展的基本经济制度，是中国特色社会主义制度的重要支柱，也是社会主义市场经济体制的根基”。现实中能否处理好公有制经济与非公有制经济在市场中的相互关系、地位和作用，是决定中国经济发展能否坚持社会主义道路，同时保证市场竞争活力和增长动力的核心问题。对此，不仅需要学界在产权和所有制问题等基本理论研究中不断取得深化，也需要面对现实，针对理论和实践难题，做出有针对性的有效回答。近年来，以更全面、深入的产权理论研究为基础，政治经济学研究者们对公有制的主体地位，以及国有企业改革的道路都做出了很多有益的讨论。

（1）产权理论的比较研究。吴易风、关雪凌（2010）系统梳理和比较了马克思主义的产权理论和西方产权理论，在此基础上为国有企业改革的原则和路径提出了政策指引。[①] 赵义良、王代月（2013）通过对资本主义私有制产权思想的剖析重新分析了马克思产权思想的当代价值。他们提出，资本主义私有制产权思想以小私有制的存在合理性为资本主义的私有制做合理性辩护，并且回避了资本主义私有制导致人的异化、导致两极分化、导致人与自然关系的异化，并不比公有制更有效率等问题。[②]

（2）公有制经济和非公有制经济的关系。卫兴华（2010）区分了“社会主义经济制度”和“社会主义初级阶段的基本经济制度”的概念，强调了非公有制经济只能是社会主义初级阶段的基本经济制度，但不能被纳入社会主义经济制度当中。[③] 何干强（2013）论述了公有制为主体的基本规定不能被改变，党的执政基础必须是国有经济，否则将从根本上否定社会主义的公有制经济基础，改变整个共产党的阶级性质。[④] 同时，他还讨论了公有制在社会主义基本经济制度中的最低限度的问题，列举并分析了反映

① 吴易风、关雪凌：《产权理论与实践》，中国人民大学出版社，2010。

② 赵义良、王代月：《马克思的产权思想：价值取向与当代意义》，《马克思主义与现实》2013 年第 3 期。

③ 卫兴华：《坚持和完善我国现阶段基本经济制度的理论和实践问题》，《马克思主义研究》2010 年第 10 期。

④ 何干强：《“公有制为主导”论的实质——评某位权威人士的“改革建议”》，《政治经济学评论》2013 年第 4 期。

所有制结构状况的几个统计指标，提出只有在第二、第三产业中的国有经济、集体经济中的从业人员占从业人员总数的比重不低于 50%，才能说公有制经济占主体地位。并对政府提出了进一步完善所有制结构的统计指标和公开制度的政策建议。[①] 顾钰民（2012）分析了在生产力发展高度社会化、经济发展高度市场化的条件下，公有制和私有制的现代形式，现代公有制和私有制的发展，进一步验证了马克思揭示的资本主义基本矛盾运动的规律，也为我们坚持中国特色社会主义经济制度和发展中国化马克思主义经济理论提供了实践依据。[②]

（3）公有制经济主体地位的量化标准。“坚持公有制经济的主体地位”在学界既往的叙事中一般是被作为规范性的建议来提出的，近年来学者们对“主体地位”的量化标准到底是什么展开了深入的讨论，从而使现实中在调整所有制比例关系时，有了可供参考的客观尺度。赵华荃（2012）[③]以公有制经济在社会资产中占 55%～60% 为临界值，对比 2003 年和 2008 年，公有经济资产占比从 55.8% 下降到 35.2%，认为公有制的主体地位已发生动摇。郑志国（2012）[④] 则认为赵华荃的研究仅考虑了生产资料的经营性资产，是不够恰当的，应当把资源性资产和经营性资产相结合分析，这样一来，我国公有资产占社会总资产的比重达 97.13%，绝不存在公有制动摇的状况。谭劲松（2012）进一步将公益性资产纳入社会总资产和公有资产的计算当中。[⑤] 就国有经济的控制力而言，刘越（2012）从制定行业标准、研究开发新技术、在重要行业和领域定价定产五个方面分析了何谓公有制经济的控制力标准。[⑥]

（4）个人所有制问题。赵学增（2013）认为在未来社会中，土地和靠劳动本身生产的生产资料的共同占有是生活资料个人所有制的前提和基础，生活资料个人所有制是处于私人地位的生产者的经济权利的实现。社会主义初级阶段的收入差距是基本经济制度、市场经济资源配置方式和劳动者

① 何干强：《论公有制在社会主义基本经济制度中的最低限度》，《马克思主义研究》2012 年第 10 期。

② 顾钰民：《马克思主义所有制理论的时代发展》，《经济学家》2012 年第 11 期。

③ 赵华荃：《关于公有制主体地位的量化分析和评价》，《当代经济研究》2012 年第 3 期。

④ 郑志国：《怎样量化分析公有制的主体地位——与赵华荃先生商榷》，《当代经济研究》2012 年第 10 期。

⑤ 谭劲松：《公有制主体地位的衡量标准与评价体系》，《中国社会科学报》2012 年 9 月 12 日。

⑥ 刘越：《我国公有制经济占主体地位之“质”的分析》，《马克思主义研究》2012 年第 8 期。

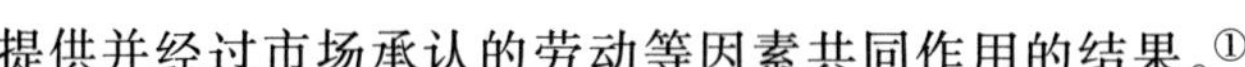

提供并经过市场承认的劳动等因素共同作用的结果。[①]

（5）国有企业发展的理论根据。刘国光（2010）认为有关国家安全和经济命脉的战略性部门及自然垄断产业，由公有制企业经营要比私有制企业能更好地体现国家的战略利益和社会公众利益。[②] 王中保（2010）认为，在马克思主义经济学视野下，国有企业创建和发展的必要性在于实现微观经济的劳动平等和宏观经济的可持续发展两个层面。这与西方经济学通过国有企业弥补市场功能缺陷的定位截然不同。我国国企改革应注重将其变为真正的全民所有制企业，完善人民与国企间的委托代理关系、监督关系和利润分享关系。[③]

（6）国有企业效率问题研究。围绕国有企业效率标准和效率问题的探讨是近年来学界关注的焦点。其中，国有企业相对于其他类型的企业应当承担的社会责任，国有企业在国民经济中应发挥的主动作用等问题都被纳入了国企的效率指标，使学界、政府和公众能够更加客观地知晓现阶段国有企业的运营状况，及其合理的改革和发展方向。

中国经济社会发展智库第五届高层论坛围绕着“做强做优国有企业的若干重大问题”展开讨论，程恩富强调了国有企业在社会主义市场经济发展中处于重要的主导地位。卫兴华认为国有企业的效率讨论必须要考虑到它所承担的社会责任，而不仅是利润率指标。[④] 宗寒（2010，2011）提出与西方国家相比，中国建立和发展国有经济不是“为了弥补市场失灵”，而是为了消灭和取代旧的社会制度，建立和发展社会主义制度的物质技术基础和生产关系基础。[⑤] 进而指出对国有企业效率问题的考察要基于它作为国民经济主导在国民经济中所发挥的作用和对国民经济长远发展的延伸效率，而不仅仅是它的一般利润水平和产值。[⑥] 张晨（2011）对国有企业效率研究的结果显示，在竞争性行业中，国有工业企业与非国有工业企业在财务效率和技术效率上均不存在显著差异；在垄断行业中，国有工业企业具有

---

① 赵学增：《劳动者的双重身份与生活资料的个人所有制——关于马克思个人所有制思想的新思考》，《马克思主义与现实》2013 年第 3 期。

② 刘国光：《关于中国社会主义政治经济学的若干问题》，《政治经济学评论》2010 年第 4 期。

③ 王中保：《国有企业改革和发展的几个理论问题》，《教学与研究》2010 年第 5 期。

④ 鄢杰：《关于做强做优国有企业的若干重大问题——“中国经济社会发展智库第五届高层论坛”综述》，《马克思主义研究》2011 年第 11 期。

⑤ 宗寒：《正确认识国有经济的地位和作用》，《学术月刊》2010 年第 8 期。

⑥ 宗寒：《正确认识国有企业的作用和效率》，《当代经济研究》2011 年第 2 期。

较高的技术效率，并保持着较快的技术进步速率。[①] 张波、张益峰（2011）的研究同时考察了国有经济和私营经济的经济效率和社会效率，指出前者的两种效率都比后者更高。[②] 赵峰、张晨、冯志轩（2012）在马克思—马格林资本积累理论的基础上提出资本积累对于经济发展的有效性需要一定的积累体制作保障。论证了国有企业的所有制优势，能够在质和量上更好地承载后发国家实现经济起飞的积累体制的要求，是后发国家资本积累的有效的制度安排。[③] 荣兆梓（2012）认为经过 30 年改革，国有经济的产权制度和经营制度已发生根本转变，国有企业经济效率正逐步提高，国有经济的相对规模和产业布局渐趋合理化。[④] 与此同时，经过实证分析，国有企业的技术效率已经赶上并超过非国企。[⑤] 丁冰（2013）以石油行业为例佐证国有企业因“行政垄断”而导致低效率或者高利润的说法都是站不住脚的，提出国有垄断企业的巨额利润，除受国际油价的影响外，主要是依靠企业职工和管理者的奋力拼搏、创新，提高效率、降低成本取得的，而不是依靠行政垄断人为地抬高价格的结果。[⑥] 项启源（2011）认为“国进民退”之争反映了两种改革观的交锋——坚持社会主义初级阶段的基本经济制度，还是否定公有制的主体地位。在国有企业经营绩效提升的背景下，所谓“国有企业效率低下”“职工福利过高”的言论本质上是对国有经济功能和效率的认识存在偏颇。[⑦] 荣兆梓（2013）讨论了国有经济和私有经济的竞争关系。认为改革至今，市场环境在公、私经济间已经没有一边倒的总体倾向性。总体看来，竞争环境的差距在缩小。私营经济在市场进入和中小企业融资方面处于劣势；国有企业则在劳动力成本、税收和非税社会负担方面处于劣势。[⑧]

（7）国有企业的改革方向。高粱（2010）提出垄断行业深化改革的目标是通过引进竞争和产权多元化，转变机制，增强获利，以增进社会福利

---

① 张晨：《国有企业是低效率的吗》，《经济学家》2011 年第 2 期。
② 张波、张益锋：《我国国有企业高效率论》，《马克思主义研究》2011 年第 5 期。
③ 赵峰、张晨、冯志轩：《试论国有企业是后发国家资本积累的有效制度安排》，《教学与研究》2012 年第 11 期。
④ 荣兆梓：《国有企业改革：成就与问题》，《经济学家》2012 年第 4 期。
⑤ 魏峰、荣兆梓：《国有企业与非国有企业技术效率的比较》，《经济纵横》2012 年第 2 期。
⑥ 丁冰：《再论正确看待国有企业的效率问题》，《马克思主义研究》2013 年第 3 期。
⑦ 项启源：《对“国进民退”争论的深入思考》，《当代经济研究》2011 年第 1 期。
⑧ 荣兆梓：《也论国有经济与私营经济的不平等竞争》，《政治经济学评论》2013 年第 4 期。

和提高国家竞争力，而不是要国有经济退出这些领域。[①] 朱安东（2011）提出确定国有经济的比重应考虑保障和实现社会公平的需要。应保障有竞争力的国有企业在竞争性领域健康发展，发挥其在提供就业、保障社会福利和提供公共服务上的作用，加强政府收入再分配和转移支付的能力。[②] 蔡万焕、何干强（2012）认为国有企业股权多元化的实质是国企的私有化和外资化，任其发展的结果将是国有资产流失，收入差距加大，以及国际金融垄断资本对于中国经济命脉的控制。[③] 陈亮（2012）认为国有企业私有化会导致共同富裕的目标难以实现，现实可行的道路是做大做强国有企业，使之承担更多的国家和社会责任，将国企改革的发展成果更好地惠及民生。[④]

五　中国特色社会主义市场经济中的分配关系

伴随着中国特色社会主义市场经济体制的改革，与之相适应的分配关系调整始终是学界面临的重大课题。近年来，有关“劳动收入占比下降”“中等收入陷阱”等问题成为大众热议的焦点。围绕着如何构建与社会主义市场经济的特定生产关系相适应的分配关系，政经学界立足于马克思主义经济学的观点不断在分配理论和分配实践两方面展开深入研究。

（1）分配理论的探讨

张俊山（2012）将初次分配和再分配的过程与结果归结为收入因生产、流通的各种关系和社会过程的各种关系而被不同社会成员所占有、实现、分割，并在他们之间转手。在这些关系的作用下，财富由简单抽象的形式逐步转化为各种具体的收入范畴，最终形成社会生产成果的占有、分布状况。[⑤]

李惠斌（2013）用洛克的劳动产权理论和马克思的劳动价值论对古典经济学中的分配理论进行修改和发展，提出了“过去的劳动”

---

① 高梁：《垄断行业和国有企业改革》，《政治经济学评论》2010 年第 3 期。

② 朱安东：《私有化与国有化：理论与现实》，《教学与研究》2011 年第 1 期。

③ 蔡万焕、何干强：《警惕改头换面的新自由主义——“国有企业股权多元化”辨析》，《当代经济研究》2012 年第 8 期。

④ 陈亮：《国有企业私有化绝不是我国国企改革的出路——兼与张维迎教授商榷》，《马克思主义研究》2012 年第 5 期。

⑤ 张俊山：《关于收入分配的几个概念的讨论》，《教学与研究》2012 年第 4 期。

“风险劳动”和“活劳动”分别参与分享企业税后利润的财富分配理论。[①]

赖普清、姚先国（2011）从劳动力产权强度的三个维度——个人变量、结构变量和制度变量——对中国劳动者在劳动关系中的弱势地位、劳动关系显著不平衡的现状进行了深入的分析，认为只有建立和谐均衡、劳资两利的劳资关系模式才可能平衡国民收入分配格局。[②]

吴宣恭（2011）从阶级分析法的角度讨论了当前的收入分配问题。他指出多种所有制结构的存在决定了现阶段中国依然存在阶级，也直接影响劳动者在生产和再生产过程中的地位和关系，导致阶级矛盾的产生。因为当前收入分配、内需不足等问题的解决都需要阶级分析的方法。[③]

张敏闵（2012）认为劳动分享剩余处于资本占有剩余和劳动占有剩余间的过渡性阶段。按要素分配表现为形式上的平等，而按劳分配在特定社会经济条件下才能成立，当前阶段我国提高劳动份额的实质表现为劳资重新分配剩余、平等分享剩余的过程。[④]

（2）分配实践的难题攻关

周宇（2011）认为市场化改革不能解决收入分配不合理的问题。首先，按要素分配的原则会使得个体因生产要素占有的不平等状况产生收入差距。其次，竞争机制本身不能带来机会的平等。最后，市场无力防止权力对利益的谋求。[⑤]程恩富、刘伟（2012）认为坚持公有制为主体，既是防止财富差距过大的必要条件，也是坚持按劳分配并遏制劳动份额下降势头的关键前提。[⑥] 李炳炎（2012）探讨了中国特色社会主义分享经济制度——由国家、企业、工人共同分享新创造的价值。[⑦]

周新城（2013）对社会主义初级阶段的分配问题进行了专题探讨。提

---

① 李惠斌：《劳动产权理论及其意义》，《马克思主义与现实》2013 年第 3 期。

② 赖普清、姚先国：《再议劳动者地位问题：劳动力产权强度的视角》，《学术月刊》2011 年第 3 期。

③ 吴宣恭：《阶级分析在我国政治经济学中的地位》，《政治经济学评论》2011 年第 2 期。

④ 张敏闵：《劳动分享剩余的理论与实践》，《马克思主义研究》2012 年第 5 期。

⑤ 周宇：《“过度市场化”，还是“民生导向的社会主义化”？——浅议现阶段居民收入分配问题的解决思路》，《马克思主义研究》2011 年第 7 期。

⑥ 程恩富、刘伟：《社会主义共同富裕的理论解读与实践剖析》，《马克思主义研究》2012 年第 6 期。

⑦ 李炳炎：《构建中国特色社会主义分享经济制度的探索》，《当代经济研究》2012 年第 7 期。

出应该按照历史唯物主义生产关系与生产力的相互关系原理处理两极分化问题及其带来的社会矛盾；社会主义初级阶段的所有制结构决定了分配方式既有按劳分配也有按要素分配，应正确认识财产性收入，也应更加重视保障和增加劳动收入。[①]

程恩富、胡靖春、侯和宏（2011）讨论了政府在功能收入分配和规模收入分配中的作用。当前功能收入分配中劳动份额过低，而规模收入分配中居民收入差距大。功能收入分配决定和影响规模收入分配，政府的作为可以引导这样两种分配。由此收入分配合理化的重任在于政府的作用机制。[②]

张俊山（2012）认为所谓中等收入阶层与一定的职业活动相联系，受社会分工的限制，扩大中等收入者阶层使更多劳动者进入这类工作岗位缺乏可操作性，只能调节收入分配结构，使多数行业或者职业的报酬进入中等收入区间。[③] 周文、赵方（2013）认为，中国已进入中等收入阶段，并且面临着收入差距加大可能导致的中等收入陷阱问题，但是只要宏观经济政策科学合理，是可以做到既有利于经济增长，又有利于降低收入分配不平等程度，从而保持经济长期稳定增长的。[④]

六　对2008年以来资本主义经济危机的讨论

马克思是最为深刻地揭示资本主义生产方式基本矛盾的病理学家。2008年世界金融和经济危机的发生，也让很多学者重新进入马克思的理论，寻找危机的内在机理和缓解办法。2010年以来国内学者在这一领域的研究主要集中于：回归经典对危机理论的重新梳理与整合；经济危机深层原因的再挖掘；对导致危机的新自由主义积累体制的反思和批驳；干预危机的政策和结果。

（1）危机理论的研究。刘润（2010）重新比较了马克思和凯恩斯的危

---

① 周新城：《我国社会主义初级阶段分配问题研究》，《政治经济学评论》2013年第3期。

② 程恩富、胡靖春、侯和宏：《论政府在功能收入分配和规模收入分配中的作用》，《马克思主义研究》2011年第6期。

③ 张俊山：《职业分层、中产阶级与收入分配》，《当代经济研究》2012年第9期。

④ 周文、赵方：《中国如何跨越“中等收入陷阱”：库兹涅茨假说的再认识》，《当代经济研究》2013年第3期。

机理论，认为马克思关于危机根源的阐述依然是我们认识资本主义经济危机的理论基础；而凯恩斯的需求管理政策只能刺激有效需求和缓解危机。[①] 杨继国（2010）提出，在马克思的增长模型中，有机构成提高时劳动者收入增速滞后带来的消费需求下降、利润率下降和投资减少是危机发生的原因。反之，如果可以让不变资本和可变资本与宏观经济保持相同增速，则可以让经济体保持稳定可持续增长。[②] 李薇辉（2010）通过马克思主义物质利益理论解读金融危机背景下各种物质利益关系的显现。例如：金融危机加剧了发达国家和发展中国家的利益冲突；发达国家内部的利益对立；垄断资本利益至上的制度本质等。[③]

（2）危机原因的再诠释。何秉孟（2010）认为本轮金融危机的根源在于金融垄断资本主义制度（突出表现在：经济加速金融化，金融虚拟化、泡沫化，金融资本流动与金融运作自由化，实体经济逐步空心化，劳动大众日益贫困化，国家运行基础债务化）激化了资本主义生产方式的基本矛盾。[④] 李慎明等（2010）从多视角对于金融危机的现状及趋势与西方思想领域的震荡及其对于资本主义的生存和发展、世界社会主义运动的深远影响等方面进行了深入研究。[⑤]李楠迪和任新立（2010）解释了“独立的货币金融危机”产生的原因，即缘于实体经济内在失衡的虚拟资本市场过度膨胀和银行信贷的过度增长。[⑥] 朱炳元（2010）认为虚拟资本的过度膨胀和金融衍生品的恶性泛滥，是引发金融危机的主要机制；在金融过度泛滥的情况下，利率等信用杠杆的变动会在证券市场、银行、金融机构、金融投资者任何一个环节上出现连锁反应，从而触发金融危机。[⑦] 陈颖硕（2010）认为债务危机看似是金融市场出现的问题，实则是资本主义矛盾演化的产物。资本主义基本矛盾导致了主权债务的堆积，剥夺性积累直接诱致了危

① 刘润：《马克思危机理论与凯恩斯危机理论的比较研究及其对中国的启示》，《马克思主义与现实》2010 年第 2 期。

② 杨继国：《基于马克思经济增长理论的经济危机机理分析》，《经济学家》2010 年第 2 期。

③ 李薇辉：《马克思主义物质利益理论的深刻性——金融危机下的重新认识》，《马克思主义研究》2010 年第 1 期。

④ 何秉孟：《当代资本主义的新发展：由国家垄断向国际金融资本垄断过渡》，《红旗文稿》2010 年第 3 期。

⑤ 李慎明等主编《国际金融危机与当代资本主义》，社会科学文献出版社，2010。

⑥ 李楠迪、任新立：《次贷危机的源与流——基于马克思视角的分析》，《经济学家》2010 年第 2 期。

⑦ 朱炳元：《马克思主义视野下的国际金融危机》，《马克思主义研究》2010 年第 2 期。

机产生，金融资本的贪婪性是危机爆发的导火索。[①] 蒋永穆、杨少垒（2012）利用马克思和恩格斯著作中有关一体化的思想来解释欧债危机的发生，指出欧债危机实质上是当代资本主义一体化异化的噩梦。[②] 蒯正明、王玉（2013）提出欧债危机是资本主义发展到金融资本主义阶段的必然产物，中产阶级的地位下降动摇了资本主义社会稳定的基石，而同时资本主义转嫁危机的空间缩小，使资本主义制度基本矛盾的不可调和性更为突出。[③]

（3）对引发危机的思潮和资本积累体制的批判。吴易风（2010）分析了2008年资本主义经济危机的起因、发展轨迹和根源，提出了对西方经济学的质疑和对马克思经济学的再认识，对西方经济思潮的新动向进行了分析和评论。[④] 胡乐明（2010）认为2008年以来的危机不仅是一场严重的金融危机和经济危机，而且是一场资本主义意识形态危机和发展方式危机。[⑤] 李其庆（2010）分析了新自由主义模式在经济危机中表现出的不可持续性，提出凯恩斯主义无法解决资本主义微观经济基础和宏观经济目标之间的矛盾，认为在金融和经济危机的沉重打击和资本主义自我调节的双重作用下，新自由主义的主导地位将遭到极大削弱。[⑥] 刘凤义（2010）对比分析了战后日本模式和新自由主义政策对于日本经济的影响。前者通过一种特殊的社会结构把市场经济纳入政府、企业、劳动者共同协作的创新与竞争中；后者却使日本陷入了金融泡沫破裂和经济低迷的长期阴影当中，并且加剧了日本经济和社会发展中的结构性矛盾。[⑦] 孟捷（2012）认为自1979年以来新自由主义体制的内在矛盾通过全球化、金融化、技术革命、资产泡沫、过度消费，不断地被暂时“修复”，然而这些“修复”只是为资本积累的基本矛盾创造了新的发展空间，决定了危机爆发的最终形式。过度投资和产能过剩的问题长期没有得到解决，若没有一场大规模的新技术革命或帝

① 陈颖硕：《透视希腊债务危机背后的资本主义体系危机》，《马克思主义研究》2010年第6期。

② 蒋永穆、杨少垒：《欧债危机：当代资本主义一体化异化噩梦》，《政治经济学评论》2012年第2期。

③ 蒯正明、王玉：《从“欧债危机”透视当代金融资本主义的制度困境》，《教学与研究》2013年第2期。

④ 吴易风：《当前金融危机和经济危机背景下西方经济思潮的新动向》，中国经济出版社，2010。

⑤ 胡乐明：《西方国家金融和经济危机的走势与影响》，《当代经济研究》2010年第7期。

⑥ 李其庆：《世界经济危机与资本主义发展模式的演变》，《政治经济学评论》2010年第2期。

⑦ 刘凤义：《新自由主义与日本模式的危机》，《政治经济学评论》2010年第2期。

国主义战争，发达资本主义经济有可能步入长期停滞的状态。① 黄瑾（2013）认为 2007 年经济危机背后新自由主义体现出的自由贸易、自由竞争和自由经营三大悖论，带来了发达国家就业市场和产业的空心化及金融资本与寡头政治的相互勾结，资本在实现原始积累时空穿越的同时加剧了资本主义的基本矛盾。② 刘盾、袁伦渠、林玳玳（2013）认为 2007 年以来的全球经济危机是资本主义经济和经济学的双重危机，危机的实质是新自由主义导致全球资本主义基本矛盾的激化。危机预示着资本主义经济实践和经济理论的范式重构，从而进入一个新的阶段。③

（4）对危机调节的结果。应霄燕（2011）认为资本主义国家每一次反经济危机的策略只能加重资本主义固有的基本矛盾。主权债务危机可以被视为反危机的各种政策、措施叠加的结果。这也表明了资本主义生产方式的落后和衰退。④ 刘明远、乔骊竹（2012）从政治经济学的视角阐述了尊重经济波动规律、充分利用经济危机对社会经济运行的调节机制、走适度宏观调控之路的必要性，并且以中国 2008 年以来的宏观调控为例，对过度宏观调控的实质及其后果作了分析论证。⑤

七　资本主义发展模式和发展阶段的探讨

马克思以英国经济史为背景深刻描述了资本主义生产方式的典型特征和基本矛盾。马克思的文本为后人理解资本主义经济的发展规律提供了指南，然而世界历史发展的图景向我们展示出：资本主义生产方式在不同时空中的推进和演化各具特点，并不完全与资本主义发展的“经典型”相对应。这意味着资本主义的发展模式本身存在多样性，需要学者们超越对经典文本的观察和解读。与此同时，尽管资本主义的经济危机时有发生，资

---

① 孟捷：《新自由主义积累体制的矛盾与 2008 年经济—金融危机》，《学术月刊》2012 年第 9 期。

② 黄瑾：《新自由主义的三大悖论》，《当代经济研究》2013 年第 7 期。

③ 刘盾、袁伦渠、林玳玳：《资本主义经济和经济学的双重危机与重构》，《经济学家》2013 年第 7 期。

④ 应霄燕：《主权债务危机是金融资本主义的主要危机形态》，《马克思主义研究》2011 年第 7 期。

⑤ 刘明远、乔骊竹：《经济危机的双重效应与适度的宏观调控》，《政治经济学评论》2012 年第 4 期。

本主义的基本矛盾不可能从根本上得到克服，但是资本主义制度自身具备的调节能力，却依然能够扭转危机并带来经济发展，这要求我们了解资本资本主义所处的发展阶段及其阶段性特征，从而更加科学地把握资本主义的未来走向。在继续深入探究资本主义生产方式面临的矛盾和约束的同时，回答它为什么在当前依然保持技术和制度创新的能力与活力，对理论界是极富挑战性的问题。

（1）资本主义在全球范围内的不平衡发展。高峰（2010）从资本的积累过程及其基本矛盾出发，系统地阐释了世界资本主义经济在20世纪的发展与演变规律。资本主义经济在时间上的非均衡发展主要表现为不同时期的显著波动，反映出资本主义经济发展的阶段性。资本主义经济在空间上的非均衡发展表现为地域上发达国家之间发展的不平衡，以及发达国家与发展中国家之间发展的不平衡。前者在20世纪发展的总趋势是不同国家经济发展水平的趋同，后者的总趋势是两类国家经济发展水平的趋异。当代资本主义经济制度的基本性质没有发生变化，但其面对社会化大生产的自我调节能力依然存在。① 李风华（2013）对资本主义发展不平衡的内在机制进行了解释：在历史起点上，资本主义是率先在某一个地域突破然后再向其他地域扩散的；市场规模的限制无法实现所有国家和地区同时的工业化；民族国家作为重要的地域型组织也对资本主义发展的不平衡起到了维持作用。②

王南湜（2012）在剩余价值实现方式的层面重读全球化对于资本主义的意义。在卢森堡及柄谷行人相关研究的基础上，进一步提出世界市场是资本主义的存在条件，全球化意味着资本主义殖民化的全面完成，以及全球资本主义获取剩余价值的国家地区间差别性优势的逐步减弱，一旦由于全球化的资本主义不再有能力通过国家地区间的差别性优势获取超额剩余价值来缓解社会矛盾，则资本主义的总危机时代就要无可避免地到来。故而全球化既是资本主义发展的新阶段也是其终局。③

（2）国际垄断资本主义。杨晓玲和邢华彬（2010）研究了当代资本主义生产方式内资本垄断形式的多样化和垄断控制力的不断加强，以及资本

① 高峰：《20世纪世界资本主义经济的发展与演变》，《政治经济学评论》2010年第1期。

② 李风华：《资本主义发展不平衡：基于机制的解释》，《政治经济学评论》2013年第3期。

③ 王南湜：《剩余价值、全球化与资本主义——基于卢森堡“资本积累论”的视角》，《中国社会科学》2012年第12期。

主义发展同时存在的加速发展和停滞趋势。[①]何秉孟（2010）认为 20 世纪 70 年代资本主义国家的"滞胀"危机促使美国的金融垄断资本加速蜕变为国际金融垄断资本，当代资本主义发展已经进入一个新的阶段，由国家垄断资本主义向国际金融垄断资本主义转变。[②]

（3）福利资本主义模式的特征和困境。裘元伦（2010）[③]，沈文玮、刘凤义（2010）[④] 分别探讨了欧洲模式相对于新自由主义模式的合理性成分和发展空间。张慧君（2011）指出面对全球化的冲击，挪威在保持福利国家基本制度结构的基础上，进行了相应的制度改革与政策调整，试图将社会公平与经济效率两大目标有机结合。[⑤] 沈尤佳、张嘉佩（2013）在欧债危机和福利资本主义遭到发展困境的背景下，讨论了福利资本主义的危机归根到底是生产力的危机、资本主义财富分配制度的危机和资本主义民主政治的危机，资本主义条件下的高福利已经难以为继，新自由主义的财政紧缩和福利削减会更深地激化资本主义的矛盾，必须彻底改变资本主义的私有财产制度和生产方式。[⑥]

此外，刘刚等（2010）探讨了后福特制生产方式的兴起对新兴产业、全球产品市场，以及资本主义矛盾的基本影响；[⑦] 陶文昭（2010）研究了温特制生产方式的特点及其对中国产业结构调整和创新发展的启示。[⑧]

八　资本主义金融化问题

凭借着金融资本的形态，资本取得了最大限度的灵活性，表现为 G－G′自行增殖的价值。20 世纪 80 年代以来发达资本主义国家的经济中心出现了由实体部门向金融部门的长期结构性转向。资本的利润越来越多地来源于金融领域，而不是商品生产和贸易。随着金融资本的渗透，公司的控制

① 杨晓玲、邢华彬：《资本主义垄断的新变化及其发展趋势》，《当代经济研究》2010 年第 6 期。

② 何秉孟：《美国金融危机与国际金融垄断资本主义》，《中国社会科学》2010 年第 2 期。

③ 裘元伦：《欧洲：不是"没落的贵族"，而是世界的先行者》，《政治经济学评论》2010 年第 2 期。

④ 沈文玮、刘凤义：《金融危机与瑞典模式的调整》，《教学与研究》2010 年第 7 期。

⑤ 张慧君：《北欧福利国家向何处去：挪威经验及启示》，《科学社会主义》2011 年第 4 期。

⑥ 沈尤佳、张嘉佩：《福利资本主义的命运与前途：危机后的思考》，《政治经济学评论》2013 年第 4 期。

⑦ 刘刚等：《后福特制与当代资本主义经济新的发展阶段》，中国财政经济出版社，2010。

⑧ 陶文昭：《当代资本主义的温特制》，《科学社会主义》2010 年第 1 期。

权也从董事会逐渐转移到金融资本家手中。金融化已经表现为发达资本主义国家最基本的经济特征。由此，基于资本主义生产方式的基本矛盾分析金融化的逻辑起源、现实表现、对资本积累的影响，以及金融化自身的变化趋势是当前学界致力于解决的问题。

刘诗白（2010）对金融化的表现以及金融垄断资本主义的特征做出了分析。他认为金融化表现在集中形成的具有市场垄断性的大金融公司对金融市场交易的控制；金融业获得更高的额外利润，成为金融垄断资本“淘金”的沃土；社会资本流入金融业及信贷、投资活动的发展，使金融业在国民经济中的比重大大提升。当代美国的资本主义不仅是垄断资本主义，而且是金融资本快速发展和占据主导地位的资本主义，具有金融垄断资本主义的性质。[①]

赵峰（2010）比较了美国1952～1980年、1981～2008年的有关数据，发现美国经济在宏观经济结构、金融部门和非金融部门内部结构、收入分配和消费模式结构等方面均发生了显著的结构性改变，论证了1980年代后资本主义经济的金融化转向。[②] 何自力、马锦生（2013）从企业治理的视角、金融资本和产业资本关系的视角以及积累模式的视角讨论了金融化的含义。提出金融化是资本主义生产关系下资本内部价值独立于使用价值的必然结果，是资本主义交换的内在矛盾逻辑演绎的必然结果。[③] 赵磊、肖斌（2013）探讨了资本积累金融化的两大成因：资本主义生产关系与价值增殖的悖论致使经济积累越来越依赖于金融渠道；依靠金融化解决需求不足的问题。并提出，金融化不仅不能解决生产过剩的问题，透支消费的模式反而潜藏了更大的危机。[④] 蔡万焕（2011）认为在2008年危机后，资本主义制度范围内进行的一系列调整意味着金融化模式下的经济金融化、金融自由化和金融全球化进程已近终结，资本主义金融化模式已趋向结束。[⑤]

九　生态问题研究

近年来，与工业化快速推进相伴随的环境问题日益凸显，中国共产党

---

① 刘诗白：《论过度金融化与美国的金融危机》，《经济学家》2010年第6期。

② 赵峰：《当代资本主义经济是否发生了金融化转型》，《经济学家》2010年第6期。

③ 何自力、马锦生：《发达国家经济高度金融化的内涵及本质》，《经济纵横》2013年第5期。

④ 赵磊、肖斌：《经济金融化何以可能——一个马克思主义的解读》，《当代经济研究》2013年第3期。

⑤ 蔡万焕：《危机后资本主义金融化模式是否结束》，《当代经济研究》2011年第8期。

第十八次代表大会提出“大力推进生态文明建设，……扭转生态环境恶化趋势”，将生态文明建设正式写进了党章。在马克思主义经济学的视域中，资本积累的诉求势必会超出自然界所能承受的限度，导致生态环境和生产方式矛盾的激化。不同于西方经济学总体上在市场机制的框架内解决环境问题，马克思主义经济学化解环境危机的办法建立在对资本主义生产方式彻底批判的基础上，尝试通过超越资本主义基本矛盾的方式来处理环境危机。

（1）生态马克思主义理论

陈学明、[①] 何萍、[②] 韩欲立、[③] 郑忆石、[④] 赵卯生和杨晓芳[⑤]等学者对近年来西方代表性的生态马克思主义理论进行了比较充分的介绍，使福斯特、奥康纳、阿格尔等学者在相关领域内的理论建树都得到了展示。

陈学明（2010）认为马克思的《1844 年经济学哲学手稿》《共产党宣言》和《资本论》中，包含着丰富的生态世界观。资本主义生产方式导致自然异化、土地异化，导致“新陈代谢断裂”。解决资本主义生态破坏的根本途径是改变资本主义生产方式和生产关系。[⑥]

刘静暖、纪玉山（2010）认为马克思资本榨取剩余价值的论证，蕴含着资本对自然力疯狂役使导致自然力危机的思想。资本的贪婪将引发自然力递减规律发挥作用，导致自然力短缺性危机的发生。这一思想的当代意义在于：自然力天然成本补偿的可持续利用思想、自然力跨期优化配置的计划控制思想和自然力复活性解放的制度变革思想。[⑦]

李萍、王伟（2012）基于劳动价值理论引申探讨了生态价值的问题。沿着人类社会生产力发展水平不断提升的线索，从经济系统、生态系统和生态经济系统考察了商品总价值、生态总价值和商品价值总量之间的内在关联及其数量变化关系。[⑧]

---

① 陈学明：《马克思“新陈代谢”理论的生态意蕴——J. B. 福斯特对马克思生态世界观的阐述》，《中国社会科学》2010 年第 2 期。

② 何萍：《生态学马克思主义的理论困境与出路》，《国外社会科学》2010 年第 1 期。

③ 韩欲立：《自然资本主义还是生态社会主义》，《学术月刊》2010 年第 2 期。

④ 郑忆石：《生态学马克思主义：科学技术观辩证视域论析》，《教学与研究》2010 年第 3 期。

⑤ 赵卯生、杨晓芳：《马克思主义的重建与人的解放》，《中国人民大学学报》2010 年第 5 期。

⑥ 陈学明：《在马克思主义指导下进行生态文明建设》，《江苏社会科学》2010 年第 5 期。

⑦ 刘静暖、纪玉山：《马克思自然力危机思想研究》，《经济学家》2010 年第 4 期。

⑧ 李萍、王伟：《生态价值：基于马克思劳动价值论的一个引申分析》，《学术月刊》2012 年第 4 期。

郇庆治（2013）综合分析了西方“生态资本主义”的理论与实践，并且探讨了当前欧美生态政策构建和制度创新中三个难以克服的内源性矛盾：渐进改善与结构性变革之间的矛盾；个体环境意识、责任和行动与国家培育、规约之间的矛盾；本土中心与全球视野需要之间的矛盾。[①] 卜祥记、何亚娟（2013）认为支配人类经济社会生活的资本逻辑是造成生态危机的根源，推进生态文明必须破除“资本原则”的永恒性、目的性、终极性理念，消解观念化的资本逻辑。[②] 徐海红（2013）认为要走出生态文明理论的研究困境，必须运用历史唯物主义的基本方法论原则，将劳动与自然、物质生产和环境保护融合起来，以生态劳动作为生态文明的本体论基础。[③]

任暟（2013）认为“环境生产力”作为马克思主义生产力理论中国化的最新成果，深刻揭示了自然生态生产力不可替代的重要地位和作用，为马克思的自然生产力思想注入了新的时代内涵，凸显了当代中国先进生产力发展的生态文明取向。[④]

（2）气候变化和低碳经济问题

谭扬芳（2010）认为资本主义制度是气候变化的根源。[⑤] 陈学明（2010）指出《京都议定书》在资本主义制度没有根本改变的情况下是无法实施的，除非实现社会主义制度对资本主义的超越。[⑥] 程恩富和王朝科（2010）从政治经济学的视角构建了一个低碳经济的理论框架，为深化低碳经济的理论研究和政策研究提供了一种可资借鉴的方法。马艳和李真认为，在发达国家与不发达国家之间的国际贸易交换活动中，除了直接体现在国际商品价值生产方面的不平等交换之外，还存在“碳”的不平等交换。两种经济体在贸易品生产技术和国际碳排放标准的制定权等方面的差异性，是导致国际“碳”不平等交换的重要原因。齐新宇和严金强在马克思的两部类均衡增长模型的基础上，通过建立一个存在环境约束条件的增长模型，

---

① 郇庆治：《21 世纪以来西方的生态资本主义理论》，《马克思主义与现实》2013 年第 2 期。

② 卜祥记、何亚娟：《经济哲学视域中的生态危机发生机制透析》，《马克思主义与现实》2013 年第 3 期。

③ 徐海红：《生态文明的劳动基础及其样式》，《马克思主义与现实》2013 年第 2 期。

④ 任暟：《环境生产力论：马克思“自然生产力”思想的当代拓展》，《马克思主义与现实》2013 年第 2 期。

⑤ 谭扬芳：《哥本哈根峰会的较量》，《马克思主义研究》2010 年第 2 期。

⑥ 陈学明：《布什政府强烈阻挠〈京都议定书〉的实施说明了什么》，《马克思主义研究》2010 年第 2 期。

来说明为什么技术进步和产业结构的转变能够控制“碳”排放，从而保证可持续的增长。①

十　经典著作研究

经典著作的学习是马克思主义经济学研究的基础工作也是长期任务。加强经典著作研究，不仅要求我们对《资本论》等核心文本的理论史价值和当代价值进行再研究，也需要我们在文本中深入挖掘，攻克当代经济社会中的理论和现实难题。

（1）《资本论》的当代价值。张宇（2011）指出《资本论》不仅是马克思主义理论的基石，集中体现了马克思主义的世界观和方法论，而且其中包含了社会生产、市场经济和资本主义经济的运动规律等内容，对于指导理论研究和观察现实具有重要意义，应当成为发展中国经济学的重要基础。② 林岗（2013）在马克思诞生 195 周年之际，再次介绍了《资本论》的写作和出版，讨论了《资本论》的研究对象和结构，并从《资本论》的历史地位和现代性两方面阐述了它的不朽价值。为《资本论》初学者提供了一份学习指南。③ 王天义（2013）阐发了《资本论》的当代价值，提出《资本论》以唯物史观为基础揭示了人类社会发展规律和社会发展不同阶段采取不同经济发展形式的统一性，以三大崭新因素为内核建立了一个科学完整的经济学理论体系，以四个环节为支点创建了一个社会化大生产条件下经济运行的分析框架，对于社会主义市场经济理论创新和我国经济发展方式转变都具有重要意义。④

（2）《资本论》的逻辑线索。许光伟（2011，2012）将《资本论》四卷的逻辑依次概括为历史发生学、系统发生学、现象发生学和认识发生学，并认为《资本论》第一卷中商品与货币间的转换关系，标示了资本发生的前史，货币转化为资本，剩余价值的生产和资本积累过程，分别代表了资

① 程恩富、王朝科：《低碳问题的政治经济学分析（专题讨论）》，《学术月刊》2010 年第 7 期。

② 张宇：《〈资本论〉的当代意义》，《政治经济学评论》2011 年第 4 期。

③ 林岗：《不朽的〈资本论〉——纪念马克思 195 周年诞辰之际为〈资本论〉的初学者而做》，《政治经济学评论》2013 年第 3 期。

④ 王天义：《论〈资本论〉的当代价值》，《当代经济研究》2013 年第 11 期。

本发生的转化史、进行史和整体运动史；[①] 第二卷中的资本循环部分是资本结构的一次生产过程，资本周转部分是资本结构的多次生产过程，系统发生学的方法论意蕴在于拒绝一切非历史的现象主义和解释学；[②] 第三卷的结构为从价格形成到阶级斗争的全景式刻画；[③] 第四卷则呈现了范畴发生的认识机理，实现了"历史的逻辑"和"认识的逻辑"的统一。[④]

（3）《资本论》文本中的具体问题研究。陈俊明（2010[⑤]，2012[⑥]）探讨了《资本论》中大量关于经济行为的理论，特别是资本家的行为，他提出经济行为理论是资本理论的具体化，是唯物史观的一种贯彻。陈其人（2011）以马克思的阶级理论为基础，从商品货币关系、阶级之间、阶级内部、国家等几个角度讨论了《资本论》中关于平等的思想和理论。阐述了不同的"平等"含义和"不平等"的各种根源。[⑦]

裴小革（2012）提出《资本论》及其手稿中的经济危机理论具有"整体性"，在生产力和生产关系的矛盾运动中解释资本主义的发展和危机，从生产、流通和分配这个整体中分析资本主义危机的原因、过程和结果，为我们理解和科学应对经济危机提供了重要的指南。[⑧] 李喆（2012）探讨了《资本论》中关于西欧资本主义的三重起源，即15世纪资本主义的起源、16～17世纪商业资本主义的起源和18世纪工业资本主义的起源。[⑨]

李成勋（2013）阐述了《资本论》文本中直接论及中国的33处，并将其概括为5个方面：小农业与家庭手工业相结合，稳固了中国传统的生产方式；鸦片战争打开了进入中国的门户，中国成了资本主义国家的商品销售市场；西方国家为了垄断市场在中国实施委托销售制度；中国的小商品经济也加入资本的循环和周转中；外国银行在中国的汇票买卖中相互斗争。[⑩] 鲁品越（2013）讨论了《资本论》与其他一切经济学理论的根本区

---

① 许光伟：《〈资本论〉第一卷的逻辑：历史发生学》，《当代经济研究》2011年第7期。
② 许光伟：《〈资本论〉第二卷的逻辑：系统发生学》，《当代经济研究》2012年第1期。
③ 许光伟：《〈资本论〉第三卷的逻辑：现象发生学》，《经济评论》2012年第1期。
④ 许光伟：《〈资本论〉第四卷的逻辑：认识发生学》，《当代经济研究》2012年第10期。
⑤ 陈俊明：《〈资本论〉经济行为理论的具体化》，中央编译出版社，2010。
⑥ 陈俊明：《〈资本论〉研究的新方位：经济行为理论》，《当代经济研究》2012年第4期。
⑦ 陈其人：《〈资本论〉中的政治学原理》，上海人民出版社，2011。
⑧ 裴小革：《论〈资本论〉及其手稿中的经济危机理论的整体性》，《当代经济研究》2012年第4期。
⑨ 李喆：《〈资本论〉中资本主义起源论新探》，《教学与研究》2012年第1期。
⑩ 李成勋：《〈资本论〉论中国》，《当代经济研究》2013年第8期。

别，认为区别在于《资本论》揭示了资本主义市场经济体系中的权力结构，是关于市场权力结构的巨型理论。[①] 李建平（2012）通过阐述马克思在《资本论》中关于资本主义市场和市场经济批判的十个方面，揭示了新自由主义市场拜物教观的谬误，和对当代经济发展的启示。[②]

（4）其他经典著作的研究。罗雄飞（2012）研究了《1844 年经济学哲学手稿》中的缺页问题，认为这些缺失的内容可能涵盖了马克思对空想社会主义的批判和对社会主义实现条件的一些论述；并认为根据历史和逻辑，这些缺失部分可能是由于与苏联意识形态不符而被人为毁弃的。[③] 王辉龙（2013）解读了《共产党宣言》中关于经济周期和经济危机，关于全球化，关于创新，关于城市化等问题的经典论述，并论证了这些思想对于马克思主义经济学理论体系和社会主义市场经济建设的重要意义。[④]

十一　毛泽东经济思想研究

毛泽东思想是马克思主义中国化的第一个重大理论成果。重温毛泽东在社会主义经济建设方面的重要思想，对于中国特色社会主义经济理论体系的完善，以及改进我国在市场经济建设中遇到的困难和问题都有着重要意义。在毛泽东诞辰 120 周年之际，学界结合当前中国在经济发展中遇到的问题，对毛泽东经济思想进行了新的解读和研究。

吴易风（2013）从 12 个方面再阐述了中国社会主义政治经济学的思想：论苏联经济学范式；论政治经济学的研究对象；论经济学家的世界观和方法论；论社会主义政治经济学的纲；论过渡时期；论社会主义生产关系；论社会主义经济规律；论社会主义商品生产和价值规律；论社会主义经济波浪式发展；论社会主义管理；论社会主义经济发展阶段；论共产主义。[⑤]

---

① 鲁品越：《〈资本论〉是关于市场权力结构的巨型理论——兼论社会主义市场经济的理论基础》，《吉林大学社会科学学报》2013 年第 5 期。

② 李建平：《新自由主义市场拜物教批判——马克思〈资本论〉的当代启示》，《当代经济研究》2012 年第 9 期。

③ 罗雄飞：《关于马克思〈1844 年经济学哲学手稿〉的缺页问题猜想——简论马克思理论的当代化》，《政治经济学评论》2012 年第 3 期。

④ 王辉龙：《〈共产党宣言〉中的经济学思想》，《经济学家》2013 年第 11 期。

⑤ 吴易风：《毛泽东论中国社会主义政治经济学》，《政治经济学评论》2013 年第 4 期。

徐俊忠（2013）提出毛泽东关于农民合作的思想是基于中国人多地少、农业生产水平落后的具体国情，对如何实现农业乃至整个国家的现代化问题的思考。这一思想的实践后来虽因受到“去工业化”的对待以及实行农业统购统销政策等而归于失败，但幸存下来的华西村、刘庄、南街村和周家庄等集体经济组织的成功，却在新的条件下印证着毛泽东农民合作组织思想的可行性与深刻性。它的思想和实践意义有待进一步挖掘。①

潘石、王子林（2013）认为毛泽东经济思想是建设中国特色社会主义理论体系的坚实基础与根本指南。建立与发展国有经济并对国有企业进行改革是毛泽东经济思想的重要组成部分。毛泽东关于国有经济性质、地位、作用的论述以及关于国有企业如何经营管理和改革的探索，都对当今中国国有企业的改革与发展具有重大指导意义。②

姚桂荣（2013）回顾了在大跃进过程中毛泽东在纠“左”过程中提出的一系列正确的思想和观点，为后来邓小平提出中国特色社会主义道路理论提供了比较丰富的思想材料。从中可以看出毛泽东对中国社会主义建设道路探索所做的历史性贡献，也可以看出探索适合中国国情的社会主义道路的艰巨性和复杂性。③

王志林、郭光迪（2013）以《新帕尔格雷夫经济学大辞典》中关于毛泽东经济思想的词条入手，从毛泽东的经济体制思想、经济增长思想、宏观经济平衡思想、经济发展动力等方面分析了西方经济学者对毛泽东及其经济思想的认识和评价，进而探讨了其给予我们的启示。④

以上，是我们对过去四年中政治经济学关注的主要问题的梳理和回顾。可以看出，学界在广受关注的理论和现实问题上，进行了更为深刻的研究、争论和对话。我们的研究方法、理论深度和政策建议都体现了马克思主义经济学在当代，特别是伴随社会主义市场经济建设与时俱进的发展。

---

① 徐俊忠：《农民合作思想与实践：毛泽东时期的一份重要遗产》，《马克思主义与现实》2013 年第 2 期。

② 潘石、王子林：《毛泽东国有企业改革思想论析》，《当代经济研究》2103 年第 12 期。

③ 姚桂荣：《毛泽东对探索中国社会主义建设道路的历史性贡献——以纠正“大跃进”期间出现的“左”的错误为视角》，《马克思主义与现实》2013 年第 2 期。

④ 王志林、郭光林：《〈新帕尔格雷夫经济学大辞典〉中的毛泽东及其经济思想》，《政治经济学评论》2013 年第 4 期。

下　篇

篇 1

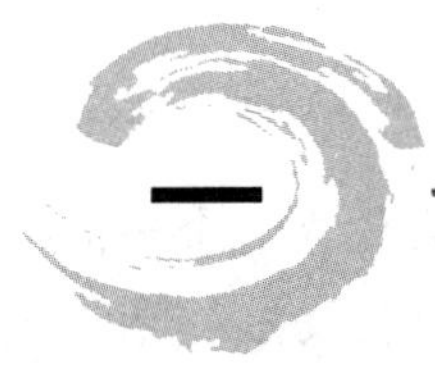

一 马克思主义经济学中国化研究

马克思主义政治经济学的时代发展与理论创新*

刘诗白

马克思主义政治经济学自创立一个多世纪以来，以其与时俱进的思想品质在人类社会经济发展的进程及伟大实践中不断创新。特别是20世纪后半期在中国经济改革实践的推动下，中国社会主义政治经济学取得了巨大发展，构建起以社会主义市场经济理论为基础的新体系结构；拓宽了研究范围，更紧密地联系科技创新、生态环境以及文化精神等方面的状况和影响来揭示社会主义生产关系的规律；特别是把对市场经济运行规律的揭示作为重要研究内容；在方法上除了坚持马克思分析经济现象的科学抽象法，还适当引进了现代数量分析工具与方法。上述一系列的创新大大增强了马克思主义政治经济学的科学性与实践功能。

一　找到并形成了社会主义市场经济理论

社会主义市场经济理论的形成是改革开放以来中国经济学研究取得的最重大的成果。正是在这一理论的指引下，中国成功实施了改革开放这一伟大的战略决策，带来了举世瞩目的中国经济起飞。我国20世纪50年代中期开展大规模经济建设时，毛泽东提出过走中国工业化道路的主张，但我国的社会主义经济建设理论主要是师承苏联的。在特殊的历史条件下形成的苏联传统社会主义经济理论（可以称为社会主义产品经济论），成为我国20世纪50年代中叶以来发展、构建中央计划体制的理论依据。党的十一届三中全会做出改革传统经济体制的决策后，为启动和推进改革向前发展，大力破除传统经济理论对人们思维的束缚，进行社会主义经济理论的

* 本文发表于《政治经济学评论》2010年第1期。

创新就成为时代的迫切要求。

中国经济学家是积极响应时代呼唤的一支学术力量。1978年以来，在老一辈改革理论家孙冶方、薛暮桥等的引领和启发下，经济学界开展了一系列重大学术讨论，包括按劳分配、商品生产与价值规律、社会主义所有制、物质利益、物价体制、国有企业股份制改革与明晰产权、金融体制改革等。由于党鼓励百家争鸣，倡导学术自由讨论，坚持用实践检验真理，更由于走在前面的改革实践对人们理论思维的启示，经济学人在一系列重大理论问题上逐渐形成了共识。例如：（1）突破了社会主义实行产品经济论，形成了社会主义条件下发展商品经济的理论；（2）突破了社会主义实行单一公有制理论，形成了以公有制为主体的多种所有制结构论；（3）突破了国有国营、政企不分的企业论，形成了企业自主经营、自负盈亏的理论；（4）突破了支配权、收益权、处置权合一的国家财产权理论，形成了所有权与经营权相分离的现代企业财产权理论；（5）突破了以指令指挥经济活动的政府统制理论，形成了依靠经济手段进行宏观调控的政府职能理论等。上述经济理论的变革和创新可以归结为：社会主义市场经济理论取代了传统的社会主义产品经济论。社会主义市场经济理论是1978年以来中国改革开放实践经验的理论升华。这一崭新理论的确立，使我国改革的目标模式得以明确，各项重大改革措施得以有序和顺理成章地推出。这一有关社会主义经济性质的理论阐明和创新，也为众多经济学家参与和正在从事的富有中国特色、中国气派的中国社会主义政治经济学的编著奠定了理论基础。

二　立足于中国实际的社会主义所有制理论创新

所有制形式必须适应生产力的水平和性质，是马克思主义的基本原理。我国社会主义所有制的建设和发展，必须立足于我国物质生产力的性质和发展的要求。改革开放30年来，我党坚持马克思主义理论和邓小平理论，从我国物质生产技术条件和生产力水平实际出发，走出了一条所有制改革和创新的成功道路，对所有制改革伟大实践的经验总结，极大地推进了马克思所有制理论的时代创新。关于所有制结构，我们提出了坚持和完善公有制为主体、多种所有制经济共同发展的基本经济制度，坚持平等保护物权，形成各种所有制经济平等竞争、相互促进的新格局；关于公有制经济的地位，提出了公有制经济在社会主义初级阶段的经济中处于主体地位，国有经济在国民经济中发挥主导作用，要优化国有经济布局和结构，增强国有经济的活力、控制力、影响力；关于公有制的实现形式，提出了公有制的实现形式可以而且应当多样化，一切反映社会化生产规律的经营方式和组织形式都可以大胆利用，提出了以现代产权制度为基础，发展混合所有制经济。

以公有制为主体、多种所有制经济共同发展，作为我国社会主义初级阶段的基本经济制度，是中国共产党对30年来建设中国特色社会主义实践经验的科学总结和理论创新，是马克思主义社会主义所有制理论中国化的重大成果。30年来，我国实现了由传统的单一公有制结构到公有制为主体、多种所有制并存结构的转换，走出了一条公有制为主体条件下公私经济并举的经济发展道路。我国在所有制领域进行的改革取得的成功经验，在理论上可以归结为：建设社会主义需要大力发展壮大公有制经济，但不能实行全面公有化，不能搞"纯而又纯"的公有制。在社会主义所有制理论的构建中，我们坚持用唯物辩证法认识论全面观察事物。马克思阐明了初生的社会主义社会"在经济、道德和精神方面都还带着它脱胎出来的那个旧社会的痕迹"。[1]在社会主义不断发展和走向成熟中，旧社会痕迹、因素将逐步为新因素取代，这将是一场健康的"水到渠成"式的社会新陈代谢。它首先要以社会物质生产力达到足够水平为前提，从而是一个较长的自然历史过程，而不能一蹴而就。我国现实的物质生产力水平决定了我国将在很长时期内处在社会主义初级阶段，决定了我们在建设社会主义、发展社会主义公有制经济中不能追求"纯而又纯"。

三 科学认识和揭示当代资本主义经济的运动规律及发展趋势

马克思主义政治经济学创立以来，资本主义国家的社会生产力在相对来说比较短暂的一个多世纪中得到了迅速的发展，经济增长了几十倍，发达国家多数社会成员的经济收入和享受到的社会福利也不断增加，人们的物质生活变得越来越丰富。但是，资本主义不可能创造永久繁荣的"神话"。20世纪七八十年代，发达资本主义国家经历了战后严重的"滞胀"，20世纪80年代新自由主义思潮崛起，在经济金融化和信贷扩张中，也在全球化急剧发展中，经济社会结构出现畸形化，资本主义进入了一个新的垄断后的发展阶段——金融垄断资本主义阶段。如何认识和揭示当代资本主义经济的运动规律，以及资本主义发展的历史趋势，是马克思主义政治经济学面临的新任务。

改革开放30年来，面对世界经济格局的新变化和资本主义市场经济的新发展，我们在构建中国特色社会主义理论的同时，坚持用马克思主义的方法，用辩证唯物主义和历史唯物主义的观点来认识当代资本主义在剩余价值生产、分配过程和政府宏观调控等层面上出现的新现象和新问题，揭示资本主义发展的历史趋势，丰富和发展了马克思主义政治经济学。例如，我们看到资本主义本身所具有的开放性和自我调节能力从而拥有不断容纳先进生产力的能力，这决定了它在相当长的时间内仍然具有生存和发展的历史空间，它向社会主义的过渡将是一个比原来的预测要漫长得多的历史过程；同时，当代资本主义的新变化并不能消除它固有的基本矛盾，资本主义必然被社会主义所代替的历史趋势并没有改变。

当前源于美国而蔓延世界的金融危机，不论从经济运行层面还是从经济制度层面来看，都对西方主流经济学的理论基石——经济自由（即理性人自由选择）论和市场均衡论提出了挑战。在西方经济学的思想发展中，凯恩斯深刻地看到了资本主义市场经济的缺陷而提出了政府干预。在这次金融危机中，从20世纪70年代起备受争议和批判的凯恩斯主义似乎又走到了前台。但是，“回到凯恩斯”就可以解决资本主义经济的问题吗？凯恩斯理论的核心来自三个立足于人的心理因素的“有效需求不足”，他的政策主张是实行扩张性的财政政策和货币政策来刺激或创造有效需求。有效需求不足的深刻根源是什么？如果我们用马克思主义经济学的基本理论和研究方法来分析，资本主义经济、金融危机的深刻根源将暴露无遗。马克思揭示了资本主义经济危机的根源在于资本主义的基本矛盾，在于由资本主义生产关系决定的分配关系（分配结构），即按资本权力分配使没有资本权力的广大劳动者的收入从而消费被限制在一个最低的水平上。美国金融危机的深刻根源在于它的经济结构和制度结构。建立在私有制基础上的美国式资本主义向来信奉自由竞争优胜劣汰的市场效率，形成资本和劳动收入在国民收入分配比例上的长期失衡。这种分配结构长期积累的问题是公平与效率的不对称、贫富悬殊、畸形消费和精神衰落等经济和社会现象。特别是收入分配的失衡和有效需求不足，是20世纪八九十年代以来美国的金融虚拟资本和信用扩张的深层原因。虚拟经济的过度膨胀反过来又会对实体经济产生冲击并制约所谓市场均衡的实现和经济的有效运行，集中爆发的表现就是当前的金融危机。这次金融危机已经给资本主义的制度结构提出了严重挑战。危机之后，美国能在多大程度上对它的制度结构进行调整，将决定美国经济在资本主义制度框架内还拥有多大的发展空间。

当代资本主义发展的新现象、新问题特别是这次金融危机所暴露的问题，要求我们坚持马克思主义经济学的基本理论，加深对资本主义制度及市场经济的运行理论的研究。西方主流经济学在解释资本主义市场经济运行矛盾上有很大的局限性，不论是信奉经济自由主义还是强调政府干预，他们的理论都不能回答资本主义自由市场制度中的财产权分配和由此而来的收入分配失衡与社会公平问题。财产和财产权利问题是近代西方资本主义经济制度和政治制度的核心，行使私人财产权利的自由，是资本主义经济自由与政治自由的前提和基础。这次金融危机后，即使西方国家对它的自由市场制度加以重新调整，他们也不会从根本上触动资本主义私有制的基础，而只会在经济运行中的政府与市场作用之间进行新的界定并力图加以平衡。总之，当前美国金融危机导源于信用扩张与信用领域的矛盾，但其深刻原因则在其财产权结构。对于资本主义市场制度来说，对它的优势与其局限性不能仅仅从所谓“市场失灵”或“政府失灵”来认识。对当代资本主义的新现象、新问题及其运行规律的深刻分析和科学解释，将进一步推动马克思主义政治经济学的时代创新。

参考文献

[1]《马克思恩格斯全集》（第3卷），人民出版社，1995。

论马克思主义经济学中国化*

逄锦聚

内容摘要：本文对马克思主义经济学中国化的内涵进行了探索，在理论界已有认识的基础上做出了进一步的阐释；对什么是马克思主义、怎样对待马克思主义给予了回答，提出了以发展的观点认识马克思主义、从整体上理解马克思主义、以科学的态度对待马克思主义的主张；在此基础上，对马克思主义经济学中国化已经取得的成就和经验进行了概括总结，提出了马克思主义经济学中国化的着力点和方向。

关键词：马克思主义中国化　马克思主义经济学中国化　理论创新

马克思主义中国化和马克思主义经济学中国化，是中国革命和建设中提出的重大课题，在当前我国致力于改革开放和现代化建设新的历史条件下，正确认识和积极推进马克思主义中国化和马克思主义经济学中国化，关系到我国现代化建设事业的前途和民族的兴旺。本文拟在马克思主义中国化的背景下，阐述马克思主义经济学中国化的有关问题。

一　关于马克思主义经济学中国化的含义

马克思主义经济学，也即马克思主义政治经济学，是马克思主义的重要组成部分。作为整体的马克思主义中国化，从逻辑上说应该包括马克思主义各个组成部分的中国化。在20世纪30年代毛泽东提出马克思主义中国化之前，[①] 马克思主义哲学家艾思奇就提出过，“现在需要来一个哲学研

---

* 本文发表于《毛泽东邓小平理论研究》2010年第6期。

① 参见毛泽东《论新阶段》，载中央档案馆《中共中央文件选集》（第11册），中共中央党校出版社，1991。

究的中国化、现实化的运动”，[1](P.387) 但理论界使用马克思主义经济学中国化则是近些年的事情。有学者发表了文章，有学者出版了专著，① 与此相适应，也有学者使用了中国化马克思主义经济学的概念。② 但从对马克思主义经济学中国化进行研究的深度和水平而言，还只能说是开始，尚未达到对马克思主义中国化进行整体研究的水平。

什么是马克思主义中国化？理论界基本共识是：马克思主义中国化就是把马克思主义基本原理与中国具体实际相结合。本文同意这样的界定，但再加一句：在当代中国，马克思主义中国化就是把马克思主义基本原理与中国面临的和平、发展时代主题和中国改革开放、现代化建设的实际相结合。什么是马克思主义经济学中国化？与对马克思主义中国化的理解相适应，马克思主义经济学中国化就是把马克思主义经济学基本原理与中国具体实际相结合。在当代中国，就是把马克思主义基本原理与中国面临的和平、发展时代主题和中国改革开放、现代化建设的实际相结合。

在我国，对马克思主义经济学中国化的研究在相当长时间内比较滞后，是有历史原因的。新民主主义革命时期，中国共产党的主要任务是领导全中国人民推翻“三座大山”，建立新中国。在这样的历史背景下，一开始对马克思主义的学习和应用，更加注重的是其革命的部分，对其经济学则很难摆到很重要的地位。这从马克思主义经典著作在我国的传播可见端倪。据中央编译局提供的资料，《共产党宣言》第一个中译本 1920 年 8 月就由上海社会主义研究社出版，而一向被认为是马克思主义经济学经典著作的（当然不仅仅是经济学经典著作）《资本论》第一个中译本到 1930 年 3 月才由上海昆仑书店出版社出版，而且只是第一卷，全译本则直到 1938 年八九月才由上海读书生活出版社出版。新中国建立，特别是社会主义经济制度建立后，本应该把经济建设摆到中心地位，集中精力抓经济建设，但由于人们共知的原因，没有能够完全这样做。虽然在一些时间也抓了经济建设并取得了成绩，但在相当长时间内是以阶级斗争为纲的。“一切划时代的体系的真正的内容都是由于产生这些体系的那个时期的需要而形成起来

① 如王文寅《马克思主义经济学中国化研究》，山西经济出版社，2008；张宇：《改革开放与马克思主义经济学的发展——马克思主义经济学的当代化与中国化》，《教学与研究》2008 年第 8 期等。

② 如裴小革《改革开放是中国化马克思主义经济学的伟大成果》，《长白学刊》2008 年第 5 期。

的。”[2](p.366)当时的环境如此，所以虽然理论界、教育界在一些时间内也作过引入苏联政治经济学教科书和编写我国自己经济学教科书的努力，开展了对一些经济问题的研究，但作为直接对经济建设、发展有指导作用的马克思主义经济学建设没有得到应有的重视，马克思主义经济学中国化和中国化马克思主义经济学建设也就没有取得应有的成效。

1978 年党的十一届三中全会的召开，开启了改革开放的历史新时期，我国整个工作中心转到经济建设上来。随着改革开放和现代化建设实践的发展，对经济学理论的需求逐渐强烈，对马克思主义经济学的研究和应用日益增多，与此同时，西方经济学理论被大量引入和借鉴，我国出现了经济学的空前繁荣。这一时期，虽然也出现过对马克思主义经济学的教条式理解或重视不够、对西方经济学盲目照抄照搬等一些不健康的倾向，但总体上说，经济学的繁荣发展是主流，经济学理论为经济社会发展服务所取得的成就是有目共睹的。更具历史意义的是，在改革开放实践推动下，我国理论界在中国共产党的领导下加快把马克思主义经济学基本原理与我国的实际相结合，在继承马克思主义经济学立场观点方法的同时，创新发展了经济学理论。这些理论成为中国特色社会主义理论体系的重要来源，为马克思主义中国化和中国化马克思主义的形成做出了贡献，为马克思主义的丰富和发展做出了贡献。

但需要指出的是，任何科学的形成、发展和成熟程度都是由实践所决定的。我国正处于并将长期处于社会主义初级阶段，在当前和今后相当长时间内将会处于经济体制和发展方式转变的双重转型期。作为经济建设实践的反映并指导经济建设实践发展的经济学，其状况不能不受这样条件的制约，所以我国马克思主义经济学中国化的进程一定会随改革开放和经济发展的发展而深化，具有中国特色的经济学理论也会不断出现和发展。但作为马克思主义经济学中国化成果的中国化马克思主义经济学至今还不能说已经建设成功，这是经济学理论工作者必须长期为之奋斗的一项伟大历史使命。

二　关于什么是马克思主义、怎样对待马克思主义

推进马克思主义经济学中国化，作为认识前提和基础的是，什么是马克思主义和怎样对待马克思主义。胡锦涛在纪念党的十一届三中全会召开 30 周年大会上的讲话中指出：“30 年来，我们党的全部理论和全部实践，

归结起来就是创造性地探索和回答了什么是马克思主义、怎样对待马克思主义，什么是社会主义、怎样建设社会主义，建设什么样的党、怎样建设党，实现什么样的发展、怎样发展等重大理论和实际问题。”[3]在参与改革开放的实践和理论活动中，特别是在近几年主持《马克思主义基本原理概论》教科书的编写和修订过程中，笔者对什么是马克思主义、怎样对待马克思主义的问题有了进一步的认识。

（一）以发展的观点认识什么是马克思主义

在过去相当长时间内，对于什么是马克思主义，从不同的角度有多种表述。从它的创造者、继承者的认识成果讲，马克思主义是由马克思、恩格斯创立的，而由各个时代、各个民族的马克思主义者不断丰富和发展的观点和学说的体系。从它的阶级属性讲，马克思主义是关于无产阶级和人类解放的科学，是关于无产阶级斗争的性质、目的和解放条件的学说。从它的研究对象和主要内容讲，马克思主义是完整的科学世界观和方法论，是关于自然、社会和思维发展的普遍规律的学说，是关于资本主义发展和为社会主义代替以及社会主义和共产主义发展的普遍规律的学说。这些表述无疑都可以为什么是马克思主义的认识提供重要的指导和参考。

但是，马克思主义是发展的、开放的体系。以发展的、开放的观点进一步认识马克思主义，马克思主义有狭义和广义之分。从狭义上说，马克思主义即马克思和恩格斯创立的基本理论、基本观点和学说的体系。从广义上说，马克思主义不仅指马克思和恩格斯创立的基本理论、基本观点和学说的体系，也包括后人对它的发展，即发展了的马克思主义。作为中国共产党和社会主义事业指导思想的马克思主义，是广义的马克思主义。它既包括由马克思和恩格斯创立的马克思主义的基本理论、基本观点和学说的体系，也包括经列宁等继承和发展，推进到新的阶段，并由以毛泽东、邓小平、江泽民等为主要代表的中国共产党人将其与中国具体实际相结合，进一步丰富和发展了的马克思主义，即中国化的马克思主义。①

说马克思主义是发展的、开放的体系，是指马克思主义的个别结论可以发展还是指马克思主义基本原理也可以发展？在过去比较长时期内，主要指前者，而今天，我们认为讲马克思主义要发展，不仅指前者，也指

① 参见编写组《马克思主义基本原理概论》（修订版），高等教育出版社，2009年。

后者。

讲马克思主义基本原理要发展，首先是一个实践问题。社会主义的实践提出了一系列新问题需要我们去认识，例如社会主义的本质究竟是什么，社会主义发展究竟要经过什么样的阶段，在这样的阶段要实行什么样的基本经济制度和分配制度，如何实现社会主义经济、社会的科学发展等，这些问题都涉及马克思主义的基本原理。在实践的基础上，总结经验，将马克思和恩格斯生前没有认识到或没有完全解决的重大问题上升到基本原理的高度进行总结和凝练，这是时代赋予马克思主义继承者的责任，也是马克思主义作为发展的、开放的理论体系的本质要求。过去，我们拘泥于对马克思主义个别结论进行丰富和发展，认为马克思主义基本原理似乎就不需要丰富和发展，重要原因除了实践尚未发展到今天的程度之外，还在于思想不够解放，认识还需要进一步深化。今天，我们认识到马克思主义基本原理也需要不断丰富和发展，而中国共产党人和广大人民群众的理论创新就是对马克思主义的丰富和发展，这是一个重大的理论和认识的突破。

对于马克思主义的上述理解，应该说是一种前进。其意义不仅说明马克思主义是发展的、开放的理论体系，从而否定了把马克思主义看成封闭僵化体系的错误观点，而且把马克思主义中国化取得的伟大成果即中国化的马克思主义纳入了马克思主义的理论体系。这就为“在当代中国，坚持中国特色社会主义理论体系，就是真正坚持马克思主义”[4](p.12)的论断提供了坚实的理论支持。

（二）从整体上理解什么是马克思主义

在过去相当长时间内，对于马克思主义的理解基本上习惯于“三个组成部分”，这当然是有根据的。恩格斯的《反杜林论》和列宁的《马克思主义三个来源和三个组成部分》，都可以用以证明上述观点。但是根据发展了的实践和理论进展，认识不能停留于此，而应该在肯定马克思主义三个主要组成部分的同时，吸收马克思主义中国化取得的最新成果，从新的角度对马克思主义进行整体性的理解和把握。

以这样的观点从整体上认识什么是马克思主义，首先应该明确，马克思主义是彻底而严整的科学理论体系。它的内容不仅包括哲学、政治经济学、科学社会主义三个主要部分，而且涵盖了政治、经济、文化、军事、历史、社会生活、人类发展等诸多领域和各个方面，是极其丰富的。对于这样一个内容极其丰富的理论体系从整体上理解和把握，可以有几个角度。

1. **从马克思主义的形成过程研究和把握其整体性**。马克思主义是适应资本主义生产方式有了相当发展的时代和无产阶级反对资产阶级实践的要求，在对人类文明成果继承和发展的基础上产生的。与在此之前的所有资产阶级理论不同，马克思主义经典作家的全部理论活动都是为了人类解放这一目标而进行的，其根本宗旨是实现人类解放。

从马克思主义形成过程中马克思主义创始人理论活动的全部过程看，马克思主义具有鲜明的整体性。马克思、恩格斯从年轻时代起就立志选择“最能为人类而工作的职业”，大量接触穷苦的工人群众。马克思 1841 年后在《莱茵报》上发表的多篇论文，恩格斯写作的《英国工人阶级状况》，都表达了对贫苦群众的深切同情和对资本主义社会的憎恶。其后，马克思、恩格斯积极参加推翻资本主义制度的阶级斗争，投入创立无产阶级政党、组织无产阶级队伍的活动，同工人运动中的各种机会主义思潮进行不懈的斗争。他们毕生的使命都和发展、壮大无产阶级革命事业密切地联系在一起。从 19 世纪 40 年代后半期马克思、恩格斯创建“共产主义者同盟”开始，一直到 90 年代前半期恩格斯晚年领导第二国际的活动，关注欧美无产阶级革命斗争和政党的发展为止，在这半个世纪的历程中，马克思、恩格斯始终处在国际共产主义运动斗争的前沿，积极参与并领导了无产阶级反对资产阶级和资本主义制度的斗争。马克思、恩格斯的生平事业和无产阶级革命斗争所具有的这种紧密联系，是他们创立马克思主义的重要条件。[①]而在此基础上形成的马克思主义，从一开始就成为无产阶级反对资产阶级的强有力的思想武器。这个思想武器，不是支离破碎的，而是一个以科学的世界观和方法论一以贯之的严整的体系。

2. **从马克思主义各个组成部分的内在联系和马克思主义基本著作的内容研究和把握其整体性**。马克思主义是涉及众多学科门类的知识海洋，虽然各个学科侧重点不同，但都是马克思主义科学世界观和方法论的体现，都是贯穿人类社会发展普遍规律的学说。

从马克思主义经典著作的主要内容看，马克思主义的整体性更为明显。一般认为，《共产党宣言》是马克思主义形成的标志，而《共产党宣言》实际上是马克思主义理论宏伟大厦的缩影，其理论内容几乎涵盖了马克思

① 参见编写组《马克思主义基本原理概论》（修订版），高等教育出版社，2009 年。

主义的各个重要方面。其他著作也大都是这样，如《1844年经济学哲学手稿》中关于哲学问题的思辨与关于政治经济学、人类解放理论等现实问题的交织；《神圣家族》《德意志意识形态》《哲学的贫困》等著作中哲学问题、经济学问题、历史问题、社会问题的汇聚；《路易·波拿巴的雾月十八日》《法兰西内战》等关于现实问题的著作中所蕴含的深刻的哲学观念与政治经济学前提；等等。而在《反杜林论》中，恩格斯虽然对“哲学”“政治经济学”“社会主义”三个部分进行了分别论述，但从全文看，恰恰是这些看似独立的部分，构成了一个内容紧密相连、逻辑严谨的理论整体。即使像《资本论》这样被长期看作经济学的马克思主义经典著作，实际上不仅包含有马克思主义经济学的基本原理，而且包含了马克思主义的辩证唯物主义和历史唯物主义世界观和方法论，以及科学社会主义的基本原理，堪称马克思主义的百科全书。因此，从马克思主义经典著作的全部内容看，马克思主义是严谨而完整的理论体系，从整体上理解和把握马克思主义是符合马克思主义本来面貌的。

3. **从马克思主义革命性与科学性的统一研究和把握其整体性**。从科学性与革命性统一的角度理解和把握，马克思主义是包含四个最根本最核心内容的严整体系。第一，科学的世界观和方法论。辩证唯物主义和历史唯物主义是马克思主义最根本的世界观和方法论，也是马克思主义理论科学体系的哲学基础。第二，鲜明的政治立场。马克思主义政党的一切理论和奋斗都应致力于实现以劳动人民为主体的最广大人民的根本利益，这是马克思主义最鲜明的政治立场。第三，重要的理论品质。坚持一切从实际出发，理论联系实际，实事求是，在实践中检验真理和发展真理，是马克思主义最重要的理论品质。第四，崇高的社会理想。实现物质财富极大丰富、人民精神境界极大提高、每个人自由而全面发展的共产主义社会，是马克思主义最崇高的社会理想。

以上这四个方面，包括了马克思主义的最基本内容，体现了马克思主义的基本立场、基本观点和基本方法，是从总体上把握的马克思主义。今天，我们坚持和发展马克思主义，绝不是要单纯坚持和发展马克思主义的某个观点，而是要从总体上坚持、继承其基本立场、基本方法和基本观点。

4. **从马克思主义的创新性和实践性研究和把握其整体性**。马克思主义是开放的发展的学说，创新性是马克思主义的重要特征。中国化马克思主义与马克思恩格斯创立的马克思主义一脉相承，又将马克思主义的基本原理与中国实践紧密结合，创造性地发展了马克思主义。

学习的目的在于应用，马克思主义的生命力在于指导实践，实践性是马克思主义的另一重要特征，在现实的实践过程中，没有纯粹的哲学问题、经济学问题、政治问题或思想文化问题。任何问题必然综合地、有机地包含着多方面相互影响的内容和规定性。如果我们从马克思所说的“改变世界”的角度来理解马克思主义理论，马克思主义理论必然是整体的，因为它所面对的实践问题是具体的、整体的。

当然，需要说明的是，强调要加强对马克思主义整体性的研究和把握，并不是要否定或排斥对马克思主义丰富内容进行分门别类的研究。相反，加强对马克思主义整体性的研究和把握与对马克思主义丰富内容进行分门别类研究是相辅相成、相得益彰的。分门别类研究越深入，越有利于对马克思主义理论整体性的研究和把握，对马克思主义整体性的研究和把握越准确，越有利于对马克思主义分类研究的深入和全面。过去，我们对马克思主义哲学、政治经济学、科学社会主义等分门别类地进行研究，取得了重大进展，对继承和发展马克思主义起到了极大的促进作用。今后在加强研究马克思主义整体性的同时，这种分门别类的研究还要继续，但显然不能拘泥于此，马克思主义是内容丰富的宏伟理论大厦，我们还要进一步在更多的领域、更多的学科开展马克思主义的研究。这样，既有分门别类的研究，又有对马克思主义整体性的研究，对马克思主义的研究一定会更加深入，马克思主义一定会发出更加灿烂的真理光芒。

（三）以科学的态度对待马克思主义

如何对待马克思主义，过去是、现在是、将来还是关系我们党和国家前途命运的大问题。

在这个问题上我们以前是有深刻教训的。吸取这些经验教训，首先就必须坚持马克思主义不动摇。这是就马克思主义的基本原理、基本观点和方法而言的。而随着时代的发展和历史条件的变化，马克思主义创始人针对特定历史条件的一些具体论述可能不再适用，而新的实践又会提出新的问题，需要我们去认识、去解决。这就要求我们在坚持马克思主义基本原理的基础上去丰富和发展马克思主义。在我国社会主义实践的过程中，坚持与发展是统一的。只有坚持，才能发展；只有发展，才能更好地坚持。否认马克思主义的科学性，是错误的、有害的；教条式地对待马克思主义，也是错误的、有害的。我们一定要适应实践的发展，以实践来检验一切，用发展着的马克思主义指导新的实践。“我们必须坚持解放思想、实事求是、与时俱进，从理论和实践的结合上不断研究新情况、解决新问题，做到自觉地把思想认识从那些不合时宜的观念、做法和体制的束缚中解放出来，从对马克思主义的错误的和教条式的理解中解放出来，从主观主义和形而上学的桎梏中解放出来，不断有所发现、有所创造、有所前进。”[5](pp. 27~28)

与此同时，要吸收理论界的最新成果，力求全面准确地阐述并丰富和发展马克思主义。

由马克思、恩格斯创立的马克思主义，是经典作家160多年前根据当时的历史条件做出的科学结论。时代发展了，这就要求我们既要把经典作家的论断放入当时的历史环境中来认识，同时又要紧密结合今天发展了的实践，做出准确而又符合时代要求的新阐释，努力做到“四个分清”，即努力分清哪些是必须长期坚持的马克思主义基本原理，哪些是需要结合新的实际加以丰富发展的理论判断，哪些是必须破除的对马克思主义的教条式的理解，哪些是必须澄清的附加在马克思主义名义下的错误观点。根据这样的要求，我们必须既努力全面准确地阐述马克思主义，又尽可能地吸收理论界的最新成果，丰富和发展马克思主义理论。

三　在推进马克思主义经济学中国化进程中努力实现经济学理论的创新

中国改革开放和现代化建设的实践，极大地推动了马克思主义经济学的中国化，使之实现了若干方面的重大创新；时代和实践的不断发展，呼唤经济学理论的进一步创新。在推进马克思主义经济学中国化进程中，努力实现经济学理论的创新，是经济学工作者的共同使命和责任。

（一）改革开放以来经济学理论的创新

改革开放以来，我国的经济学理论取得了重大突破和创新。这些创新，可概括为十个主要方面：一是对改革开放的方向、目标、道路进行了探索，为改革开放方略的确定和不断深化做出了贡献。二是对什么是社会主义和社会主义的本质进行了探索，为明确社会主义的本质是解放生产力、发展生产力、消灭剥削、消除两极分化、最终达到共同富裕以及人的全面发展做出了贡献。三是对中国特色社会主义的经济进行了探索，为中国特色社会主义理论体系的形成做出了贡献。四是对社会主义初级阶段的国情、主要矛盾和主要任务进行了阐发，为确立社会主义初级阶段理论做出了贡献。五是对社会主义初级阶段基本经济制度和分配制度进行了探索，为确立公有制为主体、多种所有制经济共同发展的基本经济制度和按劳分配为主体、多种分配方式并存的分配制度做出了贡献。六是对社会主义市场经济以及社会主义市场经济条件下的企业制度、市场体系等进行了探索，为确立和完善社会主义市场经济体制做出了贡献。七是对以人为本国民经济全面持续协调发展进行了探索，为树立和落实科学发展观，促进国民经济科学发展做出了贡献。八是引入社会总供给、社会总需求范畴和市场经济条件下国民经济总供求分析方法，探索了社会主义市场经济宏观调控的主要目标、调控方式和政府主要职能，为国民经济宏观领域的改革做出了贡献。九是对开放型经济进行探索，为在经济全球化条件下我国对外开放战略的制定和实施做出了贡献。十是对世界社会主义发展进程中出现的新问题和现代资本主义出现的新特点进行了研究，为社会主义制度的自我完善和发展做出了理论阐释。

（二）马克思主义经济学中国化进程中理论创新的重要原因和经验

在我国，经济学之所以能够取得创新，主要原因在于以下几个方面。

首先，改革开放和现代化的实践为经济理论创新提供了不竭源泉和动力。经济学理论本质上是实践的理论，实践是理论创新和发展不竭的源泉。社会主义革命和建设实践特别是30年改革开放中广大人民群众的伟大实践，对经济学理论的发展和创新提出了强烈的需求，为经济学的创新提供了丰富的实践源泉，并推动了经济学理论的不断创新。其次，改革开放促进了思想解放，营造了百家争鸣的学术氛围，极大地调动了经济学工作者的积极性和创造性。全社会尊重这样的劳动，努力营造生动活泼、求真务实的学术环境，提倡不同学术观点、学术流派的争鸣和切磋，提倡充分的批评与反批评。这种良好的社会环境和学术氛围，极大地调动了经济学工作者的积极性，使他们的创造性迸发出来，成为经济学理论创新的生力军。再次，改革开放加快了中国经济学走向世界和借鉴国外经济学的进程。随着中国经济日益开放，中国特色的经济学理论日益引起世界的关注，改革开放进程中的中国经济学理论，也在认真借鉴西方发达市场经济国家的经济理论、发展中国家的经济理论、苏东国家的经济理论等研究取得的进展，并得到进一步创新和发展。最后，改革开放加快并深化了马克思主义中国化的进程，由此所形成的中国特色社会主义理论体系，是经济学理论创新的根本思想保证和强大动力。改革开放的过程是马克思主义中国化深化的过程，在改革开放进程中，经济学理论创新一方面为中国特色社会主义理论体系的形成做出贡献，另一方面又以中国特色社会主义理论体系为指导，这就保证了经济学理论创新既能沿着正确的方向前进而不误入歧途，又使经济学理论创新有科学的方法论为指导。这是经济学理论创新经久不衰的重要原因所在。

经济学理论发展，积累了丰富的经验，最重要的是如下几个方面。

第一，解放思想是先导。解放思想是改革开放的先导，也是理论创新的先导。改革开放以来，经济学理论取得的一次又一次创新无不是解放思想的成果，而每一次经济学理论的创新又进一步推动了改革开放的深化和思想的进一步解放。实践证明，解放思想是建设中国特色社会主义的法宝，也是经济学理论创新的强大思想武器。第二，坚持方向不动摇。改革开放是社会主义制度的自我发展和自我完善，改革开放的根本目的就是要通过大力发展社会主义市场经济，建立和完善社会主义市场经济体制，发展生产力，提高综合国力和人民生活水平。就经济学理论创新而言，坚持方向不动摇，就是坚持为人民服务、为社会主义现代化建设服务、为改革开放服务的方向不动摇。积 30 年之经验，在改革开放进程中必须在任何情况下坚持方向不动摇，在改革顺利的情况下坚持方向不动摇，在改革遇到困难、发生问题时尤其要坚持方向不动摇。第三，坚持创新不止步。创新是理论进步的灵魂，创新无止境。改革开放以来经济学理论取得的突破和进展无不是创新的结果。要创新就要坚持科学研究无禁区，要鼓励学术争鸣；要创新就要坚持实践第一的观点，重视对国情、世情的调查研究，不断总结实践经验，尊重人民的创造精神；要创新就要妥善处理坚持以马克思主义为指导和充分借鉴人类文明成果的关系，既坚持正确的导向，又大胆吸收西方发达国家和发展中国家的先进经验；要创新就要倡导科学严谨的学风，不唯书，不唯上，只唯实。第四，关键是要建设一支高水平高素质的理论研究队伍。改革开放以来经济学理论创新取得的成就，得益于建立了一支数量宏大、素质较高的理论队伍。这支队伍总体而言，拥护改革开放、拥护社会主义，具有较广阔的视野、较渊博的专业知识和高尚的敬业精神，是值得信赖的队伍。今后经济学理论继续创新，还必须继续加强队伍建设，充分发挥这支队伍的作用。

（三）马克思主义经济学理论的创新是一个不断深化的过程

时代和实践的发展是无止境的，理论的创新也不应该停留在一个水平上。在改革开放和现代化建设的道路上，我们仍面临着一系列新的挑战和问题。这些挑战和问题有的是来自国际的，有的是来自国内的。在国内的这些问题中，有的属于改革开放深化触及的一些深层次矛盾，有的则是具有阶段性特征的问题。不管哪些问题的克服和解决，都呼唤着经济学理论的进一步创新。在当前，经济学应着力研究和创新的主要领域及问题有如下几个方面。

一是马克思主义经济学中国化研究。包括：中国特色社会主义经济理论体系；科学发展观的经济学阐释；马克思主义经济学关于科学发展的理论研究；落实科学发展观的体制机制问题研究；建立和完善中国特色经济学等。马克思主义经济学中国化的成果是中国特色社会主义理论体系的重要组成部分，加强马克思主义经济学中国化研究将极大地丰富和发展中国特色社会主义理论体系。

二是中国特色社会主义道路研究。包括：中国经济改革和发展模式研究；中国特色自主创新道路研究；中国特色新型工业化道路研究；中国特色农业现代化道路研究；中国特色城镇化道路研究等。总结中国特色发展道路及其经验，也是经济学理论创新义不容辞的责任。

三是深化改革开放和完善社会主义市场经济体制问题研究。包括：今后中长期深化改革开放战略研究；完善社会主义市场经济体制、基本经济制度和健全现代市场经济体系研究；深化财税、金融等体制改革，完善宏观调控体系研究；政府职能转变和行政宏观管理体制改革、政府监管体制改革研究；收入分配制度改革研究；社会保障制度改革研究；经济体制、政治体制、社会体制、文化体制综合配套改革研究；拓展对外开放广度和深度，提高经济开放程度研究等。

四是国民经济又好又快发展和改善民生问题研究，包括：国民经济持续稳定发展研究；加快转变经济发展方式，推动产业结构优化研究；区域均衡发展和区域竞争问题研究；加强能源资源节约和生态环境保护，增强可持续发展能力研究；扩大就业的理论和对策研究；新形势下推进农村改革发展、推进社会主义新农村建设的理论和政策研究；健全严格规范的农村土地管理制度研究；确保国家粮食安全和主要农产品有效供给的理论与对策研究等。当前，针对经济社会发展中出现的收入差距拉大、房价上升过快、宏观经济中“两难”问题增多等问题，特别要加强经济与社会协调发展的研究。

五是开放进程中抵御世界各种危机影响维护国家安全的研究。包括：美国次贷危机及其对中国的启示研究；国际金融危机对中国的影响与中国经济金融安全研究；扩大国内需求特别是消费需求的理论和对策研究；灵活审慎的宏观调控政策研究；对自由市场经济制度及西方主流经济学的进一步评析和研究；全球经济调整与中国经济发展方式转变研究；开放条件下的国际货币政策协调研究等。

要实现经济学理论的创新，就需要从以下几个方面继续努力。

一是继续坚持实践第一的观点，实事求是，一切从实际出发。坚持实践第一的观点，一切从实际出发，首先是要进一步从我国的实际出发。我国有自己特殊的历史、特殊的文化、特殊的国情、特殊的经济制度，只有对这些“特殊”吃准吃透，才可能做到一切从实际出发。我国正在进行的以建立和完善社会主义市场经济体制为目标的改革开放和以全面建设小康社会为目标的现代化建设事业，是前无古人的伟大实践。只有投身这样的实践并善于不断从这样的伟大实践中汲取营养，才可能总结出伟大的理论，实现经济学理论的进一步创新。强调首先要从我国的实际出发，并不排斥从世界的实际出发。我们处于一个开放的时代，经济全球化和区域化是世界发展的潮流，在这样的时代，不了解世界，也就不能很好地研究中国，所以一切从实际出发，也要从世界的实际出发。

二是继续坚持把马克思主义基本原理与我国实际相结合，在马克思主义中国化上下功夫。坚持把马克思主义基本原理与中国实际相结合，就要把马克思主义基本原理作为指导，联系国际国内的实际，去观察和分析问题。要善于运用马克思主义的立场、观点和方法，认真地总结过去，客观地分析现实，努力实现经济学理论的进一步创新。要坚持和弘扬理论联系实际的学风，一方面，要防止和反对教条主义，另一方面，也要反对形式主义和实用主义。教条主义是本本主义，照本宣科，简单地、机械地套用

“本本”和字句，形式主义只做表面文章，这只能使对马克思主义的理解停留在一知半解的水平；实用主义则往往断章取义，为己所用，给马克思主义附加一些不正确的东西，甚至肢解马克思主义。所以我们强调理论联系实际，一方面要认认真真、老老实实地坚持马克思主义基本原理；另一方面要以马克思主义基本原理分析解决我国的实际问题，在分析解决实际问题中创新发展经济学理论。

三是继续充分吸收人类社会创造的一切文明成果。马克思主义不仅具有与时俱进的理论品质，而且善于吸取人类文明的一切成果，具有开放性。在今天社会主义与资本主义两种制度并存、竞争、合作的条件下，我们更应该善于充分吸收人类文明的一切成果，包括西方经济学的文明成果，以丰富和发展马克思主义经济学理论。但在借鉴国外经济学理论的时候，一定要从中国的实际出发，有取有舍，有用有弃，绝不可照搬照抄。

四是继续加强队伍建设。要坚持高标准，按照政治强、业务精、作风正的要求，造就一批用马克思主义武装起来、立足中国、面向世界、学贯中西的思想家和理论家，造就一批理论功底扎实、勇于开拓创新的学科带头人，造就一批年富力强、政治和业务素质良好、锐意进取的青年理论骨干。关键措施是要高度重视对哲学社会科学人才的培养和使用，建立能够使优秀人才脱颖而出、人尽其才的良好机制，形成尊重劳动、尊重知识、尊重人才、尊重创造的良好氛围。

参考文献

[1]《艾思奇文集》（第1卷），人民出版社，1981。

[2]《十六大以来重要文献选编》（上），中央文献出版社，2005。

[3] 胡锦涛：《在纪念党的十一届三中全会召开30周年大会上的讲话》，《人民日报》2008年12月19日第1版。

[4] 胡锦涛：《高举中国特色社会主义伟大旗帜　为夺取全面建设小康社会新胜利而奋斗》，人民出版社，2007。

[5] 胡锦涛：《在“三个代表”重要思想理论研讨会上的讲话》，人民出版社，2003。

论中国经济学的方向和方法*

逄锦聚

内容摘要：一个国家在提倡经济理论多元化的同时，要有适合本国国情的占主导地位的根本经济理论和根本经济思想。没有根本理论和根本思想的国家，充其量只能跟在别国后面走，不可能自立于世界强国之林。建设中国特色、中国风格、中国气派的经济学，是时代和实践赋予的神圣使命和责任。中国经济学的基本方向，一是要继承和发展马克思主义政治经济学的基本原理，并把这些原理与中国的具体实际相结合；二是要借鉴和吸取世界人类一切文明成果，包括西方经济学中的科学成分；三是要能够反映和解释我国生动活泼的现代化建设实践，为现代化建设提供理论支持和服务。建设和发展中国经济学要坚持以历史唯物主义和辩证唯物主义为根本方法，同时吸取现代科学的方法；要克服目前盛行的把数学的方法极端化和以数学的方法代替甚至否定历史唯物主义和辩证唯物主义根本方法的倾向。建设和发展中国经济学，要坚持为广大民众根本利益服务的出发点和立足点，要创造有利于中国经济学繁荣发展的良好机制和环境。

关键词：中国经济学　方向　方法　立足点　评价标准

随着时代和实践的发展，我国经济学有了长足的进步，并在指导改革开放和现代化建设的实践中发挥了重要作用。但是，与时代和实践发展的要求相比，我国的经济学还存在一些不完全适应的问题。同任何科学的理论都是在争鸣中发展一样，关于我国经济学发展的一些重大问题的争论从来都没有间断过。本文拟就其中的几个问题谈一些看法，与大家讨论，以促进我国经济学的进一步发展和繁荣。

---

* 本文发表于《政治经济学评论》2012 年第 4 期。

一　中国经济学和与中国经济学有关的几个概念

（一）关于中国经济学

中国经济学就是以中国经济为研究对象的经济学。从广义上说，中国经济学既包括现行学科分类中的理论经济学，也包括应用经济学，即所有的经济学科既要反映现代经济运行的一般规律，又要反映中国特色经济运行的特殊规律；从狭义上说，中国经济学指中国的理论经济学，在现行的学科分类中就是政治经济学、经济史中的中国经济史、经济思想史中的中国经济思想史等。中国经济史、中国经济思想史的中国特色是不言而喻的，而政治经济学在反映现代经济运行一般规律的同时，更要从中国实际出发，反映中国的特殊国情。政治经济学不仅要为其他经济学科和现代化建设实践提供最基本的经济理论、经济方法，更要为其他经济学科和现代化建设实践提供更高层次的、能够指引方向的基本经济理论和根本经济方法。一个国家在提倡经济理论多元化的同时，要有适合本国国情的占主导地位的根本经济理论和根本经济思想。没有根本理论和根本思想的国家，充其量只能跟在别国后面走，不可能自立于世界强国之林。

要不要建立中国经济学，理论界有颇多争议。有人认为经济学不分国界，无所谓哪国经济学，更谈不上建立中国经济学。[1]有人主张要建立并不断发展中国经济学。[2]我赞成要建立并不断发展中国经济学，而且要努力建立和发展中国特色、中国风格、中国气派的经济学。理由如下。

第一，经济学有共性也有特殊性。作为研究社会化大生产和市场经济一般规律的社会科学，经济学在全世界范围内具有共同性。正是这种共同性，决定了各国经济和经济理论的全球化和国际化的必要性。但作为研究生产关系、利益关系的社会科学，经济学具有历史性、人文性，并由于各国经济制度、经济发展阶段的差异而具有特殊性。而正是这种特殊性，决定了各国经济和经济理论的差异性和本土化的必要性。认为经济学不分国界的观点，从哲学意义上是以共性否定了特殊性，从实际意义上是以西方发达国家的经济理论否定了后发的实行不同社会制度的发展中国家的经济理论。

第二，由中国特殊国情所决定的许多经济现象是其他经济学没有解释也解释不了的。如中国为什么一定要选择社会主义经济制度而没有选择其他经济制度，为什么一定要走社会主义道路而没有走其他道路，为什么要实行社会主义市场经济而不能实行其他的市场经济等。这些问题是其他经济学至今没有回答也不太可能做出科学回答的问题，对这些问题的科学回答只能由中国经济学做出。

第三，事实上中国经济学已经存在，中国特色社会主义经济理论是中国经济学的主要内容，只是这种理论尚需要随着时代和实践的发展而不断发展和完善。

（二）关于西方经济学

西方经济学的概念在我国已经流行多年，不少高校经济管理专业开设的课程之一就有西方经济学。但也有人提出异议，认为在西方国家没有西方经济学，只有宏观经济学和微观经济学，所以主张我国高校不要开设西方经济学，而应该开设宏观经济学和微观经济学。

西方经济学确实是我国对西方发达国家经济学的特殊称谓。西方发达国家有经济学，但并不冠以西方，例如在世界多国具有影响力的萨缪尔森的《经济学》就称“经济学”，当然，西方大学也确实开设宏观经济学和微观经济学。

我赞成继续用西方经济学的概念，因为现在我国引进的以西方发达国家经济为研究对象、由古典经济学演进而来的经济学确实是来自西方而又不同于我国的经济学。需要明确的是，这里冠以的“西方”主要不是自然地理概念，而是发达国家的代称，所以现在流行的“西方经济学”确切地说是发达资本主义国家经济学。

西方经济学是人类文明的结晶，其中不乏科学的成分，否则就不能解释为什么这种理论赖以产生，并在这种理论指导下的西方发达国家会取得如此巨大的经济成就，就不能解释为什么“资产阶级在它的不到一百年的阶级统治中所创造的生产力，比过去一切时代创造的全部生产力还要多，还要大”。[3](p.36)但是，西方经济学不是万能的，且不说其自身存在这样那样的局限，面对金融危机、债务危机等新问题时也需要发展，即使其中对于发达国家而言是有效的理论，当在后发国家应用时，由于发达阶段和经济制度的不同，其有效性也会打折扣。

（三）关于现代主流经济学

在大学的课堂上，在报刊中，一些学者经常用到的一个概念是现代主流经济学。什么是现代主流经济学？我国的现代主流经济学和西方的现代主流经济学是否是同一概念？如果对此不加以说明，其后果可能是误导经济学的初学者和并不专门研究经济学的人们，使他们误认为我国的现代主流经济学与西方国家的现代主流经济学是同一概念。

事实上，在西方，所谓现代主流经济学一般指的是由古典经济学衍生而来的新古典经济学、新自由主义经济学等。而在我国，改革开放以来占主导地位的经济学是中国特色社会主义经济理论。中国特色社会主义经济理论是以马克思主义经济学基本原理和中国的实践为根基，吸收西方发达国家和世界上一些发展中国家经济学的精华，在中国现代化建设实践中丰富和发展了的经济学。1984 年，中共中央通过了关于经济体制改革的决定后，邓小平曾说，这个决定“是马克思主义基本原理与中国社会主义实践相结合的政治经济学”。[4](p. 83)很显然，中国的现代主流经济学和西方的现代主流经济学不是一个概念。

二　中国经济学的方向

关于中国经济学的发展方向，其焦点是：中国经济学究竟是照搬西方经济理论，亦步亦趋；还是要坚持从中国的实际出发，把马克思主义基本原理与中国具体实际相结合，同时吸收人类文明一切有益成果，有所创新，有所前进。

改革开放开始不久，西方经济理论大量传入中国，长期受到计划经济体制和计划经济理论禁锢的我国经济学界感到耳目一新，对西方经济理论的学习和传播成为风气，这在当时具有一定的必然性和历史的进步性。但其后在学习传播西方经济理论的同时，出现了一种忽视马克思主义政治经济学和把马克思主义基本原理与我国具体实践相结合，忽视创新发展马克思主义经济理论，而对西方经济学照抄照搬的倾向。对于这种倾向，不少学者曾经呼吁，需要纠正。[5]笔者也曾撰文进行分析，认为出现这种状况的原因有国际、国内环境的变化，也有政治经济学学科本身的问题。从国际、国内大环境看，20 世纪 80 年代后，社会主义出现挫折，有人对马克思主义能不能指导社会主义走向胜利产生疑问，对政治经济学的科学性如何，不少人也产生疑问。受这种社会思潮影响的直接结果，就是降低了对政治经济学的热情。从政治经济学学科本身看，尽管经济学界付出了巨大的努力，推动了政治经济学理论体系和内容的创新，但这种创新还不完全适应经济社会发展的需求，还需要进一步深化、系统化和完善。在这样的情况下，又加上中国市场经济的发展和社会主义市场经济体制改革目标的确立，人们感到西方经济学中关于市场经济运行的知识和对经济现象分析的方法更具有现实性和可操作性。这可能是一部分人对传统政治经济学感到腻烦和对西方经济学感到新奇的直接原因。笔者当时认为，这样的现象是暂时的，随着改革的深化和现代化建设实践的发展是可以得到克服的。笔者甚至预言，经济社会急剧变革的时代，是最可能通过百家争鸣而出现伟大理论和思想的时代。我国的改革开放和现代化建设事业日新月异，经济理论探索空前活跃。在这样的时代，政治经济学一定会同其他哲学社会科学学科一起，实现历史性的突破和发展。[6]

但是，问题并不如此简单。时至今日，上述现象似乎并不能说已经完全得到转变，因此关于中国经济学发展方向的问题仍然有讨论的必要。

经济学就其根本的宗旨而言，是经世济民的致用科学，中国经济学当然要为民众富裕和国家强盛所用；从其学科的内部分工而言，其中的政治经济学是研究生产方式和与它相适应的生产关系、交换关系的社会科学，中国经济学当然要研究中国的生产方式和中国的生产关系和交换关系。生产方式包括生产力，作为人与自然的关系，生产力在不同社会是具有共性的，而作为人与人之间关系的生产关系和交换关系，不同社会则具有不同的性质。由经济学的这些基本规定性所决定，中国经济学发展的基本方向：一是要继承和发展马克思主义政治经济学的基本原理，并把这些原理与中国的具体实际相结合；二是要借鉴和吸取世界人类一切文明成果，包括西方经济学中的科学成分；三是要能够反映和解释我国生动活泼的现代化建设实践，为现代化建设提供理论支持和服务。这三点既体现了中国经济学学科发展的基本趋势，也体现了中国经济学发展创新的基本要求和方向。

之所以必须继承和发展马克思主义政治经济学的基本原理和方法，首先因为马克思主义政治经济学的基本原理和方法是为实践证明了的科学。马克思主义政治经济学之所以成为科学，最根本的不在于它的个别结论，而在于它提供了认识人类经济社会发展的历史唯物主义的根本方法和凭借这种方法揭示的人类社会发展规律，而这一点是至今一切西方经济学科没法比拟的。其次因为我国实行的是社会主义基本经济制度，而这种制度是以马克思主义为指导建立的，这是历史事实。如果说国情，这也是最基本的国情之一。实行社会主义基本经济制度，就必须坚持以马克思主义为指导。当然，我们说的马克思主义，是继承和发展相结合的马克思主义，是中国化了的马克思主义。所以确切地说，中国的经济学必须以发展着的中国化了的马克思主义为指导，这是中国经济学的根基和生命力之所在。

之所以必须借鉴和吸取世界人类一切文明成果，包括西方经济学的成果，是因为西方经济学对于现代化社会大生产和市场经济运行的许多分析及其得出的理论，包含科学的成分，西方经济学对于经济运行分析的一些方法，许多是自然科学方法在经济学中的应用，便捷可行，所以借鉴和吸取这些科学的成分和方法为我所用，对于我国发展社会主义市场经济、完善社会主义市场经济体制、丰富和发展中国经济学理论，是有益的。更何况，我们要摆脱后发的被动局面，赶上甚至超过西方发达国家，不学习西方先进的东西也是不可以的。但必须明确，西方经济学以资本主义所有制为前提，其基本假定并不符合我国国情，所以不可能成为指导我国经济建设实践的根本理论。我国目前对西方经济学的学习引进既有不够的问题，表现在对多种学派理论的全面介绍不够，特别是分析不够，一些学者对西方经济学知之甚少，由此导致不能够有效地批判吸收；也有盲目崇拜、照抄照搬的问题，表现在有的学者对西方经济学囫囵吞枣，并未弄懂西方某种理论的针对性、假定前提，而片面应用，甚至以追求一些词句为时髦。对这两类问题，必须客观地分析，予以纠正。基本的原则是，对西方经济学一是要学，要下力气学懂、学通；二是必须从本国实际出发，经过分析和检验，取其精华，弃其糟粕。“外国的经验可以借鉴，但是绝对不能照搬”。[7]

之所以必须坚持从我国实际出发，紧紧围绕改革开放和现代化建设实践，坚持理论为实践服务，是因为经济学是实用的科学，经济学要保持旺盛的生命力，归根结底在于它能够适应实践发展的需要，指导实践的发展。所以，无论是继承和发展马克思主义经济学的基本原理和方法，还是借鉴和吸取世界人类一切文明成果，都要从我国实际出发与我国的实践相结合，为我国现代化建设服务。我国正在进行的现代化建设事业是史无前例的实践，伟大的实践会产生伟大的理论，坚持以马克思主义为指导，充分吸收人类一切文明成果，在实践中创新，中国经济学一定会实现新的突破，成为指导我国现代化建设的实用之学。

三　中国经济学的方法

关于中国经济学的方法，目前存在一种值得注意的倾向是，不下功夫学习运用马克思主义经济学的方法，而只是为了能在国外或国内某个刊物上发表文章，把自己关在屋子里头研究数学模型，至于这种数学模型用到经济学究竟有什么科学价值和实践价值，似乎并不重要。

这种倾向强调把数学的方法用于经济研究有值得肯定的一面，因为经济学作为科学，许多经济变量之间的关系应该并且可以用数学的方法进行计量。模型通常是经济变量之间的关系在严格假定关系前提下的数学表述，其优点是可以用简明的方式表达复杂经济问题的重要方面，使现实经济问题简单化。从这样的意义上说，经济学中数学的应用是经济学进步的表现。事实上，在马克思主义经济学中，也不乏数量分析和把经济现象数学化的例证，例如《资本论》中对于资本循环、资本周转和社会总资本再生产的分析，特别是对于社会两大部类交换关系和社会总产品实现的表述，马克思就运用了数学模型，而这些分析至今对于中国经济学的分析方法仍具有重要的指导意义。但是，忽视甚至否定马克思主义经济学的根本方法论对于中国经济学的指导意义，把数学的分析方法推向极端则是错误的。经济学作为社会科学，就其科学性而言，具有与自然科学相通的共性，但就其社会性、历史性而言，又有别于自然科学。当需要透过经济现象揭示经济现象背后的本质联系和经济社会运动规律时，就必须运用马克思主义的历史唯物主义和辩证唯物主义，单凭数学不能达到预期的目的；更何况，经济运动原本就存在许多不确定性，而不确定性是难以用数学方法进行计量的，如果勉强去做，甚至会谬误百出。

对于数学方法运用到经济分析中的这些积极作用和局限性，西方宏观经济学奠基人凯恩斯早就发现并对后人提出了警示。凯恩斯认为，数学在检验思路时有用，但他绝不用数学来思考问题。他一直对数学在经济学中的作用持怀疑态度，数学的推理总要依靠某些假定，而社会生活往往没有不变的假定，一切都是自然呈现的，因此，凯恩斯坚称：成功的经济学推理的基础是直觉与辩论能力，直觉可以选择好的理论模式，辩论则可以说服人接受这种理论模式。他从来不认为风险可以被精确计算，不确定性只能用于逻辑推理，不能用数学来描述，任何数学模型都无法容纳不确定性。

研究的方法是由研究的目的和学科的性质决定的。如前所述，从其根本的宗旨而言，中国经济学是经世济民的致用科学；从其学科内部分工而言，政治经济学是研究生产方式及与之相适应的生产关系和交换关系的社会科学，是一门出思想、出理论的社会科学。这样的一门科学只用数学是不够的，还必须运用更能揭示经济现象本质联系和经济运行规律、人类社会发展规律的方法。这样的方法就是马克思、恩格斯创立的，为后人继承和发展了的历史唯物主义和辩证唯物主义。

关于历史唯物主义方法，马克思在《〈政治经济学批判〉序言》中作了经典的论述。马克思说："我所得到的，并且一经得到就用于指导我的研究工作的总的结果，可以简要地表述如下：人们在自己生活的社会生产中发生一定的、必然的、不以他们的意志为转移的关系，即同他们的物质生产力的一定发展阶段相适应的生产关系。这些生产关系的总和构成社会的经济结构，即有法律的和政治的上层建筑竖立其上并有一定的社会意识形式与之相适应的现实基础。物质生活的生产方式制约着整个社会生活、政治生活和精神生活的过程。不是人们的意识决定人们的存在，相反，是人们的社会存在决定人们的意识。社会的物质生产力发展到一定阶段，便同它们一直在其中运动的现存生产关系或财产关系（这只是生产关系的法律用语）发生矛盾。于是这些关系便由生产力的发展形式变成生产力的桎梏。那时社会革命的时代就到来了。随着经济基础的变更，全部庞大的上层建筑也或慢或快地发生变革。""无论哪一个社会形态，在它所能容纳的全部生产力发挥出来以前，是决不会灭亡的；而新的更高的生产关系，在它的物质存在条件在旧社会的胎胞里成熟以前，是决不会出现的。"[3](pp. 588～599) 列宁曾说，马克思在《〈政治经济学批判〉序言》中的论述是对历史唯物主义基本原理的"完整的表述"。

关于辩证唯物主义方法，马克思在《资本论》第二版跋中作了经典的论述。他详细引证并肯定了俄国经济学家伊·伊·考夫曼对《资本论》方法的评论之后，指出《资本论》的方法"正是辩证法"。这种辩证法与黑格尔的辩证法不同，"观念的东西不外是移入人的头脑并在人的头脑中改造过的物质的东西而已"。"辩证法在对现存事物的肯定的理解中同时包含对现存事物的否定的理解，即对现存事物的必然灭亡的理解；辩证法对每一种既成的形式都是从不断地运动中的因而也是从它的暂时性方面去理解；辩证法不崇拜任何东西，按其本质来说，它是批判的和革命的。"[10](p. 22)

马克思运用历史唯物主义和辩证唯物主义花费几十年的时间研究了资本主义生产方式和与它相适应的生产关系、交换关系，揭示了资本主义产生、发展的规律，撰写了不朽的巨著《资本论》，建造了马克思主义政治经济学的宏伟大厦。《资本论》是建立在历史唯物主义和辩证唯物主义基础上的，通篇充满着历史唯物主义和辩证唯物主义的方法。今天，我们创建并不断发展中国经济学，历史唯物主义和辩证唯物主义依然是最根本的方法。

历史唯物主义和辩证唯物主义的方法论贯穿在经济学研究中，可以具体表现为许多种方法，如矛盾分析的方法、历史与逻辑统一的方法、抽象法、人是历史主体的分析方法、以实践为基础的分析方法等。

矛盾分析的方法即将辩证法运用于经济学分析的方法。辩证法认为，事物内在矛盾的对立统一推动事物的发展。在经济社会发展中，矛盾无处不在，无处不有。其中生产力和生产关系、经济基础和上层建筑之间的矛盾是最基本的矛盾。人类经济社会的发展是由生产力与生产关系、经济基础与上层建筑的矛盾运动决定的。马克思揭示了这一矛盾运动的规律，并把这一矛盾运动规律用于对社会经济现象的分析，从而揭示了人类社会经济制度发展的根本规律，并使其成为经济学分析的根本方法。今天我们分析中国社会主义现代化进程中的种种矛盾，进行经济社会改革，也必须运用这种根本方法。

抽象法是历史唯物主义和辩证唯物主义的方法在经济科学思维中的应用和体现。马克思认为："分析经济形式，既不能用显微镜，也不能用化学试剂。二者都必须用抽象力来代替。"[10](p.8) 马克思主义经济学的抽象法包含相互联系的两个科学思维过程：一是从具体到抽象的过程，这是抽象法的基础和前提。科学的抽象是以客观存在的具体事物为依据的，因而具体存在的事物是理论研究的出发点，经过科学的抽象，可对普遍存在的具体的经济现象进行分析，撇开次要的因素，从中找出最基本、最简单的东西，并综合它的各种发展形式及其内在的必然联系，阐明经济范畴，揭示经济规律。就像马克思在分析资本主义经济时，面对纷繁的各种具体的资本形式和经济现象，首先对商品这一最基本的财富细胞，利用抽象力，抽象出商品价值、使用价值、抽象劳动、具体劳动等最基本的经济范畴。二是从抽象到具体的过程。也就是依据前一过程的结果，从最简单、最基本的抽象范畴开始，循着由简单上升到复杂的思维过程，对客观存在的事物及其内在联系进行理论阐释，建立逻辑体系。马克思在《资本论》中就是以资本主义社会的劳动产品的商品形式或者商品的价值形式作为逻辑起点，以从抽象到具体作为叙述方法的。上述两个过程归结起来就是马克思说的“在第一条道路上，完整的表象蒸发为抽象的规定；在第二条道路上，抽象的规定在思维行程中导致具体的再现”。[11](p.42)在形式上，叙述方法必须与研究方法不同。研究必须充分地占有资料，分析它的各种发展形式，探寻这些形式的内在联系。只有在这项工作完成以后，现实的运动才能适当地叙述出来。这点一旦做到了，材料的生命一旦在观念上反映出来，呈现在我们面前的就好像是一个先验的结构了。经济学运用抽象法，有利于将具体的实践上升为科学理论，又运用科学理论指导丰富的实践，同时有利于透过千差万别的经济现象把握现象之间的内在联系和本质，揭示经济现象深处的经济运动规律。中国经济学当然应该很好地研究并运用这种方法。

历史与逻辑统一的方法是历史唯物主义和辩证唯物主义在经济学研究中具体表现的又一重要方法。在经济学中运用历史与逻辑统一的方法，一方面要坚持逻辑与历史的一致性，“历史从哪里开始，思想进程也应当从哪里开始，而思想进程的进一步发展不过是历史过程在抽象的、理论上前后一贯的形式上的反映；这种反映是经过修正的，然而是按照现实的历史过程本身的规律修正的，这时，每一个要素可以在它完全成熟而具有典型性的发展点上加以考察”。[3](p.603)这就是说，历史是逻辑的基础，逻辑则是历史在思维中的再现，因此，逻辑的进程和历史的进程具有内在统一性。另一方面，又要避免抛开客观存在的起决定作用的经济关系而将经济范畴按历史先后顺序简单排列。因为历史与逻辑的统一是在总的发展趋势上的统一，在某些具体细节上二者又包含差异和对立。历史总是包含有偶然的因素、次要因素以及迂回曲折的细节。逻辑则是通过对历史事实的加工、改造，抛弃历史细节，抓住主流，把握历史发展的内在规律，因此能更深刻地反映历史。历史与逻辑统一的方法在马克思主义的经济学著作中得到了充分的体现，如商品，虽然早在资本主义制度之前就已经存在，但只有在资本主义经济制度下，商品才发展为社会财富的一般形式或最基本的社会细胞。《资本论》从对资本主义庞大的财富细胞——商品开始分析，这在起点上实现了历史与逻辑的统一。但地租、利息等则不同，虽然这些范畴也先于资本主义经济制度而出现，但它们体现的经济关系只有在对剩余价值的来源阐述清楚后才能得到揭示，因此在理论阐述中就不能完全按照地租、利息呈现的历史顺序作安排。《资本论》是运用历史与逻辑统一方法的典范，今天我们建设中国经济学，深化对中国复杂经济现象的分析，揭示中国经济发展的规律，也需要运用历史与逻辑统一的方法。

人是历史主体的分析方法，即肯定人在经济社会发展中的主体地位和作用，并运用这种观点进行经济分析的方法。与以往见物不见人的经济学分析不同，马克思经济学坚持历史唯物主义的观点，认为人是历史活动的主体，并指出，这里说的人，是处于一定现实的社会关系之中，从事一定的物质生产实践、社会政治实践和科学文化活动的“现实的人”。社会历史活动是人们最基本的社会活动，社会历史过程是通过社会历史主体的活动实现的，社会历史的发展规律深深地存在于这些最基础的社会活动之中。马克思主义经济学同时认为，人的发展是社会发展的根本目的和根本内容，人的发展状态是社会发展状况的衡量尺度。在马克思主义的经典著作中，马克思甚至预言，到共产主义社会，生产的发展和财富的增长与人的自由而全面的发展相一致，从而人类的全部发展成为目的本身，“真正的经济——节约——是劳动时间的节约”，“节约劳动时间等于增加自由时间，即增加使个人得到充分发展的时间”。[12](p. 107) 马克思把彻底的唯物主义、科学的经济学分析与人的自由而全面发展的崇高理想高度地统一在一起，为经济学的分析提供了科学的方法。继承并运用这种方法是中国经济学的重要使命，也是中国经济学沿着正确方向发展的保证。

以实践为基础的研究方法，即强调实践在人类经济社会发展中的基础地位并运用这种观点进行经济学分析的方法。历史唯物主义和辩证唯物主义认为，实践是人类社会的基础，一切社会现象只有在社会实践中才能找到最后的根源。物质生产实践是人的第一个历史活动。人们在进行物质生产的同时，也生产了自己的物质生活；在改变生产方式的同时，也改变了自己的生存方式；在改造客观世界的同时，也改造了自己的主观世界。一部人类社会的历史，在本质上是人的实践活动的历史。理论的重要性在于它来源于实践并能够指导实践，能够回答实践提出的种种问题。马克思说：“理论在一个国家实现的程度，总是决定于理论满足这个国家的需要的程度。”经济学理论不但是适应实践的需要而产生的，而且是对实践经验的概括和总结。总结经验要坚持唯物主义反映论，坚持一切从实际出发的原则。“在自然界和历史的每一科学领域中，都必须从既有的事实出发。”[15](p. 288) 调查研究是辩证唯物主义的基本要求。调查研究要客观、周密和系统，在此基础上才能加以分析、综合，抓住本质，抓住规律，抓住全局。理论是否正确，在理论的范围内不能解决，“社会实践是检验真理的唯一标准。”[13](p.107)实践是发展的，理论也是发展的。

历数马克思主义经济学的根本方法论及其具体体现，其目的是学习把握马克思主义经济学方法的精髓，并用以指导中国经济学的建设。今天，与马克思所处的时代相比，现代自然科学大大地发展了。而随着自然科学的发展，不仅数学的方法，包括系统论、博弈论、信息论、控制论等一些现代科学的研究方法也逐步被运用到经济学的研究中。这些方法从根本上说，与马克思主义的辩证唯物主义和历史唯物主义的方法具有一致性，是对马克思主义经济学根本方法的丰富和发展。如系统论与辩证法中普遍联系的观点，控制论与辩证法中内因外因关系的观点，信息论与辩证法中事物相互联系的观点等都是相通的。现代科学方法还会不断发展，在经济学中还会被广泛地运用，所以中国经济学既要坚持运用马克思主义的历史唯物主义和辩证唯物主义的根本方法，又要充分地吸收和借鉴现代科学的方法，如能做到这样，中国的经济学一定会在改革开放和现代化建设实践中得到进一步的繁荣和发展。

四　中国经济学研究的立足点

马克思主义经济学具有鲜明的立场，它公开申明为无产阶级和广大人民群众谋利益。问题是，世界上的其他经济学有没有立场，中国经济学要不要立场？

在我国，由于受到人们所共知的历史的影响，一说立场似乎就容易与阶级斗争相联系。而随着我国阶级矛盾已经不再是社会主要矛盾，现在人们很少再谈立场。其实，立场在经济学中是客观存在的，经济学的立场也就是经济分析的立足点。西方经济学的经济人假设和资本主义制度前提事实上就是立场。中国经济学的立足点就是广大人民群众的根本利益，实际上也是立场。

马克思说：“每一个社会的经济关系，首先是作为利益表现出来。”[13](p.103)“它正确地猜测到了人们为之奋斗的一切，都同他们的利益有关”。[14](p.187)而在各种利益中，物质利益是基础，追求物质利益是生产力发展的内在动力和原始动因。恩格斯指出：“土地占有制和资产阶级之间的斗争，正如资产阶级和无产阶级之间的斗争一样，首先是为了经济利益而进行的，政治

权力不过是用来实现经济利益的手段。”[15](p.250)

改革开放和现代化建设是中国经济学必须着力研究的重大理论和实践问题，而改革开放和现代化建设必然涉及各种利益关系的调整。在我国社会主义经济制度确立之后，生产力与生产关系、经济基础与上层建筑之间的矛盾虽然对抗性已经消失，但仍然是社会的基本矛盾。而这些基本矛盾在社会经济生活中往往表现为具体的利益矛盾。改革是革命，必然触及各种利益矛盾。所以，中国经济学必须分析研究各种利益关系和矛盾，并为处理和解决各种利益关系和矛盾提供理论指导。分析研究各种利益矛盾，探求解决各种利益矛盾的途径，必须有一个基本的立足点，就是必须反映广大人民群众的根本利益。

对于世界经济问题的研究也是一样。中国经济学不仅要研究中国的经济问题，而且要研究经济全球化条件下的世界市场、国际贸易、国际金融、国际环境保护和国际经济关系。而国际经济关系也是利益关系，说到底，最根本的是物质利益关系。分析研究国际经济关系，探求解决各种经济关系矛盾的途径，也必须有一个基本的立足点，就是各种国际惯例形式背后的国家利益。

马克思主义经济学关于利益问题的基本观点，为中国经济学提供了基本的立足点和科学的分析方法。它告诉我们，在分析繁杂的经济现象时，要善于透过现象，揭示各种复杂的利益关系，从而把握各种经济现象之间的本质联系；同时在分析各种矛盾时，要善于分析不同社会利益群体的形成过程、经济地位、利益关切和利益诉求，以及不同社会利益群体利益的变化趋势。它要求我们要代表广大人民群众的根本利益，科学分析各种经济主体思想行为背后的利益动因，建立和完善利益评判机制、利益表达机制、利益协调机制、利益补偿机制，有效解决或化解各种利益矛盾和利益冲突。

对于上述关于经济学立足点的观点，理论界有人不以为然，甚至表示反对，认为经济学是中性的，他们希望建设客观经济学、纯粹经济学。这种观点对于经济学中的某些学科例如经济数学、计量经济学和经济学中关于社会化大生产规律的揭示等或许可能，但对于理论经济学，特别是对于政治经济学等必须研究利益关系、生产关系的学科显然是过分理想化了，毕竟经济学是有别于自然科学的具有人文性、历史性的社会科学。

五 创造有利于中国经济学繁荣发展的良好环境

中国经济学的建设需要学者们共同努力，也需要有良好的社会环境。

从整体上说，我国改革开放以来的大环境有利于中国经济学的繁荣和发展。在实行多年计划经济的基础上，进行旨在建立社会主义市场经济体制的改革开放是前无古人的事业。中国的改革开放和现代化建设进程，是充满矛盾和不确定性的过程。在不断解决矛盾、克服困难中探索前进，是中国改革开放和现代化建设走过的轨迹。改革开放极大地促进了生产力的发展，改善了13亿中国人的生活，提升了中国的综合国力和在世界经济发展中的影响力。这样的大环境为中国经济学的建立和发展提供了难得的机遇和条件。

这里说的环境不仅指这样的大环境，还指社会自发产生的已经持续多年的对哲学社会科学进行评价的小环境，这个小环境对中国经济学的建立和发展不甚有利，亟须改变和改革。

评价指标体系是指挥棒。指挥棒导向如果发生偏误，将会误导中国经济学的发展方向。目前社会流行的评价指标体系弊端较多：其一，是重研究成果数量轻质量。不看成果导向如何，社会后果如何，机械地确定某几个刊物为最优，而后根据在这类刊物上发表文章的数量多少排列单位、学科、学者的名次，并作为确定这重点那重点、这荣誉那荣誉的依据。其二，是重研究成果形式轻内容。不看成果的内容是什么，只看成果中有没有数学模型，没有的一概视为低水平。其三，是重国外轻国内。不看成果内容和对经济社会产生的影响如何，国外刊物发表的成果一定高于国内刊物发表的成果。

这些弊端的危害是不言而喻的。首先，它误导了中国经济学发展的方向。中国特色、中国风格、中国气派的中国经济学的根本方向是要为社会主义服务、为人民服务，而国外甚至国内有的所谓一流刊物并不完全甚至完全不坚持这样的导向。其次，它扭曲了判断中国经济学质量的根本标准。判断中国经济学质量的标准最主要的是看是否有利于经济社会的发展，是否有利于学术繁荣和发展，是否有利于满足人民日益增长的需要。最后，它助长了急功近利、过分追名逐利的不良学风。在这样的评价机制导向下，单位以发表文章多少论高低，学者以发表文章多少论英雄。至于人才培养、科学研究、服务社会、文化传承与创新，实际上都服从于发文章。

产生这些弊端的原因比较复杂。就社会原因来说，当我国由计划经济向社会主义市场经济体制转型时，在探索过程中，中国经济学自发评价出现一些不健康、不合理的现象是社会现象的反映，在一定程度上不可能完全避免。就思想认识原因来说，则是对于中国经济学的学科属性和特点需要进一步研究和明确。与自然科学相比，中国经济学学科不仅具有与自然科学相同的科学性，而且具有与自然科学差异很大的人文性、历史性，前者决定了中国经济学与世界其他国家经济学具有相通性或称共性，后者决定了中国经济学的民族性和特殊性。这就是在经济全球化和开放的条件下，我国经济学既要向别国学习，走向世界，尽可能地国际化，又要保持中国特色的根据。当对此缺乏明确认识时，评价标准出现片面性在所难免。就管理方面的原因来说，虽然目前流行的评价标准、评价机制不是国家和国家主管部门制定的，但缺乏主流的、主导的评价标准，非主流的则会乘虚而入，这是历史经验证明了的。

为了中国经济学的繁荣和发展，在充分调查研究、总结经验并借鉴世界上一切有益经验的基础上，制定科学的评价标准，建立完善的评价机制是当务之急。这样的标准和机制应体现如下的基本要求：第一，评价导向要清晰。要坚持我国经济学的社会主义方向，突出质量，鼓励创新。第二，评价内容要科学。要从我国实际出发，体现建设中国特色、中国风格、中国气派经济学的根本要求，同时要借鉴吸取世界上一切有益的成果。第三，评价标准要实事求是。要体现分类、分层次的原则，对不同类型成果实行既统一又有区别的评价标准。第四，评价方式要充分体现经济学的特点。

参考文献

[1]《斯蒂格利茨 PK 林毅夫：经济学理论无国界》，（20061019）http：//bbs. cenet. org. cn/2006－9－22。

[2] 黄泰岩：《中国经济学与经济学中国化》，《中国人民大学学报》2000 年第 5 期。

[3]《马克思恩格斯文集》（第 2 卷），人民出版社，2009。

[4] 邓小平：《在中央顾问委员会第三次全体会议上的讲话》（一九八四年十月十二日），《邓小平文选》（第三卷），人民出版社，1993。

[5] 洪银兴：《社会主义现阶段的政治经济学范式》，《人民日报》2005 年 1 月 14 日。

[6] 逄锦聚：《政治经济学学科的现状和发展趋势》，《人民日报》2005 年 5 月 13 日。

[7] 邓小平：《改革是中国发展生产力的必由之路》，载中共中央文献研究室《改革开放三十年重要文献选编》（上），中央文献出版社，2008。
[8] 罗伯特·斯基德尔斯基：《凯恩斯传》，生活·读书·新知三联书店，2006。
[9]《列宁专题文集：论马克思主义》，人民出版社，2009。
[10]《马克思恩格斯文集》（第5卷），人民出版社，2009。
[11]《马克思恩格斯全集》（第30卷），人民出版社，1995。
[12]《马克思恩格斯全集》（第31卷），人民出版社，1998。
[13]《马克思恩格斯全集》（第2卷），人民出版社，1957。
[14]《马克思恩格斯全集》（第1卷），人民出版社，1995。
[15]《马克思恩格斯选集》（第4卷），人民出版社，1995。

马克思经济学的对象与中国特色社会主义经济学的创新*

顾海良

内容摘要： 在马克思经济学中，有叙述资本主义经济关系的典型形式和本质特征的经济学对象上的理解，也有研究资本主义经济关系的特殊形式和现实特征的经济学对象上的理解。中国特色社会主义经济学，在对象方法上，以社会主义初级阶段的经济关系为研究对象，突出经济制度、经济体制和经济运行的整体研究，把握解放生产力和发展生产力理论的基础地位，以“剥离下来”和“结合起来”为方法论要义；在理论结构上，以经济改革论、经济制度论、市场经济论、科学发展论和对外开放论为主导理论。这些主导理论的相互联系、相互依存，构成一个有机整体。这些主导理论的相互结合、相互作用，生成其他一系列衍生性理论。主要理论和衍生性理论结合在一起，共同构成中国特色社会主义经济学理论体系。

关键词： 马克思经济学　经济学的对象　《资本论》　社会主义经济学　体系创新

在马克思经济学中，有叙述资本主义经济关系的典型形式和本质特征的经济学对象上的理解，也有研究资本主义经济关系的特殊形式和现实特征的经济学对象上的理解。在对马克思经济学对象囿于典型形式理解时，社会主义经济学曾受到过限制和扼制。中国特色社会主义经济学对马克思主义经济学的创新，是以对马克思经济学特殊形式对象的理解为基础的；中国特色社会主义经济学的体系创新，则是对马思经济学对象理解的科学拓展。

---

* 本文发表于《当代经济研究》2013 年第 6 期。

一　对马克思经济学对象的理解和社会主义经济学的创立

马克思关于经济学对象的理解，最突出地体现在《资本论》中。在《资本论》第一卷中，马克思对资本主义经济关系的研究，主要以英国资本主义的发展为“例证”。这是因为英国是当时资本主义经济最发达、最典型的国家，英国的无产阶级和资产阶级的阶级斗争也最为尖锐，通过对英国资本主义经济关系的分析，能够深刻揭示资本主义经济现象和经济过程的内在的、本质的、必然的联系，透彻理解资本主义经济运动规律，全面认识资本主义经济关系发展的必然趋势。在这种以典型的、发达的资本主义经济关系为对象的经济学中，“工业较发达的国家向工业较不发达的国家所显示的，只是后者未来的景象”。[1](p.8)在马克思看来，对英国资本主义经济关系进行叙述的理论结论，对于包括德国、法国在内的其他资本主义国家都具有普遍的意义。唯有现实的典型性，才有理论上的典型性；唯有理论上的典型性，才有现实中的普遍性。对象的典型性，是由马克思《资本论》特定的对象决定的。

对象的典型性，是阐明一定社会经济制度的普遍性规律的内在要求，也是揭示这一社会经济制度本质属性的根本要求。在《资本论》第一卷中，马克思从“我的观点是把经济的社会形态的发展理解为一种自然史的过程”。[1](p.10)开始，以“资本主义生产由于自然过程的必然性，造成对自身的否定”[1](p.874)为最后结论。“资本主义私有制的丧钟就要响了”[1](p.874)，就是马克思关于资本主义经济学叙述的基本取向。在《资本论》中，对经济体制和经济运行的研究，是从属于经济制度本质阐述的，是对经济制度本质的延伸。因此，在《资本论》中，马克思对资本主义经济学的叙述，以经济制度本质阐述为主线，在论证经济制度本质需要的范围内，才对经济体制和经济运行做出了相应的探讨。

值得注意的是，马克思晚年对经济学对象及其特点做出过新的思考。马克思认为：“极为相似的事变发生在不同的历史环境中就引起了完全不同的结果。如果把这些演变中的每一个都分别加以研究，然后再把它们加以比较，我们就会很容易地找到理解这种现象的钥匙。”[2](p.466)他对那种把《资本论》第一卷的一些重要论断当作“万能钥匙”的观点很不以为然，认为“一定要把我关于西欧资本主义起源的历史概述彻底变成一般发展道路的历史哲学理论，一切民族，不管它们所处的历史环境如何，都注定要走这条道路，——以便最后都达到在保证社会劳动生产力极高度发展的同时又保证每个生产者个人最全面的发展的这样一种经济形态。但是我要请他原谅。他这样做，会给我过多的荣誉，同时也会给我过多的侮辱"。[2](p.466) 马克思相信，"使用一般历史哲学理论这一把万能钥匙，那是永远达不到这种目的的，这种历史哲学理论的最大长处就在于它是超历史的。"[2](p.467) 显然，在马克思看来，他以英国典型的资本主义经济关系为对象阐述的理论结论，不可能完全适合于对其他国家和地方的经济关系本质的理解。

马克思晚年的这些思考，对恩格斯肯定产生过重要影响。几乎同一时期，在《反杜林论》中，恩格斯对马克思的这一思考做出呼应，提出了经济学对象的特殊性的观点。恩格斯认为："人们在生产和交换时所处的条件，各个国家各不相同，而在每一个国家里，各个世代又各不相同。因此，政治经济学不可能对一切国家和一切历史时代都是一样的。"[3](p.153) 这就是说，在经济学对象问题上，存在两个"不可能……一样"的情况：一是社会经济制度相同的不同国家，生产和交换的条件、关系可能不相同，经济学对象"不可能……一样"；二是同一国家处在社会经济制度发展的不同时期，生产和交换的条件、关系可能不相同，经济学对象也"不可能……一样"。恩格斯还举例说明："火地岛的居民没有达到进行大规模生产和世界贸易的程度，也没有达到出现票据投机或交易所破产的程度。谁要想把火地岛的政治经济学和现代英国的政治经济学置于同一规律之下，那么，除了最陈腐的老生常谈以外，他显然不能揭示出任何东西。"[3](p.153)

经济学对象的特殊性，决定了经济学国别特色的必然性。这时，经济学对象着重于经济体制和经济运行的探索，通过这一探索达到对经济制度本质的理解，对经济制度本质的理解是对经济体制和经济运行探索的结果。因此，对马克思经济学对象的这种理解，是以经济体制和经济运行为主线的，对经济制度本质的理解是在主线展开中实现的。

实际上，在马克思经济学对象上的这两种理解，与马克思对经济学的研究阶段和叙述阶段以及由此而产生的研究方法和叙述方法是一致的。在《资本论》第一卷德文"第二版跋"中，马克思指出："在形式上，叙述方法必须与研究方法不同。研究必须充分地占有材料，分析它的各种发展形式，探寻这些形式的内在联系。只有这项工作完成以后，现实的运动才能适当地叙述出来。这点一旦做到，材料的生命一旦在观念上反映出来，呈现在我们面前的就好像是一个先验的结构了。”[1](pp. 21,22) 以典型性的经济关系为对象的经济学，就是在思维上把握经济关系、从抽象到具体的“结构”的经济学，是以叙述为特征的经济学；以特殊的经济关系为对象的经济学，就是对经济关系的“发展形式”进行探讨的经济学，是以研究为特征的经济学。我们也可以把马克思经济学对象的这两种理解，简单地称作叙述的经济学对象和研究的经济学对象。当然，这里所说的“叙述”和“研究”，是就马克思在这里所表达的意义而言的，是就其相对意义而言的。

对马克思经济学对象上的这两种理解，没有被后来的马克思主义经济学，特别是社会主义经济学所接受。在恩格斯去世后的 30 多年间，社会主义经济学作为独立的学科不被认可，当时的主流观点认为社会主义经济学已经“消亡”。“消亡”论产生的原因是多方面的，但与只认可叙述的经济学对象而忽视研究的经济学对象有着直接的关系。20 世纪初，鲁道夫·希法亭在《马克思对理论经济学问题的提法》一文中指出：理论经济学涉及的问题，只发生在社会生产关系不受人们自觉意志的调节、整个社会处于无政府状态和自发势力统治的组织结构中，“理论经济学作为揭示社会生产关系本质的科学，有其存在的必然性”。在社会生产关系受到自觉调节的共产主义社会中，社会生产关系本质是显露的，从而理论经济学的对象就不再存在。[4]俄国十月革命前后，社会主义经济学“消亡”论是马克思主义经济学的主流观点。布哈林在写于 1912～1914 年的《食利者政治经济学》一文中认为：“政治经济学作为一门科学，只把商品社会（特别是商品资本主义社会）作为自己的对象。”[5] 在 1920 年出版的《过渡时期经济学》一书中，布哈林仍然坚持认为，“理论政治经济学是关于以商品生产为基础的社会经济的科学，也就是关于无组织的社会经济的科学。……只要我们来研究有组织的社会经济，那么，政治经济学中的一切基本‘问题’……就都消失了。”他由此断言“资本主义商品社会的末日也就是政治经济学的告终。”[6](p.1) 当时，俄国有经济学家甚至认为：哪一个经济学家对马克思经济学对象只是商品的资本主义制度本质的观点再有质疑“简直有失尊严”。[7](p.18)但是，在苏联社会主义经济发展的实践中，特别在是新经济政策实施及之后的社会主义工业化过程中，出现了一系列经济的“发展形式”，其中有的涉及苏维埃经济关系本质的问题，但更多涉及的是苏维埃经济体制和运行机制的现实问题，创立以经济现实的“发展形式”为对象的社会主义经济学成为当时苏联经济社会发展的内在要求。

1929 年 10 月，列宁《在尼·布哈林〈过渡时期经济学〉一书上作的批注和评论》公开发表，为破除社会主义经济学“消亡”论的传统观念提供了契机。公开发表列宁写于 1920 年 5 月的对布哈林《过渡时期经济学》的批注和评论，在很大程度上是为了适应当时斯大林对布哈林最后“批判”的需要，但这一举动本身却推动了社会主义经济学的确立。在这一批注和评论中，列宁针对布哈林《过渡时期经济学》涉及经济学对象的一些论述提出了不同的见解。[8](p.275) 列宁认为，布哈林提出的经济学只是研究“以商品生产为基础的社会经济”、只是研究“无组织的社会经济”的定义，比恩格斯在《反杜林论》中提出的经济学对象的定义“倒退了一步”。列宁认为，布哈林把资本主义商品社会的末日当作经济学的终结是“不对”的，因为“即使在纯粹的共产主义社会里不也有 Ⅰv + m 和 Ⅱc 的关系吗？还有积累呢？”[8](p.275)

列宁的上述观点，使社会主义经济学“消亡”的观点很快败退下去。苏联许多经济学家开始对社会主义经济学的对象和主题、体系等一系列重大理论问题做出探讨，对社会主义经济学的确立起到了至关重要的推动作用。

二　中国特色社会主义经济学对马克思经济学对象理解上的创新

中国特色社会主义经济学作为中国化的马克思主义经济学，一方面是马克思主义经济学的中国化过程，是把马克思主义经济学基本原理运用于中国改革开放的具体实际，用以分析和解决中国社会主义经济的实际问题的过程，正如毛泽东所说的，“使马克思主义在中国具体化，使之在其每一表现中带着必须有的中国的特性，即是说，按照中国的特点去应用它”；[9](p.534) 另一方面是中国化的马克思主义经济学化过程，是使从中国社会主义经济实际发展和改革开放实践中得出的新思想、新理论马克思主义经济学化，形成具有中国特色的马克思主义经济学的新内涵和新形式的过程，即如毛泽东称作的“使中国革命丰富的实际马克思主义化”。[10](p.374)

无论是从现实基础、发展形式还是从研究任务、理论基点来看，中国特色社会主义经济学只能以研究的经济学对象而不能以叙述的经济学对象为基础和前提。一方面，中国特色社会主义经济学是以当代中国现实的经济事实、经济形式为对象的，是以“充分地占有材料，分析它的各种发展形式，探寻这些形式的内在联系”的研究的经济学为对象的；另一方面，中国特色社会主义经济学是以中国这样的不发达的、发展中的社会主义经济关系为对象的，是以非典型且富有特殊性的社会经济关系为对象的。

中国特色社会主义经济学是从当代中国现实的经济形式出发的，最显著的就是从解放和发展生产力这一当代中国最大的经济现实为出发点的。1978 年 3 月，邓小平在对生产力范畴进行重新认识时指出：“科学技术是生产力，这是马克思主义历来的观点。早在一百多年以前，马克思就说过：机器生产的发展要求自觉地应用自然科学。并且指出：‘生产力中也包括科学’。现代科学技术的发展，使科学与生产的关系越来越密切了。科学技术作为生产力，越来越显示出巨大的作用。”[11](p. 87)关于生产力理论，先论及的是科学技术与生产力的关系问题，后来推进到管理与生产力的关系，形成了生产力系统理论，再后来对生产力在社会主义生产关系中意义的新认识，形成了以解放生产力和发展生产力为基础内容的社会主义本质理论，嗣后发展到科教兴国、建设创新型国家战略，以及建设人力资源和人才强国的战略等，这实际上是生产力理论在中国特色社会主义经济学中演进的逻辑过程。

对马克思主义生产力理论的当代诠释，成为中国特色社会主义经济学创立的重要基点：对当代中国解放和发展生产力问题的把握，成为中国特色社会主义经济学发展的重要标识。首先，发展生产力是马克思主义的基本原则，是中国社会主义经济发展的基础。邓小平认为：“马克思主义的基本原则就是要发展生产力。马克思主义的最高目的就是要实现共产主义，而共产主义是建立在生产力高度发展的基础上的。”[12](p. 116)回顾中国社会主义经济建设的历史，邓小平指出：“社会主义的首要任务是发展生产力，逐步提高人民的物质和文化生活水平。从一九五八年到一九七八年这二十年的经验告诉我们：贫穷不是社会主义，社会主义要消灭贫穷。不发展生产力，不提高人民的生活水平，不能说是符合社会主义要求的。”[12](p. 116)其次，要把发展生产力和解放生产力结合起来。在推进改革开放过程中，邓小平指出：“过去，只讲在社会主义条件下发展生产力，没有讲还要通过改革解放生产力，不完全。应该把解放生产力和发展生产力两个讲全了。”[12](p. 370)解放生产力和发展生产力的“完全”，不只是生产力本身的问题，而是与生产关系相联系的问题，是生产力和生产关系相结合的问题。“讲全”解放生产力和发展生产力，也就抓住了中国特色社会主义经济学的基本问题。再次，生产力问题是关乎社会主义本质的基础问题。在对“什么是社会主义、怎样建设社会主义”问题的探索中，解放生产力和发展生产力问题，成为检验一切改革得失成败的最主要标准。“社会主义优越性的充分发挥和吸引力的不断增强，归根到底，都取决于生产力的发展。一切有利于生产力发展的东西，都是符合人民根本利益的，因而是社会主义所要求的，或者是社会主义所允许的。一切不利于生产力发展的东西，都是违反科学社会主义的，是社会主义所不允许的。在这样的历史条件下，生产力标准就更加具有直接的决定意义。”[13](pp. 57 ~ 58)解放生产力和发展生产力是社会主义本质最基本的前提和最根本的规定。

解放生产力和发展生产力理论，拓展了马克思主义经济学的理论视野，是对马克思主义经济学某些理论成见的突破，赋予马克思主义经济学以新的时代内涵。在《资本论》第一卷中，马克思曾指出：“我要在本书研究的，是资本主义生产方式以及和它相适应的生产关系和交换关系。”[1](p. 8)这里讲的“生产方式”，是劳动者和生产资料的结合方式和方法，是一定社会经济关系中的生产力要素的社会结合的方式和方法。马克思指出：“不论生产的社会的形式如何，劳动者和生产资料始终是生产的因素。但是，二者在彼此分离的情况下只在可能性上是生产因素。凡要进行生产，它们就必须结合起来。实行这种结合的特殊方式和方法，使社会结构区分为各个不同的经济时期。在当前考察的场合，自由工人和他的生产资料的分离，是既定的出发点，并且我们已经看到，二者在资本家手中是怎样和在什么条件下结合起来的——就是作为他的资本的生产的存在方式结合起来的。”[14](p. 44)《资本论》所研究的，就是资本主义生产力结合的方式和方法即雇佣劳动和资本结合的特殊生产方式，以及与之相适应的资本主义生产关系和交换关系。中国特色社会主义经济学确立的解放生产力和发展生产力理论视阈，凸现了对《资本论》关于“生产方式”、生产关系结合的“特殊方式和方法”内涵的深刻把握。

对中国社会主义经济形式认识的基本结论，就是社会主义初级阶段论断的提出。在党的十三大前夕，邓小平提出：“我们党的十三大要阐述中国社会主义是处在一个什么阶段，就是处在初级阶段，是初级阶段的社会主义。社会主义本身是共产主义的初级阶段，而我们中国又处在社会主义的初级阶段，就是不发达的阶段。一切都要从这个实际出发，根据这个实际来制订规划。”[12](p. 252)社会主义初级阶段是当代中国最重要的、也是最基本的经济形式；社会主义初级阶段的经济关系是中国特色社会主义经济学的对象和研究的出发点。中国特色社会主义经济学的发展，以生产力问题的探索为起点，以社会主义初级阶段的论断为前提，以经济制度、经济体制和经济运行研究为主线，以完善和发展社会主义经济关系为目标，刻画了中国特色社会主义经济学历史演进和理论逻辑的内在统一性。

在解放生产力和发展生产力理论、社会主义初级阶段理论的基础上，我们提出了社会主义社会的主要矛盾是人民日益增长的物质文化需要同落后的社会生产之间矛盾的理论，加强了对以人为本的社会主义经济发展的核心立场和社会主义的根本任务、本质关系的认识；明晰了以经济建设为中心的党在社会主义初级阶段基本路线的理论，确定了以实现社会主义现代化为根本目标的经济发展战略及其相应的战略规划和战略步骤的基本内涵；厘清了对社会主义初级阶段生产力布局和经济关系多样性现状的认识，形成了社会主义初级阶段的基本经济纲领，特别是关于所有制结构和分配体制的基本格局；清楚了经济体制改革的核心问题和目标模式的选择，明确了社会主义市场经济体制改革的路径和目标。以解放生产力和发展生产力理论、社会主义初级阶段理论为基础的所有这些理论观点，生动地刻画了中国特色社会主义经济学体系的演进轨迹和重要成就。

三　中国特色社会主义经济学的体系创新

1984 年，党的十二届三中全会通过的《中共中央关于经济体制改革的决定》明确提出“社会主义经济是公有制基础上的有计划的商品经济”，这是适合于当时中国经济体制改革实际的“新话”，[13](p. 26)也是马克思主义经济学的“新话”。对此，邓小平做出高度评价，认为这些“新话”，给人以“写出了一个政治经济学的初稿”[12](p. 83)的印象，是“马克思主义基本原理和中国社会主义实践相结合的政治经济学”，也就是中国特色社会主义经济学。

中国特色社会主义经济学，在对象方法上，以社会主义初级阶段的经济关系为研究对象，突出经济制度、经济体制和经济运行的整体研究，把握解放生产力和发展生产力理论的基础地位，以“剥离下来”和“结合起来”为方法论要义；在理论结构上，以经济改革论、经济制度论、市场经济论、科学发展论和对外开放论为主导理论。这些主导理论的相互联系、相互依存，构成一个有机整体。这些主导理论的相互结合、相互作用，生成了其他一系列衍生性理论。主导理论和衍生性理论结合在一起，共同构成了中国特色社会主义经济学理论体系。

一是以中国社会主义初级阶段的经济关系为研究对象。社会主义初级阶段是当代中国最重要的、也是最基本的经济形式和经济事实，是中国特色社会主义经济学研究的对象和出发点。显然，中国特色社会主义经济学，是以发展中的社会主义经济关系为对象的，是以中国社会主义道路为实践路径和中国特色社会主义经济制度为基本特征的。以社会主义初级阶段为对象的中国特色社会主义经济学，是对马克思研究的经济学对象理解的发展。

二是对社会主义初级阶段经济制度、经济体制和经济运行的整体研究。中国特色社会主义经济学以对经济制度的本质研究为前提，着力于对经济体制和经济运行的研究和探索。对经济体制和经济运行的研究，成为社会主义初级阶段经济制度研究的重要内容和必然展开形式。中国特色社会主义经济学以对社会主义经济制度和市场经济体制结合、发展和完善的研究为主线，以市场经济体制和经济运行研究为展开内容，形成对社会主义初级阶段经济关系的整体研究。

三是以解放生产力和发展生产力为理论基点。“解放和发展社会生产力是中国特色社会主义的根本任务。”[15](p. 14)列宁认为：“只有把社会关系归结于生产关系，把生产关系归结于生产力的水平，才能有可靠的根据把社会形态的发展看作自然历史过程。”[16](p. 161)中国特色社会主义经济学确立的解放生产力和发展生产力的理论视阈，凸现了“生产力的水平”这一中国的具体实际，为中国特色社会主义道路提供了“可靠的根据”。

四是“剥离下来”和“结合起来”的方法论要义。方法创新是理论创新的先导，方法创新意蕴于重大理论的创新之中。对社会主义市场经济体制的理论创新，最显著地展示了中国特色社会主义经济学的方法创新。在经济思想史上，抽象的经济范畴的形成，大多经历了“极其艰难地把各种形式从材料上剥离下来并竭力把它们作为特有的考察对象固定下来”[17](p. 383)的过程。“剥离下来”，就是要离析市场经济对资本主义私有制的依附关系，从资本主义经济中“剥离”出市场经济这一具有体制性规定的抽象范畴。但是，抽象范畴只有在思维的一定层面上才有意义。“一切生产阶段所共有的、被思维当作一般规定而确定下来的规定，是存在的，但是所谓一切生产的一般条件，不过是这些抽象要素，用这些要素不可能理解任何一个现实的历史的生产阶段。”[18](p.25)这就是说，市场经济作为体制性范畴，只有与一定的社会基本经济制度相结合才是充分的、现实的市场经济体制。市场经济体制必然要与一定的社会基本经济制度“结合起来”，“必须把坚持社会主义基本制度同发展市场经济结合起来，发挥社会主义制度的优越性和市场配置资源的有效性，使全社会充满改革发展的创造活力。”[19](p.800)以“剥离开来”为离析、为抽象过程，以“结合起来”为综合、为具体化过程，就是对两个过程统一性的理解。从“剥离开来”到“结合起来”，是运用于社会主义市场经济体制认识的方法论创新，也是中国特色社会主义经济学诸多理论形成和发展的方法论要义。

五是经济改革论。“改革开放是坚持和发展中国特色社会主义的必由之路。”[15](p.14)党的十一届三中全会提出：“实现四个现代化，要求大幅度地提高生产力，也就必然要求多方面地改变同生产力发展不相适应的生产关系和上层建筑，改变一切不适应的管理方式、活动方式和思想方式，因而是一场广泛、深刻的革命。”[20](p.4)改革不是原有经济体制的细枝末节的修补，而是经济体制的根本性变革，是社会主义经济关系的根本性调整。要积极推进农村改革、国有企业改革、市场体系建设、价格体系改革和计划、财政、金融、分配、流通体制的综合改革。实施创新驱动发展战略，推动经济结构战略性调整，推动城乡发展一体化，全面提高开放型经济水平。社会主义经济制度的完善和发展，根本上就是社会主义经济体制改革和创新的问题。

六是基本制度论。“一个公有制占主体，一个共同富裕，这是我们所必须坚持的社会主义的根本原则。我们就是要坚决执行和实现这些社会主义的原则。”[12](p.111)公有制为主体、多种所有制经济共同发展，是我国社会主义初级阶段的基本经济制度，是中国特色社会主义经济发展的坚实的、可靠的制度保证。应加快国有企业现代企业制度的改革和发展，不断增强国有经济的活力、控制力、影响力。毫不动摇地巩固和发展公有制经济，毫不动摇地鼓励支持引导非公有制经济发展，“共同富裕是中国特色社会主义的根本原则。”[15](p.15)应坚持以按劳分配为主体、多种分配方式并存的分配制度。调整国民收入分配格局，加大再分配的调节力度。经济发展的成果要更多更公平地惠及全体人民，朝着共同富裕的方向稳步前进。

七是市场经济论。社会主义市场经济体制改革理论关乎中国经济体制改革目标模式选择的重大问题，其核心就是计划和市场或者说是政府和市场的关系问题。党的十四大确立了社会主义市场经济体制的目标模式，党的十四届三中全会作的《关于建立社会主义市场经济体制若干问题的决定》，提出了社会主义市场体制的基本框架。近 20 年来，中国坚持社会主义市场经济的改革方向，适时提出了发展和完善社会主义市场经济体制的阶段性任务。应完善社会主义基本经济制度和分配制度，更大程度更大范围地发挥市场在资源配置中的基础性作用，完善宏观调控体系，加快形成统一开放竞争有序的现代市场体系，努力形成公开、公平、公正的市场主体和竞争环境，完善开放型经济体系，推动经济更有效率、更加公平、更可持续发展。社会主义市场经济体制改革和发展的问题，是中国特色社会主义经济学中最具创新性的理论和实践问题。

八是科学发展论。改革开放以来，中国共产党一直关注中国经济的发展问题。从提出“发展才是硬道理”“中国的主要目标是发展”，到“必须把发展作为党执政兴国的第一要务”等，体现了对发展问题的深邃见解。科学发展观强调发展是第一要义、以人为本是核心立场、全面协调可持续是基本要求、统筹兼顾是根本方法，阐明了发展观念、发展道路、发展战略、发展目标、发展方式和发展动力等一系列基本问题。科学发展是中国经济发展的主题。应坚持从社会主义初级阶段的国情出发，科学制定并适时完善阶段性的发展战略，全面建成小康社会，推进社会主义现代化建设。加快转变经济发展方式，经济结构战略性调整是主攻方向、科技进步和创新是重要支撑、保障和改善民生是根本出发点和落脚点、建设资源节约型和环境友好型社会是重要着力点、改革开放是强大动力。应推进信息化和工业化深度融合、工业化和城镇化良性互动、城镇化和农业现代化相互协调，促进工业化、信息化、城镇化、农业现代化同步发展，坚持走中国特色现代化道路。科学发展观赋予了中国特色社会主义经济学以崭新的中国内涵和时代特征。

九是对外开放论。实行对外开放是我国社会主义现代化建设的一项基本国策，也是中国特色社会主义经济学的重要组成部分。改革开放以来，中国共产党确立了实行对外开放和积极参与经济全球化进程的基本国策，形成了中国特色社会主义经济开放理论。对外开放是全方位的开放，包括对发达国家和发展中国家的开放，包括经济、科技、教育、文化等各领域的开放，包括沿海、沿边、沿江地带及内陆城市和地区的开放。要适应经济全球化新变化的要求，实行更加积极主动的开放战略，完善互利共赢、多元平衡、安全高效的开放型经济体系。要加快实施“走出去”战略，积极参与全球经济治理和区域合作，提高抵御国际经济风险的能力。正确处理对外开放同独立自主、自力更生的关系，维护国家经济安全。在坚持对外开放的同时，要把立足点放在依靠自身力量上，大力推进自主创新，实现自主发展。

参考文献

[1]《马克思恩格斯文集》（第5卷），人民出版社，2009。

[2]《马克思恩格斯文集》（第3卷），人民出版社，2009。

[3]《马克思恩格斯文集》（第9卷），人民出版社，2009。

[4] 希法亭：《马克思对理论经济学问题的看法》（第1卷），《新时代》1904～1905年。

[5]《布哈林文选》（下册），东方出版社，1988。

[6] 布哈林：《过渡时期经济学》，生活·读书·新知三联书店，1981。

[7] 列宁格勒大学社会科学教师进修学院政治经济学教研组编《社会主义政治经济学史纲》，生活·读书·新知三联书店，1979。

[8]《列宁全集》（第60卷），人民出版社，1990。

[9]《毛泽东选集》（第2卷），人民出版社，1991。

[10]《毛泽东文集》（第2卷），人民出版社，1993。

[11]《邓小平文选》（第2卷），人民出版社，1994。

[12]《邓小平文选》（第3卷），人民出版社，1993。

[13]《十三大以来重要文献选编》（上），人民出版社，1991。

[14]《马克思恩格斯文集》（第6卷），人民出版社，2009。

[15] 胡锦涛：《坚定不移沿着中国特色社会主义道路前进为全面建成小康社会而奋斗——在中国共产党第十八次全国代表大会上的报告》，人民出版社，2012。

[16]《列宁专题文集（论辩证唯物主义和历史唯物主义）》，人民出版社，2009。

[17]《马克思恩格斯全集》（第46卷）（下），人民出版社，1980。

[18]《马克思恩格斯全集》（第46卷）（上），人民出版社，1979。

[19]《十七大以来重要文献选编》（上），中央文献出版社，2009。

[20]《十一届三中全会以来重要文献选编》（上），人民出版社，1987。

马克思恩格斯经典著作与中国特色社会主义理论体系的形成*

顾海良

内容摘要： 马克思恩格斯经典著作是马克思主义的奠基之作，是当代马克思主义发展的理论源泉。在改革开放的新时期，对马克思主义基本原理理解的视阈更为宽广，特别是对马克思恩格斯经典著作中系列重要理论观点，如生产力理论、资本主义社会发展理论、人与自然的和谐协调发展理论、人的自由而全面发展理论等的重新理解，构成了中国特色社会主义理论体系的新的内涵。

关键词： 马克思恩格斯经典著作　中国特色社会主义理论体系　新内涵　当代马克思主义

马克思恩格斯经典著作是马克思主义的奠基之作，是当代马克思主义发展的理论源泉。最近，《马克思恩格斯文集》十卷本的出版，既是党中央实施马克思主义理论研究和建设工程的重要成果，也是自 20 世纪 90 年代《马克思恩格斯选集》中文第二版出版以来，我国理论界对马克思恩格斯著作研究的标志性成果。《马克思恩格斯文集》的出版，对马克思主义在当代中国的新发展必将产生重大的影响。

回顾马克思主义中国化的历史过程，我们可以得出的一个重要结论就是，马克思主义与中国的具体实际和时代的变化特征相结合，是实现马克思主义中国化历史性飞跃的最基本的原则和最根本的方法。当然，我们可以看到，马克思主义中国化第一次历史性飞跃中的马克思主义的特征，主要是列宁主义，或者说是列宁视野中的马克思主义。时代在发展，时代主题发生了显著的变化。原来的帝国主义和无产阶级革命的时代主题，已经

---

* 本文发表于《教学与研究》2011 年第 6 期。

转变为以和平与发展为特征的时代主题。面对中国具体实际的发展和时代主题的变换，在马克思主义中国化的第二次历史性飞跃中，马克思主义的理论视野必然有新的拓展。

在马克思主义中国化的新的进程中，我们不仅要继承和弘扬列宁主义视野中的马克思主义，而且要立足于时代变化的新特征和新要求，进一步研究马克思主义经典著作中的思想，在更为宽广的视阈内，把马克思列宁主义、毛泽东思想与当代中国和当今时代主题变化的实际结合起来，推进马克思主义的中国化、时代化和大众化。因此，马克思主义中国化第二次历史性飞跃中马克思主义的特征，不仅包含了对马克思列宁主义、毛泽东思想的继承和发展，而且还包含了对马克思恩格斯经典著作中以往未被发现的马克思主义的传承和创新。马克思恩格斯著作（也包括手稿和书信）中的一系列经典的理论观点，成为中国特色社会主义理论体系形成和发展的重要思想来源。

20 世纪 80 年代初以后，中国马克思主义研究发生的重大变化之一，就是开始注重对马克思恩格斯著作及文本的重新研究。这一重新研究主要顺着两条思路展开：一是考据式的文本研究，即从文本本身出发，对马克思恩格斯经典著作本意做出新的解读；二是问题式的文本研究，即从问题出发，带着我们需要解决的问题，在马克思恩格斯经典著作中找到新的理论解读。前者如对《1844 年经济学哲学手稿》考据中发现的实践唯物主义、人道主义等的解读。后者如从解决社会主义商品经济问题中，发现马克思《1857～1858 年经济学手稿》中人的发展的三大形态理论；从理解社会主义初级阶段问题中，发现马克思恩格斯晚年关于跨越“卡夫丁峡谷”理论的探索等。这两种文本研究的方法，也是中国传统治学的基本方法。无论是考据式的文本研究，还是从问题出发的文本研究，对拓展马克思恩格斯思想研究都产生了重要影响，尽管其研究过程与研究结论大多为学术性的，但还是为马克思主义中国化第二次历史性飞跃作了多方面的理论铺垫。

在中国共产党思想理论建设的长期过程中，中国的马克思主义理论研究水平不断提高，形成了以“中国特色、中国风格、中国气派”为特征的马克思主义中国化的理论传统。在改革开放的新时期，对马克思主义基本原理理解的视阈更为宽广，特别是对马克思恩格斯经典著作中一系列重要理论观点的重新理解，成为马克思主义中国化第二次历史性飞跃的新的取向，构成中国特色社会主义理论体系的新的内涵。

一如生产力理论。生产力理论是马克思主义最为基本的原理。1978年3月，邓小平提到："科学技术是生产力，这是马克思主义历来的观点。早在一百多年以前，马克思就说过：机器生产的发展要求自觉地应用自然科学。并且指出：'生产力中也包括科学'。现代科学技术的发展，使科学与生产的关系越来越密切了。科学技术作为生产力，越来越显示出巨大的作用。"[1](p.87)这里提到的马克思的观点，源自马克思《1857~1858年经济学手稿》。这部经济学手稿是马克思按照他的政治经济学体系结构撰写的第一部著述，也是马克思"不惑之年"对自己理论研究的集中概括。实际上，在1975年和1976年，邓小平就提到过马克思在《1857~1858年经济学手稿》中的这一观点。值得注意的是，当时马克思的这部手稿刚有中文译本。在拨乱反正中，邓小平重新提出马克思的这一观点，起到了振聋发聩的作用。在生产力理论中，先论及的是科学技术与生产力的关系问题，后来推进到管理与生产力的关系，形成了生产力系统理论，再后来对生产力在社会主义生产关系中意义的新认识，形成了以解放生产力和发展生产力为基础内容的社会主义本质理论，进而发展到科教兴国和建设创新型国家战略等，这实际上是马克思主义生产力理论在马克思主义中国化第二次历史性飞跃中的演进轨迹。对马克思经典著作中生产力理论的当代诠释，成为邓小平理论形成的重要起点之一，也成为中国特色社会主义理论体系创立的重要基点之一。

二如资本主义社会发展的理论。关于资本主义社会发展的理论，是马克思恩格斯经典著作中最为重要的理论之一。在对资本主义社会发展理论的当代理解中，一方面要把握马克思恩格斯在《共产党宣言》中提出的著名的"两个最彻底的决裂"观点，这就是："共产主义革命就是同传统的所有制关系实行最彻底的决裂；毫不奇怪，它在自己的发展进程中要同传统的观念实行最彻底的决裂"[2](p.52)；另一方面也要深刻理解马克思在《〈政治经济学批判〉序言》中提出的"两个决不会"的观点，这就是："无论哪一个社会形态，在它所能容纳的全部生产力发挥出来以前，是决不会灭亡的；而新的更高的生产关系，在它的物质存在条件在旧社会的胎胞里成熟以前，是决不会出现的"。[2](P.592)搞清楚这两个基本理论之间的辩证关系，才是对马克思恩格斯关于资本主义社会发展理论的全面理解，也才能对当代资本主义社会发展的特征及其历史趋势做出科学判断。对马克思恩格斯经典著作中"两个最彻底的决裂"和"两个决不会"观点的全面认识，成为我们分析和理解当代资本主义发展特征和经济全球化根本性质的理论基础。

在对马克思恩格斯关于资本主义社会发展理论的理解中，江泽民同志几次提到恩格斯晚年的《一八九一年社会民主党纲领草案批判》的手稿，这篇手稿在恩格斯逝世6年后才公开发表。恩格斯在这篇手稿中，对当时资本主义经济关系的新变化作了深刻剖析。江泽民同志指出："这几年以来，我一直引用恩格斯在《一八九一年社会民主党纲领草案批判》一文中所表达的观点。恩格斯说：'由股份公司经营的资本主义生产，已经不再是私人生产，而是由许多人联合负责的生产。如果我们从股份公司进而来看那支配着和垄断着整个工业部门的托拉斯，那么，那里不仅没有了私人生产，而且也没有了无计划性。'这就是说，资本主义在自身发展中是会出现变化的，我们应该正确认识并从理论上说明这些变化。"[3](p. 80)在这之前，江泽民同志还提到："马克思、恩格斯在世时，就不断深化和发展他们对资本主义社会的认识。这一点，从马克思、恩格斯为《共产党宣言》写的各篇序言和恩格斯写的《一八九一年社会民主党纲领草案批判》一文中，就可以清楚地看出来。"[3](p. 343)正确认识当代资本主义发展的新变化和新特点，对确立中国特色社会主义历史方位是有重要意义的。马克思恩格斯（包括他们晚年）关于资本主义社会发展的理论，对这一时期中国特色社会主义理论体系的发展产生了重要影响。

三如人与自然的和谐协调发展理论。生态文明建设，已经成为我国社会主义现代化建设的重要内容。生态文明建设，在根本上就是人与自然的和谐协调发展。1998年9月，江泽民同志在总结当年防汛抗洪的经验时就指出："一百多年前，恩格斯就指出，人类可以通过改变自然来使自然界为自己的目的服务，来支配自然界，但我们每走一步都要记住，人类统治自然界决不是站在自然界之外的，人类对自然界的全部统治力量，就在于能够认识和正确运用自然规律。恩格斯这番话讲清了人类应该如何正确处理同自然界的关系。"[4](p. 233)江泽民同志引用的是恩格斯在1876年提出的人与自然和谐协调发展的重要思想。恩格斯在阐述这一重要思想时还指出："我们不要过分陶醉于我们人类对自然界的胜利。对于每一次这样的胜利，自然界都对我们进行报复。每一次胜利，起初确实取得了我们预期的结果，但是往后和再往后却发生完全不同的、出乎预料的影响，常常把最初的结果又消除了"。[5](pp. 559～560)因此，恩格斯告诫人们："我们一天天地学会更正确地理解自然规律，学会认识我们对自然界的习常过程所作的干预所引起的较近或较远的后果。特别自本世纪自然科学大踏步前进以来，我们越来越有可能学会认识并因而控制那些至少是由我们的最常见的生产行为所引起的较远的自然后果。”[6](p.384)中国特色社会主义理论体系中关于生态文明建设的理论，赋予马克思恩格斯经典著作中的这些思想以当今时代的新内涵。

四如人的自由而全面发展理论。社会主义和谐社会建设最重要的目标，就是实现人的自由而全面的发展，这是中国特色社会主义理论体系的重要内涵。显然，追求人的自由而全面的发展，是马克思恩格斯对人类社会发展的最高理想。在马克思主义诞生之时，马克思恩格斯就从消除旧的分工的角度指出：“在共产主义社会里，任何人都没有特殊的活动范围，而是都可以在任何部门内发展，社会调节着整个生产，因而使我有可能随自己的兴趣今天干这事，明天干那事，上午打猎，下午捕鱼，傍晚从事畜牧，晚饭后从事批判，这样就不会使我老是一个猎人、渔夫、牧人或批判者。”[7](p.537)马克思恩格斯以这一不无浪漫主义色彩的描述，对人的全面发展的内涵作了最初论述。在《共产主义原理》和《共产党宣言》中，马克思恩格斯对人的全面发展的问题作了新的论述，认为在新的社会制度下，“一切生活必需品都将生产得很多，使每一个社会成员都能够完全自由地发展和发挥他的全部力量和才能”，[7](p.683)在他们设想的“联合体”中，“每个人的自由发展是一切人的自由发展的条件”。[2](p.53)在《1857～1858年经济学手稿》中，马克思对人的发展的三种形态的论述，实际上也是对人的片面发展到人的全面发展的历史轨迹的描述。他提出的人的发展的第三大形态的特征，就是以“个人全面发展和他们共同的、社会的生产能力成为从属于他们的社会财富”为基础的“自由个性”的全面发展，就是人的自由而全面的发展。[8](p.52)江泽民同志曾经指出：“社会生产力和经济文化的发展水平是逐步提高、永无止境的历史过程，人的全面发展程度也是逐步提高、永无止境的历史过程。这两个历史过程应相互结合、相互促进地向前发展。”[3](p.295)“两个历史过程”思想，实际上就是对马克思恩格斯经典著作中人的自由而全面发展理论的新的解读。

党的十六大以来，胡锦涛同志多次提到马克思恩格斯的人的全面发展的理论。他在阐明辩证唯物主义和历史唯物主义的世界观和方法论是马克思主义最根本的理论特征，马克思主义政党的一切理论和奋斗都应致力于实现最广大人民的根本利益是马克思主义最鲜明的政治立场，坚持一切从实际出发、理论联系实际、实事求是、在实践中检验真理和发展真理是马克思主义最重要的理论品质的同时，深刻指出："实现物质财富极大丰富、人民精神境界极大提高、每个人自由而全面发展的共产主义社会，是马克思主义最崇高的社会理想。"[9](p.363) 在回顾改革开放以来的中国特色社会主义新发展时，胡锦涛同志认为："我们党领导人民全面建设小康社会、进行改革开放和社会主义现代化建设的根本目的，是要通过发展社会生产力，不断提高人民物质文化生活水平，促进人的全面发展。"[10](p.813) 马克思主义"最崇高的社会理想与中国特色社会主义建设根本目的"之间的理论纽带，就是马克思恩格斯关于人的全面发展的理论。"以人为本"作为科学发展观的核心理念，就是对马克思恩格斯关于人的全面发展理论所做的现时代的理论升华。

除此之外，在中国特色社会主义理论体系关于生产关系、经济的社会形态发展、社会主义社会发展、世界历史和经济全球化等的理论中，都有对马克思恩格斯经典著作重新研究的映现。

在对马克思恩格斯经典著作的重新研究中，我们对马克思主义基本原理和中国实际结合的原则、对理论联系实际的学风都有新的认识。特别是对于马克思主义基本原理的普遍适用性与国别特色性之间关系的问题，我们进一步认识到，马克思主义基本原理的普遍适用性，是马克思主义基本原理科学性的集中体现。但是，在对马克思主义基本原理的运用中，不能把这种普遍性当作一种"历史哲学"到处套用，马克思主义基本原理在不同民族和不同国家的具体境遇中，必然会产生具有各自民族特色或国别特色的马克思主义理论，在中国就是中国化的马克思主义，就是中国特色社会主义。马克思晚年，欧洲的许多社会主义者对马克思的思想推崇备至，他们把马克思《资本论》第一卷中的一些重要论断看作是一把"万能钥匙"，认为这些论断不管拿到哪个国家或者针对哪种情况都是直接有效的。马克思对此多有异议，特别反对把他的理论观点当作"万能钥匙"的说法。马克思指出："极为相似的事变发生在不同的历史环境中就引起了完全不同的结果。如果把这些演变中的每一个都分别加以研究，然后再把它们加以比较，我们就会很容易地找到理解这种现象的钥匙；但是，使用一般历史哲学理论这一把万能钥匙，那是永远达不到这种目的的，这种历史哲学理论的最大长处就在于它是超历史的。"[11](p.342) 马克思认为，假如把他的理论当成一种“历史哲学”，那就会产生很大的误解。“一定要把我关于西欧资本主义起源的历史概述彻底变成一般发展道路的历史哲学理论，一切民族，不管它们所处的历史环境如何，都注定要走这条道路，……我要请他原谅。他这样做，会给我过多的荣誉，同时也会给我过多的侮辱。”[11](pp. 341～342) 显然，马克思非常清醒地估价了自己理论的有效性，他极不愿意在得到“过多的荣誉”的同时得到“过多的侮辱”。马克思愿意看到的是，他所提出的理论原理在各国的实际运用能得以具体化，形成具有国别特色和民族特色的马克思主义具体样式和具体理论形态。实际上，这也是马克思主义与时俱进理论品质的重要体现。

胡锦涛同志在纪念党的十一届三中全会召开30周年大会上的讲话，对马克思主义与时俱进理论品质的这一体现做出了科学概括。他指出：“坚持解放思想、实事求是、与时俱进，坚持以我国改革开放和现代化建设的实际问题、以我们正在做的事情为中心，着眼于马克思主义理论的运用，着眼于对实际问题的理论思考，着眼于新的实践和新的发展，深入研究和回答重大理论和现实问题，不断把党带领人民创造的成功经验上升为理论，不断赋予当代中国马克思主义鲜明的实践特色、民族特色、时代特色，不断推动当代中国马克思主义大众化，让当代中国马克思主义放射出更加灿烂的真理光芒。”[10](p. 811) 马克思主义基本原理在当代中国的运用过程，就是中国特色社会主义理论体系形成的过程，也就是马克思主义的中国化、时代化、大众化的过程。

马克思主义中国化的第二次历史性飞跃中马克思主义的新的特征和内涵，不仅说明中国特色社会主义理论体系是马克思主义基本原理与中国实际和当今时代变化结合的结果，而且表明中国特色社会主义理论体系是在对马克思恩格斯经典著作的更为广泛意义上的新的研究，是在赋予马克思主义理论以更为深刻的时代内涵的基础上，把马克思主义推向了新的境界。

参考文献

[1]《邓小平文选》（第2卷），人民出版社，1994。

[2]《马克思恩格斯文集》（第2卷），人民出版社，2009。

[3]《江泽民文选》（第3卷），人民出版社，2006。

[4]《江泽民文选》（第2卷），人民出版社，2006。

[5]《马克思恩格斯文集》（第 9 卷），人民出版社，2009。
[6]《马克思恩格斯选集》（第 4 卷），人民出版社，1995。
[7]《马克思恩格斯文集》（第 1 卷），人民出版社，2009。
[8]《马克思恩格斯文集》（第 8 卷），人民出版社，2009。
[9]《十六大以来重要文献选编》（上），中央文献出版社，2005。
[10]《十七大以来重要文献选编》（上），中央文献出版社，2009。
[11]《马克思恩格斯选集》（第 3 卷），人民出版社，1995。

马克思主义经济学在社会主义初级阶段的时代化和中国化*

洪银兴

内容摘要：马克思主义中国化有个时空观。在空间上就是马克思主义与中国实际结合，在时间上就是马克思主义时代化，体现马克思主义经济学范式的与时俱进。现实的社会主义经济制度和经济体制的中国创造过程，就是马克思主义关于社会主义的基本原理与中国实践结合的过程。中国社会主义处于初级阶段，是马克思主义经济学中国化的出发点。改革开放是马克思主义经济学中国化的强大动力。其中建立社会主义初级阶段的基本经济制度，建立社会主义市场经济体制，建立按劳分配为主体、多种分配方式并存的收入分配体制是马克思主义经济学在制度领域中国化的重大成果。中国自改革开放以来创造的经济奇迹，不仅靠体制机制的创新，还靠发展观的科学以及相应的发展战略的正确，尤其是适应转变经济发展方式的要求，马克思主义经济学在经济发展领域中国化的重大成果。

关键词：马克思主义经济学　科学发展观　时代化　中国化

马克思主义中国化的课题，最早是毛泽东在1938年六届六中全会上提出来的。针对当时党内存在的教条主义，毛泽东指出：马克思列宁主义的伟大力量，就在于它是和各个国家具体的革命实践相联系的。离开中国特点谈马克思主义，只是抽象的空洞的马克思主义。因此，使马克思主义在中国具体化，使之在其每一表现中带着必须有的中国的特性，按照中国的特点去应用它，成为全党亟待了解并亟须解决的问题。在现阶段推进马克思主义经济学的中国化的意义在于，研究改革开放以来我们党所建立的中

---

* 本文发表于《经济学动态》2011年第10期。

国特色社会主义的经济制度和理论所体现的马克思主义经济学的中国化，对中国特色社会主义经济发展进程中的新鲜经验做出新的理论概括，永葆中国化马克思主义科学理论的旺盛生命力。

一　马克思主义经济学时代化体现其经济学范式的演进

中国共产党在新民主主义革命时期推进马克思主义中国化产生的理论成果是毛泽东思想。在当今时代推进马克思主义中国化，必要性在于解决在一个经济文化落后的国家建设什么样的社会主义、如何建设社会主义的问题。这样，马克思主义经济学中国化就涉及两个方面：一是马克思主义经济学与中国的基本国情相结合，二是马克思主义与当今时代发展社会主义经济的任务相结合，这就是马克思主义经济学的时代化。

马克思主义经济学的时代化从一定意义上说是马克思主义经济学范式的与时俱进。就是说，既要坚持马克思主义经济学的范式，又要体现在马克思主义经济学范式框架内研究目标、任务和内容的时代化。所谓范式，涉及理论体系的基本结构、基本功能、基本范畴和基本方法。就经济学来说，当今世界的经济学范式大体上涉及马克思主义经济学与西方经济学两大体系。与西方经济学范式不同，马克思主义经济学范式主要有以下特征：第一，其研究对象是在一定生产力水平基础上的生产关系；第二，其研究的基本任务是阐述经济规律，尤其是社会主义代替资本主义的必然性；第三，其基本的研究方法是唯物主义辩证法及以此为基础的抽象法；第四，其基本的经济范畴是在《资本论》中建立的。在此范式的框架内，马克思主义经济学的发展，时代化、中国化有很大的空间。

马克思主义中国化有个时空观。在空间上就是要求马克思主义与中国实际结合。在时间上就是要求马克思主义时代化。毛泽东思想作为马克思主义中国化的理论成果，是要回答在一个半殖民地半封建的东方大国，如何进行新民主主义革命和社会主义革命的问题。而在进入社会主义阶段以后，马克思主义时代化，是要系统回答在中国这样一个十几亿人口的发展中大国建设什么样的社会主义、怎样建设社会主义等一系列重大问题。

马克思主义经济学即马克思创立的政治经济学。研究马克思主义经济学的时代化，需要研究政治经济学的阶段性及在每个阶段的使命。就政治经济学研究对象的阶段而言，政治经济学一般区分为资本主义部分和社会主义部分。其任务是在经济特征上阐述社会性质，分清什么是资本主义，什么是社会主义。如果要研究其时代性，就需要将政治经济学区分为：处于资本主义社会的政治经济学和处于社会主义社会的政治经济学，两者均包括资本主义和社会主义部分。处于不同时代的政治经济学有不同的历史使命。与此相应，就有不同时代的马克思主义经济学中国化的内容。

马克思在他所处的资本主义时代创立的政治经济学，历史使命是推翻这个社会，因此政治经济学的基本任务是揭示资本主义经济的基本矛盾，寻找这个社会的掘墓人。他以严格的理论逻辑揭示社会主义代替资本主义的必然性，并预见代替资本主义的未来的社会主义经济的基本特征。进入社会主义社会后，政治经济学的使命就要改变，不再是推翻所处的社会，而是要建设所处的社会。其经济分析任务不是寻找社会的掘墓人，而是寻找社会的建设者。这样，政治经济学面对资本主义社会是阶级斗争的武器，而在当今的社会主义社会则是经济建设的理论指导。显然，马克思主义经济学时代化反映政治经济学历史使命的变化。

马克思主义经济学时代化，不意味着马克思主义经济学会随着所面对的时代的改变而改变其理论基础地位。不能因为马克思主义经济学产生于资本主义阶段而否认它在社会主义阶段的作用。政治经济学有明确的阶级性，有明确的世界观和社会指向。马克思主义经济学在它创立之日起就明确告示，它是代表无产阶级利益，是社会主义代替资本主义的经济学。我们国家就是根据马克思主义经济学揭示的发展规律建立起社会主义经济制度的。在这个基础上需要继续走社会主义的发展道路。因而需要马克思主义经济学继续起指导作用，而且马克思创立的政治经济学中所使用的基本范畴、基本原理、基本方法尽管基本上是用于分析当时的资本主义经济的，但其基本的研究范式完全可以应用到现实的社会主义经济分析中来。

马克思主义经济学的时代化，意味着需要以当代的实践进行理论创新。具体地说，马克思创立的政治经济学对未来社会基本特征的设想或基本规定性，对后来社会主义国家的实践起了方向性的指导作用。但是有两个方面的原因需要中国的创造。一方面，马克思当时预见的社会主义经济制度与现实的社会主义实践存在很大的差别。在半殖民地和半封建社会基础上建立起来的社会主义中国，在实践马克思关于社会主义的要求时，不能教条式地搬用这些规定。另一方面马克思当时只是规定了未来社会的基本特征，并没有对未来社会的经济体制作具体规定，这也需要中国创造。因此现实的社会主义经济制度和经济体制的中国创造过程，就是马克思主义关于社会主义的基本原理与中国实践结合的过程，也是马克思主义政治经济学现代化和中国化的任务。

根据马克思主义的世界观，真理都是相对的，科学的任何发现都不能穷尽真理。面对所要分析的社会主义经济，马克思主义经济学时代化意味着需要根据时代赋予的使命研究新问题，发现新规律，概括新理论。

1. **提供增强社会主义经济竞争力和影响力的理论**。从时空观分析，《资本论》是在资本主义社会研究资本主义，而且当时还没有出现社会主义国家。他所预见的社会主义经济同资本主义经济是在时间上继起的两个社会。而当今时代社会主义和资本主义在空间上并存。这种并存不仅存在于国际，也存在于国内。两种不同性质的经济有共同的经济活动背景，因此，一方面许多经济组织、方式、规则和秩序都有趋同的趋势；另一方面不同性质的经济彼此间存在学习和竞争。在此背景下，马克思主义经济学不仅需要阐述社会主义经济制度的优越性，更要寻求增强社会主义经济的竞争力和影响力的途径。

2. **提供发展先进社会生产力的理论**。生产力和生产关系的矛盾分析，是马克思主义政治经济学的基本方法论。面对资本主义经济，马克思主义经济学关注的是资本主义生产关系阻碍生产力发展的矛盾分析，由此提出社会主义取代资本主义的必然性。经济落后的国家在进入社会主义社会后，生产力和生产关系的矛盾主要表现在生产力的相对落后，需要以发展生产力来发展社会主义生产关系。因此，马克思主义经济学需要把对生产力的研究放在重要位置，以增进国民财富作为目标和归宿。事实上，马克思建立的政治经济学用了很大篇幅研究生产力，例如从简单协作到工场手工业分工再到机器大工业，马克思对每一种生产方式都进行了细致的生产力层面的分析。根据马克思的概括，社会生产力的发展来源于三个方面："归结为发挥着作用的劳动的社会性质，归结为社会内部的分工，归结为脑力劳动特别是自然科学的发展。"[①] 显然，马克思主义的生产力理论，是研究社会主义条件下生产力发展从而推动社会主义生产关系发展的重要依据。

3. **提供合作和和谐发展的理论**。处于资本主义阶段的政治经济学作为

---

① 《马克思恩格斯全集》（第46卷），人民出版社，2003，第96页。

推翻资本主义的指导思想所分析的劳资矛盾、社会主义和资本主义的矛盾是对抗性的。因此，政治经济学成为阶级斗争的学说。而在社会主义阶段的马克思主义经济学，虽然也要分析和界定各种所有制经济的性质，但是着眼点不是不同所有制之间的斗争，而是服从于建设新社会的使命，寻求不同所有制经济平等竞争合作发展的有效路径，寻求劳动、知识、技术、管理和资本等各种要素的所有者各尽其能，各得其所，和谐相处的路径。目的是要使一切创造社会财富的源泉充分涌流，以造福于人民。如果说传统的政治经济学理论着眼于矛盾和斗争的话，现代政治经济学则着眼于合作和和谐。

以上关于马克思主义经济学时代化所涉及的内容，反映了马克思主义经济学范式的历史演进。马克思创立的经济学对未来社会的经济制度和经济发展破了题。发展中国特色社会主义的实践则是解了这些题。正因为如此，产生于资本主义社会的马克思主义经济学在当今的社会主义社会仍然有旺盛的生命力，保持着在我国经济建设和改革开放中的指导思想的理论基础地位。

二　确认社会主义初级阶段是马克思主义经济学中国化的出发点

马克思主义经济学的中国化就是要求马克思主义经济学同中国的基本国情相结合。中国的基本国情就是中国的社会主义所处的发展阶段。这是马克思主义经济学中国化的出发点。

马克思主义经济学所揭示的社会主义最终取代资本主义的物质条件是其生产力水平达到并超过资本主义的水平。因此，发达的资本主义经济是社会主义的入口。与此相应，马克思主义经济学所预见的社会主义经济的基本特征也是以此为基础的。例如生产资料全社会公有制，以国家为主导的计划经济，单纯的按劳分配，等等。我国在改革开放以前的经济体制实践了这种理论模式，结果是经济效率低下，人民生活普遍贫困。改革开放一开始以邓小平理论为代表对这种超阶段的社会主义经济模式的反思牵动了对社会主义发展阶段的思考。

马克思主义经济学在说明社会主义替代资本主义必然性时有以下关于这种必然性的物质基础的论述。

首先是马克思在说明建立作为未来社会的自由人联合体经济时，特别指出："这需要有一定的社会物质基础或一系列物质生存条件，而这些条件本身又是长期的、痛苦的历史发展的自然产物。"①

其次是马克思在分析生产力和生产关系矛盾运动时指出："无论哪一个社会形态，在它所能容纳的全部生产力发挥出来以前，是决不会灭亡的；而新的更高的生产关系，在它的物质存在条件在旧社会的胞胎里成熟以前，是决不会出现的。"②

最后是列宁根据当时俄罗斯社会主义革命的实践指出，高于资本主义条件下的劳动生产率是社会主义战胜资本主义的条件。

以上论述都是从生产力发展水平和新的生产关系的物质存在条件来说明社会主义经济制度建立的物质基础的。达到并超过资本主义国家所达到的生产力水平，是社会主义的物质基础。

将上述经济学原理中国化，就是说，我国是在经济文化都处于落后水平的基础上建立社会主义经济制度的。虽然经济社会发展水平超过了旧中国，但与资本主义发达国家相比经济社会发展水平还相对落后。这意味着社会主义的物质基础还不完全具备，而且前资本主义的生产方式仍然存在。这就需要经过一个历史阶段，为实现成熟的完全的社会主义创造物质基础。这就是社会主义初级阶段。它不是泛指任何国家进入社会主义都会经历的起始阶段，而是特指我国在生产力落后、商品经济不发达条件下建设社会主义必然要经历的特定阶段。显然，社会主义初级阶段概念的提出及我国仍然处于社会主义初级阶段的界定，是马克思主义经济学中国化的重大成果。

依据上述界定，马克思主义经济学中国化的一个重要方面是科学认识实践中的社会主义：一是抛弃对社会主义的教条式理解；二是以实践检验过去对社会主义的认识；三是以中国的创造发展中国特色社会主义。因此产生的中国化的社会主义界定就是邓小平所说的，贫穷不是社会主义。为了实现共同富裕，必须允许一部分地区一部分人先富起来。社会主义的本质就是解放和发展生产力，消灭剥削，消除两极分化，逐步达到共同富裕。在这里，马克思主义经济学在社会主义的规定性上的中国化取得了明显进

---

① 《马克思恩格斯全集》（第23卷），人民出版社，1972，第97页。

② 《马克思恩格斯选集》（第2卷），人民出版社，1995，第33页。

展。首先，社会主义本来属于生产关系的范畴，把发展生产力作为社会主义的本质要求和根本任务提出来，这是针对社会主义初级阶段而言的。其次，消灭剥削、共同富裕是社会主义的基本要求，这个要求“逐步达到”，意味着可以在社会主义初级阶段允许一部分地区和一部分人先富起来。这里对实践中的社会主义的规定，可以说是马克思主义经济学中国化的重大成果。

确认社会主义初级阶段的政治经济学范式的意义就在于研究的对象明确限于社会主义初级阶段经济。社会主义初级阶段的主要矛盾被明确界定为人民日益增长的物质文化需要同落后的社会生产之间的矛盾。由此主要矛盾决定，社会主义初级阶段的根本任务是发展生产力，以满足人民群众的物质文化需要，建设社会主义的物质基础。邓小平强调不能只讲发展生产力，应该把解放生产力和发展生产力两个方面讲全了。这就明确了社会主义初级阶段发展中国特色社会主义事业的两大任务是如下两方面。

第一是解放生产力，就是根据我国所处的社会主义发展阶段的特征，推进改革开放，从根本上改变束缚生产力发展的经济体制。对社会主义提出中国特色不是降低社会主义的要求，而是要使现阶段的社会主义制度安排适应生产力发展水平，并有利于生产力的发展。具体地说，原有的社会主义经济制度有一部分是超越了社会主义发展阶段的，过早地实行这种经济制度不是促进而是会严重阻碍生产力的发展。经济改革就是要对这一部分超阶段的经济制度进行改革，以适应社会主义初级阶段的基本国情。

第二是发展生产力。根据社会主义初级阶段的主要矛盾和主要任务，党的中心工作转向经济建设，并且提出了现代化的发展目标和路径。邓小平从我国人口多、底子薄的国情出发，提出了现代化建设的三步走战略步骤。第一步，解决人民的温饱问题；第二步，到20世纪末，国民生产总值比1980年翻两番，人民生活达到小康水平；第三步，到21个世纪中叶，人均国民生产总值达到中等发达国家水平，人民生活比较富裕，基本实现现代化。党的十六大报告又提出全面小康的概念，要求在21世纪头20年全面建设惠及十几亿人口的小康社会，到21世纪中叶基本实现现代化。在这里，以人民的生活水平作为现代化建设各个阶段的标准，将全面建设小康社会包含在现代化的进程中，并作为现代化的具体阶段来推进，可以说是中国特色的现代化道路。

显然，社会主义初级阶段理论及与此相关的社会主义的界定，不是凭

空想象出来的，是源于马克思主义基本原理，立足于中国国情，是马克思主义经济学中国化的成功案例。30 多年来在改革开放的推动下基本形成的党在社会主义初级阶段的基本理论、基本路线、基本纲领、基本经验，都是马克思主义经济学中国化的重要成果。现在，充满生机和活力的中国特色社会主义制度体系基本确立，经济现代化水平也大大提高。特别是经济总量已居世界第二。但是即便如此，我们仍然要准确把握社会主义初级阶段基本国情，继续根据社会主义初级阶段理论推进改革和发展。这就是胡锦涛在 2011 年七一讲话中所强调的："我国仍处于并将长期处于社会主义初级阶段的基本国情没有变，人民日益增长的物质文化需要同落后的社会生产之间的矛盾这一社会主要矛盾没有变，我国是世界上最大的发展中国家的国际地位没有变。发展仍然是解决我国所有问题的关键。"①

三　经济改革推动经济制度层面马克思主义经济学中国化

改革开放是马克思主义经济学中国化的强大动力，改革开放的成就检验马克思主义经济学中国化的成果。原因是中国所进行的改革开放是以中国化马克思主义的理论范式为指导的，而不像有些人所希望的是由规范化、标准化的市场制度范式（新自由主义的范式）推进的。

改革开放的实践提出理论创新的课题，理论创新实际上就是马克思主义经济学中国化，由此产生的政治经济学研究领域的重大突破推动了改革开放。

1. **建立社会主义初级阶段的基本经济制度**。我国的社会主义处于初级阶段的一个重要背景就是马克思当时发现的相对落后的国家，"不仅苦于资本主义生产的发展，而且苦于资本主义生产的不发展。除了现代的灾难而外，压迫着我们的还有许多遗留下来的灾难，这些灾难的产生，是由于古老的陈旧的生产方式以及伴随着它们的过时的社会关系和政治关系还在苟延残喘"。② 这就是说，前资本主义的生产方式没有被资本主义生产所消灭而在社会主义初级阶段仍然存在。

社会主义的最终目的是消灭私有制，在全社会建立完全的公有制。而

① 胡锦涛：《在庆祝中国共产党成立 90 周年大会上的讲话》，人民出版社，2011，第 20 页。

② 《马克思恩格斯全集》（第 23 卷），人民出版社，1972，第 8 页。

在社会主义初级阶段，发展社会主义经济，最为重要的是，从实际出发，寻求推动生产力发展从而推动社会主义初级阶段社会主义发展的新的动力和新的要素，使各种创造社会财富的源泉充分涌流。因此，以公有制为主体、多种所有制经济共同发展，作为社会主义初级阶段的基本经济制度被提了出来。公有制是社会主义的特征，但在社会主义初级阶段，生产资料公有化的程度不可能很高。不仅公有制有多种形式，各种公有制形式也有不同的实现形式和经营方式。在这方面马克思主义经济学中国化有两大理论成果。

第一个成果是，社会主义初级阶段的基本经济制度包括的多种非公有制经济，如个体经济、私营经济、外商投资经济，被列入社会主义基本经济制度，意味着长期处于“制度外”的多种非公有制成分进入了“制度内”，成为基本经济制度的组成部分。在改革实践中，非公有制经济进入的领域越来越大，连过去认为必须由国有制经济垄断的领域也准许外资和民资进入，如零售业、外贸、金融保险、通信业等。发展的趋势是，只要是不影响国家安全的，不违反国家法律的领域都将允许非公有制经济进入，当然市场准入同是否占支配地位不是同一个概念。

第二个成果是，公有制经济不是指公有制企业（包括国有企业和集体企业），而是指公有资产（国有资产和集体资产），并进而承认国有资本和集体资本都属于公有制经济。国有资本和集体资本被赋予了资本属性，马克思主义经济学关于资本的价值增殖的本性同样适用于公有制经济。公有制理论的这个重大突破又牵动了一系列理论和实践的进展，为公有制经济改革开辟了广阔的空间。

一是公有制为主体的含义的突破。过去的理论强调企业所有制性质的纯粹性，公有制为主体被定义为公有企业在数量上为主体。现在从资产性质和归属的意义上定义公有制经济，公有制为主体也有了新的含义：公有资产在社会总资产中占优势；国有经济控制国民经济命脉，对经济发展起主导作用。按此改革思路，国有经济进行了有进有退的战略性调整，保持了国有经济对国民经济的控制力，有效地加强并改善了国家对经济的宏观调控。

二是公有制经济实现形式的突破。过去的理论强调公有资产只能在公有制企业中经营。现在明确公有制经济是资产和资本的概念。这意味着公有资产可以在各种类型的企业中经营，也可以在同一个企业中与各种非公有制资本合作和合资。这样，公有制可以有多种实现形式，包括股份制在内的混合所有制可以成为公有制的实现形式。在实践中，现有的公有制企业通过吸收私人资本改制为混合所有制企业；农业集体经济转变为混合所有制形式的合作经济；私人企业也通过吸收公有资本改制为混合所有制企业；公有制企业也同外资合资建立中外合资企业。这样，公有制为主体、多种所有制经济共同发展，从企业外部发展到同一个企业内部。这类企业发展的方向也就明确为建立产权明晰、科学管理的现代企业制度

现在，我国以公有制为主体、多种所有制形式共同发展的社会主义初级阶段的基本经济制度基本形成。在这里，公有制为主体是社会主义的制度特征，多种所有制形式的共同发展则是现阶段的中国特色。胡锦涛的七一讲话明确认为，公有制为主体、多种所有制经济共同发展是中国特色社会主义制度体系中的基本经济制度。这是对改革开放所形成的这种基本经济制度的肯定。坚持这个基本经济制度意味着需要毫不动摇地巩固和发展公有制经济并保证其主体地位，毫不动摇地鼓励、支持、引导非公有制经济发展。

2. **建立社会主义市场经济体制**。经济体制是建立在基本经济制度基础之上的。根据马克思当时的设想，未来社会是完全的公有制，与此相应的经济体制就是计划经济体制。现在确认了公有制为主体、多种所有制经济共同发展的基本经济制度，与此相应的经济体制就是社会主义市场经济。在这方面，随着改革的深入，马克思主义经济学中国化的成果突出表现在以下几个方面。

（1）马克思的《资本论》可以说是市场经济论。根据马克思主义经济学原理，市场作为对资源配置起基础性调节作用的机制，通过等价交换、供求关系、竞争和风险等机制，配置资源的效率是最高的，企业个体是充满活力的。一旦社会主义市场经济得到确认，《资本论》中阐述的一系列市场经济原理就可以在现阶段的经济体制安排中得到应用。商品货币理论、竞争理论、资本积累理论、资本有机构成理论、资本循环和周转理论、社会总产品实现条件理论、平均利润率规律理论、流通费用理论、地租理论、信用经济理论、经济周期理论等，对我国现阶段的经济研究和经济实践都有明显的指导作用。

（2）在市场经济前面冠以社会主义，这是中国特有的，也是史无前例的。解决社会主义同市场经济的对接，需要通过马克思主义经济学中国化

的途径进行创造。市场经济不是没有弊病的。根据马克思主义经济学对市场经济弊端的批评，社会主义市场经济体制的制度设计是，市场在国家的宏观调控下发挥基础性的调节作用。在这里，国家宏观调控市场有两大目标，一方面是针对市场机制本身的缺陷而安排的：一是弥补市场调节的不足，如解决市场调节无力解决的宏观经济均衡问题，二是克服市场调节的负面效应，如克服市场上因垄断等原因而产生的效率下降问题。另一方面是由社会主义制度本身的要求提出的，尤其是要克服由市场调节所产生的两极分化问题，实现社会公平正义。

显然，关于社会主义市场经济理论的提出，尤其是关于社会主义同市场经济有效对接的理论和机制，可以说是马克思主义经济学中国化在经济体制方面的成功创造。既解决了经济运行的活力，又能实现社会主义的发展目标。

3. **建立按劳分配为主体、多种分配方式并存的收入分配体制**。分配关系是生产关系的反面，社会主义初级阶段及其基本经济制度得到确认，也就推动了马克思主义经济学在收入分配领域的中国化。

首先是收入分配体制的突破。在马克思那里，按劳分配是社会主义的分配原则。而在现实中，公有制为主体、多种所有制经济的基本经济制度得到了确认，按劳分配为主体、多种分配方式并存的收入分配制度也就得到了确认。这种收入分配结构不只是指在公有制企业中按劳分配，在其他类型的企业中按劳分配，更为重要的是各种生产要素参与分配。在原有的马克思主义经济学框架中，在社会主义条件下，只有劳动要素属于私人所有，因而存在劳动力所有权，及相应的按劳分配。而在社会主义初级阶段，马克思主义经济学中国化的一个重大进展是，劳动以外的要素如资本、知识、技术和企业家才能等要素的所有权（全部或部分）属于私人的现实也逐步得到了确认。与此相应的分配制度安排所要解决的，就不仅要刺激劳动效率，还要刺激资本、技术、管理等要素所有者的各种要素的投入；不仅需要尊重劳动，还要尊重创造和创业，尊重知识和人才。相应的体制创新就是资本、技术、管理等各种非劳动要素按贡献取得报酬。在此制度下，让劳动、资本、技术和管理等各种要素创造财富的活力充分迸发。

其次是公平正义和共同富裕路径的确定。公平正义和共同富裕是社会主义的基本要求。但在物质财富相对缺乏的社会主义初级阶段如何实现共同富裕，则是需要进行理论创新的。过去相当长的时期中共同富裕

被理解为平均主义，其结果是共同贫困。邓小平明确提出共同贫困不是社会主义，并且提出允许一部分人先富起来的大政策。共同富裕被理解为富裕程度有先有后，以及先富帮后富的过程。各种非劳动要素按市场原则参与收入分配，也就提供了一部分人先富起来的机制。允许一部分人先富起来的大政策实际上体现了效率优先兼顾公平的原则。现在这种先富政策实施了30年，其产生的贫富差距扩大的效应已经越来越明显。为了扭转收入差距进一步扩大的趋势，在公平和效率的关系上，就要改变效率优先的原则，突出社会主义的公平原则和共同富裕目标，解决大多数人富起来的问题。这就是要改变长期认为的初次分配讲效率、再次分配讲公平的观点，明确初次分配和再分配都要处理好公平和效率的关系，再分配更加注重公平。与此相应的收入分配体制改革需要突出解决按劳分配为主体的问题。其具体措施就是，在国民收入分配中提高居民收入在国民收入中的比重；在初次分配中提高劳动报酬在收入分配结构中的比重，同时创造条件让更多的群众拥有财产性收入。这种体制提高效率与促进社会公平的效应正在显现。

以上三个方面实际上形成了社会主义初级阶段中国特色社会主义经济制度的基本内容。胡锦涛的七一讲话对改革开放所形成的充满生机和活力的体制机制给予了充分的肯定：符合我国国情，顺应时代潮流，有利于保持党和国家的活力，调动广大人民群众和社会各方面的积极性、主动性、创造性，有利于解放和发展社会生产力、推动经济社会全面发展，有利于维护和促进社会公平正义、实现全体人民共同富裕，有利于集中力量办大事。

四　转变经济发展方式推动经济发展层面马克思主义经济学中国化

确认社会主义初级阶段的主要矛盾是人民日益增长的物质文化需要同落后的社会生产之间的矛盾，也就提出了发展生产力的根本任务。马克思在当时不可能对一个经济相对落后的国家提出明确的经济发展思想，但是，他的发展生产力、提高效率和富裕人民的思想，可以成为在经济发展领域马克思主义经济学中国化的基础。

中国自改革开放以来创造的经济奇迹，不仅靠体制机制的创新，还靠发展观的科学以及相应的发展战略的正确。从邓小平提出发展是硬道理，到江泽民提出发展是第一要务，再到胡锦涛提出发展是第一要义，体现了科学发展观产生的脉络。

1. **关于经济发展方式转变**。在马克思主义经济学中有外延的扩大再生产和内涵的扩大再生产之分。他在分析级差地租Ⅱ时将农业中的耕作方法区分为粗放经营和集约化耕作两种方法。由此长期以来人们把经济增长方式区分为粗放型和集约型。

进入21世纪，我国社会主义现代化建设进入了一个新的发展阶段，经济社会发展呈现出一系列重要特征：虽然我国经济保持平稳较快增长，农村工业化和城市化进程加快，人民生活总体上达到小康水平，但是长期积累的结构性矛盾和粗放型经济增长方式尚未根本改变：能源、资源、环境的瓶颈制约日益突出；农业基础薄弱、农村发展滞后、农民收入不高问题突出；自主创新能力不强；区域、城乡之间经济社会发展不平衡现象依然存在，城乡贫困人口和低收入人口尚有相当数量。针对这些矛盾和问题，需要更新发展理念、创新发展模式。

党的十六大提出转变经济增长方式。党的十七大根据科学发展观将增长方式改为发展方式，明确提出经济发展方式的转变要求。根本原因是增长不等于发展，发展方式转变比经济增长方式转变有更为丰富的内容。十二五规划则进一步提出以加快转变经济发展方式为主线，并且明确了五方面内容：经济结构战略性调整是主攻方向，科技进步和创新是重要支撑，保障和改善民生是根本出发点和落脚点，建设资源节约型、环境友好型社会是重要着力点，改革开放是强大动力。显然发展方式的这种转变已经远远超出了集约型增长方式的内容，范围更广，要求更高。其背景是我国的GDP总量达到世界第二后，就有必要也有可能从根本上克服GDP崇拜，停止长期实施的投资推动的GDP赶超战略。根据科学发展观，转变经济发展方式的目标是走“生产发展、生活富裕、生态良好”的文明发展道路。转变经济发展方式的这些要求，从不同的方面体现了马克思主义经济学的中国化。

2. **关于以人为本的经济发展**。马克思在说明导致经济危机的资本主义生产的矛盾时明确指出：“因为资本的目的不是满足需要，而是生产利润，因为资本达到这个目的所用的方法，是按照生产的规模来决定生产量，而不是相反，所以，在立足于资本主义基础的有限的消费范围和不断地力图突破自己固有的这种限制的生产之间，必然会不断发生冲突。”[①] 在进入社会主义社会后，明确社会主义生产目的是满足人民群众日益增长的物质和文化需要，也就是要克服“为生产而生产”的发展理念。现在科学发展观又明确以人为本，可以说是马克思主义经济学中国化的重要体现。

首先，保障和改善民生成为转变经济发展方式的根本出发点和落脚点。在这里，以人为本不仅是发展的目的，还是发展的手段。人民群众能够公平地分享发展的成果，就能支持发展。特别是十二五规划明确将经济发展目标由单纯追求 GDP 转向追求人民幸福，反映了人民群众的根本要求。

其次，人才资源成为发展的第一资源。在经济发展的决定性要素上，明确以人为本就是以人才为本。这是对马克思主义经济学关于生产力要素理论的发展。在此基础上形成了国家的人才强国战略。

最后，关于经济增长的拉动力，明确经济发展由主要依靠投资、出口拉动转向依靠消费、投资、出口协调拉动。消费需求成为排在第一位的经济增长拉动力，是以人为本发展观的体现。

3. **关于经济增长的创新驱动**。在马克思的理论中，“智力劳动特别是自然科学的发展”是生产力发展的重要来源，因而有科学技术也是生产力的论断。邓小平进一步提出在现代经济发展中，“科学技术是第一生产力”。

基于上述科学论断，经济发展理论的重大创新是把科技创新提到经济发展方式的高度。党的十六大明确提出转变经济增长方式的内容是由主要依靠增加物质资源消耗向主要依靠科技进步、劳动者素质提高、管理创新转变。这种转变后来又被概括为由物质投入推动转向创新驱动。十七届五中全会关于十二五规划的建议将科技进步和创新明确为加快转变经济发展方式的重要支撑。

过去对转变经济增长方式的提法是由粗放型增长方式转向集约型增长方式。集约型增长方式的基本内涵是指集约使用物质要素，提高要素使用的效率。尽管集约型增长方式包含了技术进步的作用，但没有摆脱物质要素推动经济增长的架构。而创新驱动的增长方式不只是解决效率问题，更为重要的是依靠无形要素实现要素的新组合，是科学技术成果在生产和商业上的第一次应用和扩散，是创造新的增长要素。因此创新驱动的经济增长方式与集约型增长方式的区别就成为重要的研究课题。

---

① 《马克思恩格斯文集》（第7卷），人民出版社，2009，第285页。

依靠科技力量转变经济发展方式，最关键的是要大幅度提高自主创新能力。增强自主创新能力，根据胡锦涛的概括，主要涉及三大能力，即原始创新能力、集成创新能力和引进消化吸收再创新的能力。依靠自主创新推动经济发展方式转变的落脚点是构建完整的创新体系和现代产业体系。这里涉及从知识创新到技术转移再到规模化生产能力的提升。所有这些就成为创新驱动的关键性内容。

4. **关于全面协调和可持续发展**。社会再生产理论是马克思主义经济学的重要组成部分。社会再生产的中心问题是社会总产品的市场实现问题，涉及各个部门的比例关系。针对资本主义条件下社会再生产比例失调产生周期性经济危机的必然性，马克思特别强调在未来社会中，“社会必须预先计算好，能把多少劳动、生产资料和生活资料用在这样一些产业部门而不致受任何损害，这些部门，如铁路建设，在一年或一年以上的较长时间内不提供任何生产资料和生活资料，不提供任何有用效果，但会从全年总生产中取走劳动、生产资料和生活资料”。[①] 这实际上指出了社会主义社会全面协调各个部门之间比例关系的要求。后来建立的社会主义社会普遍试图通过计划经济来实现这个要求，但付出了效率低下的代价。在打破了计划经济体制，转向市场经济体制后，就提出了在市场经济背景下实现全面协调发展的新课题。

首先，经济结构调整是加快经济发展方式转变的主攻方向。我国地区之间、部门之间的发展水平本来就存在较大的差距，改革开放以来实行允许一部分人一部分地区先富起来的政策，因此产生的效应是部门之间、地区之间的差距更为严重。针对这种状况科学发展观明确提出全面协调发展的要求，实现部门之间、地区之间全面协调发展。其路径一方面是统筹兼顾，其中包括经济发展由主要依靠第二产业带动转向依靠第一、第二、第三产业协同带动；另一方面是先富帮后富，例如解决地区差距，实施西部大开发战略，解决城乡差距，建立以工促农、以城带乡长效机制，实施城乡经济社会发展一体化战略等。

其次，建立资源节约型、环境友好型社会作为转变经济发展方式的重要着力点。马克思在批判资本主义时指出：“资本主义农业的任何进步，都不仅是掠夺劳动者的技巧的进步，而且是掠夺土地的技巧的进步，在一定

① 《马克思恩格斯选集》（第2卷），人民出版社，1995，第336页。

时期内提高土地肥力的任何进步，同时也是破坏土地肥力持久源泉的进步。"[①] 这意味着在进入社会主义社会后经济发展应该避免这种掠夺肥力之类的破坏生态和环境的所谓的“进步”，这就提出了通过科学发展实现可持续发展的问题。其基本要求是人与自然相和谐，中央关于十二五规划的建议则明确把建立资源节约型、环境友好型社会作为转变经济发展方式的重要着力点。其经济学意义就在于经济发展和人口、资源、环境相协调，保证资源和环境能一代接一代地永续发展。发达国家是在完成工业化时提出可持续发展要求的，我国是在工业化还没有完成，特别是某些地区刚开始推进工业化时提出可持续发展要求的，由此经济发展理论需要解决在工业化进程中节能减排、减少碳排放的问题。

综上所述，我国作为发展中的大国一跃成为世界第二大经济体的奇迹归结为经济发展的中国道路、经济改革的中国模式的成功，表明不走西方国家的发展道路，不采用西方经济模式，走中国特色社会主义道路同样能取得经济上的成功。实践也证明，中国特色社会主义道路，是实现社会主义现代化的必由之路，是创造人民美好生活的必由之路。

马克思主义经济学中国化内容非常广泛，既涉及对社会主义现阶段的阶段性认识，又涉及对现阶段经济制度的认识，还涉及经济发展层面的科学认识。所有这些认识之所以称为马克思主义经济学中国化，是因为这些理论不是凭空臆造的，而是基于马克思主义经济学的基本原理和分析工具，结合当代中国社会主义经济发展的实践所形成的科学认识，既有马克思主义经济学的基本理论支撑，又能准确地反映客观现实，还同马克思主义经济学所指明的发展方向一致。

① 《马克思恩格斯全集》（第23卷），人民出版社，1972，第552页。

中国特色社会主义经济理论体系研究*

卫兴华

内容摘要：中国特色社会主义经济理论体系是中国特色社会主义理论体系的基础和核心。本文将其概括为十大理论内容。一方面着重从正面阐述和评析这一理论体系的重要内涵和实践意义；另一方面又对偏离这一理论体系本意的有关解读和观点辩明理论是非，力求准确科学地予以把握。

关键词：社会主义　理论体系

中国特色社会主义是对马克思主义科学社会主义的继承、坚持与发展、创新，是中国共产党经过新民主主义革命和社会主义革命建立了社会主义制度后，又经过长期社会主义实践，总结了社会主义建设与发展中得失成败正反两方面的经验与教训而提出和不断发展的新型社会主义。

中国特色社会主义，是一种适合中国国情的新型社会主义制度，是从中国实际出发走出的一条新的社会主义道路；又是在发展与改革的实践中形成的一套中国特色社会主义理论体系。

中国特色社会主义，是以中国特色社会主义经济为基础的。因而中国特色社会主义理论体系也是以中国特色社会主义经济理论体系为支柱和核心的。

改革开放 30 多年来，中国的经济发展取得了举世瞩目的巨大成就，正是在中国特色社会主义理论特别是其经济理论的指导下取得的。而随着经济社会实践的发展，中国特色社会主义经济理论体系也在不断发展与完善。它不是固定不变的，而是动态的、与时俱进的。当前所讲的中国特色社会主义经济理论体系，是适用于我国社会主义初级阶段的经济理论体系。即使到 21 世纪中叶，走出了社会主义初级阶段，进入中级阶段和更远的高级

---

* 本文发表于《经济学动态》2011 年第 5 期。

阶段，社会主义不断完善和成熟了，所有制结构、分配制度、劳动制度等的内涵发生了向社会主义高层次发展的变化，依然要走中国特色社会主义道路，将会形成日益成熟的中国特色社会主义经济理论体系。

需要明确：社会主义不同阶段的中国特色社会主义经济理论体系，其本质规定和核心内容应具有共同性。这一共同性的“源”，应是来自马克思主义的科学社会主义理论。诸如：大力发展生产力；以公有制（社会所有制）为基础；劳动者是生产和社会的主人；自觉地有计划地发展社会主义经济；实行按劳分配；消除两极分化；实现共同富裕；等等。没有这些内容的社会主义，不是科学社会主义，也不是中国特色社会主义。但是，又不能教条地对待马克思主义的社会主义理论。要从中国国情出发，结合中国革命和建设实际，结合中国改革开放的历史和现实实际，运用和发展科学社会主义经济理论。而发展和创新，就要增加新的内容。这种具有新内容的经济理论，就是中国特色社会主义经济理论。它是科学社会主义经济理论“源”和“流”的统一。

中国社会主义经济理论，经过中国共产党人 90 年来的不断摸索与探索，经过新中国 60 多年来的社会主义实践经验，特别是经过 30 多年来改革开放的实践与理论的发展和创新，已形成了适用于整个社会主义初级阶段的中国特色社会主义经济理论体系。就是说，它已不再是个别的原理和原则，而是具有丰富内容的和相互联系的、包括生产力发展特点和生产关系体系特点的较为完整的理论体系。

需要说明两点：第一，现阶段的中国特色社会主义经济理论体系应包括哪些具体内容？理论界有不同的概括和论述。见仁见智，角度和撷取有异。但从主要内容来看，是基本一致的。笔者这里的概括与论述，是根据自己对这一理论体系的理解与把握做出的。第二，更重要的是学界对中国特色社会主义经济理论的某些重要原理，存在理解上的分歧，存在误解和错解。需要澄清理论是非。因此，本文既着眼于对中国特色社会主义经济理论体系的正面研究与阐述，又针对某些偏离马克思主义和中国特色社会主义本意的某些观点与解读，做一些正本清源的工作。

一　社会主义本质论

什么是社会主义？怎样建设社会主义？改革开放前的新中国已经搞了

近30年的社会主义，尽管取得了巨大的成就，但并没有完全搞清楚这两个问题。如果在理论认识上对什么是社会主义缺乏正确理解，必然会对怎样建设社会主义产生偏误。之所以会提出这个似乎不应产生的问题，是由于20世纪50年代后期在发展生产力和社会主义生产关系方面出现了“左”的一套东西。它既偏离了马克思主义的科学社会主义，也脱离了我国的历史和现实国情，使社会主义优越性未能得到充分发挥，反而给社会主义事业带来了严重的消极后果。

马克思主义的科学社会主义认为：取代资本主义的新的社会主义制度，在发展生产力和新生产关系方面会优越于旧的社会制度。一方面，社会主义能够比资本主义更好更快地发展生产力；另一方面，在生产力发展的基础上，社会主义生产关系尤其是公有制与按劳分配的发展会使人民摆脱剥削和贫富分化，走向共同富裕。在《共产党宣言》中就指出：无产阶级将利用自己的政治统治，把生产工具集中到国家手中，“尽可能快地增加生产力的总量”。发展生产力是手段，其目的是共同富裕。马克思在1852～1858年的《经济学手稿》中写道：在新的社会制度中，“社会生产力的发展将如此迅速，……生产将以所有的人富裕为目的”。[①] 列宁也讲：建设社会主义事业，必须大力发展生产力，要“使所有劳动者过最美好、最幸福的生活。只有社会主义才能实现这一点”。他要求马克思主义者要了解这个真理。[②]

然而，在我国改革开放前的一段时间内，特别是在“四人帮”肆虐的“文革”时期，大批“唯生产力论”，批判“用生产压革命”，“宁要社会主义的草，不要资本主义的苗”，把关心人民经济生活，批为“经济主义”，把发展商品生产和实行按劳分配看作产生资本主义和资产阶级的土壤，等等。

党的十一届三中全会后，确立了向以经济建设为中心、进行改革开放的理论与实践转变的原则。邓小平同志提出：社会主义的根本任务是发展生产力，贫穷不是社会主义。后来又将社会主义的本质概括为“解放生产力，发展生产力，消灭剥削，消除两极分化，最终达到共同富裕”。这一本质规定，既是对科学社会主义的回归与坚持，又是新的发展。其新意有两

① 《马克思恩格斯全集》（第46卷下），人民出版社，1980，第222页。

② 《列宁选集》（第3卷），人民出版社，1995，第546页。

点：其一是在马克思主义和社会主义发展史上，第一次明确和科学地概括了社会主义的本质规定；其二是提出社会主义还要解放生产力。以往一般只讲革命是解放生产力，社会主义要快速发展生产力。社会主义解放生产力的任务，是根据社会主义实践的经验教训提出的。既是针对僵化的经济体制和其他体制而言的，也是针对过去“左”的一套忽视大力发展生产力、偏离社会主义本质而言的。邓小平提出的社会主义本质规定，没有提公有制和按劳分配，有人据此认为公有制和按劳分配不是社会主义的根本特点和必要内容。这种理解是错误的。需要弄清三点：第一，讲社会主义的本质，不言而喻，在“社会主义”概念中已经包含了作为社会主义经济基础的公有制和作为社会主义分配原则的按劳分配了。第二，社会主义本质的实现，要以公有制和按劳分配的存在为前提。在私有制的基础上，是不可能消除两极分化实现共同富裕的。而以公有制取代私有制，也是以有利于解放和发展生产力为立论的。实践证明，只要增强和完善公有制，包括国有经济和集体经济，是可以表现出其在发展生产力中的优越性的。新中国建立后，尽管曾有“左”的干扰，但以公有制为基础的生产力发展，远远超过旧中国的发展速度，其成就超过旧中国的几百年。第三，邓小平反复地讲，公有制为主体和共同富裕，是我们必须坚持的社会主义的根本原则。又强调“我们一定要坚持按劳分配的社会主义原则”。第四，讲社会主义本质不是用以描述社会主义的特点和构成要素，而是重在揭示为什么要搞社会主义，社会主义是干什么的。也就是需要阐明社会主义的根本任务和目的，也可以说这是讲社会主义公有制和按劳分配的根本任务和目的。把握社会主义本质，可以使我们在社会主义建设事业中弄清应当建设什么样的社会主义。最能体现社会主义本质因而应致力于其中的是两个方面的规定：一是快速发展生产力；二是实现共同富裕。它涵盖了生产力和生产关系两方面。“左”的偏误正是忽视了这两方面的本质规定。

二　社会主义经济是公有制基础上的有计划的商品经济论

商品经济是商品生产与商品流通的统称。对“商品经济”这一概念的含义和属性，学界曾有不同的认识。有人认为有商品交换就有商品经济；而另有人认为只有当商品生产在社会经济生活中占据统治地位时，才有商品经济；还有学者曾认为，商品经济是资本主义经济范畴，社会主义只存在商品生产和交换。由于马、恩著作中没有商品经济范畴，只用商品生产、商品交换、商品流通等概念，而且在德文、英文等外文词典中也一般没有商品经济一词，这就为改革开放前期关于社会主义经济是不是商品经济的讨论增添了疑难性和复杂性。

笔者认为，最初的商品交换还不是商品经济。表现为“偶然的价值形式”和“扩大的价值形式”的商品交换，是一种原始的物物交换，存在于原始氏族社会末期。当时的社会生产还不是为交换而生产，还属于自然经济形态，还谈不上是商品经济。随着社会经济的发展，出现了第二次社会大分工以后，才出现了为市场交换而进行的商品生产，并随之出现了货币，于是，由商品物物交换发展为以货币为媒介的商品流通，这时商品生产和商品流通在经济生活和经济发展中起着日益重要的作用，这就是商品经济。所以可以认为，商品生产和商品流通的统一，构成了商品经济。既不能认为有商品交换就有商品经济，也不应认为只有当商品生产在社会经济生活中占统治地位时才有商品经济。早在奴隶社会自然经济占统治地位时，就已经存在和发展着简单的商品经济，在列宁的著作中，较多地运用了商品经济概念。他将商品经济区分为资本主义商品经济和资本主义前就存在的简单商品经济即小商品经济。马克思没有把商品生产与商品流通看作资本主义经济范畴；列宁也没有这样看。

马克思主义的创始人认为，在消灭了私有制的社会主义公有制经济中，商品生产将会消亡，斯大林在《苏联社会主义经济问题》一书中虽然肯定了社会主义存在商品生产，但认为商品仅指全民所有制和集体农庄两种公有制之间交换的生活资料，否定生产资料是商品，而且提出商品流通范围扩大“会阻碍我们向共产主义前进”，主张“一步一步地缩小商品流通的活动范围”。受上述理论观点影响，我国理论界曾长期存在某些学者所主张的社会主义非商品经济论、生产资料非商品论、全民所有制内部非商品经济论等观点。在“左”的时期，还把发展商品经济与搞资本主义相联系。

改革开放以后，我国进行了经济体制改革。为了把社会主义经济搞好搞活，更好更快地发展生产力，需要有效地利用商品经济和市场关系。于是发生了社会主义经济是不是商品经济的讨论和争论。有的强调社会主义经济是商品经济，有的强调社会主义经济是计划经济，有的主张是有计划的商品经济，有的主张是有商品经济的计划经济。众说纷纭，各持己见。1984 年党的十二届三中全会通过了《中共中央关于经济体制改革的决定》，这是城市经济体制改革的纲领性文件，得到了邓小平的高度评价和肯定。《决定》明确肯定了社会主义商品经济论，理论界的争论趋于统一。《决定》提出“商品经济的充分发展是社会主义经济发展不可逾越的阶段”。并指出：传统经济体制的弊端之一，“就是忽视商品生产、价值规律和市场的作用”，要突破把计划经济与商品经济对立起来的传统观念，计划经济“是公有制基础上的有计划的商品经济”。在后来的有关文件和论述中，将这个论断发展为“社会主义经济是公有制基础上的有计划的商品经济”，即用“社会主义经济”一词取代原来的“计划经济”一词，这在理论逻辑上更确切一些。这一论断具有重要理论与实际意义。肯定社会主义经济是商品经济，就要肯定价值规律的调节作用，就要肯定发挥市场机制在搞活经济中的作用，就可以提出市场取向的改革。党的十三大报告中回顾这一理论观点的重要意义时说：党的十二届三中全会提出的“社会主义经济是公有制基础上的有计划的商品经济”，“这是我们党对社会主义经济做出的科学概括，是对马克思主义的重大发展，是我国经济体制改革的基本理论依据”。十三大报告把我国的新的经济体制，称作“社会主义有计划商品经济的体制”，“是计划与市场内在统一的体制”。党的十四大报告提出确立社会主义市场经济新体制，同时对十二届三中全会提出的有计划商品经济理论继续给以高度评价：“提出了我国社会主义经济是公有制基础上的有计划的商品经济，……是对马克思主义政治经济学的新发展，为全面经济体制改革提供了新的理论指导。”我国有些学者将“商品经济”与“市场经济”看作是内涵相同的概念，因而认为提出社会主义市场经济理论就应取代和不再提社会主义有计划的商品经济理论。其实，商品经济与市场经济是既相联系又有区别的经济范畴，不应等同，也不应从社会主义经济是有计划的商品经济这一论断，得出商品经济是社会主义经济的本质关系的结论。肯定社会主义经济是商品经济，不是从制度属性上讲的，而是从经济体制上讲的，而且强调以公有制为基础。同样，资本主义经济是商品经济，个体经济也是商品经济。但社会主义经济、资本主义经济、个体经济的社会性质是完全不同的。社会主义经济是制度性范畴，商品经济是存在于多个社会的非制度性范畴，它不能规定任何社会经济制度的本质。

三　社会主义市场经济论

在马克思主义和社会主义发展史中，曾长期把计划经济作为社会主义经济制度的属性，把市场经济作为资本主义经济制度的属性。在这个问题上，西方学者与政要也持同样的观点。对立的双方形成了一致的看法。这既与对立的理论认识有关，也与对立的经济实践有关。在马恩著作中，没有市场经济和计划经济概念，只提出社会主义实行有计划的自觉的生产和计划调节。列宁提出了计划经济与市场经济的概念，将其分别作为社会主义与资本主义两种对立的制度性范畴。列宁在1906年的《土地问题和争取自由的斗争》一文中写道："只要还存在着市场经济，……世界上任何法律都无法消灭不平等和剥削"，"只有建立起大规模的社会化的计划经济"，[①]同时将一切生产资料转归劳动者所有，才能"消灭一切剥削"。在西方的经济学著作和有关词典中，把资本主义制度与市场经济制度作为含义相统一的概念运用，并将私有制作为市场经济的核心。理论既指导实践，又是实践的反映。在资本主义经济发展中，始终实行市场经济制度，有如鱼水关系。而在社会主义国家的发展中，曾长期实行计划经济制度。在这样的历史和现实背景下，我国由计划经济转型为社会主义市场经济，必然要经历一个理论认识和经济体制改革过程中的曲折的、复杂的历程。

我国的经济体制改革，是要打破僵化的体制，把社会主义经济搞好搞活，以便更好更快地发展生产力和满足人民需要。这就需要重视和增强商品经济和市场的作用。因而我国的改革也称为市场取向的改革。在中央决策层中，邓小平、陈云、李先念等同志最早认识到传统计划经济的弊端，提出发挥市场调节作用的意见。这就是在改革前期所实行的计划经济为主，市场调节为辅的体制模式。在当时发表的中央正式文件中最早提出在计划经济中引入市场调节机制的，是李先念代表中央于1979年4月5日《在中央工作会议上的讲话》。他在讲话中指出：我们现在的经济管理体制弊端很多，非逐步改革不可，并提了改革的指导思想是"在我们的整个国民经济中，以计划经济为主，同时充分重视市场调节的辅助作用"，并对计划经济部分和市场调节部分做了具体说明。有必要指出，在邓小平和陈云、李先

① 《列宁全集》（第13卷），人民出版社，1987，第124页。

念的理论认识中，市场调节与市场经济是同义的。事实也是这样，属于计划经济外的完全由市场调节的经济，就是市场经济。市场调节为辅，也就是市场经济为辅。不过为了减少意识形态的障碍，在邓小平 1992 年南方讲话以前的一个长时期中，他们在内部讲话中，往往市场调节与市场经济并用和通用，而在公开发表时，只提市场调节，不用市场经济一词。在党中央的指导思想中，关于市场经济的理论认识，有一个发展过程。先是计划经济为主，市场调节（市场经济）为辅，这是指公有制首先是国有经济的体制模式，已经突破了市场经济以私有制为核心或市场经济是资本主义经济的传统看法。党的十三大报告中遵循邓小平的有关意见，放弃了“为主”“为辅”的模式，提出新的经济体制“应该是计划与市场内在统一的体制”。而“新的经济运行机制，总体上来说应当是‘国家调节市场，市场引导企业的机制’”。这实际上讲的是国家从宏观上调控市场、市场直接调节企业的市场经济运行机制。

1989 年 6 月 9 日，邓小平在接见首都戒严部队军以上干部时的讲话中指出：“我们要继续坚持计划经济与市场调节相结合。”1989 年 11 月 9 日党的十三届五中全会的决定中提出：“改革的核心问题，在于逐步建立计划经济同市场调节相结合的经济运行机制。”二者相结合的方式不再是“为主”“为辅”的关系，而是内在的有机结合。

邓小平 1992 年在南方的谈话进一步指出：“计划经济不等于社会主义”，“市场经济不等于资本主义”，二者不是社会主义与资本主义的本质区别，而是发展经济的手段。这个论断完全排除了将计划经济与市场经济视为两种对立的姓“社”姓“资”的社会制度性范畴的传统观念，为建立社会主义市场经济体制提供了权威的理论认识基础。1992 年 10 月召开的党的十四大报告中明确提出，“我国经济体制改革的目标是建立社会主义市场经济体制”。

什么是社会主义市场经济？有两种认识值得斟酌。有人认为社会主义市场经济就是社会主义商品经济。对这一见解笔者难以认同。理由是：第一，我国实行计划经济的条件下，也存在商品经济和市场，但调节经济的不是市场，而是国家计划。因而只有计划调节而没有市场调节。可以说，市场不起调节作用，从而不起资源配置作用是商品经济，不是市场经济。第二，从我国经济社会发展的理论与实践的历史过程看，是由社会主义商品经济发展和转型为社会主义市场经济的。1984 年党的十二届三中全会的

《中共中央关于经济体制改革的决定》中，既强调社会主义经济是公有制基础上的有计划的商品经济，又认为从总体上说，我国实行的是计划经济，而不是那种完全由市场调节的市场经济。完全由市场调节的只是其中的辅助部分，将商品经济和市场经济区别开来。

另有人认为，市场经济是高度社会化和市场化的商品经济。然而，20年前提出建立社会主义市场经济体制时，我国还远谈不上经济的高度社会化和市场化。中央文件曾一再提出社会主义初级阶段是实现经济社会化和市场化的过程。

党的十四大报告指出："我们要建立的社会主义市场经济体制，就是要使市场在社会主义国家宏观调控下对资源配置起基础性作用"。对社会主义市场经济的内涵，需要把握三点：其一，通过市场机制直接调节企业的经营活动，实现市场在资源配置中的基础性作用；其二，社会主义市场经济就是将市场经济与社会主义基本制度结合起来；其三，社会主义国家要从宏观层次上对市场经济进行调控，以减少市场的盲目性和自发性，要用看得见的手引导看不见的手。

由于市场和市场经济是统一的，不能按不同的所有制经济划分市场范围和建立各自的市场经济，市场配置资源的作用也是统一的。因此，以公有制为主体的社会主义市场经济中应包括非公有制经济。中央有关文件指出，"非公有制经济是社会主义市场经济的重要组成部分"是符合实际的。但不能把"社会主义市场经济"同"社会主义经济"两个概念混同起来。前者属于经济体制的范畴，后者是经济制度的范畴。社会主义经济是公有制经济，不包括非公有制经济。因此，不应讲"非公有制经济是社会主义经济的重要组成部分"。中央文件一再讲："社会主义经济是公有制基础上的有计划的商品经济"，强调社会主义经济是"以公有制为基础"的，不包括非公有制经济。

四　社会主义初级阶段基本经济制度论

任何社会经济制度从产生、发展到成熟，都要经历一个长期的历史过程。原始社会经历了两三百万年的时间；奴隶制和封建制社会经历了几千年的时间；西方资本主义制度从16世纪算起，也经历了400年左右的时间；社会主义社会作为共产主义社会的低级阶段，也不会是一个短暂的时间，需要经十几代人以上的发展过程。我国是从一个生产力落后的没有经历发达资本主义而进入社会主义的国家，在自己的发展中需要重视两点：一是要重视补生产力发展的课，要把大力和快速发展生产力作为根本任务；二是要根据现有生产力的发展水平建立与其相适应的经济关系即经济制度。但在新中国建立以后一个时期中各方对此认识不足。先是把马克思主义创始人所描绘的发达资本主义国家进入成熟的社会主义制度后的经济模式，作为我国社会主义的起点模式，追求一大二公的单一的公有制度和公有制的不断升级，急于消灭一切非公有制经济，还“割资本主义尾巴”，把集市贸易、庭院种植等都作为资本主义看待。后来又刮共产风，要“跑步进入共产主义”，把社会主义看作一个短暂的时期。遭受挫折后，转向以阶级斗争为纲。为此又提出整个社会主义阶段是从资本主义到共产主义的过渡时期，再把列宁所讲的过渡时期（原意是指进入社会主义制度前的时期）阶级斗争更加尖锐和残酷的话加之于我国的社会主义。凡此种种，都是对我国社会主义所处的发展阶段缺乏科学定位的表现和结果。

改革开放以后，党中央根据我国生产力水平低、多层次、不平衡的背景，提出了社会主义处于初级阶段的理论。这一科学定位，可以避免再盲目地去干一些超越阶段的错事。这一阶段至少需要经历一百年的时间，即至少到21世纪中叶结束。

提出社会主义初级阶段理论，为调整所有制结构和收入分配结构提供了理论支持。这一理论的内涵和表述，也是随着实践的发展而逐渐充实和规范的。在党的十三大报告中对社会主义初级阶段理论进行了充分的论述，并提出了这个阶段的基本经济制度：“公有制为主体、多种所有制经济共同发展，是我国社会主义初级阶段的一项基本经济制度”。这里之所以讲“一项”基本经济制度，是因为所有制是经济制度的基础，而不是其全部。但由于所有制是决定生产关系体系的最根本的经济制度，因而后来的提法中将“一项”二字去掉了。

我国的改革与发展，正是由于立足于社会主义初级阶段这一基本国情，坚持发展和完善初级阶段的基本经济制度，30多年来，经济社会和其他各方面的发展取得了举世瞩目的成就。

有必要提出，需要重视理论和实践中存在的两个问题。一个问题是，不要把“社会主义初级阶段的基本经济制度”同“社会主义经济制度”相混同。中央有关文件和我国宪法中，是将其作为既相联系又有区别的两个概念应用的。“社会主义经济制度”是指以公有制为基础的社会主义生产关系体系，包括按劳分配，劳动者是生产和经济社会生活中的主人，消灭剥削和消除两极分化，实现社会公平和共同富裕，不包括私有制经济。社会主义经济制度在我国三大改造完成后就建立起来了。它要经历社会主义初级阶段、中级阶段和高级阶段的不断发展和成熟的过程。它不包括非公有制经济。而“社会主义初级阶段的基本经济制度”则反映初级阶段的特点。既包括作为主体的公有制经济，也包括非公有制经济。

非公有制经济的地位和作用，由最初的“拾遗补阙”到作为公有制的“补充”，再到社会主义市场经济的重要组成部分和现阶段基本经济制度的构成部分，表明其由体制外进入体制内、由制度外进入制度内，我国实行多种所有制经济平等竞争，共同发展。

另一个问题是，坚持和发展公有制为主体，首先要巩固、发展和壮大作为国民经济主导的国有经济。国有经济是保证国家对经济运行实行宏观调控的物质手段；是实现国家和社会长远利益与共同利益的保证；是共产党的重要执政基础（如果搞私有制为基础，不需要共产党）。国有经济更是社会主义经济制度的内在要求和重要基础。它既是大力发展生产力、有效应对国际竞争和国际金融危机等各种挑战的经济力量，也是实现消灭剥削和两极分化、达到共同富裕的制度保证。因此，否定和唱衰国有经济的论调是错误的。有的学者通过错解《反杜林论》中批判“冒牌社会主义”、把俾斯麦的国营经济称作社会主义，断言我国的国有经济不是社会主义经济。又通过错解邓小平三条“是否有利于”的标准，断言非公有制经济是社会主义经济，这是完全错误的。否定国有经济为主导和公有制为主体，就是否定社会主义经济制度，也就否定了社会主义初级阶段基本经济制度的存在。

宣扬“国退民进”是改革的方向，是背离基本经济制度和中央的有关指导方针的。高调批判和咒骂并不存在的“国进民退”借以反对国有经济的发展，也是完全错误的。

坚持现阶段基本经济制度，就是既不搞单一的公有制，又绝不搞私有化。不搞单一的公有制已是不会逆转的现实，不存在搞单一公有制的理论和实践。但不搞私有化还需要去落实。私有化的思潮和理论一直很张扬，要在实践中防止由公有制为主体向私有制为主体的演变，应防止和平演变计谋的得逞。

五　按劳分配为主体多种分配方式并存论

分配方式是由生产方式决定的。以公有制为主体多种所有制经济共同发展的所有制结构，决定了我国社会主义初级阶段的分配方式必然是按劳分配为主体、多种分配方式并存。所谓多种分配方式，就是除社会主义公有制经济中实行按劳分配外，在私营和外资经济中实行按生产要素即按资本、劳动、管理工作、科技工作等的贡献进行分配。其实，管理工作和科技工作也是劳动，是高级复杂劳动。作为生产要素的劳动，一般是指普通职工的劳动。在以自己和家人劳动进行生产经营的个体经营中，全部收入归个体所有，不再区别劳动收入和非劳动收入。不存在按劳分配或按要素分配问题，全部收入表现为个体劳动收入。

社会主义公有制经济中实行按劳分配，是因为资本、土地和其他生产资料归公共所有，劳动者只能凭借自己的劳动贡献取得报酬。既没有条件实行按需分配，又不能搞平均主义分配。实行按劳分配，奖勤罚懒、奖优罚劣，有利于调动劳动者的积极性和创造性，可促进生产力的发展和效率的提高。

按劳分配是社会主义的分配原则。按生产要素分配实际上是资本主义分配原则。由于我国存在私营、外资企业等资本主义经济，所以它也是社会主义初级阶段中的一种辅助性的分配原则，不能将按要素分配也看作社会主义性质的分配原则。在中外资本主义经济中，实行以按资分配为核心的按生产要素分配。由于我国现阶段的私营和外资企业依然是资本主义性质的经济因而相应地实行按生产要素分配。

按生产要素分配或讲按其贡献分配，只存在于各生产要素分别归不同主体所有的经济关系中，不管私有制或公有制都一样。在个体生产和奴隶制私有经济中，全部生产要素归同一主体所有，不存在按要素分配的关系。在原始社会和社会主义社会的公有制经济中，也都不实行按要素分配。原始社会实行平均分配，社会主义社会实行按劳分配。因此，不能把社会主义分配原则概括为按要素分配，也不应将按劳分配等同于按劳动要素分配。社会主义经济中的劳动者是作为生产的主人参与生产和分配的。既然不实行按资本等非劳动要素分配，也就不存在按单一的劳动要素分配。

按要素分配，实际上是按要素所有权分配。应弄清按要素分配的三层机制。一是只有进入生产的要素才能参与分配；二是只有生产要素被某些经济主体占有才能凭借其所有权参与分配；三是不同生产要素分配的多少，主要取决于市场机制的调节。从第一层机制看，没有被垄断占有的自然力，如农业生产中的阳光、雨露等也是不可或缺的要素，但因未被任何主体占有而不参加分配。从第二层机制看，按要素分配，不是分配给资本、机器等要素，而是分配给其所有者，是凭借要素所有权取得收入。从第三层机制看，不同要素所有者凭借所有权获得收入的量的多少，主要取决于市场机制如供求机制、竞争机制等的调节，也受政府调控的影响。

按劳分配不是以劳动价值论为理论依据的，马克思、恩格斯认为，在社会主义公有制度中，商品生产消亡，价值关系不再存在，劳动不再表现为价值。他们从来没有以劳动价值论为依据去论述按劳分配关系。决定按劳分配的是公有制条件，旧的分工和劳动差别，劳动还没有成为生活的第一需要等。同样，按要素分配不是以要素价值论为理论依据的。把按要素贡献参与分配解读为庸俗经济学家萨伊的要素价值论，即资本、土地等与劳动一样，都为创造价值做了贡献，即资本创造了利润、土地创造了地租、劳动创造了工资，是不正确的。非劳动要素的贡献，在于它们是生产使用价值和价值的必要条件。自然要素和劳动是一切财富即使用价值的源泉。非劳动要素质量和效能的提高会使同量劳动生产更多的产品即使用价值量。

有必要分清一个问题：劳动贡献就是劳动者的贡献，二者是同一的。而资本的“贡献”并不等于企业主（资本所有者）的贡献；土地的“贡献”也不等于土地所有者的贡献，二者不是同一的。承认和鼓励要素所有者凭借所有权参与分配，可以充分发挥各种社会资源在发展生产力中的作用。但在分配关系中，劳动者凭劳动的直接贡献获得收入，同企业主凭借其资本所有权（不是凭个人贡献）获得收入，具有不同的性质。在社会主义制度下，企业主的非劳动要素所有权收入所占比重不应过高，更不应不断提高，使劳动收入比重不断下降。

六　社会主义公平与效率统一与并重论

在我国社会主义制度建立以后的历史时期中，一般在理论宣传和中央文件中，主张实行按劳分配原则。但在具体执行上和实践中往往存在平均主义倾向。特别有一个时期，强调限制和破除“资产阶级法权”，把工资等级、按劳分配、体脑收入差别等，都看作应当限制的资产阶级法权残余，助长了平均主义倾向，错解了马克思《哥达纲领批判》中关于资产阶级法权（后译为资产阶级权利）的本意。资产阶级是反对封建等级制度、主张权利平等的。但权利平等与平均主义是两回事。平均主义分配，既不公平，也无效率。改革开放以来，以经济建设为中心，要求克服分配中的平均主义，处理好公平与效率的关系，既重视效率，又实现公平。

1982 年，党的十二大报告中没有专门讲分配制度改革问题。不过在论述社会主义的特征时，强调了按劳分配和提高劳动生产率，要求兼顾国家、集体和个人三者利益，充分调动劳动者的积极性。实际上涉及了公平与效率问题。真正贯彻实行按劳分配，可以把公平与效率统一起来。

1987 年党的十三大报告提出："我们的分配政策，既要有利于善于经营的企业和诚实劳动的个人先富起来，合理拉开收入差距，又要防止贫富悬殊，坚持共同富裕的方向，在促进效率提高的前提下体现社会公平。"这里既强调了合理拉开差距，又强调了共同富裕的方向，将"先富"和"共富"统一起来，既重视效率的提高，又重视社会公平，将效率与公平统一起来。这一分配政策是否定和破除平均主义分配关系的。十三大报告中还指出："当前分配中的主要倾向，仍然是吃大锅饭，搞平均主义，互相攀比，必须继续在思想上和实际工作中加以克服。"

1992 年党的十四大报告提出：在分配制度中要"兼顾效率与公平"。兼顾二者即没有孰先孰后、孰轻孰重之分，是公平与效率并重。重视效率，就是要运用"各种调节手段"以"鼓励先进，促进效率"。而重视社会公平，就体现在"既合理拉开收入差距，又防止两极分化，逐步实现共同富裕"中。合理拉开收入差距，这是公平与效率的连接点；防止两极分化，逐步实现共同富裕，这是公平与效率的落脚点。

1993 年 11 月党的十四届三中全会通过的《中共中央关于建立社会主义市场经济体制若干问题的决定》中，改变了十四大关于效率与公平关系的提法：个人收入分配要"体现效率优先，兼顾公平的原则"，没有再强调以前所讲的"防止两极分化""防止贫富悬殊"。"优先"与"兼顾"的关系，就是重效率轻公平，将效率放在首位，将公平放在次要地位。有的学者认为，这是实行市场经济的题中应有之义。

"效率优先，兼顾公平"的原则，从 1993 年十四届三中全会起，到 1997 年党的十五大，到 2002 年党的十六大，再到十六届三中全会，延续了十几年。十六大报告将重效率、轻公平的思想加以推进："初次分配重视效率，再分配重视公平"，表明初次分配可以不重视公平。

值得研究的一个问题是：2001 年 9 月，即党的十六大召开一年多前，中共中央印发了《公民道德建设实施纲要》，其中提出了效率与公平相统一与协调的新观点："坚持注重效率与维护社会公平相协调。要把效率与公平的统一作为社会主义道德建设的重要目标，在全社会形成注重效率、维护公平的价值观念。把效率与公平结合起来"。显然，这一中央文件中关于效率与公平关系的提法与十六大前后的有关提法是不一致的。这一提法更符合社会主义的要求，而且将这个经济问题提高到"社会主义道德建设的重要目标"上来。根据生产力标准，社会主义要重视效率；根据社会主义价值标准，要更加重视经济与社会公平。

自 20 世纪 90 年代以来，我国出现了收入差距不断扩大、贫富分化的趋势，社会矛盾凸显，引起了社会的普遍关注。中央认识到这一问题的重要性，以胡锦涛同志为总书记的党中央，强调以人为本，科学发展，转变经济发展方式，构建和谐社会。同时一再提出要注重社会公平，最终调整了效率与公平关系的提法。2004 年 9 月党的十六届四中全会指出，要"注重社会公平，切实采取有力措施解决地区之间和部分社会成员收入差距过大的问题，逐步实现全体人民共同富裕"。2005 年 2 月 19 日，胡锦涛同志在中共中央举办的省部级主要领导干部专题研讨班的讲话中，强调要把维护社会公平放在更加突出的位置，使全体人民朝着共同富裕的方向稳步前进。2005 年 10 月党的十六届五中全会，再次强调注重社会公平，关注就业和分配的公平，解决低收入者的诸方面困难，缓解收入分配差距扩大的趋势。2006 年 10 月，十六届六中全会提出"在经济发展的基础上更加注重社会公平""促进共同富裕"。可以看出，自十六届四中全会以来，中央不再提"效率优先，兼顾公平"。但在理论界对这一问题依然进行着争论。有的继续坚持"优先"与"兼顾"的提法，并猛烈抨击主张调整这一提法的观点；有的主张向公平倾斜；有的主张公平优先；有的主张二者统一与并重。

党的十七大明确提出："初次分配和再分配都要处理好效率和公平的关系，再分配更加注重公平。"并且在总结我国改革开放以来所取得的十大"宝贵经验"中，将"把提高效率同促进社会公平结合起来"作为其中的一条。

笔者始终主张社会主义社会效率与公平应该并重与统一。理由是：第一，“效率优先”可以放入生产领域，而不应放入分配领域，使其优先于公平。生产重效率，分配重公平，是社会主义题中应有之义。第二，分配领域中讲“效率优先，兼顾公平”，初次分配只重效率不重公平，有利于资本，不利于劳动。企业主、开发商和地方官员可以借口重效率（变成重利润率）不讲公平，损害劳动者权益。第三，初次分配不重公平，会促使收入分配差距不断扩大。贫富分化正是由于初次分配不公形成的，不可能通过再分配予以缓解和消除，我国社会保障事业还不健全，更难以通过再分配实现公平。第四，西方国家实行成熟的市场经济，但并不存在“效率优先，兼顾公平”的共识。西方经济学家存在三派观点：效率与公平并重；公平优先；效率优先。后一种观点是新自由主义学派的观点。

七　三条“是否有利于”的判断标准论

邓小平在1992年的南方讲话中，针对当时“改革开放迈不开步子，不敢闯”，受姓“资”姓“社”的争论干扰，提出了三条判断的标准：主要是看是否有利于发展社会主义社会的生产力，是否有利于增强社会主义国家的综合国力，是否有利于提高人民的生活水平。这究竟是判断什么的标准？理论界有不同的认识。有一种解读不符合邓小平的本意，即将其断定为判断姓“资”姓“社”的标准。借此解读，他们认为发展非公有制经济符合这三条“有利于”标准，因而统统姓“社”，都是社会主义性质的经济。其实，私营和外资经济是资本主义经济，不应指“资”为“社”。应当明确：三条标准是判断改革开放是非得失的标准，也可以将其放宽，作为判断一切工作是非得失的标准。需要澄清理论是非：第一，不能简单地把一切经济事物判断为不姓“社”便姓“资”，从而把某些有利于发展生产力而不是资本主义的东西，说成是姓“资”，束缚了改革开放的手脚。比如，发展个体经济，发展集市贸易和商品经济，并非资本主义，但曾被看作资本主义，应予以澄清。第二，不能认为凡姓“资”的东西都不利于生产力的发展。即使是资本主义经济，如私营和外资企业，他们也符合三条“有利于”的标准，就应允许和鼓励其发展。

如果将三条判断的标准说成判断“社”与“资”的标准，就会得出一些不科学和不符合实际的判断。比如，由计划经济转向市场经济，符合三条“有利于”的标准，便会得出市场经济姓“社”、计划经济姓“资”的错误判断；并把一切非公有制经济，判断为社会主义经济。

有必要指出：1992 年 3 月 9 ~ 10 日，中共中央政治局召开会议讨论我国改革和发展的若干重大问题时，曾提出：“判断姓‘社’姓‘资’，应该主要看是否有利于发展社会主义的生产力，是否有利于增强社会主义国家的综合国力，是否有利于提高人民的生活水平。”① 但是中央很快认识到应有另外的准确的解读。在 10 天后即同年 3 月 20 日的《政府工作报告》中改变了原有认识，将其改为“判断改革开放得失成败的标准”。在以后的中央有关文件中，一再提到三条“是否有利于”的标准是判断“各方面工作是非得失”的标准，如 1992 年 10 月党的十四大报告中就是这样讲的。1997 年的十五大报告中又提及这个问题：“一切以……这‘三个有利于’为根本判断标准。”这里讲的“一切”，是指一切工作的得失成败。2008 年 12 月胡锦涛同志在纪念党的十一届三中全会召开 30 周年大会上的讲话中再次肯定这一解读。

关于判断改革开放和一切工作得失成败的标准，其实邓小平早就有所阐述，1992 年的南方谈话只是将判断标准做了系统化和集中化的论述。比如，1980 年 5 月 5 日邓小平在会见几内亚总统杜尔时说：“社会主义经济政策对不对，归根到底要看生产力是否发展，人民收入是否增加，这是压倒一切的标准。”1983 年 1 月 12 日，邓小平在一个谈话中说：“各项工作……都要以是否有助于人民的富裕幸福，是否有助于国家的兴旺发达，作为衡量做得对或不对的标准。”② 显然，邓小平讲的是判断“经济政策对不对”、衡量“各项工作”对或不对的标准。

邓小平提出的三条判断标准，是从他的社会主义本质论中引出来的。将两者联系起来认识与把握，可以看出他始终强调这样两点：一是社会主义要大力发展生产力；二是走共同富裕道路。而共同富裕意味着消除两极分化。事实上，邓小平理论把生产力标准与社会主义价值标准统一了起来。如果只强调社会主义道路而忽视生产力标准，只能搞贫穷的社会主义，价值标准也难以实现。如果反过来只强调生产力标准，而忽视社会主义的价值标准，就会出现贫富分化、偏离社会主义共同富裕的道路。

---

① 《十三大以来重要文献选编》（下），人民出版社，1993，第 1971 页。

② 《邓小平文选》（第 3 卷），人民出版社，1993，第 23 页。

八　转变经济发展方式与科学发展论

近些年来，中央和理论界一再强调转变经济发展方式。在党的十七大报告中，要求加快转变经济发展方式，党的十七届五中全会进一步把加快转变经济发展方式作为“十二五”时期经济社会发展的主线，并指出：加快转变经济发展方式是我国经济社会领域的一场深刻变革，必须贯穿经济社会发展全过程和各领域，提高发展的全面性、协调性、可持续性。而在过去的一个时期中，曾着重讲转变经济增长方式。1995 年制定的“九五”计划，提出要从根本上转变经济增长方式。2005 年中共中央关于制定“十一五”规划的建议再次强调要转变经济增长方式。有的学者认为，提出和强调转变经济发展方式，意味着取代和摒弃转变经济增长方式的提法。这是误解。党的十七大报告提出转变经济发展方式时，也同时提及转变经济增长方式，特别指出：我国“粗放型增长方式尚未根本转变”，“经济增长的资源环境代价过大”。这表明我国需要继续由粗放型增长方式转向集约型增长方式。

经济增长与经济发展是两个既相联系又有区别的概念。经济增长主要以产值、国民收入或国内生产总值（GDP）来衡量。现在主要用 GDP 的增长来衡量。经济发展要以经济增长为前提，但经济发展包含的内容更多。如果经济快速增长了，但教育、医疗卫生等社会事业没有相应地发展，生态平衡破坏、环境污染、资源浪费、经济发展失衡、贫富分化、社会矛盾凸显、发展不可持续，就表明经济增长与经济发展不协调，增长快而发展慢，甚至有增长而无发展。

经济增长方式的转变，是经济发展方式转变的基础和前提。新中国 60 多年来，经济增长方式主要是粗放型的，即高投入、高消耗、高污染，低产出、低质量、低效益。转变经济增长方式，就是要从粗放型转向集约型，即转向低投入、低消耗、低污染，高产出、高质量、高效益。

转变经济增长方式，主要是从生产力发展的途径与方式着眼的；而转变经济发展方式，则是从发展生产力和社会经济关系的途径两个方面的统一着眼的。转变生产力发展的途径与方式包括诸多方面，如经济结构调整、产业结构优化升级、科技进步与创新、发展高新技术产业和新兴战略产业，实现管理创新，提高劳动者素质，实现可持续发展，等等，这些方面对于转变经济发展方式是十分重要的。但只重视这些方面的内容是不够的，还应重视转变经济发展方式所包括的社会经济关系的发展和优化的内容。社会经济关系又可以区分为两类：一类是不具有特定社会性质的关系，如社会教育的发展与普及，社会保障制度的发展与完善，居民医疗保健事业的发展与水平的提高，低收入群体居住条件的改善，内需与外需协调均衡发展，第一、二、三产业协同带动转变，区域间协调均衡发展，等等。这些方面的内容，无论当代资本主义还是社会主义都会重视，也是我国转变经济发展方式所包括的内容。另一类是具有特定社会性质的关系，作为社会主义国家，我国的经济发展要“以人为本”。就是一切以人民利益为出发点和落脚点。权为民所用，情为民所系，利为民所谋，发展和改革的成果要惠及广大人民，缓解和扭转收入差距过分扩大的趋势，走共同富裕的道路。要改革和完善分配制度，加大按劳分配方式的比重（真正实行按劳分配为主体，不会产生贫富分化），重视社会公平正义，关注民生。目前党中央和政府把关注和解决民生问题，放在突出重要的地位。2010 年 10 月党的十七届五中全会通过的第十二个五年规划的建议中提出：我国的经济发展要顺应各族人民过上更好生活的期待，以科学发展为主题，以加快转变发展方式为主线，深化改革开放，保障和改善民生。

转变经济发展方式，就是走科学发展道路。而科学发展，就是以人为本、统筹兼顾、全面协调可持续发展。“十二五”规划建议还提出坚持科学发展的四个“更加注重”：一是更加注重以人为本；二是更加注重全面协调可持续发展；三是更加注重统筹兼顾；四是更加注重保障和改善民生，促进社会公平正义。可以看出，科学发展观中加入更加注重的第四条，强化和延伸了以人为本的内容。我国讲经济发展和发展方式转变，是社会主义经济发展和发展方式转变。更好更快地发展经济，以人为本、公平正义、改善民生、共同富裕，体现了社会主义的本质要求。

九　坚持独立自主同扩大开放、参与经济全球化相结合论

我国作为发展中的社会主义大国，发展经济与社会事业，应放在独立自主、自力更生的基点上。新中国成立以后，西方发达国家对我国进行经济封锁，更促使我们坚持和发扬独立自主、自力更生的精神。

自力更生并不是自我封闭，而是主要依靠自己的力量，决不能靠依赖外国求发展。改革开放前，我国也想与西方发达国家进行经济文化交流，

但没有条件。邓小平说："毛泽东同志在世的时候……我们也想扩大中外经济技术交流，包括同一些资本主义国家发展经济贸易关系，甚至引进外资、合资经营等等。但是那时候没有条件，人家封锁我们。"[①] 20世纪60年代，我国具有了与外国交流的条件，但是"四人帮"把我国参与国际交流诬之为"崇洋媚外""卖国主义"，堵塞了实行对外开放的路子。

从社会主义的根本任务是解放与发展生产力这一理论认识出发，需要发展国际交流。1978年党的十一届三中全会的公报中提出："在自力更生的基础上积极发展同世界各国平等互利的经济合作，努力采用世界先进技术和先进设备。"1978年10月10日，邓小平在《实行开放政策，学习世界先进科学技术》的谈话中说："要善于学习，……引进国际上的先进技术，先进装备，作为我们发展的起点。"引进先进技术和装备，是为了更好更快地发展我国的生产力。邓小平谈对外开放时，始终是将其与我国的独立自主、自力更生结合在一起的。他在1984年10月6日的谈话《我们的宏观目标和根本政策》中说："关起门来搞建设是不能成功的，中国的发展离不开世界。当然，像中国这样大的国家搞建设，不靠自己不行，主要靠自己，这叫做自力更生。但是，在坚持自力更生的基础上，还需要对外开放，吸收外国的资金和技术来帮助我们发展。"

中国的对外开放是全方位的。既对发达国家开放，也对发展中国家开放。开放的内容，既有引进先进技术设备和人才；也有引进外资，发展外资经济；还有"走出去"，民族资本到国外投资；以及发展对外贸易等。

实行对内搞活、对外开放的政策，促进了我国的经济发展与繁荣。实行对外开放，实际上是参与了经济全球化进程。胡锦涛同志在纪念党的十一届三中全会召开30周年大会上的讲话中，将改革开放30年来的实践所积累的宝贵经验概括为十条，其中第八条就是"把坚持独立自主同参与经济全球化结合起来"。其中指出："统筹好国内国际两个大局，……30年来，我们既高度珍惜并坚定不移地维护中国人民经过长期奋斗得来的独立自主权利，又坚持对外开放的基本国策。""既坚持独立自主，又勇敢参与经济全球化。"扩大开放，参与经济全球化，除始终要坚持独立自主、自力更生外，还需要注意以下几点。

第一，需注意经济社会安全。胡锦涛同志在上述讲话中强调指出：对

---

① 《邓小平文选》（第2卷），人民出版社，1994，第127页。

外开放、参与经济全球化，要“始终把国家主权和安全放在第一位，坚决维护国家主权、安全、发展利益”。我国引进外资是必要的，但不能让外资主导我国的经济发展，不能让外资企业任意并购我国的民族企业，形成外资垄断。在理论认识上，不要有意模糊和否定民族经济和外资经济的区别。前些年有人提出不要区分民族经济和外资经济，凡在我国的外资经济，都是民族经济。近年来又有人主张凡在中国的外资企业都是中国企业。这种观点不应支持。按此观点，让外资企业全部吞并了中国企业或是形成外资垄断，也是顺理成章的事了。对邓小平讲的一句话要正确解读：“说‘三资’企业不是民族经济，害怕它的发展，这不好嘛。”[①] 邓小平这里并非主张“三资”企业是民族经济，而是说不应因为“三资”企业不是民族经济就“害怕它发展”。他接着说：“发展经济，不开放是很难搞起来的。”

第二，不能重外资、轻内资；重资本、轻劳动。应重在引进高端产业、新兴高科技产业，对我国发展经济确实有利和有必要的外资企业。不要盲目引进，重数量而轻质量，放任外资企业排挤内资企业，让外国资本随意损害劳动者权益。

第三，在利用国内外两种资源和两个市场问题上，应既重视对国外资源和市场的利用，更重视国内资源和市场的开发与利用。我国对外贸易依存度过高，是国内有支付能力的消费需求不旺的表现，又是收入分配差距过分扩大、产生贫富分化的结果。外贸依存度过高，会带来一系列消极效应。一是外贸顺差大，美国等发达国家给我国不断制造贸易摩擦，施压人民币升值；二是过多依靠外贸拉动经济增长，存在诸多不安全变数，受外国经济环境制约，特别当相关国家发生金融和经济危机或发生动乱时，会对我国出口经济乃至整个国民经济造成重大损失；三是出口依存度高，内需外需失衡，不利于促进国内消费需求不断提升与扩大。而国内消费需求拉动经济增长，是最可靠、最无风险和最可持续的。应减少贸易顺差，扩大消费需求拉动经济增长的作用。

十　改革、发展、稳定三者关系统一论

总的来说，改革是动力，发展是目的，稳定是前提。改革，是为了更

① 《邓小平文选》（第 3 卷），人民出版社，1994，第 367 页。

好更快地发展。发展，是为了满足人民日益增长的物质文化需要，实现共同富裕。稳定，是为改革与发展提供一个和谐而宽松的环境。改革与发展同稳定是互相依存与促进的。

所谓稳定，包括安定团结的政治局面和安定和谐的社会环境。邓小平在1989年2月26日与美国总统布什的谈话《压倒一切的是稳定》中讲："中国的问题，压倒一切的是需要稳定。没有稳定的环境，什么都搞不成，已经取得的成果也会失掉。""要改革，就一定要有稳定的政治环境。"

保持稳定，就要消除不稳定的因素。有来自国外的因素，也有国内的因素。西方国家常常采用和平演变或暴力干预的手段，推翻不与他们站在一起或政治制度不同的国家政权。"颜色革命"在许多国家上演，要防止由此而引发的动乱。更多的和经常性的不稳定因素来自国内。重资本轻劳动、收入分配不公、贫富分化，会引起劳动群众不满，影响社会稳定；官员腐败，还有的与开发商一起强征农民土地以自肥，会引起抗争；不顾广大职工的意愿与利益强行改制，将国企并入或变为私企，会引发工人不满与抗争；有些私营和外资企业对职工缺乏人文关怀、严重侵犯职工权益，会引发劳资冲突和罢工事件；官员不作为，或以权谋私或办事不公，会引发与受害者的冲突；等等。这类不稳定因素，应力求事先防范，事后妥善处理。另外，改革的力度与发展的速度要考虑社会可承受的程度。要防止和缓解通货膨胀给人民群众带来的损失。

胡锦涛同志在纪念党的十一届三中全会召开30周年大会上的讲话中提出的十条"宝贵经验"，其中第九条就是"把促进改革发展同保持社会稳定结合起来"。要确保社会安定团结、和谐稳定。把"不断改善人民生活作为处理改革发展稳定关系的重要结合点"。要重视和处理好这个"结合点"。人民群众的生活不断改善了，衣食无虑、住得起房、上得起学、看得起病、安居乐业、社会公平、和谐相处，就可以有社会稳定。人民群众也会拥护和积极参与改革与发展，就可以做到在社会稳定中积极推进改革发展，又通过改革发展促进社会稳定。

我国是社会主义国家，走中国特色社会主义道路。改革开放是社会主义的自我调整与完善；发展，是社会主义经济与社会的发展与壮大；稳定，要同时重视社会主义制度的稳定，要防止易旗改制。总之，是在中国特色社会主义旗帜下实现改革发展稳定的内在结合。

阶级分析在我国政治经济学中的地位*

吴宣恭

内容摘要： 建立在马克思主义所有制理论基础上的阶级分析方法是马克思主义政治经济学的重要方法。改革开放以后，随着我国所有制结构的巨大变革，出现了阶级差别和阶级矛盾，离开阶级分析，许多经济问题就无法找到合理的答案。正确认识和处理阶级关系是构建社会主义和谐社会的重要前提。

关键词： 阶级分析　政治经济学　和谐社会

要建立既符合我国国情又能指导我国社会主义建设的政治经济学，首要的是必须具有以辩证唯物主义和历史唯物主义为指导的科学研究方法和分析方法。建立在马克思主义所有制理论基础上的阶级分析方法就是其中的重要方法之一。

一　阶级分析是马克思主义经济学的重要方法

在社会生产和再生产过程中，人们通过各种方式结成一定的关系。政治经济学就是研究生产关系及其发展规律的科学。但是，生产必须以一定的物质资料为前提，不同的人与生产资料的关系不同，在社会生产和劳动组织中所起的作用和所处的地位就不相同，取得归自己支配的那部分社会产品的方式和份额也不同，因而有些人就能凭借其占有的生产资料在生产过程中占据支配地位，进而无偿占有另一些人的部分劳动成果。马克思主义把存在这些差别的不同人群或集团称为阶级。

---

* 本文发表于《政治经济学评论》2011 年第 2 期。

对阶级关系的分析是辩证唯物主义和历史唯物主义这个政治经济学基本方法和基本理论的重要构成部分，是马克思主义关于生产力与生产关系相互关系理论以及所有制理论的自然延伸和运用，也是正确认识社会经济、政治关系的重要方法。在研究资本主义和以前社会的生产关系时，马克思主义的政治经济学始终贯彻和运用了阶级分析方法，阐明这些社会中人们形成一定生产关系的所有制基础，亦即阶级产生的基础，深刻地揭示了在这些基础上人们相互关系的实质，精辟地论述了这些关系的发展规律。

马克思从不隐讳他的学说的阶级性。科学性和阶级性的结合，在马克思主义政治经济学中得到了充分的显示。只要是存在阶级的地方，对阶级关系的分析仍然是研究社会经济政治关系的有效方法。虽然有人主张经济发达国家的阶级界线已经日益淡化，但在这些国家里，剥削、贫困仍然没有消失，财富向少数人集中的过程不仅没有停止，反而大大加快了，例如美国 2009 年的基尼系数就升至 0.468。肇源于美国、震撼全球的大危机就是劳动人民有支付能力的需求与迅速扩张的资本主义生产的矛盾，即使依靠庞大的信贷消费也无法解决的一次总爆发。而且在美国尚未完全走出危机之际，2010 年第 3 季度，全美企业居然获得 16590 亿美元的利润，创出了有记录以来的最高数字。这种阶级状况，使美国虽然花费巨大的投资企图振兴经济，但收效甚微；徘徊于 9% 以上的严重失业率一直高居不下，约有 200 万户居民因无法还贷而被收回房屋；23% 的美国家庭背负的抵押贷款金额高于其房产的价值，穷人面对满身的债务走投无路，为生计而不得不忍受更加繁重的压榨，群众的焦虑和怨恨不断聚集。①[1] 为了转移人民的不满，美国政府想方设法转移群众对社会矛盾的视线。这就是为什么不管正义和有识人士如何说明真相，美国政府仍然不顾事实，坚持把失业和危机归咎于中国的出口和人民币汇率的原因。可见，无论从经济关系还是政治关系看，阶级分析仍然是正确认识资本主义社会问题的重要方法。

问题是，在劳动人民夺取了政权并进行了生产资料所有制的社会主义改造以后，尚处在社会主义初级阶段的我国是否还存在阶级、阶级差别和阶级矛盾？政治经济学是否还要使用阶级分析方法？

对于这些问题，似乎无须太多的理论探讨，实践和客观现实可以容易

① 另据报道，美国马萨诸塞州的风险资本和管理咨询公司副总裁 Peter Cohan 称：“收入增长依然迟缓，因此企业认为，暂停招聘是合理的应对之举，……企业将进一步压榨其现有劳动力。由于失业率如此之高，这些压力转嫁到员工身上，人们不得不逆来顺受。”

地、清楚地给出答案。

二 现阶段我国还存在阶级差别和阶级矛盾

中华人民共和国的建立标志着劳动人民从反动统治者手中夺取了政权，在政治上成为社会的主人。但是，旧的经济关系并没有立即改变。后来，经过没收官僚资本和农村土改，消灭了官僚资产阶级和封建地主阶级。在20世纪50年代前期，我国社会还存在多种经济成分以及与之相应的阶级：工人、农民、个体生产者和民族资产阶级。在这个时期，社会的中心任务是尽快恢复因长期战乱遭到破坏的国民经济，以增强国力、抵御外敌、提高人民的生活水平。为了实现共同的任务，各个劳动阶级在政治上和经济上结成巩固的联盟，他们与民族资产阶级也存在团结协作的一面。但是，当时社会秩序尚未完全稳定，经济极端困难，加上抗美援朝的沉重负担和帝国主义的封锁禁运等，国内外形势非常严峻，一些资本家乘此时机囤积居奇、哄抬物价，扰乱金融秩序，为攫取最大利润而大肆活动。劳动人民与力量还相当强大的资产阶级之间还存在矛盾对立的一面，有的还十分激烈。谁在经济领域占据主导地位的问题还没有完全解决。在这种特殊的历史条件下，为了维护新生的社会主义关系，保障劳动人民的利益，我国加速了对资本主义工商业的改造，试图在所有制方面消除阶级对立的根源。

到了1956年底，我国基本完成了所有制的社会主义改造；随后，公有制不断扩大，囊括了几乎所有的经济领域，私有制几乎被全部消灭了。从此之后到改革开放前的长时期里，在中国大地上剥削制度被铲除，剥削阶级不复存在了。虽然有些时期还在讲阶级斗争，但只能从国外敌对势力的活动以及思想政治的分歧和对立去解释，在经济领域里讲的是劳动人民根本利益一致条件下长远利益和眼前利益，整体利益和局部利益、个人利益的矛盾，除了一些穿凿附会（如割“资本主义尾巴”之类），基本上不再使用阶级差别去分析经济利益关系。

改革开放以后，我国的所有制结构发生了巨大的变革。为了实现发展生产的中心任务，国家先是在原有体制外发展个体和私有经济，引进外资；接着又在体制内将很大部分的公有企业改造为私营企业和混合所有制企业。公有经济在社会主义生产中所占的比重大幅度下降，国内的私营经济加上外资企业在就业人数和产值上逐步占居主要地位。雇佣劳动制度重新恢复并且大规模发展了，在这一大片经济领域里又出现了两极分化：一边是数以亿计的雇佣劳动者靠出卖劳动力换取微薄的工资，养家糊口；一边是靠剥削工人无偿劳动积累起巨额资产的私营企业主及其家属（按照外国记者的说法）“享受疯狂消费”。2009 年，中国家财千万元以上的富豪已达 825 万人，家产亿元以上的有 5.1 万人。2010 年，荣登胡润富人榜家产十亿元以上的富豪就有 1363 人，其中百亿富豪 97 人；家产亿元以上的达 5.5 万人。根据胡润富人榜，中国仅仅前 200 名富豪的财富总额就达 26022 亿元，相当于国有中央企业总资产（21 万亿元）的 7%，占 2009 年全国 GDP（335353 亿元）的 7.76%。而 2009 年美国前 400 名富豪的总资产为 113 万亿美元，相当于全美 GDP（12.8 万亿美元）的 7.63%。这就是说，中国前 200 名富豪的总资产占全国 GDP 的份额大于美国前 400 名富豪所占的份额，表明我国财富集中的程度已经超过世界上最富有的国家，更是远远超过我国进行所有制的社会主义改造以前的状况。贫富悬殊、两极分化发展到如此显著的地步，如果还说我国不存在阶级和剥削，就是逃避或者抹煞现实，就是自欺欺人。我国有些人天天口不离“与时俱进”，但是，他们却固守我国三大改造后一段时期的说法，对现实阶级关系的巨大变化视而不见，甚至故意掩饰，说明他们只是想利用“与时俱进”去反对所谓过时的马克思主义，并不是真正的时代精神。

既然存在阶级，人们在生产和再生产各个领域中的地位和相互关系就必然受到影响，就会有矛盾和对立，要正确认识和处理社会上发生的各种问题就离不开阶级关系和阶级分析。

三　离开阶级分析许多经济问题就无法找到合理的答案

先以内需不足问题为例。严格地说，所谓“内需不足”，指的是居民生活消费不足。因为内需应该包括国内的投资需求，它已是长期处于亢奋状态，并非不足。居民消费不足造成社会经济结构和产业结构不合理，许多产品生产过剩，过度依靠出口，经济受制于他人，限制了我国经济的持续快速发展。造成现状的原因何在，如何解决呢？有人说它是信息阻隔造成的，理由是，有供给就必然会有需求，只要信息准确，供需会自然平衡，内需不足的问题就能解决。这种搬用西方经济学的可笑说法在环球的经济危机面前破产了，连大部分的外国人都不相信，还能解决我国居民消费不足的问题吗？

有人说消费不足是因为缺少一个强大的中产阶级，把这一阶级培育大了，消费需求就会提高。持这种说法的人没有正确认识我国资本主义私有制的特点，即由于庞大的劳动后备军的存在极大地增强了私人资本的地位，有力地压制了包括智力和体力劳动在内的劳动者的工资的增长，促使中国私人资本以超过世界的速度迅速积累，加剧了财富占有的悬殊，同时也将只是相对概念的所谓“中产阶级”的“中产”限制在很低的水平。依靠这个收入仍然很低的“中产阶级”能使我国居民消费普遍提高吗？而在我国财富悬殊、分配严重不公的条件下，劳动者仅仅依靠个人才能致富的概率越来越小了。这些人期盼的真有实力消费国内产品的“中产阶级”何年何月才会形成？我国居民消费不足的局面还得拖延多久？

有人将内需不足归罪于税收太高。这既不符合实际，又缺少阶级分析。2009 年，我国宽口径的财政总收入占 GDP 的比重为 30%，低于发展中国家的平均水平（占 GDP 的 35.5%），更是远低于工业化国家的平均水平（占 GDP 的 45.3%）。从所得税来看，我国几年前就取消了全部的农业税；城镇企业所得税的税率为 25%，需要重点扶持的高新技术企业为 15%，小型微利企业为 20%，而几个主要资本主义国家的企业所得税税率荷兰为 26%，英国为 28%，德国为 30%，美国为 39%，日本为 42%，都超过或大大超过我国的水平。至于个人所得税，我国中等收入阶层的个人所得税税率为 9% ~12%，美国为 10% ~15%，英国为 20% ~21%，瑞典为 31.5%，我国的税率也是最低的。目前我国在税收方面存在的问题是，国有企业的实际税负明显高于其他类型企业，是私营企业平均税负的 5 倍多；实际征税中存在工薪阶层成为纳税主体、富人纳税相对少的税收“逆调节”；许多以富有者为纳税对象的应征税项如遗产税、暴利税等没有开征；很大部分的私营企业偷税漏税行为严重。所以，说我国税收过高既不是事实，也不是我国居民消费不足的真正原因。笼统地、一般地减税并不是提高居民消费需求的途径，正确的办法是分别不同阶层，调整税负，提高个人所得税起征点，减少普通工薪人员的税负，提高高收入者的所得税率；严格税收制度，消除使私营企业主能够轻易偷税漏税的常见弊病；禁止地方官员任意给某些大户减税免税优惠；与此同时，还要合理使用财政收入，增加公共品供应，完善社会保障制度，减轻劳动者在教育、保健方面的负担，减少和解除他们进行现期消费的后顾之忧。

还有一位海外归来的学者提出：“中国未来10年主要靠内需，而内需主要靠民营企业。”[2]暂不论这位先生想把私营经济抬上主要地位的是非，他显然忽略了我国所欠缺的是居民消费需求而不是原来就很高的企业投资需求。从私营企业主的生活消费看，虽然他们拥有巨大的支付能力，但所追求的是高档汽车、高价洋酒、高级衣着和化妆品，他们为中国创造的是超过美国、位居世界第二的进口奢侈品市场，是在境外高端消费领域令外国游客惊羡的一掷万金的“豪爽”形象，而不是本土产品的消费能力。①他们对提高广大居民的消费、解决国产产品的市场出路作用是很有限的，哪里谈得上是“主要”依靠呢？

其实，我国消费需求不足反映的是生产的迅速增长与广大劳动者支付能力相对不足的矛盾，根本原因是农村公有经济和合作经济得不到扶持，分散细小的农产经营难以使广大农民走向富裕；城市资本在介入农村资源的经营时，造成大量劳动收入远低于城市工人的雇佣农民；在鼓励、支持私营经济发展时失去监督和引导，致使广大雇佣劳动者创造的价值过多地落入少数剥削者囊中而自己所得过少。必须充分重视由所有制结构引起的这些问题，采取正确的方法，改变不合理的分配关系，增加城乡广大劳动者的收入，才能真正扩大人民群众有支付能力的消费需求。

再以公众最关心的分配不公、财富悬殊为例，有人认为行业垄断是我国分配不公的主要原因。这是缺乏事实根据、故意混淆视听的。据国家统计局的资料，我国垄断行业与非垄断行业的平均工资差距只有2~3倍，而非垄断产业中的不同行业（如证券业、IT行业与纺织业、木材加工业）差距却为4~5倍。这些人歪曲事实的目的是想利用公众不满分配不公的情绪，反对国有经济对重要产业进行控制，进一步推行私有化。[3]

根据2010年10月公布的胡润“百富榜”，2010年我国前1000名富豪的财富平均增长了10亿元，比起2009年全国城镇居民年均可支配收入的17175元和农村居民年均收入的5153元，[4]差距达到5.8万倍和19.4万倍以上。如对比前10名富豪增长的财富（平均98.2亿元），则差距高达57万倍和191万倍。这个差距远远不是行业间的工资差距和城乡间的收入差距所能比拟的。

---

① 此外，在外国的奢侈品市场上，中国游客爽快解囊，一掷万金，连欧美人士都为之咋舌。有报道还称，迪拜六星、七星级豪华酒店的顾客中有60%以上为中国人。

如果有人认为以上资料只是反映我国收入和财富两极分化的特殊情况，那么可以看看多数的私营企业主与劳动者的收入差别。由中央统战部、全国工商联等的课题组发布的《2009 中国私营企业调查报告》，提供了如下与分配有关的信息。

（1）私营企业的注册资本由 1993 年底的 681 亿元增加到 2009 年底的 35305 亿元，增长了近 51 倍，年均增长 27.99%。远远超过雇工工资的增长幅度。

（2）2009 年我国企业主个人年收入平均值为 20.2 万元，雇工全年平均工资加奖金加部分分红总数是 8033 元，企业主的平均收入为雇工收入的 25.15 倍；如与工资最低的行业相比，收入差距为 33.66 倍。

（3）资本千万元级的私营企业，雇工平均工资甚至低于全部被访问企业，平均工资水平只有 6817 元，按此计算，企业主与雇工的收入相差 251.87 倍。

（4）国有单位在岗职工年平均工资是 14577 元，集体单位在岗职工年平均工资为 8678 元。私营企业的平均工资只等于国有单位的 55%（如根据国家统计局的资料，2009 年全国城镇私营单位就业人员年平均工资为 18199 元，国企在岗职工年平均工资为 35053 元，私企平均工资只为国企平均工资的 51.9%）。

可见，我国分配和财富不公的主要矛盾根本不是垄断行业与一般行业的工资差别，也不是城乡之间收入的差别，而是私营企业主惊人的收入和巨大财富与普通劳动者的收入和财产的巨大差距。造成这个巨大差别以及差距快速扩大的原因只能从私有经济迅速发展而形成的资本急剧积累和劳动大众的相对贫困去说明。因此，我国分配不公和财富差别过大是过度剥削的结果，其制度根源是资本主义私有制，或者说，是引导和监管不力的资本主义私有制。

有人认为，官吏和企业高管腐败是分配不公的罪魁祸首和首要原因。这些人的确看到存在于官场职场中严重危害我国经济政治的重大弊害。痛恨它，谴责它，要求铲除它完全符合社会正义原则。但是，仅仅看到腐败现象而没有探究它产生的所有制基础是远远不够的。应该清楚地认识到，私人资本对最大利润的追逐才引发了他们勾结官府、进行权钱交易的动机，得到巨大利益的私人资本才能满足腐败官吏的贪欲。愈是暴利的行业，权钱交易就愈是严重。有位分析家说：“几乎每一个腐败的案件背后都离不开资本的影子。”如实道出了私人资本才是政治上滋生腐败的真正根源。政治腐败无非是私人资本攫取最大利润的重要工具，正是借助于腐败，一些私人企业主才得以暴发致富。如果没有私人资本的迅速发展及其拉拢腐蚀，中国的官场腐败就不会蔓延到今日的地步。因此，反腐、惩腐不光是政府监察纪检部门的事，在毫不动摇地鼓励、支持私有经济发展的同时，还要运用经济手段、法律手段和行政手段规范它们的活动，注意从思想上引导其守法经营，并利用社会监督和舆论监督，揭露、制止私人业主的不良、违法行为。

最后，以农产品价格飞涨为例。关于这个引起广大群众和政府焦虑的民生问题是怎样发生的、要如何抑制，也有不同的意见。有人认为，它是因供给不足引起的，主张采取优惠措施，奖掖生产以平抑物价。这种意见看似符合经济学原理，却不够全面。我国虽然自然灾害频仍，但粮食连续7年丰收。2010年总产量达54641万吨，比上年增产2.9%；蔬菜种植面积没有减少，主产区的生产正常，某些价格猛烈上涨的农副产品产量并没有剧烈波动。因此，在全国或很多地区物价飞涨不见得是由供应不足造成的。有人主张物价猛涨是由成本提高拉动的，于是建议对生产者进行补贴，对经营者给予优惠贷款，对某些食品的运输者豁免过路费，等等。这也是浮于表面的意见。其实，我国日用必需品和粮食、蔬菜、副食品的生产条件还是比较稳定和有所改善的，成本提高的幅度有限，产地的收购价涨幅也不大，不足以掀起价格的巨额攀升。补贴生产者对抑制价格涨势虽然不无用处，却需要经过一定的周期才能生效，无法应对当前如此凶猛的涨价浪潮。此外，这次农产品的最大涨幅产生在流通阶段，给经营者和运输者的种种优惠只会增大他们的获利，不是平抑价格的必要措施。有人认为这股涨风是流动性过高的结果，于是就套用西方经济界的惯用方法，采取货币调控、加息、提高银行准备金等手段。虽然这些做法也有些道理，但是，仅在“没有味道”的货币上打主意而不问它们掌握在“什么人”手中、用来干什么，是解决不了问题的。截至目前，我国经过两度加息，准备金也提高到最高水平的18.5%，物价涨风非但没有压住，却在另一方面造成信贷紧缩，令人担心经济发展速度会受到影响，使“防涨价”和“保增长”处于两难的尴尬境地，足可证明单纯的货币调控的局限性。[①] 现在看来，导

① 有的经济分析人员还担心，加息将诱使境外游资更大量流入，加大对紧缺物资的投机炒作，进一步抬升重要生活消费品的物价。

致这次农产品价格暴涨的主要原因并非前面所提的那些，而是境内外的一些私人资本互相串通勾结，利用手中的巨额游资（这是国家紧缩银根管不到的），囤积某些产品或操纵期货市场，控制生产者和货源，采用造谣、虚假交易和其他欺诈手段，制造市场恐慌情绪，[①] 形成“供应方囤积，需求方抢购”的现象，反复联动炒作，大力哄抬物价。其他厂商则不管生产、流通条件有无变化，成本是否受到影响，也借着这股涨风纷纷提价。这是私人资本在新中国成立初期与劳动人民多次较量的故伎重演，是它的消极面的一次明显暴露。现在，有关领导部门终于看到并且公开证实了这种损害大众利益牟取巨额利润的肮脏行为。正是认准这一重要祸根，政府配合经济手段和法律手段采取直接的行政干预，强化价格监管制度，严肃查缉各种违法违规的价格行为，加大处罚力度，坚决打击和制止投机倒把、囤积居奇和操纵物价等行为，并逐级派出督查组检查措施落实和物价变动情况。政府的这个重招一出，农产品价格终于开始回落，表明破除市场自由主义观念，对私营经济进行引导、监督的正确性和必要性。

不过，只是一时对某类物品实施这种行政手段还不足以树立正常的市场秩序。境内外巨额的游资必然按其本性追逐最大利润，四处寻找可图高利的机会，其破坏市场稳定秩序的力量不容小视。[②] 为此，国家首先要吸取新中国成立初期反击不法资本家哄抬物价、维持正常市场秩序的经验，重视流通环节的重要作用，在流通领域保持必要的力量，控制重要部门，掌握足够的物资，适时地吸纳或抛售，对付不正当的投机炒作行为（当然，这种方法无疑会遭到反对[③]）。甚至还可拨出足够雄厚的资金或给予必要的信贷额度，设立以平抑物价为基本任务的专门经济组织，以经济手段与投机倒把、哄抬物价的商贾展开斗争。同时，必须根据行之有效的方法制定管理法规和法律，如“反投机法”“反暴利法”等，由有关管理机构和司

---

① 例如，前段时间某些媒体报道大批豆油厂家停产，春节期间可能发生供应困难，引起有些市民恐慌、抢购。实际上是因为流通不畅，豆油库存积压过多，厂家暂时停产，并非由于政府限价，工厂无利可图。而且今年东北大豆丰收，进口数量正常，国家库存充裕，甚至还出现过大豆巨额拍卖“流拍”的事件，不会产生油料和食用油供给紧张。

② 有人跟踪我国游资的投向：股市高涨时大肆炒股；股市低迷时冲击房地产业和矿山，组织到处游击的“炒房团”“炒矿团”；国家加紧调控房地产业、治理采矿业时，就转而炒作紧俏物资和农产品，有人称它“像风一样刮来，像潮水一般退去”。

③ 就在国家开始增加玉米和油料收购并限制某些私营大企业收购之时，一些人就评论此举破坏了“市场内生定价功能的完整性”，是“对粮食生产和农业资源配置的干扰”。市场自由主义理论与私商利益的默契配合，可见一斑。

法部门严格实施。银行也要对现金的提存和贷款的流向实行严格的管理并协同有关国家机构进行监控。只有建立完备的法律、法规，相关机构共同配合，加强经济管理和监控，并以强有力的经济力量为支撑，才能持之以恒，保证市场的持续健康运行。

四　正确认识和处理阶级关系是构建社会主义和谐社会的重要前提

承认社会主义初级阶段还存在阶级和阶级矛盾，不是要回到“以阶级斗争为纲”，而是要正视现实，贯彻马克思主义和共产党一贯坚持的实事求是精神。阶级差别和阶级矛盾是客观存在的，不是人脑臆想的产物。不管人们是否认识它、承认它，它必然按其本性发挥影响和作用。有差别就有矛盾或对立，就会产生摩擦或者斗争。阶级矛盾和斗争始终存在于阶级社会。马克思主义有关阶级的理论不过是对现存的阶级斗争、眼前的历史运动的真实关系的一般表述。今天，在为构建社会主义和谐社会而努力的时候，也需要以正确认识和处理阶级关系为重要前提。

有位资深评论家说，构建社会主义和谐社会必须扬弃传统的阶级分析方法，因为这一方法的应用把13亿人分成三六九等，贴上各种各样的阶级标签，给予各种不同的待遇和机会，制造各种矛盾，撕裂人民的团结，使社会谈不上平等、公正和法治，导致了一系列不和谐、不公平、不公正和非正义现象的产生与长期存在。

显然，这位评论家根本不懂历史唯物主义原理，他的说法完全颠倒了经济基础与上层建筑的关系。马克思讲过：“无论是发现现代社会中有阶级存在或发现各阶级间的斗争，都不是我的功劳。在我以前很久，资产阶级的历史学家就已叙述过阶级斗争的历史发展，资产阶级的经济学家也已对各个阶级作过经济上的分析。”[5](p. 547) 本文在第二节已经根据无可否认的现实资料，证明在我国的社会主义初级阶段仍然存在阶级和剥削，接着又指出由于阶级和剥削的存在产生了一系列的社会弊病，导致了严重的分配不公，损害了广大劳动者的利益。阶级的存在是由私有制决定的客观事实，是一系列不和谐关系的前提和基础。不公平、不公正、非正义并不是哪种思想和方法制造出来的，而是阶级和剥削存在的必然表现和结果。

中国共产党在十六大和十六届三中全会、四中全会明确提出构建社会主义和谐社会的战略目标，就是因为我国社会还存在许多不协调、不和谐因素，还有许多社会矛盾。因此，要构建社会主义和谐社会，就必须清楚地了解社会存在的矛盾，分析哪个是主要矛盾、重要矛盾，矛盾各方的关系如何，矛盾的主要方面在哪里，矛盾的变化及其趋势如何。只有这样，才能及时发现问题，正确疏导、缓和或者化解矛盾，减少或者袪除妨碍和谐的因素，才能实现社会关系的和谐。在社会主义初级阶段，阶级矛盾是社会存在的各种矛盾中的重要方面，其他矛盾也多数与阶级矛盾有关。要构建社会主义和谐社会，要消除不协调、不和谐的因素，就要进行阶级分析，有针对性地疏导、化解阶级矛盾，改善各个阶级之间的关系；相反地，如果对客观存在的阶级矛盾视而不见或故意掩盖，任其发展，矛盾和对立的因素就可能积累和激化，最后以剧烈的方式爆发出来，这才是不利于社会主义和谐社会建设的。

总之，以上这些意见只是想说明，必须如实地认识现阶段的阶级关系，恢复阶级分析方法在经济学中应有的地位，这是对改革开放以来讳言阶级关系的经济学的艰难的突破。如果否定这一点，就没有马克思主义经济学，更谈不上发展和创新了。

参考文献

[1]《两极分化令美国社会危机四伏》，《参考消息》2010 年 11 月 29 日。

[2]《中国未来十年发展要看内需靠民企》，《经济参考报》2010 年 11 月 29 日第 3 版。

[3] 吴宣恭：《分配不公的主要矛盾、根源和解决途径》，《经济学动态》2010 年第 11 期。

[4] 温家宝：《政府工作报告（2010 年 3 月 5 日）》，人民出版社，2010。

[5]《马克思恩格斯选集》（第 4 卷），人民出版社，1995。

论作为政治经济学研究对象的生产方式范畴*

吴宣恭

内容摘要： 生产方式最大量出现的含义之一是生产关系，即包括生产、交换、分配、消费关系的广义的生产关系，或者马克思所说的“生产关系总和”“社会生产关系”“经济关系”，而不是仅在生产领域中发生的、与交换和分配关系并列的狭义的生产关系。劳动者和生产资料的结合方式以及劳动过程、劳动方式，实际上都是以生产资料为基础的生产关系的组成部分，无论把生产方式定义为结合方式还是劳动过程、劳动方式，都无法说明它是独立于生产关系之外，同生产力、生产关系并列而且决定生产关系的中介环节。否定政治经济学以社会生产关系为研究对象，极易导致否定社会主义公有制的错误，因此，我们必须高度警惕。

关键词： 生产方式　生产关系　所有制　政治经济学研究对象

生产方式是马克思主义政治经济学的重要概念。它在马克思的著作中出现频率很高（据简略统计，仅在《资本论》中它就出现过568次），而且分别在许多不同的场合使用，遂引起学者对其含义的理解产生较多分歧。对生产方式含义的不同认识虽然看起来只是一个概念性的问题，但是，如果由此进行理论拓展，却会影响研究者对一些重要问题的观点。例如，涉及对政治经济学研究对象和方法等的理解，直接影响着马克思主义政治经济学的建设问题。因此，本文试图对这个问题进行初步探讨，欢迎学术界同人进行批评指正。

* 本文发表于《当代经济研究》2013年第3期。

一　广义的生产关系是生产方式概念大量使用的含义

在马克思、恩格斯的论著中，生产方式一词具有不同含义。初步阅读国内的有关研究成果，能列举出处并加说明的含义就不下十种。例如，有人认为生产方式是指：生产的同义词、生产的技术方式、劳动方式、劳动者与生产资料结合的方式、生产的社会类型或形式、社会经济结构、经济的社会形态、生产力和生产关系的统一等。据我个人的初步查找和简略归纳，生产方式除了以上含义之外，至少还指：第一，生产力发展状况或劳动过程的条件；第二，从社会联系看的具体生产类型，如商品生产的生产方式、自给自足的生产方式等；第三，按规模或生产工具划分的生产类型，如小生产的生产方式、大工业的生产方式、机器的生产方式等。

本文想进一步提出的是，生产方式最大量出现的含义之一是生产关系，即包括生产、交换、分配、消费关系的广义的生产关系，或者是马克思所说的“生产关系总和”“社会生产关系”“经济关系”，而不是仅在生产领域中发生的，与交换、分配关系并列的狭义的生产关系。以下分类摘引一些比较清楚地反映马克思、恩格斯用意的论述并作简要的解释。

1. **马克思或是直接指出生产方式即特定的生产关系，或是用括号的方式标明生产方式就是“社会生产关系”**。例如，在分析商品拜物教关系时，马克思写道：“对于这个历史上一定的社会生产方式即商品生产的生产关系来说，这些范畴是有社会效力的、因而是客观的思维形式。”[1](p.93)在这里马克思明确地把社会生产方式等同于商品生产的生产关系。资本主义生产方式“显然是长期历史发展的结果，是许多经济变革的总结，并且是以其他各生产方式（社会生产关系）的衰亡和社会劳动生产力的一定发展为前提。”[2](p.513)在这里，马克思也同样直接将生产方式看作生产关系。

2. **马克思将生产方式和社会生产关系看作相同含义的用语**。“这种生产方式的主要当事人，资本家和雇佣工人，本身不过是资本和雇佣劳动的体现者，人格化，是由社会生产过程加在个人身上的一定的社会性质，是这些一定的社会生产关系的产物。”[3](p.996)资本和雇佣劳动不是单纯的物，而是资本主义的生产关系，资本家和雇佣工人是这种关系的主要当事人和人格化。从这样的观点来看，第一，马克思称资本家和雇佣工人是资本主义生产方式的主要当事人以及资本和雇佣劳动的人格化，等于说资本主义生产方式就是资本主义生产关系；第二，马克思还指出，资本主义生产方式中的这些表现“是这些一定的社会生产关系的产物”，表明生产方式和社会生产关系是等同的用语。

3. **资本主义生产方式作为资本主义生产关系的另一种表述用语**。马克思在解释资本主义的本性时指出：“资本主义生产方式按照它的矛盾的、对立的性质，还把浪费工人的生命和健康，压低工人的生存条件本身，看作不变资本使用上的节约，从而看作提高利润率的手段。”[3](p.101) “以生产剩余价值为目的的资本主义生产方式，必然要越来越成为占绝对支配地位的生产方式。”[4](p.550)众所周知，“把浪费工人的生命和健康……看作提高利润率的手段”、“以生产剩余价值为目的”、以获取剩余价值为特征等，完全是资本主义生产关系的本质属性。马克思在这么多场合用这些特性去描绘资本主义生产方式，表明资本主义生产方式就是资本主义生产关系的另一种表述用语。

4. **马克思强调资本主义私有制是资本主义生产方式的前提**。“资本主义的生产方式和积累方式，从而资本主义的私有制，是以那种以自己的劳动为基础的私有制的消灭为前提的，也就是说，是以劳动者的被剥夺为前提的。”[1](p.887)马克思强调资本主义所有制是资本主义生产方式的前提，表明这种生产方式就是资本主义的生产关系，并且完全是反映生产关系而不是其他关系。如果将这些话里的资本主义生产方式代之以资本主义生产关系，丝毫不影响其原意。

综上所述，无论从字面上还是从资本主义生产方式的性质、特点和规律上，以及资本主义历史进程和产生条件或所有制基础去辨析，马克思、恩格斯在许多地方讲到的生产方式实际上就是指生产关系。对这种大量使用的含义，决不应该忽视或回避，它对解决政治经济学建设问题具有重要意义。

二　生产方式概念的规范化

在马克思、恩格斯长时期完成的浩瀚的著述中，关于生产方式的概念确实随着不同的论述场合具有众多的含义。概念的多含义固然可根据不同的环境和对象方便叙述相关的问题，但它也是理论发展过程的阶段性结果和表现。例如，马克思在《德意志意识形态》中早就提出生产力与生产关系辩证关系的理论，但当时他用的不是生产关系概念，而是用“交换方式”“交往关系”“生产和交往的关系”等概念；以后他在使用生产关系时又往往同交换关系并列；在《共产党宣言》中他就基本上使用生产关系这一概念了。只要想到马克思、恩格斯对当时的经济政治局势和理论斗争的紧迫快速反应，戎马倥偬，就不能苛求他们使用的概念处处都高度一致。但是，理论概念的含义过于多样，免不了会使其内涵和外延处于不确定状态，影响理论逻辑的严密性，不利于理论的明白表述，并容易在传播中引发歧义（就像今天我们面临的情况一样）。因此，随着理论的广泛传播和应用，要求概念逐渐明确和规范化。这是理论发展的必然趋势和结果。

北京大学的赵家祥教授不随时俗，分析生产方式的多种含义的共同点和基本点，肯定斯大林将生产方式概念规范化和明确化。赵家祥认为斯大林将生产方式定义为人们在物质资料生产过程中生产力和生产关系的统一，符合马克思生产方式概念的基本含义，是对马克思历史唯物主义理论的发展，倡言不要退回到这一概念的多含义状态。[5]我赞同他的这个观点并就此作一些补充。

有人认为斯大林关于生产方式的定义不符合甚至违反了马克思的基本论断，实际并非如此。马克思虽然没有直接说生产方式是生产力和生产关系的统一体，但他在一些场合谈到生产方式时，确实包含了生产力和生产关系的矛盾统一体的含义，举例如下。

1. “这难道不是说，生产方式，生产力在其中发展的那些关系，并不是永恒的规律，而是同人们及其生产力的一定发展相适应的东西，人们生产力的一切变化必然引起他们的生产关系的变化吗?”①[6](p. 152)这句话清楚地指出，第一，生产方式即是生产力在其中发展的关系，其当然的含义应是：生产力是在生产方式当中发展的，而不是独立于生产方式之外的东西，生产方式包含了生产力。第二，生产力的一切变化直接引起生产关系的变化，而不必通过别的中介去决定生产关系。第三，生产力与生产关系同处于生产方式之中，这样它们才能互相影响。也就是说，生产方式涵盖了生产力和生产关系。第四，在生产力与生产关系的相互关系中，生产力是矛盾的主要方面。旧的生产关系不适合生产力发展要求的时候就会被打破，

① 1972 年《马克思恩格斯选集》中文版中“生产方式”之后用的是顿号，由此有些人误认为生产方式与生产关系是并列的范畴〔参见《马克思恩格斯选集》（第 1 卷），人民出版社，1972，第 119 页〕。

由新的生产关系替代，这时，整个生产方式也就改变了。所以，生产方式是与生产力发展相适应的历史性范畴。总之，这句话表明了，生产方式包含了生产力和生产关系，生产力与生产关系相互影响，两者都是在生产方式中发展的，生产方式是两者矛盾的统一体。马克思还在叙述原始部落共同体的生产方式时写道："这种生产方式既表现为个人之间的相互关系，又表现为他们对无机自然界的一定的实际的关系"。[7](p.495) 这里同样表明生产方式包含着生产力和生产关系两个方面。

2. "资本主义生产方式的矛盾正好在于它的这种趋势：使生产力绝对发展，而这种发展和资本在其中运动、并且只能在其中运动的独特的生产条件不断发生冲突。"[3](p.286) 在英文版中，这段话表达为"The contradiction of the capitalist mode of production, however, lies precisely in its tendency towards an absolute development of the productive forces, which continually come into conflict with the specific conditions of production in which capital moves, and alone can move"。其中，"conditions of production"一词，在《资本论》第一版序言里，即"我要在本书研究的，是资本主义生产方式以及和它相适应的生产关系和交换关系（In this work I have to examine the capitalist mode of production, and the conditions of production and exchange corresponding to that mode）"也使用了，而在序言的中文版，它被翻译为生产关系（同样的译法，在《共产党宣言》中也出现过）。这就直截了当和明白无误地指出，资本主义生产方式的矛盾就是生产力的发展同资本在其中运动的生产关系的矛盾。

3. "矛盾在于：资本主义生产方式包含着绝对发展生产力的趋势，而不管价值及其中包含的剩余价值如何，也不管资本主义生产借以进行的社会关系如何；而另一方面，它的目的是保存现有资本价值和最大限度地增殖资本价值（也就是使这个价值越来越迅速地增加）。"[3](p.278) "在资本主义生产方式内发展着的、与人口相比惊人巨大的生产力，以及虽然不是与此按同一比例的、比人口增加快得多的资本价值（不仅是它的物质实体）的增加，同这个惊人巨大的生产力为之服务的、与财富的增长相比变得越来越狭小的基础相矛盾，同这个不断膨胀的资本的价值增殖的条件相矛盾。危机就是这样发生的。"[3](p.296) 这些话揭示了：生产力不受社会关系的限制，按照它内在的必然趋势在生产方式内部绝对地发展，而资本主义的生产方式却要以资本的增殖为目的，所以，生产力的发展与追求剩余价值的生产关系之间存在矛盾，引发了经济危机。可见，这里使用的“生产方式”就包括了生产力和生产关系以及他们相互矛盾的关系。

4. “如果说资本主义生产方式是发展物质生产力并且创造同这种生产力相适应的世界市场的历史手段，那么，这种生产方式同时也是它的这个历史任务和同它相适应的社会生产关系之间的经常的矛盾。”[3](p. 279) 这句话指出，资本主义生产关系同（作为资本主义生产方式的任务和手段的）生产力经常发生矛盾，而两者又是同时存在于生产方式之中，表明生产方式是生产力与同它相适应的生产关系的矛盾统一体。

可见，将生产方式表达为生产力和生产关系的统一，并不违背马克思、恩格斯理论的基本精神，而且，如此定义生产方式也能排除生产方式概念多义性的不利因素，突出社会经济生活中最主要的两极，阐明它们之间的矛盾统一关系，使人们对社会发展的动因和规律有更为简要和明确的了解，抓住基本的、主要的矛盾，进而弄清它们与其他非主要因素的关系。这对辩证唯物主义和历史唯物主义原理的传播和运用都有重要的意义，可以说是包括斯大林在内的后人对马克思主义的重大发展。

为了避免发生误会，在这里我们必须要强调指出：我赞成对生产方式范畴进行规范化表述，但是，我却不赞成用这样经过后人规范化的表述去诠释马克思在不同历史时期对生产方式范畴的不同运用。生产方式概念的进一步明确和规范化毕竟是继承者的工作，我们今天研究马克思、恩格斯的著作，不能用后人发展了的范畴去代替他们在特定场合的思考和表述，把经过发展的概念含义强加给他们，一定要分别不同场合如实地去领会他们用过的生产方式的含义。一般化的、统一的定义，并不符合当时马克思关于《资本论》或政治经济学研究对象表述中生产方式的语境，容易产生牵强附会式的解释。因此，用后人规范的生产方式的定义去推断马克思对政治经济学研究对象的意见，也是非历史的、片面的和不合适的。

三　生产方式是否是生产力和生产关系之间的中介？

社会发展是否存在一个所谓的“生产力—生产方式—生产关系”范式？换言之，生产方式是否是生产力和生产关系之间的必不可少的中介？对于这个问题持肯定态度的同志，大都是到马克思著作中去找几段语录并对它们进行符合自己需要的解释。我不认同这种论证方式。第一，如果靠摘引语录能证实自己的论点，反对者也能找出几句意思相反的话，演绎出相反的结论。马克思在许多地方就直接讲生产力决定生产关系，而不涉及生产方式概念。第二，主张生产方式是生产力与生产关系之间中介的学者，往往强调生产关系要与生产方式相适应。这部分学者同样是靠援引马克思的有关语录为自己的观点做证的。但是，我们同样也能找出相反意思的话。例如“我们称为资本主义生产的是这样一种社会生产方式，在这种生产方式下，生产过程从属于资本，或者说，这种生产方式以资本和雇佣劳动的关系为基础，而且这种关系是起决定作用的、占支配地位的生产方式。”[8](p. 153)第三，有的被他们当作论据的个别引文，其含义也可作完全相反的解释。例如，他们援引《哲学的贫困》的一段话“随着新生产力的获得，人们改变自己的生产方式，随着生产方式即谋生的方式的改变，人们也就会改变自己的一切社会关系。”[6](p. 142)如果把其中的生产方式的含义理解为生产关系，社会关系解释为经济关系以外的关系。那就等于说，生产力决定生产关系，随着生产关系的变化，一切社会关系，如政治、法律、伦理关系等都会改变。从以上说明我们可以得出结论：“生产力—生产方式—生产关系”范式的论据并不充分，至少是值得怀疑的。

重要的是，必须切实弄清生产方式的含义究竟是什么？只有这样才可能辨清它是否是生产力和生产关系之间必不可少的中介。如果还没有弄明白生产方式的确切含义是什么，不了解它对人们的经济关系起什么作用，在社会经济结构中居于什么地位，而仅凭马克思的几句语录，以及自己对这几段语录的任意解释，就妄下结论，那一定是没有说服力的。事实上，如果我们了解生产方式的内涵是多方面的、外延有大有小，那么，我们就会对它的地位和作用有不同的认识，因而就会得出结论：生产方式范畴承担不了生产力与生产关系之间“中介”的理论重任。实际上，中介说是从主张生产方式只有单一含义的前提入手进行研究的。在这种意见中，影响较大的有两类：一是主张生产方式是劳动者和生产资料的结合方式，一是主张生产方式就是劳动方式或劳动过程。

持前一种意见的专家提出，资本主义生产方式“即资本主义条件下劳动者和生产资料相结合以生产人们所需要的物质资料的特殊方式，也就是雇佣劳动和资本相结合以生产人们所需要的物质资料的特殊方式”。他还引用马克思叙述资本主义生产方式特征的话证明自己的意见：“我们称为资本主义生产的是这样一种社会生产方式，在这种生产方式下，生产过程从属于资本，或者说，这种生产方式以资本和雇佣劳动的关系为基础，而且这种关系是起决定作用的、占支配地位的生产方式。”[9](p.151)这里有几个问题值得探讨。

首先，生产方式就是指劳动者和生产资料的结合方式吗？这种意见援引了几段马克思关于生产力决定生产方式、生产方式决定生产关系的语录，说明生产方式是与生产力和生产关系并列而且决定着生产关系，阐述了如何理解这个“原理”，却没有举出马克思在什么地方明确说过生产方式就是劳动者和生产资料的结合方式。这样，他们关于生产方式就是这种结合方式的推断就失去了论据的可靠性，使人怀疑它究竟是马克思、恩格斯的原意还是他们自己的推测。

其次，他们引用的那段语录能说明马克思讲的“生产过程从属于资本”和“以资本和雇佣劳动的关系为基础”的生产方式，指的是劳动者和生产资料的结合方式吗？能说明这样的生产方式是与生产关系并列而且能决定生产关系的独立范畴吗？不能。第一，那句话一是讲生产过程与资本的从属关系，二是讲生产方式以什么关系为基础，这些与劳动者和生产资料的结合方式不是一回事，无法看出文中的生产方式就是指生产要素的结合方式。第二，马克思在分析雇佣劳动与资本的关系时明确指出：“资本也是一种社会生产关系。这是资产阶级的生产关系，是资产阶级社会的生产关系。构成资本的生活资料、劳动工具和原料，难道不是在一定的社会条件下，不是在一定的社会关系内生产出来和积累起来的吗？在一定的社会关系内被用来进行新生产的吗？”[6](p.345)可见，资本主义的生产过程是资本雇佣劳动进行生产和积累的过程，即在资本主义生产关系范围内进行的过程，体现着资本主义的生产关系，当然是资本主义生产关系的一部分。“生产过程从属于资本”“以资本和雇佣劳动的关系为基础”，描述的正是资本主义生产关系，而不是与生产关系并列、决定生产关系的什么中介范畴。

再次，即使退一步同意生产方式是指劳动者和生产资料的结合方式，还需要分析一下它与生产关系究竟是什么关系，从它们发生的过程看到底谁先谁后，谁决定谁。生产资料和劳动者的结合方式在直接形式上体现的是生产资料和劳动者之间的关系，从社会关系看，其实质却是生产资料的代表，即生产资料的所有者或占有者与劳动者之间的关系。它本身就是一种生产关系，或者说，是社会生产关系的一个组成部分。它的基础是生产资料所有制，并由生产资料所有制决定。生产资料所有制是经济主体围绕着生产资料结成的关系，也是生产关系的组成部分。但是，它又是人们进行生产不可或缺的前提，对生产关系的其他部分起着决定作用。生产资料所有制不同，劳动者和生产资料的结合方式就不一样。例如，在奴隶主所有制下，劳动者是奴隶主会说话的工具，与生产资料一样都是奴隶主的财产，两者是在奴隶主的支配下直接结合的。在欧洲的封建所有制下，农奴世世代代终身束缚在封建领主所有的土地上，劳动者与最主要的生产资料直接结合。自耕农使用自己所有的土地和其他生产工具，独立从事耕作，在他们和生产资料之间没有插入别的主体，也是与生产资料直接结合的。只有在资本主义私有制条件下，劳动者被剥夺了生产资料，也解脱了土地的终身羁绊，成为一无所有的自由人，从而只能通过雇佣劳动的方式、在生产资料所有者支配下与生产资料间接地结合。因此，结合方式反映的是劳动者和生产资料根据生产资料所有者的意志和利益，在一定范围内，通过特定的途径相结合的关系。就资本主义而言，劳动者和生产资料是根据创造剩余价值的需要，通过劳动力买卖，在资本家控制的生产过程中实现两者的结合的。它是生产资料所有制发生作用的后果，在实质上反映了资本家奴役、剥削雇佣劳动者的关系。可见，结合方式不仅不能脱离生产关系，反而要受到相同的基础——生产资料所有制的制约。

不仅如此，生产资料所有制与劳动者和生产资料的结合方式存在于不同的过程，发挥不同的作用。生产资料所有制存在于生产过程之前，体现了生产资料所有制的各个主体之间的关系，是劳动者与生产资料相结合、进行劳动生产的前提条件。马克思指出，生产条件的分配不同于一般产品的分配“是在生产关系本身内部由生产关系的一定当事人在同直接生产者的对立中所执行的那些特殊社会职能的基础。这种分配关系赋予生产条件本身及其代表以特殊的社会的质。它们决定着生产的全部性质和全部运动。”[3](p.995)有些学者在强调劳动者和生产资料的结合方式的重要作用时，都喜欢引用马克思的这句话：“实行这种结合的特殊方式和方法，使社会结构区分为各个不同的经济时期。”殊不知他们却漏掉紧接着的另一句话：“在当前考察的场合，自由工人和他的生产资料的分离，是既定的出发点，并且我们已经看到，二者在资本家手中是怎样和在什么条件下结合起来的——就是作为他的资本的生产的存在方式结合起来的。”[10](p.44)后一句话就明白地指出，资本主义的结合方式是以工人丧失生产资料和资本家拥有资本作为前提条件的。因此，作为前提条件的生产资料所有制形成在前，劳动者和生产资料的结合方式是在所有制关系确定以后才产生的，发生在后。

可见，生产资料和劳动者的结合方式是由一定的生产资料所有制决定，在所有制关系明确以后才形成的关系，是生产关系总体中发生在生产过程中的人们相互关系的一部分。因此，它不是独立于生产关系之外的关系，更不是处于生产力和生产关系之间并能决定生产关系的中介环节。

持后一种观点的专家认为，生产方式是指劳动过程或劳动方式，并说它决定生产关系。这也是值得商榷的。劳动过程是劳动者运用劳动资料作用于劳动对象，生产一定使用价值的过程。它一方面体现了人与物的关系，另一方面体现了人与人的关系。劳动过程存在于人类一切社会形态，从人与物的关系看，它具有各个社会形态共有的一般特征，同时也随着生产要素的变化出现新的特点，并影响劳动过程中人们的相互关系。但从人与人的关系看，即使在相同的物的生产条件下，由于生产资料所有制的差别，劳动过程中各种主体的地位和关系不同，相应的劳动过程所具有的特点也不同。在资本主义制度下，生产资料归资本家所有，他们在市场上购买了劳动力，获得了一定时间的劳动力支配权和使用权。这就决定了资本主义的劳动过程和劳动方式具有两个特征：一是劳动者在资本家的监督指挥下，根据资本家的意志进行劳动；二是劳动产品作为资本家支配、使用的生产要素发挥作用的成果，全部归资本家占有。因此，资本主义的劳动过程，就是资本家无偿占有雇佣工人的剩余劳动、剥削和奴役雇佣工人的过程，体现了资本主义特有的生产关系。马克思指出："社会生产过程既是人类生活的物质生存条件的生产过程，又是一个在特殊的、历史的和经济的生产关系中进行的过程，是生产和再生产着这些生产关系本身，因而生产和再生产着这个过程的承担者、他们的物质生存条件和他们的互相关系即他们的一定的经济的社会形式的过程。"[3](p. 927)既然劳动过程是在"独特的生产关系中进行的过程"，会"生产和再生产这些生产关系"，它就是生产关系的一部分，而不是独立于生产关系之外的因素。虽然，生产过程中人们结成的相互关系在生产关系的总体中起着重要作用，影响着交换关系、分配关系，但是，这只是它作为生产关系的组成部分在生产关系总体中的作用，它和生产关系的其他部分一样，都要以一定的生产资料所有制为基础，受所有制的制约，显现出由所有制决定的特殊的经济性质。

综上所述，无论是劳动者和生产资料的结合方式还是劳动过程、劳动方式，实际上都是以生产资料为基础的生产关系的组成部分。无论把生产方式定义为结合方式还是劳动过程、劳动方式，都无法说明它是独立于生产关系之外，同生产力、生产关系并列而且决定生产关系的中介环节。

四　政治经济学要不要以生产关系为研究对象

对于政治经济学要不要以生产关系为研究对象，大多数马克思主义政治经济学的研究者都给予了肯定的回答。差别只在于，主张“生产力—生产方式—生产关系”的同志，将生产方式（劳动者和生产资料的结合方式或劳动过程）独立出来，强调生产方式的作用。他们认为，生产关系是从生产方式中产生的，要以前者为主，将二者结合在一起进行研究。因此，如果按照本文前一部分所分析的，生产要素的结合方式或劳动方式、劳动过程无非是社会生产关系的一部分，都是在生产资料所有制基础上形成的，它们本身就是生产关系的一个部分，那么，它与“生产力—生产关系”的观点就没有本质的差别，就不影响政治经济学以生产关系为研究对象的基本结论了。如果进一步考虑到，马克思、恩格斯对生产方式最为常用的含义是社会生产关系，不妨这样说：马克思主义的政治经济学，是在生产力生产关系矛盾统一体的框架下，研究社会生产关系（包括生产过程、流通过程、分配过程、消费过程中人们之间的经济关系）及其发展规律的科学。这可能是对马克思提出的——“我要在本书研究的，是资本主义生产方式以及和它相适应的生产关系和交换关系”——名言，最符合历史唯物主义基本原理和方法，在逻辑和语义上最少矛盾的解释。

有的专家指出：“如果将生产方式解释为生产关系，马克思的那句话就成了‘我要在本书研究的，是资本主义生产关系以及和它相适应的生产关系和交换关系’。这显然犯了逻辑混乱的错误。”这明显的是把社会生产关系，即作为与生产力相对应的广义的生产关系，同具体的生产过程中人们的相互关系混淆起来了。只要查阅一下马克思、恩格斯的著作就不难看到，他们往往将生产关系同交换关系、生产方式、交换方式、分配方式并列使用。例如，恩格斯说过“以往的全部历史，都是阶级斗争的历史；这些互相斗争的社会阶级在任何时候都是生产关系和交换关系的产物，一句话，都是自己时代的经济关系的产物；”[4](p.365) 对于分配关系，马克思说：“分配就其决定性的特点而言，总是某一个社会的生产关系和交换关系以及这个社会的历史前提的必然结果，只要我们知道了这些关系和前提，我们就可以确实地推断出这个社会中占支配地位的分配方式。”[4](p.496)可见，马克思、恩格斯都把生产关系同交换关系、分配关系并列，表明他们所指的只是具体的生产、交换、分配过程中人们的相互关系。而且，恩格斯还用“经济关系”将这些具体的关系“一句话”概括起来，指出生产关系和交换关系都属于经济关系。正是在这种意义上使用生产关系和交换关系，恩格斯才说“政治经济学，从最广的意义上说，是研究人类社会中支配物质生活资料的生产和交换的规律的科学”。[4](p.489)

所以，如果正确区分狭义的生产关系（具体的生产过程中人们的相互关系）和广义的生产关系（社会生产关系或经济关系总和），那些由于语义而产生的分歧就不难消除，政治经济学研究对象的问题就能比较容易地解决。只要在基本方向上得到共识，不纠缠于一些细节，大家便可在马克思主义旗帜下团结起来，研究一些对当今社会发展关系重大的问题，共同进行政治经济学的建设，同时允许在研究重点、研究次序和其他问题上保留不同意见，展开研讨，促进学科的繁荣和发展。

不过值得注意的是，近来有一些学者借着对生产方式的不同理解，将研究生产方式的范式与研究生产关系的范式割裂开，甚至对立起来。有人还列举以生产关系为研究对象的范式的几宗错误，即：所研究的生产关系缺乏客观基础，只有主观的价值判断，脱离客观实际来讲生产关系“应当如何”，属于主观主义、唯意志论；缺乏客观立场与科学分析，只是论证传统社会主义生产关系如何“优越”、如何“和谐”，而不是如何解决现实社会生产关系的各种实际问题；宣扬所有制崇拜，把虚幻的生产关系当作真实的生产关系来研究，陷入了形而上学与法学的幻想；违背了以历史唯物主义为核心的科学世界观与以辩证唯物主义为指导的科学方法论，脱离了马克思主义经济学范式的科学轨道，是一种既不科学又缺乏客观适应性的经济学范式。虽然作者也在这种范式前加上“传统”二字，但通篇论述一点也没有谈到研究生产关系的“传统”范式和一般范式有何区别，以及一般范式是否有他列举的几宗错误，这表明他加上“传统”只是一种遮掩，他的批判应是指向所有的以生产关系为研究对象的经济学的。因为，倘若一般的研究生产关系的政治经济学与他批判的“传统”范式不同，与那些原则性错误无关，或者并不必然产生那些错误，就不需要完全否定，他主张的“生产方式范式”就不是唯一正确的，就没有什么理论“发展”可言，就不能打击别人、抬高自己了。然而，以生产关系为政治经济学的研究对象必然会导致“唯心主义”和“形而上学”，必定产生那一系列的错误吗？

首先，这种观点混淆了学科研究对象和研究中存在的缺陷。对象的明确有利于学科研究的开展，但它只是研究能否正确进行的条件之一，此外还取决于方法、途径、条件等因素，因而，不能把研究中发生的各种问题都归咎于对象的确定。政治经济学的研究对象包括资本主义和社会主义的生产关系。对前者的研究，除了有关现代资本主义的发展需要不断更新以外，其分析和阐述基本上是正确的。在马克思主义理论队伍中，尚未听说因其将研究对象定为资本主义生产关系而斥之为唯心主义和形而上学的。至于对后者的研究，在初期虽然出现过某些缺陷，其根源也不在于研究的是生产关系，恰好相反，有些问题是由于没有研究好生产关系及其发展规律而发生的。可见，断言政治经济学以生产关系为对象必然导致“唯心主义”和“形而上学”，是事物辨认上的逻辑错误。

其次，以我国的生产关系作为研究对象的政治经济学，除了“文革”期间因社会动荡和理论混乱受到影响以外，其基本方向是正确的，都是为了研究和发现社会主义经济的发展规律，繁荣我国的社会主义经济。它在建立初期出现的一些缺陷，并不是因为研究对象以及基本理论和基本方法的错误导致的，而是同新社会制度的不成熟有关。恩格斯在评价空想社会主义理论的历史意义时说得好：“不成熟的理论，是同不成熟的资本主义生产状况、不成熟的阶级状况相适应的。”[4](p. 608)社会主义是人类历史上崭新的制度，初建不久就显现出巨大的优越性，经济迅速发展，人民生活显著改善，但是，由于它的建设缺少成熟经验可循，在前进道路上就得“摸着石头过河”，免不了会出现许多波折。实践中的问题必然会在理论上反映出来，出现一些缺陷。经过反复总结经验教训，实践中的问题逐步得到解决，理论也会随之不断完善。所以，不能将以前的政治经济学一棍子打死，戴上“唯心主义、形而上学”等一大堆黑帽子，更不能将之归咎于研究对象的问题。

再次，指责以生产关系为对象的范式“只是论证传统社会主义生产关系如何‘优越’、如何‘和谐’，而不是如何解决现实社会生产关系的各种实际问题”，这既不符合实际，又是自我矛盾的。随着“文革”后的拨乱反正和改革开放的发展，以生产关系为对象的政治经济学有了很大改进。

它发现传统体制的弊病，论证改革开放的意义，进而全面分析现有生产关系的变化和存在的问题，探讨我国经济的发展道路，并不只是论证传统生产关系如何优越。而且，这种意见说“生产关系范式”错在不解决“现实社会生产关系的各种问题”，恰好证明了政治经济学研究生产关系的必要性，否定了自己的意见。因为，如果不研究生产关系，怎么能够发现生产关系的问题并加以解决呢？

持这种意见的学者还认为，生产方式有三种含义：一是劳动方式，即“各种生产要素在一定生产技术条件的基础上以一定的生产组织结合起来的具体形式与作用方式”；二是生产形式，即“一定历史阶段产品的生产、交换以及通过交换（或分配）来体现和实现生产者之间的社会联系或关系的经济形式”；三是生产的社会形式，即“生产的社会性质，从根本上说它表现为劳动者与生产资料结合的特殊方式”。这些含义中，第一种和第三种除了一些附加定语以外没有什么差别，都是指生产要素的结合方式，是叙述的重复，本文前一部分已经论证它是生产关系的一个部分了。至于第二种所说的“生产、交换或分配体现的社会联系和关系”，更直接地表明是生产关系的组成部分。其中的生产、分配体现的社会联系和关系，与斯大林讲的“生产过程中人与人的相互关系和分配关系”，没有本质的区别。另外，第二种和第三种含义，一个叫“生产形式”，一个叫“生产的社会形式”，如果硬要加以区别的话，后者应该是包含于前者之中的子概念；既然前者是生产关系，后者也不能不是生产关系了。总之，按照他所说的含义，生产方式都是生产关系的一部分，属于生产关系的范畴。所以，“生产方式是生产关系的产生基础与存在载体，它既决定着生产关系的基本性质，也决定着生产关系发展的趋势与方向”的说法存在同义反复，究其实质是对生产关系内涵的认识错误。

五　批判“所有制崇拜”，究竟意欲何往？

主张以生产方式作为政治经济学的研究对象，目的是拓宽政治经济学的研究范围。作为学术争鸣的观点进行正常的学术讨论是应该受到欢迎的。然而，有的个别主张以“生产方式”为研究对象的专家，为了强调生产方式的重要性，故意淡化、贬低生产资料所有制的作用，甚至有人竟然说以生产关系为研究对象的政治经济学“宣扬所有制崇拜，把虚幻的生产关系当作真实的生产关系来研究，陷入了形而上学与法学的幻想”。这种观点明显地背离了马克思主义的基本原理，将自己误解的政治经济学研究对象观点用以反对共产党坚持社会主义公有制为主体的正确理论。

生产资料所有制是生产条件的一定的社会形式，是任何社会生产必不可少的前提条件。马克思和恩格斯非常重视所有制在生产关系中的地位和作用，在许多场合都明确指出，各种不同的生产关系都以一定的生产资料所有制作为基础。例如，马克思在《哥达纲领批判》中把未来的社会称为“集体的、以生产资料公有为基础的社会”。[4](p.303)恩格斯也指出，未来社会制度“同现存制度的具有决定意义的差别当然在于，在实行全部生产资料公有制（先是单个国家实行）的基础上组织生产”。[11](pp.443～444)不仅如此，马克思在总结各个社会中人们的经济关系时指出，劳动条件的分配“是在生产关系本身内部由生产关系的一定当事人在同直接生产者的对立中所执行的那些特殊社会职能的基础。”[3](p.995)马克思和恩格斯不仅在提到原始公社、古代社会、小生产、资本主义和未来社会时，都指出它们要以一定的生产资料所有制作为生产关系的基础，而且在概括人类社会一般规律时，也强调生产资料所有制的基础作用，指出它决定着生产的全部性质和全部运动。

古今中外的一切实践都证实了这一理论的正确性。历史上，各个地区和国家经济关系的性质和特点都是由生产的基本条件即所有制决定的，从原始社会、奴隶社会、封建社会到资本主义社会的经济关系的更迭替代，无一不是生产资料所有制变更的结果。在资本主义社会，资产阶级占有生产资料而工人一无所有决定了雇佣劳动制度以及资产阶级对雇佣工人的剥削；生产社会化和私人资本主义占有的矛盾，不可避免地会引发周期性的经济危机。在我国，如果没有没收官僚资本、土地改革、生产资料所有制的社会主义改造，就不可能出现劳动者当家做主、平等互助、公平分配的社会主义生产关系。所以，小平同志说：“我们社会主义制度是以公有制为基础的，是共同富裕。”[12](p.216)从具体一点的层次看，在单一的公有制和高度集中的产权制度下，实行的只能是计划经济；改革开放后，多种所有制形式的发展加上国有制产权结构的多样化，才可能实行社会主义市场经济。新中国成立以来所有的经济变化以及当前存在的种种问题和矛盾，只能从所有制找到根源和科学的解释。

可见，生产资料所有制是客观存在并对社会生产关系发挥重要作用的经济关系。有些人称它为“虚幻”关系和“形而上学与法学幻想”，是非常错误的。第一，马克思、恩格斯就揭露过资产阶级法律和法学给人们造成一种幻想和错觉“仿佛私有制本身仅仅以个人意志即以对物的任意支配为基础”，指出“仅仅从私有者的意志方面来考察的物，根本不是物；物只有在交往中并且不以权利为转移时，才成为物，即成为真正的财产（一种关系，哲学家们称之为观念）。这种把权利归结为纯粹意志的法律上的错觉，在所有制关系进一步发展的情况下，必然会造成这样的现象：某人在法律上可以对某物享有权利，但实际上并不拥有某物”。[6](p.133)所以，与这些人的看法相反，马克思、恩格斯恰好强调，必须将财产看作人们的经济关系而不是法学幻想。第二，这些人曲解了马克思的这句话：“要想把所有权作为一种独立的关系、一种特殊的范畴、一种抽象的和永恒的观念来下定义，这只能是形而上学或法学的幻想。”[6](p.178)实际上，这句话并不是针对所有制关系本身，而是针对普鲁东对所有制概念的错误认识。因为，普鲁东把所有制当成一种独立于历史发展进程之外，不依历史发展而变化的抽象的永恒观念，否认它的历史的暂时的性质，还把所有制同分工、竞争、垄断、贸易等经济关系截然割裂开来，把它们看成时间上处于不同顺序的阶段或互不相关的东西，从而把所有制当成在社会生产关系之外的独立范畴。马克思就是针对这两个错误，批判普鲁东的观点是形而上学与法学幻想。所以，这个断章取义的帽子不能强加在所有制关系头上。本来，这个曲解在1980年代的争论中已经出现过并已被澄清了，如今有人为了攻击马克思主义的所有制理论再度搬用它，说明他们在理论上已是末路穷途。

承不承认生产资料所有制的重要地位和作用历来是马克思主义和其他学说的重要分水岭。马克思在批判拉萨尔关于劳动是一切财富的源泉的论点时，指出“只有一个人一开始就以所有者的身分来对待自然界这个一切劳动资料和劳动对象的第一源泉，把自然界当作属于他的东西来处置，他的劳动才成为使用价值的源泉，因而也成为财富的源泉”，[4](p.298)揭露了拉萨尔回避生产资料所有制的重要性，有意掩盖资本主义和其他一切剥削的根源，是“资产阶级的说法”。近现代的西方经济学回避资本主义社会的生产关系，更是闭口不谈生产资料所有制。连标榜研究经济制度的新制度经济学，也避开资本主义最根本的制度——生产资料所有制，只局限在经济运行层次的具体产权，甚至是一些细微产权上做文章。究其原委，就是为了掩盖资产阶级利用其所独占的生产资料剥削劳动者的事实。这就充分暴露了西方经济理论的资产阶级属性。在我国的社会主义建设中，是否坚持社会主义公有制为主体，关系到社会主义的方向和前途。在改革开放初期关于生产资料所有制的地位和作用的辩论和后来关于所有制是目的还是手段的辩论中，一些观点背后的意图就在于淡化、抹煞所有制的重大意义，否认公有制为主体的必要性和重要性，为私有制的发展制造舆论。在理论是非遭到混淆之后，有些人便从反对辨别所有制的“公”和“私”发展到反对区分生产关系性质的“资”和“社”，这就令人清楚地看出否定所有制理论的社会、政治意义了。

有些人以批判斯大林为掩护，指责所谓的“所有制崇拜”，这在理论上是站不住脚的，是完全违背历史和现实的。所有制是客观存在的关系，它在生产关系中发挥基础性、决定性作用，是生产过程的必然结果，完全可能科学地认知和描述其作用的缘由和轨迹，根本不同于那些因人类受制于自然界而不知其原委的神秘幻觉。将所有制重要地位和作用的科学说明蔑称为拜物教，实际上是对马克思主义所有制理论的歪曲和攻击，必将对社会主义事业带来巨大的不良作用。因为，一旦否定了所有制理论，就无法辨别和分析不同性质的经济关系，不懂它们变化发展的原因和规律，非社会主义和反社会主义的势力就可趁乱行事，干扰我国发展的社会主义方向。试看改革开放过程，不同社会势力围绕所有制问题展开的斗争是很激烈的。一些人为了发展资本主义私有制，利用各种时机和借口，不断转换口号，如斥责国有企业效率低下，主张以私营企业取而代之；鼓吹国有制经济不“与民争利”，应退出一切竞争性领域、全面推行“国退民进”；将国有企业经过改革调整得到发展以及企业并购的市场行为，歪曲为“国进民退”；歪曲、捏造统计资料，转移公众视线（如利用公众对分配不公的愤怒将它归咎于国家垄断），借机反对国有经济对关键部门的掌控。如此步步紧逼，直欲使资本主义经济占据我国所有的营利部门和关键部门而后快。近年来，国外企图抑制中国发展的势头，也大力渲染和攻击中国国有企业的“垄断”，声讨国有企业的发展。在所有制关系上的这一系列反公促私、反“社”促“资”行径，处处表现出他们不是不懂得，而是太在乎所有制的重要性了。他们骨子里搞“私有制崇拜”，却大讲所有制是虚幻的，无关紧要，不要“崇拜”，是想麻痹我们，使我们忽视所有制的重要性，放松对公有制的保护，好让资产阶级趁机占领所有制阵地。遗憾的是，这种正中资产阶级下怀的说法，居然也在马克思主义理论队伍中传开了，很值得我们担忧。现在，私有经济已经在我国得到快速发展，造就了一大批家财千万、亿万的富豪，导致了许多重大的社会矛盾。如果不尽快警醒过来，注意从所有制关系去认识矛盾的根源，矛盾不但得不到解决，还可能积累得越加深重，社会主义事业必然受到极大危害。

本文的主要目的并不是想争辩生产方式含义的是非，因为，我深知自己的理解不见得是完全正确的，充其量只是在多种分歧意见中再添上一种，认识不可能就此辨清。作为百家争鸣中的一家之言，我不敢保证自己观点是唯一正确的，也没有想以自己的观点压服别人不同观点的意思。之所以写这样一篇长文，是因为我担心，现在有些人根据生产方式的不同含义去任意发挥，而生产方式的多义性又可能影响对马克思主义一些基本原理和基本方法的认识。例如，怎样正确认识对立统一规律（一分为二？一分为三?），使辩证唯物主义和历史唯物主义得到更简明的阐述，更容易、更广泛地被广大群众接受和运用；怎样才能准确说明生产力和生产关系的相互关系，进而正确认识社会的基本矛盾及其发展规律；怎样完整阐述生产关系的内涵及其各个组成部分的相互关系；怎样认识所有制在生产关系中的基础性作用，如它们怎样决定人们在生产过程中的相互关系、怎样影响交换关系和方式以及分配关系和方式；怎样在当前的实践中去验证马克思主义的经济理论，建立和发展中国的现代的政治经济学，并运用它们去认识和解决实际生活中的问题和矛盾，促进经济的发展和人民生活水平的提高。这些比较根本的问题如果没有解决好，将给马克思主义政治经济学的建设带来非常不利的影响。鉴于目前理论界存在某些浮躁情绪，为了搞所谓的“创新、发展”，将马克思的论述碎片化，断章取义，穿凿附会的现象屡见不鲜。所以，我希望马克思主义的理论队伍不要因为概念理解的分歧，干扰、搅乱政治经济学的基本理论体系，应该求大同、存小异，坚持马克思主义的基本理论和方法，反击以新自由主义为主的资产阶级经济理论利用各种机会和场合的进攻，为马克思主义政治经济学的建设共同努力。

参考文献

[1] 马克思：《资本论》（第1卷），人民出版社，2004。

[2]《马克思恩格斯全集》（第46卷下），人民出版社，1980。

[3] 马克思：《资本论》（第3卷），人民出版社，2004。

[4]《马克思恩格斯选集》（第3卷），人民出版社，1995。

[5] 赵家祥：《生产方式概念含义的演变》，《北京大学学报》（哲社版）2007 年第 5 期。

[6]《马克思恩格斯选集》（第 1 卷），人民出版社，1995。

[7]《马克思恩格斯全集》（第 46 卷上），人民出版社，1979。

[8]《马克思恩格斯全集》（第 32 卷），人民出版社，1998。

[9]《马克思恩格斯全集》（第 47 卷），人民出版社，1979。

[10] 马克思：《资本论》（第 2 卷），人民出版社，2004。

[11]《马克思恩格斯全集》（第 37 卷），人民出版社，1971。

[12]《邓小平文选》（第 3 卷），人民出版社，1993。

[13]《马克思恩格斯全集》（第 4 卷），人民出版社，1958。

论《资本论》的研究对象、方法和分析范式*

林 岗

内容摘要： 马克思在《资本论》第一卷序言中明确指出："我要在本书研究的，是资本主义生产方式以及和它相适应的生产关系和交换关系。"这句话是关于《资本论》的研究对象的经典表述。我们可以将马克思这一经典表述解读为：作为资本主义经济形成的生产力基础的生产组织或劳动方式，以及和它相适应的生产关系和交换关系。在《资本论》中，马克思将历史唯物主义运用于资本主义经济形态的研究，发现了这种经济形态的特殊运动规律。这就是说《资本论》的研究方法就是历史唯物主义。在《资本论》的宏大的理论体系的展开过程中，历史唯物主义的世界观这个根本的方法论原则，具体化为经济学分析的一系列规范：（1）从生产力与生产关系的矛盾运动中解释社会经济制度变迁；（2）以生产资料所有制为基础确定整个社会经济制度的性质；（3）在历史形成的社会经济结构的整体制约中分析人的经济行为；（4）依据经济关系来理解政治和法律的制度以及道德规范。

关键词： 资本主义生产方式 历史唯物主义 研究对象 方法论 分析范式 经济形态

一 关于《资本论》的研究对象

马克思在《资本论》第一卷序言中明确指出："我要在本书研究的，是资本主义生产方式以及和它相适应的生产关系和交换关系。"[1](p.8)这句话

* 本文发表于《当代经济研究》2012 年第 6 期。

是关于《资本论》的研究对象的经典表述。要想准确理解这句话的含义，首先需要弄清“生产方式”这个概念的含义。

在马克思的著作中，“生产方式”是使用频率很高的概念，而且在不同的语境下，马克思赋予它的含义往往是各不相同的。他大致是在三种含义上使用这个概念的：第一，指生产方法或劳动方式，即采用什么样的生产资料、通过什么样的劳动组织进行生产。这是在生产力的意义上使用“生产方式”这个范畴。第二，指社会生产关系。社会生产关系又有广义和狭义之分。狭义的生产关系特指直接的物质生产过程范围内形成的人与人之间的社会关系，例如资本主义生产机构中资本家与雇佣劳动者的关系；广义的生产关系则指包括生产、流通在内的整个社会经济关系体系。第三，指社会经济形态，即一定社会历史条件下形成的生产力与生产关系的矛盾统一体。

那么，马克思在规定《资本论》的研究对象时，是在上述哪一种意义上使用“生产方式”这个概念的？如果是在第二种意义上使用这个概念，可以将马克思的表述改写为：“我要在本书研究的，是资本主义生产关系以及和它相适应的生产关系和交换关系。”很显然，无论从狭义还是广义的生产关系来看，这样使用“生产方式”这个概念都是不符合逻辑的。如果在第三种意义上使用这个概念，同样是说不通的。因为这样等于说要研究“资本主义社会经济形态以及和它相适应的生产关系和交换关系”，而“经济形态”的外延大于生产关系和交换关系，已经将它们包含了。可见，马克思只能是在第一种意义上，即生产力的意义上使用“生产方式”这个概念的。马克思在这个意义的“生产方式”前加上“资本主义”这个定语，是要表明，他所要研究的是作为资本主义的生产关系和交换关系形成的生产力基础的特定生产方式。我们不能因为“生产方式”之前有“资本主义”这个定语，就把它理解为生产关系。

根据以上分析，我们可以将马克思关于《资本论》研究对象的经典表述解读为：作为资本主义经济形成的生产力基础的生产组织或劳动方式，以及和它相适应的资本主义生产关系和交换关系。这里的生产关系，是狭义的，即直接生产过程中形成的关系。这种解读是与作为《资本论》的方法论原则的历史唯物主义的生产力决定生产关系的原理相一致的。按照这个原理，研究任何社会经济形态，都必须首先研究作为其根基的生产力。事实上，马克思在创作《资本论》的过程中写成的大量笔记和手稿表明，他对生产力进行了深入的研究。这些研究成果，集中地反映在《资本论》第一卷关于相对剩余价值生产的论述中。在那里，马克思对资本主义生产关系从产生到确立的历史过程的阐述，正是以劳动组织由简单协作、工场手工业到机器工厂的发展为基础的。不过，这里需要指出的是，经济学不是工程和工艺的研究，也不是科学技术史的考证。马克思的政治经济学对生产力研究的着眼点，在于体现在新的生产资料上的技术进步导致的劳动组织的演化，以及这种演化如何引致社会生产关系的变革。

根据以上解读，又可以将《资本论》的研究对象简单地表述为“资本主义经济形态”。因为马克思的表述，既包括生产力，又包括广义的生产关系，而经济形态正是这二者的统一。《资本论》的这个研究对象，是由它的研究目的决定的。马克思在《资本论》第一卷序言中说：“本书的最终目的就是揭示现代社会的经济运动规律。”[1](p.10)任何社会经济形态的运动都是由内在于它的生产力与生产关系的矛盾推动的。要揭示资本主义经济形态从产生、发展到灭亡的运动规律，就必须研究它所特有的生产力与生产关系的矛盾。

二　关于《资本论》的研究方法

马克思在《资本论》第一卷第二版“跋”中说“人们对《资本论》中应用的方法理解得很差，这已经由对这一方法的各种互相矛盾的评论所证明。”[1](p.19)在当时的《资本论》评论者中，有人认为马克思“形而上学地研究经济学”，有人说这就是英国古典学派的抽象演绎法；有人“发现”马克思用的是分析的方法；有人还攻击马克思的方法是“黑格尔的诡辩”。为了澄清这些人造成的混乱和误解，说明自己的方法，马克思对一位叫考夫曼的俄国学者写的一篇专谈《资本论》的研究方法的文章作了具体评论。考夫曼认为，马克思的研究方法是“严格的实在论的”，即唯物主义的，而叙述的方法不幸是黑格尔辩证法这种“坏的唯心主义”。他大段地引证了马克思在《资本论》第一卷之前出版的《政治经济学批判》序言中关于经济学方法问题的论述，并加以详细解说。马克思在《资本论》第一卷第二版“跋”中引用考夫曼的解说之后说：“这位作者先生把他称为我的实际方法的东西描述得这样恰当，并且在谈到我个人对这种方法的运用时又抱着这样的好感，那他所描述的方法不正是辩证方法吗？”[1](p.21)但是，马克思的辩证法是唯物主义的，与黑格尔的唯心主义辩证法根本不同。马克思指出："我的辩证方法，从根本上来说，不仅和黑格尔的辩证方法不同，而且和它截然相反。在黑格尔看来，思维过程，即甚至被他在观念这一名称下转化为独立主体的思维过程，是现实事物的创造主，而现实事物只是思维过程的外部表现。我的看法则相反，观念的东西不外是移入人的头脑并在人的头脑中改造过的物质的东西而已。"[1](p.22)

我们知道，唯物辩证法是关于事物的内在矛盾推动事物运动的一般规律的学说，它对自然和社会两个领域都是适用的。马克思将唯物辩证法运用到对社会历史现象的研究中，得到了被称为历史唯物主义的一般结论。而在《资本论》中，马克思又将历史唯物主义运用于资本主义经济形态的研究，发现了这种经济形态的特殊运动规律。这就是说《资本论》的研究方法就是历史唯物主义。事实上，上面提到的那位俄国学者考夫曼在他的文章中引证的，正是马克思的《政治经济学批判》序言中对唯物史观的经典表述。马克思将这个表述称为"我所得到的、并且一经得到就用于指导我的研究工作的总的结果"。[2](p.32)让我们来看看这段表述。

"人们在自己生活的社会生产中发生一定的、必然的、不以他们的意志为转移的关系，即同他们的物质生产力的一定发展阶段相适合的生产关系。这些生产关系的总和构成社会的经济结构，即有法律的和政治的上层建筑竖立其上并有一定的社会意识形式与之相适应的现实基础。物质生活的生产方式制约着整个社会生活、政治生活和精神生活的过程。不是人们的意识决定人们的存在，相反，是人们的社会存在决定人们的意识。社会的物质生产力发展到一定阶段，便同它们一直在其中运动的现存生产关系或财产关系（这只是生产关系的法律用语）发生矛盾。于是这些关系便由生产力的发展形式变成生产力的桎梏。那时社会革命的时代就到来了。随着经济基础的变更，全部庞大的上层建筑也或慢或快地发生变革。无论哪一个社会形态，在它所能容纳的全部生产力发挥出来以前，是决不会灭亡的；而新的更高的生产关系，在它的物质存在条件在旧社会的胎胞里成熟以前，是决不会出现的。所以人类始终只提出自己能够解决的任务，因为只要仔细考察就可以发现，任务本身，只有在解决它的物质条件已经存在或者至少是在生成过程中的时候，才会产生。"[2](pp.32～33)

根据生产力与生产关系的矛盾来解释社会经济运动和发展，既是历史唯物主义的灵魂，也是贯穿全部《资本论》的一条红线。拿《资本论》第一卷来说，从第一篇分析的商品的使用价值与价值的矛盾、具体劳动与抽象劳动的矛盾、私人劳动与社会劳动的矛盾，直到第七篇分析的生产的社会化与生产资料私人占有之间的矛盾，归根结底，都是生产力与生产关系矛盾的具体表现。

对于马克思的经济研究和《资本论》写作，历史唯物主义是世界观意义上的方法论原则。除了这个居于研究指南地位的方法之外，马克思在创作《资本论》的过程中，还探讨了抽象思维和理论研究的一般方法。例如，他在《政治经济学批判》导言中论述的“从抽象上升到具体的方法”。按照马克思对这一方法的辩证唯物主义的解释，科学的抽象是以客观存在的具体事物为根据的，因而具体存在的事物是理论研究的出发点。经过科学的抽象，作为出发点的具体，在研究结果中表现为多样性的统一，即从具体存在中分析和提炼出来的许多简单的、抽象的规定或范畴的综合。马克思指出：“从抽象上升到具体的方法，只是思维用来掌握具体、把它当作一个精神上的具体再现出来的方式。决不是具体本身的产生过程。”[2](p.19)直白地说，所谓从抽象上升到具体的方法，就是用抽象的概念或范畴对客观存在的事物及其内在联系进行理论描述的方法，或者说是阐述理论的方法。这种阐述方法，是以从具体上升到抽象的研究方法为前提的。在从具体到抽象的研究过程中，“完整的表象蒸发为抽象的规定”；而在从抽象到具体的理论阐述过程中，“抽象的规定在思维行程中导致具体的再现”。[3](p.42)在《资本论》第二版“跋”中，马克思针对考夫曼把自己的方法误解为黑格尔的唯心主义辩证法时指出：“当然，在形式上，叙述方法必须与研究方法不同。研究必须充分地占有材料，分析它的各种发展形式，探寻这些形式的内在联系。只有这项工作完成以后，现实的运动才能适当地叙述出来。这点一旦做到，材料的生命一旦在观念上反映出来，呈现在我们面前的就好像是一个先验的结构了。”[1](pp.21,22)

在《政治经济学批判》导言中，马克思还探讨了与上述从抽象上升到具体的方法相联系的理论阐述应按历史顺序还是逻辑顺序进行的问题。他认为，在一定限度内，在历史上曾作为独立的现象先于当前所要描述的发展了的复杂具体而存在的简单范畴，可以作为理论思维的起点。比如商品，它在资本主义经济出现之前就早已存在，而在资本主义社会它又发展为社会财富的一般形式或最简单的要素，所以，要对资本加以理论阐释，必须以商品为起点。在这种场合，理论阐述的逻辑顺序与历史发展的顺序是一致的。但是，在其他情况下，要保证理论推演的科学性，逻辑又必须摆脱历史顺序的制约。比如地租这个范畴，它在资本主义之前就存在，但要说明资本主义的地租，必须先说明作为其来源的剩余价值。在这种场合，逻辑与历史是不一致的，甚至可能是相反的。马克思在谈到这个问题时指出："把经济范畴按它们在历史上起决定作用的先后次序来排列是不行的，错误的。它们的次序倒是由它们在现代资产阶级社会中的关系决定的，这种关系同表现出来的它们的自然次序或者符合历史发展的次序恰好相反。"[3](p.49)可见，决定理论阐述中各种范畴出现顺序的，是这些范畴所反映的各种经济现象之间的关系。可以说，这是保证理论阐述的科学性的一条原则。无论理论阐述中的逻辑是否与历史顺序相符，只要它遵循了这条原则，它就是科学的。

三　关于《资本论》的分析范式

在《资本论》的宏大的理论体系的展开过程中，历史唯物主义的世界观这个根本的方法论原则，具体化为经济学分析的一系列规范。

1. 从生产力与生产关系的矛盾运动中解释社会经济制度变迁

生产关系要适应生产力的发展，这是历史唯物主义的基本命题。社会生产关系以及作为其具体表现的社会经济制度的变迁，是由生产力的发展推动的。一切社会经济制度方面发生的重要变革的原因，归根结底都是生产力的发展。在《资本论》中，马克思根据这个分析规范，成功地解释了资本主义经济制度的发展，说明了资本主义作为与一定发展阶段的生产力水平相适应的生产关系的历史合理性和必然灭亡的历史趋势。

在经济学的发展史上，马克思是第一个深入地进行制度分析或制度变迁研究的学者。由于将资本主义视为万古不变的自然法则，制度变迁研究在很长时间内被排除在西方资产阶级的主流经济学研究之外。20世纪下半叶在西方时兴起来的新制度经济学试图弥补这一缺陷。但是，由于离开生产力发展这一人类最基本的实践活动，用杜撰出来的所谓"理性人"的交易费用计算来解释制度变迁，新制度主义与实际发生的经济制度变迁史基本无关。除了得出资本主义是交易费用最小因而是最优的制度这类辩护性结论之外，其科学价值几乎等于零。事实上，迄今为止，新制度主义者甚至拿不出一个内涵和外延明确的交易费用定义。

2. 以生产资料所有制为基础确定整个社会经济制度的性质

生产、分配、交换和消费是社会再生产过程包含的四个环节。在这四个环节中，生产是首要的或最基础的环节。没有生产，分配、交换和消费都无从谈起。与社会再生产的这四个环节相对应，整个社会经济关系体系或者说广义的生产关系，又是由直接生产过程中形成的人与人的关系或狭义的生产关系，以及产品的分配关系、交换关系和消费关系构成的。由生产在社会再生产过程中的首要性决定，在社会生产关系体系中，生产关系具有基础和核心的地位，分配关系、交换关系和消费关系的性质都是由它的性质派生出来的。而直接生产过程中的人与人的关系，说到底，就是生产资料所有制关系。这是因为，谁占有了生产资料，谁就控制了生产过程和生产成果。而谁控制了生产过程和生产成果，谁就在分配关系、交换关系以至消费关系中居于主导的地位。马克思首先在《资本论》第一卷中研究资本的直接生产过程，其实也就是首先研究"资本"这样一种财产形式或生产资料所有制形式的基本规定。正是这些基本规定决定了整个资本主义生产关系体系的性质。

与马克思的这个分析规范不同，资产阶级政治经济学从斯密和李嘉图开始就一直认为，生产资料的私有制是与人类的自私本性相适应的永恒制度，因而它是没有历史、不会变化的，能够改变的只是分配和交易方式。马克思谈到资产阶级经济学家对"生产和分配的这种粗暴割裂"时指出："他们所要说的是，生产不同于分配等等（参看穆勒的著作），应当被描写成局限在与历史无关的永恒自然规律之内的事情，于是资产阶级关系就被乘机当作社会一般的颠扑不破的自然规律偷偷地塞了进来。这是整套手法的多少有意识的目的。在分配上，他们则相反地认为，人们事实上可以随心所欲。"[3](p.28)资产阶级经济学的辩护性，决定了其研究方法是错误的。而错误的方法使他们不断发明出荒唐可笑的理论。在与生产资料所有制相关的问题上，一个当代的笑话就是所谓"人力资本理论"。按照这种理论，除了自己的劳动力之外一无所有的雇佣工人其实也是资本家，不过不是作为生产资料所有者的资本家，而是人力资本家。于是，资本主义私有制条件下劳动者与生产资料的分离以及由此发生的雇佣劳动关系和剥削压榨，就消失在人人都是资本家的美好幻境中了。更可笑的是，某些所谓的经济学家还厚着脸皮故作天真地提出这样的伪问题：为什么总是资本雇佣劳动，而不是劳动雇佣资本？并且故作高深地证明了资本雇佣劳动天然合理。此外，我们前面已经提到过的新制度主义的交易费用学说，在这方面也是一个荒谬的典范。这个学说的问题在于颠倒了直接生产过程中的关系或生产资料所有制与交易的关系，将后者说成决定前者的东西。马克思在《资本论》第二卷中对把交易形式作为划分历史时期标准的德国旧历史学派代表希尔德·布兰德的批判，完全适合当代的交易费用学说。马克思指出："在资本家和雇佣工人的关系上，货币关系，买者和卖者的关系，成了生产本身所固有的关系。但是，这种关系的基础是生产的社会性质，而不是交易方式的社会性质；相反，后者是由前者产生的。然而，不是把生产方式的性质看作和生产方式相适应的交易方式的基础，而是反过来，这是和资产阶级眼界相符合的，在资产阶级眼界内，满脑袋都是生意经。"[4](p.133)

3. **在历史形成的社会经济结构的整体制约中分析人的经济行为**

从《资本论》中可以看出，马克思对人的经济行为包括人的行为目标（价值取向）和行为方式的分析，是以历史形成的既定社会经济关系为前提的。在《资本论》第一版序言中，有这样一段说明社会关系对个人行为的制约性的名言："我决不用玫瑰色描绘资本家和地主的面貌。不过这里涉及的人，只是经济范畴的人格化，是一定的阶级关系和利益的承担者。我的观点是把经济的社会形态的发展理解为一种自然史的过程。不管个人在主观上怎样超脱各种关系，他在社会意义上总是这些关系的产物。同其他任何观点比起来，我的观点是更不能要个人对这些关系负责的。"[1](p.10) 撇开社会生产关系，以某种抽象的人性假设或个人的自由意志为出发点来分析人类的经济行为，是不可能得出符合客观实际的科学结论的。因为，舍去人与人之间的社会关系，舍去人作为某个阶级或阶层的成员在一定社会关系中所处的地位，我们得到的就是一个个孤立的生物学意义上的个体。如果再从这种个体所具有的生理本能引出"自利倾向"之类的人性假设，并以此为出发点来解释人类的经济行为，对人类行为的经济学分析也就会被荒谬地归结为一个又一个《鲁滨逊漂流记》式的故事。这种所谓的经济分析实际上是什么都说不清楚的。例如，如何解释资本家和工人对工资提高的截然不同的反应？为什么这时前者痛苦而后者高兴？为什么同样是具有自利倾向的人，价值取向却截然相反？显然，自利倾向之类的人性假设，解释不了这种在现实经济生活中普遍存在的现象。然而，只要我们将这里所说的人放到资本主义生产关系中，问题的答案就一目了然了：这是资本与劳动对立的利益关系的必然表现。

从脱离社会关系的个人的"理性"出发进行经济行为分析，是资产阶级政治经济学沿用至今的方法论传统。马克思在《政治经济学批判》导言中指出："被斯密和李嘉图当作出发点的单个的孤立的猎人和渔夫，属于18世纪的缺乏想象力的虚构。这是鲁滨逊一类的故事。"[3](p.22)在200多年后的今天，号称现代经济学的西方主流经济学中的微观经济分析，仍以孤立的个体的自利倾向为基本假设，继续讲述着鲁滨逊一类的故事。这决定了这种分析的非现实性。事实上，我们在微观经济学中是看不到资本主义经济关系的两个主要经济关系当事人即资本家和工人的。拿它的所谓厂商理论来说，其实这仅仅是个最大利润产量的决定方法，根本就没有进入资本主义生产过程的内在结构中去，连西方资产阶级经济学家自己也承认，生产在他们的理论中是一个没有打开的黑匣子。事实上，这种所谓的生产理论与资本主义生产中发生的实际进程关系甚微，从其中是看不见资本家与工人这两个在资本主义生产过程中必不可少的角色的利益关系的。在微观经济学中，这种利益关系是由所谓的要素价格理论来解释的。利润和工资这对在实际经济中原本对立统一的范畴，被说成分别由资本市场和劳动市场的供求关系决定。实际的资本主义生产过程中，时时发生的延长工作日、提高劳动强度、削减必要劳动时间以相对增加剩余劳动时间等事件，统统都在新古典经济学的视野之外。将这种理论与《资本论》第一卷对资本主义生产过程的分析比较一下，前者的肤浅空洞和后者的深刻厚重，有若黑白般分明。

4. 依据经济关系来理解政治和法律的制度以及道德规范

政治经济学研究的是社会的经济基础，但这种研究又不可能不涉及社会的上层建筑。要想撇开社会的政治、法律和道德规范进行所谓纯经济分析，实际上是不可能的。根据历史唯物主义这个马克思主义经济学的方法论原则，经济学研究在涉及政治、法律和伦理等上层建筑领域的现象和范畴时，应当依据作为不以任何个人的意志为转移的社会存在的经济关系，对这些意识形态的现象和范畴的特定社会含义做出说明。与这个基于"存在决定意识"的唯物主义原则的分析规范相反，唯心史观认为，政治、法律和道德规范取决于人的主观意志，是人类与生俱来的正义和公平观念的产物。而资产阶级政治经济学所遵循的就是这种唯心主义的规范。例如，在说明经济学经常涉及的"产权"这个范畴时，资产阶级经济学家一般都把作为社会存在的经济关系与表现为普遍意志的法律规定混同起来，认为法律决定经济关系。马克思在《资本论》第一卷中谈到商品生产者之间的交换关系时指出，“彼此承认对方是私有者”这样一种“具有契约形式的法的关系”（也就是产权关系），“是一种反映着经济关系的意志关系”，“这种法的关系或意志关系的内容是由这种经济关系本身决定的”。[1](p.103) 正是因为马克思在分析资本家和工人之间的交换关系时遵循了经济关系决定法的关系这样一条正确的路径，他才揭开了法律上权利平等的交换包含的秘密：资本家与工人交换的是劳动力，而劳动力成为商品体现的经济关系即雇佣劳动关系是以资产阶级对工人阶级的统治为内容的。李嘉图学派之所以解决不了资本家与工人之间的等价交换与利润之间的矛盾这个难题，从研究方法上说，就是因为总是在法律层面的平等权利关系上兜圈子，而没有从经济关系入手来把握权利关系的内容。如果说具有科学精神的古典经济学家虽然不能正确地解决问题，但是能够发现问题，那么，对于新古典经济学这类资本主义现代辩护士来说，掩盖问题就成了当务之急。实际的经济关系即资产阶级与工人阶级的关系从这种理论中彻底消失了，实际存在的压迫和剥削被抹杀了，法律上权利平等的要素所有者之间自愿的交换决定着要素的价格，一切都蒙上了永恒的公平与正义的面纱。

上面说明的在《资本论》中体现出来的马克思主义经济学的四个分析规范，是将历史唯物主义这个总的原则运用于经济研究应当遵循的方法。这是马克思留给我们的最重要的理论遗产。我们在经济研究中坚持马克思主义，从根本上说，就是要坚持马克思的研究方法和分析规范。只有坚持马克思的研究方法，我们才能根据历史条件的变化，不断地发展马克思主义的政治经济学。我们不仅要运用马克思的方法研究当代资本主义经济的新矛盾和新特点，研究全球化、新技术革命、生态和环境等新的问题，而且要运用它研究我国的经济改革与发展中的重大现实问题，研究中国特色社会主义经济的发展规律，大胆进行创新，概括出新的概念和范畴，制定新的阐述体系，运用新的分析技术，创新马克思主义经济学。

参考文献

[1]《资本论》（第1卷），人民出版社，2004。

[2]《马克思恩格斯选集》（第2卷），人民出版社，1995。

[3]《马克思恩格斯全集》（第30卷），人民出版社，1995。

[4]《资本论》（第2卷），人民出版社，2004。

马克思主义经济学发展创新的时代任务和基本路径*

刘 灿 李 萍 吴 垠

内容摘要： 当代资本主义的新发展、经济全球化进一步深化的新趋势以及中国经济改革发展进入新的历史阶段，是马克思主义经济学发展创新所面临的时代背景；20世纪以来西方经济学的新发展从学科竞争的角度构成对马克思主义经济学的严峻挑战。这使马克思主义经济学的发展创新必须以全新的素材、视角、思维方式和分析范式来有力地回应上述各种因素的挑战。当代马克思主义经济学的发展创新和构建中国特色社会主义经济理论，包括理论内核的构建、研究方法的拓展、理论体系的不断完善和创造性发展，旨在使马克思主义经济学的基本思想和分析方法，形成一种自我吸收、不断创新和全面开放的理论体系。

关键词： 马克思主义经济学　创新发展　时代背景　任务和路径

《资本论》出版140多年来的实践证明，资本主义生产方式的发展发生了许多重要的新变化，呈现出了许多重要的新特征。同时，以实行社会主义市场经济为主要标志的中国特色社会主义，同马、恩所设想的以产品计划经济为主要特征的经典社会主义模式也有了许多重要的差别。实践的发展，要求我们在马克思主义世界观与方法论的指导下，科学地解释现代社会经济发展中的新变化、新特征，提出马克思主义经济学的新观点、新见解，并以之指导中国经济发展与社会变革的新实践，从而推动马克思主义经济学的发展和创新。本文将着力于对马克思主义经济学发展创新的时代任务和基本路径这一重大问题提出我们的看法。

---

* 本文发表于《经济学家》2011年第5期。

一　马克思主义经济学发展创新面临的时代背景

1. 经济全球化和资本主义发展的新态势

在后危机时代，经济全球化和世界经济多极化都出现了若干新特点和新态势，它们共同构成了当代中国马克思主义经济学创新必须面对的外部环境。

第一，协调一致地注入流动性是国家垄断资本在后危机时代调控资本主义经济运行的主要手段，动辄数千亿美元的流动性干预规模也反映出其危机救援的雄厚实力。在危机救援初期，次债市场上金融资本无限的逐利行为在时间上和空间上不能继起（刘灿等，2007），[1]致使美、欧、日三大经济体在不到1个月的时间内就向其金融市场注入了超过5500亿美元规模的流动性（何帆等，2007），[2]危机干预的深度和广度在资本主义经济危机史上罕见。在危机救援中后期，西方发达资本主义国家开启了国家垄断资本渗透到微观金融机构的危机干预模式，以干预、重组乃至重新国有化那些出现债务危机、信用评级危机的金融机构的方式来维持金融体系的稳定。比如，继“两房”和AIG被美国政府接管后，美国财政部在国会授权下以2900亿美元为美洲等九大银行参股注资；德国政府以680亿美元巨资收购房地产巨头HRE；荷兰和法国政府分别出资233亿美元和198亿美元，收购富通银行股份；爱尔兰几乎把银行系统全部国有化；英国政府也接管了房地产贷款巨头Bradford & Bingley公司和Northern Rock银行（裴长洪，2010）。[3]救援行动的一致性说明，经济全球化把西方国家垄断资本的利益联系在一起，“一荣俱荣、一损俱损”的西方金融和资本市场也迫使发达资本主义国家的垄断资本从宏观和微观两个层面强化了后危机时代对资本主义经济运行的救援和干预，这已经成为经济全球化深入发展过程中的新现象。

第二，国家联盟、跨国经济金融组织成为垄断资本跨国流动配置从而实现反危机的重要平台。在这些平台中，发展中国家的话语权得到提升，但发达资本主义国家仍占据主导地位，并借以维护跨国垄断资本的根本利益。典型的案例是，布雷顿森林体系瓦解以后，西方国家为应对日渐频繁的货币、金融和经济危机，以美国为首的“西方七国集团”（G7）建立，以图在政治经济领域进一步维护垄断资本在世界范围内的利益。但世界经济、贸易、金融发展的多样性和复杂性，以及与之伴生的各类政治经济问题层出不穷，G7 协调和救助资本主义经济能力的每况愈下，越来越需要新的国家力量参与到挽救垄断资本跨国配置及其利益的过程中去——包含金砖四国（中、俄、印、巴）和一些发展中国家的 20 国集团（G20）应运而生。我们看到，在 2009 年伦敦 G20 峰会后，20 国集团领导人承诺为 IMF 和世界银行等多边金融机构提供总额 1.1 万亿美元的融资，将 IMF 的资金规模由 2500 亿美元增加至 7500 亿美元。同时，G20 伦敦峰会所形成的全球刺激经济计划金额合计远远超过 1.1 万亿美元，而到 2010 年年底前不低于 6.1 万亿美元（金亨泰，2009）。[4] 由此可见，资本要素的流动已经从私人垄断资本的跨国流动发展到国家资本的跨国流动，20 国集团、IMF 和世界银行等国家联盟或跨国组织起到了不可或缺的作用。

第三，现行国际货币金融体系改革的呼声日高，体现出经济全球化向多极化发展的一般趋势。早期的经济全球化，是少数发达资本主义国家主导的全球化，当时所建立的国际货币金融体系是服从于、服务于垄断资本的战略利益的；但全球化越是深入发展，其多极化趋势就越是明显，这使得许多发展中经济体越来越要求西方垄断资本的跨国配置，不能以损害发展中国家的利益作为代价。于是，改革现有的国际货币金融体系便迫在眉睫。李稻葵等（2010）和裴长洪（2010）认为，从均衡各国利益的角度分析，金融危机后的国际货币体系可能的演变方向，一是各国通力合作创造出超主权国际货币；二是欧元及人民币的持续兴起，与美元形成三足鼎立的国际货币体系；[5] 三是在改革国际货币基金组织的呼声下，继续增加“金砖四国”和发展中国家在其中的发言权和投票权，巩固国际货币金融体系多极化的趋势。[3]

第四，发展战略性新兴产业成为各国科技竞赛和产业振兴的新潮流。每一次大的经济或金融危机的背后，都有传统产业利润率下降从而造成实体经济和虚拟经济发展脱节的现象。也正因此，战略性的新兴产业也逐渐孕育并发展壮大。谁先开启这些战略性新兴产业发展的新篇章，谁拥有相应的技术和知识产权，谁就能率先走出危机从而占领经济发展的制高点。毋庸置疑，金融危机过后，全球进入了空前的创新密集和产业振兴时代，不同国家发展战略性新兴产业的竞争也日趋激烈。例如，美国要将研发的投入提高到 GDP 的 3% 这一历史最高水平，试图在新能源、基础科学、干细胞研究和航天等领域取得突破；欧盟宣布到 2013 年以前，将投资 1050

亿欧元发展绿色经济，保持在绿色技术领域的世界领先地位；英国从高新科技特别是生物制药等方面，加强产业竞争的优势；日本重点开发能源和环境技术；俄罗斯提出开发纳米和核能技术（周英峰，2009）；[6]中国的十二五规划中也专辟了一章来谈未来需要重点发展的一系列战略性新兴产业。在这些领域中，突破关键技术并使之产业化，并掌握自主知识产权，将成为后危机时代不同国家间科技竞赛、产业振兴的关键，经济全球化的技术和产业基础也将因此而得以提升。

以上分析表明，跨国垄断资本的根本利益将从生产力和生产关系两个方面影响经济全球化的进程，而这恰恰是马克思主义政治经济学的理论基础、分析方法以及分析范式能够充分运用的良机。当然，后危机时代经济全球化和世界经济多极化的基本趋势，也明显地表现出目前的经济理论研究远远落后于现代的经济发展实践和全球化的迅猛进程。这就给马克思主义经济学的发展创新提出了新的挑战：（1）马克思主义经济学基础理论研究需要对实体经济与虚拟经济在全球各国国民经济中的作用及其对国民经济运行的影响提出更具深度的分析；（2）马克思主义经济学必须提出比西方新自由主义学派的经济学说更具解释力和说服力的理论，以期深化对21世纪全球化条件下市场经济制度的认识；（3）马克思主义经济学的基础理论研究迫切需要从基本范畴的界定做起，进入现代市场经济条件下国民经济宏观运行和宏观调控的分析层面，以充分应对后危机时代全球化发展变化带给理论经济学研究的新挑战。

2. 中国经济改革发展进入新的历史阶段

改革开放32年后，中国经济呈现出一系列重要的转折性特征，其改革和发展进入了新的历史阶段。中国在未来经济发展过程中面临的新的机遇与挑战，既构成当代中国马克思主义经济学理论创新的方向和动力，也提出了一系列亟待解决的重大实践问题。

第一，完善社会主义市场经济体制的改革进入攻坚和深化阶段。以建立中国特色社会主义市场经济为目标的改革在走过近20年后，① 我们已初步建立起社会主义市场经济体制，以公有制为主体、多种所有制经济共同发展的所有制结构和开放竞争的市场体系的运转日趋成熟。但是，影响发展的体制机制障碍依然存在，改革攻坚面临的深层次矛盾和问题也日益凸

① 以1992年党的十四大提出建立中国特色社会主义经济为目标算起。

显，如收入分配差距在近年来持续扩大，各社会阶层、利益主体之间的矛盾突出；资本、土地等要素市场的市场化改革不完全，部分行业的垄断还严重存在；资源及要素价格扭曲导致投资冲动、结构失衡、发展质量欠佳的现象还十分突出；覆盖全民的社会保障体系还没有建立；教育、医疗等基本公共服务在地区和城乡间的均等分配还没有实现；增长的“包容性”难题在贫困、落后以及民族地区还比较明显；等等。因此，继续推进改革，建立完善的社会主义市场经济体制，实现体制转型的任务还十分艰巨。

第二，经济发展新阶段的结构调整成为时代主题。现阶段，我国经济发展已进入以结构调整为特征的新阶段。首先，工业化进入由中级阶段向高级阶段的过渡时期。按照钱纳里等（1988）的标准[7](p.167)，目前中国进入了工业化的加速发展时期，工业化由中级阶段向高级阶段过渡，也从人均 GDP 由 1000 美元向 3000 美元的过渡期转变到了关键发展期，① 这一时期既是经济发展的“战略机遇期”，也是经济发展的“矛盾凸显期”。其次，从产业结构的演进来看：三大产业比例失调与产业内部失衡并存的特征愈加凸显。2008 年我国第二产业比重为 48.6%，而同期美国第二产业比重为 24.6%，德国为 32.9%，印度为 28.7%，俄罗斯为 33.7%。我国第二产业比重比世界平均水平大体高出 10～20 个百分点。我国第三产业比重为 40.1%，不仅远低于发达国家美国 74% 的水平，与同期俄罗斯的 63.3% 相比，也明显偏低。在三大产业比例失调的同时，产业内部失衡亦较为突出。农业基础薄弱，现代农业发展滞后，“靠天吃饭”的传统农业仍占很大比重；工业大而不强，制造业规模虽已位居世界第三，但企业极度缺乏自主知识产权与创新产品；服务业服务效率和附加值不高，现代服务业发展缓慢，餐饮、交通运输等传统服务业占 40% 左右，而物流、金融等现代服务业还不足 30%（王保安，2010）。[8]显然，在新的发展阶段需要在产业结构调整与需求结构升级方面加大改革力度，才能纾缓结构失衡矛盾对中国经济发展的“瓶颈约束”。

第三，资源消耗、环境污染构成了对经济发展的硬约束。中国工业化

① 据中国新闻网报道，中国国家统计局公布的“十一五”经济社会发展成就系列报告显示，2010 年我国人均国内生产总值达到 29748 元，如果按 1 美元对人民币 6.55 元计算，中国的人均 GDP 在 2010 年就达到了 4541 美元。显然，中国现阶段已经进入了人均 GDP3000 美元以上的“关键发展期”。参见：http：/www. Chinanews. com/cj/2011/03－01/2874951. shtml。

目前正在迈向重化工业阶段，资源环境构成了对工业化的硬约束。一些最重要的自然资源如石油、天然气、铁矿、铜矿等对国际市场的依赖程度增强。在这一约束条件下，中国既不可能像小国那样通过大量进口来解决资源短缺问题，也不可能越过重化工业阶段而进入高加工阶段甚至直接进入后工业化阶段。资源、能源和环境已对产业发展形成长期硬约束的现实，决定了在重化工业阶段，中国不能走工业先行国家已经走过的重化工业发展道路，而应选择新型工业化道路和可持续发展的产业政策。

第四，经济发展面临更加激烈的国际竞争环境。从工业体系的国际比较来看，我国独立核算企业、国有企业、规模以上的非国有企业的平均生产规模较小，化学工业、石油加工业、钢铁工业的平均规模与国际水平相比差距突出。同时工业的生产设备、产品质量、R&D 能力与国际水平相比较差距更大，尤其是技术密集型产业和高新技术产业（任保平等，2009）。[9]从现代服务业来看，总体发展水平低：目前世界各国服务业增加值占国内生产总值的比重平均超过 60%，主要发达国家达到 70% 以上，而中低收入国家则达到了 43% 的平均水平，但 2006 年我国这一数字仅为 40.2%，仍然明显偏低，服务业总体供给不足，生产性服务业比重偏低，服务质量和效率不高（何德旭，2007）。[10](p.9)

第五，整体经济发展从体制转轨期过渡到发展转型期。改革 30 多年的经济发展不是一般的发展，而是一种典型的转型发展。经济发展呈现出显著的“双重制度变迁”（加藤弘之，2003）[11]的特征，在双重制度变迁背景下整体经济发展进入双重转型期：一方面要实现发展的任务，实现由贫穷落后向富裕状态的转变，缩小与发达国家的经济差距；另一方面要加快经济转型，使经济发展和经济转型统一为一个过程。从经济转型的任务来看，经济体制由计划经济向市场经济的转型基本告一段落，而发展转型的任务则正当其时：现阶段既要加速实现由传统工业化向现代新型工业化的转型，又要迎接信息化时代的挑战；同时，城市化要由人口城市化向以产业为支持的功能型城市化转型；经济发展从规模扩张型向效率提高型转型；社会由封闭向开放转型；等等。

上述这些新特征表明，中国经济的改革和发展是一场波澜壮阔的社会经济变革，它渗透到了中国的社会、经济、政治、文化等各个方面。这就要求中国的马克思主义经济学必须直面中国经济改革与社会变革所带来的种种挑战和机遇，在坚持自身理论内核和方法论的基础上，根据时代特征加以丰富和发展。首先，马克思主义经济学必须对中国经济改革和发展中涌现出的新问题提供理论指导；其次，需要探讨中国经济改革和马克思主义经济学的发展之间如何实现有机统一和良性互动，通过中国的经济改革实践反馈马克思主义经济学理论，实现理论的自洽和创新；再次，需要把马克思主义经济学的中国化研究提到与中国经济改革实践同步深入的高度，把解决中国经济改革自身的问题和矛盾作为创新马克思主义经济学的重要指南；最后，实现马克思主义经济学发展的系统化、科学化目标，在指导思想、基本原则、研究范式和研究重点等方面做到与时俱进，以永葆马克思主义经济学的先进性。

二　20世纪西方经济学的新成果、新方法、新发展对马克思主义经济学的挑战

20世纪末期以来，西方经济学无论在微观还是宏观、思想还是方法、自由主义还是干预主义等多个方面都取得了重要的进展，有些方面的进展正在引起其基本框架的变化，有些正在拓展经济学的边界和基本假设。其研究的动态趋势主要表现在如下几个方面。

第一，经济研究数学化、计量化是现代西方经济学最为明显的基本趋势和特征。进入20世纪后，经济学数学化不论从量上还是质上都取得了极大的进展，数学的方法渗入西方经济学的概念、命题、定理、原理和体系。主流杂志的多数经济学论文在理论命题产生、检验、认可的诸多环节都融入了数学，数学和经济学出现了一体化的趋势。同时，计量经济学的兴起更加速了经济学数学化的进程。其中，参数检验分析作为经济学科学检验的基本路径之一，可以明确估计出经济学的数学解的有效性、合理性、现实性，为经济学缩短与自然科学之间的距离做出了贡献。严格定量、可计算、可模型化、可分析、可测度、可形式化表达、可逻辑证明几乎已成为20世纪以来西方经济学的“铁律”和“范式要求”。

第二，博弈论和信息经济学等方法论的广泛应用使西方经济学在方法论上的影响日益广泛。博弈论和信息经济学的广泛应用，几乎重新塑造了现代西方经济学的主要部分，无论微观经济学，还是宏观经济学；无论产业经济学，还是公共经济学；无论管理经济学，还是现代决策理论里都能够看到其应用的身影（杨建飞，2003）。[12]目前，国际上一个重要的前沿进

展是把博弈论、企业理论、信息经济学、非线性理论与演化经济学进行了一次更大范围的结合，开创出了进化博弈论的方向，不仅利于提高现代经济学的解释力、真实性、现实性、学术成果的应用性，而且可以加强历史与逻辑、真实与抽象、理性与非理性、连续与渐进、完全理性与不完全理性、利己主义与利他主义的结合。经济学以此为基础部分地打通了科学主义与人文主义的通道，可能走向更高更大的视界融合。

第三，实验经济学、行为经济学对人类行为与心理的重视引发了西方经济学向跨学科边界以及交叉学科领域的创新。赵红军、尹伯成（2005）[13]指出，实验经济学与行为经济学对人类行为与心理的研究都非常重视，仅仅是其关注的侧面有所不同：就实验经济学的研究方法论特点而言，它更重视对金钱刺激在决策中重要性的认识，同时它也更加关注实验设计的重复性；就研究的领域来看，实验经济学更加关注市场结局，而行为经济学更加关注个人行为。比如，实验经济学的重要奠基者 F. 史密斯就先后进行过多次有关价格机制的实验。获得的结果与市场运作的结果基本相似，这表明通过实验可获得对市场机制的正确认识。此后，实验经济学家还针对拍卖市场运作机制、金融市场的价格机制以及放松管制、私有化、公共物品提供等方面进行了有针对性的研究。在以心理学和实验为基础的行为经济学和实验经济学的全新研究下，传统经济学的很多假设和命题面临着被改写的命运，如“经济人”假设、完全理性、最优化行为等，这些修正既是行为经济学和实验经济学目前从事的重要工作，同时也从交叉学科和跨学科的角度为现代经济学的创新做出了努力。

西方经济学的上述进展，为现代市场经济理论研究提供了更为广泛的思维逻辑空间和方法论空间；同时，也构成了对当代马克思主义经济学的方法论和理论创新的重大挑战。但是，无论现阶段西方经济学的数学模型有多复杂、计量的数据有多精准，都不能改变经济学是社会科学的属性，也不能改变经济学研究要求其具有强烈的本土特色的特点。而这恰恰是关注社会、关注历史、关注国情的马克思主义经济学所具有的比较优势。西方经济学对马克思主义经济学所形成的挑战是事实，但只要马克思主义经济学研究坚持从现实出发、从历史出发、从社会科学的本质属性出发，以深刻揭示和认识各类经济社会问题作为研究的重点指向，马克思主义经济学就一定能够在与西方经济学的学科竞争中脱颖而出。

三　马克思主义经济学发展创新的基本任务和路径

当代资本主义的新发展和我国改革开放的新实践，为当代马克思主义经济学的进一步发展和创新提供了全新的素材、视角和思维方式。马克思主义经济学在当代发展和创新的高度和境界，取决于它基于新实践、新问题、新现象和新研究在理论上突破的程度和水平，取决于它分析、回答和解决当代经济领域的重大理论和现实问题的程度和水平。不言而喻，创新永无止境，发展未有穷期（李萍等，2011）。[14]

1. 坚持马克思主义经济学方法论的科学内涵和精髓

创新现代马克思主义经济学的范式，应当以马克思主义经济学方法论为基础，而绝不能脱离这一科学根基。具体来说，这一方法论根基包括如下三个方面。

第一，唯物史观的基本信念与价值观。马克思主义经济学的基本信念，是基于历史唯物主义世界观而坚信社会主义与共产主义是人类社会发展的必然趋势，主张实现人的自由解放与全面发展。马克思主义经济学认为，生产方式的变革是社会发展的根本动力，人类社会生产方式与社会形态发展与演进的客观规律，决定了人类社会的发展最终从资本主义社会进入社会主义、共产主义社会。随着生产方式的变革与社会的发展，人类不仅从自然界和社会关系的奴役下解放出来，成为自然界与社会的主人，而且从旧的社会分工的奴役下解放出来，全面发展，成为劳动过程的主人。

第二，唯物辩证法的科学方法论及其理论体系。从分析方法来看，马克思主义经济学方法论的核心是唯物辩证法，它主要表现为矛盾分析方法、辩证否定方法、历史与逻辑的方法等。其中，矛盾分析方法是最主要的分析方法。进而言之，马克思主义经济学的理论体系是以生产方式范畴为基础的。其概念体系分为两大系列：其基础系列是“生产力—生产方式—生产关系”；其派生系列是“社会经济结构—上层建筑”（于金富，2008）。[15]

第三，马克思主义经济学的基本假设条件。马克思主义经济学的基本原理，是建立在两个基本假设基础上的：首先，生产总是社会的生产，而不是孤立的个人的生产。生产的社会性质表现在两个方面：一是生产总是在一定的社会形式下进行的生产，绝不存在什么抽象的生产一般。二是生产过程总是要形成一定的社会关系，即生产关系，包括人们在生产过程中所处的地位及其相互关系以及分配关系。其次，在社会生产过程中，人们从事经济活动的目的是为了实现自己的经济利益，人们在追求各自不同的经济利益时相互之间会产生矛盾和冲突。为解决这些矛盾和冲突、促进合作所做出的规范性安排就是制度（顾钰民，2005）。[16]因此，马克思主义经济学的基本假设就是“社会生产假设”与“利益分析假设”，这些理论假设是马克思主义经济学科学研究的前提和理论创新的基础。

2. 加强马克思主义经济学的基本理论问题研究

当代马克思主义经济学的创新还需要重视和加强马克思主义政治经济学基本理论问题的研究，特别是对马恩经典著作和文献的研究。马克思主义政治经济学基本理论问题包括政治经济学的研究对象：所有制、生产关系与生产力、经济基础和上层建筑；劳动、价值、生产价格；剩余价值、剩余价值生产与分配；社会再生产；资本有机构成、平均利润、平均利润率下降规律；资本主义积累一般规律；等等。这些问题构成马克思主义政治经济学的“内核”和概念体系。马克思主义经济学的当代创新与发展需要对这些理论进行重新认识，找到理论元点：需要重新认识这些理论和范畴在当代社会主义实践中怎样坚持运用，是否要纳入社会主义经济学的概念体系，是否要拓展和丰富其内涵，是否要改造和怎样改造。我们的任务是，基于马恩经典著作的原意特别是《资本论》的理论逻辑和原理，立足于马克思主义经济学的中国化，合理吸收现代西方经济学的理论成果，对这些基本理论问题进行新的研究，构建马克思主义经济学当代创新的理论内核。

3. 充分关注当代资本主义经济发展的新问题、新矛盾，对当代资本主义市场经济的运行规律及其内在矛盾做出科学解释

科学范式的基本功能就是反映客观现实特征，经济学范式发展的趋势就是不断适应经济社会发展的新特征。“经济学范式的确定和存在必须符合一个国家的经济生活的需要，经济学范式的危机和范式转换的原动力来源于客观经济生活领域的发展和变革”（陈孝兵，2000）。[17]马克思经典范式的科学性质不仅表现为其基本世界观、方法论的科学性，而且表现为它对当时的古典资本主义生产方式主要特征的科学概括。创新马克思主义经济学，就是要在马克思主义科学世界观与方法论的指导下，充分关注当代资本主义经济发展的新问题、新矛盾，提出马克思主义经济学的新观点、新见解，指导现代经济发展与社会变革的实践。

值得注意的是，源于美国而蔓延世界的金融危机，不论从经济运行层面还是从经济制度层面来看，都不仅对西方主流经济学的理论基石——经济自由（即理性人自由选择）和市场均衡提出了挑战，而且也呼唤着新的理论对其加以解释。当代资本主义发展的新现象、新问题特别是这次金融危机暴露出来的问题表明，自由主义的市场经济模式不是唯一和最好的模式，西方国家也急于用新的理论解决社会财产权和利益结构失衡以及收入差距过大等问题。这就需要我们对资本主义制度及市场经济的运行有更深刻的理解。在这一问题上，马克思经济学给我们提供了西方主流经济学从来不可能具有的科学的理论分析范式。马克思指出，资本主义分配不公平的根源是生产资料占有的不平等，资本主义的私产制度和雇佣劳动制度决定了工人必然要遭受资本家的剥削，劳资之间永远不可能在公平的条件下缔结市场契约。马克思认为，社会进步的意义在于要实现每个社会成员拥有财产权利的平等、获得和使用财产的公平即劳动产品分配的公平以及人们能充分享受社会财富带来的幸福，实现人的全面自由发展。在对资本主义制度的深刻分析中，马克思看到了一个利益关系失衡的财产权结构会构成严重的“社会安全问题”，同时资本与劳动收入比例的长期失衡也会造成广大劳动者的消费被限制在一个最低的水平上，加之技术进步带来的资本有机构成提高把越来越多的劳动者排斥在就业大军之外，这是引起失业、生产过剩乃至经济危机的重要原因（刘灿，2010）。[18]显而易见，科学认识这些新问题、新矛盾，需要在遵循马克思主义经济学基本方法论的基础上，对资本主义市场经济发展变化的新规律做出理论上的抽象和总结，开拓出马克思主义经济学现代化的创新空间。

4. 汲取西方经济学的有益成果，关注西方马克思主义经济学的最新发展

20世纪以来，西方经济学在研究方法变革和跨学科领域拓展的基础上取得了一系列新的发展，特别是新制度经济学以经济人假定（理性选择）为出发点，以新古典经济学的成本收益方法为分析工具，以交易费用理论为基础，将制度纳入经济学的分析框架之中，拓展了经济学的研究范围，增加了经济学对经济社会现实的解释力。不言而喻，经济学作为研究在资源短缺情况下的人类行为选择的科学，本身有着一般规定性，它解释市场经济运行的一些基本原理和方法并不因为各个国家社会基本经济制度的差别而有所不同，因为资源短缺及其有效配置是任何社会都要遇到和解决的问题，实现最大经济福利也是任何社会都要追求的目标。从这个意义上说，西方经济学发展的一些成果中所蕴含的科学精神和对市场经济运行规律的洞察对马克思主义经济学的发展是有用的。我们需要从西方经济学的最新成果中吸收合理成分来发展马克思主义经济学，构筑马克思主义经济学和中国特色社会主义经济理论的大厦。例如，我们可以在坚持马克思主义的矛盾分析方法、整体分析方法、唯物辩证方法等科学方法的基础上，积极借鉴与充分利用西方经济学的分析方法，包括实证分析、个体分析、均衡分析、演化分析、制度分析、成本－收益分析、数量分析和边际分析等，使其成为马克思主义经济学工具箱里的新内容。

另外，20 世纪以来西方马克思主义经济学①的发展也值得我们充分关注。当代西方马克思主义经济学沿袭早期西方左派、激进主义，坚持正统马克思主义，并将其方法论和研究建立在辩证历史唯物主义基础上，对马克思经济学理论的研究取得了很多成果。特别是 20 世纪 90 年代以来，西方马克思主义经济学研究重心由发达资本主义向市场社会主义转移，由抽象的理论问题向社会经济现实问题转移。当代西方马克思主义经济学从不同的视角和方法对马克思主义经济学基本理论作了深入研究，如所有制理论与分配正义问题，劳动价值理论与价格理论的当代价值问题，剩余价值理论与剥削问题，当代资本主义社会阶级与阶级结构的变化和特点问题，当代资本主义社会的国家经济职能变化问题，当代资本主义发展阶段问题，当代资本主义经济增长问题，经济全球化与资本主义问题等。因此，我们应该基于当代西方马克思主义经济学研究的经典文献，重点关注西方马克思主义经济学的最新发展，对最新研究动向作系统介绍和评述，并在此基础上丰富马克思主义经济学的基础理论，增加其现实性、时代性和实践性。

5. 坚持马克思主义经济学中国化的创新方向，构建中国特色社会主义经济学的理论体系和研究方法

改革开放以来，马克思主义经济学研究及其实践应用是我国经济学研究的主流。我们坚持马克思主义中国化方向和中国经济改革发展的实践基

① 西方的马克思主义经济学研究，大致上分为坚持正统马克思主义，并将其方法论和研究建立在辩证的、历史唯物主义基础上的对马克思经济学理论的研究成果以及西方非马克思主义学者对马克思经济学理论的研究成果两大类。它们共同构成近 30 年来国外马克思主义经济学研究中发展最迅速、成果最丰富的重要领域。我们这里讲的西方马克思主义经济学是指前者。

础，构建了中国社会主义初级阶段理论、社会主义所有制理论、社会主义市场经济理论、国有企业改革理论、社会主义初级阶段收入分配理论、社会主义市场经济宏观调控理论、社会主义经济增长与发展理论、社会主义开放经济体系理论等，形成了中国特色社会主义理论体系的基本框架。进入21世纪，当代全球经济的新发展和我国改革开放的新的实践，进一步提出了马克思主义经济学的创新和发展的历史任务。在这一背景下，我国学者对马克思主义经济学基本原理、理论体系、研究方法以及当代发展和马克思主义经济学的中国化等问题做了一系列研究，并结合哲学、法学、社会学、政治学等学科对继承和发展马克思主义经济学进行了卓有成效的跨学科研究，这些都是马克思主义经济学创新和中国化的重要成果。我们应该基于我国马克思主义经济学研究的最新发展，对这些研究成果做出系统梳理，努力构建中国化马克思主义经济学的理论体系：在全面建设中国特色社会主义的新的历史条件下，以马克思主义经济学为基础、以中国问题为导向，广泛吸收现代西方经济学的合理成分，努力构建当代中国理论经济学的理论体系和科学范式。具体而言，我们的创新任务是坚持马克思主义经济学的科学世界观、方法论与基本原理，以中国问题为导向，在探索和解释中国改革和发展两大现实问题方面，彰显现实主义精神，做出马克思主义经济学本土化的努力，总结与升华中国特色社会主义经济的理论成果。

综上所述，当代马克思主义经济学的发展创新和构建中国特色社会主义经济理论，包括理论内核的构建、研究方法的拓展、理论体系的不断完善和创造性发展，最终要使马克思经济学基本思想和分析方法，形成一种自我吸收、不断创新和全面开放的理论体系，成为指导和有力推动改革开放和中国特色社会主义建设实践，且最富生命力和影响力的一门时代显学（刘诗白，2009）。[19]

参考文献

[1] 刘灿、吴垠：《我国宏观调控的基本取向：由美国次债风波生发》，《改革》2007年第12期。

[2] 何帆等：《美国次级债危机是如何酿成的》，《求是》2007年第20期。

[3] 裴长洪：《后危机时代经济全球化趋势及其新特点、新态势》，《国际经济评论》

2010 年第 4 期。

[4] 金亨泰：《危机后的金融体系架构》，《金融评论》2009 年第 1 期。

[5] 李稻葵等：《国际货币体系新架构：后金融危机时代的研究》，《金融研究》2010 年第 2 期。

[6] 周英峰：《年中经济述评：抢占未来经济发展的制高点》，新华网 http://news.xinhuanet.com/fortune/2009 - 07/18/content_ 11729985.htm。

[7] 〔美〕钱纳里、〔以色列〕塞尔昆：《发展的型式：1950～1970》，经济科学出版社，1988。

[8] 王保安：《中国经济结构失衡：基本特征、深层原因与对策建议》，《财贸经济》2010 年第 7 期。

[9] 任保平、卫玲：《中国经济发展新阶段的特征及其战略转型》，《江苏社会科学》2008 年第 4 期。

[10] 何德旭：《中国服务业发展报告——中国服务业体制改革与创新》，社会科学文献出版社，2007。

[11] 加藤弘之：《中国经济的双重转型及其到达点》，《经济学动态》2003 年第 9 期。

[12] 杨建飞：《西方经济学前沿进展的方法论趋势》，《学术研究》2003 年第 4 期。

[13] 赵红军、尹伯成：《当代西方经济学发展若干新动向》，《河南社会科学》2005 年第 5 期。

[14] 李萍、盘宇章：《我国马克思主义经济学主流地位的嬗变：比较的视角》，《学术月刊》2011 年第 1 期。

[15] 于金富：《构建现代马克思主义经济学范式》，《马克思主义研究》2008 年第 4 期。

[16] 顾钰民：《马克思与新制度经济学假设前提的比较》，《同济大学学报》（社会科学版）2005 年第 2 期。

[17] 陈孝兵：《经济学的科学性及其走向》，《中州学刊》2000 年第 4 期。

[18] 刘灿：《中国经济学教育应该如何发展：危机后的反思》，《政治经济学评论》2010 年第 2 期。

[19] 刘诗白：《发展社会主义市场经济体制需要不断的理论探索》，《光明日报》2009 年 8 月 4 日。

中国马克思主义经济学主流地位的嬗变：比较的视角[*]

李　萍　盘宇章

内容摘要：马克思主义经济学作为中国的主流经济学经历了从传统主流向当代主流的嬗变，主流化嬗变背后的历史逻辑是中国发展模式的变迁。传统主流的局限主要是由释读化研究倾向所带来的，表现为违背问题意识导向、混淆理论研究和政策研究、无法形成逻辑一致的分析框架。当代主流的创新主要体现在研究方法的科学性、理论体系的开放性、对现实问题的指导性和实践性，但它仍面临着“认同之困、体用之困、转换之困”等诸多困境。为继续加强马克思主义经济学的主流地位，必须处理好：(1) 垄断与竞争的关系，形成公平的学术研究环境；(2) 思想与工具的关系，形成正常的学术价值取向；(3) 规范与嵌合的关系，形成科学的学术发展机制。

关键词：马克思主义经济学主流地位　主流化嬗变　历史逻辑　释读化研究

马克思主义经济学是指那些以马克思的经济学理论为基础发展起来的科学成果。[1](p.2)以1867年《资本论》的问世为标志，马克思主义经济学历经了经典形式、传统形式和现代形式的演变。① 而作为中国主流经济学的马

---

*　本文发表于《学术月刊》2011年第1期。

①　借鉴张宇、孟捷等在《高级政治经济学——马克思主义经济学的最新发展》（张宇、孟捷、卢荻主编，经济科学出版社2002年版）一书中关于“马克思主义经济学的经典形式与现代形式”的提法，本文进一步概括和区分了马克思主义经济学的经典形式、传统形式和现代形式。其中，马克思主义的经典形式主要是指马克思和恩格斯的经典著作和理论，这一形式确立了马克思主义经济学的本质特征和分析框架，奠定了马克思主义经济学的理论基础；马克思主义经济学的传统形式是与传统社会主义经济模式和经济理论相适应的，20世纪五六十年代流行的苏联政治经济学教科书是这一形式的系统表达；马（转下页注）

克思主义经济学则经历了从传统主流向当代主流的嬗变。通过分析比较传统主流和当代主流的异同，从整体上把握我国马克思主义经济学的理论脉络和发展轨迹，深入理解马克思主义经济学主流化嬗变历程及其背后的历史逻辑，对于在新形势下坚持和巩固马克思主义经济学的主流经济学地位、继续推进马克思主义经济学的理论创新和发展，有着重要的理论和现实指导意义。

一　中国马克思主义经济学的地位问题：主流化嬗变及其历史逻辑

（一）中国马克思主义经济学主流化嬗变历程

主流经济学是指在一定时期和地理范围内，在各种相互竞争的经济学说或经济流派中居于主导和支配地位的某种理论、学说或流派。主流经济学的主导地位或者表现为它在经济学术界能够得到大多数经济学家认可和赞同，或者是作为官方做出经济决策和制定经济政策的理论基石，或者二者兼而有之。[2]主流经济学并非一成不变，而是因时因地而不同或者变化的。有学者提出，世界主流经济学是西方经济学，中国的主流经济学是现代马克思主义经济学。[3]我国马克思主义经济学的主流化嬗变基本上沿着官方马克思主义经济学和学界马克思主义经济学两条线索展开。基于此，本文尝试把主流化嬗变历程划分为三个阶段。

传统主流阶段（1949～1978年）：以“苏联范式”为代表的传统主流。基于政治考虑、赶超发展战略和计划经济体制的选择，20世纪50年代中后期，尚处在形成中的、代表官方马克思主义经济学的“苏联范式”占据了

（接上页注①）克思主义经济学的现代形式是运用马克思主义经济学的方法论研究当代社会经济生活的产物，是马克思主义经济学基本理论在当代的继承、发展与创新。此外，郑谦在《延伸与准备：1949～1978年马克思主义中国化的曲折与原因》（郑谦主编，中共党史出版社2009年版）一书中也指出，在西方，对马克思主义的发展有着各种不同的划分形式。如美国社会学的马克思主义代表人物米切尔·布洛维把马克思主义的发展分为三个时代，即古典马克思主义时代、国家社会主义时代和社会性的社会主义时代。而马克思主义的第三个时代发生在20世纪70年代中期至今。又如美国著名后现代主义思想家弗里德里克·詹姆逊认为，不同的历史时代会产生不同的马克思主义的形态。他把马克思主义的发展分为三个阶段：现代主义阶段、帝国主义阶段和晚期资本主义阶段。

主导和支配地位，被视作唯一真理和绝对权威。所谓“苏联范式”，是指20世纪20年代后在苏联逐渐形成特别是50年代初在斯大林主持下写成的苏联版《政治经济学教科书》所构建起的那套理论体系和理论范式，它基本上不是对马克思经济学的继承或发展，而是以教条主义和经验主义为特征，带有强烈意识形态色彩、为高度集中的计划经济体制服务的理论体系。这一时期学界仍不乏坚持真理的经济学家，他们在对马恩经典著作进行系统研究和深入理解的基础上，根据中国国情和实际将马克思主义经济学基本原理应用于实践，于不同时期向“苏联范式”提出了挑战。但学界这些具有真知灼见的观点和主张不仅没有发展成为当时的主流，反而被视为离经叛道之说受到禁止和批判。

过渡阶段（1978～1992年）：对“苏联范式”的反思与批判。十一届三中全会后，无论是官方还是学界都开始认识到，“苏联范式”作为传统计划经济体制的理论反映，其封闭性和教条主义倾向成为束缚当时经济理论和实践发展的沉疴。面对改革实践带来的新矛盾、新问题，决策者开始对现实中的大量经济问题进行研究和分析，其成果集中体现为以邓小平理论为指导的一系列路线、方针和政策，这成为当时官方马克思主义经济学的主要理论创新。同一时期，学界积极响应“解放思想、实事求是”的号召，对“苏联范式”展开了反思和批判，强调“破除对马克思主义的教条式理解和附加到马克思主义名义下的错误观点”，以恢复马克思主义经济学的本真面目。①

当代主流阶段（1992年至今）：以马克思主义经济学多流派的初步形成为标志。首先，官方马克思主义经济学开始超越传统的“具体化”走向创新发展。传统上，官方马克思主义经济学曾局限于将马克思主义经济学的基本原理在中国“具体化”或“具体运用”，而马克思主义基本原理又被视为不能更改的金科玉律，正是这种脱离时代重大变化和现实条件的发展路向束缚和阻碍了马克思主义经济学与时俱进的创新发展，致使马克思主义经济学生命力逐渐式微。以1992年党的十四大为转折和标志，官方马克思主义经济学开始超越传统的“具体化”，迈出了理论创新和发展的最重

① 樊纲就曾指出，“中国经济学界改革开放以来所感觉到的理论与现实的冲突，其实主要就是苏联版政治经济学与经济现实问题的冲突；所力图‘改造’、突破或放弃的‘范式’，就是所谓的‘苏联范式’”。

要一步。[①] 其次，学界马克思主义经济学研究也呈现出两个重要特征。一是西方经济学大规模涌入，使在市场经济条件下如何正确认识和妥善处理马克思主义经济学与西方经济学的关系问题成为我国经济学界长期争论的焦点问题。二是学界马克思主义经济学已经从传统形式走向了现代形式，最突出的标志是不再由一种学说或学派一统天下，而是初步形成多个学派竞争、创新与共同发展的格局。三是官方马克思主义经济学与学界马克思主义经济学的关系趋于正常化，初步构建起平等对话、双向互动的良性学术发展机制。

（二）我国马克思主义经济学主流化嬗变的历史逻辑

我国马克思主义经济学从传统主流到当代主流的嬗变，不是指马克思主义经济学基本立场、基本观点和基本方法发生了根本改变，而主要是对传统的、不合时宜的结论、观点以及陈旧的分析方法进行了更新和改造，从而使之更具科学性、开放性和竞争性，也更成为实质的“主流”。这种主流化嬗变背后所蕴含的历史逻辑是中国的发展道路从计划经济向市场经济转轨，从传统发展阶段向现代发展阶段跨越，从封闭和半封闭社会向开放社会转型。

改革以前，受原苏联社会主义模式的深刻影响，中国领导人选择了计划经济体制和赶超型工业化战略。同时由于当时特殊的时代背景和国际环境，中国社会基本处于封闭半封闭的状态。作为这种经济社会结构在理论领域的反映，“苏联范式”占据了传统主流地位。然而，中国及其他社会主义国家的实践证明，“苏联模式”的实践是违反了马克思科学社会主义基本原则的做法、是被扭曲了的社会主义，“苏联范式”的理论有着根本的缺陷，无法通过实践检验，其科学性备受质疑。正是在这样的转折点上，中国领导人开始从实践角度提出探索不同于原苏联模式的社会主义道路，中国经济学界也开始从理论上对“苏联范式”展开反思与批判，这就为社会主义市场经济体制的创立以及当代马克思主义经济学的多学派发展奠定了基础。

综上，可以梳理出一条比较清晰的理论脉络：改革前，通过官方法定的方式确立了“苏联范式”的传统主流地位；1978 年之后官方和学界对

---

① 具体说，官方马克思主义经济学围绕着社会主义市场经济理论这一核心，试图将马克思主义经济学基本原理同深化着的改革开放的时代主题、时代特征、时代实践相结合，为中国特色社会主义现代化建设提供与时俱进的指导思想。

“苏联范式”展开反思和批判，开始向求实创新、与时俱进的真正的马克思主义经济学回归；1992 年以后，我国马克思主义经济学进入了全新的发展阶段——以官方马克思主义经济学和学界马克思主义经济学互动并存及学界马克思主义经济学多学派的初步形成和发展为标志。

二　马克思主义经济学释读化研究：传统主流的局限

以“苏联范式”为代表的马克思主义经济学传统主流，其缺陷不仅仅在于其理论体系本身，核心问题在于其研究方法和方法论基础的脆弱。

（一）传统主流释读化研究的局限性

释读化研究作为传统主流研究方法的基本表征，其局限性突出体现在如下三个方面。

局限之一：违背问题意识导向

问题意识是理论创新的基石，优秀经济理论的生命力依赖于对现实问题的预见力和解释力。马克思所创立的经济理论自始至终都体现着强烈的问题意识导向，它从商品生产、劳动、工资、贫富差距以及经济危机等现实世界中活生生的现象出发，通过抽象概括和逻辑演绎一步步构建起政治经济学理论大厦，最终落脚点则是变革现存世界、实现人的解放。传统主流纯粹、片面地强调释读化研究方法，对现实问题视而不见，而将马克思主义经典著作或原苏联马克思主义权威著作作为出发点，用其中若干结论或只言片语去剪裁实践、束缚实践，走上了马克思本人所坚决反对的形而上学道路，使理论研究庸俗化、教条化。

局限之二：混淆理论与政策

理论与政策是既有明确区别又紧密联系的两个概念。理论乃是人类对自然、社会现象，按照已有的知识和认知，经由一般化与演绎推理等方法，形成的合乎逻辑的推论性总结。政策则是政府、组织或个人为实现目标而订立的计划。马克思主义经济学是一门科学，它首先应该作为理论而存在，其主要任务是深入分析和解释当代社会主义和当代资本主义的新现象、新问题及其运行规律，而对制定具体经济政策的指导作用则是次要的、第二位的。传统主流的释读化研究混淆了理论研究与政策研究的关系，经常打着“理论研究”的旗帜，“意图先行”地对马克思经典文献进行误读和曲解，将马克思主义经济理论研究贬低为带有辩护性质的“政策解释学”，从而极大地损害了马克思主义经济学的科学性。

局限之三：无法形成逻辑一致的分析框架

一门学科发展为科学的“成熟标志”是形成普遍性和规范性的分析框架，使遵循着相同分析框架的各种学派、学说能够并存，继而形成规模庞大、分支众多、体系严谨的学科体系。马克思的《资本论》科学体系同样是由一整套概念系统、范畴体系构成的分析框架，生产力决定生产关系和经济基础决定上层建筑两个基本命题，以及历史唯物主义和唯物辩证法的两个基本方法，较为完美地统一于马克思的理论框架内，构成了它的支撑点和方法论体系。[4]而传统主流的释读化研究既没有明确的前提假设条件和分析框架，也缺乏严密的逻辑推理和证明，多表现为不同学者从各自角度对马克思经典著作进行为我所用甚至断章取义的注解或阐发，这些注解和阐发之间的有机联系和逻辑上的内在一致性并没有得到应有的重视，从而也就缺乏行之有效的学术评价标准，由此形成了许多似是而非、昙花一现的“理论创新”。

（二）释读化研究的形成原因及评价

传统主流之所以形成释读化研究的学风倾向，除受原苏联传统政治经济学研究风格影响外，也与当时特定的历史环境有关。新中国成立后我国全面模仿、移植了当时苏联的经济体制和社会制度。马克思主义经济学作为社会主义意识形态的理论武器，其本身长期处于“学术与政治”的现实语境之中。为给当时多变的经济政策、方针、路线提供理论支撑，理论界往往是按要求先预定结论再从经典中寻找注解，甚至不惜以损害马克思主义经济学的科学性为代价，借此为即时政策做依据。

释读化研究方法的局限性是相对的而非绝对的，它本身并不能同教条主义画等号，若使用得当，释读化研究也是理解马克思经济思想的重要途径。值得注意的是，基于释读化的文本研究必须结合马克思所处时代的特定历史条件、社会环境、文化环境来实事求是地理解经典原著的理论脉络和精神实质，同时仍需联系当代中国实践的需要。

三　马克思主义经济学中国化的创新：当代主流的特点

马克思主义经济学当代主流发展、创新的高度和境界，取决于它分析和解决中国现实问题的程度和水平。当代马克思主义经济学中国化的创新主要体现在研究方法的科学性、理论体系的开放性、对现实问题的指导性和实践性等方面。

（一）研究方法的科学性

马克思主义经济学的基本研究方法的科学性是毋庸置疑和必须坚持的，但就具体研究方法或分析方法而言，的确存在先进和落后之分，陈旧的研究方法将会制约学科发展。与传统主流所倡导的释读化研究方法相比，当代主流所运用的研究方法更加科学、灵活、有效。当代主流的理论研究不仅继承和发展了马克思的唯物辩证法，且在突破学科和学派界限、借鉴并融合西方经济学等学派的分析方法的创新上已现端倪。其中，比较突出的表现是一些学者运用现代数理分析方法，对马克思主义经济学的经典理论进行表述和重构，对现代马克思主义经济学进行论证、阐述和发展。[5]此外，马克思主义经济学在同哲学、法学、社会学、政治学等学科的跨学科融合过程中也适当吸纳了这些学科的分析方法，努力实现研究方法的综合与创造、继承与革新的统一。

（二）理论体系的开放性

传统主流把经典作家的论断视为终极真理和千古不变的教条，同时盲目排斥其他各种经济理论、经济流派和政策主张。事实上，真正的马克思主义经济学是一个完全开放的理论体系，它并不是一次性完成即告终结，而是随着时代、现实、社会、历史和实践的发展不断自我更新、自我丰富、自我完善、自我发展的，与时俱进是它最宝贵的理论品质。[6]当代主流的开放性体现在两个层面：一方面，当代主流以改革开放的新实践为基础，发展出了社会主义市场经济理论，并吸收或融合了制度分析、转型理论以及发展经济学的分析方法和结论，使马克思主义经济学真正成为一个内涵广泛的开放体系。另一方面，当代主流还加强了马克思主义经济学研究的国际视野，积极关注、充分借鉴西方马克思主义研究的最新理论成果。

（三）对现实问题的指导性和实践性

一个理论不被边缘化的基本标准是它能持续地指导实践。马克思主义经济学只有在保持其对社会主义现代化建设的指导作用时，才能表明其没有被边缘化。而持续的指导作用不能靠钦定或强制来实现，只能靠这种理论的生命力和影响力来实现，即理论对现实问题具有预见力、说服力和解释力，能够在创新中发展。首先，当代主流的指导性和实践性体现为一场“范式转换”和“范式革命”，表现为它对所有制、所有权、劳动、劳动力、剩余价值、剩余劳动、资本等基本概念进行了争论和澄清，并重新审视了马克思经济学中关于人的行为和动机的假设，使讨论能在共同基础上展开。其次，当代主流的指导性和实践性体现为其理论功能从批判性、革命性走向建构性和建设性。最后，当代主流的指导性和实践性还体现在它为其他应用经济学科提供着基础理论和基本方法支持。

四　当代中国马克思主义经济学主流化发展及其创新：困境、挑战与因应

在改革开放的大环境下，经历了对传统马克思主义经济学、对“苏联范式”的质疑、否定、反思和批判，经历了国外经济学（包括西方经济学、发展经济学、转型经济学、西方马克思主义经济学等）及其学科（哲学、政治学、社会学、历史学等）的引进、学习、借鉴和改造，经历了“生于斯、长于斯”的本土经济学多流派雏形崭露生机之后，当前我国马克思主义经济学主流化发展及其创新，仍然面临着痛苦的“认同之困、体用之困、转换之困”等诸多困境。

所谓“认同之困”，主要是指当代西方发达资本主义国家伴随新科技革命的经济信息化和全球化发展，以及原苏东传统社会主义计划经济体制向市场经济体制的全面过渡，特别是我国经济社会体制的转型和发展，使一部分人甚至是一些从事马克思主义经济学教学和研究工作的人动摇了对马克思主义经济学的认同信念，产生了“怀疑论”“过时论”“终结论”等认识上的错误和严重偏差。这种认同困境的直接后果是在教学和研究领域，马克思主义经济学不断被淡化、边缘化。

所谓“体用之困”，主要是指在对马克思主义经济学与西方经济学的关系的认识和处理上，一种“马体西用”主张在理论上与实践中的脱节，或者说，在“知”上“马体”强调必须毫不动摇地坚持马克思主义经济学的指导地位，在“行”上“西用”则强调在“马学为体”前提下借鉴和具体运用西方经济学中反映市场经济规律的科学成分。然而，所谓体用不二，

体与用是统一的。“马体西用”的问题在于，它显然是机械地割裂了“体”与“用”之间的内在联系，仿佛“体”是一块，而“用”又是另一快，殊不知“体”是需寓含于“用”之中的。因此，按照“马体西用”的逻辑，既然马为体，那就不能为用，便是缺乏实践性了。这样一来，难免陷入马学有体而无用，西学有用而无体的“体用”割裂分离之困。

所谓“转换之困”，是指马克思主义经济学的创新发展从传统范式走向现代范式，即马克思主义经济学的现代化过程中存在的问题。马克思主义经济学的现代化不是一蹴而就的，而是首先要经历传统范式和现代范式的剧烈交锋、相互角逐，而后在实践中对新旧范式进行比较评价、并最终做出痛苦艰难的抉择。当代马克思主义经济学研究正处于新旧范式交替时期，不少学者对驾轻就熟的传统研究范式总是怀有难以割舍之情，因此传统范式很大程度上还束缚着理论发展。同时，马克思主义经济学的现代范式也只是初见雏形，还远未臻于完善、成熟，这就更增加了范式转型的难度。

陷入上述多重困境的原因，与其说是受到变化着的外部世界以及发展中的西方经济理论的外来冲击，不如说更多的是马克思主义经济学自身的创新发展长期缓慢滞后于实践。有学者提出，马克思主义经济学在当代的发展面临着“四大挑战与创新”，即现代资本主义经济的挑战需要创新，现实社会主义经济的挑战需要创新，经济知识化、信息化、服务化的挑战需要创新，当今世界和平与发展主题的挑战需要创新。[7]

为走出上述困境，因应各种挑战，本文认为，当前马克思主义经济学的主流经济学地位要重新得到真正的确立和加强，马克思主义经济学的影响力和认同度要真正得到进一步扩大和增强，马克思主义经济学要真正得到突破性、创造性发展，需要在马克思主义经济学与其他非马克思主义经济学之间、马克思主义经济学内部各流派之间着重处理好三个方面的关系。

（一）垄断与竞争的关系，形成公平的学术研究环境

学术领域的垄断和竞争同经济领域一样是对立统一的关系。“主流”一词本身就被赋予了某种垄断的色彩，即主流经济学与各种非主流经济学说、经济理论之间是一种指导与被指导的关系而不是完全平等的关系。在公平的学术竞争基础上产生的垄断地位是合理的；反之，依靠政治手段干预学术竞争、排斥其他学说和理论而获得的垄断地位是不合理的。即便是已经

处于主流地位学说，也必须继续接受公平学术竞争的检验，而不能对其他学说进行排斥和消灭。当代马克思主义经济学的主流化发展，意味着它应该具有一定程度的垄断力量，不是说马克思主义经济学在教学和科研中的数量或权重必须占绝对优势，而是体现在它能够成为各门应用经济学科的基础理论，以及成为指导社会主义经济改革和发展的理论基础。

虽然今天马克思主义经济学的发展仍面临着被边缘化之忧、“认同之困”，但化危为机，并不意味着重新回到过去传统马克思主义经济学研究中“只此一音、只此一家”的低水平、重复性、单向度话语垄断的制度环境。思想与学术领域的绝对垄断是扼杀学术创新、窒息理论生命力的无形绞索，也正是这种垄断，才造成了马克思主义经济学的停滞、僵化，逐步丧失战斗力，最终面临指导地位被削弱和边缘化的境况。只有在公平竞争的学术环境下，马克思主义经济学的每一种观点、每一个理论都要经受对手的严格琢磨和苛刻挑剔，马克思主义经济学各学派必然会把研究精力聚焦在理论的薄弱环节，紧张地补救理论的缺陷，使理论不断臻于完善，最终各学派在新的高度和境界上达到新的统一。

在坚持和承认马克思主义经济学合理垄断地位的前提下，消除独尊“马”术、罢黜百家的学术傲慢与偏见，倡导正常的学术批判、学术争鸣和学术交流，形成各种理论、各种学派公平竞争、自由发展，特别是能够理解和尊重对立知识体系的学术环境，才能使马克思主义经济学真正在公平、开放的学术竞争中高水平、建设性、创新性地发展，也才能增强公众对马克思主义经济学的认同信念。

（二）思想与工具的关系，形成正常的学术价值取向

马克思主义经济学兼具方法上的社会设计功能和理论上的社会启蒙功能双重功能。其方法上的社会设计功能是一种实践理性，是我们行动的指南；其理论上的社会启蒙功能是一种认识理性，不仅体现为透过事物表象深层次把握事物的本质和规律，而且体现为借助于“规律－趋势”的理论模型对未来的实践活动给予设计、评估和预见。与现代经济学工具理性的实用性相比，马克思主义经济学更具有思想的认识和启蒙功能。[8]马克思透过经济现象发现了资本主义生产方式下人的物化和异化的问题，努力寻找人类摆脱物化和异化从而走向人的自由全面发展的道路。马克思主义经济学的这种思想性特质，表现出它对社会经济生活的本质与社会经济发展趋

势的深刻洞察力。它使马克思主义经济学成为与完全在社会经济生活的现象上兜圈子的、作为“现象经济学”的西方经济学根本不同的科学的经济学理论。[9]

经济学的理论研究首先是要形成对社会的认知，而这种认知就是用思辨性思想对社会现象的意义和重要性进行理解，除必须分析它的起源、结果和局势价值之外，还要进一步分析支配着所论述的时代的客观的、基本的历史趋势和倾向等问题。例如，要理解当前中国社会收入分配的现状，就必须从中国当前的社会文化、权力结构以及特定的时代背景中去探求，而不是依靠统计数据和指标。[10]渗透着浓郁思辨性的马克思主义经济学方法论恰恰为我们提供了一个政治、经济、文化以及社会的全方位的认识视角和思维方式，这是奉工具理性主义方法论信条为圭臬的西方经济学所无法匹敌的。然而，在当前马克思主义经济学中国化创新发展的探索中，我们发现，在经历了传统马克思主义经济学发展中原苏联政治经济学教条主义之后，又有走向新古典经济学教条的倾向，其严重性在于西方经济学、新古典经济学的“思想淡出、工具凸显”危机的影响和侵蚀。一些人把马克思主义经济学的思想性和工具性（实用性）分置两端，认为有此即无彼，研究生产关系就无助于现实经济问题的解决、无助于经济增长和发展的需要，① 从而舍弃和远离了马克思主义经济学科学特质的思想性，丢掉和舍弃了生产力决定生产关系、经济基础决定上层建筑的马克思主义经济学分析范式对社会经济制度和经济运行分析的方法硬核，热衷于技术性、模型性分析方法的简单搬用，停留于现象刻画、实证描述，而对中国经济改革与转型中深层次、本质性问题的分析，具有现实洞察力及思想深邃的内容在弱化和减少。

针对此，在坚持马克思主义经济学思想性价值取向的前提下，将思想性和工具性有机结合，就需要我们采取“适应性原则”，根据我国具体国情有分析、有条件、有取舍地吸收西方经济学中的科学成分及优秀成果，特别是二战以后发展起来的系统论、控制论、信息论及耗散结构论、突变论和协同论等在经济学上的运用，丰富马克思主义经济学的方法论体系，增强马克思主义经济学对现实的解释力和实用性。

---

① 事实上，马克思《资本论》中的资本有机构成理论、社会总资本再生产理论等对技术进步、经济增长和经济发展的研究对现实社会经济运行、增长与发展是有着重要的现实指导意义的。

（三）规范与嵌合的关系，形成科学的学术发展机制

规范与嵌合的关系构成马克思主义经济学范式转换和学科发展的前提和动力，也决定着能否建立起一整套科学有效的学术评价机制、学术交流机制以及学术发展机制。马克思主义经济学的现代化过程面临着一般性和特殊性问题。从一般性来说，马克思主义经济学要想成为具有现代意义和世界性的通行学科，必须遵循符合国际惯例的学术规范；马克思主义经济学内部各学派也应该形成遵循同一规范的学术共同体。这就是所谓"科学化"或规范化问题。同时，各个国家的自然地理、政治经济制度、社会文化以及所处经济发展阶段不同，我国马克思主义经济学的现代化过程必将嵌合于中国特殊国情和文化之中，即面临中国化或本土化的特殊性问题。

学术规范是不同学派和理论遵循的共同前提和出发点，也是学术发展的需要。在理论经济学界与国际学术规范接轨呼声日盛、当代马克思主义经济学多学派已经初步形成之时，马克思主义经济学的学术规范缺失问题一直未得到彻底解决。其后果是：一方面，规范缺失使我国马克思主义经济学研究方法落后，研究范式转换困难，基于本土经验而产生的学术成果也难以被国际学术界所接受；另一方面，马克思主义经济学内部不同学派也深受各自为政的学术发展机制之苦，学派竞争稍不注意就容易陷入意气用事、党同伐异的境地，陷入不利于学术发展的偏见之中。然而值得注意的是，当前国际学术规范与评价机制很大程度上反映着西方国家的利益和偏好，难以同马克思主义经济学中国化、本土化发展形成深度嵌合。片面地强调规范化而不考虑嵌合性，不加取舍地移植国际规范，甚至以西方意识形态和价值观评判我国马克思主义经济学的发展和创新，势必会走向另一个极端，不仅容易使马克思主义经济学丧失本来的基本立场、观点和方法，而且是对马克思主义经济学主流化发展和中国化创新的否定。

实现马克思主义经济学的现代化，破解"转换之困"的难题，当务之急是处理好我国马克思主义经济学主流化发展过程中规范与嵌合的关系，建立既符合国际潮流又适应自己国情的、既切实可行又科学有效的学术规范和学术发展机制。

参考文献

[1] 张宇等：《高级政治经济学：马克思主义经济学的最新发展》，经济科学出版

社，2002。

［2］贾根良、崔学锋：《经济学中的主流与非主流：历史考察与中国情境》，《湖北经济学院学报》2006 年第 3 期。

［3］马艳：《中国马克思主义经济学的主流地位及其创新》，《上海财经大学学报》2005 年第 1 期。

［4］林岗：《马克思主义经济学分析范式的基本特征》，《经济学动态》2007 年第 7 期。

［5］程恩富：《改革开放与马克思主义经济学创新》，《华南师范大学学报》（社会科学版）2009 年第 1 期。

［6］蒋学模：《马克思主义政治经济学的与时俱进——正确认识和对待〈资本论〉理论体系》，《学术月刊》2003 年第 7 期。

［7］简新华：《马克思主义经济学面临的挑战与创新》，《中国经济问题》2006 年第 3 期。

［8］杨晓玲：《理解马克思主义政治经济学》，《当代经济研究》2006 年第 7 期。

［9］于金富：《努力实现马克思主义经济学的现代化》，《河南大学学报》（社会科学版）2009 年第 3 期。

［10］朱富强：《经济学的科学性意味着什么——经济学的双重属性及其研究思维》，《当代经济科学》2008 年第 3 期。

论马克思主义经济学的本质与理论框架*

张　宇

内容摘要： 关于马克思主义经济学的某些流行观点都存在片面性，不能准确地反映马克思主义经济学的本质特征。只有从马克思主义理论的整体结构出发，才能对马克思主义经济学的本质做出全面和准确的概括。马克思主义经济学，就是以唯物史观为基础，以无产阶级和人类解放为目的的经济学理论体系，其研究对象是一定的生产力和上层建筑条件下的生产关系的本质及其发展规律。马克思主义经济学的理论框架主要包括：关于社会经济发展的一般原理，关于资本主义经济的基本原理，关于社会主义经济的理论，关于世界经济的理论，关于前资本主义经济形态的理论以及关于经济发展的具体理论。

关键词： 马克思主义经济学　生产力　生产关系　唯物史观

什么是马克思主义政治经济学或马克思主义经济学的本质？马克思主义经济学的分析框架有什么特点？这是学习和研究马克思主义经济学首先需要弄清的问题。

一　澄清若干流行的观点

对这一问题，一般的政治经济学教材的答案是：马克思主义经济学是关于生产关系发展规律的科学。这样的回答从研究对象的角度看是有道理的。正如恩格斯指出："经济学所研究的不是物，而是人和人之间的关系，归根到底是阶级和阶级之间的关系；可是这些关系总是同物结合着，并且

*　本文发表于《学习与探索》2012 年第 3 期。

作为物出现。"[1](p.44)但是，问题在于：第一，对于马克思主义政治经济学是不是只研究生产关系，学术界历来是有争论的。有相当一部分学者认为，马克思主义政治经济学不仅要研究生产关系，还要研究生产力和上层建筑。比较全面的说法是，政治经济学主要研究生产关系，但是要联系生产力和上层建筑。第二，经典作家对于政治经济学的研究对象也有多种说法，比如，在《政治经济学批判》序言中指出，“摆在面前的对象，首先是物质生产。"[1](p.1)在《反杜林论》中恩格斯指出：“政治经济学，从最广的意义上说，是研究人类社会中支配物质生活资料的生产和交换的规律的科学。"[3](p.489)在《资本论》第一卷第一版序言中马克思说：“我要在本书研究的，是资本主义生产方式以及和它相适应的生产关系和交换关系。"[2](p.8)上述论述对于政治经济学的研究对象是否只包括生产关系，是否还应包括生产力，在理解上也是有分歧的。第三，更为重要的问题是，即使我们承认政治经济学研究对象是生产关系，也会面临着这样的问题，即马克思主义政治经济学的研究对象和马克思主义政治经济学的本质是一回事吗？难道反马克思或非马克思主义的政治经济学就不研究生产关系吗？资产阶级古典政治经济学的杰出代表李嘉图，就曾经明确地把“决定劳动产品在共同生产它的诸阶级之间的分配的规律”当作政治经济学的研究对象。可见，仅从研究对象出发，并不能准确界定马克思主义政治经济学的本质。把马克思主义政治经济学等同于制度经济学，是近年来一种比较流行的看法。这种看法认为，马克思主义经济学研究的是经济制度，西方经济学研究的是资源配置，马克思主义经济学与西方经济学的主要区别就在于研究对象的不同。这种看法也是不正确的。一方面，西方经济学理论的发展已经有几百年的历史，不同的发展阶段流行着不同的经济理论，同一个时代的经济学中也存在不同的思想流派，不同的理论和流派对于经济学研究对象的认识并不一致，有的强调资源配置，有的强调经济制度，有的强调人的行为，有的强调市场秩序。另一方面，从马克思主义经济学的内容来看，并没有理由把它与制度经济学等同起来。在马克思主义经济学中包含着许多重要的、制度经济学所不能涵盖的内容，如分工理论、价值理论、货币理论、再生产理论、资本积累理论、经济周期和经济增长理论等。马克思主义经济学不仅研究生产关系的发展规律，也研究生产力的发展规律，特别是要研究生产力与生产关系的相互作用以及与此相适应的资源配置的规律。因此，马克思主义经济学与西方经济学的根本分歧不在于要不要研究资源配置或经济制度，而在于如何研究资源配置或经济制度。

有一种流行的观点认为，马克思主义政治经济学研究的是经济关系的本质，西方经济学研究的是经济现象，因此，马克思主义政治经济学科学但不实用，西方经济学庸俗但比较有用，这种观点也是不正确的。马克思主义政治经济学与西方经济学的区别并不在于要不要研究日常的经济现象，而在于如何研究经济现象。马克思认为，事物的现象与本质往往是不一致的，科学的任务就在于从现象中发现本质，并从事物的本质出发对现象做出科学解释。读过《资本论》的人都知道，《资本论》对资本主义经济现象的研究是非常具体深入的。《资本论》第三卷主要考察的就是资本的各种具体形式和它们在运动中呈现出的种种现象形态，如成本、利润、信用、利息、地租、竞争的作用等，《资本论》第二卷对资本循环、周转和社会资本再生产过程的考察也是非常具体和有用的，《资本论》第一卷虽然比较侧重于对资本主义生产关系的本质特征的考察，但这种考察也没有脱离开对经济现象的研究和把握。比如价值是本质，货币则是现象；劳动力价值是本质，工资则是现象等。马克思曾经明确指出，在《资本论》第一卷中，“我们研究的是资本主义生产过程本身作为直接生产过程考察时呈现的各种现象”。[3](p.29)正是在本质与现象的统一中，《资本论》对市场经济的运行规律做出了完整系统和细致入微的分析。相形之下，西方经济学满足于对现象的描述，只是在表面的联系内兜圈子。

多年来，流行着这样一种错误的但深入人心的观念，马克思主义经济学是批判的经济学、革命的经济学，是一种意识形态；而西方经济学则是一种“纯粹经济学”或“实证经济学”。这种观点同样是错误的。经典的马克思主义经济学的确具有强烈的“批判意识”，它毫不掩饰自己对工人阶级和被压迫人民的同情和支持，但是，应当看到马克思主义经济学首先是一门科学，它的首要目的是揭示社会经济发展的客观规律，特别是资本主义经济的运动规律。马克思明确指出，社会经济形态的发展首先是一个自然历史过程，一个社会即使探索到了本身运动的自然规律，它还是既不能跳过也不能用法令取消自然的发展阶段。恩格斯也说：“诉诸道德和法的做法，在科学上丝毫不能把我们推向前进；道义上的愤怒，无论多么入情入理，经济科学总不能把它看作证据，而只能看作象征。”[4](p.492)另外，把现代西方经济学标榜为“纯粹经济学”或“实证经济学”的看法从来没有得到学界的一致认可，也不符合客观事实。有相当多的学者认为，目前在西方国家的主流经济学根本不成其为科学，而只是一种为资本主义制度辩护的意识形态。[5](pp. 179~180)就连斯蒂格利茨这样的主流经济学家也曾坦言："新自由市场原教旨主义一直是为某些利益服务的政治教条，它从来没有得到经济学理论的支持。它也没有得到历史经验的支持。"[6]事实上，除了语言文字学等少数学科，社会科学中的大多数学科都具有科学和意识形态这样两重属性。就政治经济学而言，一方面，它是一门科学，它研究现实的社会经济生活，试图揭示经济现象之间的因果联系，其正确与否取决于它是否真实地反映了客观存在的经济运动规律，在这一点上它与自然科学是相同的。另一方面，像绝大多数社会科学学科一样，它又不可避免地具有社会意识形态的含义，总是或明或暗地反映着一定社会集团或阶级的利益要求、价值标准或伦理规范，这一点与自然科学明显不同。

有不少学者试图从方法论的角度来定义马克思主义经济学，卢卡奇甚至认为，马克思主义仅仅是方法。恩格斯也曾说过："马克思的整个世界观不是教义，而是方法。它提供的不是现成的教条，而是进一步研究的出发点和供这种研究使用的方法。"[17](p. 742)从这个意义上说，可以把马克思主义经济学看作一种认识经济世界的方法。问题在于，什么是马克思主义经济学的方法？如何从方法论的角度把马克思主义经济学与其他经济学流派相区别？在过去相当长的一个时期里，人们往往从归纳与演绎、抽象与具体、分析与综合、逻辑与历史等逻辑形式的角度去研究马克思主义经济学的方法。这种研究脱离了马克思主义经济学的理论内容，因而不能准确把握马克思主义经济学的本质。在近期的经济学文献中，个人主义与整体主义的关系成为方法论讨论的焦点问题。在讨论中，有不少学者把马克思主义经济学的方法归结为整体主义，但这种观点也是有局限的。虽然在方法论的个体主义与整体主义的争论中，马克思主义更接近整体论的立场，但整体主义既不是马克思主义经济学所独有的，也不是马克思主义经济学的本质。抛开整体论的局限不谈，在对社会问题的认识上，黑格尔的客观唯心主义、凡勃伦的制度主义、迪尔凯姆和马克斯·韦伯的社会学理论、汤因比的历史理论、帕森斯的功能主义和法国的结构主义等都持有整体论的观点。因此，马克思主义经济学的本质显然不能用整体主义来加以概括。以罗默、埃尔斯特等为代表的"理性选择的马克思主义"学派则走向另一个极端，他们反对整体主义，反对从方法论的角度界定马克思主义经济学的本质，并试图以方法论的个人主义和新古典的理性人范式为基础来重构马克思主义经济学，[7]用“敌人的武器来反击敌人”。但是，正如许多学者所指出的那样，这种“新古典的马克思主义”忽视社会过程和社会制度，排斥对辩证法的运用，无法解释大规模的社会变化，它的理论支柱是新古典经济学的而不是马克思的，是虚构的而不是真实的个人，是抽象的而不是具体的关系，是分配而不是生产。[8]因而，是片面的。

综上所述，以上列举的关于马克思主义经济学的这些流行观点都存在片面性，不能准确反映马克思主义经济学的本质特征。这些片面性归结到一点，就是脱离马克思主义理论的基本特征和总体结构来抽象地谈论马克思主义经济学的本质。这样就难免会本末倒置，找不到正确答案。

二　从马克思主义的整体结构出发把握马克思主义经济学的本质

众所周知，马克思主义是一个包括哲学、政治经济学和科学社会主义理论等三个主要部分的严密的科学体系，理解马克思主义经济学，不能脱离马克思主义理论的完整体系，马克思主义经济学的基本特征就是由这一体系赋予的。

马克思主义哲学揭示自然、社会和人类思维发展的一般规律，是马克思主义经济学的世界观和方法论，是马克思主义经济学区别于其他经济学的根本所在。列宁曾经指出：“虽说马克思没有遗留下‘逻辑’（大写字母的），但他遗留下了《资本论》的逻辑，在《资本论》中，唯物主义的逻辑、辩证法和认识论不必要用三个词。”[9](p.290)他还指出：“自从《资本论》问世以来，唯物主义历史观已经不是假设，而是科学地证明了的原理。”[10](p.10)这一论断也清楚地表明了马克思主义经济学与唯物史观之间的密切联系。马克思自己也多次强调，自己的政治经济学理论是以辩证法为基础的，他还把唯物史观当作“我所得到的并且一经得到就用于指导我的研究工作的总的结果”。[1](p.32)恩格斯在为《政治经济学批判》所写的序言中明确指出，马克思的经济学在本质上是建立在唯物主义历史观的基础上的。[1](p.37)马克思主义经济学的所有的重要理论，如生产力决定生产关系、经济基础决定上层建筑的原理，生产的首要性及生产、分配、交换和消费四环节相互关系的理论，劳动价值理论，剩余价值理论，资本主义发展的历史趋势理论等，都只有在辩证唯物主义和历史唯物主义世界观及方法论的基础上，才能得到科学理解。

科学社会主义是科学社会主义学说，是关于无产阶级解放运动的性质、条件和目的的学说，是马克思主义从对人类社会特别是资本主义社会发展趋势的考察中得出的结论，它表明了马克思主义经济学的阶级属性、社会理想和奋斗目标。列宁指出："马克思学说中的主要的一点，就是阐明了无产阶级作为社会主义社会创造者的世界历史作用。"[11](p.305)马克思自己明确宣称，他的经济理论"能代表的只是这样一个阶级，这个阶级的历史使命是推翻资本主义生产方式和最后消灭阶级。这个阶级就是无产阶级。"[2](p.18)正是因为如此，马克思的《资本论》被称作工人阶级的"圣经"。也正是在这个意义上，人们把马克思主义与共产主义和科学社会主义画上等号，当作同一事物的不同表述。科学性和革命性都是马克思主义的本质属性，马克思主义理论"对世界各国社会主义者所具有的不可遏止的吸引力，就在于它把严格的和高度的科学性（它是社会科学的最新成就）同革命性结合起来，并且不仅仅是因为学说的创始人兼有学者和革命家的品质而偶然地结合起来，而是把二者内在地和不可分割地结合在这个理论本身中"。[10](p.83)这一点是我们深刻认识马克思主义经济学本质必须牢牢把握的。

总之，只有从马克思主义理论的整体结构出发，才能对马克思主义经济学的本质做出比较全面和准确的概括。马克思主义政治经济学不同于西方经济学的根本特征在于：一是以辩证唯物主义和历史唯物主义为基础的世界观与方法论。二是为无产阶级和广大人民群众利益服务的政治立场。三是以生产力与生产关系的相互作用为核心的经济分析体系。四是建立社会主义和共产主义的社会理想。概括起来讲，可以对马克思主义经济学下这样一个定义，所谓的马克思主义经济学，就是以唯物史观为基础、以无产阶级和人类解放为目的的经济学理论体系，其研究对象是一定的生产力和上层建筑条件下的生产关系的本质及其发展规律。

三　马克思主义经济学的理论框架

从对马克思主义经济学本质的上述认识出发，可以把马克思主义经济学的理论框架或主要内容概括为以下方面。

1. **关于社会经济发展的一般原理**。它是与经典作家所说的广义的政治经济学相适应的，是研究包括原始社会、封建社会和未来共产主义社会在内的人类社会经济运动一般规律的理论。在与林岗教授合写的一篇论文中，我们曾经根据马克思主义经典作家对历史唯物主义原理及其他理论的有关阐释，将马克思主义经济学的一般的方法论原则或基本观点归结为如下五个基本命题：（1）从生产力与生产关系的矛盾运动中解释社会经济制度的变迁；（2）在历史形成的社会经济结构的整体制约中分析个体经济行为；（3）以生产资料所有制为基础确定整个社会经济制度的性质；（4）依据经济关系来理解和说明政治法律制度和伦理规范；（5）通过社会实践实现社会经济发展合规律与合目的的统一。我们认为，这五个命题体现了历史唯物主义的精髓，构成了马克思主义经济学理论的“硬核”。如果否定它们，就是拆除马克思主义经济学的基础，就是否定整个马克思的经济学。如果坚持、发展和深化了这些基本的命题，并运用它们来解决经济发展实践提出的理论和实际问题，那么，就真正坚持了马克思主义经济学的精髓，实现了坚持和发展的统一。[12]

2. **关于资本主义经济的基本原理**。它是与经典作家所说的狭义的政治经济学，即资本主义政治经济学相适应的，是关于资本主义经济运动规律的理论，包括劳动价值理论、剩余价值理论、资本积累理论、社会资本再生产理论、利润平均化理论、垄断资本主义理论等。这些理论是马克思主义经济学一般原理在资本主义经济中的运用，它们科学地揭示了资本主义生产方式产生、发展和灭亡的规律，证明了唯物史观的科学原理，使社会主义从空想变为了科学。这部分理论主要是在《资本论》中阐发的，构成了马克思主义经济学的主体。只要还存在资本主义制度，只要还存在资本和劳动的关系，马克思主义关于资本主义经济的基本原理就不会过时。这一点已经为一百多年来资本主义经济发展的历史一再证明。进入20世纪之后，资本主义在全球迅猛扩张、高歌猛进的同时，它的内在矛盾和深刻弊端也随之迅速膨胀起来，日趋严重的失业问题、日益加剧的两极分化、频繁爆发的全球金融经济危机、国际垄断资本对全世界的剥夺，特别是苏联东欧国家向资本主义的过渡以迅雷不及掩耳的速度引发的空前的灾难，以及2008年以来始于美国的严重的全球金融经济危机，再次显示出了《资本论》关于资本主义经济的本质及其发展规律的认识具有强大的生命力和科学价值。

3. **关于社会主义经济的理论**。马克思主义经济学是以共产主义和社会主义为价值追求和社会理想的。马克思主义经典作家关于未来社会主义经济的论述，包括个人自由全面发展的理论、有计划发展理论、生产资料公有制理论、按劳分配理论、消除三大差别理论等，是社会主义革命和社会主义建设的重要指南。正是以这些理论为指导，并结合中国的具体国情和时代的特征，我们党创立了中国特色的社会主义理论。从经济方面看，这一理论包括以人为本、全面协调可持续发展的科学发展观；以公有制为主体、多种所有制经济共同发展的社会主义初级阶段的基本经济制度；社会主义基本制度与市场经济相结合的社会主义市场经济体制；以按劳分配为主体、多种分配方式并存和公平与效率统一的收入分配制度等重要内容。中国特色社会主义理论与包括《资本论》在内的马克思主义经典作家的思想是一脉相承而又与时俱进的，是中国化的马克思主义。

4. **关于世界经济的理论**。马克思主义是关于人类社会或世界历史发展规律的理论，涉及的所有重要问题和揭示的所有基本命题都是世界性或全球性的，全球化问题无疑是马克思主义理论的一个中心议题。也许正因为如此，在马克思主义经典作家的文献中并没有提出过一个专门的全球化理论，它很自然地包含在了整个马克思主义理论体系之中。实际上，有关全球化问题的几乎所有的方面，他们都有过论述和提示，涉及国际分工、国际贸易、国际价值、国际货币、国际剥削、国际投资、殖民主义、民族问题、国际主义和世界革命等众多问题，其主要思想散见于《共产党宣言》《德意志意识形态》《资本论》《政治经济学批判手稿》《剩余价值理论》《不列颠在印度的统治》《关于自由贸易的演讲》《保护关税制度和自由贸易》等文献中，给我们留下了十分宝贵的理论遗产。马克思主义理论是一个与时俱进的理论，马克思主义的全球化理论也是如此，它是随着时代的变迁和马克思主义整个理论体系的发展而发展的。马克思之后，资本主义进入帝国主义时代，列宁根据形势的发展，创立了帝国主义理论，推进了马克思主义的全球化理论。第二次世界大战后，第三世界国家围绕如何在资本主义世界体系中实现发展的问题展开了深入的讨论，形成了依附理论或中心－外围论。20 世纪末，两极世界解体，资本主义全球化迅猛发展，并且出现了金融化与信息化的趋势，资本主义的基本矛盾也不断深化和加剧，金融危机频繁爆发，马克思主义的全球化理论进入了一个新的阶段。

5. **关于前资本主义经济形态的理论**。前资本主义政治经济学最早源于马克思和恩格斯的《德意志意识形态》。在随后的时间里，马克思和恩格斯持续关注这一研究领域，并提出了许多重要的看法。与《资本论》的写作同步，马克思同时也形成了有关前资本主义的政治经济学的基本看法，它们集中体现为《1856～1857年经济学手稿》中的《资本主义生产以前的各种形式》一章。晚年马克思的《人类学笔记》《历史学笔记》《民族学笔记》等体现了马克思对前资本主义政治经济学的持续兴趣与深入探讨。后来恩格斯在马克思的基础上写出的《家庭、私有制和国家的起源》是前资本主义政治经济学的一部重要著作。它是马克思主义对原始生产方式和私有制诞生等前资本主义政治经济学等基本问题的光辉论述。前资本主义政治经济学这一独立的学科和研究领域，补充了马克思主义政治经济学的内容，实现了马克思主义广义政治经济学的完整性。前资本主义政治经济学是马克思主义经济学本质方法的体现，是它不可分割的组成部分。

6. **关于经济发展的具体理论**。它是马克思研究经济生活中某些局部现象运动规律时提出的具体理论。比如，关于货币流通规律的理论、关于劳动力商品的理论、关于社会分工与工厂内部分工的理论、关于资本主义生产劳动与非生产劳动划分的理论、关于社会再生产划分为两大部类的理论、关于信用和股份公司的理论、关于绝对地租和级差地租的理论以及关于生态平衡的理论等。这些理论是马克思主义经济学基本理论在分析具体问题时的发展和运用，是分析具体经济现象不可缺少的重要环节。这些具体理论经过深入的阐发和不断的发展，形成了马克思主义经济学理论的各个具体的领域和分支，如马克思主义的企业理论、马克思主义的货币理论、马克思主义的经济增长理论、马克思主义的生态经济学理论等。

上述几个层次的原理组成了马克思经济学的理论框架，它们从不同的方面和层次体现着历史唯物主义的思想方法，反映了马克思主义经济学的本质和精髓，并作为一个整体，作为一种范式，把马克思主义经济学与其他经济学流派区别开来。

四　马克思主义经济学的逻辑主线

马克思主义经济学是以历史唯物主义为基础的，而生产力决定生产关系又是历史唯物主义的核心命题，正如列宁指出的那样："只有把社会关系归结于生产关系，把生产关系归结于生产力的水平，才能有可靠的根据把社会形态的发展看作自然历史过程。不言而喻，没有这种观点，也就不会有社会科学。"[10]基于这样的认识，马克思主义政治经济学把社会的经济关系从一般的社会关系中抽象出来作为自己的研究重点，在生产力与生产关系的矛盾运动中，揭示社会经济过程的内在规律，为人们认识和改造社会提供了科学的理论指导。一定生产力基础上的生产关系因此成为马克思主义经济学的研究对象，而生产力与生产关系的相互作用则构成了马克思主义经济学的逻辑主线，贯穿于马克思主义经济学的全部理论体系。《资本论》第一卷在分析商品货币时，马克思提出了著名的劳动二重性的理论，并强调这一点是理解政治经济学的枢纽，是批判性地理解问题的全部秘密，这一论断具有重要的方法论意义，它是生产力与生产关系的辩证关系在商品经济条件下的具体体现。我们可以看到，在《资本论》中，所有的经济现象和经济范畴都是生产力与生产关系二重性的统一。比如，商品是使用价值与价值的统一，社会劳动是具体劳动与抽象劳动的统一，资本主义生产是一般劳动过程与价值增殖过程的统一，资本构成是资本的技术构成与资本的价值构成的统一，资本的积累是物质资料的再生产与生产关系再生产的统一，社会资本再生产在实物上分为生产资料和消费资料两大部类，在价值上分为 C、V、M 三个部分等。《资本论》对上述经济现象和经济范畴的分析，把生产力与生产关系的辩证关系具体化为一系列的经济规律，体现了唯物史观的精髓，也丰富了唯物史观的内涵。

生产力决定生产关系的原理不是一个先验的僵死的公式或教条，而需要在逻辑和经验上得到清晰而具体的证明和运用，在这一问题上，存在一系列重要的理论的现实问题需要回答和解决。

1. 生产力发展的动力是什么？在马克思主义理论中，生产力与生产关系相比是第一性的，生产力的发展被看作社会发展的根本和最终的动力。但是，生产力的发展又是由什么决定的呢？如果生产力的发展没有自身内在的动力和规律，整个历史唯物主义和马克思主义经济学就会成为空中楼阁。如果我们承认了生产力的发展具有自身内在的动力和规律，那么，我们又将生产关系的重要能动作用置于何处？

2. 生产力发展水平的表征是什么？生产力的发展是衡量社会发展水平的基本尺度，但是，生产力的发展又是以什么为标准来衡量的呢？通常的回答是：生产力水平的高低可以用该种产品的劳动生产率，即单位时间内生产的劳动产品的数量来表示。但是，用劳动生产率的高低来衡量生产力发展的水平是以产品结构不变为前提的，由于不同时期和不同国家的产品结构或部门结构不同，因此，如果我们要在整体上对生产力发展状况进行比较，仅仅依靠劳动生产率这一概念显然是不够的。实际上，生产力的发展不仅表现在劳动生产率的提高，还体现为分工的扩大或产品与部门结构的创新、剩余劳动的增加和人的自由全面发展以及可持续性的提高等方面。不全面具体地认识生产力发展的丰富的表现形式，就不可能科学准确地理解社会经济的发展规律。

3. 生产力决定生产关系的机制是什么？生产力是如何决定生产关系的呢？这是历史唯物主义和马克思主义经济学中的又一关键性问题。对于这一问题，有的学者强调自然环境、劳动力、生产资料、信息、科学技术等生产要素对生产关系的影响。有的学者则认为，各种不同的生产要素，只有通过人们在生产过程中形成的技术组合关系，才能结合起来形成劳动过程，从而形成现实的生产力。因此，一定性质的生产力对与此相应的社会经济关系的决定作用，是以劳动方式为中介实现的。[13](p.152) 还有学者提出，生产力的性质，或说生产力发展过程中不同阶段质的差异性，也可以表达为生产技术的社会性质或生产技术在发展过程中不同历史阶段质的差异性，这种差异性是由物质资料生产过程中最稀缺的生产要素所决定的。[14](p.112) 以上的各种解释都有一定的道理，但是，从理论的严密性和清晰性的角度看，目前还不能说是圆满的。

4. 生产力的发展与社会发展之间的关系是什么？马克思主义承认，生产力的发展是社会发展的根本动力，同时也承认，生产力的发展不等于社会的发展。马克思曾经指出："在资本主义制度内部，一切提高社会劳动生产力的方法都是靠牺牲工人个人来实现的；一切发展生产的手段都变成统治和剥削生产者的手段。"[1](p.258) 资本主义积累的一般规律是，一极是财富的积累，另一极是贫困的积累。因此，生产力的发展并不能简单地等同于社会的发展，否则，包括经济、政治、文化、社会和人的自身在内的社会发展就不具有独立的意义。这就给我们提出了这样的问题，独立于生产力发展的社会进步的标准是什么？它对生产力的发展具有什么样的作用？不弄清这一问题，目前社会上盛行的盲目崇拜 GDP 和盲目追求经济增长的弊端就很难根除。

5. 生产力的发展与社会主义本质的关系是什么？生产力与生产关系是紧密联系的一个整体，因此，也应当从生产力与生产关系两个方面来认识社会主义的本质。关于社会主义的本质，邓小平曾经下过一个经典的定义，这一定义也包括了生产力和生产关系两个方面。生产力方面的特征是"解放生产力、发展生产力"；生产关系方面的特征是"消灭阶级、消除两极分化，最终达到共同富裕”。斯大林曾经用社会主义基本经济规律这一重要范畴来概括社会主义经济的本质，即“用在高度技术基础上使社会主义生产不断增长和不断完善的办法，来保证最大限度地满足整个社会经常增长的物质和文化的需要”。[15](p.569)这一论断也包括了生产力与生产关系两个方面，在这两个方面中，生产关系的方面是主要的，这是因为不同社会制度相区别的本质特征是在生产关系方面，而不是在生产力方面。[16]但是，长期以来人们对社会主义本质的认识却往往强调了一个方面而忽视了另外一个方面，或者只强调生产力的方面而忽视了生产关系的方面，或者只强调生产关系的方面而忽视了生产力的方面。同时，对于社会主义本质的这两个方面相互关系的认识也不够深入。

以上这些问题都是我们坚持和发展马克思主义经济学需要深入研究的。

参考文献

[1]《马克思恩格斯选集》(第2卷)，人民出版社，1995。

[2]《资本论》(第1卷)，人民出版社，2004。

[3]《资本论》(第3卷)，人民出版社，2004。

[4]《马克思恩格斯选集》(第3卷)，人民出版社，1995。

[5] 艾克纳：《经济学为什么不是科学》，北京大学出版社，1990。

[6] 斯蒂格利茨：《新自由主义的终结》，《东方早报》2008年7月12日。

[7] Ware R, Nielsen K. *Analyzing Marxism*. Caegary: The University Of Calgary Press, 1989。

[8] Burawoym. *Marxism without Micro – Foundation*. Penn State: The Pennsylvania State University Press, 1995。

[9]《列宁全集》(第55卷)，人民出版社，1990。

[10]《列宁选集》(第1卷)，人民出版社，1995。

[11]《列宁选集》(第2卷)，人民出版社，1995。

[12] 林岗、张宇：《马克思主义与制度分析》，《资本论的方法论意义》，经济科学出版社，2001。

[13] 林岗：《社会主义全民所有制研究》，求实出版社，1986。

[14] 李建德：《经济制度演进大纲》，财政经济出版社，2000。

[15]《斯大林选集》，人民出版社，1979。

[16] 刘国光：《关于中国社会主义政治经济学的若干问题》，《政治经济学评论》2010年第4期。

[17]《马克思恩格斯选集》(第4卷)，人民出版社，1995。

劳动贬值与“回归劳动价值论”*

黄少安　韦　倩

内容摘要：当今社会，劳动贬值现象十分严重，长此以往，势必危及中国经济的长远发展和社会的繁荣稳定。针对中国现阶段的现实，在社会价值取向、分配体制和政策上，应回归劳动价值论。这就必须经过马克思的劳动价值论再到斯密的劳动价值论，这样才能引导人们尊重劳动、努力劳动创造财富和知识，国民经济才能有坚实的实体经济和科学技术基础。

关键词：回归劳动价值论　社会价值取向　分配政策

中国在经济快速增长、社会不断进步的同时，确实存在一些问题，其中最重要的一点是越来越严重的劳动贬值问题，必须予以重视。特别是当经济发展到所谓的“中等收入”阶段时，如果这种现象不能得到纠正，长此以往，势必危及中国经济的长远发展和社会的繁荣稳定。因此，针对中国目前的现实状况，必须在价值取向、分配体制和政策上，回归劳动价值论。值得强调的是，这里所说的“回归劳动价值论”，并不是说现代经济学理论体系要转变为以劳动价值论为基础，也不是倡导学界今后要把劳动价值论作为研究重点，更不是说我们的研究重心今后要转变为劳动价值论，而是希望今后在以下方面有所转变：在社会的价值取向上，要倡导劳动者光荣；在国家的分配政策上，要使劳动者能够获得应有的收入；在资源流动的引导上，要使社会优秀人才能够被吸引到生产领域。本文拟在对目前中国劳动贬值的现实状况进行分析的基础上，总结归纳劳动回报偏低可能导致的严重后果，并对回归劳动价值论的必要性进行探讨，进而解析回归劳动价值论对现实的启示。

* 本文发表于《社会科学辑刊》2013 年第 2 期。

一 问题的提出：创造财富和知识的劳动者收入回报偏低

现阶段，我国在收入分配方面存在很多问题，其中值得关注的是：创造财富的实体经济部门（主要是工业和农业部门）及其生产性劳动者和创造知识的劳动者不能分配到应有的财富。可以通俗地概括为：生产财富者收入低，倒卖财富者收入高，倒卖资金者收入更高，倒卖权力者收入最高；创造知识者收入低，倒卖知识者收入高。当然上述概括是相对的、总体性的。这里的“倒卖财富”泛指商品流通领域，“倒卖资金”泛指广义的金融领域，“倒卖权力”则指少数贪官污吏进行权钱交易的行为，也包括少数利益集团利用行政垄断权获取垄断利益的行为；“倒卖知识”指的是诸如各种培训班的举办等，将知识作为主要商品的各类经营活动。

目前，劳动贬值现象在中国比比皆是。比如：在收入回报上，种粮食者不如卖粮食者、种菜者不如卖菜者、发电者不如输电者和卖电者（电网公司）、药品生产企业不如医院。这种价格的不合理差距，导致生产产品的企业利润低，许多行业维持微利状态，甚至亏损。相应地，这些部门劳动者的收入就偏低。

以金融业为例，整个金融行业（包括银行、基金、保险、信托等），无论是行业利润率还是职员的个人收入都明显偏高。不仅比生产性行业高，也比许多其他非生产性行业高得多，所以才会有“倒卖资金者收入更高”的说法。金融行业的薪酬回报也远高于生产性行业。在经济学中的一个最基本的常识是：任何金融活动和创新出来的金融工具本身，任何时候都不可能创造出一分钱的社会财富。而无论金融行业技术含量如何高，整个行业和劳动力的高收入现象与经济学中的基本原理是相悖的。

与之相对应，创造财富的生产性劳动者的收入状况则完全不同。2012年《中国统计年鉴》显示，2011 年各省排名最高的北京市职工年平均工资为 5.6 万元，其他省份更低，这与上述金融从业人员的收入形成显著对比。另外，国内外劳动者收入之间的差距也能显现出中国劳动者收入偏低的窘态。郎咸平有一个统计，每小时人均工资全世界排名第一的是德国，约 30 美元；第二名是美国，约 22 美元；泰国是 2 美元；而中国只有 0.8 美元，位列全世界最后一名。值得一提的是，中国的人均工作时间一年竟高达

2200个小时（全球第一），而美国只有1610小时，日本是1758小时，荷兰只有1389小时。[3]需要说明的是：这些创造财富的劳动者收入低，不是因为他们的劳动质量低，没有技术含量。相比较而言，对于一些非生产性行业的高收入者来说，即使有的人学历高，但由于他所从事的劳动本身技术含量有限，其劳动的实际质量也并不高。

同样，创造知识的劳动者也是这样。以主要创造知识的大学教师为例，他们从事的是高强度的智力劳动，用马克思的话说，是复杂劳动、多倍的简单劳动。但是，他们的收入却相当有限。据美国《纽约时报》2012年公布的最新一项调查结果显示，在全球28个国家的教师中，中国大学教师的平均月工资倒数第三，仅为720美元。在中国，刚入行的大学教师的收入按购买力平价计算，为每月259美元，是全球“最低价”。加拿大的大学教师收入居于榜首位置，刚入行的大学教师工资和平均工资分别达到5733美元和7196美元，是中国教师收入的22倍和近10倍。[4]

这里所说的“回归劳动价值论”的含义主要是社会价值取向、收入分配体制和政策意义上的，不是科学研究意义上的。当然，作为经济科学的劳动价值论和经济学理论，在研究中都应该被重视。也许现阶段重视劳动价值论研究有特殊的现实意义，因为中国遇到的现实问题一定程度上类似于劳动价值论产生时代的现实背景。

二　创造财富和知识的劳动回报偏低的不良后果

收入分配是指挥棒，引导社会中劳动要素的有序流动。如果收入分配制度合理，劳动要素会流动到合适的地方，促进社会和谐与经济发展；相反，如果收入分配制度不合理，劳动要素就会逆经济长远发展趋势流动，从而被错配，造成一系列社会问题和不良后果。就目前而言，我国社会中创造财富和知识的劳动相对严重贬值问题带来的种种不良后果已经显现。

第一，劳动价值的贬值将导致资源配置的扭曲。首先，资金、资源、人才等过度向非生产领域流动。现在普遍的现象是：从事农业生产者多数是老弱及文化程度低的农民，文化水平高的青壮年不愿意从事农业生产；工业生产者多数是文化程度较低（初高中毕业）的青壮年农民，高素质的人都去了党政机关以及银行、电力、电信、石油等垄断行业工作；在大学里，农学和工学等学科的生源较差，考生拥挤的学科是金融、计算机、法学、管理学等学科。大部分选择农学和工学的毕业生，也是毕业后学工的不愿意去工厂、学农的不愿意去农村和农业部门。其次，一些社会精英不愿去科学研究部门工作，即使已经在科学研究部门从业的精英们也有相当一部分人员工作积极性不高、精力不集中、不愿意进行真正的科学研究和技术发明。这种现象的长期普遍存在，将造成实体经济部门人员素质低，进而导致产品质量下降，最终使整个国民经济缺乏坚实的实体经济基础和科学技术支持。这种不良效应在短期内也许不明显，但却是深远性和根本性的。

第二，劳动价值的贬值将影响消费需求。农业和工业等实体经济部门创造财富的劳动者数量庞大，他们的劳动价格太低，会直接并大幅度地影响社会消费需求，从而削弱消费作为经济增长的动力。贬值会带来社会消费能力不足，这使带动经济增长的“三驾马车”缺一。根据《中国统计年鉴（2011）》的数据可计算得出，1979 年改革开放以来，我国的最终消费率和居民消费率都在逐年下降，[①] 具体情况如图 1 所示。

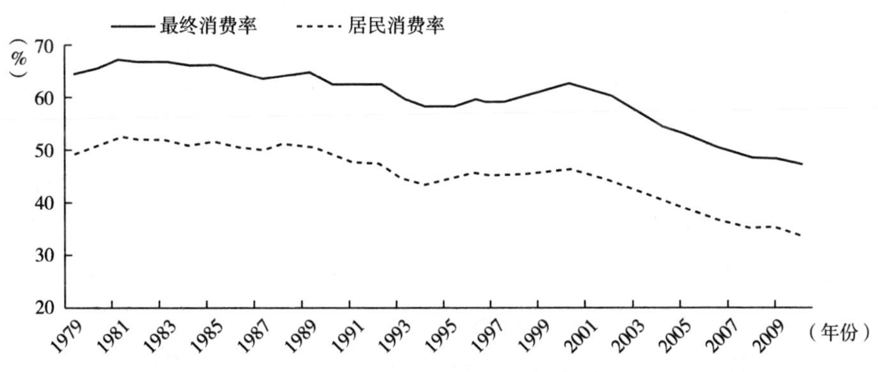

图 1　1979～2010 年中国最终消费率和居民消费率的变化情况

世界平均消费率一般都在 70% 以上，而我国的最终消费率，特别是近五年来的最终消费率都与之相差甚远，由此可见，消费不足的现象已经显现。[②]

---

① 最终消费率：最终消费支出总额/支出法 GDP，居民消费率：居民消费支出总额/支出法 GDP。

② 当然，也有一些学者并不认同中国的消费率偏低。他们认为，我国正处于并将长期处于社会主义初级阶段，消费率偏低是一种正常的现象。参见罗云毅《低消费、高投资是现阶段我国经济运行的常态》，《宏观经济研究》2004 年第 5 期；郭镇方《消费总量下降是投资总量增长的结果吗》，《经济学家》2007 年第 3 期。

但消费始终是整个经济活动的出发点和归宿点，不论经济活动的链条如何延长和复杂，消费需求的长期低迷，必然会降低产业传导链条上各个企业的收益，最终会带来经济的衰退。另外，消费不足也会引发企业的产能过剩，经济效益难以提高，并将导致企业倒闭或开工不足、失业增加、银行不良资产增加等一系列问题。

第三，劳动价值的贬值将导致人们追求财富的努力方向出现偏差，社会价值观扭曲，道德水准下降。人们追求财富无可非议，但如果在一个社会里，创造财富和知识的劳动者普遍不能分配到应有的财富，处于得不到尊重的尴尬地位，人们追求财富的方向必然发生偏离，社会的生产性努力就会不够，而分配性努力就会被极大强化。也就是说，人们不愿意努力“做蛋糕”和“做大蛋糕”，通过劳动创造财富，却总想“分到更多蛋糕”、迅速致富。于是不正当的甚至非法的和极为恶劣的获取财富的手段就变得层出不穷。而且，相当多的人不以为耻，总能通过攀比给自己的不良行为找到心理上的理由。

第四，劳动价值的贬值将激化社会矛盾。即使假定所有人的收入都是合法的，收入差距都是劳动能力和实际提供的劳动数量和质量的差距造成的，收入差距如果过大，也会导致贫富阶层之间的矛盾和社会的不稳定（当然还有社会有效需求不足），更何况不合理和不合法的途径导致的收入差距。尤其是广大创造财富和知识的劳动者，他们的收入不合理地偏低，更加可能导致社会矛盾激化。这些矛盾既包括贫富之间的矛盾，还包括民众与政府之间的矛盾（认为是政府的政策导致的贫富差距），以及既得利益者之间的矛盾（如得多得少等矛盾）。中国作为一个发展中的大国，现在处于中等收入阶段，体制、观念、价值体系正处于转轨期，控制社会矛盾激化的重要途径之一就是控制收入差距扩大。而控制收入差距扩大的最重要方面则是让实际创造财富和知识的劳动者分得应有的财富。这也是引导社会价值观念的最有效的途径。要避免马克思所描述的“劳动异化”现象。

三　回归劳动价值论：回归马克思和斯密

由上可知，创造财富和知识的劳动者没有分配到应有的财富，会导致一系列不良的经济和社会效应。为了使社会尊重创造财富和知识的劳动，为了使大家都去努力“做蛋糕”而不是“分蛋糕”，中国应呼吁“回归劳动价值论”，从收入分配政策和社会价值取向的意义上回归劳动价值论，而目前中国只有先回归到马克思的劳动价值论，才能回到斯密的劳动价值论。

以马克思为代表的劳动价值论与以斯密为代表的劳动价值论是既有联系又有区别的。最重要的联系或相同点在于他们都坚持认为劳动是创造财富（商品经济社会里表现为价值）的源泉。而最重要的区别在于：以斯密为代表的古典经济学把经济学研究的重点从重商主义的流通领域转移到了生产领域，发现财富的源泉是生产领域的生产性劳动，不是商业流通领域；斯密重点研究的是如何通过劳动增加国民财富，认为需要通过市场促进分工，从而提高劳动生产率。而以马克思为代表的经济学虽然也坚持和发展了劳动价值论，但是马克思把劳动价值论的重点由“劳动如何创造财富”转移到了“劳动创造的财富如何分配”。形成了马克思和恩格斯自己所强调且人们普遍达成的共识——剩余价值论，即马克思经济学的核心。劳动价值论只是剩余价值论的基础或者后面所要研究的重点问题的铺垫，劳动创造的价值如何分配才是马克思关注的重点。马克思揭示了他所处的现实中创造财富的劳动者没有获得应有的财富，他们不仅不能获得“剩余劳动”创造的剩余价值，而且有时连“必要劳动”的价值都不能全额获得，即工资都被克扣。所以，他所处的资本主义时代，一方面是资本的积累，另一方面是无产阶级贫困的积累，从而导致了广大劳动者也是消费者的购买力不足，引发生产过剩的经济危机。这种危机又是由资本主义私有制本身决定的，在其内部是不能根本解决的问题。他认为资本主义私有制是非常不合理的，整个社会生产也是无效率的（不断的危机导致资源和产品的极大浪费）。而当阶级矛盾激化至一定程度时，贫困、庞大的无产阶级（这也是资本主义私有制自己造就的）一定会起来革命，剥夺剥夺者，推翻资本主义制度。

因此，根据中国目前的现实状况，要“回归劳动价值论”，必须先回归到马克思的劳动价值论，才能回到斯密的劳动价值论。在分配环节上，只有让创造财富和知识的劳动者获得应有的回报，让他们有尊严，才能引导社会尊重财富和知识的创造者，在生产领域和非生产领域进行合理配置，才能使社会重视财富和知识的创造，才能引导社会致力于财富创造而不是财富分配，才能使国民经济良性循环和运转。

四 回归劳动价值论对现实的启示

中国目前的社会现实状况跟斯密、马克思提出劳动价值论时的社会现状具有很大的相似性，因此，回归劳动价值论可以为中国现实问题的解决带来很多启示。

一方面，在中国目前的社会中，很多人都瞧不起体力劳动工作者，而经商、从政等非生产性的活动反而吸引了大多数人的兴趣，这与重商主义的观点非常近似。重商主义是封建社会解体之后的16～17世纪西欧资本原始积累时期的一种经济理论或经济体系，它反映了资本原始积累时期商业资产阶级的利益。重商主义认为，货币（当时是贵金属）是衡量财富的唯一标准，一切经济活动的目的都是为了获取金银，除了开采金银矿以外，对外贸易是货币财富的真正来源。而斯密提出劳动价值论的目的就是为了纠正当时社会上流行的重商主义的观点。斯密在其《国富论》中用了三分之一左右的篇幅来批判重商主义，他认为，劳动才是创造财富的源泉，这对当今中国现实具有重要的启示。另一方面，目前中国虽然提倡和宣传“以按劳分配为主体、多种分配方式并存”，但实际上，劳动在国民收入中的比重逐年降低，资本、土地、特权等要素的收入占据了主要位置。另外，行业之间收入差距巨大、行业内部同工不同酬现象也非常多，按劳分配得不到执行，多执行按身份分配、按权力分配。因此，坚持劳动价值论就是坚持按劳分配。在斯密那里，劳动价值论被用来否定非生产阶层的合理性；在李嘉图理论中，劳动价值论被用于否定地主阶级，特别是纯消费阶层的合理性；而在马克思理论中，劳动价值论则被用来否定一切剥削阶级，特别是资本家阶级收入的合理性。所以，坚持劳动价值论必须纠正分配上的错误观点和错误政策，切实使分配回到按劳分配的轨道上来是当务之急。这样，才能从根本上提高广大劳动者的消费能力，切实调整好生产与消费的良性互动关系，促进我国经济长期稳定增长，提高全体人民的福祉。

可见，回归劳动价值论可以解决目前中国存在的劳动过度贬值问题。在具体策略上，可以采取下述措施。

首先，要加快推进收入分配体制改革。限制政府涉及初次收入分配领域，消除权力和腐败带来的社会分配不公问题；完善工资协商机制，逐步提高劳动报酬在初次分配中的比重；推进城乡一体化，积极推动农民收入增加，逐步缩小严重的城乡收入差距；完善再收入分配机制，加快社会保障体系建设，为低收入阶层和困难群体构筑基本生活保障。

其次，要加快推进以政府转型为主线的行政体制改革。政府应从一般竞争性领域退出，以维护市场规则、提供公共产品和公共服务为己任，加快推进行政层级扁平化的改革，比如“大部制”“省直管县”等改革，提高政府的行政效率，提高他们提供公共服务的能力，改革和完善对政府官员的考核、晋升与监督机制，增强民众对政治的参与，突出对权力的制约，消除腐败。

最后，深化市场化改革，强化市场在资源配置中的基础性作用。推进资本、土地、自然资源、环境等要素市场的体制改革，健全和规范其内在运行机制；深化国有企业改革，打破行业垄断，鼓励和引导非国有经济发展，创建多种经济成分机会均等、共同发展的公平竞争环境；建立健全市场运行所需的各种经济组织和交易机构，健全市场监督机制和调控机制，建立并完善有利于市场配置资源的制度环境。

参考文献

[1] 张歆：《12 家上市银行员工人均薪酬近 45 万：招行最高》，《证券日报》2012 年 4 月 17 日。

[2] 张宁：《信托业闷声发财 5 公司盈利均超 10 亿人均年薪 48 万》，《证券时报》2012 年 5 月 16 日。

[3] 郎咸平：《中国人为什么收入低》，《新快报》2010 年 2 月 4 日。

[4] Philip, G. Altbach “How Much Is a Professor Worth?” New York Times，2012 年 4 月 2 日，http：//www. nytimes. com/4&sq = salary&st = cse，2013 年 3 月 2 日。

关于创立中国经济学的思考*

白永秀　李　喆　吴丰华

内容摘要： 自王亚南先生1940年在《政治经济学在中国》一文中提出“中国经济学”这一概念以来，已有71年，其间许多经济学家进行了积极探讨。中国的大国地位和中国经济发展的特质对中国经济学创立提出了现实要求；美欧日经济学研究的误区、国外经济学的中国化、中国经济实践的理论化与国际化则成为创立中国经济学的理论必要；“中国经济学”提法与范式的不断探讨、研究方法的不断引进与创新和众多部门经济学的创立与发展为中国经济学创立提供了理论基础。在此基础上，本文提出中国经济学的研究对象是“资源、区域、产业、环境、协调”，并分析了它们之间的相互关系，而中国经济学的目的是提高资源配置与培育的协同效率，任务是研究如何实现经济长期平稳较快发展。

关键词： 中国经济学　马克思主义经济学　西方经济学　政治经济学

一　创立中国经济学的现实必要

（一）中国的大国地位要求创立中国经济学

第一，中国高速的复兴速度要求创立中国经济学。新中国成立以来，中国经济建设经历了从计划经济体制的建立与体系化、对计划经济体制的局部改革到市场经济体制的建立与完善的过程。对经济体制的把握和对改革路径的选择走过很多弯路，有过很多争论，但不可否认的是我国的经济建设和社会发展取得了世界公认的巨大成就。从总量指标看，1949年我国

* 本文发表于《福建论坛》（人文社会科学版）2012年第3期。

的社会总产值为557亿元，2010年国内生产总值达到39万亿元，是1949年的700多倍；从1978年开始，我国年均GDP增速达到9.8%以上。从中美对比看，中国经济总量占美国经济总量的比重从1978年的6.5%，上升到2010年的40%，而根据中国社会科学院发布的《金砖国家经济社会发展报告》的测算，到2015年这一数据将达到80%。[1]从全球影响看，IMF的数据显示中国经济总量占世界经济总量的份额从1978年的4.9%（全球第10位）快速提升到2010年的9%（全球第2位）；2000～2009年，中国对全球GDP增长的贡献率超过20%；2010年我国进出口总额为29727.6亿美元，仅次于美国，占世界贸易总额的8%以上。[2]从未来发展看，按照历史经济学家安格斯·麦迪森的计算，中国经济将在2030年恢复到鸦片战争前在全球经济中的占比，GDP将占到世界GDP的25%；其他一些经济学家与机构则预测，到2040年这一比重将达到40%。[3]可见，新中国成立以来，尤其是改革开放以来，中国经济的发展速度与总量规模决定了中国经济在世界经济中的地位，大国复兴的趋势和地位呼唤中国创立属于自己的经济学。

第二，中国生产要素的巨大规模要求创立中国经济学。从劳动力要素规模看，中国是世界上人口最多的国家，占世界人口的21%，人口密度远高于世界平均水平，同时也高于人口密度最大的亚洲国家的平均水平。从土地要素规模看，中国的国土面积占世界陆地面积的7.1%，耕地面积占世界总耕地面积的7%。从矿产资源禀赋来看，中国已探明的矿产资源总量占世界资源总量的12%，居世界第3位，且是世界上矿种比较齐全、配套程度较高的少数国家之一。这些生产要素的规模决定了中国在世界要素市场中的地位、在世界分工中的地位和全球产业链条中的地位，中国的要素配置规模、方法、水平和效率对世界经济具有重大影响，这种普遍意义也要求创立中国经济学。

第三，全球最大的转型实验要求创立中国经济学。自1978年以来长达33年的时间里，占全球1/5人口的中国经历了人类有史以来规模最大、幅度最大、持续时间最长的经济转型实验。在这期间，中国经历了从高度集中的计划经济体制到自由竞争的社会主义市场经济体制的转变，从经济社会封闭半封闭到经济社会全面开放的转变，从国民经济处在崩溃边缘到成为世界第二大经济体的转变，从传统农业与落后工业混合社会向现代工业社会和生态社会的转变。当前，中国正在经历从所有制方式到经营方式，从经济体制到经济发展方式，从生产领域到分配、交换、消费领域，从微观经济组织到中观、宏观经济组织等多层次、全方位的经济转型。一些西方学者在使用已有理论和范式对中国转型模式和转型所取得的经济成就进行解释失败后，都发出了“中国之谜”或“中国奇迹”的感叹。以上复杂的转型实验交织于同一个经济体，既与马克思主义经济学对社会主义的发展设想有很大的出入，也与西方经济学转型理论所规定的转型路径和模式存在根本性区别。面对如此巨大的转型实验亟待解释和现有经济学解释乏力所产生的矛盾，我们认为应该创立中国经济学以建立理论框架，对中国经济转型加以解释，并对未来趋势进行预测。

（二）中国经济发展的特质要求创立中国经济学

第一，中国的特殊转型过程要求创立中国经济学。从中国 33 年改革开放和经济转轨所走过的道路看，1992 年之前的改革是在计划经济体制内引入市场机制，以提高计划经济体制的活力。1992 年之后开始了以建立市场经济体制为核心的经济转型。由此可见，中国经济改革与转型的历程既与“华盛顿共识”指导下东欧的激进模式有本质的区别，又与发达市场经济国家先民主政治改革后经济改革的转型模式不同。中国的经济改革和转型是经济增长、体制改革和制度创新相结合的独特改革和转型过程。中国的经济改革和转型由此也呈现出改革推进的渐进性、动力机制的外在性、制度变迁的政府主导性等特征。中国经济独特的转型实践为创立中国经济学提供了最佳例证与研究对象。

第二，中国经济发展的多元性特征要求创立中国经济学。其一，中国经济发展面临四层面的多元性特征：所有制以公有制为主体，多种所有制成分并存；分配方式以按劳分配为主，多种分配方式并存；经济社会转型过程中的多元复合转型特质；产业体系和配套体系的多元性特征。其二，中国经济存在四层面的二元性特征：城市与乡村的分离所导致的城乡二元经济结构；经济发展快于社会改革发展所导致的经济社会二元结构；人与自然发展不协调所导致的经济与环境的二元结构；计划与市场调控手段相分离所导致的计划与市场的二元分割等。其三，中国经济发展过程中多元性与二元性特征相互作用、相互交织。在这些因素的共同作用下，中国经济呈现出极其复杂的非协同性。

第三，中国经济发展巨大的差别性要求创立中国经济学。改革开放 33

年来，伴随着经济社会所取得的空前成就，中国经济在城乡之间、区域之间、行业之间的差别呈现逐渐拉大的趋势。城市与工业发展迅速，而农村与农业发展滞后；城市居民收入水平与福利水平提高迅速，而农民收入水平与福利水平提高相对滞后；沿海地区的经济发展迅速，而内陆地区经济相对落后；[4]东部地区经济发展迅速，而中部和西部地区经济发展相对落后，并呈阶梯状递减。面对这样的多元、复合型差异，西方经济学也许能够从微观层面、个体层面、局部均衡角度提供解释和解决方案，但却难从宏观上和各种差距的内在逻辑上对这些现象给予系统解释和解决。

二 创立中国经济学的理论必要与理论基础

（一）创立中国经济学的理论必要

第一，美、欧、日经济学研究的误区呼唤创立中国经济学。美、欧、日的经济学研究走在世界前列，其涉猎问题之广、研究程度之深、方法应用之先进，都是中国经济学需要好好学习的。但我们认为，美、欧、日经济学研究也出现了相当严重的问题，表现为“两个导向误区”和由此带来的两大问题。“两个导向误区”：一是“文献导向误区”，二是“技术导向误区”。“文献导向误区”是指美、欧、日经济学过度依赖文献阅读而发掘研究点。我们十分赞同“站在巨人的肩膀上”的研究方法，但是不赞成过度依靠文献来开展研究。这样势必导致不会有本质性和决定性的理论突破，而总是进行“雕梁画栋”的装饰工作。“技术导向误区”是指美欧日经济学往往追求技术的先进、数理推导的严密、方法的高深，以至于相当多的国外经济学期刊更像是“数学期刊”，而且这种技术导向已严重影响我国的经济学研究。而两个导向误区也带来了两个严重问题：一是经济学研究日益细碎化。在文献导向和技术导向之下的经济学研究，必然自觉不自觉地关注细节问题。这种关注一旦过度，就会阻碍理论上的本质突破和经济学科的发展。如对经济增长的研究，新古典经济学关注各种要素对经济增长的贡献，新增长理论则更细微地考察无法解释的索洛残值，考察技术进步、人力资本对经济增长的贡献率，国内学者也追随脚步做了很多证明工作。但是，这种经济增长研究很少关心经济增长方式的合理性及其转变、经济发展的国别差异和地区差异性等问题。这导致中国既没有属于自己的经济增长理论，也无法解决中国当下发展方式转变中遇到的理论困局和现实困难。二是经济学研究日益纯粹化。在文献导向和技术导向之下，部分经济学研究逐渐进入自己的独立王国，部分学者进行着自娱自乐的游戏。他们不和经济社会发生任何关系，似乎不必思考任何现实中的经济问题，仅在书斋中就可以完成论文和著作，评定职称。我们认为，如此“纯粹化”的理论研究，会使作为“经世济民”之学的经济学失去存在的意义。

第二，国外经济学的中国化要求创立中国经济学。新中国成立以来，我国经历了两次对国外经济学理论的引进和借鉴。第一次引进与借鉴是新中国成立之后到改革开放前，对苏联经济学范式的引进和学习。第二次引进和借鉴是随着改革开放进程的不断深化，基于我国构建社会主义市场经济体制的需要，学术界和各个实践部门大量借鉴西方经济学理论。第一次借鉴随着苏联解体、东欧剧变和我国改革开放的不断深化而逐渐减弱。第二次借鉴由于西方经济学的研究假定和研究对象与中国实际存在差距，在中国表现出不适用性。频发的经济“滞胀”和各种危机等，也使国内经济学界逐渐意识到主流经济学指导下的美国模式存在重大隐患，西方主流经济学存在缺陷性。我们知道，经济学是一门解释性与应用性的科学。它的生命力体现在对人们在特定历史时空和社会形态中的经济活动的解释力与指导性。对西方经济理论的引进和借鉴，如果不加任何历史设定而直接引用，便会在方法论和分析逻辑上陷入对西方主流经济学的盲目追随，而这恰与经济学的根本命题背道而驰。因此，为了更好地指导中国时空下的经济问题，解释和解决中国经济发展中出现的种种矛盾，我们必须清醒地认识到，引进是为了国外经济学的本土化和中国化，为了更好地指导中国经济发展。因此要遵循“引进→消化→内化→创新”的过程。而这一过程的最好实现方式和最终归宿都是中国经济学的创立，也是经济科学在中国发展的客观规律和必然结果。

第三，中国经济实践的理论化与国际化要求创立中国经济学。一方面，我们对国外经济学的先进成果予以引进和吸收，并与中国实际相结合，这是国外经济学的中国化过程。另一方面，我们还要进行中国经济实践的理论化与国际化工作。中国经济实践的理论化与国际化也要求创立中国经济学。新中国成立，尤其是改革开放以来，中国经济社会发展突飞猛进，当代中国也经历了并正在经历两大转变，一是从计划经济向市场经济转变，二是从传统农业经济向现代产业经济转变。这一个“转型”、一个“增长”的伟大经济实践需要系统化的理论解释。进一步，一系列问题需要解答：

什么样的转型与制度变迁促进了中国经济的持续增长？实现“长期平稳较快”发展面临的挑战是什么？中国怎样实现发展方式的转变？中国经济的未来是一幅什么图景？“中国模式”是否存在，与世界上其他转型经济体的异同与优劣表现在什么地方？要回答这些问题，就要求创立中国经济学，将中国实践理论化，并将这些理论推向国际，使之国际化。

（二）创立中国经济学的理论基础

第一，“中国经济学”提法与范式的不断探讨为中国经济学的创立奠定了理论基础。20 世纪 40 年代，王亚南先生将“中国经济学”界定为“特别有利于中国人阅读，特别能引起中国人的兴趣，特别能指出中国社会经济改造途径的经济理论教程”。[5]此后国内经济学界对于创立中国经济学的呼声便不绝于耳。尤其改革开放以来，中国市场化取向改革的尝试以及所取得的巨大成就为创立中国经济学提供了现实基础和实践经验。当前学术界关于中国经济学的边界界定和学术范式存在三种观点：观点一认为中国经济学应当是马克思主义经济学的新发展。观点二认为中国经济学或者中国经济学研究应当是在现代西方经济学研究范式中的、无阶段性、无国别特征的一般性研究。观点三是相当数量学者所持的观点，他们主张中国经济学不应偏执地在马克思主义经济学和西方经济学之间做出唯一选择，而应当兼容并蓄、[6]“容百家于一堂”，[7]他们更强调中国经济学应当“是一门创新的经济科学，而并非已有经济科学的流派”。[8]如柳欣认为“应在澄清马克思经济学和西方经济学基础上，对中国当前的现实问题进行深入研究”。[9]白永秀认为应当在“政治经济学学科创新中探索政治经济学的内在逻辑结构，在内容上要从新概念、新范围、新范式、新对象、新主线、新体系、新内容、新观点八个方面进行创新”。[10]越来越多的学者都认为中国经济学应当汲取西方经济学和马克思主义经济学的优秀理论，在此基础上开创一门能够真正解释中国经济现实，为中国经济发展提供理论基础和指导意义的创新学科。

第二，众多部门经济学的创立与发展为中国经济学的创立奠定了学科基础。经济学学科建设总是随着人类对社会经济认识的深入而不断深化和细化的。改革开放以来，我国建立并积极探索了一大批新的部门经济学、专业经济学以及经济学交叉学科。专业经济学方面，建立了侧重于理论研究的循环经济学、过渡经济学、劳动经济学、转型经济学，侧重于应用研究的工业经济学、农业经济学、财政学、会计学等。经济学交叉学科中，建立了侧重于理论研究的人口经济学、环境经济学、社会经济学、伦理经济学、神经经济学等；侧重于应用研究的教育经济学、国防经济学、投资经济学、建筑经济学等。这些分类细致、覆盖全面的部门经济学、专业经济学和经济学交叉学科的建立和发展，为创立中国经济学提供了丰富的理论内容与理论基石。

第三，研究方法的不断引进与创新为中国经济学的创立奠定了方法论基础。早在1938年，刘敖先生就在《经济学方法论》一书中，强调中国的经济学如果仅限于对经济现象的解释和研究，将“永远停止于经济常识大全之境”。他认为应首先在方法论上奠定一个“深固的基础”，才能保证中国经济学的发展。[11](p.41)新中国成立后到改革开放之前，计划经济和苏联模式经济学在我国经济学方法论中占据绝对控制地位，经济学研究被限制在一个相对狭小的范围内。有学者认为，这一时期的经济学方法论“从来就没有被提上议事日程”。[12]而改革开放至今，关于中国经济学研究方法的探讨主要经历了三个阶段：第一阶段是沿着马克思主义经济学的方法论，从实践中提炼出问题，然后再通过经济学理论为问题寻找答案的从具体到抽象的研究。第二阶段是沿着西方主流经济学的范式，从提出问题、抽象问题、分析问题到得出结论和政策建议的现代经济学规范研究。有学者提出“以现代经济学的规范研究中国的现实经济问题，沿着这一思路继续推进应该是唯一正确的途径”。[13]第三阶段是目前经济学界普遍采用的方法，我国经济学研究在经历了对单纯倚重抽象法和片面使用实证法的反思之后，已经开始使用一种适合于中国独特经济实践的创新型经济学研究方法，这种方法强调抽象与具体相结合、规范分析与实证分析相结合、理论研究与应用研究相结合。我国经济学界正在探索的这种经济学研究方法，为构建中国经济学提供了方法论上的基础。

三　中国经济学的研究对象及其关系

中国经济学既然是中国经济学人基于中国经济社会发展实践所力图创立的经济学，自然应当以中国的基本经济特征为研究对象。正如顾海兵在《非主流经济学研究》中所提出的：“中国经济学的建设必须依据中国经济的基本特征：人口世界第一，平均文化程度低，农村人口比重较高，发展中国家，人均资源稀缺，现代化程度低。”[14](p.339) 基于中国经济的基本特征，我们认为中国经济学的研究对象是十个字：资源、区域、产业、环境、协调。中国经济学的研究体系则是由这五方面、十个字组成的体系。

（一）中国经济学的研究对象

第一，资源。资源是人类维持生存、生活，实现自身价值和开展生产过程中基础性的物质条件，稀缺资源的配置是经济学研究的核心对象。而我们认为中国经济学语境中的资源，除包括自然资源外，还应包括社会资源；自然资源除包括有形资源，如矿产资源、生态资源之外，还应包括气候资源等无形资源；社会资源除包括人力资源、技术资源等有形社会资源外，还应包括关系资源、心理资源、品牌资源、信息资源等无形社会资源。我们认为内涵得到扩展之后的资源，应当是一种以人为本的、与人的发展相关的人本主义资源（见图 1）。

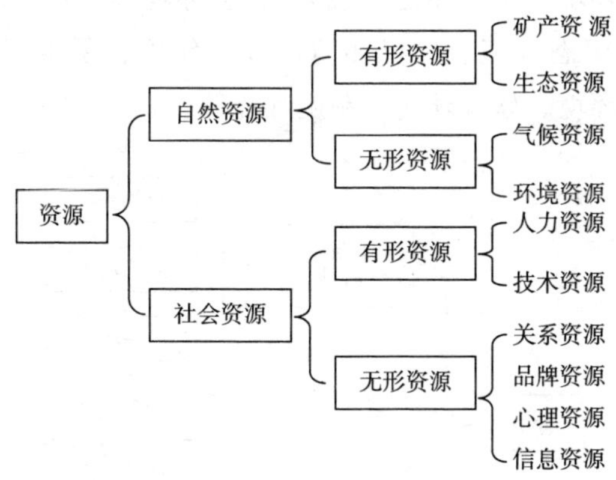

图 1　资源的分类

第二，区域。与以往经济学的区域界定以地理和经济特征为标准不同，中国经济学语境中的区域，是一个与资源的分布和密集程度高度相关的空间概念。按照这样的划分，区域的范畴既可以是地方建制的任何一个层级内部，也可以是跨越同级行政单位的一个较大范畴；既可以是某一种自然资源相对集中的地理范畴，也可以是某一种社会资源相对集中的文化历史范畴。

第三，产业。中国经济学中的产业含义应是资源配置与培育的载体。其一，产业是指具有某种同类属性的企业经济活动的集合。按照上文对资源类型的划分，从生产的角度看，产业不仅是消耗某种同类属性资源企业的集合，更是那些培育某种同类属性资源企业的集合。因此，我们认为产业是资源配置与培育的载体。其二，产业结构由资源结构决定，产业结构的合理程度由资源配置和培育的合理程度决定。此外，由资源分布的密集程度和资源培育体系的完备程度所决定的区域特征，也直观反映在不同区域产业体系和产业结构的差别上。

第四，环境。与以往经济学环境是“维持经济系统正常运转，并影响经济主体生存和发展的所有外部条件的总和”这个界定不同，我们认为中国经济学环境的范畴，既指作为外部条件总和的环境，还指内生性地全程参与生产过程的环境因素。换句话说，中国经济学意义上的环境，不再是简单的外生因素，而是直接影响资源分布和培育（社会资源层面）及资源配置（产业层面）的重要因素。中国经济学的环境概念，既是生产的外部条件，又是生产的内在因素；既是生产的结果，又是生产的过程；既是一个空间概念，又是一个历史文化概念。环境的划分可以内容为依据划分为自然环境、人工环境（人工生态环境）、社会环境等。也可以环境主体的差异为依据划分为生态环境、投资环境、城市环境、原生环境、次生环境、市场环境、硬件环境、软件环境、制度环境等。

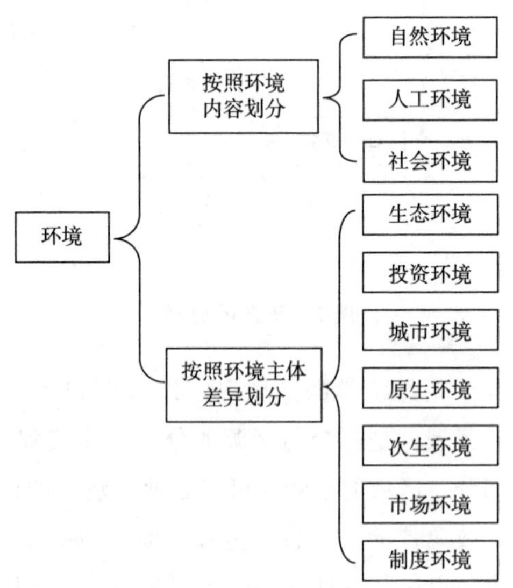

图2 环境的两种分类标准及内容

第五，协调。以往经济学中的协调是指在各种经济力量的共同作用下，经济系统内各个构成要素之间的动态均衡关系。而中国经济学语境中的协调，体现在资源、区域、产业和环境这四个层次之间的四种不同效率，即资源与区域之间的资源开采效率、区域与产业之间的资源配置效率、产业和环境之间的资源使用效率、环境和资源之间的资源培育效率，以及它们之间的协调关系。同时，协调机制也提供破解经济系统内资源之间、区域之间、产业之间、环境之间矛盾和这四者两两之间矛盾的方法。

（二）中国经济学研究对象之间的关系

必须明确的是：资源、区域、产业、环境和协调这五个研究对象并不是相互独立的。中国经济学对这几个层面的研究也不应采用西方主流经济学中的个体主义方法，孤立地进行研究。而应当用整体的、动态的、联系的方法，将这五部分内容联结成一个整体进行研究（见图 3）。我们认为，中国经济学研究对象之间的关系是：以人的发展为目标，以协同效率为主线，以在一定的空间（区域）内，通过一定的载体（产业）配置与培育资源，以及资源配置与培育中环境、资源的可持续利用为内容，通过协调资源开采、配置、使用与培育等的效率来协调人与资源、区域、产业、环境这几个层次的关系，并实现这几个层次的协同发展。

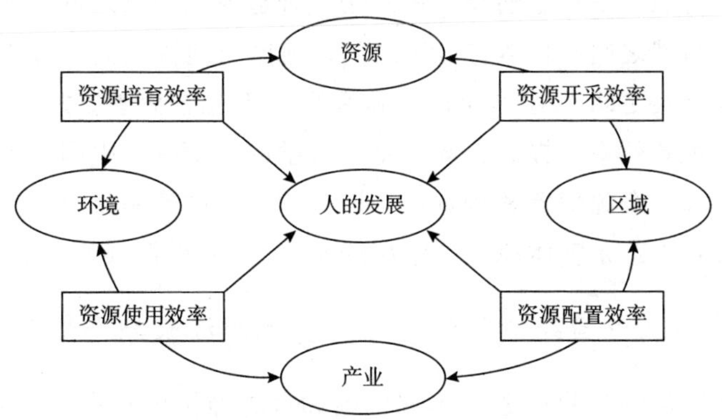

图 3　中国经济学研究对象之间的关系

四　创立中国经济学的目的与任务

通过对中国经济学研究对象及其之间关系的分析，我们认为中国经济学的目的是提高资源配置与培育的协同效率，研究任务是实现经济长期平稳较快发展。

（一）创立中国经济学的目的是提高资源配置与培育的协同效率

第一，中国经济学不仅要研究资源配置，更要研究资源培育。主流经济学的研究对象是稀缺资源的配置，这是一种建立在资源已经形成并存在基础上的被动式配置的研究思路。而我们将资源分为自生性资源和培育性资源两大类。从这两类资源对国民经济的贡献率看，以人力资源、社会资源、技术资源和心理资源为代表的培育性资源的贡献率要远高出自生性资源的贡献率。对于中国经济发展，这一类资源的培育及生成的机制、条件和环境等问题都十分重要。

第二，中国经济学追求的不是一般效率，而是协同效率。主流经济学关于主体和客体的预设是理性经济人和资源稀缺性。其中理性经济人包含着三层次含义：利己假设、效用最大化假设、方法论个人主义假设。[15]我们认为，这些假设不仅难以指导中国经济实践，而且会将中国经济引入歧途：方法论个人主义假设和效用最大化假设本身不仅背离了经济发展的最基本内涵，而且也是对我国目前提出构建和谐社会和包容性增长的背离。在效用最大化假设下形成的经济模式是一种造成人与人之间、群体与群体之间、人与自然之间、自然与自然之间、地区与地区之间、城市与乡村之间、经济与社会之间[16]多个层面不和谐的单极式经济增长模式。因此，仅仅关注资源配置效率的提高，远不是经济学的目的。而中国经济学的研究目的就在于提高资源配置和培育的协同效率，协同效率就是系统效率、全面效率。其特点一是整体性，二是发展性，三是积极性（非外部性）。

（二）创立中国经济学的任务是实现经济长期平稳较快发展

创立中国经济学的任务是实现中国和世界经济的长期平稳较快发展。经济长期平稳较快发展实质上是经济发展的一种理想状态，指经济发展动力持续且稳定；经济发展速度较高；经济发展效益良好；经济抗冲击能力强，波动幅度小，稳定性强。

具体来说，创立中国经济学的任务是在以下六方面实现经济长期平稳较快发展。第一，发展动力具有内在性。在人的发展的基础上，通过资源培育和新增长动力的培育，实现经济发展动力机制的转变，构建经济增长的内生动力机制，从而推动经济长期平稳较快发展。第二，发展路径具有可拓展（延伸）性。首先表现为传统产业链的拓展和延伸，主要有两种方式：一是产品加工深化，改变产品外部特征和物化方式，使最终产品的功能和使用价值的种类得以扩大；二是在同样数量投入的条件下，增强产品技术含量、提升产品层次，从而创造出价值更高的产品。其次表现为新资源的配置和培育以及资源培育方式的创新和拓展。新资源的开发利用和培育主要表现在节能环保、新一代信息技术、生物技术、高端装备制造、新能源以及新能源汽车、新材料和智能网络等产业的开发与培育等方面。第三，发展层次有深度。是指通过深入挖掘传统资源的利用价值和探索潜在的、无形的、有特色的新资源，以及对这些资源进行培育，实现高层次的、有深度的经济长期平稳较快发展。第四，发展状态具有稳定性。是指通过协调资源、区域、产业和环境之间的关系，实现资源开发效率、资源配置效率、资源使用效率和资源培育效率之间的平衡，从而实现经济发展状态的稳定性。第五，资源利用效率具有高效性。具体体现在三方面：其一，资源的永续利用是经济长期平稳较快发展的物质基础和基本条件。资源的粗放式开采，在低端环节的过度损耗，无疑会导致资源使用的浪费。因此，为使经济在资源可持续限度内保持一定的增长速度、平稳发展，就要提高资源利用效率。其二，对于可耗竭资源的利用和开发，应当遵循开采资源价格的增长率等于贴现率的原则。当存在替代性资源的时候，还需要考虑资源之间相互替代的消耗过程。其三，对于可再生资源的开发利用，政府可以直接干预。让最优开采量和总存量平衡在一个由资源的自然增长率决定的水平上。第六，发展绩效具有长期性。具体包括了三个方面的长期性：一是资源利用的可持续性。在不超越资源与环境承载能力的情况下保持经济长期增长。二是生态环境的可持续性。在生态系统受到某种干扰时仍能够保持生态环境的持续性和长期性。三是个人与社会发展的可持续性。在观念和意识不断受到新的意识形态冲击时，引导社会公众形成正确的发展伦理，促进知识和技术效率的增进，提高人们的生活质量，最终实现人的全面发展。

参考文献

[1] 林跃勤、周文主编《金砖国家经济社会发展报告》（2011），社会科学文献出版社，2011。

[2] 以上数据根据国家统计局网站上公布的年度数据和报告计算得出。

[3] 诺贝尔经济学奖得主、芝加哥大学教授福格尔于2009年底在《外交政策》拟文预测以购买力平价（PPP）计算，2040年中国国内生产总值（GDP）将达123万亿美元，相当于全球GDP的40%，远超只占14%的美国。而高盛公司也预测中国GDP将在2040年超过美国。

[4] 据统计，从地区生产总值来看，2003年广东省生产总值为13626亿元，相当于3个湖南省（4639亿元）、10个贵州省（1365亿元）或者35个青海省（390亿元）。从人均地区生产总值来看，2003年浙江省为20147元，3倍于江西省、4倍于甘肃省、5.6倍于贵州省。

[5] 王亚南：《中国经济原论》，广东经济出版社，1998。

[6] 于光远：《〈中国经济学向何处去〉序》，《经济问题探索》1997年第9期。

[7] 李怀、高良谋：《21世纪中国经济学的道路选择和价值取向》，《经济学动态》1997年第3期。

[8] 何炼成、丁文峰：《中国经济学向何处去》，《经济学动态》1997年第7期。

[9] 吴航：《改革30年的中国经济学——第二届中国政治经济学年会观点综述》，《经济学动态》2009年第1期。

[10] 白永秀：《新时期政治经济学学科建设：背景、冲突与途径》，《贵州社会科学》2007年第9期。

[11] 王文臣等：《中国经济学的构建与创新》，经济科学出版社，2007。

[12] 石士钧：《应当加强西方经济学方法论的研究》，《世界经济文汇》1987年第4期。

[13] 陈宗胜等：《中国经济学未来可能的发展方向》，《经济学动态》1997年第7期。

[14] 顾海兵：《非主流经济学》，天津人民出版社，2002。

[15] 沈湘平：《作为历史科学的经济学——经济学危机的哲学透视》，《经济评论》2002年第2期。

[16] 白永秀：《由"前改革时代"到"后改革时代"》，《西北大学学报》（哲学社会科学版）2010年第2期。

二

马克思主义经济学基础理论及其当代实践

论过度金融化与美国的金融危机*

刘诗白

内容摘要：此次爆发的美国金融危机，并非一项突发事件，它是资本主义周期性危机的新形式。金融垄断资本主推的经济过度金融化与虚拟化特别是“有毒的”衍生金融产品的引进，使美国金融结构畸化、金融体系风险增大，并导致了这场空前严重金融危机的爆发。这场金融危机尽管是金融体系内在矛盾激化的直接产物，但其最深的根子仍然是实体经济中不断扩张的生产能力与内生需求不足的矛盾。

关键词：经济过度金融化与虚拟化　衍生金融产品　金融危机

一　一场百年难遇的、严重的金融经济危机

2008 年 9 月爆发于美国的危机，是一场自 1929～1933 年大萧条以来未曾有过的严重的经济危机，其特点是：（1）首先是一场金融危机，它引发银行、投行等金融机构大量破产，股市暴跌，银行信贷收缩，资金周转停滞，金融体系陷于瘫痪。（2）由金融领域危机演变为企业破产，大规模失业。2009 年第 3 季度失业率为 10.2%，达到数十年来所未有的高度。（3）是一次还需要不短的时日才能完全摆脱的十分沉重的甚至会有反复的经济危机。（4）危机严重冲击美国经济。美国经济核心阵地华尔街遭受重挫，美元发生贬值，人们担心滥印货币而发生美元危机。美元作为世界储备货币的地位和美国在世界经济政治中的独霸地位已经严重动摇。后危机时期为众多矛盾困扰的美国经济将低速发展，美国会走向衰落。世界出现多极化，以中国为首的新兴国

---

*　本文发表于《经济学动态》2010 年第 4 期。

家引领世界经济发展，将成为新时代的特征。(5) 危机给世界资本主义体系带来一次大冲击，促使了拉美社会主义的兴起，社会民主主义思潮在欧洲呈现发展势头，而奥巴马则在“变革”的口号下采用了一些罗斯福新政式的政策措施，如提出为3600万元无医保者实行医疗保险等社会福利措施。人们说：美国时钟的钟摆正在由自由市场经济摆向国家干预的市场经济。

可见，2008年9月在美国首先爆发的金融危机，在经济全球化的背景和机制下，引发和演变为世界各国无一幸免的国际金融危机，并且进一步发展为全面的经济危机，甚至在一些国家引发了政治危机和社会动乱。为应对危机，美国政府采用巨大财政赤字、零利率和信贷扩张等刺激计划，使后危机时期的美国面临着美元危机和滞胀等风险。

二　美国的金融垄断资本和经济的过度金融化

美国是当代垄断资本主义的典型和顶峰。垄断资本主义指的是：私有制的大企业在生产中占据很大比重，它们对价格形成施加影响并对广泛的经济生活进行控制。垄断价格有别于充分竞争价格，价格不是定于供给曲线和需求曲线的相交点，而是位于其上，因而，它包含有超出平均利润的垄断利润（见图1）。

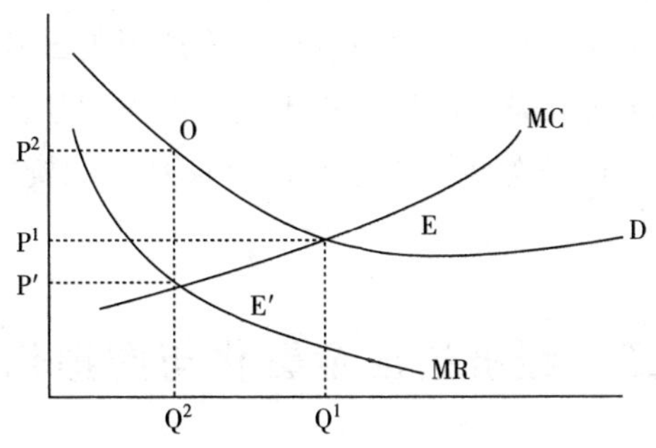

图1　垄断价格的确定

MR为边际收益，MC为边际成本，P′E′O P^2为垄断利润，垄断价格 = 成本P′ + 平均利润 P′P^1 + 垄断利润 P^1P^2，它意味着大企业从市场价格中获得高额垄断利润。

美国早期的资本主义，是自由放任的市场经济，实行中小工厂主自由竞争。这是一种为充分竞争和竞争价格调节的经济，企业主获得的是平均利润。

20 世纪以来的现代美国资本主义，则是由福特（汽车）、美孚（石油）、花旗（银行）等工业和银行巨头不同程度控制的市场经济，在一些重要经济领域现实的价格形成中垄断的影响表现得十分明显，大企业获得高额垄断利润。私人垄断资本对生产、交换的支配，在美国有着最鲜明的表现。

现代美国资本主义，还具有金融垄断资本主义的性质。金融垄断资本主义指的是：(1) 通过集中而形成的具有市场垄断性的大金融公司对金融市场交易的控制。美国“3% 的银行控制了多于 70% 的资产。16 家最大银行……控制着整个银行系统 1/3 的资产”,[①] 一批金融巨鳄在金融活动中占有支配地位，它们从事数额庞大的信贷与投资业务。(2) 金融业获得更高的额外利润，成为金融垄断资本“淘金”的沃土。20 世纪 90 年代以来，金融产业公司的利润比国内其他部门高 30%，2009 年产业总利润比 1970 年增加 100%（《商业周刊》2009 年 5 月)。美国前 10% 家庭的可支配收入中 1970 年有 8% 来自金融领域，2006 年这一比例提升为 22.5%。格林斯潘也说：“最近几十年中国民收入转移到金融、保险机构的份额急剧增大，……有金融技巧的人员收入快速增长。”[②] 畸高的额外利润是社会资本流入金融业、货币信贷活动活跃和不断扩张的驱动力量。(3) 社会资本流入金融业和信贷、投资活动的发展，使金融业在国民经济中的比重大大提升。1995～2005 年，美国的金融资产与 GDP 之比从 303% 上升至 405%。[③] 1929 年美国银行信贷本息占 GDP 的 9%，2008 年上升为 70%，达 14 万亿美元。特别是资本市场不断发展和扩大，股市资产市值达到美国 GDP 的 1.5 倍。

可见，经济的金融化是 20 世纪 80 年代以来美国经济发展的鲜明趋势，当代美国资本主义不仅是垄断资本主义，而且是金融资本快速发展并占据主导的资本主义。

三　经济过度金融化与虚拟化

金融业的快速发展和在产业中地位的凸出，是现代发达市场经济的特征。银行信贷是金融活动的重要组成部分，是发展现代化大生产所必要的和十分重要的杠杆。没有银行信用制度就不会有 19 世纪下半叶英美等国铁

① 斯蒂格利茨：《经济学》（下册），第 3 版，中国人民大学出版社，第 204 页。

② 格林斯潘：《回忆录：动荡的年代》（英文版），美潘根出版社，第 369 页。

③ 麦肯锡全球研究院：《世界资本市场地图》。

路交通和海轮运输业的发展。资本市场是现代金融体系的重要组成部分。没有发达的证券市场，就不可能有现代股份制企业的发展，没有 20 世纪末出现的创业板市场，就不可能有激励和孵育高技术经济的风险资本和科技性企业的快速发展。没有期货交易，就不能发挥其发现商品市场价格、稳定市价波动的功能并使市场适应发达商品交易的需要。没有衍生金融产品，就不能充分发挥这一新型金融资产的市场融资、再融资功能并充分释放金融市场的活力。

可见，发达的金融体系和发达的资本市场的形成和发展，起着积极促进产业经济发展的功能。在现代化、市场化、全球化大背景下，金融业的加快发展和趋于发达是一个大趋势。问题是货币信用事业的发展要适应实体经济的需要，而不能听任其自我膨胀，形成货币信用过度扩张。

信用，是指银行的信贷以及资本市场上的金融资产如股票、债券，以及衍生金融产品等的买卖活动。这些买卖总是与货币有关，因而，确切地说，这是货币信用。我们把货币信用过度扩张规定为：（1）社会资本过多流入和集中于金融领域，特别是股市；（2）在金融自我循环中银行和金融事业机构过度发展；（3）劣质或“有毒”的金融工具的使用和多次使用，即杠杆率过度增大。上述情况，意味着国民经济活动中超出实体经济发展需要的货币信用交易活动量的过度增大，特别是金融虚拟资产交易量的过度扩大。

显然地，上述货币信用过度扩张，鲜明地体现在 20 世纪 80 年代以来美国经济的发展中。如金融部门提供的信用 1980 年为 5783 亿美元，2002 年初达到 9.6 万亿美元，在 GDP 中的比重由 21% 跃升为 93%；消费者信用贷款 2002 年达 7.9 万亿美元，占 GDP 的 77%。一方面是金融业的不断发展和信贷以及资本市场交易活动的急剧扩大，另一方面，制造业则出现萎缩或移至国外。美国 1998 ~ 2006 年工业产值不断下滑，工业中就业占总就业的比重，20 世纪 50 年代为 50%，1998 年下降为 15%，2008 年下降到 10% 以下。大量就业转移到金融，以及商业零售、旅游、物流等低端服务业，呈现出“去工业化”的外观。

金融业的发展以及信贷与投资的扩大，意味着债务的增长和债务违约引发的信贷危机的产生。根据美国联邦储备委员会材料，美国 1998 年 1 季度至 2008 年 1 季度债务增长的状况是：金融业为 128%；家庭为 97%，约为 15 万亿美元；企业为 65%，约为 24 万亿美元；州及地方政府为 61%，约为 4 万亿美元；联邦政府为 9%，美国国债规模约为 12 万亿美元。美国总共债务规模达 55 万亿美元，为 GDP 的 3 倍多，从而使美国经济成为高债务经济。特别是近 10 年中家庭债务翻番，其中住房债务的坏账，导致了次贷危机的产生。

可见，美国经济出现了超过实体经济需要与承载能力的经济过度金融化和虚拟经济的过度发展，与这种发展相伴随的是实体经济部门的萎缩。这种过度金融化和过度虚拟化的经济，成为美国市场经济模式的鲜明特征，可以称之为金融资本主导的市场经济。显然，经济金融化过了头，奥巴马也宣称要“重返实体经济”。

四　20 世纪 80 年代以来美国的里根主义：金融过度扩张的政策背景

金融活动的过度扩张与政府的自由主义政策密切相关。1980 年里根主政，放宽管制，听任市场自由活动，人们称之为里根主义。（1）美国 1913 年创立了中央银行制度——美联储。20 世纪 30 年代美国加强了对银行信贷活动的管理，如建立了储蓄账户的准备金制度，对银行信贷利率上限进行管制。1980 年以后取消了上述规定，实行银行利率市场化，美联储对商业银行信贷的调控功能也由此减弱。（2）20 世纪 30 年代设立联邦存款保险公司（FDIC），政府为银行存款提供保险并在危机时处理银行破产事务。1933 年实施的格拉斯·斯蒂格尔法（Class－Stegall Act）规定银行只从事存货业务以保护存款人利益，严禁银行从事股权投资。这一法令在 1999 年被废止。主流金融理论片面宣称：实行商业银行业务多元化，有助于减少金融风险。（3）1971 年尼克松政府中止美元与黄金挂钩制度。由于货币与黄金脱钩，一方面黄金自发调节货币供求的功能丧失，另一方面货币信用的扩张更加容易。（4）在听任金融自由创新政策的支持下，金融机构热衷于开发衍生金融产品。一些大金融公司在高额利润驱使下制造出一些“有毒的”金融衍生产品，后者在金融市场中的炒卖增值，诱发出更多的“有毒资产”产生和入市，由此增大了金融市场体系的风险。衍生金融产品入市成为引爆金融危机的直接动因。（5）美国借助美国霸权和美元作为世界储备货币的地位，保持大量进口和贸易逆差，也就是以债务融资形式维持其国内的过度消费。作为债务的资产——国库券、财政部担保债券——的大量发行，进一步扩大了国内外的信贷活动。(6) 在当代资本主义经济、政治形势下，为了保持社会稳定和争取选民，政府对不可持续的住房信贷实行自由放任和金融支持。1979 年撒切尔提出“居者有其屋”，美国政治家、从里根起至小布什的历届总统，在竞选中均做出了保障居民住房的承诺。罗伯特·希勒说，政府“对居者有其屋的承诺不断加码”,[①] 放宽住房信贷是政府“这一政策的直接后果”。而且应该看到美联储和政府听任高风险私人住房信贷畸形发展，与其说是为了满足居民的住房需求，毋宁说是适应了 AIG 等大公司获取垄断利润的要求。

五　虚拟经济运行机制与金融过度扩张

当代发达国家金融过度扩张的重要原因是市场经济中金融化、虚拟化的机制。对此，我们略加分析。

1. **金融活动包括：(1) 银行信贷；(2) 资本、证券、外汇市场交易；(3) 保险业务**。资本市场活动越加发达是现代市场经济的特征。在现代化、市场化、全球化大背景下，信用在发展中的作用更加强化。周期长的技术开发活动、新兴产业创业活动、小企业包括科技个体企业的兴办等，均有赖于银行信贷与资本市场的支撑。因此，促使现代金融业——包括从事资金信贷的银行业，从事资本市场交易的证券业和各种基金，吸收保费并进行资本市场营运的保险业，参与资本市场的养老基金等——的兴起，形成高效、有序和低风险的金融活动，是现代市场经济的特征和加快发展的需要。

2. **金融交易工具的增多和现代金融创新中的 m 扩张**。证券交易是现代金融活动的主要部分。实体经济主要通行的是物品与货币交换，即商—货—商，但在资本市场上存在证券与货币的交换，即货—证（券）—货。在发达市场经济下，适应融资与发展金融业务的需要，出现了包括衍生金融产品在内的证券的多样化。进入金融市场的产品日益增多，包括国债券、公司债券、各种抵押证券、期货，特别是衍生金融产品，等等。这些产品能够在资本市场迅速变现，即转换为现金，由此发挥交易媒介功能，因而，属于“准货币”性质。现代金融学使用 m3、m4……等术语来称谓这些金融工具。美国

---

① 罗伯特·希勒：《终结次贷危机》，何正云译，中信出版社，第 58 页。

20世纪80年代以来，华尔街大公司在垄断利润驱使下不断实行花样百出的“金融自由创新”，多种金融产品，特别是衍生金融产品被创造出来并推向市场，如CDO，即债务抵押证券（Collateralized Debt Obigations），以及CDS，即信贷违约互换（Credit Default Swap）等。我们称这种现象为现代金融创新中的m扩张，它意味着货币范畴内涵的扩大，反映了立足私有制的发达的市场经济中货币信用活动的自我扩张趋势。

3. **虚拟资产交易具有自我膨胀的机制**。证券是一种虚拟资产。股票、国债券、公司债券、期货以及衍生金融产品等都是实在资产价值的凭证。（1）证券的市场交易价格或市值，不等同于其实在价值，它经常地高于实在价值，也会跌到实在价值以下。即使在较成熟的美国资本市场，其NSDQ市场上的市盈率水平，1994～1999年上涨907%，在2001年又一落千丈。（2）虚拟资产市场交易带有强烈的投机性，人们通过低价买进高价卖出，赚取投机利润。资本市场上的资产价格决定于实在价值，更多决定于产品供求，特别地受到心理因素的影响。在人们预期良好时，会出现“牛市”，它实现的高额投机利润，会吸收大量社会资金入市。人们在市场上为哄抬虚拟资产价值而互相博弈，由此形成金融资产交易中资产价格膨胀和“泡沫化”的出现。虚拟资产的价格变动机制及其引发的资本市场自我膨胀，是当代发达金融经济的特征。

4. **衍生金融产品促进了金融资产的自我膨胀**。衍生金融产品，是以一项基础支持资产，例如以住房抵押信贷为基础，开发出若干次的重复抵押证券。这样：一项始发债券交易，可以生长出为其实在资产价值达数倍、数十倍的后续衍生证券交易。如美国立足于12万亿美元房贷而开发入市交易的CDO、CDS市值达100万亿美元，为全球GDP的3倍。金融企业可以用这种成倍放大的虚拟资产收益来改善其资产负债表，进一步扩大其信贷和投资活动。衍生金融资产的创造和引入资本市场，促使了一种倒金字塔式虚拟资产的不断自我扩大机制的形成，由此出现了快而大的泡沫化。

虚拟经济的快速自我膨胀总是会带来突发的收缩，也就是经济“泡沫化”导致泡沫破裂，即出现虚拟资产运行危机。虚拟资产市场交易具有投机性。投机性交易中对产品的需求和产品价格的决定，更多地从属于人们的心理预期。在市场上人们心理看好时，就会有对资产的投机性抢购和价格的节节攀升，而在人们心理预期逆转时，则会有竞相抛售和价格的不断下挫。这是一种更多地受心理影响的市场。而人们的心理，则决定于多种因素，包括：企业的经营和利润率、市场销售状况、宏观经济状况、调控政策的走向，甚至包括社会、政治状况与自然环境变化等。这种心理称为市场心态，它本身具有不确定性和非理性特质。市场心态的不确定性质，决定了产品市价的易变性和资本市场的高风险，非理性特质在本质上则是不可计量的。

可见，金融虚拟资产交易，是一项高风险交易。特别是在出现“泡沫化”的态势下，市场行情就更加不稳，在人们疯狂的市场博弈中，泡沫破裂就会发生。泡沫化到泡沫破裂应该是金融虚拟资产市场交易的客观规律。一些西方经济学家认为人们可以做到“理性预期”，或认为可以通过金融业务工具的多元化消除风险，并且认为可以凭借数学模型精确计量风险。当代市场经济体频频发生的金融危机，证明了金融虚拟资产交易的泡沫化和泡沫破裂，具有不以人们意志为转移的客观必然性。①

5. **金融业中通行强激励机制，促使金融高管行为畸化，增大了虚拟资产市场交易活动的不确定性**。国外的现代金融业是以高风险、高盈利、高报酬为特征的。金融业萌芽期雇员的报酬（工资）不超过商业雇员的工资水平。当代华尔街金融高管层的工资却大大超过其他各产业的工资水平，金融行业雇员被称为“金领”阶层。特别是华尔街金融高管的年报酬，通常是中产者收入的数十倍。

一般地说，经理人员的高薪产生于人力资源的市场价格机制，它是管理者从企业良好业绩中获得的回报，实质上体现了现代市场经济中高管层对企业利润的分享机制，现代管理学称之为收入分配激励机制。金融高管以及金融技术创新尖子的高回报的产生，一方面，是由于现代金融运行的高不确定性，决定了金融企业高管活动是一项高知识含量从而高复杂性的活动。这种人力资本的形成，不仅需要有更多的学校学习费用，而且需要有更长的专业实践学习费用，因而，金融高管的工资属于复杂劳动报酬的范畴。另一方面，更主要的是，金融高管作为公司以市场方式招募的人员，它的报酬是在市场竞争中形成的，那些稀缺的人力资源就会获得远高于其

① 里查德·邓肯在《美元危机》一书中说：“它衍生金融产品交易本身就构成了一个产业，不但盖着神秘的面纱，而且也证明它是全球经济的‘阿喀琉斯的脚后跟’。……该市场所产生的任何系统动荡都有可能让美国政府付出昂贵的代价，甚至束手无策”，“衍生性金融产品市场的瓦解会导致全球银行体系的崩溃，而这种可能性是没有一个政府有能力补救的”。《美元危机》，东北财经大学出版社，2007，第 94 页。

自身价值的工资。特别是在从事投机性金融市场活动中，金融博弈能手成为最抢手的人力资源，这就是国外金融高管以及金融技术创新尖子，获得价格远远高出其内在价值的畸高报酬的现实依据。

实践表明，金融虚拟资产营运中的强激励制度是一把双刃剑，它一方面会提升金融经营管理劳动的效率，另一方面，它又导致经营决策行为的投机性与风险性。人们可以看见，在华尔街，不少金融高管在天价报酬的刺激下，头脑发热，丧失风险事业所必要的经营行为的谨慎性，千方百计地寻找和设计出能“赚大钱”的金融工具，在金融活动中“不惜冒险一搏”。这种通行于金融行业的现代强激励机制不仅有悖于“劳有其值”之理，而且会带来严重负效应：（1）它助长金融投机活动和“非理性繁荣”；（2）助长企业经营中的瞒报和财务作假——如2003年美国世通公司等的财务丑闻，因为只有捏造出业绩，公司经理层才能获得与业绩挂钩的巨额的薪酬；（3）助长追求短期投机盈利的行为，而不鼓励谋求公司长期稳健的成长。总的说来，现代强激励机制激发出来的金融大公司的“畸化”行为，影响和造成了金融活动中的不良势态，强化了金融泡沫化的发展和金融运行的不稳定性。

综上所述，市场经济中的货币信用活动具有自我膨胀机制，这比较像西方经济学所说的“货币乘数”作用。而越来越立足于虚拟资产之上的现代金融信贷活动，其自我膨胀机制更加强化，金融运行的风险更大。可见，在发展金融虚拟经济活动和利用其积极功能时，需要有效的制度约束，如政府的宏观调控和管理。而听任金融自由创新，听任金融信贷自我膨胀，就会走向经济过度金融化和过度虚拟化，不仅引起经济结构的失衡，而且会增大金融运行中的风险，最终导致金融信贷危机的发生。

六　过度金融化的深根是制度性的生产能力过剩

2008年的美国危机首先发生于金融领域，表现为金融危机。一些人认为，当前这一场危机纯粹产生于金融运行失序，而与生产能力过剩的经济危机不相干。这是一种停留于事物表象的浅见。马克思阐明了资本主义实体经济中不断扩张的生产能力和市场需求不足的矛盾，是经济危机产生的根本原因，“市场的扩张赶不上生产的扩张。冲突成为不可避免的了，而且，因为它在把资本主义生产方式本身炸毁以前不能使矛盾得到解决，所以它就成为周期性的了”。①

我们认为，2008 年美国的这场经济灾难，尽管是一场金融危机，是美国金融体系的内在矛盾激化的直接产物，但仍然与美国实体经济的内在矛盾有关，其最深的根子仍然是资本主义制度下实体经济中不断扩张的生产能力与内生需求不足的矛盾。

美国 20 世纪 80 年代以来，一方面科技革命与新技术的使用，使劳动生产率大大提高，总供给不断扩大。另一方面，资本主义所有制结构下的国民财富分配机制和劳动力商品制度下固有的收入重大差别，决定了居民有购买力需求的增长落后于生产能力的扩张。尽管 20 世纪 30 年代以来，特别是二战后，美国加强了社会福利制度建设，在一定程度上治理和缓解了贫困化，但是国民收入分配向资本倾斜而不是向劳动倾斜的机制不曾改变。特别是美国存在大量低收入阶层，占劳动力 40% 的棕色、黑色人口中绝大多数从事低收入工作，低收入层的实际收入增长长期落后于企业利润的增长。收入差距的拉大，两极分化的越发凸出，是 20 世纪 80 年代以来经济高科技化时期的特征。1978 年占居民 10% 的最富有阶层的收入为低收入阶层收入的 20 倍，2008 年扩大为 77 倍。1990 年美国有 13.5% 的人口处于贫困状态，贫困人口中男性为 32%，② 美国基尼系数在 1980 年突破 0.4，2005 年为 0.469，高于北欧、大洋洲、加拿大和日本，收入分配差距居发达国家首位。③ 国外媒体称：“美国贫富差距正在不断加大，比任何时候都严重，而赤贫人数攀升到近 30 年最高点。”④ 美国的净资产贫困人口，即没有收入、净资产价值减去债务后剩余部分不足以维持现有消费水平 3 个月的人，在 1999 年约占美国家庭的 26%。美国存在上千万缺房户，它们依赖房贷来解决“居者有其屋”。

可见，在美国资本主义经济中，不断扩大的财富生产能力与贫困造成的内生需求不足的矛盾，不仅仍然存在，而且表现得十分鲜明。即使是像格林斯潘这样的美国自由市场体制的热烈歌颂者，2002 年 2 月 27 日在国会作证中也多次谈到美国生产能力过剩。在有效需求与供给能力的制度性失

① 《马克思恩格斯选集》（第 3 卷），人民出版社，1995，第 626 页。

② 斯蒂格利茨：《经济学》（上册），第 3 版，中国人民大学出版社，第 524 页。

③ 斯蒂格利茨：《经济学》（上册），第 3 版，中国人民大学出版社，第 534 页。

④ 法新社华盛顿 2007 年 2 月 21 日电。里查德·邓肯：《美元危机》，东北财经大学出版社，2005，第 86 页。

衡的大格局下，政府唯有借助于信用扩张——如消费信贷、房贷等——来刺激大众消费和支撑有效需求。2001年网络危机后，出现了技术创新低潮以及技术转化为生产力并对经济增长进行驱动的能力的变弱，房地产在经济增长中作用则有所增大。为发挥房地产的拉动增长功能，2001年以来美联储一直以低利率来维持和扩大房贷。廉价的甚至无需首付的房贷，扩大了对住房的需求，也促使房价不断攀升，由此进一步推动了住房投资和住房生产能力的扩大。房地产泡沫也由此出现，2007年发生的次贷危机也由此酿成。里查德·邓肯在2005年出版的《美元危机》一书中就已经指出："房地产市场繁荣不可能持续长久，……最后会在危机中结束。"①

可见，大众购买力的增长滞后和有效需求不足，是2001年以来美国住房信用扩大的现实基础，也是美国式的消费债务经济出现的深层原因。正如英国伦敦经济学院韦德教授所说："在美国人口中占90%的低层的收入没有增长的条件下，借助货币信贷来增大人们的消费。"

可见，政府主导的货币信用的扩大固然能够在短时期内起到创造和扩大需求的功能，甚至能带来短期经济增长，而刺激和扩大货币信用也就成为一个有效需求不足经济中保持增长的外生力量和杠杆，但是货币信用的扩张毕竟不能消除生产能力扩张和有效需求不足的矛盾，特别是持续的货币信用扩张会滋生出一个过度金融化、虚拟化的畸化经济结构。这一结构导致：一方面，金融体系因其庞大芜杂，内在矛盾更加众多，更加不稳定，另一方面膨大的虚拟经济与萎缩的实体经济的矛盾也更为凸出。这一过度金融化的经济在运行中不仅会导致金融危机，而且也会使实体经济矛盾深化并演化为全面的经济危机。

综上所述，美国2007年爆发的次贷危机，其深层原因仍然是来自于实体经济的矛盾。也就是说，在实体经济中扩大的生产能力受困于不足的有效需求的情况下，为了支撑市场需求，经济过度信用化、金融化、虚拟化的趋势将难以避免，而这一畸化的经济结构的运行必将导致金融、经济危机的爆发。

七　经济自由主义酿成的恶果

对于2008年经济危机的发生，西方国家的人们普遍感到仿佛是突然的

① 载《领导者》总第28期。

祸从天降。当局在救市中仓促应对，政治家对于缓解失业、促进复苏的政策措施争论不休，这些充分暴露了人们对资本主义周期性经济危机的运行规律缺乏理论认识。而这种认识缺失的根源，在于西方主流经济学的缺陷和科学性的“贫乏”。战后西方主流经济学，在研究对象上使政治经济学变成了一门单纯研究经济运行琐细机制的学科，在研究方法上热衷于数学模型的搭建和使用。经济学家们不曾着力于剖析产生某种经济运行势态的体制基础，更摒弃对经济深层制度，即所有制的理论剖析，更不愿承认资本主义有其严重的内在矛盾。正如经济学诺奖得主萨缪尔逊所说，对于凯恩斯主义的有效需求不足的非自愿失业的均衡命题，他一直难以从内心加以接受。

在二战后美国经济相对平稳发展的大背景下，特别是1980年以来，美国经济学思潮中出现了离弃凯恩斯的有政府调节的市场经济理论，而向“市场自律论”回归的现象。“市场自律论”强调实行自由放任，认为放手听任市场机制自发调节，就能使资源配置达到均衡点，从而实现经济稳定增长并“自动熨平”周期波动。这种教义成为20世纪80年代以来美国的主流经济学说，并成为美国政府制定经济政策的理论基础。这一理论来源于马歇尔的一般均衡论。在这里需要指出的是对美国金融政策具有重要影响力的米尔顿·弗里德曼的货币金融理论。弗里德曼论述了取消政府干预的金融市场自我调节理论，这一理论成为现代金融学的基本原理，贯穿在各种金融学教材之中。

弗里德曼阐述的现代货币主义理论的基本观点是：（1）资本主义市场活动拥有自我调节能力并能使经济实现均衡，而无需政府加以干预；（2）在出现经济波动时，市场价格和工资伸缩性的机制会迅速地加以校正；（3）政府只需确定和保证货币数量稳定增长，无需采用其他工具来管理市场，包括对过热的、泡沫化的资产市场的管理；（4）主张保持有一定失业的经济均衡。弗里德曼提出了一个“自然失业率”的概念，认为一定数量的摩擦性失业是“自然的”和合理的。

弗里德曼否认1929~1933年大萧条的原因是资本主义实体经济固有的生产能力过剩和“内需不足”的矛盾，而认为是注入流通的货币不足导致了萧条的产生。基于这一理论，只要当局根据经济运行事态调控货币，特别是采取降低利率、增加货币数量的措施，就可以通过货币乘数以及信用的功能创造出需求并及时消除危机。这种货币增长消灭危机的理论，通行于《现代金融学》教科书中。发行量达数百万册的萨缪尔逊《经济学》，极力宣扬战后资本主义经济运行的可调控性，认为美国经济已经“不至于扩大成为长期持续的萧条状态，如果马克思主义者在等待资本主义在最后的危机中崩溃的话，他们就是徒劳的”。① 主持美联储长达20年的格林斯潘，在2007年出版的《格林斯潘回忆录——动荡的年代》一书中，充满了对美国“自由市场制度的优越性”的赞扬：宣称自由市场制度拥有强大的自我调适功能；认为美国自1956年以后50年来的信贷扩张和各种债务——家庭、公司、政府——的增长“不值得担忧”，“这种担忧忽视了现代生活的一项基本事实：在市场经济中，进步是与债务相伴的”。② 这本书片面宣扬了现代金融体系促进增长和减少风险的美妙能力。③ 格林斯潘对美国20世纪90年代末的房地产与股市繁荣有一句经常重复的话：“我们面临的不是泡，只是沫——大量细小的沫子，这种沫子不可能膨胀到对我们整个经济体制的健康产生威胁的那种程度。”而在他阐述的金融泡沫消散理论后不过两年，一场特大的美国金融危机就爆发了。

由于自由市场万能的教条束缚着人们的头脑，美国领导层“对美国存在的问题视而不见，……对资本主义体制的优越性过分自信，这种自信几乎接近宗教狂热程度”。④ 在2008年美国金融危机的严峻形势下，11月25日美国200多名教授，包括多个诺奖获得者，写信给国会，反对保尔逊的政府救市计划，除指责它安排操作上的不公平外，更认为对私人企业的政府干预的做法，会影响一代人以来通行的政策并改变美国的自由金融体制。

在市场自由主义理论的影响下，人们对2008年危机的发生，感到十分突然，主流经济学家也不能对它做出理论阐释。危机发生之时，政府官员、总统、美联储主席互相推诿责任。一时间对金融危机的解释是：（1）华尔街经理的贪婪论。布什说华尔街“喝醉了”，将金融危机的产生归之于金融高管的失误；（2）一些人则将危机归罪于宏观金融当局，即格林斯潘个人决策失误；（3）似乎成为共识的金融活动缺乏监管论，也只是着眼于个人造成的监管制度的缺失，人们并未能更深入一步去寻找造成放弃和疏于监管的制度性原因。

---

① 保罗·A. 萨缪尔逊：《经济学》（上册）（第12版），第330页。

② 格林斯潘：《动荡的年代》（英文版），美潘根出版社，第147页。

③ 格林斯潘：《动荡的年代》（英文版），美潘根出版社，第360页。

④ 罗伯特·希勒：《终结次贷危机》，中信出版社，2008，第15页。

2009年美国政府换届后，不少人抨击奥巴马提出的救市新政——包括对金融业进行干预监管、救治失业以及扩大医疗保险的措施——为“搞社会主义”，这也是以经济自由主义作为他们立论依据的。

总之，由弗里德曼等所宣扬的自由竞争和市场价格机制能使企业“自我约束”，使它们从事的金融风险业务与它们自身的风险承担能力相当，这一条现代金融基本原理经不起实践检验。现实是：在经济自由主义旗号下，金融大鳄在市场上为所欲为，进行金融扩张和各种“非自律性”冒险行为，推动金融运行的泡沫化。如果说，在早期资本主义自由竞争的市场经济条件下，经济运行中体现了企业自律现象，众多中小企业主使它们的经营行为从属于充分竞争市场的约束，那么，在当代金融资本垄断条件下，充分的平等竞争实际上已不再存在，而缺乏政府的规制和调节，大企业就利用其垄断地位和政府的“隐性支持”，做出许多“非自律”的行为，包括将“有毒的”金融产品肆意批量推向市场。实践表明，听任市场机制自发调节和金融自由演化，恰恰会促使金融主体行为的畸化和金融运行的失序，并最终导致金融危机的爆发。

八 小结

1. 2008 **年的美国金融、经济危机是资本主义经济周期性危机的新形式**。它的初始表现是金融危机，后续表现是实体经济领域的危机。

2. **立足私有制的金融大资本主推的金融自由演化，导致经济过度金融化与虚拟化**。“有毒的”衍生金融产品的引进，使金融结构畸化，造成金融活动脱离了实体经济的需要与承载能力，加剧了金融运行与实体经济运行的矛盾。这一畸化的西方盎格鲁撒克逊式金融体系与金融运行的矛盾的积累，导致了这一场空前严重的金融危机的爆发。而20世纪80年代以来的金融的自由演化，则是美国政府实行经济自由主义政策所促成的。

3. **危机迫使西方国家进行政策和体制调整**。在各国政府大力救市和增加就业的实践中，国家调节的市场经济取代了经济自由主义，而加强对金融业的监管成为体制调整的中心环节。当然西方国家能否推出真正有效的金融监管机制并使金融体制完善化，人们还需拭目以待。而在资本主义制度框架下，人们难以做到制止由私人金融垄断主推的金融自由演化和经济的过度虚拟化。因而，这一场危机后发达国家的“体制调整”，仍将停留在表层结构。资本主义基本矛盾将不会消失，制度性的周期性经济危机仍将是资本主义经济运行中难以摆脱的痼疾。

4. **金融体系是社会主义市场经济体制的重要组成部分**。当前我国尚处在创建现代金融业的初始阶段，构建发达的、结构完备和完善的金融体系，是推进工业化、城镇化、国际化和推进科技创新加快发展的迫切需要。及早构建起完善的现代金融体制和机制，能大大提升我国国民经济的活力和发展动力。金融产品的特殊性，特别是证券虚拟资产在市场流通中的自我膨胀——即资产泡沫化——和泡沫破裂的规律，要求我们：（1）寻找和构建起一种适应社会主义市场经济性质和要求的完善的金融结构。要寻找活而不乱的银行模式与资本市场模式，要恰当处理好实体经济与资本市场的关系，防止金融虚拟经济的过度发展。（2）加强对金融活动的监管。金融活动需要放手发挥主体自主性，才能使金融运行生气勃勃，有效发挥市场的金融资源配置功能。但金融运行固有的风险性，要求有政府的严格规制和有效的管理。特别是对于金融虚拟资产的市场运行状况要进行引导，对市场行情变动的极端势态要进行有效的宏观调控，而不能听任金融市场泡沫自由发展、自膨自灭。总之，我们应该把构建具有强大投资与消费推动力、“活而不乱”、能加以有效调控的现代发达金融体系，作为金融体制改革和创新的目标。

政治经济学中的几个理论问题辨析*

卫兴华

内容摘要：作为《资本论》研究对象的资本主义生产方式应是资本与雇佣劳动相结合的生产方式。必须弄清楚相关的四个关键性问题：（1）马克思、恩格斯、列宁明确界定了政治经济学的研究对象是生产关系；（2）《资本论》或政治经济学所研究的生产关系体系是多层次的，其中基础层次的生产关系起着决定性作用；（3）对《资本论》中所应用的“生产方式”和“资本主义生产方式”多种含义必须准确把握；（4）从《资本论》第一卷体系结构的篇章安排看，第二篇专篇讲货币转化为资本、劳动力成为商品，就是将资本统治雇佣劳动的资本主义生产方式作为出发点。学术界关于社会主义商品经济和社会主义市场经济具有不同的见解。两者的含义是既相联系又有区别的范畴，不应等同。邓小平的市场经济理论有个发展过程，不应当将他于1979年11月与外宾谈话中提出的社会主义市场经济与他在“南方谈话”后所实行的社会主义市场经济，看作具有相同的含义。邓小平和陈云在社会主义市场经济的理论指导上互相认同与支持，将两人的观点割裂开来和对立起来是不符合事实的。

关键词：生产关系　资本主义生产方式　商品经济　市场经济

一　作为《资本论》研究对象的“资本主义生产方式”辨析

马克思在《资本论》第一卷第一版序言中指出：“我要在本书研究的，

* 本文发表于《学术月刊》2012年第11期。

是资本主义生产方式以及和它相适应的生产关系和交换关系。”这里所讲的“资本主义生产方式”究竟是指什么？学术界有多种互异的解读：有生产力说、生产力与生产关系统一说、生产关系总和说、生产力含义上的劳动方式说、作为生产力和生产关系中介的资本主义劳动方式说、从经济形态看的资本主义社会说、生产资料与劳动力相结合的社会方式说等。

从近几年的有关讨论来看，有两种解读比较凸显。其一是劳动方式说；其二是生产资料与劳动力相结合的社会方式说。我持第二种见解。笔者在《经济理论与经济管理》1982 年第 1 期发表的《〈资本论〉的研究对象问题》一文中，提出了这一见解。后来有几位学者也提出相同的见解。近年来，有的学者主张劳动方式说，不赞同第二种解读，但其所持反对理由，我认为不能成立。他们认为，生产资料与劳动力相结合的社会方式也是生产关系。按此解读，《资本论》的研究对象就成为：马克思在该书研究的是“生产关系以及和它相适应的生产关系和交换关系”了，于理不通。这种推论不能成立。它没有分清广义生产关系和狭义生产关系的联系与区别，特别是没有分清生产关系中多层次的内在关系及其主次地位。

笔者认为，要弄清作为《资本论》研究对象的“资本主义生产方式”究竟是指什么，需要首先弄清相关的四个关键性问题。其一是：《资本论》的研究对象和马克思主义政治经济学的对象是统一的。如果马克思、恩格斯、列宁讲政治经济学的研究对象是生产关系（广义的），没有讲过还研究不同于生产关系且决定着生产关系的别的什么例如“劳动方式”之类的内容，那么《资本论》的研究对象也应如此，不应附加与广义生产关系有别的东西。其二是：应弄清《资本论》或政治经济学所研究的生产关系有不同的层次，存在基础层次和非基础层次的关系。其三是：《资本论》中广泛应用“资本主义生产方式”和“生产方式”概念，既要弄清这两个概念的联系与区别，又要弄清“资本主义生产方式”的不同含义，弄清作为《资本论》研究对象的“资本主义生产方式”和其他含义的“资本主义生产方式”的区别。其四是：从《资本论》的篇章结构安排来辨析马克思在商品货币研究的基础上进入对资本主义经济制度的分析时，究竟是先阐述劳动方式，再阐述资本主义生产关系和交换关系；还是先阐述生产资料（资本）与劳动力（雇佣劳动）相结合的社会方式这一基础层次范畴，再进一步分析与之相适应的资本主义生产关系和交换关系。这一点很重要，因为《资本论》的体系结构，是体现和印证马克思所讲的《资本论》的研究对象的。下面就这四个方面的问题分别进行辨析。

1. **政治经济学的研究对象是生产关系，这在马克思、恩格斯、列宁的著作中有明确的论述**。在《〈政治经济学批判〉导言》中，马克思指出，他创立的政治经济学是“考察资产阶级经济制度”的。“我考察资产阶级经济制度是按照以下的顺序：资本、土地所有制、雇佣劳动；国家、对外贸易、世界市场。”《资本论》的内容，实际上包括了其中的前三项，考察和研究资本、土地所有制、雇佣劳动，都属于“资产阶级经济制度”，即资本主义经济制度的范畴。而经济制度是生产关系的总和。

《导言》阐述了以往经济学在研究生产、分配、交换、消费及其相互关系问题时的肤浅的非科学的观点。在分析生产问题时，马克思批评了约·斯·穆勒等认为的“生产”就是“一切生产的一般条件”的观点，强调应重视生产的社会生产关系，“一切生产都是个人在一定社会形式中并借这种社会形式而进行的对自然的占有”。强调生产的“社会形式”，就是强调社会生产关系。并明确指出政治经济学不是工艺学，也就是不研究生产的技术方面。马克思还指出：“政治经济学所研究的是财富的特殊社会形式。”① 马克思又指出，《资本论》的最终目的就是揭示资本主义社会的经济运动规律。可以看出，这些规律包括诸如价值规律、竞争规律、剩余价值规律、平均利润率规律、级差地租规律、资本主义积累的一般规律、商品生产所有权规律和资本主义占有规律等，都是经济关系运动的规律，都不是劳动方式运动的规律。

恩格斯在评介马克思的《政治经济学批判》一书时，也指出，马克思主义政治经济学是研究生产关系的。“政治经济学是现代资产阶级社会的理论分析，因此它以发达的资产阶级关系为前提。”就是说，是对发达的资本主义生产关系的理论分析。又进一步指出：“经济学所研究的不是物，而是人和人之间的关系。”② 列宁也认为：政治经济学是研究人们在生产上的社会关系的。又明确指出：“马克思的主要著作《资本论》就是专门研究现代社会即资本主义社会的经济制度的。”③

总之，从马克思、恩格斯、列宁的有关论述中可以领会到，他们把《资本论》或资本主义政治经济学的研究对象确定为资本主义的生产关系，

---

① 《马克思恩格斯全集》（第46卷下），人民出版社，1980，第383页。

② 《马克思恩格斯选集》（第2卷），人民出版社，1995，第44页。

③ 《列宁选集》（第2卷），人民出版社，1995，第311页。

其任务是揭示资本主义的经济规律，并不包括生产力或生产力含义上的劳动方式。至于政治经济学的对象要不要拓宽和发展，是另外的问题。

2. **《资本论》所研究的生产关系是多层次的**。学术界一般认为，马克思所研究的生产关系，就是再生产四环节中“生产、分配、交换、消费”中的生产关系。

其实，这个四分法不是马克思经济学的构建，是某些资产阶级经济学的构建。马克思并不赞同按此构建政治经济学体系结构，而且在《〈政治经济学批判〉导言》中指出了前人对这四环节内容及其相互关系的肤浅看法，并从生产关系方面进行了深入的科学的分析。但是，不应认为，马克思在《〈政治经济学批判〉导言》中所讲的四环节的生产关系就是《资本论》或政治经济学研究对象的全部。既要区分广义的生产关系（生产、分配、交换、消费四方面的关系）和狭义的生产关系（主要是直接生产过程中的关系），也应研究作为资本主义历史条件和前提的资本原始积累的关系，特别是作为生产关系基础的生产资料所有制关系和生产资料与劳动力相结合的经济关系。所有制关系是基础层次的关系，这是大家认同的。但是，所有制的基础性决定作用，是通过一定的生产资料和劳动者的特定的结合方式来实现的，否则无法说明，为什么都是根据劳动者占有生产资料、劳动者失去生产资料来区分奴隶制度、封建制度和资本主义制度。资本主义之所以成为资本主义，是因为非劳动者占有的生产资料成为资本，而推动生产资料的劳动力变成商品，成为雇佣劳动者。正是资本与雇佣劳动相结合的生产方式，决定着直接生产过程中的资本主义生产关系，也支配着整个资本主义的生产关系体系。

直接生产过程中的资本主义生产关系，还进一步区分为不同的层次：资本主义生产中的一般关系、简单再生产中的关系、扩大再生产中的关系、资本积累中商品生产所有权规律转化为资本主义占有规律的关系、资本主义发展前期劳动在形式上隶属于资本的关系、在分工的工场手工业中劳动开始转变为在实质上隶属于资本的关系、机器大工业后劳动进一步实质上隶属于资本的关系、资本主义发展中的竞争和对抗关系、剩余价值分割中的资产阶级与无产阶级的关系、资本主义发展的历史趋势及其演变关系等。在这种多层次的资本主义生产关系体系中，体现着资本主义所有制关系的资本和雇佣劳动相结合的关系，起着基础层次的决定性的作用。

通过以上分析可以看出，资本主义直接生产过程中的关系也是多层次的。不能因为所有制关系以及资本与雇佣劳动相结合的关系也属于生产关系，就否定它们在资本主义生产关系体系中的基础性和决定性作用。

3. **需要对《资本论》中的“生产方式”和“资本主义生产方式”概念按其原有含义进行辨析，最后确定作为研究对象的“资本主义生产方式”应是什么**。在《资本论》中，广泛使用“生产方式”和“资本主义生产方式”概念。“生产方式”，就是指采取什么方式进行生产。包括生产的技术方式或工艺方式，也可以说是生产力含义上的劳动方式；也包括生产的社会方式即社会经济关系方式。在《资本论》中，有时只从技术方式含义上使用“生产方式”概念，例如，“现代工业的技术基础是革命的，而所有以往的生产方式的技术基础本质上是保守的”；[①] 有时是从生产力和生产关系的统一中应用“生产方式”一词的，例如，“物质生活的生产方式制约着整个社会生活、政治生活和精神生活的过程”；[②] 有时是从生产的社会形式即生产关系方面讲“生产方式”的，例如，“资本和雇佣劳动的关系怎样决定着这种生产方式的全部性质。这种生产方式的主要当事人，资本家和雇佣工人”。[③] 这里讲的“生产方式”是指资本主义生产方式，即生产的资本主义社会形式。

“生产方式”一词，除包括以上三方面的内涵外，还可以指小生产方式和商品生产关系：“劳动者对他的生产资料的私有权是小生产的基础……这种生产方式在奴隶制度、农奴制度以及其他从属关系中也是存在的。”[④]“对于这个历史上一定的社会生产方式即商品生产的生产关系来说……”[⑤]

“生产方式”与“资本主义生产方式”是含义有所区别的两个概念。生产方式前面加上“资本主义”这一限定词，就表明与资本主义生产关系相联系。它在《资本论》中只在两种含义上使用：或是单指也是更多地专指资本主义生产关系，或是指与生产力相结合的资本主义生产关系。前者又可细分为指资本主义经济制度或生产关系体系、资本主义所有制、资本和雇佣劳动相结合的社会方式等。例如，“这个阶级的历史使命是推翻资本

---

① 《马克思恩格斯文集》（第 5 卷），人民出版社，2009，第 560 页。
② 《马克思恩格斯选集》（第 2 卷），人民出版社，1995，第 32 页。
③ 《马克思恩格斯文集》（第 7 卷），人民出版社，2009，第 996 页。
④ 《马克思恩格斯文集》（第 5 卷），人民出版社，2009，第 872 页。
⑤ 《马克思恩格斯文集》（第 5 卷），人民出版社，2009，第 93 页。

主义生产方式和最后消灭阶级。这个阶级就是无产阶级”。① “只有在现代生产力和资本主义生产方式这两个要素互相发生矛盾的时候，这种革命才有可能”。② 这两段论述中的“资本主义生产方式”，只能是资本主义生产关系或经济制度。

资本主义生产方式也可以指与一定生产力相结合的资本主义生产关系，即资本主义生产的技术方式和社会方式的统一。例如，“农业和工场手工业的原始的家庭纽带，……被资本主义生产方式撕断了”。③ “生产排泄物和消费排泄物的利用，随着资本主义生产方式的发展而扩大”。④ 从马克思、恩格斯的著作来看，多数是从资本主义生产的社会方式，即资本主义生产关系的角度应用资本主义生产方式一词的。从生产力和资本主义生产关系的结合上应用得较少。

关键的问题是，作为《资本论》研究对象的资本主义生产方式是什么？前面讲过，马克思、恩格斯、列宁将政治经济学的研究对象界定为生产关系，固然是指由一定生产力决定的生产关系，但没有在研究对象上附加非生产关系的东西。既然如此，《资本论》研究的对象也不应附加非生产关系的东西，如生产力含义上的劳动方式，或兼有生产力和生产关系含义的劳动方式等。如果讲劳动方式，也应区分劳动的技术方式和劳动的社会方式。前者是指应用什么生产资料怎样进行劳动的方式，后者是指通过何种社会形式使劳动者与生产资料相结合的劳动方式，如受资本支配的雇佣劳动方式，在皮鞭棍棒强制下的奴隶劳动方式等。这类劳动方式依然属于生产关系范畴，应是《资本论》和政治经济学的研究对象。雇佣劳动方式，也就是资本与雇佣劳动相结合的方式。

作为《资本论》研究对象的、决定着资本主义直接生产过程的生产关系和再生产过程中的交换关系的“资本主义生产方式”，应是生产关系体系中的基础层次的范畴。马克思、恩格斯明确指出，生产资料所有制是生产关系的基础，还把资本主义所有制称作资本主义生产方式。“资本的献媚者政治经济学家从理论上把资本主义生产方式和它自身的对立面说成是同一

① 《马克思恩格斯文集》（第5卷），人民出版社，2009，第18页。

② 《马克思恩格斯全集》（第7卷），人民出版社，1959，第514页。

③ 《马克思恩格斯文集》（第5卷），人民出版社，2009，第578页。

④ 《马克思恩格斯文集》（第7卷），人民出版社，2009，第115页。

的。”[①] 在法文版中，作者将这里的“资本主义生产方式”改成“资本主义的所有制”（中译本译作“所有权”）。

在马克思、恩格斯著作中，研究各个社会经济形态，很重视作为社会生产关系基础层次的生产资料和劳动力相结合的社会方式。而中国学术界则对此关注不够。我们只选择马克思的几段话来进行辨析。

> 不论生产的社会的形式如何，劳动者和生产资料始终是生产的因素。……要进行生产，它们就必须结合起来。实行这种结合的特殊方式和方法，使社会结构区分为各个不同的经济时期。在当前考察的场合，自由工人和他的生产资料的分离，是既定的出发点，并且我们已经看到，二者在资本家手中是怎样和在什么条件下结合起来的。[②]（这里说明，生产资料和劳动者结合的特殊社会方式，决定着不同的社会经济制度。而与生产资料分离的“自由工人”〔雇佣劳动者〕在资本支配下与生产资料结合起来，演变为“当前考察的”资本主义经济制度。这种劳动与生产资料分离、资本与雇佣劳动相结合的生产方式，是考察资本主义经济制度“既定的出发点”）。
>
> 只是由于劳动采取雇佣劳动的形式，生产资料采取资本的形式这样的前提——也就是说，只是由于这两个基本的生产要素采取这种独特的社会形式——，价值（产品）的一部分才表现为剩余价值，……雇佣劳动的形式对整个过程的面貌和生产本身的特殊方式有决定的作用。[③]
>
> 生产资料……逐渐转化为资本，而同转化为雇佣工人的直接生产者相对立。……资本主义生产方式正是在这里表现出自己的特征。[④]
>
> 资本主义生产的基础是：生产工人把自己的劳动力作为商品卖给资本家，然后劳动力在资本家手中只作为他的生产资本的一个要素来执行职能。[⑤]
>
> （工人将劳动力作为商品出卖），劳动就表现为雇佣劳动。……资

---

① 《马克思恩格斯文集》（第 5 卷），人民出版社，2009，第 877 页。
② 《马克思恩格斯文集》（第 6 卷），人民出版社，2009，第 44 页。
③ 《马克思恩格斯文集》（第 7 卷），人民出版社，2009，第 998 页。
④ 《马克思恩格斯文集》（第 7 卷），人民出版社，2009，第 761 页。
⑤ 《马克思恩格斯文集》（第 6 卷），人民出版社，2009，第 427 页。

本和雇佣劳动的关系怎样决定着这种生产方式的全部性质。这种生产方式的主要当事人，资本家和雇佣工人，本身不过是资本和雇佣劳动的体现者。①

我们称为资本主义生产的是这样一种社会生产方式，在这种生产方式下，生产过程从属于资本，或者说，这种生产方式以资本和雇佣劳动的关系为基础，而且这种关系是起决定作用的、占支配地位的生产方式。②

从上述部分引证中，可以看出马克思所讲的两重意思。其一是：资本与雇佣劳动相结合的关系和对立，是资本主义经济制度或生产关系的基础和条件；其二是：资本与雇佣劳动相结合的关系构成资本主义生产方式的特点和性质。就是说，用资本与雇佣劳动相结合的生产方式，来定断资本主义生产方式。另外，马克思在1857～1858年的《政治经济学批判》手稿中还指出：资本和雇佣劳动的关系是资本主义社会制度入口处的基本问题。

上述分析可以表明，《资本论》所研究的“资本主义生产方式以及和它相适应的生产关系和交换关系”，可以解读为《资本论》的研究对象是：资本与雇佣劳动相结合的资本主义生产方式以及和它相适应的生产关系和交换关系。资本与雇佣劳动相结合的关系，同时体现了作为资本主义生产关系基础的所有制关系。

有的学者主张，作为《资本论》研究对象的资本主义生产方式，是生产力含义上的或生产力与生产关系含义上的劳动方式。如分工协作等，决定着资本主义的生产关系和交换关系。这与马克思的论述正好相反。马克思指出：“资本主义的协作形式一开始就以出卖自己的劳动力给资本的自由雇佣工人为前提。”③ 资本主义生产中的分工协作劳动也好，机器大工业也好，都是以资本与雇佣劳动相结合为前提条件的，并不是劳动方式决定了资本与雇佣劳动的结合以及与其相适应的资本主义生产关系。

4. **从《资本论》的篇章安排和体系结构看决定资本主义生产关系的资本主义生产方式究竟是什么**。《资本论》第一卷第一篇是商品和货币。因为商品是资本主义的经济细胞或“财富的元素形式”，又是资本主义发展的历

① 《马克思恩格斯文集》（第7卷），人民出版社，2009，第996页。
② 《马克思恩格斯全集》（第47卷），人民出版社，1979，第151页。
③ 《马克思恩格斯文集》（第5卷），人民出版社，2009，第388页。

史条件，“商品的流通是资本的起点”，所以马克思在进入对资本主义经济制度分析前，要用三章篇幅研究商品货币问题。《资本论》从第二篇起，进入对资本主义经济的研究。第二篇仅一章，篇名为《货币转化为资本》。《资本论》第一卷共七篇，只有第二篇仅一章。为什么马克思不把这一章的内容并入《绝对剩余价值生产》的篇章中而要单独以一章成篇呢？自有其理论分析安排上的深刻考虑。

《资本论》第一卷研究的是产业资本的直接生产过程。商业资本、借贷资本远在奴隶社会就存在。只有出现了产业资本，才有资本主义社会经济制度。

产业资本直接生产过程的起点是什么？是货币和由货币购入的生产资料转化为资本，还需要雇佣工人，也就是购买劳动力商品。马克思把出卖劳动力商品的劳动者称作雇佣工人，其劳动就表现为雇佣劳动。“工人自己也只是表现为商品的出售者，因而表现为自由的雇佣工人，这样，劳动就表现为雇佣劳动。”[①] 这样，才有资本与雇佣劳动的结合。而雇佣劳动是在资本的统治和支配下进行生产劳动的。这是剩余价值生产和资本积累的决定性基础。“资本主义生产的整个体系，是建立在工人把自己的劳动力当作商品出卖的基础上的”，[②] 也就是建立在资本统治雇佣劳动的基础上的。

由此可见，《资本论》第二篇分析货币转化为资本，劳动力成为商品，就是阐明生产资料与劳动力相结合的资本主义生产方式。三卷《资本论》所研究的资本主义的生产过程、流通过程和生产总过程中所体现的生产关系和交换关系，都是以资本支配下的雇佣劳动生产方式为决定性基础并与它“相适应”的。可见，作为《资本论》研究对象的“资本主义生产方式”应是资本与雇佣劳动相结合、资本统治与支配雇佣劳动的生产方式。这正是《资本论》第一卷第二篇以单章成篇的道理所在，正是这一篇研究了资本主义生产关系和交换关系及与之相适应的资本主义生产方式。

二　社会主义商品经济理论不同观点辨析

马克思主义的创始人认为，在未来生产资料归全社会所有的社会主义

① 《马克思恩格斯文集》（第7卷），人民出版社，2009，第996页。

② 《马克思恩格斯文集》（第5卷），人民出版社，2009，第495页。

社会中，商品生产和交换将不再存在。这也是马克思主义者曾长期坚守的统一的观点。列宁也讲过：社会主义就是消灭商品经济。在苏维埃政权初期，列宁曾试图消灭货币，以实物经济取代商品经济，但在经济实践中行不通，改行新经济政策，恢复商品交换。但列宁没有从理论上解决在建成了的社会主义制度中商品生产的命运问题。因此，社会主义条件下是否存在和怎样存在商品生产和价值规律作用的问题，在1952年斯大林的《苏联社会主义经济问题》出版以前，一直是理论界讨论和争论的一个重要问题。斯大林的上述论著，以权威的形式肯定社会主义制度下由于存在公有制的两种形式，必然存在商品生产和交换。但又认为生产资料不是商品，只具有商品的外壳，只有消费品是商品。

中国社会主义制度下的商品经济问题，也是长期存在意见分歧的理论问题。由于受经典作家社会主义非商品生产论和斯大林生产资料非商品论的影响，自20世纪50年代以来的理论研究中，在商品经济问题上，存在多种不同的观点：社会主义非商品经济论、生产资料非商品论、全民所有制内部非商品论、商品属性逐渐褪色论、商品经济消亡论、商品属性与产品属性统一论等。1959年4月，中国科学院经济研究所和上海社会科学院经济研究所在上海召开了关于社会主义制度下商品生产和价值规律的讨论会，多数人肯定社会主义商品生产存在的必要性与重要作用。但争论依然存在。意见分歧的一个问题是：国营企业间交换的生产资料和职工到国营商店购买的消费品，是不是商品。有三种意见：是商品；多少带有商品的性质；实质上不是商品。有的学者持这样一种观点：国家职工到国营商店购买消费品，由于是全民所有制内部的交换，不是商品；而农民去购买东西就是商品，因为是两种所有制之间的交换。这种观点显然难以成立。职工到国营（或国有）商店购买消费品，是货币与商品的交换，要遵守等价交换原则，价值规律、供求规律起着作用。商品由国营商店转到国家职工手中，是从全民所有制转入个人所有制，发生了所有制的变化。我之所以要讲到这一点，是因为直到近年来，这些学者还坚持认为，马克思、恩格斯讲的社会主义公有制度下商品生产消亡的理论是正确的。不过存在具体说明上的两种区分：一种意见认为，中国现在还是“不够格的社会主义”，不同于马克思讲的社会主义，在发展了的社会主义制度中，商品经济将会消亡；另一种意见认为，马克思所讲的社会主义社会中商品经济消亡的理论，已经在中国成为现实：“社会主义公有制下人与人之间的经济利益关系，按其本质来说，是对商品货币关系的否定，商品关系与私有制一起被否定了。所以并不像有些人所说的，公有制下不存在商品货币关系只是马克思的主观设想，要加以突破。马克思的这一科学论断今天恰恰被证明是完全正确的，而且正在从理论变为现实。”同时认为，在社会主义公有制经济中，“也不存在货币关系。有的人囿于表面的观察，看到每个社会成员的报酬都是采取了货币工资的形式，就把劳动证书的货币形式当作了真正意义上的货币，这不能不说是一种肤浅的认识，没有看到劳动收入的货币形式的劳动券实质。”① 这种理论观点完全脱离实际，脱离了中国商品经济和货币真实存在的现实；是把马克思主义经典作家关于社会主义社会商品货币消亡的设想作为不变的教条予以固守，是把现实生活中实际存在的商品货币关系硬套进社会主义非商品生产论的教条框架中。事实上，中国的商品货币关系，在国内外都发挥着与任何商品货币关系一样的作用和职能。另一种观点认为，由于中国是处于初级阶段的社会主义，是不够格的社会主义，所以还不能消除商品经济，到够格的社会主义时，商品经济就会消亡。这种看法也不能成立。马克思、恩格斯在19世纪50年代就认为，英国等发达资本主义国家建立社会主义后商品生产将会消亡。中国目前的经济规模居世界第二位。不仅远超19世纪50年代的英国，也超过现在的英国。直到1890年，英国的钢铁产量为800万吨，德国400万吨，法国不到200万吨。直到1914年，英国的国民总收入为110亿美元，人均244美元。即使抛开物价上涨因素，中国目前也超过了英、法、德等国家。根据西方经济研究权威英国安格斯·麦迪森所著《中国经济的长期表现》一书的推算，到2030年，中国占世界GDP的比重将达到23%，成为世界第一大经济体。按邓小平和中央的发展战略规划，21世纪中叶，中国将走出社会主义初级阶段，成为够格的社会主义。但可以肯定，商品经济会继续存在与发展。

马克思主义要随着时代的发展而发展，要以经济实践的土壤为根基而创新与发展。在20世纪50年代，中国学术界展开社会主义商品生产与价值规律的讨论时，笔者在《学术月刊》1959年第11期发表的论文《社会主义制度下商品生产的研究方法问题》，不赞同各自从定义出发、从本本出发，界定商品和商品生产的内涵。笔者主张消费资料和生产资料都是商品。

① 胡钧：《对公有制和商品经济兼容问题的思索》，《中国社会科学》1989年第6期。

国有企业间的生产资料调拨与互换，也是且应是商品价值关系。文中指出：根据“全民所有制经济中的生产资料属于同一所有者这一论据，否定生产资料是商品的性质是没有充分根据的。这是忽视了不同国营企业之间的独立权利和利益，忽视了它们各自的占有权和使用权，只看重了它们的统一面，而看落了它们的矛盾面；只强调了使用价值在同一所有制内部的调拨，而不强调价值关系的存在和交换的等价要求。如果否定生产资料是商品，那么必然导向否认价值规律在生产资料生产中的作用”。需要说明的是，笔者关于生产资料也是商品的论述，既是肯定国营企业卖给集体经济的生产资料是商品，也是主张国企之间的生产资料交换也应当是商品，应重视等价交换，重视价值规律的作用。

笔者在改革开放前的20世纪50年代，提出国企间的生产资料交换也是且应是商品，是由于这样的理由：第一，从宏观层次看，所有国企都归国家所有，是同一所有制。但从微观层次看，众多国企各自具有占有权和使用权，在维护国家财产上，要各自代表国家行使所有权。甲乙两个企业无权占用和动用对方的任何资产和产品，只有通过商品价值关系互通有无。第二，更重要的是，不同国企的总体劳动状况、企业管理状况、生产效率和效益状况等是各自不同的。这种企业间经营管理和经济效益的差别，客观上要求实现为企业间各自利益的差别。传统体制，只注意到职工之间的劳动差别需要实现为报酬上的差别，这要通过按劳分配实现，但忽视了企业间的总体劳动、经营管理和效益上的差别，也应实现为企业间利益上的差别。结果是不管企业贡献差别如何，都吃国家大锅饭，损害了企业发展的主动性与创造性。国企之间利益差别的实现，只有通过商品价值关系，将生产资料作为商品对待，让价值规律起调节作用。笔者在《学术月刊》的论文中，只概括地讲到传统体制“忽视了不同国企之间的独立权利和利益”“看落了它们的矛盾面”“不强调等价交换”“否认价值规律在生产资料生产中的作用”，但没有展开具体论述。当时提出的理论观点的本意，就是上面所讲的内容。这里涉及社会主义商品经济存在的原因或根据问题。目前流行的观点是：由于国有企业存在各自独立的经济利益，所以相互间是商品经济关系。笔者认为，应将因果关系倒过来讲。在传统体制下，企业吃国家大锅饭，同一行业的工资由国家统一规定，不存在企业各自独立的经济利益。如果国有企业不作为商品经济的主体进行经营，就不能实现各自的经济利益。其逻辑关系是：企业间经营管理和效率的差别，应当和要求通过商品价值关系实现为经济利益的差别。先让企业成为商品经济主体，而后才有企业各自独立的经济利益。否定商品经济关系，就必然否定企业的利益差别和独立的经济利益。

改革开放以来，需要重新和进一步认识商品经济在社会主义经济中的地位和作用。因为所有经济体制的改革，都与商品经济、价值规律、市场调节问题密切相关。20 世纪 80 年代，理论界展开讨论社会主义经济与商品经济的关系问题，有多种不同的见解：社会主义经济是商品经济，社会主义经济是计划经济，社会主义是与商品经济结合的计划经济，社会主义经济是有计划的商品经济。还有学者不赞同提社会主义商品经济，认为商品经济是资本主义经济范畴。有的学者认为，英文中没有“商品经济”一词，难以翻译为外文，主张用“商品生产”“商品交换”的概念。

在英文、德文中没有“商品经济”概念，因而，马克思、恩格斯著作中就没有“商品经济”概念，只讲商品生产、商品交换、商品流通。但俄文中有“商品经济”概念。列宁的著作中大量使用这一概念，而且他区分了简单商品经济（或小商品经济）与资本主义商品经济的不同。商品经济是商品生产和商品流通的统称，它本身不具有特定的社会经济性质，因而存在于多个社会经济形态中。

关于社会主义经济是不是商品经济的争论，应当分清是从社会主义经济的本质关系和特点来界定，还是从经济体制和运行机制来界定。讲社会主义经济是商品经济，应是从经济体制和运行机制来界定的，不应从社会主义的本质关系和特点来界定。由于当时没有明确分清这一界限，存在混淆界限、认识难以统一的情况。1984 年，中共中央《关于经济体制改革的决定》中提出：“社会主义计划经济……是在公有制基础上的有计划的商品经济。”（这一提法在后来的中央文件中转述时，发展为“社会主义经济是在公有制基础上的有计划的商品经济”）社会主义要实行有计划的商品经济，这一点取得了共识。但有的学者从社会主义经济本质关系上来解读社会主义是商品经济的内涵，这是值得商榷的。

笔者在《学术月刊》1986 年 12 月号发表了《社会主义商品经济的几个理论问题》一文。主要提出这样的理论见解：（1）在社会主义经济中，既存在国家、集体和劳动者个人之间总体利益的一致性，又存在它们之间以及各个经济主体之间利益的差别性和矛盾性。这种利益的差别性和矛盾性，需要通过商品经济和价值规律来实现和调节。（2）全民所有制企业和各个经济实体“要求实现与各自经营管理水平相适应的经济利益，是社会主义商品经济存在的特殊条件”（一般条件是社会分工）。（3）社会主义公有制、按劳分配，“还缺少各自的和整体的实现机制和有效形式”，应“探求它的实现机制和有效形式”。在这里较早地提出了探求公有制的实现形式问题。提出“必须充分利用商品经济的机制，把商品经济所特有的内在动力和外在压力机制同社会主义的动力机制结合起来”。（4）商品经济既不是同社会主义经济相对立的，也不是与社会主义经济相等同的。具体分析了从什么含义上可以讲社会主义经济是“商品经济”。不赞同从社会主义经济的本质属性上界定社会主义是商品经济。可以讲：小商品生产是商品经济，资本主义经济是商品经济，社会主义经济是商品经济。但小商品生产、资本主义经济、社会主义经济在本质关系上是不同的，不能用商品经济来规定和说明它们各自的本质关系。我始终认为，强调“社会主义经济是商品经济”或“有计划的‘商品经济’”，是从经济体制和运行机制的层次上讲的。用以表明，社会主义经济既不是自然经济，也不是马克思、恩格斯所设想的消除了商品关系实行计划调节的产品交换经济。强调“社会主义经济”是“商品经济”，对实行经济体制改革有着十分重要的理论和实际意义。

三　社会主义市场经济理论不同观点辨析

在中国改革开放前，长期讨论商品生产和价值规律问题，但始终没有涉及“市场经济”问题，改革开放以来，才提出了“市场经济”的概念和理论。但在“市场经济”问题上，始终存在理论认识上的种种差异。

（一）“商品经济”和“市场经济”的内涵异同问题

不少学者将“商品经济”与“市场经济”两个概念画等号。有的说，商品经济是经过市场进行交换的经济，所以就是市场经济；有的说，西方国家没有商品经济与市场经济的区分，两者是一回事；有的说，市场经济是高度社会化的商品经济，只存在发展程度上的差别。同时在改革开放前和改革开放初期，无论是西方学者和政要，还是社会主义国家的马克思主义论著，都认为市场经济是资本主义经济制度的属性，而计划经济是社会主义经济制度的属性。

在改革开放的前期阶段，无论中央文件或中央领导人讲话，还是中国有影响的学者，都强调社会主义实行计划经济，而不是市场经济。例如，1984年9月9日，当时的国务院总理写给邓小平、陈云等四位中央领导的信中，关于改革问题依然坚持“中国实行计划经济，不是市场经济”，获得了同意。在邓小平给予高度评价的1984年通过的《中共中央关于经济体制改革的决定》中，对计划经济与市场经济的见解，提出了看似传统实际上已有变化的论述。《决定》提出：就总体说，我国实行的是计划经济，即有计划的商品经济，而不是那种完全由市场调节的市场经济。请注意解读这段话的几层含义：（1）“就总体说”，不实行市场经济，表示局部可以实行。（2）对市场经济作了新的界定。以往的论著将市场经济与私有制和资本主义相联系，而《决定》超越了这种理解，将市场经济界定为计划外的“完全由市场调节”的经济。（3）完全由市场调节的这部分市场经济，《决定》指出，主要是“部分农副产品、日用小商品和服务修理行业的劳务活动”。（4）“就总体上说”实行计划经济，也意味着不再是计划囊括国民经济的全部，还有部分市场经济。但已明确说明：计划经济是有计划的商品经济。从逻辑上来辨析，就是国民经济的主要部分实行有计划的商品经济，次要部分实行计划外的市场经济。将“商品经济”和“市场经济”作为两个不同的概念分别应用。

笔者把“商品经济”与“市场经济”看作既相联系又有区别的两个概念。不是仅根据上述《决定》中的区分，而是从经济理论和经济实践的分析中做出的判断。第一，中国实行传统计划经济的年代，商品经济一直存在。遍布城乡的百货商店和供销社，进行着居民所需的商品供销活动。虽然商品交换活动也都要通过市场，但在指令性计划经济下，市场机制的功能不健全，有市场而没有市场调节。调节生产什么，生产多少的是国家计划而不是市场；调节消费需求的也不是市场价格，价格高低由国家统一规定，多数商品由计划供应。市场不起调节作用的商品经济，不能起到配置资源的作用，不是市场经济。第二，中共中央在《关于经济体制改革的决定》中指出“计划经济与商品经济不是对立的”，表明两者可以有机结合。但传统指令性计划经济与市场经济则是对立的。全面实行计划经济，就没有市场经济存在的余地；反之，全面实行市场经济，就没有指令性计划存在的余地。第三，有的学者认为，商品经济要通过市场就是市场经济，还借此宣称他和某些学者远在中央提出市场经济前，就先提出了市场经济的观点。这样的理论见解未免简单化了。中央提出的市场经济，是指市场能够在资源配置中起基础作用的市场经济，指令性计划经济下的商品经济，虽有市场，但不能起资源配置作用。如果把商品经济等同于市场经济，那么，中国改革开放前的近三十年中，始终存在商品经济，也就始终存在市场经济了，为什么还要把建立社会主义市场经济体制作为创新性理论与实践提出来呢？第四，西方没有“商品经济”与“市场经济”的区别，是因为在美英等国的词典中只有“市场经济”一词，没有“商品经济”一词。而中国从20世纪50年代以来的论著中，一直使用“商品经济”概念。直到改革开放后的20世纪70年代末，特别是邓小平南方讲话后，才流行“市场经济”一词。这是中国经济发展和改革的实践带来的概念变迁，不能用西方概念的应用，规范中国的应用。第五，我们讲“非公有制经济是社会主义市场经济的重要组成部分”，是正确的。但不应讲私有制商品经济是社会主义商品经济的组成部分。讲前者之所以正确，是因为市场和市场经济在国内是统一的，市场机制对各种所有制都一样起资源配置作用。不能把市场经济按所有制区分为国有制市场经济或公有制市场经济、私营企业市场经济、个体经济市场经济等。市场配置资源，是不分公私和中外经济的。讲后者之所以不正确，是因为商品经济是商品生产和商品流通的统一，不同所有制的商品生产过程的经济关系是不同的。讲社会主义商品经济是指以公有制为基础的商品经济。中共中央在《关于经济体制改革的决定》中指出：在商品经济问题上，“社会主义经济与资本主义经济的区别……在于所有制不同”。党的十六大报告中明确指出：“社会主义商品经济与资本主义商品经济的本质区别，在于所有制基础不同。建在公有制基础上的社会主义商品经济……”我们可以说，公有制的社会主义经济，是社会主义商品经济，外资企业、私营企业作为资本主义经济是资本主义商品经济，个体经济是小商品经济。总不能说资本主义经济是社会主义商品经济。因为私营、外资和个体经济的商品生产过程，不属于社会主义商品生产过程。这样的分析方法和见解，未见别人讲过，可能会引起异议。但我肯定这一见解。第六，将市场经济界定为高度社会化的商品经济，与中国的实际情况不相符。中国市场取向的改革，以及后来提出实行社会主义市场经济，并不意味着中国已经实现了“高度社会化的商品经济”。整个社会主义初级阶段，是实现社会化的过程。

有的学者指出：提出“社会主义市场经济”概念后，可以不再提“社会主义商品经济”概念。我认为，无论从理论和实践的发展史来说，还是从中国特色社会主义理论的建设来说，这两个概念的并存和分别应用是合理的，不存在取代的问题和必要。而且，从世界社会经济发展史来看，远在奴隶社会就存在商品经济，但不能说奴隶社会就实行市场经济。

市场经济是以商品经济的发展为基础的，两者有着内在的联系。但市场不起调节经济作用的商品经济，不是市场经济。可以说，市场经济是通过市场发挥调节作用实现社会资源配置职能的商品经济。社会主义市场经济，是在社会主义条件和国家调控下，由市场发挥资源配置基础性作用的商品经济。

有个流行的提法：“社会主义市场经济是与社会主义基本制度相结合的。”这里存在一些语法和逻辑上的问题。“社会主义市场经济”中的“社会主义”，就是社会主义基本制度，因此，“社会主义市场经济”一词，已经是指社会主义基本制度下的市场经济。再讲“与社会主义基本制度相结合”，就变成社会主义基本制度下的市场经济是与社会主义基本制度相结合的绕口令式的论述了。准确点讲，可以说：社会主义市场经济是市场经济与社会主义基本制度相结合的。

（二）在社会主义市场经济问题上，邓小平与陈云理论观点的一致性辨析

在中国理论界，研究计划经济和市场经济问题时，存在一种不符合理论实际和历史实际的情况。有的学者把陈云看作计划经济派，把邓小平看作市场经济派。又分两种看似相同但出发点各异的观点。一种观点仍坚持计划经济理论与实践，不赞同实行社会主义市场经济。如有人提出，1979年3月，陈云提出以计划经济为主，同年11月邓小平与外国客人谈话时就提出实行市场经济，与陈云观点相对立。另一种较普遍的观点是赞同实行社会主义市场经济，认为邓小平远在1979年11月就提出了实行社会主义市场经济，但没有贯彻实行，直到1992年“南方谈话”后，才在中共十四大上确定这一经济体制改革的目标。其实，第一种看法不仅存在观点上的问题，更重要的是没有弄清陈云和邓小平理论观点的原意，存在误解和错解。第二种观点也存在把握邓小平观点的准确性问题，把邓小平1979年11月所讲的社会主义市场经济看作同他1992年“南方谈话”后中国目前实行的社会主义市场经济是一回事，是没有从发展的视野来理解和把握邓小平理论的发展。

在中央领导层，最早指出传统计划经济弊端、主张引入市场经济（市场调节）的是陈云。

1979年2月22日，李先念在听取一次汇报时说："陈云同志同意，在计划经济条件下，搞点市场经济作为补充。计划经济与市场经济相结合，以计划经济为主；市场经济是个补充，不是小补充，是大补充。"①

陈云在1979年3月8日写的《计划与市场的问题》一文中，指出了传统计划经济的缺点：没有根据我国社会主义经济制度的经验，发展马克思的有计划按比例理论，没有在社会主义制度下必须有市场调节这一条。在陈云、邓小平、李先念等同志的思想中，市场调节与市场经济是同义的。但由于传统理论把市场经济看作资本主义属性，所以常在内部讲话和写作时，"市场调节"与"市场经济"两个概念通用，但公开发表时，为了避免意识形态上的干扰，统一称"市场调节"。在《计划与市场的问题》一文中，原稿这样讲：在今后的经济体制改革中，怎样调整"计划与市场两种经济的比例"，"不一定计划经济部分愈增加，市场经济部分所占绝对数额就愈缩小，可能都相应地增加"。在正式发表时，为与公开的提法相一致，将"市场经济"一词改为"市场调节"。1995年出版《陈云文选》第二版时，由于已实行社会主义市场经济体制，便将"市场经济"一词又改了回来。② 陈云的这一思想，后来概括为计划经济为主、市场调节为辅（就是市场经济为辅）。这一理论思想得到邓小平等中央领导层的赞同，成为1987年党的十三大前中央的指导思想。邓小平于1979年11月26日与外宾谈话时讲"社会主义为什么不可以搞市场经济？……我们是计划经济为主，也结合市场经济"。这个谈话，直到1992年邓小平"南方谈话"公开讲"市场经济不等于资本主义"，社会主义市场经济体制进入改革目标后，才被公开引用和发表。但不少学者将邓小平在这个谈话中所讲的市场经济，理解为等同于1992年"南方谈话"中所讲的市场经济。这是误解。实际上，邓小平关于社会主义市场经济的理论思想也有一个发展过程。1979年的谈话，依然是在以计划经济为主、市场调节（市场经济）为辅的框架中进行阐述的。"我们是计划经济为主，也结合市场经济。"有人引用谈话时，略去了这句关键性的话。这句话的原意是：在指令性计划为主条件下辅之以市场经济（市场调

---

① 《陈云年谱》（下卷），中央文献出版社，2000，第236页。

② 《陈云文选》（第3卷），人民出版社，1995，第247页。

节）。直到1982年4月3日，邓小平在一次讲话中还说："最重要的，还是陈云同志说的，公有制基础上的计划经济，市场调节为辅。"①

由于有的学者将邓小平在1979年11月谈话中讲的社会主义市场经济理解为与他"南方谈话"后实行的社会主义市场经济是一回事，就演绎出无法解释的理论指导上以及改革实践上的矛盾。因为直到党的十三大以前，经邓小平指导和同意而通过的一系列的中央文件和主要领导人的讲话，一直反对完全实行市场经济，坚持把"计划经济为主，市场调节（市场经济）为辅"作为经济体制改革的模式。为厘清这个矛盾，有的学者竟提出远离实际的解释。在一家大报上发表过一篇长文，做出这样的解释：邓小平作为伟大的政治家，具有广阔的胸怀，当他的市场经济改革思想别人还跟不上来的时候，他可以等待。按此说，一直等待了十三年，才在"南方谈话"公开提出社会主义市场经济理论思想。还有的学者作了这样的解释：邓小平远在1979年11月就提出实行社会主义市场经济的观点，但没有引起应有的注意和重视。这两种解释的非科学性是用不着辩驳的。

党的十三大根据邓小平的指导，没有再提计划经济为主。1989年6月9日，邓小平在讲话中强调提出，"我们要继续坚持计划经济与市场经济相结合"。这已不是"为主""为辅"的板块式结合，而是内在的有机结合。1992年的"南方谈话"，突破了市场经济姓"资"、计划经济姓"社"的传统观念，为中国建立社会主义市场经济体制确立了理论基础。

对于在邓小平指导下市场经济思想的发展和社会主义市场经济体制的确立，陈云是同意和支持的。胡锦涛的《在陈云同志诞辰100周年纪念大会上的讲话》指出：陈云同志的必须有市场调节的重要认识，"对我们突破高度集中的计划经济体制的束缚，曾经产生过广泛而深刻的影响"；又说："陈云同志积极支持和推动邓小平同志倡导的改革开放，……提出了许多影响深远的重要思想。"

在社会主义市场经济体制建立和发展的过程中，邓小平的理论指导特别是"南方谈话"起了决定性作用；但陈云的理论指导，在传统计划经济体制中冲开了缺口，引入了市场调节（市场经济）机制，并支持了邓小平的改革开放的理论和实践，也有重要的作用和深远的影响。将两人的经济思想割裂开来甚至对立起来的种种见解，是不符合实际的。

---

① 《陈云年谱》（下卷），中央文献出版社，2000，第293页。

公有制与社会主义

——读《马克思恩格斯文集》十卷本*

袁恩桢

内容摘要：马克思主义的社会主义，是与公有制联系在一起。马克思、恩格斯对资本主义剥削关系的无情斥责，既基于资本主义原始积累期的残酷现实，又来自对资本主义经济关系的本质分析；充分肯定资本主义对发展社会生产力的巨大历史功绩，也指出一个社会制度在它所能容纳的全部生产力发挥出来以前不会消亡；认为社会主义不是一成不变的僵化的东西。中国的改革始终要高举马克思主义社会主义的旗帜。

关键词：资本主义与异化　公有制与社会主义　生产力与社会制度　改革与发展

有关社会主义公有制特别是国有制的地位和作用，是当前社会中争论最激烈的话题之一。

问题似乎是从20世纪90年代初，由苏联、东欧等社会主义制度相继消亡而引出，而这一消亡是与私有化进程的加速连在一起的。

作为中国改革开放一大成就的多元化所有制结构的形成和发展，既呈现出个体、私营与外资等非公企业的勃勃生机，又反映了国有企业不断缩小阵地并至今仍然活力欠佳的现实。公有经济与非公经济现实的活力对照，似乎又形成了对公有制地位的现实责难。

在理论上，有关“公有制不适于市场经济”“国有经济是落后与腐败之源”，甚至公有制是“社会主义乌托邦”等言论也不绝于耳。

公有制与社会主义的关系究竟如何？阅读《马克思恩格斯文集》十卷本，从中可以得到有益的启示。

---

* 本文发表于《毛泽东邓小平理论研究》2010年第8期。

一　消灭私有制是《共产党宣言》的基本使命

1847 年 11 月，作为国际工人团体的“共产主义者同盟”在伦敦召开同盟代表大会，会上委托马克思与恩格斯起草一个党纲。此党纲即闻名于世的《共产党宣言》，于1848 年 1 月写成。当时，马克思 29 岁，恩格斯 27 岁，都相当年轻。

《共产党宣言》（以下简称《宣言》）是 19 世纪前半叶欧洲工人运动斗争经验的总结，是共产主义理论从空想转向科学的标志。

《宣言》一开笔就气势恢宏：“一个幽灵，共产主义的幽灵，在欧洲游荡。”这个幽灵遭到从教皇到沙皇、从梅特涅到基佐等旧欧洲势力的围攻。为此，共产党人要向全世界公开说明自己的观点与目的。《宣言》从资产者和无产者、无产者和共产党人、社会主义的和共产主义的文献、共产党人对各种反对派的态度等不同层面论述了自己的观点。其中最核心的观点无疑是：“共产党人可以把自己的理论概括为一句话：消灭私有制。”[1](p.45)

以消灭私有制为基本纲领的《宣言》，产生在这么一个历史时代：那是资本主义社会发展的初期，但劳动与资本的矛盾已相当尖锐。特别是以血与火的文字所写成的资本原始积累过程，无论是农村以“羊吃人”为特征的圈地运动，把大批农民驱赶至城市成为最廉价的“工业奴隶”，还是以延长劳动时间、加重劳动强度、恶化劳动与生活环境所实行的绝对剩余价值的榨取，再加上对海外殖民地的血性掠夺，都显示了资本剥削、掠夺劳动的残酷性。恩格斯曾撰写过《英国工人阶级状况》一书，对无产者在当时的境遇作了充分的揭示，马克思在《资本论》等著作中，更以劳资关系的残酷现实作为解剖资本主义本质的材料。

“资本来到世间，从头到脚，每个毛孔都滴着血和肮脏的东西。”[2](p.871)资本家昂首前行，工人尾随于后。“一个笑容满面，雄心勃勃；一个战战兢兢，畏缩不前，像在市场上出卖了自己的皮一样，只有一个前途——让人家来鞣。”[2](p.205)

马克思、恩格斯对资本剥削劳动的残酷性的认识，首先来自社会所提供的大量实际材料，当时英、德、法等欧洲社会的有识之士，都对资本的残酷性加以充分揭露。英国的工人视察员、童工委员会、专家学者与大英博物馆等，都提供了有关劳资关系的丰富材料。

马克思、恩格斯对资本剥削劳动残酷性的认识，更来自对资本主义关系或者说劳资关系的本质解剖。马克思的两个伟大发现，即辩证唯物史观与剩余价值理论的发现，使他对资本主义劳资关系的认识，及当时社会对这个问题的了解提到了一个新的高度。“资本家是人格化的资本”，企业家的使命，只能是服务于资本的增殖。因此，马克思相当欣赏《评论家周刊》中的那段话：资本害怕没有利润或利润太少，“一旦有适当的利润，资本就胆大起来。如果有10%的利润，它就保证到处被使用；有20%的利润，它就活跃起来；有50%的利润，它就铤而走险；为了100%的利润，它就敢践踏一切人间法律；有300%的利润，它就敢犯任何罪行，甚至冒绞首的危险”。[2](p.871)这无疑是对资本剥削与掠夺的残酷本性最生动的刻画。

资本对劳动剥削的残酷性与劳资矛盾的尖锐性，源于资本主义的经济关系，从而解决矛盾的唯一办法，是消灭生产资料私有制，以公有制去代替。这是《宣言》中理论推导的必然结论。

马克思、恩格斯论述了在未来社会中代替资本主义私有制的经济形式，如公有制、社会所有制、集体与合作所有制等形式都谈到过，还讲到了国家所有制，认为应由国家履行管理社会财产的职责：“无产阶级将取得国家政权，并且首先把生产资料变为国家财产。”[4](p.561)“土地只能是国家的财产”，[4](p.232)“生产资料的全国性的集中将成为由自由平等的生产者的各联合体所构成的社会的全国性的基础”。[4](p.233)

在辩证唯物史观中，生产资料所有制是经济关系的基础与核心，因此，《共产党宣言》把消灭私有制作为自己理论的基本宗旨。应该说，共产党的命名也由此而来。

二　实现人性解放，是共产党人的最高理念

在马克思的《1844年经济学哲学手稿中》，有一段对共产主义本质的精彩描述：“共产主义是对私有财产即人的自我异化的积极的扬弃，因而是通过人并且为了人而对人的本质的真正占有；因此，它是人向自身、也就是向社会的即合乎人性的人的复归，这种复归是完全的复归，是自觉实现并在以往发展的全部财富的范围内实现的复归。这种共产主义，作为完成了的自然主义，等于人道主义，而作为完成了的人道主义，等于自然主义，它是人和自然界之间、人和人之间的矛盾的真正解决，是存在和本质、对

象化和自我确证、自由和必然、个体和类之间的斗争的真正解决。”[5](p.185)这段话包含了这么三层意思：一是共产主义的目标是实现人的解放与人性的复归；二是马克思对资本主义世界劳动者乃至整个社会被异化的情况深恶痛绝；三是消灭生产资料私有制，正是作为实现人性解放的必备条件或手段而提出的。

马克思选取了黑格尔哲学中的异化概念，深刻分析资本主义社会的现实：工人生产的财富越多，他就越贫困。“物的世界的增值同人的世界的贬值成正比。”[5](p.156) “劳动为富人生产了奇迹般的东西，但是为工人生产了赤贫。”[5](p.158)

在资本主义所有制关系下，异化现象突出地表现为劳动的异化。马克思从不同方面分析了劳动异化的情况及其结果：一是劳动的物的异化，即劳动者与自己劳动产品的异化关系，因为在雇佣劳动的情况下，劳动产品不仅不属于劳动者，反过来还成为支配与奴役自己的工具；二是劳动的自我异化，即劳动者在生产过程中的活动，已经是一种不属于他的异己的活动，一种会转过来反对他自身的活动；三是导致人的类本质同人相异化，即劳动这一人的机能被异化成受奴役的动物机能，相反，吃、住、生殖等这些动物机能却成了劳动者唯一能感觉到自己是人的东西；四是人同人相异化，即整个资本主义社会，处在人与人相互矛盾和对立的状态，不仅资本与劳动处在矛盾对立状态，而且在资本之间与劳动之间，也各自呈现出竞争与矛盾状态。

与此相应，马克思还用物化与人格化，即人的物化与物的人格化的概念来进一步分析资本主义社会的异化关系。“资本家……作为人格化的、有意志和意识的资本执行职能”，“决不是将使用价值生产作为直接目的，而是谋取利润的无休止的运动。”[2](p.178)这就是说，资本家作为资本的代表；执行的是资本的意志。从这个角度说，资本与资本家也离开了人的本质，同样处于一种异化的状态。

马克思从哲学与法学研究开始，最终转向政治经济学研究，在他的代表作也是马克思主义经典之作《资本论》中，已经用政治经济学的“商品拜物教”术语去取代哲学的异化概念，去分析资本主义社会不平等、不合理的现实了。

《资本论》从分析资本主义社会的经济细胞商品开始。马克思认为，资本主义社会的一切矛盾，都蕴含在商品的内在矛盾里，即使用价值与交换价值、具体劳动与抽象劳动、私人劳动与社会劳动的矛盾之中，并在商品内在矛盾的基础上展开。马克思认为，正如在宗教世界里那样，本是人脑产物的宗教一旦形成，就反过来支配人们并使人们拜倒在其脚下，商品的情况同样如此。商品从使用价值角度来考察，具有满足人们需要的各种属性，并不神秘，但是，从价值与商品的角度考察，其谜一样的性质就发生了：本是人手劳动产物的商品，现在却反过来支配人们的关系，使人们拜倒在商品的脚下。物与物的交换关系替代了人与人之间的劳动交换关系，掩盖了人之间的劳动关系，这就是商品拜物教。

商品拜物教“是来源于生产商品的劳动所特有的社会性质”，[2](p.90) 即私人劳动转化为社会劳动所特有的社会性质。商品拜物教这种特有的经济关系，存在于商品形式之中，即只要劳动产品转化为商品，商品拜物教关系就随之而生。

资本主义是商品经济发展的最高阶段，从而也把商品拜物教推向顶峰，货币拜物教、资本拜物教也接踵而至。

“金子！黄黄的、发光的、宝贵的金子？只这一点点儿，就可以使黑的变成白的，丑的变成美的；错的变成对的，卑贱变成尊贵，老人变成少年，懦夫变成勇士。……这黄色的奴隶可以使异教联盟，同宗分裂；……使窃贼得到高爵显位，……使鸡皮黄脸的寡妇重做新娘，……该死的土块，你这人尽可夫的娼妇……”[5](p.243) 这段莎士比亚《雅典的泰门》中的台词，为马克思所欣赏并多次引用，也是对商品与货币拜物教的辛辣鞭笞。

异化与商品拜物教，在马克思勾画资本主义本质方面，是互补互融、相得益彰的。

商品拜物教，一方面展示了资本追逐利润的内在冲动这一社会倾向；另一方面也掩盖了资本主义的内在本质与矛盾。所以马克思用专节分析了商品拜物教的来龙去脉，这也是《资本论》中最精彩的一段文字。

按照马克思的逻辑，人世间关系倒置的商品拜物教消失的条件，是资本主义私有制的消亡。

三　资本在还能释放生产力的限度内不会消亡

马克思在《共产党宣言》中，一方面论述了资本主义私有制消亡的命运，另一方面也称道“资产阶级在历史上曾经起过非常革命的作用”。这些作用不仅表现为对中世纪封建关系的冲击，更表现为对发展社会生产力的巨大贡献。

由于生产工具的迅速改进，由于交通的极其便利，资产阶级把一切民族甚至最野蛮的民族都卷到文明中来了。资产阶级创建了巨大的城市，使农村从属于城市，使未开化与半开化的国家从属于文明的国家，使东方从属于西方。

“资产阶级在它的不到一百年的阶级统治中所创造的生产力，比过去一切世代创造的全部生产力还要多，还要大。自然力的征服，机器的采用，化学在工业和农业中的应用，轮船的行驶，铁路的通行，电报的使用，整个整个大陆的开垦，河川的通航，仿佛用法术从地下呼唤出来的大量人口——过去哪一个世纪料想到在社会劳动里蕴藏有这样的生产力呢？”[1](p. 36)

这是对资本主义生产方式开启社会生产力之门最公正的评述。

值得注意的是，马克思在揭示资本主义私有制必然消亡的趋势同时，还明确指出：“无论哪一个社会形态，在它所能容纳的全部生产力发挥出来以前，是决不会灭亡的。”[1](p. 592)这是历史唯物主义的一个基本观点。

马克思所处的时代是资本与劳动关系极度紧张的时期，“资本主义丧钟已经敲响”正是由此而发。在马克思逝世后的几十年当中，也确实出现了经济危机、世界大战以及苏联社会主义国家诞生等历史事实。但谁能预见，病恹恹的资本主义世界，却在凯恩斯主义和罗斯福新政等改良中获得新的能量，特别是20世纪60年代以后的新科技革命，更使资本主义方式显示出相当的活力。

其实，即使是在马克思、恩格斯生活的年代，资本主义生产方式也处在不断地变革与发展之中。当时的工厂视察员、童工调查委员会、枢密院医官、食品掺假监督法等，都是资本主义社会缓解劳资矛盾的有关措施。当时出现的股份公司等经济形式，马克思是从“社会资本”对私人资本的自我扬弃的角度进行分析的。但是这意味着资本主义生产方式的重大调整与发展。马克思之后的股份公司、交易所等资本的社会形式都有了巨大的发展，恩格斯在有关文章中也有所评述，资本主义生产方式的发展与矛盾交织在一起。

2008年起始于美国的国际金融危机，把国际经济危机推上了一个新的阶段与层次。新的矛盾、新的冲击，也锻炼了资本主义世界调节自己的手段。

以社会主义公有制代替资本主义私有制，是人类社会发展的必然趋势。但是我们也必须清醒地认识到，在生产方式还能容纳生产力发展的限度内，资本主义决不会轻易消亡。

四　社会主义不是一成不变的教条

19世纪80年代初，不少进步人士在报刊上议论未来社会中的产品分配方式时认为，社会主义社会并不是不断改变、不断进步的东西，而是稳定的一成不变的东西，并应该有一成不变的分配方式。对此，恩格斯做出了十分中肯的评议："我认为，所谓'社会主义社会'不是一种一成不变的东西，而应当和任何其他社会制度一样，把它看成是经常变化和改革的社会。"[6](p.588)

其实，有关"社会主义不是一成不变"的观点，马克思、恩格斯都多次提到过。如早在1843年，马克思就明确指出："我不主张我们树起任何教条主义的旗帜。"[6](p.7)在《资本论》第一卷发表以后，法德等国不少人士大谈马克思主义。对于马隆式那类陈词滥调，马克思曾气愤地说："有一点可以肯定，我不是马克思主义者。"[6](p.487)

马克思主义、社会主义都不是一成不变的教条，马、恩都不希望把他们的学说变成生硬的、固化的东西。

事实上，马克思、恩格斯之后的无产阶级革命运动既遵循着马克思主义的基本原理，也完全是根据新情况不断推进的。特别是列宁关于无产阶级革命不一定在资本主义最发达的国家，而可能在各类矛盾交织的俄国首先爆发并取得胜利的论述，以及十月革命胜利的伟大实践，证明了马克思主义发展性的道理。

列宁主义的社会主义经济发展的苏联模式，遵循的也是马克思主义关于社会主义的基本观点：用社会主义公有制代替资本主义私有制，以计划经济代替资本主义的市场经济，以按劳分配代替雇佣劳动的分配制度。这一套模式，在20世纪30年代曾经促进了苏联经济的高速发展，并与同期资本主义各国经济大危机的萧条情况形成了鲜明对照。于是，二次世界大战以后出现的东欧与中国等社会主义国家，也照搬了苏联的发展模式。但是，这一模式好景不长。30年代大危机以及二次世界大战，促使西方国家有识之士积极反思，采取了一系列加强宏观调控的措施，包括改善社会福利制度，制订国家经济发展计划等。其中不乏吸取一些社会主义国家的有益经验和做法。在总体上还是市场经济的环境中，添置了一系列宏观调控的因素，使五六十年代以后的资本主义世界又增添了新的活力。再加上新技术革命的兴起，资本主义生产方式又开始虎虎生威。但与此同时，一统天下的公有制、极度僵化的计划经济体制等严重压抑人们积极性与资源效益的弊端也充分显露。于是，以市场为导向的社会主义经济体制改革也拉开了帷幕。

社会主义包括公有制能够与市场经济相连，这是马克思没有预见到，也不可能预见到的。尽管马克思在《哥达纲领批判》一书谈到按劳分配时，也讲过“显然，这里通行的是调节商品交换（就它是等价的交换而言）的同一原则”。“在这里平等的权利按照原则仍然是资产阶级权利”。[4](p.434)但这些论述只能为我们研究社会主义与市场经济的联系留下一些线索与伏笔。

今天的中国，包括以往的苏联和东欧国家，都是在资本主义与社会生产力并不发达的基础上建立社会主义国家的，从而必须走出消灭商品关系的历史误区。不仅是发展中的国家，即使是一些经济发达的国家如果走上社会主义之路，也不能轻易否定商品与市场关系。正像邓小平所说，在现代经济中，计划与市场都是调节经济的方法与手段，资本主义可用，社会主义同样可用。[7]

摆脱僵化的苏联模式，是从市场经济改革导向开始，逐渐又进入所有制结构的变革。计划经济体制的基础是单一的公有制结构，正是单一的公有制特别是无所不在的全民所有制或者说国有制，赋予了僵化的计划经济体制以无限权力。于是，建设多元的所有制结构也必然是发展市场经济的内在要求。事实证明，改革开放30年来中国经济的持续高速增长，相当程度上是依靠内资与外资等非公经济之力。

恩格斯在1847年所写的《共产主义原理》一文中也曾经谈到，不能“一下子把私有制废除”，“正像不能一下子就把现有的生产力扩大到为实行财产公有所必要的程度一样。因此，很可能就要来临的无产阶级革命，只能逐步改造现今社会，只有创造了所必需的大量生产资料之后，才能废除私有制”。[5](p.685)恩格斯的基本观点仍是，私有制的消灭，仍应以生产资料的大量生产、社会财富的大量涌现为前提。而无产阶级取得政权以后，所有制的变革只能逐步推进。应该说，今日中国的多元所有制结构发展，既是社会主义运动的实践提升，也符合恩格斯当年的这一精神。

与市场化发展和多元所有制结构相连，邓小平提出了社会主义初级阶段理论，这应该是社会主义运动中的一个重要认知。“摸着石头过河”的渐进式改革路线，更点出了社会主义运动的变革性与前进性。

五　坚持以公有制为核心的社会主义之路

关于共产主义与社会主义，历来有多种解释。《共产党宣言》中有专门一章为“社会主义和共产主义的文献”，文中列举了封建的社会主义、小资产阶级社会主义、德国的或“真正的”社会主义、保守的或资产阶级的社会主义以及空想的社会主义和共产主义的情况与特点。所有的评述都入木三分，如封建的社会主义对资本主义社会的抨击，“半是挽歌，半是谤文，半是过去的回音，半是未来的恫吓；它有时也能用辛辣、俏皮而尖刻的评论刺中资产阶级的心，但是它由于完全不能理解现代历史的进程而总是令人感到可笑。”“每当人民跟着他们走的时候，都发现他们的臀部带有旧的封建纹章，于是就哈哈大笑，一哄而散。”[1](pp. 54～55)

20 世纪以来，特别是 90 年代苏联东欧社会主义国家解体以后，各种社会主义流派又层出不穷。上海社会科学院徐觉哉的《社会主义流派史》一书，对社会主义各种流派的整理归纳相当完整，其中有伦理、议会、工团、民主、自治、基金、生态、市场等 25 种社会主义流派。①

社会主义的流派尽管众多，但中国共产党人所选择与遵循的是由《共产党宣言》所开创的马克思主义的社会主义，是一种以公有制为核心的科学社会主义。

社会主义是一个不断变革与发展的运动，以单一公有制与计划经济为特点的苏俄模式已成为过去，中国特色社会主义市场经济模式已显示出巨大活力。作为这一新模式的经济主体与基础的，是多种经济形式共存的所有制结构，或者说社会主义基本经济制度。之所以称为社会主义基本经济制度，是因为在多元所有制结构中，以公有经济为核心，特别是国有经济起着主导作用。

由于非公经济的发展与公有经济范围的相对收缩，由于国有企业适应市场化的改革有一个过程，人们往往会对公有制特别是国有制的地位与作

① 参见徐觉哉《社会主义流派史》，上海人民出版社，2007。

用做出非理性的评议，认为国有企业在市场经济环境中缺少活力，从而认为除了一些公共产品还需由国企提供以外，私有化是竞争性国有企业改革的唯一出路。

经过30年的改革，通过政企分离、兼并重组等改革措施，国有企业已卸下了沉重的历史负担，一大批大中型国有企业变得更为壮实，并牢牢地发挥着促进国民经济发展的主导作用。而随着市场化改革的进一步深化，一个个大中型国有企业都将在市场运行中充分自主，必能使中国的国有制乃至整个公有制经济发挥出更多更大的能量与作用。

在相当一段时间内，国内外舆论对公有制的攻击可谓不少，并称中国市场化改革的走向，必然跟俄罗斯趋同。但实践证明，中国国有企业在市场化改革中变得更加坚实，牢牢地发挥着社会主义经济发展的导向作用。

2008年的国际金融危机爆发以来，各国政府纷纷推出财政救市政策。人们由此评述说，这是市场自由主义的破产，国家宏观调控思路的胜利。而中国在2009年推出的4万亿元财政刺激措施与近10万亿元的增加贷款，其力度堪称世界之最，并最终促成了中国经济的快速回升。而在这一过程中，中国国有经济发挥了极其出色的作用。

由于苏东社会主义国家的崩溃，很长一段时期国际社会主义运动总体上处于低潮。中国改革所举起的社会主义大旗，鲜艳夺目，令世人关注。中国共产党人始终坚持《共产党宣言》的基本精神，在社会主义市场经济发展中，不忘自己的使命。

参考文献

[1]《马克思恩格斯文集》(第2卷)，人民出版社，2009。

[2]《马克思恩格斯文集》(第5卷)，人民出版社，2009。

[3]《马克思恩格斯文集》(第9卷)，人民出版社，2009。

[4]《马克思恩格斯文集》(第3卷)，人民出版社，2009。

[5]《马克思恩格斯文集》(第1卷)，人民出版社，2009。

[6]《马克思恩格斯文集》(第10卷)，人民出版社，2009。

[7]《邓小平文选》(第3卷)，人民出版社，1993。

资本体现式技术进步及其对经济增长的贡献率（1981~2007）*

宋冬林　王林辉　董直庆

内容摘要：将资本分为建筑资本和设备资本两类，利用内生经济增长模型阐释资本体现式技术进步对经济增长的作用，并利用资本质量指数调整设备资本存量，考察资本即期服务效率调整后的资本体现式技术进步对经济增长的贡献率。结果显示：设备资本投资中的体现式技术进步年均增长率为4.78%，对经济增长的贡献率为10.6%，占资本贡献的14.8%。技术进步贡献呈阶段性变化，且不同类型技术进步贡献出现分化。相对于20世纪80年代，90年代后资本体现式技术进步贡献呈平缓下降趋势，而中性技术进步贡献呈现先降后升的V形变化特征，但降幅大、升幅小。因此若不从根本上扭转技术进步贡献的下降趋势，经济高增长将无法长期持续。

关键词：设备资本　资本体现式技术进步　资本服务效率

一　文献回顾

自20世纪70年代以来，一些欧美发达国家经济持续增长，信息加工和通信业迅猛发展，但技术进步并未保持同步增长，而是呈现阶段性变化特征。在1970~1980年、1980~1990年、1990~1998年，全要素生产率普遍出现倒U形增长，第一阶段全要素生产率低于第二阶段，第二阶段达到最高值后第三阶段又开始下降。① 同样，20世纪80年代后，中国全社会固

---

*　本文发表于《中国社会科学》2011年第2期

①　S. Stefano, A. Bassanini, D. Pilat and P. SclReyer, "Economic Growth in the OECD Area: Recent Trends at the Aggregate and Sectoral Level," OECD Economics Department Working Paper, No. 248, 2000, pp. 2-131.

定资产投资每年以两位数增长且经济快速发展，但依据要素投入数据测算全要素生产率发现，在中国经济高增长的同时，经济增长质量并未得到明显改善。① 在1983～1988年、1988～1993年、1993～1998年和1998～2003年，全要素生产率均值分别为5.6、3.4、4.1和3.8，1993～1998年虽有改善但整体下降趋势并没有发生根本变化，1993～2003年相对于1983～1993年更是平均下降约1个百分点。②

传统方法度量的技术进步不仅没有出现预期增长反而持续下降，显示中国经济增长方式并没有向集约化方向发展，经济增长质量不断下降。Boucekkine等认为，原因可能是内生经济增长模型假定技术进步与资本积累相独立，这类假定的技术进步测算方法无法捕获新增设备资本品的质量变化。③ 而且其度量的全要素生产率仅为中性技术进步，不能决定经济增长质量的全部。现实经济中的技术进步并非完全以独立方式提高要素质量和配置效率。④ 技术进步和生产要素组合方式不同，要素生产率作用差异显著。无偏中性技术进步只是同比例提高生产要素投入效率，若要素发展和经济增长仅来自中性技术进步，利用索洛剩余法度量全要素生产率就可以有效测算技术进步和经济增长质量。但技术进步通常依附于资本或劳动投入过程中，并非均等提高资本和劳动的质量及其生产率，在有偏性技术进步发挥作用的经济环境中，用全要素生产率测算技术进步局限性较大，结论明显有悖于技术进步的实际贡献，也无法据此准确判定经济增长质量和增长方式。⑤

为解释世界范围内信息通信业大发展、经济高增长而全要素生产率持续下降现象，Gordon、Greenwood和Yorukoglu、Greenwood，Hercowitz和Krusell以及Greenwood和Jovanovic发现，中性技术进步并不是技术进步的全部，在不同发展阶段，经济体技术进步路径不同，而20世纪90年代的

① 沈利生、王恒：《增加值率下降意味着什么》，《经济研究》2006年第3期。

② OECD，"Economic Survey of China，2005"，OECD Working Paper，Vol. 2005，No. 13，2005，pp. 1－28.

③ R. Boucekkine，F. del R o and O. Licandro，"Obsolescence and Modernization in the Growth Process"，*Journal of Development Economics*，Vol. 77，2005，pp. 153－171.

④ 皮埃尔·卡赫克、安德烈·齐尔贝尔博格：《劳动经济学》，沈文恺译，上海财经大学出版社，2007。

⑤ J. Felipe，"Total Factor Productivity Growth in East Asia：A Critical Survey"，*The Journal of Development Studies*，Vol. 35，No. 4，1999，pp. 1－41.

技术进步主要与有形的设备资本品结合，利用内含最新技术的设备特别是信息产业设备，通过资本和技术进步相耦合的方式实现经济增长。① 如美国1990年代中后期各类设备价格普遍下降，② 而设备软件投资却迅速增长，占GDP的96%，比1987～1994年高出52个百分点，设备投资数量和价格呈现出反向变化特征。③ Greenwood 和 Yorukoglu 认为，新设备投资中蕴含前沿技术进步，传统中性技术进步的研究假定存在缺陷，虽然设备资本价格短期变化的决定因素很多，包括市场竞争、同质产品替代、资本技术转移、自主创新、税收政策调整和其他政策激励因素，但长期资本品价格下降却源于技术进步，也正是新产品、新工艺和新技术的开发与应用，特别是技术进步物化于有形资本品中提升资本质量，才能有效降低资本品价格。④ Gordon 和 Hueten 等发现，1954～1990年美国资本体现式技术进步每年以3%的速率增长，占技术进步总贡献率的2/3以上，特别是二战后美国60%的生产率增长来自资本体现式技术进步。⑤ 赵志耘等将资本分为设备资本和建筑资本，依据二者的相对价格和投资的边际收益研究发现，设备价格下降和设备投资快速增长是中国经济发展的经验事实，验证出中国资本体现式技术进步的存在性。⑥ 黄先海等也认为，中国的技术进步完全可能融

---

① R. J. Gordon, "Does the 'New Economy' Measure up to the Great Inventions of the Past?" *Journal of Economic Perspectives*, Vol. 14, No. 4, 2000, pp. 49 - 74; R. J. Gordon, "Technology and Economic Performance in the American Economy," NBER working paper, No. 8771, 2002, pp. 1 - 19; J. Geeenwood and M. Yorukoglu, "1974", Carnegie - Rochester Conference Series on Public Policy, vol. 46, 1997, pp. 49 - 51; J. Greenwood, Z. Hercowitz and P. Krusell, "The Role of Investment - Specific Technological Change in the Business Cycle", *European Economic Review*, Vol. 44, no. 1, 2000, pp. 91 - 115; J. Greenwood and B. Jovanovic, "Accounting for Growth", in Charles R. Hulten, R. Dean Edwin and J. Harper Michael, eds., *New Developments in Productivity Analysis*, Chicago: University of Chicago Press, 2001, pp. 179 - 222.

② J. Greenwood, Z. Hercowitz and P. Krusell, "Long Run Implications of Investment - Specific Technological Change", *The American Economic Review*, Vol. 87, No. 3, 1997, pp. 342 - 362.

③ P. Sakellaris and D. J. Wilson, "The Production - Side Approach to Estimating Embodied Technological Change", Finance and Economics Discussion Series, working paper, 2000, pp. 1 - 27.

④ J. Greenwood and M. Yorukoglu, "1974," pp. 49 - 95.

⑤ R. J. Gordon, *The Measurement of Durable Goods Prices*, Chicago: University of Chicago Press, 1990, pp. 1 - 234; Charles R. Hulten, "Growth Accounting when Technical Change is Embodied in Capital", *The American Economic Review*, Vol. 82, No. 4, 1992, pp. 964 - 980; J. Greenwood, Z. Hercowitz and p. Krusell, "Long Run Implications of Investment - Specific Technological Change," pp. 342 - 362.

⑥ 赵志耘等：《资本积累与技术进步的动态融合：中国经济增长的一个典型事实》，《经济研究》2007年第11期。

合于设备投资品内，通过设备更新换代实现技术升级和要素生产率提升。进而他们以发明专利总数和年度数反映技术存量和技术流量，依据索洛剩余法测算技术进步发现，1980～2004 年中国全要素生产率年均增长率为 3.36%，资本体现式技术进步对全要素生产率增长的贡献率为 39.96%。[①]

如何有效分离并测度依附于资本积累中的技术进步及其对经济增长的贡献率，是国际学术界研究的难点和前沿问题。[②] 当前国内研究主要关注全要素生产率及其组成成分分解，集中分析全要素生产率增长趋势及其对经济增长的贡献率，对资本体现式技术进步及其贡献率的定量研究相对不足。一些文献虽涉及资本体现式技术进步，但只开展定性分析或仅论证中国高资本积累过程中体现式技术进步的存在性。仅有少量文献以设备投资和发明专利等指标间接估计资本体现式技术进步对经济增长的贡献。[③]

国内技术进步研究的局限性主要表现为以下几点。（1）没有考察资本即期服务效率，导致资本对经济增长贡献测度的存在偏差。易纲等认为，经济周期不同阶段，因企业资本的利用程度不同，可能存在不同程度的资本闲置。[④] 生产过程中的资本投入主要表现为有形的固定资本和流动资本，耐久性资本品在经济生产过程中被重复使用，经济产出与即期资本服务量及服务效率直接相关。[⑤] 即期经济产出并非整体资本存量作用的结果，将资

① 黄先海、刘毅群：《物化性技术进步与我国工业生产率增长》，《数量经济技术经济研究》2006 年第 4 期；黄先海、刘毅群：《设备投资、体现型技术进步与生产率增长：跨国经济分析》，《世界经济》2008 年第 4 期。

② P. Howitt and P. Aghion, "Capital Accumulation and Innovation as Complementary Factors in Long Run Growth", *Journal of Economic Growth*, Vol. 3, No. 2, 1998, pp. 111 - 130; L. Kogan, "Asset Prices and Real Investment", *Journal of Financial Economics*, Vol. 73, No. 3, 2004, pp. 411 - 432; A. Szirmai, M. P. Timmer and R. van der Kamp, "Measuring Embodied Technological Change in Indonesian Testiles: The Core Machinery Approach, Approach", Australian National University, working paper, 2001, pp. 1 - 18; D. J. Wilson, "Is Embodied Technology the Result of Upstream R&D? Industry Level Evidence", *Review of Economics and Statistics*, Vol. 5, No. 2, 2002, pp. 285 - 317.

③ 易纲、樊纲、李岩：《关于中国经济增长与全要素生产率的理论思考》，《经济研究》2003 年第 8 期；林毅夫、任若恩：《东亚经济增长模式相关争论的再探讨》，《经济研究》2007 年第 8 期；黄先海、刘毅群：《设备投资、体现型技术进步与生产率增长：跨国经济分析》，《世界经济》2008 年第 4 期。

④ 易纲、樊纲、李岩：《关于中国经济增长与全要素生产率的理论思考》，《经济研究》2003 年第 8 期。

⑤ 郑玉歆：《理解全要素生产率：用 TFP 分析经济增长质量存在的若干局限》，中国社会科学院数量经济与技术经济研究所工作论文，2007。

本存量当作服务资本测度资本贡献，会高估资本的作用。（2）没有区分非同期资本的质量差异，只关注资本投入数量对经济增长的作用。随着技术进步和新技术的应用，新资本往往比旧资本拥有更高的技术水平和生产率，新资本质量提升对经济增长的影响将越来越大，仅关注数量而非质量将低估资本的作用。（3）过于关注无偏性技术进步或希克斯（Hicks）中性技术进步，且主要以参数和非参数法估计全要素生产率来测算技术进步。① 技术进步完全可能与资本或劳动结合，通过提升资本或劳动质量，以较少投入获得更大产出。② 为此，本文依据 Jorgenson 不同类型资本品蕴含技术进步不同的观点，将存量资本分成建筑资本和设备资本两类，利用资本质量指数调整资本存量，分析资本体现式技术进步对经济增长的贡献率。③

本文的创新之处在于，关注资本投入的即期服务效率和资本质量变化，定量测度资本体现式技术进步对经济增长的贡献率，进而为正确判断我国经济增长质量和有效选择技术进步路径提供理论依据。

二　资本体现式技术进步对经济增长的作用：一个简单模型

假定1：一国经济体内存在两个部门，部门一只生产消费品和建筑资本品，部门二只生产设备资本品，消费品只用于消费而资本品只用于投资再生产。

---

① 王志刚、龚六堂、陈玉宇：《地区间生产效率与全要素生产率增长率分解（1978～2003）》，《中国社会科学》2006年第2期。

② 皮埃尔·卡赫克、安德烈·齐尔贝尔博格：《劳动经济学》。

③ D. W. Jorgens on and J. Stiroh Kevin, "U. S. Eoonomic Growth at the lndustry Level", *The American Economic Review*, Vol. 90, No. 2, 2000, pp. 161 - 167; D. W. Jorgenson and L. Frank, "Industry Level Productivity and International Competitiveness between Canada and the United States", *Industry Canada Research Monograph*, 2001, pp. 1 - 31; D. W. Jorgenson, "Information Technology and the G7 Eeonomies," *World Economics*, Vol. 4, No. 4, 2003, pp. 139 - 170. Jan 和 Chen 认为，基础设施投资通过激励企业创新和提高 R&D 投入方式，提升技术进步对经济增长的作用，故基础设施投资对经济增长的作用不容忽视。张军等曾度量了改革开放以来我国基础设施资本存量的变化。但由于数据所限，国家统计局按构成成分划分固定资产投资时，分为建筑安装工程、设备工器具购置和其他投资三类，将部分基础设施投资计入了建筑安装工程中，因此本文没有再做单独分析。Jan P. Voon, E. K. Y. Chen, "Contributions of Capital Stock Quality lmprovement to Economic Growth: The Case of Hong Kong", *Jouraal of Asian Economics*, Vol 14, No. 4, 2003, pp. 631 - 644；张军等：《中国为什么拥有了良好的基础设施?》，《经济研究》2007年第3期。

假定经济产出满足 C－D 生产函数：

$$Y_t = A_t K_{s,t}^{\alpha} K_{e,t}^{\beta} L_t^{1-\alpha-\beta}$$

其中 Y_t，A_t，$K_{s,t}$，$K_{e,t}$，L_t 分别表示第 t 期经济产出、希克斯中性技术进步、建筑资本、设备资本和劳动，$0 < \alpha + \beta < 1$，$0 < \alpha < 1$，$0 < \beta < 1$。

其单位劳动的经济产出方程为：

$$yt = A_t K_{s,t}^{a} K_{e,t}^{\beta}\text{，其中 } yt = \frac{Y_t}{L_t}, k_{s,t} = \frac{K_{s,t}}{L_t}, k_{e,t} = \frac{K_{e,t}}{L_t}$$

满足资源约束：

$$yt = C_t + i_{s,t} + i_{e,t}$$

其中 C_t，$i_{s,t}$，$i_{e,t}$ 分别表示第 t 期产出的消费品、建筑资本和设备资本。

假定 2：代表性消费者效用主要来自产品的消费，消费者具有相对风险规避系数不变的效用函数，在其生命周期中通过合理安排消费支出实现个体效用最大化：

$$U_{\max} = \int_{t=oe}^{+¥} -\rho_t E(U(ct))dt, U(ct) = \frac{ct^{1-\vartheta}}{1-\vartheta}0 < \vartheta < 1$$

其中 E 表示期望，ρ 表示消费者的时间偏好。

假定 3：非同期设备资本非同质，即新旧设备资本质量和生产率不同，资本体现式技术进步主要表现为与设备资本投资相融合并共同作用于经济增长。① 由于建筑资本质量基本保持不变，所以假定不同时期建筑资本质量相同。资本存在折旧，意味着经济体连续生产需要不断的资本积累和更新，而新增资本投入必然体现为某一具体的实物形态，即主要以建筑资本或新机器设备资本形式进入实体经济的生产过程。由于资本存量是不同时期不同技术含量资本投资逐期累积的结果，若假定技术进步连续而非离散跳跃式发展，劳均建筑资本和劳均设备资本的积累方程为：②

$$k_{s,t+1} = (1-\delta_s)k_{s,t} + i_{s,t}; k_{e,t} + 1 = (1-\delta_e) \quad k_{e,t} + q_t i_{e,t}$$

---

① J. Greenwood, Z. Hercowitz and P. Krusell, "Long Run Implications of Investment – Specific Technological Change," pp. 342 – 362.

② M. R. Pakko, "Investment Specific Technology Growth: Concepts and Recent Estimates," The Federal Reserve Bank of St. Louis, working paper, 2002, pp. 3 – 16.

其中建筑资本和设备资本折旧率分别为 δ_s 和 δ_e ，q_t 表示第 t 期资本体现式技术进步，以反映资本质量变化。

假定 4：代表性消费者的消费支出主要来自两部分收入：一是劳动收入，二是向厂商提供生产资本，主要是建筑资本和设备资本获得的利息收入，其消费预算约束满足：

$$c_t \leqslant w_t + r_{s,t}(i_{s,t} - \delta_s k_{s,t}) + r_{e,t}(q_t i_{e,t} - \delta_e k_{e,t})$$

其中 w_t 表示工资，$r_{s,t}$ ，$r_{e,t}$ 分别表示建筑资本和设备资本利率。

若满足完全竞争市场假定，建筑资本和设备资本利率相等，代表性消费者的预算约束条件等价于：

$$c_t \leqslant w_t + r_t(i_{s,t} - \delta_s k_{s,t} + q_t i_{e,t} - \delta_e k_{e,t})$$

其中 r_t 表示资本的利率。

代表性消费者选择最优的 c_t 变化路径以实现最大化效用，其目标函数和约束条件分别为：

$$\max_{c_t} U(c_t) = \max_{c_t} \int_{t=0}^{¥} e^{-\rho t} c_t^{1-\vartheta(1-\vartheta)^{-1}} dt$$

$$s.t. \int_{t=0}^{¥} e^{-R(t)} c_t dt \leqslant \int_{t=0}^{¥} e^{-R(t)} (w_t + r_t(i_{s,t} - \delta_s k_{s,t} + q_t i_{e,t} - \delta_e k_{e,t}))dt$$

$$k_{s,t+1} + k_{e,t+1} = (1 - \delta_s)k_{s,t} + (1 - \delta_e)k_{e,t} + i_{s,t} + q_t i_{e,t}$$

其中 $R(t) = \int_{\tau=0}^{t}(q\tau r\tau - \delta\tau)d\tau$ ，表示第 0 期 1 单位投入在第 t 期剔除折旧 δ 后可获得 $e^{R(t)}$ 单位产出，R（t）取决于设备资本品质量是否可变和资本折旧率是否为零的假定。

依据最大化目标函数和消费预算约束，构造拉格朗日函数：

$$\chi = \int_{t=0}^{¥} e^{-\rho t} c_t^{1-\vartheta}(1-\vartheta)^{-1} dt + \lambda(\int_{t=0}^{¥} e^{-R(t)}(w_t + r_t(i_{s,t} - \delta_s k_{s,t} + q_t i_{e,t} - \delta_e k_{e,t}))dt - \int_{t=0}^{¥} e^{-R(t)} c_t dt)$$

消费者可以选择无限多个 c_t ，应用变分法可得最优 c_t 的一阶条件：

$$e_{ct}^{-v-\vartheta} = \lambda_e^{-R(t)}$$

两边取对数可得：

$$-\rho t - \vartheta Inc_t = In\lambda - R(t)$$

令 $gc = \frac{\dot{c}_t}{c_t}$ ，两边分别对时间 t 求导得：

$$-\rho-\vartheta g_c=-q_t r_t+\delta$$

均衡增长率为：

$$gc=(q^t r^t-\rho-\delta)\vartheta^{-1}$$

在完全竞争的市场结构中，均衡增长率等价于：

$$gc=(q^t y^{k_{e,t}}-\rho-\delta)\vartheta^{-1}\text{，其中 } r^t=y^{k_{e,t}}=\frac{\partial\ y^t}{\partial\ k_{e,t}}$$

这表明，一国经济增长率由资本体现式技术进步和资本边际生产率共同决定，与传统内生经济增长模型明显不同。新增资本蕴含更高质量，经济增长率并非只取决于资本边际生产率。在经济增长过程中，如果资本利率或资本生产率大于未来消费的贴现率与折旧之和，劳均消费将上升，反之亦反。ϑ 越小，消费者对利率和贴现率的变化越敏感。

依据劳均的经济总产出方程、资源约束条件以及消费增长率 gc 可知，在经济平衡增长路径上，劳均的经济产出和消费增长率相等。令其增长率 $gy=gc=g$，依据平衡增长路径性质和建筑资本积累方程可知，建筑资本增长率 $gs=g$。同理，依据设备资本积累方程可知，设备资本比建筑资本增长快。若设备资本质量 q 的增长为 g^q，设备资本增长率 $ge=g^q g$，表明设备资本也比产出增长快。

将建筑资本和设备资本增长率代入产出方程，可得平衡增长路径中的经济增长率 g 为：$g=gA(1-a-\beta_{gq})^{-1}$，其中 gA 为中性技术进步率。

将上式分别对 g_q 和 gA 求导：

$$g'_{gq}=\beta_{gA}(1-\alpha-\beta_{gq})^{-2}>0\text{ 且 }g'_{gA}=(1-\alpha-\beta_{gq})^{-1}>0$$

从数值上，经济增长可分解成中性技术进步 A 和资本体现式技术进步 q，一国经济增长也源于这两类技术进步。由于 $g'_{gq}>0$ 且 $g'_{gA}>0$，经济增长率的变化率既是资本体现式技术进步增长率的增函数，又是中性技术进步率的增函数，表明资本体现式技术进步越快，经济增长率也越高，或中性技术进步越快，经济增长率越高。这样，在资本体现式和中性技术进步的共同作用下，一国经济产出将加速增长。同时，依据生产函数和新增资本用于投资再生产的假定可知，即使初期只有中性技术进步作用，经过新设备用于再生产，经济增长最终也将包含资本体现式技术进步的作用。因为在初始单一中性技术进步作用下，具有更高生产率和技术含量的新设备投入生产，将逐渐衍生出资本体现式技术进步并与中性技术进步共同作用于经济增长。①

依据均衡增长率、消费预算约束、资源约束以及最优化一阶条件，qt 增长满足议程组：

$$\vartheta gA = (q_t y' k_{e,t} - \rho - \delta)(1 - a - \beta_{g\ qt})$$
$$g_{qt} = qty' k_{e,t} - y' k_{s,t}$$

化简可得，qt 满足如下约束：

$$\beta y' \overset{2}{k_e} q_t{}^2 - (1 - \alpha + \beta\rho + \beta\delta + \beta y' k_s) y' k_e q_t + [\vartheta gA + (\rho + \delta)(1 - \alpha + \beta y' k_s)] = 0$$

令 $v_1 = (1 - \alpha + \beta\rho + \beta\delta + \beta y' k_s)/\beta y' k_e, v_2 = [\vartheta gA + (\rho + \delta)(1 - \alpha + \beta y' k_s)]/\beta y' \overset{2}{k_e}$ ，代入方程可得：

$$\overset{2}{qt} - v_1 q^t + v^2 = 0$$

求出 q^t 的解：

$$q^t = (\sqrt{v_1{}^2 - 4v_2} + v_1)/2$$

令 $e1 = (1 - a + \beta\rho + \beta\delta + \beta y' k_s)/\beta$, $e2 = [\vartheta gA + (\rho + \delta)(1 - a + \beta y' k_s)]/\beta$

将 qt 对 ke 求导，可得：

$$q'_{ke} = 1/2y' \overset{-2}{k_e} y''_{ke} \quad (\sqrt{e_1^2 - 4e_2} + e_1)$$

由于资本边际收益递减则 $yk_e < 0$ ，可知，$q_{ke} > 0$ 。这表明设备资本边际收益越高，设备资本积累数量越多，则资本体现式技术进步增长越快。

三　计量模型选择、数据分析和参数设定

依据总产出方程：

$$Y_t = A_t K_{s,t}^{\alpha} K_{e,t}^{\beta} L_t^{1-\alpha-\beta} \quad (1)$$

将公式两边同时除以劳动 L 并对生产函数取对数，可得对数线性产出方程：

① M. R. Pakko, "Investment - Specific Technology Growth: Concepts and Recent Estimates", pp. 3 - 16.

$$Iny_t = InA_t + aInk_{s,t} + \beta Ink_{e,t} \quad (2)$$

其中 $y_t, k_{s,t}, k_{e,t}$ 表示人均经济产出、人均建筑资本和人均设备资本，μ_t 为随机扰动项。

由于存量资本并非全部用于生产，产出增长主要取决于即期服务资本效率。[①] 为精确刻画服务资本对经济增长的作用，在对数线性产出方程中增加 us_t 和 uj_t，对数方程转化为：

$$Iny_t = InA_t + \alpha In(us_t \cdot k_{s,t}) + \beta In(uj_t \cdot k_{e,t}) \quad (3)$$

其中 us_t 和 uj_t 分别表示建筑资本和设备资本的利用效率。

由于沉没成本或资本闲置等原因，当期经济产出主要是即期服务资本作用的结果。如何有效测算即期资本服务效率或存量资本利用效率，还存在较大争论，服务资本估计也是难点。不过，在某些特定约束条件下，企业生产过程中的能源使用效率可以近似刻画出资本的使用率和资本存量的服务水平。[②] 利用 Petrpoulos 和 Sakellaris 等人的思想，[③] 本文采用单位资本的能源使用率作为资本即期服务效率的代理变量：

令 $us_t = (eg_t/k_{s,t})^{\theta_1}$，$uj_t = (eg_t/k_{e,t})^{\theta_2}$

为了简化分析并便于计算，令 $\theta_1 = \theta_2$，代入密集型对数线性方程：

$$Inyt = InAt + \alpha' Ink_{s,t} + \beta' Ink_{e,t} + \gamma INeg_t \quad (4)$$

其中 $\alpha' = \alpha(1-\theta_1), \beta' = \beta(1-\theta_1), \gamma = (a+\beta)\theta_1$

若假定资本质量保持不变，传统经济增长文献主要采用永续盘存法对资本存量进行估计，资本存量的永续盘存法用公式表示为：

$K_t = K_{t-1}(1-\delta) + I_t$，其中 δ 表示资本折旧率。

Gordon 认为，资本质量差异往往可以通过不变质量但更多数量表示。[④] 也就是说，新旧设备资本的质量不同，只应用传统资本存量的估计方法将存在一定局限。为尽可能减少方法选择差异引起的技术进步贡献估计结果

① 郑玉歆：《理解全要素生产率：用 TFP 分析经济增长质量存在的若干局限》，中国社会科学院数量经济与技术经济研究所工作论文，2007 年。

② W. Petropoulos, "Industry Productivity Dynamics and Unmeasured Capacity Utilization", mimeo, University of Michigan, working paper, November 1999, pp. 1－24.

③ P. Sakellaris and D. J. Wilson, "The Production－Side Approach to Estimating Embodied Technological Change," Finance and Economics Discussion Series, working paper, 2000, pp. 1－27.

④ R. J. Gordon, The Measurement of Durable Goods Prices, pp. 1－234.

偏差，也为了便于与国内相关文献的结论进地对比，本文仍利用永续盘存法，但以 q 调整设备资本存量，设备资本量估计方程为：①

$$\tilde{K}_{e,t} = \tilde{K}_{e,t-1} \cdot (1-\delta) + I_{e,t} \cdot q_t \quad (5)$$

为了能够表示资本体现式技术进步，假定经济体以不同的外生技术 A 生产设备资本和建筑资本，设备资本和建筑资本的生产过程满足：

$\Delta k_{s,t} = A_{ks,t} f(k_s, k_e, 1)$ 和 $\Delta k_{e,t} = A_{k,t} f(k_s, k_e, 1)$，其中 $f(k_s, k_e, 1)$ 表示一般商品的标准生产函数。

满足生产利润最大化的均衡条件：

$P_s{}^k \Delta k_s = Pk_e \Delta k_e$，其中 P_s^k，P_e^k 分别表示建筑资本和设备资本的价格水平。

可以看出，若生产者使用相同的资本品和劳动投入，但以不同的技术生产设备资本和建筑资本，在充分竞争的市场环境中，由于生产者要求利润最大化，资本投资均衡条件等价于：②

$P_s^k A_s^k = P_e^k A_e^k$，即

$A_e^k / A_s^k = P_s^k / P_e^k$

依据最大化均衡条件可得资本体现式技术进步 qt：

$$qt = A_{e,t}^k / A_{s,t}^k = P_s^k / P_e^k$$

这表明，q 可以通过建筑资本和设备资本的价格比值来近似衡量，又可将其称为资本质量指数。由于我国国家统计局并没有公布资本质量指数，Gordon 曾在 1990 年使用 Hedonic Price 方法直接估算出质量指数来测度美国经济中的资本体现式技术进步，③ 这类估算方法较为精确但对数据的要求极高，涉及分行业的机械设备，包括商用飞机、汽车、计算机、压缩机和发电机等，并且要求各类设备的性能和质量属性变化的数据，我国的统计数据无法满足。基于数据的可得性，本文结合模型分析结果将不同类型资本的相对价格指数作为近似替代指标，来表征与设备资本投资相融合的体现式技术进步。由于现实经济运行过程中引致资产价格短期波动的影响因素很多，实际相对价格指数能否如模型所表述的那样有效替代资本质量指数，

① M. R. Pakko, "Investment - Specific Technology Growth: Concepts and Recent Estimates", pp. 3 - 16.

② 赵志耘等：《资本积累与技术进步的动态融合：中国经济增长的一个典型事实》，《经济研究》2007 年第 11 期。

③ 赵志耘等：《资本积累与技术进步的动态融合：中国经济增长的一个典型事实》，《经济研究》2007 年第 11 期。

关键在于其能否充分捕捉到蕴含于设备投资过程中的体现式技术进步。为此，需要考察相对价格指数在样本区间内能否与体现式技术进步保持同步变化，以及价格指数对体现式技术进步的表征程度。首先选择机械设备中技术更新最快的通信和电子产品，对比通信设备、计算机及其他电子设备工业品出厂价格指数 *PPICE* 和建筑材料工业品出厂价格指数 *PPIS*（见图 1），以 1980 年为基年。[①]

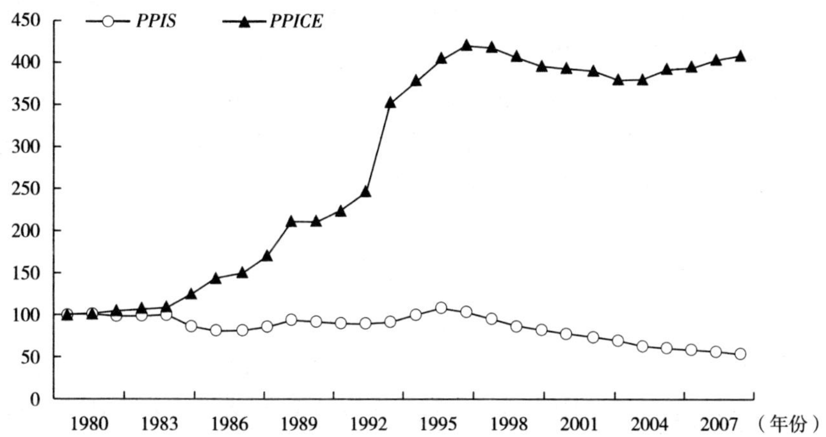

图 1　通信设备、计算机及其他电子设备工业品出厂价格指数 *PPICE* 和建筑材料工业品出厂价格指数 *PPIS*

资料来源：国家统计局《中国统计年鉴》相应年份，中国统计出版社。

数据显示，这一样本期内建筑材料工业品出厂价格指数呈现明显的上升趋势，到 2007 年价格指数为基年的 4 倍多，而通信设备、计算机及其他电子设备工业品出厂价格指数却与之相反，并在 28 年中呈现出持续下降趋势，到 2007 年价格指数仅为 54.05，大约是同期建筑材料工业品出厂价格指数的 1/8。同一经济体内同一时段两类指数一升一降迥异的变化特征，足以说明通信和电子等设备资本品相对于建筑资本品的价格下降主要源于技术进步。因为单一价格指数的短期升降变化可能归因于供求或政策等因素，但两个价格指数长期相对变化会减弱甚至抵消短期因素冲击，即只有技术进步才能从根本上提升设备资本品质量而引致其市场贬值。因此建筑材料和通信设备、计算机及其他电子设备价格指数的相对变化能够反映出设备资本质量的变动特征，

① 由于 1985 年之前机械工业没有分行业的工业品出厂价格指数，我们以机械工业大类的出厂价格指数代替通信设备、计算机及其他电子设备 1980～1984 年的工业品出厂价格指数。

完全可以捕获蕴含在设备投资过程中的资本体现式技术进步。为此，本文利用分类资产价格比值构建设备资本质量指数，在机械工业品中选择具有较高投资价值且质量发生明显变化的四类工业品，分别为通信设备、计算机及其他电子设备，专用设备，电气机械及器材，仪器仪表及文化办公机械，进行加权平均构建设备品价格指数 *PPIE*，以反映机械设备质量变化的综合趋势。其权重为该行业产值占工业总产值的比重，即 $PPIE = \sum_{i=1}^{4} Wi \cdot PPIi(i = 1, 2, 3, 4)$。[①] 同时，采用 Hodrick – Prescott 滤波方法剔除建筑材料工业品出厂价格指数 *PPIS* 和设备品价格指数 *PPIE* 的波动成分，去除短期因素对价格的冲击并消除随机扰动成分。将已剔除短期波动成分后的建筑材料工业品出厂价格指数 *PPIS* 和设备品价格指数 *PPIE* 的比值作为资本质量指数，结果见表 1。利用表 1 中的数据计算可知，1980 年以来我国设备资本投资中的体现式技术进步年均增长率为 4.78%，与赵志耘等计算的 1990～2005 年体现式技术进步增长率为 5.1%～6.0% 相比略低，差异主要在于二者的研究时段不同，且后者没有剔除短期波动的影响。[②] 此外，唐文健等曾直接利用美国设备技术进步速度进行年代调整，得出我国改革开放以来设备投资技术进步年均增长率为 3%～4%，低于本文计算的结果，我们认为其处理方法忽视了中美两国经济问题的差异性。[③]

表 1　资本质量指数

年份	指数	年份	指数	年份	指数	年份	指数
1980	1.000	1987	1.661	1994	2.325	2001	3.000
1981	1.104	1988	1.750	1995	2.421	2002	3.096
1982	1.202	1989	1.840	1996	2.515	2003	3.190
1983	1.296	1990	1.933	1997	2.610	2004	3.279
1984	1.389	1991	2.029	1998	2.706	2005	3.364
1985	1.481	1992	2.128	1999	2.804	2006	3.446
1986	1.572	1993	2.228	2000	2.902	2007	3.530

① 此处以 1980～1984 年机械工业大类工业品出厂价格指数来代替 4 个子行业 1980～1984 年工业品出厂价格指数。

② 赵志耘等：《资本积累与技术进步的动态融合：中国经济增长的一个典型事实》，《经济研究》2007 年第 11 期。

③ 唐文健、李琦：《中国设备投资专有技术进步的估计》，《统计研究》2008 年第 4 期。

解释变量有劳均建筑资本存量和劳均设备资本存量，建筑资本存量也采用永续盘存法计算，并对不考虑资本形成率和考虑资本形成率计算的两种资本存量进行对比分析。Young在2000年时估算出1952年我国固定资本存量约为815亿元，而同期我国固定资本形成总额为80.7亿元，即固定资本存量约为固定资本形成总额的10倍。[①] 类似于Young的思想，在此利用1980年的10倍固定资本形成总额作为1980年的固定资本存量，其中1980年建筑资本存量为5087亿元，设备资本存量为1820亿元，虽然总资本存量与一些文献如王小鲁等计算出的1980年固定资本存量为7955亿元（1978年价格）有所差异，但对本文估计结果的影响不大。[②] 资本折旧率δ借鉴李京文1992年的计算方法，即按照3%～5%的残值率，利用几何衰减法计算出建筑资本和设备资本的折旧率分别为8%和15%。[③] 同时考虑到全社会固定资产投资并不能完全形成生产性资本，进一步利用资本形成率调整设备资本存量，其积累方程为：

$$\tilde{K}_{e,t} = \tilde{K}_{e,t-1} \cdot (1-\delta) + \sigma \cdot I_{e,t} \cdot q_t \tag{6}$$

其中σ为固定资产投资I的资本形成率，令其等于0.95，即在资本形成过程中存在5%的损耗。固定资产投资I采用固定资产投资价格指数进行价格平减，由于《中国统计年鉴》中只有1991年后的数据，本文1980～1991年的数据直接利用谢千里等在1995年使用的指标，部分缺失的数据采用插值法补充。[④] 此外，作为解释变量的能源指标选择人均能源消费总量，单位为万吨标准煤。若不特别说明，所有数据均来自历年《中国统计年鉴》。

首先，为考察设备投资和经济增长数据的变化特征，对1953～2007年二者的增长率序列进行成分分解，得到设备投资增长率*EIR*和经济增长率*GDPR*的波动成分（*EIRC*和*GDPRC*）和趋势成分（*ETRT*和*GDPRT*）（见图2和图3）。

图2和图3显示，设备投资增长率和经济增长率的水平序列、波动成分和趋势成分与预期基本保持一致，两类变量走势呈现高度相似性：（1）

---

① A. Young, "Gold into Base Metals: Productivity Growth in the People's Republic of China during the Reform Period," NBER working paper, No. 7856, pp. 1－13.

② 王小鲁、樊纲、刘鹏：《中国经济增长方式转换和增长可持续性》，《经济研究》2009年第1期。

③ 李京文等：《生产率与中美日经济增长研究》，经济科学出版社，1993年。

④ 谢千里、罗斯基、郑玉歆：《改革以来中国工业生产率变动趋势的估计及其可靠性分析》，《经济研究》1995年第12期。

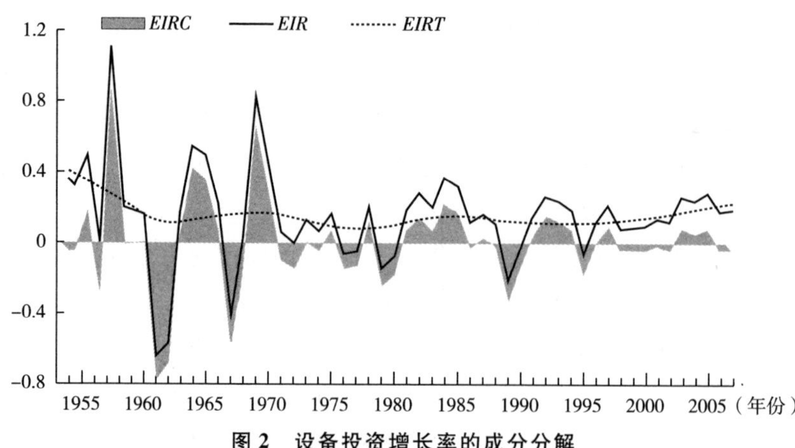

图 2　设备投资增长率的成分分解

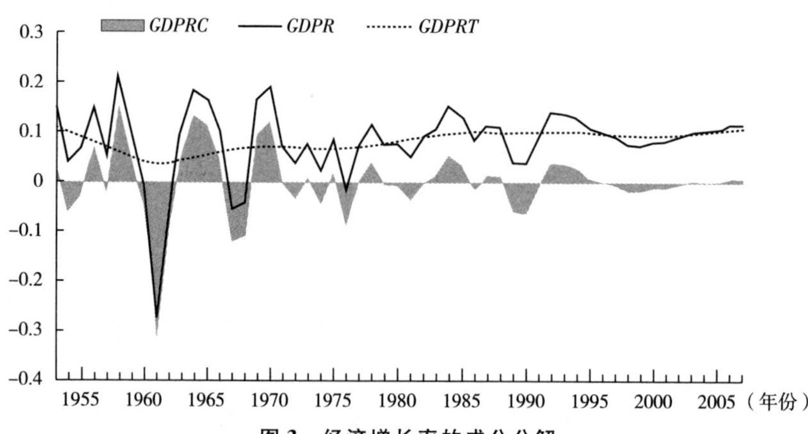

图 3　经济增长率的成分分解

设备投资增长率和 GDP 增长率的水平序列变化特征相似，在 20 世纪 70 年代之前都表现出剧烈的波动，诸如 1956 年设备投资增长率在整个样本期内达到最大，1958 年 GDP 增长率达到最大，但在 1961 年二者都迅速转为最小值。自改革开放后，设备投资和 GDP 保持平稳高增长，但设备资本的增长率变化幅度高于 GDP 增长率的变化幅度。（2）经济增长率趋势成分 *GDPRT* 和设备投资增长率趋势成分 *EIRT* 几乎完全相同，二者均呈现出 L 形的增长趋势，而且设备投资增长趋势高于经济增长趋势（约为 10%）。随着市场经济和产权制度改革的深化，二者先缩小后又扩大，主要表现为 20 世纪 60 年代到 90 年代初期二者差距逐步缩小，到 1991 年二者趋势成分相差 1%，但在 1992 年后伴随设备投资迅猛增长，二者增长率差距又逐年扩大。

（3）经济增长波动成分 *GDPRC* 和设备投资波动成分 *EIRC* 变化趋势相似，周期波动保持同步性并都围绕 0 均值上下震荡。同时，设备投资波动成分 *EIRC* 波幅呈现不断收敛趋势，经济增长率波动成分 *GDPRC* 也呈现类似特征，但设备投资波动幅度明显大于经济增长率。（4）交叉相关系数检验结果发现，二者同期相关系数最高约为 80%。这表明，设备投资高则经济增长快，设备投资低则经济增长慢，设备投资确实有效促进了经济增长。由于设备质量变化可以通过不变质量的设备资本数量增减来表示，利用质量指数调整设备资本存量，调整前后的设备资本存量结果如图 4 所示。数据表明，改革开放以来特别是在 1992 年后，未经质量调整的设备资本存量和经质量调整的设备资本存量增长出现明显差异。经过质量调整的设备资本存量增长速度高于未经质量调整的资本存量增速，而且其绝对量也迅速上升。如到 2007 年末，经过质量调整的资本存量几乎是未经质量调整资本存量的 3 倍以上。这表明资本体现式技术进步对经济增长的作用不容忽视，再次印证若只关注中性技术进步必将低估技术进步对经济增长的作用。同时，为深入考虑质量调整与否对技术进步贡献测度形成的差异，我们以索洛余值衡量技术进步。利用三种方法分别对比资本质量调整前后技术进步贡献的变化特征。方法 1 考虑劳动和未经区分的资本对经济增长的作用，以索洛余值衡量的技术进步记为 A_1。方法 2 区分建筑资本和设备资本，重新计算资本和劳动的贡献，以索洛余值衡量的技术进步记为 A_2。方法 3 不仅区分建筑资本和设备资本，还对设备资本进行质量调整，再次计算资本和劳动贡献，以索洛余值衡量的技术进步记为 A_3，结果见图 5。图 5 显示，A_1 和 A_2 的变化趋势几乎重合，表明未经质量调整时，无论是否区分设备资本和建筑资本，技术进步贡献差异不大。但 A_3 是区分设备资本和建筑资本并对设备资本进行质量调整后的结果，与 A_1 和 A_2 相比，中性技术进步贡献明显下降。A_1、A_2 和 A_3 的变化特征共同表明，设备资本是否经过质量调整会直接影响技术进步贡献的测算。图 5 还表明，20 世纪 90 年代以来技术进步对经济增长的贡献呈下降趋势。

四　实证分析

由于我国经济改革的阶段性和经济结构的非连续性变化，时序数据出现了断点特征，Chow 断点检验结果显示，我国经济增长模型在 1990 年出现断点，为此在模型中引入虚拟变量 dummy，以去除结构变化对模型估计

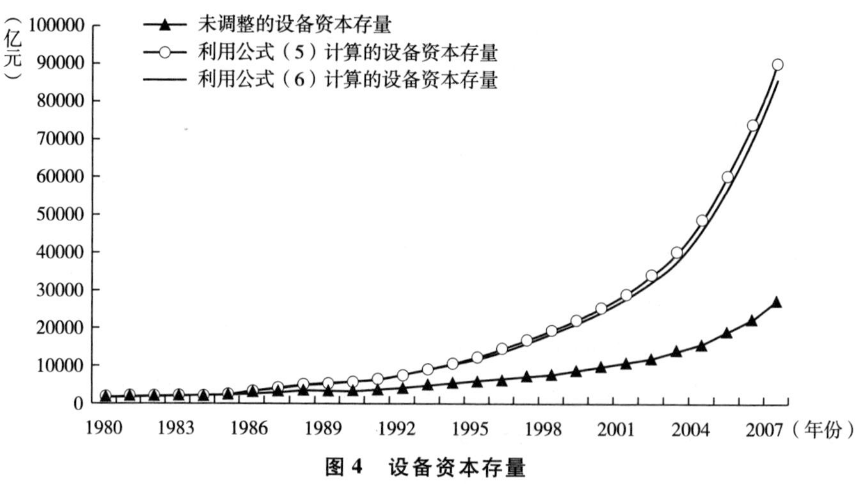

图 4　设备资本存量

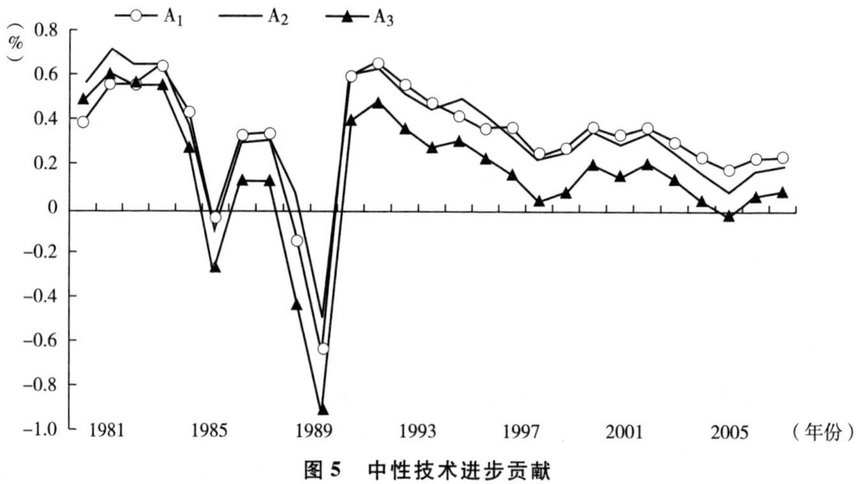

图 5　中性技术进步贡献

结果的影响。1990 年前 dummy 取值为 0，1990 年及 1990 年之后取值为 1。实证检验结果见表 2，前四个方程计算劳均建筑资本和设备资本存量时没有考虑固定资本形成率，而后四个方程资本存量计算时考虑了资本形成率，我们用脚标 1 和脚标 2 分别表示未考虑固定资本形成率和考虑资本形成率时的劳均资本存量。我们将分别对比质量调整前后设备资本的贡献差异，并利用是否考察固定资本形成率的资本存量来对比，验证结果的稳健性。

方程Ⅰ和方程Ⅱ是利用模型（2）即不考虑资本的即期服务特征，分别利用无质量调整的设备资本存量和经过质量调整的设备资本存量的检验结果。方程Ⅰ显示，设备资本 k_{e1} 对经济增长的作用在5%的水平上显著，但建筑资本存量对经济增长的影响不显著，资本投入贡献主要体现为设备投资作用。进而将经过质量调整的设备资本存量 $\tilde{k}_{e1}$ 去替换没有经过质量调整的 k_{e1} 可得方程Ⅱ，结果发现，经过质量调整的设备资本投资对经济增长的影响显著提高，显著性水平从5%提高到1%且弹性系数增加：而建筑资本存量仍不显著，并且其弹性系数明显下降。方程Ⅰ和Ⅱ中建筑资本对经济增长的影响都不显著，可能还在于建筑资本和设备资本存在共线性。同时方程Ⅱ中经过质量调整的设备投资弹性系数与方程Ⅰ相比有所增加，说明传统研究忽视设备资本质量变化必然会低估设备资本对经济增长的贡献。方程Ⅲ和方程Ⅳ是利用模型（4）考虑资本的即期服务特征进行回归，即利用单位资本的能源使用密度来度量的检验结果。回归结果表明，建筑资本存量对经济增长的影响仍不显著，未经质量调整的设备资本投资和经过质量调整的设备资本投资都显著，显著性水平分别是5%和1%。能源变量 *eg* 在两个方程中虽然都不显著，但以能源使用密度衡量资本即期服务效率后，建筑资本的弹性系数与方程Ⅰ和方程Ⅱ相比都明显下降，而设备资本弹性系数与方程Ⅰ和方程Ⅱ相比略有提高。

表2　经济增长来源和要素贡献检验（1980～2007）

	Ⅰ	Ⅱ	Ⅲ	Ⅳ	Ⅴ	Ⅵ	Ⅶ	Ⅷ
C	2.606* (1.84)	2.498*** (3.69)	2.427 (1.49)	1.861** (2.30)	2.643* (1.94)	2.536*** (3.70)	2.478 (1.49)	1.902** (2.32)
k_s	0.218 (0.80)	0.128 (0.57)	0.091 (0.33)	0.070 (0.31)	0.216 (0.80)	0.131 (0.58)	0.092 (0.31)	0.069 (0.30)
k_e	0.453** (2.22)		0.500** (2.52)		0.454* (2.21)		0.501** (2.53)	
$\tilde{k}_e$		0.496*** (3.04)		0.502*** (3.25)		0.494*** (3.01)		0.501*** (3.22)
eg			0.093 (1.24)	0.107 (1.35)			0.095 (1.24)	0.108 (1.35)
dummy	0.088*** (3.83)	0.075*** (4.29)	0.092** (3.60)	0.084*** (4.57)	0.088*** (3.92)	0.075*** (4.26)	0.092** (2.09)	0.084*** (4.48)
AR (1)	1.750*** (7.87)	1.453*** (8.10)	1.818*** (7.89)	1.536*** (8.90)	1.747*** (7.87)	1.445*** (7.98)	1.815*** (7.94)	1.529*** (8.78)

续表

	Ⅰ	Ⅱ	Ⅲ	Ⅳ	Ⅴ	Ⅵ	Ⅶ	Ⅷ
AR（2）	-1.179*** (-3.15)	-0.572** (-2.61)	-1.223*** (-3.09)	-0.625*** (-4.15)	-1.18*** (-3.17)	-0.561*** (-3.68)	-1.230*** (-3.10)	-0.617*** (-4.10)
AR（3）	0.371* (1.86)		0.366* (1.74)		0.373** (1.89)		0.369* (1.74)	
DW	1.8978	1.5540	1.8603	1.5537	1.9028	1.5435	1.8636	1.5431
R^2	0.9996	0.9996	0.9996	0.9997	0.9996	0.9996	0.9996	0.9997
$Ad-R^2$	0.9995	0.9995	0.9995	0.9996	0.9995	0.9995	0.9995	0.9995

注：表中括号内数字为t统计量 *** 表示1%的显著性水平，** 表示5%的显著性水平，* 表示10%的显著性水平。

为了验证方程Ⅰ～Ⅳ的结果是否存在稳健性，利用考察资本形成率的劳均建筑资本存量 k_{s2} 以及劳均设备资本存量 k_{e2} 和 $\tilde{k}_{e2}$，对模型（2）和模型（4）重新进行估计，可得方程Ⅴ～Ⅷ。从方程Ⅴ～Ⅷ可以看出，未经质量调整的设备资本 k_{e2} 和经过质量调整的设备资本 $\tilde{k}_{e2}$ 都显著，显著性水平分别为5%和1%。同时，方程Ⅴ～Ⅷ与相对应的方程Ⅰ～Ⅳ相比，建筑资本和设备资本表现出许多共同特征，如建筑资本和设备资本投资的弹性系数变化幅度都不大，设备资本保持5%以上的显著性水平，而建筑资本仍不显著，表明方程回归结果是稳健的。方程Ⅵ与方程Ⅴ相比，设备资本的弹性系数增加而建筑资本的弹性系数减小，意味着经过质量调整的设备资本对经济增长的作用增强，而建筑资本对经济增长的贡献减小。方程Ⅶ与方程Ⅴ以及方程Ⅷ与方程Ⅵ相比，建筑资本系数分别下降了0.124和0.062，而设备资本系数变化不大，说明建筑资本存量中存在一部分陈旧资本，并没有发挥效率或处于闲置状态，若不考察资本服务性质，将会高估建筑资本存量对经济增长的贡献。虚拟变量反映市场化和产权制度改革政策等因素的影响，虚拟变量dummy在8个方程中都在5%的水平上显著，表明政策因素在1990年深化市场经济改革后对经济增长起到了促进作用。此外，在这8个方程中，我们都利用自回归AR项调整模型的序列相关，调整后的方程DW值都大于1.5、小于2，表明方程已经基本消除了一阶自相关，同时方程也都通过了高阶自相关检验。模型的拟合优度值都在0.99以上，各个模型拟合的效果都较好，检验结果合乎预期。

根据设备资本质量调整思路，可知经过质量调整的资本和未经质量调整的资本对经济增长的贡献率之差，可以代表资本体现式技术进步贡献。利用方程Ⅶ和方程Ⅷ分别测算出资本体现式技术进步和中性技术进步对经济增长的贡献率，同时假定要素投入以规模报酬不变技术组合生产，依据方程Ⅷ可得劳动弹性系数为0.43，也可以测算出劳动对经济增长的贡献率。资本、劳动和技术进步贡献测算结果见表3。由于基于一般回归方程测算出的要素产出弹性值是常数，但伴随要素发展和经济增长，要素禀赋结构也将不断发生变化，要素相对产出弹性系数必将随之变动，再利用状态空间模型（State Space Model）的时变参数模型（Time - Varying Parameter Model）对方程Ⅶ和方程Ⅷ重新回归，得到方程Ⅸ和方程Ⅹ。

方程Ⅸ的信号方程：$\ln y_t = 2.470 + 0.092 \times \ln eg + sv1 \times \ln k_{s2} + sv2 \times \ln k_{e2} + 0.093 \times \text{dummy}$

状态方程：$sv1 = 0.005 + 0.882 \times sv1(-1)$

$sv2 = 0.034 + 0.913 \times sv2(-1)$

方程Ⅹ的信号方程：$\ln y_t = 2.421 + 0.087 \times \ln eg + sv1 \times \ln k_{s2} + sv2 \times \ln k_{e2} + 0.081 \times dummy$

状态方程：$sv1 = 0.007 + 0.899 \times sv1(-1)$

$sv2 = 0.399 + 0.957 \times sv2(-1)$

z 统计量显示，两组方程的能源使用密度 ln*eg* 都在 1% 的水平上显著，这有别于不变弹性的回归方程。其他参数也都分别在 5% 或 1% 的水平上显著。我们重点关注经过质量调整后的方程Ⅹ中建筑资本和设备资本的可变弹性系数，如图 6 和图 7 所示。

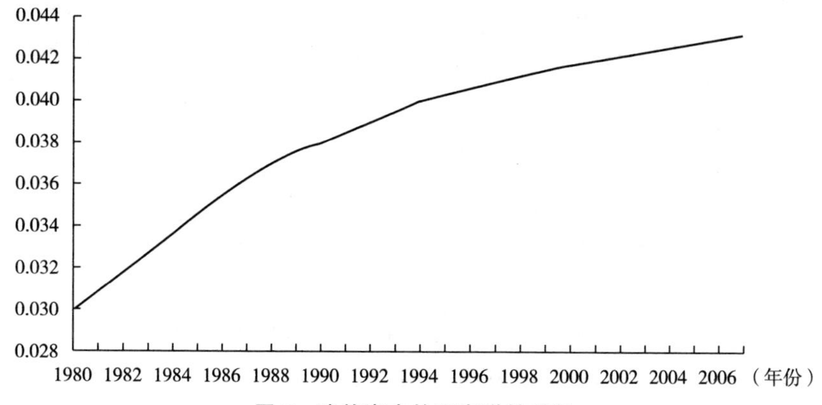

图 6　建筑资本的可变弹性系数

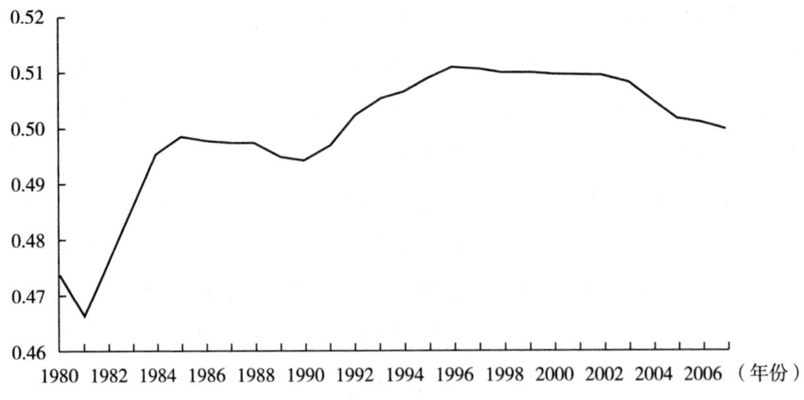

图7　设备资本的可变弹性系数

可见，建筑资本的弹性系数一直呈现递增趋势，但变化幅度较小，变化范围在0.030到0.044之间，与方程Ⅷ的系数相比略有下降。设备资本的弹性系数变化幅度相对较大，在1981年有一个小的回落后迅速上升，1996年达到阶段最大值，而近年来又呈现下降趋势。其变化范围为0.465～0.512，与方程Ⅷ的系数0.501相差不多，印证了方程估计结果的稳健性。利用可变弹性系数，测算要素对经济增长的贡献率，也列于表3中，以与不变弹性的结果进行对比。

表3　要素对经济增长的贡献率

单位：%

年份	弹性系数不变的测算结果					弹性系数可变的测算结果				
	资本贡献	劳动贡献	ETC贡献	ETC占资本贡献份额	中性技术进步贡献	资本贡献	劳动贡献	ETC贡献	ETC占资本贡献份额	中性技术进步贡献
1981～1989	63.9	13.9	6.9	10.8	22.2	58.5	16.1	12.0	20.5	25.4
1990～1999	66.0	11.0	7.3	11.1	22.9	70.5	25.2	11.0	15.6	4.3
2000～2007	90.9	4.0	8.4	9.2	5.1	88.4	4.4	8.5	9.6	7.2
1981～2007	72.9	9.8	7.5	10.3	17.2	71.8	16.0	10.6	14.8	12.2

表3左侧为弹性系数不变的要素贡献。数据显示：资本在1981～1989年、1990～1999年和2000～2007年对经济增长的贡献率分别为63.9%、66%和90.9%，贡献率呈现明显上升趋势。而在整个样本期即1981～2007

年中，资本对经济增长的贡献率为72.9%。剔除资本体现式技术进步的作用贡献，资本投入仍保持57%以上的贡献率，并且在21世纪后资本对经济增长的贡献日益增强，说明我国近年来的经济发展强化了投资驱动型的增长模式。劳动对经济增长的贡献率在三个阶段呈现递减特征，其中1981～1989年的贡献率为13.9%，1990～1999年的贡献率为11%，2000～2007年的贡献率为4%，整个样本期内的贡献率平均约为9.8%，与资本贡献的递增特征正好相反。资本体现式技术进步ETC贡献率变化幅度不大，在1981～1989年的贡献率为6.9%，占资本贡献份额的10.8%；在1990～1999年贡献率为7.3%，占资本贡献份额的11.1%；2000～2007年贡献率为8.4%，占资本贡献份额的9.2%；而在整个样本期内贡献率为7.5%，占资本贡献份额的10.3%。这表明，在资本对经济增长的作用中，约有10%的贡献来自与资本相融合的技术进步。此外，中性技术进步在1981～1989年、1990～1999年、2000～2007年的贡献率分别为22.2%、22.9%、5.1%，在整个样本期内的贡献率为17.2%，超过资本体现式技术进步对经济增长的贡献率。

表3的右侧为弹性系数可变的要素贡献，即以状态空间模型的时变参数模型计算出的生产要素对经济增长的贡献。资本在1981～1989年的贡献率为58.5%，比不变弹性的资本贡献下降了5.4个百分点。1990～1999年的贡献率为70.5%，比同期不变弹性资本贡献率上升4.5个百分点。2000～2007年的贡献率为88.4%，与不变弹性系数资本贡献率相比略有下降。但相对于其他要素对经济增长的贡献率，资本对经济增长的贡献依旧最高，再次印证了我国经济主要依靠资本拉动增长的事实。可变弹性的劳动贡献率有所提高，其中1981～1989年、1990～1999年和2000～2007年的贡献率分别为16.1%、25.2%和4.4%。可变弹性的资本体现式技术进步贡献和不变弹性时相比有所提高，但呈现下降趋势。资本体现式技术进步贡献年均值呈现出平缓下降特征，其中1981～1989年资本体现式技术进步贡献率为12%，占资本贡献份额的20.5%；1990～1999年贡献率为11%，占资本贡献份额的15.6%；2000～2007年贡献率为8.5%，占资本贡献份额的9.6%。而1981～2007年资本体现式技术进步平均贡献率为10.6%，占资本贡献份额的14.8%。相对于资本体现式技术进步，并结合图5的结果可知，中性技术进步贡献率呈现先降后升的V形变化特征，但降幅大而升幅小。其中1981～1989年贡献率为25.4%，1990～1999年的贡献率为4.3%，

2000～2007 年的贡献率为 7.2%。整个样本期内中性技术进步的贡献率为 12.2%，略高于资本体现式技术进步的贡献。但后两个时段与 1981～1989 年相比，中性技术进步贡献下降幅度较大。

依据弹性系数可变的要素贡献结果可知，在 1981～1989 年、1990～1999 年和 2000～2007 年，技术进步对经济增长的作用呈现出阶段性变化规律且出现分化。20 世纪 80 年代，我国经济高增长虽然主要依靠要素特别是资本投入，但技术进步对经济增长的贡献不容忽视。我国经济高增长的同时，技术进步的作用并非是完全低效的，若能保持 20 世纪 80 年代的技术进步增长率，经济高增长趋势完全可能持续。20 世纪 90 年代后技术进步增长趋势却不容乐观，经济增长的质量明显下降。对比两种类型技术进步的作用，发现资本体现式和中性技术进步对经济增长的贡献率都呈下降趋势，其中资本体现式技术进步下降幅度不大，而中性技术进步的贡献率降幅明显，导致技术进步整体贡献下降。可能的原因是，20 世纪 80 年代伴随着改革开放进程加快，通过技术和先进设备引进以及人力资本的“干中学”效应，我国和欧美发达国家的技术水平差距不断缩小，技术进步对经济增长贡献较大。而 20 世纪 90 年代后，我国和国外先进的技术进步水平差距缩小，且国内自主创新能力不足，使得技术进步对经济增长的作用减弱。[①] 因此，若不从根本上扭转技术进步下降的局面，以要素投入和环境污染为代价的经济高增长将可能无法持续。

五　基本结论与政策建议

本文构建出两部门的资本体现式技术进步和经济增长关系模型，阐述经济增长是资本体现式和中性技术进步共同作用的结果，其中资本体现式技术进步与设备资本投资收益率成正比，即设备资本投资越多或设备资本边际收益率越高，资本体现式技术进步增长速度就越快。利用我国 1980～2007 年的时间序列数据，依据质量变化差异，将资本存量分为建筑资本和设备资本两类，利用建筑资本质量不变假定构建出资本质量指数来调整设备资本存量，考察资本存量即期服务效率调整后资本体现式技术进步的贡

① 郑京海、胡鞍钢：《中国改革时期省际生产率增长变化的实证分析（1979～2001 年）》，《经济学（季刊）》2005 年第 4 卷第 2 期。

献率。结果发现，设备资本和 GDP 增长率同期相关系数最高达 80%，体现式技术进步年均增长率为 4.78%，对经济增长的贡献率为 10.6%，占总资本贡献的 14.8%，资本贡献中约有 1/7 是与其相融合的体现式技术进步贡献。可见传统方法分析生产率忽视资本体现式技术进步，明显低估了整体技术进步对经济增长的贡献，易使对我国经济增长质量和经济增长方式的判断出现偏差。同时实证检验结果发现，技术进步对经济增长的作用呈现阶段性变化特征，20 世纪 80 年代经济产出主要依靠资本投入，资本贡献率达到 58.5%。而同期技术进步的贡献也不容忽视，资本体现式技术进步的贡献率为 12%，中性技术进步的贡献率为 25.4%。但 90 年代后资本贡献提高更快，贡献率超过 70%，而技术进步整体贡献却不断下降，资本体现式技术进步下降幅度不大，但中性技术进步降幅明显。

综上所述，若要从根本上扭转技术进步下降趋势并保持经济可持续发展，我们提出如下政策建议：第一，采用外商直接投资或合资合作方式，以及商品进出口和劳务输出等形式多渠道获取发达国家的先进技术，通过技术溢出和本土企业的“干中学”效应，提高国内资本体现式技术进步水平。第二，优化引进设备的技术结构，提高技术引进效率。在较长时期内，先进设备引进还将是我国缩短与发达国家技术差距的捷径。特别是当前我国存在大量资源型城市，在资源枯竭日趋严重并处于经济转型的初始阶段，发展高新技术产业，以先进技术设备引进方式提高要素生产率，增强经济活力和经济创造力，更是现阶段资源型城市转型不可或缺的重要手段。第三，发展多层次职业教育以提高技术转移效率和吸收能力。新技术引进和技术应用，既融合于物质资本投资又体现于人力资本积累过程中，生产率增长和技术进步水平更取决于人力资本质量与人力资本结构。现阶段我国人力资本对资本体现式技术进步的作用有限，一方面说明人力资本积累和新技术设备的熟练使用需要一个过程，另一方面体现了我国进口设备的利用效率和技术吸收再创新能力不高。因此政府应制定适宜的人力资本投资政策，在大力发展高等教育的同时，开展多层次职业教育和技能培训以优化人力资本结构。

马克思的劳动地域分工理论与中国的区域经济格局变迁[*]

丁任重　李　标

内容摘要：马克思的劳动地域分工理论蕴含了生产力均衡布局和协调配置、工农结合、城乡结合等理论原则。新中国建立以来，在马克思劳动地域分工理论和不同的区域发展战略的指导下，我国的经济格局历经了大区协作、东中西三大经济带、东中西东北四大板块、多极发展的变迁。多极经济格局更能体现劳动地域分工的特点和区域发展差异，且已然成为区域经济格局的主要发展方向，但多极经济格局却加剧了经济竞争。因此，我们应积极构建外向型的外围经济带、以外带内的经济走廊和优势互补的城市群以强化区域协作、弱化区域竞争。

关键词：马克思　劳动地域分工　区域发展战略　区域经济格局　区域竞争　区域协作

以批判斯密为代表的古典经济学的分工理论为基础，马克思、恩格斯在《资本论》《反杜林论》《共产党宣言》等著作中对劳动分工和生产力布局进行了深入研究，形成了独特的劳动地域分工理论。本文依据我国发展中的社会主义国情，在探析我国区域经济格局演进的基础上，寻求我国经济格局的变迁路径，并针对我国经济格局发展过程中区域竞争日趋加剧的现象提出相关建议。

一　马克思劳动地域分工理论

马克思的劳动地域分工理论是以劳动为切入点的。他认为："各种使用

*　本文发表于《当代经济研究》2012 年第 11 期。

价值或商品体的总和，表现了同样多种的、按照属、种、科、亚种、变种分类的有用劳动的总和，即表现了社会分工。……在商品生产者的社会里，作为独立生产者的私事而各自独立进行的各种有用劳动的这种质的区别，发展成为一个多支的体系，发展成社会分工。”[1](pp. 55 ~ 56) “单就劳动本身来说，可以把社会生产分为农业、工业等大类，叫作一般的分工；把这些生产大类分为种和亚种，叫作特殊的分工；把工场内部的分工，叫作个别的分工。”[1](pp. 406 ~ 407) 马克思在阐明社会分工的内涵和类别后，对产生社会分工的原因做了如下精辟论述：“在家庭内部，随后在氏族内部，由于性别和年龄的差别，也就是在纯生理的基础上产生了一种自然的分工。随着共同体的扩大，人口的增长，特别是各氏族间的冲突，一个氏族之征服另一个氏族，这种分工的材料也扩大了。……不同的共同体在各自的自然环境中，找到不同的生产资料和不同的生活资料。因此，它们的生产方式、生活方式和产品，也就各不相同。这种自然的差别，在共同体互相接触时引起了产品的互相交换，从而使这些产品逐渐转化为商品。交换没有造成生产领域之间的差别，而是使不同的生产领域发生关系，从而使它们转化为社会总生产的多少互相依赖的部门。在这里，社会分工是由原来不同而又互不依赖的生产领域之间的交换产生的。”[1](p. 407)

然而，劳动分工导致生产部门的分工并不是一蹴而就的。最初，劳动分工引发了自耕农业以及各科手工业的产生。以分工为基础的协作的产生，使“各种操作不再由同一个手工业者按照时间的先后顺序完成，而是分离开来，孤立起来，在空间上并列在一起，每一种操作分配给一个手工业者，全部操作由协作者同时进行。这种偶然的分工一再重复，显示出它特有的优越性，并渐渐地固定为系统的分工”。[1](p. 392) 工场手工业便是在这种分工的基础上形成的，正如马克思所说：“工场手工业的产生方式，它由手工业形成的方式，是二重的。一方面，它以不同种的独立手工业的结合为出发点，这些手工业非独立化和片面化到了这种程度，以致它们在同一个商品的生产过程中成为只是互相补充的局部操作。另一方面，工场手工业以同种手工业者的协作为出发点，它把这种个人手工业分成各种不同的特殊操作，使之孤立和独立化到这种程度，以致每一种操作成为一个特殊工人的专门职能。因此，一方面工场手工业在生产过程中引进了分工，或者进一步发展了分工，另一方面它又把过去分开的手工业结合在一起。”[1](p. 392) 当社会内部分工发展到一定程度，工场手工业的内部便出现了分工。“为了使工场手工业内部的分工更完善，同一个生产部门，根据其原料的不同，根据同一种原料可能具有的不同形式，而分成不同的有时是崭新的工场手工业”。[1](p.409) 与不同手工业的结合形成工场手工业一样，“不同的结合的工场手工业成了一个总工场手工业在空间上多少分离的部门，同时又是各有分工的、互不依赖的生产过程。结合的工场手工业虽有某些优点，但它不能在自己的基础上达到真正的技术上的统一。这种统一只有在工场手工业转化为机器生产时才能产生”。[1](p.403) 机器的出现破坏了以手工业为基础的协作和以手工业分工为基础的工场手工业的形成基石，推动了新部门的产生、部门内分工的加剧以及大工业的形成。以机器生产机器，并以机器为主要生产手段的大工业使“在自动工厂里，代替工场手工业所特有的专业化工人的等级制度的，是机器的助手所要完成的各种劳动的平等化或均等化的趋势，代替局部工人之间的人为差别的，主要是年龄和性别的自然差别”。[1](p.483) “随着机器生产在一个工业部门的扩大，给这个工业部门提供生产资料的那些部门的生产首先会增加”。[1](p.510) 进而，“机器生产用相对少的工人人数所提供的原料、半成品、劳动工具等等的数量不断增加，与此相适应，对这些原料和半成品的加工也就分成无数的部门，因而社会生产部门的多样性也就增加”。[1](p.521)

社会内部分工以及产业内部分工促进了劳动的地域分工的形成，这在工场手工业和大工业时期尤为显著。“一方面，协作可以扩大劳动的空间范围，因此，某些劳动过程由于劳动对象空间上的联系就需要协作；……另一方面，协作可以与生产规模相比相对地在空间上缩小生产领域。在劳动的作用范围扩大的同时劳动空间范围的这种缩小，会节约非生产费用(faux frais)”。[1](p.381) 劳动者、生产过程和生产资料的集聚使曾经为个别消费者服务的劳动变成手工工场或商业店铺的劳动。“这样一来，往往整个城市和整个地区都专门从事某种行业。”[1](p.542) 劳动的地域分工由此发生了。“把特殊生产部门固定在一个国家的特殊地区的地域分工，由于利用各种特点的工场手工业生产的出现，获得了新的推动力。在工场手工业时期，世界市场的扩大和殖民制度（二者属于工场手工业时期的一般存在条件），为社会内部的分工提供了丰富的材料。”[1](pp.409~410) 机器生产则进一步推动了劳动地域分工的发展，“一方面，机器直接引起原料的增加，……另一方面，机器产品的便宜和交通运输业的变革是夺取国外市场的武器。机器生产摧毁国外市场的手工业产品，迫使这些市场变成它的原料产地。……大工业国工人的不断‘过剩’，大大促进了国外移民和外国的殖民地化，而这些外国变成宗主国的原料产地，……一种与机器生产中心相适应的新的国际分工产生了，它使地球的一部分转变为主要从事农业的生产地区，以服务于另一部分主要从事工业的生产地区”。[1](pp. 519 ~ 520)

劳动的地域分工导致了城市与农村、工业与农业的分离和结合。“一个民族内部的分工，首先引起工商业劳动同农业劳动的分离，从而也引起城乡的分离和城乡利益的对立”。[2](p. 68)城乡的对立不仅是分工的基础，而且贯穿于一定历史时期经济发展的始终。正如马克思所说“一切发达的、以商品交换为中介的分工的基础，都是城乡的分离。可以说，社会的全部经济史，都概括为这种对立的运动”。[1](p. 408)恩格斯在《反杜林论》中这样论述，“大工业在很大程度上使工业生产摆脱了地方的局限性。……但是工厂城市把一切水都变成臭气冲天的污水。因此，虽然向城市集中是资本主义生产的基本条件，但是每个工业资本家又总是力图离开资本主义生产所必然造成的大城市，而迁移到农村地区去经营。……资本主义大工业不断地从城市迁往农村，因而不断地造成新的大城市”。[3](p. 646)城市与农村的分离在集聚社会的历史动力的同时，也“破坏着人和土地间的物质变换，也就是使人以衣食形式消费掉的土地的组成部分不能回归土地，从而破坏土地持久肥力的永恒的自然条件。这样，它同时就破坏城市工人的身体健康和农村工人的精神生活”。[1](p. 579)这又必然导致城乡由分离走向结合。工业与农业的分离是以劳动条件或劳动者与土地的分离为条件的，当这一条件得到满足——劳动条件转化为资本，资本主义经营方式侵入农业时，以农业为生计的劳动者因遭受剥夺而与生产条件相分离，这必然破坏农村家庭手工业，促进农业与工业的分离。现代农业为工业生产提供了大量的原料和生产资料，但“在现代农业中，像在城市工业中一样，劳动生产力的提高和劳动量的增大是以劳动力本身的破坏和衰退为代价的。此外，资本主义农业的任何进步，都不仅是掠夺劳动者的技巧的进步，而且是掠夺土地的技巧的进步，在一定时期内提高土地肥力的任何进步，同时也是破坏土地肥力持久源泉的进步。一个国家，例如北美合众国，越是以大工业作为自己发展的基础，这个破坏过程就越迅速”。[1](pp. 579 ~ 580)因此，资本主义生产方式破坏了农业与工业原始的纽带，“但资本主义生产方式同时为一种新的更高级的综合，即农业和工业在它们对立发展的形态的基础上的联合，创造了物质前提”。[1](p. 579)

马克思、恩格斯在研究生产力布局的基础上认为，尽可能实现全国生产力的均衡布局有利于促进工农结合、消灭城乡分离。他们主张，无产阶级夺取国家政权以后，应“把一切生产工具集中在国家即组织成为统治阶级的无产阶级手里，并且尽可能快地增加生产力的总量”。[2](p.293)这就要求无产阶级采取一系列措施改造自然和生产力布局等旧有的社会经济关系，如“把全部运输业集中在国家手里”；“按照总的计划增加国家工厂和生产工具，开垦荒地和改良土壤”；……“把农业和工业结合起来，促使城乡对立逐步消灭”。[2](p.294) 1875 年 3 月，恩格斯在给马克思的一封信中写道：“在国和国、省和省、甚至地方和地方之间总会有生活条件方面的某种不平等存在，这种不平等可以减少到最低限度，但是永远不可能完全消除。”[3](p.325)马克思、恩格斯在主张“大工业在全国尽可能均衡分布”的同时，也肯定了区域差异存在的合理性，强调协调布局生产力的必要性。恩格斯在《反杜林论》中阐述逐步消灭城乡分离的必然性和可能性时指出：“从大工业在全国的尽可能均衡的分布是消灭城市和乡村的分离的条件这方面来说，消灭城市和乡村的分离也不是什么空想。”[3](p.647)

上述马克思和恩格斯的有关论述表明了劳动分工是导致社会分工、产业分工、区域分工的本源所在，也蕴含了生产力均衡布局和协调配置、工农结合、城乡结合等理论原则，这对我国区域发展战略和区域经济格局的调整变动具有重要的指导和借鉴意义。

二　中国区域经济格局的演变路径

新中国建立以后，我们党在社会主义现代化建设过程中，一直在不断探索中国特色的经济发展道路。其中，我们党以马克思劳动地域分工理论和生产力均衡发展理论为指导，不断调整和完善经济布局，以促进地区经济和国民经济发展。

经济布局必须从中国的实际出发，而当前的实际又是多年发展的结果。因此，要规划合理的经济布局，不能割断历史，需对我国经济格局的演变路径进行全面考察。[4]自新中国成立以来，我国的经济格局经历了多次变动，但归纳起来我国经济格局的演变路径有四类：其一，大区协作；其二，东、中、西三大经济带；其三，东、中、西、东北四大板块；其四，多极发展。

1. **路径一**：大区协作。新中国建立伊始，百废待兴。遵循马克思劳动地域分工理论的核心思想，以毛泽东同志为核心的党中央第一代领导人实施了区域均衡发展战略，对我国的生产力进行均衡布局，由此形成了具有行政色彩的大区协作经济格局。大区协作经济格局从新中国建立初期一直持续到改革开放初期。

国民经济恢复时期（1949～1952 年），为尽快恢复生产力、实现生产力均衡布局，以东北、华北、华东、中南、西南、西北六大行政区为基础，新中国政府将全国划分为六大经济协作区，由此开启了大区协作的经济格局。在国民经济恢复期间，六大行政型经济协作区促进了区内外的分工协作，但尾大不掉的问题使这种经济区划只有短暂的历史。六大行政型经济协作区在“一五”时期（1953～1957 年）为沿海地区和内陆地区的“二分”经济格局所取代。此时，我国领导人已经看到区域发展不平衡问题的严重性，加上朝鲜战争对沿海工业的威胁，苏联援建项目的布局点均选在了广大的内陆地区。“二五”时期（1958～1962 年），为平衡我国的经济布局，发挥中心城市在区域经济发展中的推动作用，加强沿海与近海地区的工业基础，发挥沿海工业的带动作用，在沿海、内陆“二分”经济格局的基础上，党中央把六大经济协作区的中南区拆为华中、华南两个区，并选取八个城市作为各大区的经济中心城市。① “三五”时期（1966～1970 年），台湾海峡局势紧张、中印边境自卫反击战、中苏关系破裂使我国周边局势骤紧。出于国防需要，中央把全国分为一线（沿海地带）、二线（中间地带）、三线（战略大后方）三个建设区带，实现了我国工业布局重点向中西部转移、生产力均衡布局的战略目标。“四五”时期（1971～1975 年），为促进经济的快速发展，中央领导人将国防建设与区域经济发展相融合，在既成的十大军区的基础上，勾画了十大区域协作经济格局。② “五五”时期（1976～1980 年），中央政府明确提出在全国建立东北、华北、华东、中南、西南、西北六大区域经济体系。[5]此时的大区协作经济格局的行政色彩趋于弱化，六大区域版图的战略性提出凸显了中央发展意识的转变，以及劳动地域分工对我国经济发展的重要性。

---

① 东北、华北、华东、华中、华南、西南、西北的经济中心城市：沈阳、天津、上海、武汉、广州、重庆、兰州与西安。

② 十大区：东北区、华东区、山东区、中原区、华北区、华南区、西北区、西南区、新疆区、闽赣区。

以马克思劳动地域分工理论和区域均衡发展战略为指导的大区协作经济格局，在一定程度上促进了区域经济的快速发展、缩小了区域差距。20世纪六七十年代，三个五年计划期间建设的一大批现代化工业的下放，以及对少数民族地区政策、人才等资源的支援，在一定程度上激活了地方经济尤其是中西部地区经济的活力，帮助中西部地区建立了较完善的、有特色的工业体系，为少数民族地区的发展创造了良好的外部条件。但不容否认的是，这种“嵌入式”的现代化工业与地方经济的融合程度较低，对地方经济的带动作用不强，而且“输血式”的支援在培育少数民族地区自我发展能力方面的作用微乎其微。同时，行政色彩浓厚的大区协作经济格局将原本统一的国内市场分割为条块，阻碍了劳动、资源等生产要素在全国范围内的自由流动，劳动等生产要素只能依靠行政指令调拨，价值规律完全失灵，从而导致了资源配置和使用效率的低下。此外，内陆地区的工业多以矿产资源采掘业、能源加工业、原材料初级加工业为主，沿海地区则以加工制造业为主，这种垂直型的分工体系，扭曲了资源配置机制，由此形成的“剪刀差”严重损害了内陆地区的利益，形成了内陆地区长期发展的瓶颈。因此，经济发展水平不高国情下的产物——大区协作经济格局是马克思劳动地域分工理论在我国教条化的实践，虽然顾及了生产力均衡布局的公平，但这种公平背后的效率代价是巨大的。

2. **路径二：**东、中、西三大地带。为进一步体现我国劳动地域分工的特点、体现区域间的差异，以邓小平、江泽民为核心的国家第二代、第三代领导人总结第一代领导人的经验教训，结合国内外的局势，以马克思劳动地域分工理论为指导创造性地提出了东、中、西三大地带的经济格局。

我国的东、中、西三大地带经济格局萌芽于“三五”时期的“三线建设”，经过“六五”和“七五”时期经济格局的发展变化，成形于“八五”时期。“六五”时期（1981~1985年），我国在建设六大经济协作区的同时把全国粗略划分为沿海、内陆和沿边少数民族三大经济地区，为进一步发挥不同区域的优势、加强区域分工与联系、建立不同水平和各具特色的区域经济体系打下了基础。“七五”时期（1986~1990年），我国政府依据同质性和集聚性勾勒了东、中、西三大地带的“三分”经济格局，同时将六大经济协作区扩充为十大经济协作区，以充分显示我国区域发展的梯度和劳动地域分工的特点。“八五”时期（1991~1995年），依据地理位置和经济发展水平，党中央、国务院将我国明确划分为东、中、西三大宏观经济区，史称“老三区”，即东部地区包括12个省份、中部地区为9个省份、西部地区为10个省份。至此，我国东、中、西三大地带的经济格局成形。[①]“九五”时期（1996～2000年），在东、中、西三大地带经济格局的基础上，为进一步促进区域分工与协作、凸显劳动地域分工的特点，中央把我国划分为七大协作区，[②] 由此形成了大区协作与东、中、西三分地带共存的局面。

以开发中西部、缩小中西部与东部差异为目标的东、中、西三大地带宏观经济格局的划分是马克思劳动地域分工理论在我国实践的重大突破，其由萌芽到成形的变迁历程凸显了不同区域劳动分工的特点以及我国劳动地域分工的复杂性。另外，东、中、西三大地带宏观经济格局与东部、东南沿海、环渤海等七大经济协作区共存的局面说明了我国的劳动地域分工随着区域经济发展也在不断变化，同时劳动地域分工发展引致的区域变化不断冲击和瓦解东、中、西三大地带宏观经济格局，引导区域发展战略的转变。

3. **路径三：**东、中、西、东北四大板块。加入WTO以后，国内区域差距不断扩大，东北地区逐渐衰落，中西部地区发展滞后。面对区域发展不协调的困境，以胡锦涛为核心的党中央第四代领导人提出了“东部发展、东北振兴、中部崛起、西部开发”的全面、协调、可持续的发展战略，我国的经济格局由传统的“三分”转向“四分”。

“十五”时期（2001～2005年），传统的东、中、西三大地带的经济格局被分为东部、东北、中部、西部四个区域经济格局。其中东部为10个省份，东北为3个省份，中部为6个省份，西部是12个省份。四大板块的形成进一步发挥了劳动分工推动区域发展的作用。“十一五”时期（2006～2010年），为实现区域可持续发展、全员共享发展成果、创造良好的人文环境、提高环境资源承载力的目标，我国在东、中、西部以及东北四大宏观经济格局的基础上将国土空间划分为优化、重点、限制、禁止开发的四类主体功能区域，每个区域均需按照自身的特点布局生产力，以形成各具

---

① “十五”末，党中央将东中西部地区分别调整为11个省份、8个省份、12个省份，形成“新三区”。

② 七大经济协作区：东部、东南沿海、长三角、环渤海、中部、西北、西南和东南部分省区市。

特色的劳动地域分工，促进区域间的分工协作。

伴随着经济的发展，东、中、西三大地带的经济格局被东、中、西、东北四大区域板块取代，是马克思劳动地域分工理论在我国实践领域的又一次重大突破。“四分”的经济格局更好地体现了我国区域发展的不均衡以及劳动地域分工的差异性，有利于区域经济向协调发展的方向迈进。但是，从同质性、经济联系性和分工协作角度来看，中部地区并不是一个完整的整体，西部地区、东部地区的内部差异性也很大，只有东北地区可以看作一个完整的区域。[6]

4. **路径四：**多极发展。自改革开放以来，以体现地域同质性和经济联系性为特征的中观经济区贯穿我国经济格局演进的始终，中观经济区在推动区域发展的同时也冲击着我国旧有的经济格局，引导着区域分工协作的变迁，体现了劳动地域分工的发展脉络。所以，本文运用笔者以往的研究成果将以中观经济区为主体的多极发展视为我国经济格局的第四条演变路径。[7]

“五五”时期，我国在六大经济协作格局的基础上，批准设立深圳、厦门、珠海、汕头经济特区，由此开启了区域经济格局的新篇章。由于沿海、内陆和沿边少数民族的三分经济格局过于粗略且区内的经济联系也不紧密，在“六五”时期，党中央批准设立了长江三角洲、珠江三角洲、闽南三角洲为沿海经济区。“七五”时期，中央在东、中、西三分格局的框架下，批准设立海南经济特区，并决定开放开发浦东。“八五”时期，党中央国务院批准设立上海市浦东新区，并以 14 个沿江沿海开放城市构建了长三角、珠三角、闽南三角、辽东半岛、山东半岛、环渤海等沿江沿海开放区，形成了多极鼎立的中观经济格局与三大地带宏观经济格局共存、互补的态势。“十一五”时期，我国在东、中、西、东北四大宏观经济板块的基础上，通过天津滨海（副省级）、重庆两江（副省级）、珠海横琴（副厅级）、浙江舟山群岛（副省级）等国家级新区的设立培育区域增长极、带动区域发展。“十二五”时期，天府、西咸、贵安、兰州等新区陆续获批，进一步推动了我国中观经济格局的多极化发展，冲击了旧有的“四分”格局。

国家级新区、开发区、高新区等中观经济区的不断设立，是我国劳动地域分工发展的必然，同时也为劳动地域分工的发展孕育了新契机。中观经济区推动了我国经济格局的多极化，为区域经济的发展注入了新活力，加强了区域的分工与协作，增强了区域的整体竞争力，为缩小区域差异提供了可行的途径。但是，不容否认的是多极化经济格局下的区域分工细化加剧了区域间的竞争，弱化了区域间的协作效应，在一定程度上阻碍了区域竞争力的提升和区域差异的缩小。

三　结论与展望

本文在回顾以马克思劳动地域分工理论为指导的我国区域经济格局变迁的基础上发现，伴随区域发展战略经历均衡→非均衡→协调→全面协调可持续的演变，我国的经济格局也历经大区协作、东中西三大经济带、东中西东北四大板块、多极发展的四个阶段的变迁。多极化逐渐成为区域经济格局演变的方向。但不容忽视的是中观的多极化经济格局一方面加强了区域分工，另一方面却加剧了区域竞争、弱化了区域协作。

区域经济格局是在区域经济发展战略实施的过程中形成的，是区域差异的衍生物。它必然随经济发展阶段的不同而改变，随国情、区情的变化而被逐渐突破。内陆与沿海或内陆、沿海与沿边少数民族的“二分”或“三分”格局、大区协作格局、东中西的“三分”格局、东中西东北的“四分”格局、以中观经济区为标志的多极化格局的不断演进说明，旧有的经济格局不会永远有市场，而会渐渐退出历史舞台。我国的劳动地域分工具有明显的差异性，宏观的经济格局并不能充分反映劳动的地域特点和区域发展水平，宏观经济格局必然让步于中观的多极化经济格局。在区域经济格局多极化发展的大趋势下，本文针对促进区域经济格局多极化发展、加强区域分工、提高区域协作力度提出如下建议。

首先，充分发挥沿海、沿边优势，大力发展对外贸易，构建外向型的外围经济带。东北地区在振兴老工业基地的同时，应推进辽东半岛外向型经济以及哈大产业带向纵深的辐射，并借助黑龙江的沿边优势大力发展边境贸易。东部沿海地区在借助已有的开放城市发挥通商口岸优势的基础上，应继续加大山东半岛城市群、环渤海、长三角（包括小、大长三角）、珠三角（包括小、大、泛珠三角）、闽南三角等中观经济区吸引外资的力度，加快产业升级，加强对中西部的带动作用。西部地区的广西应借助地缘和边贸口岸的优势，加强与东南亚各国的贸易往来，进一步加强北部湾经济区对广西、贵州的辐射能力。西北五省则可以借助欧亚大陆桥，形成点线结合的格局，加强与欧洲各国的贸易联系。西南的重庆处于长江上游，沿江优势突出，应加强与长三角的联系，云南和四川应借助中缅铁路和史迪威公路加大与缅甸、印度的贸易往来。此外，四川亦可主动依托长江黄金水道主动融入以上海为龙头的长三角经济区，加强区域间的联系。

其次，充分发挥沿江优势，利用长江水运，构建以外带内的长江经济走廊。长江由西向东横跨我国12个省份。长江流域的省份和城市，应借助优越的地理位置和交通条件，加强与上游成渝城市圈、中游武汉城市圈、下游长三角的经济联系；同时，中上游的城市应借助长三角的出海口发展外向型经济。此外，应借鉴“泛珠三角”的“9+2”模式，构建以上海、杭州为龙头的“泛长三角”经济区，使其从理论向现实转变，以形成区域分工程度高、区域协作力度大的长江经济走廊。

最后，加强城市间的分工，积极发挥中心城市的带动作用，构建优势互补的城市群。不同城市应依托自身的优势合理分工、发展特色产业，并与中心城市相结合组建优势互补的城市群调节区域的经济活动。目前，我国主要有长三角、珠三角、京津冀、辽中南、海峡西岸、中原、徐州、武汉、成渝、长株潭、哈尔滨、关中、长春、合肥等城市群，但是，占主导作用的只有长三角、珠三角、京津冀三大城市群，其他城市群的辐射强度较弱。因此，我国在构建城市群时不应仅仅考虑地理位置，还应考虑同质性、经济联系紧密程度等因素，以形成合理的城市分工体系，切实达到城市间优势互补的目标，促进区域的分工与协作。

参考文献

[1]《资本论》（第1卷），人民出版社，2004。

[2]《马克思恩格斯选集》（第1卷），人民出版社，1995。

[3]《马克思恩格斯选集》（第3卷），人民出版社，1995。

[4] 张宝通：《对我国区域经济发展新格局的构想》，《经济地理》1991年第1期。

[5] 刘本盛：《中国经济区划问题研究》，《中国软科学》2009年第2期。

[6] 魏后凯：《改革开放30年中国区域经济的变迁：从不平衡发展到相对均衡发展》，《经济学动态》2008年第5期。

[7] 丁任重：《论中国区域经济布局新特征——兼评梯度推移理论》，《经济学动态》2006年第12期。

论生产力的性质及其评价*

丁任重　黄世坤

内容摘要：本文基于马克思、恩格斯的经典论述，证明生产力具有四种基本性质：价值性、自然性、社会性和动态性，因此，对“社会主义社会的生产力”的评价应当具备四重向度：适需性、生态性、人民性和发展性。本文事实上亦提出了一个对国民经济发展进行评价的新思路。

关键词：生产力　性质　评价向度

改革开放以来，生产力发展问题一直是中国化马克思主义研究的重心所在。是否认同社会主义阶段的中心任务是发展生产力，甚至被提到了是否是真正的马克思主义的高度。① 但在中文语境中，“生产力”一词经常是单独使用的，容易让人误以为凡是生产力增长都值得肯定，都可以成为“标准”。事实上，马克思曾指出生产力也可能是一种“破坏的力量”。② 毛泽东、邓小平、江泽民等中国马克思主义者则提出了“中国人民的生产力”“社会主义社会的生产力”“先进生产力”等概念。本文尝试回到马克思和恩格斯的原典论述，系统研究生产力的性质，并试图为国民经济评价找寻一个新的思路。

一　生产力的四种关系性存在

物质性存在都是关系性存在，马克思曾说，一个存在物如果“没有对

*　本文发表于《马克思主义与现实》2012 年第 2 期。

①　《邓小平文选》（第 3 卷），人民出版社，1993，第 254 ~ 255 页。

②　《马克思恩格斯文集》（第 1 卷），人民出版社，2009，第 542 页。

象性的关系，它的存在就不是对象性的存在。就不是对象性的存在物”。[①] 所谓性质，是事物本质在与他物关系中的某种外在显现。所以，弄清楚决定生产力之存在的“关系”是弄清生产力性质的前提。

这个问题早在《德意志意识形态》中就有了比较全面的论述。概括起来主要讲了四种关系。

第一种是生产力与人的需求之间的关系。《德意志意识形态》明确指出：人类为了能够生活，首先需要衣、食、住以及其他，“因此第一个历史活动就是生产满足这些需要的资料，即生产物质生活本身”。[②] 尽管马克思也曾提到，需要也可能是生产出来的。但是生产与需要事实上又经常不一致，表明两者是相互制约而非生产对需求的单方面制约。既然如此，生产力与人的需求的关系就是贯穿生产力发展始终的一对基本关系。

第二种是生产力与自然之间的关系。人类要生产满足“衣、食、住以及其他东西”需要的资料，当然需要物质对象和工具。因此《德意志意识形态》又讲：“第一个需要确认的事实就是这些个人的肉体组织以及由此产生的个人对其他自然的关系。”[③] 显然，离开了自然界，生产力亦无从谈起。

第三种是生产力与生产关系之间的关系。紧接着的问题是，生产力可以在个人改造自然的活动中孤立存在吗？《德意志意识形态》曾讲：“生产本身又是以个人彼此之间的交往为前提的。”[④] 在《雇佣劳动与资本》中，马克思说得更清楚，他说：人们“只有以一定的方式共同活动和互相交换其活动，才能进行生产”。[⑤] 可见，生产力也不能脱离生产关系而存在。

第四种是生产力与自身之间的关系。这一点最易被忽略。人的实践能力要发展，总得要有所继承，否则，必然的逻辑结果是人的实践能力发展只能始终从零开始，人就只能始终处在即将转变为人的那种临界状态。这段话在各个时代都曾被反复提及，“历史的每一阶段都遇到一定的物质结果，一定的生产力总和，人对自然以及个人之间历史地形成的关系，都遇

---

① 《马克思恩格斯文集》（第1卷），人民出版社，2009，第210页。
② 《马克思恩格斯文集》（第1卷），人民出版社，2009，第531页。
③ 《马克思恩格斯文集》（第1卷），人民出版社，2009，第519页。
④ 《马克思恩格斯文集》（第1卷），人民出版社，2009，第520页。
⑤ 《马克思恩格斯文集》（第1卷），人民出版社，2009，第724页。

到前一代传给后一代的大量生产力、资金和环境”。[①] 这些生产力、资金和环境为新的一代所改变，但“它们也预先规定新的一代本身的生活条件，使它得到一定的发展和具有特殊的性质”。[②] 我们把这种生产力在继承基础上的发展，称为生产力与自身的关系。

以上论述表明，这四种关系是决定生产力之存在的必要条件，但是否是充分条件呢？第一种关系讲的是生产力之所以存在的原动力，第二和第四种是物质条件，第三种是社会条件。何谓生产力？尽管学界颇有争议，但这样理解应大致不错：社会中的人在与自然界“持续不断的交互作用”中形成的满足自身物质生活需要的能力。所以，上述四个关系又是生产力之存在的充分条件。

二 生产力的基本性质与评价上的困惑

四种基本关系，必然会表现出四种基本性质。根据马克思、恩格斯的相关论述，我们可将它们称为生产力的价值性、自然性、社会性和动态性。也正是在这四大方面，可能产生对生产力评价的困惑。

1. 生产力的价值性

这是由生产力作为相对于人的需要的关系性存在决定的。所谓生产力的价值性，就是指生产力具有满足人的需要的性质。表面看来，这似乎是个很直观的结论，但问题的复杂性在于，人的需求如同产品和各种劳动技能一样，也是生产出来的。[③] 马克思和恩格斯甚至指斥“那些以消费为出发点的经济学家是反动分子，因为他们忽略了竞争和大工业的革命方面”。[④] 似乎在马恩看来，消费只是处于从属地位，其实不然。因为“已经得到满足的第一个需要本身、满足需要的活动和已经获得的为满足需要而用的工具又引起新的需要”。[⑤] 这表明，“新的需要”的生产，每一项都有“满足”“需要”作为限定。所以，马克思才会强调，作为生产力成果的劳动产品都应具有满足人的某种需要的使用价值。这是生产力价值性的直接

---

① 《马克思恩格斯文集》（第 1 卷），人民出版社，2009，第 544 页。

② 《马克思恩格斯文集》（第 1 卷），人民出版社，2009，第 544 ~545 页。

③ 《马克思恩格斯全集》（第 2 版）（第 30 卷），人民出版社，1995，第 524 页。

④ 《马克思恩格斯全集》（第 1 版）（第 3 卷），人民出版社，1956，第 614 ~615 页。

⑤ 《马克思恩格斯文集》（第 1 卷），人民出版社，2009，第 531 页。

体现。

不过吊诡的是，随着生产力的不断发展，可能反而会产生不能很好满足人的需要的结果，我们可称之为生产力的价值性困境。

这里又要提到《德意志意识形态》，马克思、恩格斯主要在该书两处着重谈了这个问题。一是在第一卷《费尔巴哈》章中谈了生产力的“异化”，即生产力作为人本身的活动的产物，反而成为同他对立的、压迫着人的力量。他们将它归因于旧式分工和生产资料私有制。由于前者，虽然可以形成“成倍增长的生产力”，但在生产者看来终究不是他们自身的联合力量；[①] 由于后者，生产力表现为一种完全不依赖于各个人并与他们分离的东西，从而“表现为与各个人同时存在的特殊世界”。[②] 另一处是在第2卷《卡尔·格律恩》章批评“真正的社会主义”坚持生产和消费一致的庸俗理论时，强调“生产和消费往往处于互相矛盾之中”。因为从需求来看，消费者的需求“是有效的需求”；而从生产的角度来看，生产力发展又是一个历史过程，比如“生产面包的这些不同方式完全不取决于他吃面包这一简单的行为”。[③] 这两大价值性困境表明，现实世界里的生产力并不一定真的符合人的需要。那么，我们该如何评价生产力的增长呢？

2. 生产力的自然性

这由生产力作为相对于自然界的关系性存在所决定。所谓生产力的自然性，用马克思的话来说，就是一切生产力都可归结为自然力。[④]

我以为，可以从三个方面来理解马克思的这句话：生产力的自然条件、生产力的自然效能和生产力的自然限定。就生产力的自然条件来说，马克思认为，无论劳动者、劳动资料还是劳动对象，都是具有自然特性的物质存在。劳动者的劳动无非是“使他身上的自然力——臂和腿、头和手运动起来”，[⑤] 并利用物的机械的、物理的和化学的属性，实现与外在自然界的物质能量交换。即便是科学这种精神产品，马克思也强调它：“同样表现为直接包括在资本中的东西，……表现为自然力本身，表现为社会劳动本身

① 《马克思恩格斯文集》（第1卷），人民出版社，2009，第537~538页。

② 《马克思恩格斯文集》（第1卷），人民出版社，2009，第580页。

③ 《马克思恩格斯全集》（第1版）（第3卷），人民出版社，1956，第612页。

④ 〔德〕卡尔·马克思：《政治经济学批判大纲（草稿）》（第3分册），人民出版社，1963，第166页。

⑤ 《马克思恩格斯文集》（第5卷），人民出版社，2009，第208页。

的自然力。"[1] 所谓生产力的自然效能，这里是指不同的自然条件会导致生产效率的不同。马克思曾区分了两类不同的自然富源：生活资料的自然富源和生产资料的自然富源，前者如土壤的肥力、渔产丰富的水等，后者如奔腾的瀑布、森林、金属、煤炭等。他认为，这些都对人类的生产效率起着重要作用。比如，在同等条件下"在土地最肥沃的地方生产率最高"。[2] 马克思还提到了生产力的自然限定，比如，"耕作如果自发地进行，而不是有意识地加以控制，……接踵而来的就是土地荒芜，像波斯、美索不达米亚等地以及希腊那样"。所以"不以伟大的自然规律为依据的人类计划，只会带来灾难"。[3] 显然，马克思非常清楚地展示出人与自然是对立统一的整体。问题在于，"土地荒芜"等现象是生产力发展过程中必然会出现的吗？早在《1844 年经济学哲学手稿》中，马克思就谈到了人与自然的异化现象，并证明它是私有制的必然产物。他又讲："共产主义是对私有财产即人的自我异化的积极的扬弃，因而是通过人并且为了人而人的本质的真正占有；这种共产主义，作为完成了的自然主义，等于人道主义，而作为完成了的人道主义，等于自然主义。"[4] 换言之，在私有制的条件下，生产力又存在着反生态的本质，而要彻底解决它，只能是共产主义。气候危机越来越严重的今天，更加印证了马克思此论的正确性。数据显示，从 1850 年到 2005 年，以发达国家为主的碳排放占到历史总排放的 74.82%。[5] 面对马克思早已预言的"灾难"，我们又该如何衡量生产力的增长呢？

3. 生产力的社会性

这是由生产力作为相对于生产关系的关系性存在所决定的。既然生产力要在一定的社会条件和社会关系内才能存在，必然会产生生产力为谁占有、怎样占有、社会化程度、成果为谁享用等问题，这就是生产力的社会性。

马克思、恩格斯曾在《德意志意识形态》中提出了一个重要概念"生产力的总和"。从具体语境来看，他们是在分析生产力为何表现为"完全不依赖于个人并与他们分离"时提到这个概念的，即"各个人——他们的力量就是生产力——是分散的和彼此对立的，而另一方面，这些力量只有在

---

① 《马克思恩格斯全集》（第 1 版）（第 48 卷），人民出版社，1985，第 41 页。

② 《马克思恩格斯全集》（第 1 版）（第 26 卷）（第 3 册），人民出版社，1974，第 122 页。

③ 《马克思恩格斯全集》（第 1 版）（第 31 卷），人民出版社，1972，第 251 页。

④ 《马克思恩格斯文集》（第 1 卷），人民出版社，2009，第 185 页。

⑤ 樊纲主编《走向低碳发展：中国与世界》，中国经济出版社，2010，第 178 页。

这些个人的交往和相互联系中才是真正的力量”。他们接着说：“因此，一方面是生产力的总和。”[①] 显然，这个概念的确切含义当指在“个人的交往与相互联系中”形成的生产力的有机整体，绝非个人生产力的简单加总。“个人的力量”与“生产力的总和”的关系表现为，前者不仅是后者的有机组成部分，它本身就是生产力的总和的表现，因为没有后者，前者甚至不是“真正的力量”。这是生产社会化的集中体现。正因为生产力已发展到“总和”阶段，它才产生了与生产资料私有制的尖锐对立，客观上要求“各个人必须占有现有的生产力总和”。最终，生产力将属于马克思的“真正的共同体”中的全体个人。

然而，在现实世界中实然与应然依然是严重背离的。马克思和恩格斯当年就曾针对资本主义制度尖锐批评道，随着一切现有财产被变为工业资本和商业资本，资产阶级逐渐把以前存在过的没有财产的阶级的大部分和原先有财产的阶级的一部分变为新的阶级——无产阶级，于是，无产阶级同生产力并同他们自身的存在还保持着唯一联系的劳动，也已经失去了任何自主活动的假象，“只能用摧残生命的方式来维持他们的生命”。[②] 而在殖民地，马克思也严厉批评道：“英国资产阶级将被迫在印度实行的一切（按：指兴建铁路、发展现代工业等），既不会使人民群众得到解放，也不会根本改善他们的社会状况，因为这两者不仅仅决定于生产力的发展，而且还决定于生产力是否归人民所有。”[③] 显然，生产力增长并不一定自动转化为大众福祉，我们又该如何评价它呢？

4. 生产力的动态性

既然生产力是在个人、社会与自然之间的复杂互动中产生的，生产力必然随着这三者本身或三者间关系的变动而变动。所谓生产力的动态性，就是指生产力处在不停的运动变化中。前已述明，生产力是在继承已有成果的基础上人类实践能力不断累积发展的结果。而且，动态性本就意味着在同一时间序列上当下状态与已逝状态的比较，所以，生产力的动态性实则又反映出生产力与自身的关系。

不过，人类的生产力并非只有直线式的前进，也有曲折、倒退的可能。比如“一些纯粹偶然的事件，例如蛮族的入侵，……都足以使一个具有发

① 《马克思恩格斯文集》（第1卷），人民出版社，2009，第580页。

② 《马克思恩格斯文集》（第1卷），人民出版社，2009，第580页。

③ 《马克思恩格斯文集》（第2卷），人民出版社，2009，第689~690页。

达生产力和有高度需求的国家陷入一切都必须从头开始的境地"。[①] 尤其是，倒退甚至会成为周期性的常态。在《雇佣劳动与资本》中，马克思就开始自觉地论证这种在资本主义必然出现的不正常现象。马克思将它称为"产业地震"，他指出："在每次地震中，商业界只是由于埋葬一部分财富、产品以至生产力才维持下去。"[②] 在生产力的动态变化中，不仅有倒退，在发展过程中还会有快慢的比较问题。由于大工业加剧了竞争，"竞争很快就迫使每一个不愿丧失自己的历史作用的国家为保护自己的工场手工业而采取新的关税措施（旧的关税已无力抵制大工业了），并随即在保护关税之下兴办大工业"。[③] 也就是动用国家力量推动新生产力的发展。当代世界的竞争更为激烈，邓小平进而指出："低速度就等于停步，甚至等于后退。"[④] 这也产生了如何从动态性角度评价生产力的问题。

三　关于"社会主义社会的生产力"的评价问题

由此看来，对生产力发展的评价存在四重难题。但这个问题又极其重要，因为小平同志曾明确讲到"发展社会主义社会的生产力"是我们工作是非曲直"判断的标准"。但小平同志晚年并未对"社会主义社会的生产力"的具体内涵作专门界定。于是，理论界留下了两大难题：第一，"社会主义社会的生产力"的具体内涵到底是什么？如何评价？第二，资本主义生产力与社会主义生产力有何区别？弄清了生产力的基本性质，这两大问题也就迎刃而解了。预先图示如图 1 所示。

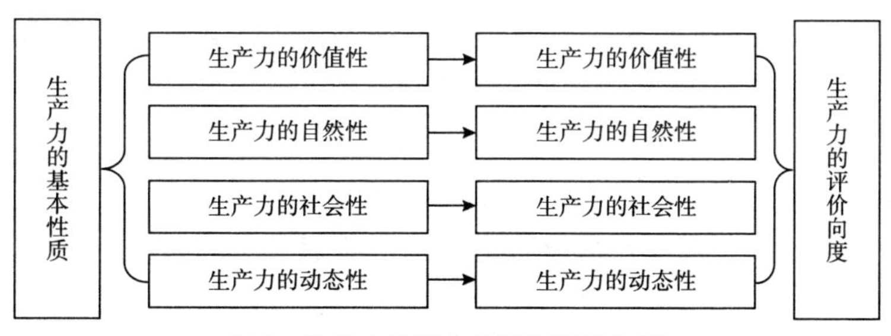

图 1　生产力的基本性质与评价向度

① 《马克思恩格斯文集》（第 1 卷），人民出版社，2009，第 559 ~ 560 页。

② 《马克思恩格斯文集》（第 1 卷），人民出版社，2009，第 742 页。

③ 《马克思恩格斯文集》（第 1 卷），人民出版社，2009，第 566 页。

④ 《邓小平文选》（第 3 卷），人民出版社，1993，第 375 页。

右边的四重性质已非生产力的客观性质，而是结合了价值判断和科学认知的期望性质。我的理解是“社会主义社会的生产力”应当是这四者有机结合的生产力，相反性质的生产力不能成为“标准”。而资本主义生产力则是存在（并且不能克服）生产力的价值性困境、反生态性、反人民性和“产业地震”的生产力。

1. **生产力的适需性**

这是由生产力具有价值性同时又面临价值性困境的矛盾状态决定的。社会主义社会作为共产主义社会的第一阶段，“社会主义社会的生产力”就应当衡量对价值性困境的克服程度，即合乎主体需要的程度，我们称之为适需性。

怎样才算生产力合乎了主体需要？马克思和恩格斯是否仍然给我们提供了相关思路？西方经济学运用静态均衡分析方法，关注的是经济运行的总量平衡和结构平衡。但无论是瓦尔拉斯均衡还是希克斯均衡，均将经济发展水平、财富占有的相对程度和最低限度等问题排除在合乎需要的视野之外。显然，马克思和恩格斯站在保持人的主体性的立场，从人的解放的高度来谈满足主体需要，其思想境界是西方经济学所不能比拟的。他们不仅关注供求关系的平衡，而且第一，强调生产力的“高度发展”，马克思、恩格斯将它称为实现人的解放“绝对必需的实际前提”。因为“当人们还不能使自己的吃喝住穿在质和量方面得到充分保证的时候，人们就根本不能获得解放”。[①] 第二，马克思还阐述了个体的满足是一种“社会满足”的著名思想，即“我们在衡量需要和享受时是以社会为尺度”[②] 的。马克思还特意举了小房子和宫殿的著名例子来说明。第三，社会主义社会生产力的适需性当然也要包括尽可能满足个体的基本需要。比如恩格斯在《英国工人阶级状况》一书中描绘的“一边是享乐，一边却是极端的贫穷以及那种由贫穷造成的苦难”，深刻抨击了资本主义在创造大量财富的同时却造成贫富悬殊和不能满足工人基本生存需要的罪恶。也就是说，根据马克思、恩格斯的相关论述，生产力的适需性至少应当从供需平衡、生产力发展水平、贫富分化程度和个体基本需要的满足等方面来全方位地理解。

---

① 《马克思恩格斯文集》第1卷，人民出版社，2009，第527页。

② 《马克思恩格斯文集》第1卷，人民出版社，2009，第729页。

2. **生产力的生态性**

马克思证明，在私有制下，生产力具有自然性但又具有反生态的本质，社会主义社会作为对资本主义制度的替代，当然要考察人与自然的和谐程度，即生产力的生态性。

对生产力的生态性又该如何具体理解？马克思、恩格斯也是有过原则性阐述的。恩格斯有句名言："我们不要过分陶醉于我们对自然界的胜利。对于每一次这样的胜利，自然界都报复了我们。"① 用今天的话来说，也就是生产力的发展不能突破生态系统的承载力约束。我以为，如果这种话语转换能够成立，从逻辑上说，相对于一定数量的人口，这种自然约束必然会立即体现在两个方面：资源和环境。前者是生产的必要条件，后者考察生产的生态后果。而在马克思看来，其中土地又具有特殊的重要性，因为不仅"空间是一切生产和一切人类活动所需要的要素"，② 而且"动物对土地也有天然权利，因为动物离开土地就不能生存"。③ 因此，从大的方面来说，生产力的生态性应当将土地、资源和环境承载力三者结合起来考察。在耕地减少、资源匮乏、气候变化的今天，这个思路显得尤其珍贵。

3. **生产力的人民性**

这是由生产力具有社会性但同时又可能存在反人民性所决定的。社会主义社会是人民当家做主的社会，"社会主义社会的生产力"当然要表现出人民性，即它为民所有、为民所享。

为什么生产力在资本主义社会"对大多数人来说成了破坏的力量"？马克思认为根本原因在于"私有制的统治"。所以，社会主义社会生产力的人民性的一个重要方面应当是公有制经济的控制力。同时在马克思、恩格斯看来，也正是"私有制的统治"产生了资本主义社会有效需求不足的问题。产品能否满足人们需求是一回事，人们是否有应有的购买力是另一回事。正是资本主义制度性的有效需求不足，《德意志意识形态》才指斥那些以消费为出发点的经济学家是反动分子。社会主义结束了"私有制的统治"，能够解决有效需求不足的问题。但社会主义建设实践表明，仍可能产生另一种性质的需求不足，积累过高导致的有效需求不足。目前我国的实际情况，就面临内需不足的情形，中央提高"居民收入在国民收入分配中的比重"

---

① 《马克思恩格斯全集》（第1版）（第20卷），人民出版社，1971，第519页。

② 《马克思恩格斯全集》（第1版）（第25卷），人民出版社，1974，第872页。

③ 《马克思恩格斯全集》（第1版）（第16卷），人民出版社，1964，第648页。

和“劳动报酬在初次分配中的比重”就显然是生产力人民性的重要表现。

再就我国实际而言，我国已初步建立了社会主义市场经济体制。市场除了马克思早就论述过的不可能自动实现宏观经济总量平衡外，对相当一部分公共设施的消费、在某些社会效益重于经济效益的环节、在一些垄断性行业和规模经济显著的行业，也不可能达到理想的效果。[①] 这个论述是中国马克思主义者的一大贡献。所以，社会主义国家的宏观调控力亦应是生产力人民性的重要表征。

4. 生产力的发展性

运动是物质的根本属性，发展是揭示物质世界运动的整体趋势和方向性的范畴，这决定了必然要把发展性作为生产力的评价向度。

表面看来，衡量生产力的发展性就是衡量生产力的增长率，这实际上是一种极为片面的理解。因为它不能反映出生产力增长的潜力和后劲。马克思和恩格斯对此也有过深入分析，给我们留下了宝贵启示。根据笔者可能并不全面的梳理，这至少包括：第一，从历史发展的高度揭示了科技进步对促进生产力发展的重要作用。例如马克思敏锐地意识到，与工场手工业的产生前提不同，以理论力学为代表的自然科学成了大工业的必要前提。反过来，大工业又“使自然科学从属于资本”，这样才造成了“大量的生产力”。[②] 第二，提出了“共同活动方式本身就是‘生产力’”[③] 的著名思想。而在《资本论》中，他又说：“由协作和分工产生的生产力，不费资本分文。这是社会劳动的自然力。”[④] 这也就是强调了通过管理创新促进生产力各要素优化组合的重要性。第三，马克思还曾用很大的篇幅谈到了生产力的地域扩展，强调说，各民族的原始封闭状态由于日益完善的生产方式、交往以及因交往而自然形成的不同民族之间的分工消灭得越是彻底，历史也就越是成为世界历史。这也就提示出提升一个地区在更大地域范围分工中的生产地位和自生发展能力问题。即使在今天看来，马克思、恩格斯的上述分析亦不仅比较全面，更显示出其重要性。

至此，本文实际上又理出了一个马克思关于国民经济发展总体评价的基本思路。显然，相对于“主流”评价思路，马克思的这个思路是一种全

① 《江泽民论有中国特色社会主义》，中央文献出版社，2002，第70~71页。

② 《马克思恩格斯文集》（第1卷），人民出版社，第566页。

③ 《马克思恩格斯文集》（第1卷），人民出版社，第532~533页。

④ 《马克思恩格斯全集》（第1版）（第23卷），人民出版社，1972，第423~424页。

面、综合的评价，具有明显的优越性。GDP 的思路可勿置论，绿色 GDP 的思路和可持续发展的视角，均偏重于从人与自然的关系的角度评价生产力发展。阿玛蒂亚·森以可行能力的视角看待发展，在世界上产生了较大影响，但实际上仅着重于人类基本需求的满足程度，具有明显的片面性。值得一提的是，森正是因为对于穷人生活状况的关注，被广誉为“经济学家的良心”。我们尊重森的经济学成就，但从本文的论证来看，谁才具有经济学家真正的良心呢?

中国经济模式的政治经济学分析*

张　宇　张　晨　蔡万焕

内容摘要： 经济学界对中国经济模式的认识，经历了比较经济学的范式、转轨经济学的范式和政治经济学的范式这样三个主要的发展阶段。中国经济模式涵盖基本制度、经济体制、发展道路、转型方式和全球化等多个方面的丰富内容，社会主义基本制度处于核心地位。中国经济模式实际上是其基本经济制度在现实的改革、发展和开放过程中的展开或实现。进一步完善中国经济模式，必须自觉坚持和完善我国的基本经济制度，实现其与市场经济的有机结合。中国经济模式的形成既体现了经济现代化和市场经济发展的一般规律，又反映了中国特殊的制度、国情和历史阶段的要求，因而既有特殊性，也有普遍意义。

关键词： 中国经济模式　马克思主义　政治经济学

十一届三中全会开启了中国改革开放的历史新时期。经过 30 多年的不懈努力，中国成功实现了从高度集中的计划经济体制到充满活力的社会主义市场经济体制的历史转变，推动了经济持续快速的发展、人民生活水平的不断提高和综合国力的大幅提升。“中国经验”“中国道路”“中国模式”受到全世界日益广泛的关注。中国发展模式最引人瞩目的是它的增长奇迹。究竟是什么原因导致了中国经济持续 30 多年 10% 左右的高增长率？最具历史意义的是这一奇迹背后所蕴含的制度和理念：到底存在不存在一条与西方资本主义不同的成功的发展道路以及制度和理念？这是近现代中国历次重大社会变革所关注的持久主题，也是广大发展中国家现代化过程中共同面临的抉择。如何回答这一问题在很大程度上决

* 本文发表于《中国社会科学》2011 年第 3 期。

定着历史发展的方向和未来世界的面貌。中国发展模式的内涵是十分丰富的，体现在经济、政治、文化、社会等各个方面。本文主要从政治经济学的角度分析中国经济模式的特征与意义。第一节综述对中国经济模式认识的演进与发展，第二节阐明中国经济模式的主要特征，第三节分析中国经济模式面临的矛盾与选择，第四节概述中国经济模式的意义，包括普遍性与特殊性。

一　对中国经济模式认识的演进与发展

对中国经济模式的认识和研究是随着中国社会主义建设的实践而不断发展的。早在20世纪50年代后期即社会主义制度建立之初，以毛泽东为代表的党的第一代领导人就提出要实现马克思主义与中国实际的第二次结合、走自己道路的指导思想，对中国社会主义建设的道路进行了初步的探索。在学术界，以孙冶方等为代表的一批学者对中国社会主义经济建设中的一些重大问题也进行了深入的思考，取得了一些重要的理论成果。从指导思想和实践进程看，中国经济模式的发展方向无疑是在中国化的马克思主义理论指导下形成的。就学术层面来说，对中国经济模式的认识存在不同的流派和观点，其演进在改革开放以来大致经历了以下三个主要的发展阶段。

（一）比较经济学的范式：20世纪80年代对经济体制改革目标模式的探讨

经济改革初期，一方面，经济体制改革的实践对改革理论的需求日益强烈；另一方面，正统的西方经济学和传统的社会主义经济理论又缺乏关于市场经济体制演化的系统理论。在这种情况下，比较经济学的理论大显身手，成为探索经济模式的重要理论支柱。在理论上，苏联东欧等国外学者关于社会主义经济体制的理论，如兰格的“计划模拟市场”模式、布鲁斯的“含市场机制的计划经济”模式、奥塔·锡克的“宏观收入分配计划调节下的自由市场”模式、科尔内的“宏观调控下的市场协调”模式、诺夫的“可行的社会主义”模式等，都曾在中国学界受到重视。在实践中，南斯拉夫的自治社会主义、匈牙利的新经济机制、戈尔巴乔夫的新思维以及东亚模式、北欧模式、英美模式等，都曾引起人们的关注。在比较研究的基础上，国内学者对中国经济体制改革的目标模式进行深入的探讨，取得了许多重要的成果。例如，刘国光、戴园晨、张卓元等提出体制模式与发展模式的“双模式转换”论和企业改革与价格改革两条主线协同并行的“双向协同”改革战略；[①] 厉以宁等提出企业改革主线论和股份制作为企业改革主要形式的观点；[②] 吴敬琏、周小川等提出以价格改革为中心进行综合配套改革的“协调改革”观点；[③] 董辅礽提出社会主义经济是“八宝饭”的混合经济观点；[④] 卫兴华、洪银兴和魏杰提出“计划调节市场，市场调节企业”的有计划商品经济的运行模式；[⑤] 等等。从 1987 年 10 月起，国家体改委委托有关经济主管部门、科研机构、大专院校以及少数省市的专家学者，研究 1988 ~ 1995 年我国经济体制改革的中期规划，形成了几份具有不同特点的综合规划和总体报告，集中体现了那一时期人们对经济体制改革的目标模式的系统认识。[⑥]

比较经济学的理论和方法对于我们正确借鉴国外的经济模式具有重要参考价值，它在摆脱传统计划经济理论的束缚和探索中国经济体制改革的目标模式方面功不可没。但是，比较经济学的方法存在重要局限。一方面，它是经验的而不是规范的，它对历史和现实中存在的经济体制从实证的角度进行比较和概括，但是并没有形成关于制度变迁的一般理论。另一方面，这一理论又是抽象的，而不是现实的，因为它把不同社会制度和不同历史环境下形成的经济体制简单化、图式化。西方比较经济学最主要的弊病是缺少唯物史观和辩证法的科学思想，回避性质不同的生产关系之间的比较以及不同历史阶段和社会制度下经济规律的根本差别，撇开生产资料所有制与具体的经济管理体制及其运行机制之间深刻的内在联系，并把不同社会制度下的经济体制抽象地归纳为集权、分权和集权与分权的结合等模式，或者是动力机制、决策机制、调节机制等因素，这些过分抽象和简化的模式和因素与实际的经济生活相距甚远，当然不可能把握中国经济改革与经济发展的复杂过程和内在逻辑。

---

① 刘国光主编《中国经济体制改革的模式研究》，中国社会科学出版社，1988。

② 厉以宁：《中国经济改革的思路》，中国展望出版社，1989。

③ 吴敬琏、周小川、楼继伟：《中国经济体制改革的整体设计》，中国展望出版社，1988。

④ 董辅礽：《经济体制改革研究》，经济科学出版社，1994。

⑤ 卫兴华、洪银兴、魏杰：《计划调节导向和约束的市场调节》，《经济研究》1987 年第 1 期。

⑥ 国家体改委综合规划司编《中国改革的大思路》，沈阳出版社，1988。

(二) 转轨经济学的范式：20 世纪 90 年代对渐进式改革与激进式改革的比较

随着高度集中的计划经济体制向市场经济的全面过渡，过渡经济学或转轨经济学应运而生。当 20 世纪 80 年代末 90 年代初苏东剧变发生时，西方正统经济学家达成一种共识：向市场经济的过渡必须实行以宏观经济稳定化、价格自由化和国有企业私有化为核心的激进式改革，人们不可能两步跨越一道鸿沟，渐进式改革是难以成功的。但是，实践的结果却大大出人意料：经济学家没有预料到价格自由化和宏观稳定化之后产量的大幅度下降；私有化的结果导致了“内部人”获益；有组织的犯罪活动急速增长，黑手党现象严重；如此多的国家分崩离析；最大的意外则是中国经济渐进式改革的成功。这表明，主流经济学家有关转型的知识和对转型的理解相当有限，并且大部分是“事后诸葛亮”。[①] 中国经济的持续增长与苏联、东欧各国经济的持续衰退形成了巨大反差。正如斯蒂格利茨所说，成功与失败的对比是如此鲜明，以至于如果人们不试图从中汲取一些教训，也未免太不负责任了。[②] 随着转型过程的深入，赞同渐进式改革和批评激进式改革的意见逐步增多。对中国渐进式改革与苏联、东欧激进式改革道路的比较成了那一时期过渡经济学或转轨经济学关注的焦点。

在转轨经济学的范式中，国外有代表性的观点主要有三个方面。

一是新古典经济学的范式。以萨克斯等为代表的新古典经济学家所推崇的是以私有化和自由化为核心的“华盛顿共识”和激进的“休克疗法”。他们认为，中国渐进式改革的成功只是一种例外，主要是得益于有利的初始条件，如以农业为主的经济结构、传统计划体制内部的松散性等，因而中国的改革经验不具有普遍意义。他们还强调，由于没有实行彻底的私有化和自由化，中国渐进式改革正在陷入困境，面临着一系列所谓“深层矛盾”的挑战和危机。[③]

二是新凯恩斯主义的范式。以斯蒂格利茨为代表的新凯恩斯主义者认为，不完全且代价很高的信息、不完全的资本市场、不完全的竞争，这些都是市

---

① 热若尔·罗兰：《转型与经济学》，张帆、潘佐红译，北京大学出版社，2002。

② 斯蒂格利茨：《改革向何处去？——论十年转轨》，胡鞍钢、王绍光编《政府与市场》，中国计划出版社，2000。

③ Jeffrey Sachs and Wing Woo, “Structural Fact or in the Economic Reforms of China, Eastern Europe and Former Soviet Union,” *Economy Policy*, Vol. 18, April 1994.

场经济的现实，以亚当·斯密“看不见的手”为基础的新古典经济学在转型经济和制度选择中用处很小，渐进式改革比激进式改革更为可取。[1] 阿姆斯旦和泰勒等人认为，向资本主义过渡更需要的是“看得见的手”，而不是新自由主义的“看不见的手”。资本主义的成功有赖于能够支持长期投资和承担风险的制度，而这种制度的建设，只有通过国家才能建构。[2]

三是演进主义的范式。蒙勒、诺顿等持演进主义观点的学者认为，社会是复杂的，人的理性是有限的，改革只能用试验的方法逐步推进。最成功的改革将属于那些在一个较长的时间内不断进行变革的国家，而不是选择某些经济战略使过去和未来之间造成断裂的国家。[3] 青木昌彦等人认为，经济体制是一个复杂的进化系统，不同制度之间存在互补性，互补性越强，改革的成本越高；进行大规模经济改革时，即使总的方向已经确定，改革的结果和过程也会有很大的不确定性，因此，渐进式改革方式更为可取。[4]

上述三个方面的理论在对经济转型的性质和目标的理解上并无根本分歧。他们都把经济转型理解为从社会主义计划经济向西方资本主义市场经济的过渡。所不同的是，新古典理论主张的是全面的一步到位的激进式改革；新凯恩斯主义承认市场经济的局限并肯定了政府干预的意义；演进主义则揭示了资本主义市场秩序自发演进的特征。它们的共同缺陷是：主要从主观主义和个人主义的世界观出发考虑问题，缺乏对经济转型过程整体的、历史的考察，视资本主义市场经济为天然合理、亘古不变的理想制度，同时又有意无意地忽视了中国渐进式改革与苏联、东欧激进式改革在性质和目标上的根本区别。应当指出，中国的渐进式改革是完善社会主义基本制度，而苏联、东欧的激进式改革是否定社会主义制度。离开了这一根本区别，不仅不可能把握中国经济模式的本质，反而会在方向上出现南辕北辙的错误。

---

① Joseph E. Stiglitz, *Whither Socialism*, Cambridge, MA: The MIT Press, 1994.

② Alice H. Amsden, Jacek Kochanowicz and Lance Taylor, *The Market Meets Its Match: Restructuring the Economies of Eastern Europe*, Cambridge, MA: Harvard University Press, 1994.

③ 彼得·蒙勒：《论激进经济改革与渐进经济改革》，李兴耕、李宗禹、荣敬本编《当代国外经济学家论市场经济》，中共中央党校出版社，1994；J. McMillan and B. Naughto, "How to Reform a Planned Economy: Lesson from China," *Oxford Review of Economic Policy*, vol. 8, no. 1, 1992.

④ 青木昌彦、奥野正宽编著《经济体制的比较制度分析》，魏加宁等译，中国发展出版社，1999。

国内学者对中国的转型模式也进行了深入探讨，以下是较有代表性的观点。

林毅夫等认为，改革以前中国发展缓慢的根本原因在于推行了重工业优先发展的“赶超战略”，而改革以来中国经济迅速发展的关键则在于改革三位一体的传统经济体制，使中国的资源比较优势得以发挥。同时，中国改革成功的一个重要保证是选择了一条代价小、风险小又能及时带来收益的渐进式改革道路。①

樊纲等把渐进式改革的实质概括为“双轨过渡”和“增量改革”，特别是非国有经济的迅猛发展。②

张军认为，以价格双轨制为特征的“边界改革”的经验在于，国有部门在计划外边界上通过对价格信号做出反应去捕捉获利机会，要比突然被私有化的国有部门对经济扭曲和短缺做出的反应更迅速。③

周振华认为，中国经济体制改革的内涵是由制度博弈的结构或“改革的程序”决定的。这种“改革程序”的设定可以归纳为：市场化取向的改革目标动态化；诱致性激励的改革选择集弹性化；制度交易的合同非完全化。贯穿其中的核心是改革与发展的一体化。④

钱颖一等认为，中国改革的成功主要得益于传统体制的 M 型结构，即一种以区域原则为基础，多层次、多地区的“块块”结构，这种结构削弱了行政控制，强化了市场活动，刺激了非国有企业的发展。⑤

杨瑞龙认为，在向市场经济过渡过程中，中国的制度变迁方式将依次经过供给主导型、中间扩散型和需要主导型三个阶段，在中间扩散型制度变迁过程中，地方政府发挥着关键作用。⑥

还有的学者从改革目标的不确定性、改革过程的非均衡性、改革方式的非激进性以及自发性改革的重要性和传统文化的影响等方面，阐述了中

---

① 林毅夫、蔡昉、李周：《中国的奇迹：发展战略与经济改革》，上海三联书店、上海人民出版社，1994。

② 樊纲：《渐进改革的政治经济学分析》，上海远东出版社，1996。

③ 张军：《“双轨制”经济学：中国的经济改革（1978～1992）》，上海三联书店、上海人民出版社，1997。

④ 周振华：《体制变革与经济增长——中国经验与范式分析》，上海三联书店、上海人民出版社，1999。

⑤ 钱颖一、许成钢：《中国的经济改革为什么与众不同》，《经济社会体制比较》1993 年第 10 期。

⑥ 杨瑞龙：《中国制度变迁方式三个阶段论》，《经济研究》2001 年第 6 期。

国经济转型模式的特点。

中国学者的这些探讨和见解，揭示了中国经济转型方式的某些经验和特点，丰富了对经济转型过程的认识。[①] 这些探讨和见解虽然各有侧重，但大都是在改革的目标相同且确定的假定前提下，围绕着改革方式的差别展开讨论的，有其主要的局限性。第一，没有深入考察改革过程与改革目标之间的辩证关系，只是在市场化方式的层面上认识转型问题。第二，没有深入考察社会主义基本制度与经济体制的紧密联系，忽视了改革是社会主义制度的自我完善这一根本性质。第三，只有抽象空洞的市场经济概念而没有具体历史的社会主义市场经济概念。[②] 第四，没有形成与中国的制度和国情相适应的中国特色的经济转型理论，较多地运用了西方经济学的理论观点。从这些方面来看，上述观点并没有从根本上超越西方转轨经济学的范式。

（三）政治经济学的范式：21 世纪以来对中国经济模式基本特征和一般意义的探讨

进入 21 世纪后，中国的经济体制改革进入了一个新阶段。2003 年中共十六届三中全会通过的《中共中央关于完善社会主义市场经济体制若干问题的决定》确认："我国经济体制改革在理论和实践上取得重大进展。社会主义市场经济体制初步建立，公有制为主体、多种所有制经济共同发展的基本经济制度已经确立，全方位、宽领域、多层次的对外开放格局基本形成。"[③] 这一论断表明，中国的经济转型已经完成了它的主要目标和任务，经济改革已经从 1980 年代的以"破"为主，1990 年代的以"立"为主，进入了以"完善或定型"为主的阶段。特别是科学发展观的提出，使中国经济发展的理论和实践得了到进一步的丰富和完善。

2007 年以后，对于中国模式的基本特征和一般意义的探讨全面深入地

---

① 这一时期，也有学者认识到改革的目标和宪法制度对改革道路的决定性作用。例如，在《过渡之路：中国渐进式改革的政治经济学分析》一书中，笔者曾经提出一个以马克思主义整体的政治经济学范式为基础的过渡经济学分析框架，并把中国渐进式改革定义为"工业化与社会主义宪法制度双重约束下的市场化"。但是，这种观点在当时是较为少见的（参见张宇《过渡之路：中国渐进式改革的政治经济学分析》，中国社会科学出版社，1997）。

② 江泽民强调："'社会主义'这几个字是不能没有的，这并非多余，并非'画蛇添足'，而恰恰相反，这是'画龙点睛'。所谓'点睛'，就是点明我们市场经济的性质。"（江泽民：《论社会主义市场经济》，中央文献出版社，2006，第 202 页）

③ 《中共中央关于完善社会主义市场经济体制若干问题的决定》，中共中央文献研究室编《十六大以来重要文献选编》（上），中央文献出版社，2005，第 464 页。

展开，三个重要的历史事件推动了这一进程。

其一，在中共十七大报告中，胡锦涛对中国改革开放的基本经验作了科学的概括，提出“十个结合”的重要论断，并在纪念党的十一届三中全会召开30周年大会上的讲话中对这“十个结合”作了进一步深入的阐述。这些概括和阐述使我们对“中国经验”“中国道路”和“中国模式”的认识达到了一个新的高度。

其二，围绕着纪念改革开放30周年和纪念新中国成立60周年，关于“中国模式”的文献大量涌现，对中国模式的探讨从学术层面进入主流媒体，[①] 从改革方式进入基本制度和发展模式，从经济领域进入政治、文化和社会领域，从经验总结进入理论的提升，对“中国模式”的关注度空前提升，认识不断深化。

其三，由美国次贷危机所引发的全球金融—经济大危机激起人们的深刻反思，资本主义制度和新自由主义模式受到广泛质疑，而中国特色的社会主义发展道路和社会主义市场经济体制则在应对危机中显示出特殊的优势，这进一步触发了人们对“中国模式”的关注和思考。

面对新的形势和任务，人们逐步摆脱转轨经济学的思维，试图从中国的实践中提炼对经济发展和制度变迁具有一般意义的理论和经验，转轨经济学的范式开始被政治经济学的范式所替代。马克思主义政治经济学是联系生产力和上层建筑、研究社会生产关系及其经济运动规律的科学，具有不同于西方主流经济学的根本特征。以辩证唯物主义和历史唯物主义为基础的世界观和方法论，为无产阶级和广大人民群众利益服务的政治立场，以生产力与生产关系相互作用为核心的经济分析体系，马克思主义政治经济学的这些基本性质为建设社会主义和未来实现共产主义提供了科学的思想指导。运用马克思主义政治经济学的范式开展对中国经济模式的认识和研究，具有以下突出特点。

一是更加重视中国模式的制度特征。王振中等运用马克思主义关于经济社会形态二重基本结构的分析方法，从生产关系系统和交换关系系统两个角度研究中国的转型问题，并把经济转型过程分为两个不同方面——从计划经济向市场经济的过渡和基本经济制度的选择。[②] 程恩富指出，中国模

① 2008年以来，人民网、《人民论坛》、《中国社会科学》、《经济学动态》等重要媒体和杂志都刊文对中国模式进行探讨。

② 王振中：《中国转型经济的政治经济学分析》，中国物价出版社，2002。

式区别于其他模式的显著体制特征是经济发展的“四主型”制度，公有制为主体的多种类产权制度、劳动主体型的多要素分配制度、国家主导型的多结构市场制度和自力主导型的多方位开放制度。[①]

二是更加重视中国模式与中国特色社会主义的本质联系。程恩富明确提出，中国模式是社会主义本质的中国实现形式。[②] 胡钧等指出，中国模式就是有中国特色的社会主义道路，其成功的关键在于中国共产党的领导、公有制的主体地位、政府的主导作用和有效利用市场。[③] 秦宣、徐崇温等强调，中国模式是我们党把马克思主义的普遍真理同我国的具体实际结合起来，走自己的道路，建设中国特色社会主义的产物。[④] 刘国光指出，中国之所以能够从容应对危机，是因为我们还在坚持中国特色社会主义模式。[⑤]

三是更加重视中国模式的发展维度。进入21世纪以后，对中国模式的认识更多聚焦于发展问题，中国模式在许多场合下被等同于中国的发展模式，如何实现科学发展成为新时期经济发展的主题，如何实现经济发展方式的转变成为新时期经济发展的主线。中国经济发展的速度、质量、结构和动力等问题的研究受到普遍重视，对中国经济增长奇迹的解释以及对中国发展模式经验和意义的评估受到国内外学术界日益广泛的关注。

四是更加重视中国经济模式的整体历史结构。越来越多的人认识到，需要在整体性视野中认识和把握中国模式的内涵，要从经济、政治、文化、社会、历史的有机联系中把握中国经济模式的总体特征，而不能作割裂或分立式的理解。[⑥] 越来越多的人认识到，不能割裂新中国前30年和后30年之间的内在联系，也不能割裂当代中国发展与历史和传统的深刻联系。有的学者强调，中国模式实际上是关于中华人民共和国60年成功之路的理论解释，中国模式的基础是中华文明的延续性。[⑦]

五是更加重视中国模式的世界影响。随着中国日益参与经济全球化的

---

① 程恩富：《中国模式的经济体制特征和内涵》，《经济学动态》2009年第12期。

② 程恩富：《中国模式：社会主义本质的中国实现形式》，《中国社会科学报》2011年1月11日。

③ 胡钧、韩东：《“中国模式”的实质、特点和面临的挑战》，《政治经济学评论》2010年第4期。

④ 秦宣：《“中国模式”之概念辨析》，《前线》2010年第2期；徐崇温：《关于如何理解中国模式的若干问题》，《马克思主义研究》2010年第2期。

⑤ 刘国光：《中国模式让我们有望最先复苏》，《红旗文稿》2009年第11期。

⑥ 赵剑英、吴波主编《论中国模式》，中国社会科学出版社，2010年。

⑦ 潘维主编《中国模式：解读人民共和国的60年》，中央编译出版社，2009。

进程，中国经济与世界经济的联系日益紧密，人们开始从世界体系的历史演进中，探求中国模式的历史意蕴和对世界秩序变动的深刻影响。① 中国模式的崛起还引起了人们对依附理论的重新审视，中国经济的发展是开辟了自主发展的成功之路，还是会陷入依附性发展的困境、重蹈依附性发展的暗淡命运？② 中国模式对人类社会演变的方向、发展中国家的发展道路和世界社会主义未来的影响，也开始受到重视。

上述五个方面对中国模式之认识和研究的新特点，体现了唯物史观和马克思主义政治经济学关于生产力与生产关系、经济基础与上层建筑、历史与逻辑以及理论与实践的辩证关系，反映了中国特色社会主义发展的历史进程。这清楚地表明，学术界对于中国经济模式的认识和研究已经开始超越西方主流经济学的狭隘视野、价值偏见和思维定式，政治经济学的范式正在并且必将成为学术界认识和研究中国经济模式的主导面。

二　中国经济模式的主要特征

迄今为止，对中国经济模式基本特征的概括是按照以下一些不同的视角展开的：一是基本制度，二是经济体制，三是发展道路，四是转型方式，五是全球化。实际上，这些不同的视角是相互联系、密不可分的，其中，基本制度特别是基本经济制度处于核心地位，起着关键作用。马克思主义政治经济学认为，经济基础决定上层建筑，而在经济基础中，基本经济制度又处于核心地位。所谓基本经济制度，就是指生产资料的所有制及其构成，它决定着一个社会生产关系的本质特征，决定着生产、分配、交换以至消费等各个环节，决定着一个社会的经济体制和经济发展道路，并从根本上决定着一个社会的政治制度、意识形态等上层建筑的性质。因此，只有从基本经济制度出发，才能准确把握中国经济模式的本质及其内在逻辑。可以这样认为，中国的经济模式实际上是中国的基本经济制度在现实的改革、发展与开放过程中的展开或实现，其主要

---

① 代表性的著作有乔万尼·阿里基：《亚当·斯密在北京》，路爱国、黄平、许安结译，社会科学文献出版社，2009，第10页。

② 安德鲁·马丁·费希尔：《中国正在拉美化吗？在全球失衡浪潮中，中国在实力与依附性之间的平衡行为》，《政治经济学评论》2010年第4期；卢荻：《世界发展危机与“中国模式”》，《政治经济学评论》2010年第4期。

特征可以概括为以下方面。

（一）以公有制为主体、多种所有制经济共同发展的基本经济制度

新中国成立后，通过社会主义改造，我国建立了以公有制为基础的社会主义制度。改革开放以来，中国逐步确立了以公有制为主体、多种所有制经济共同发展的社会主义初级阶段的基本经济制度。其主要内容可以具体概括为：毫不动摇地巩固和发展公有制经济，毫不动摇地鼓励、支持、引导非公有制经济发展，坚持平等保护物权，形成各种所有制经济平等竞争、相互促进的新格局；深化国有企业改革，形成适应市场经济要求的现代企业制度和企业经营机制；优化国有经济布局和结构，增强国有经济的活力、控制力、影响力；长期稳定并不断完善以家庭承包经营为基础、统分结合的农村双层经营机制；建立归属清晰、权责明确、保护严格、流转顺畅的现代产权制度；以现代产权制度为基础，发展混合所有制经济。根据上述内容进行的所有制和产权制度的改革，在实践中取得了显著成效，在理论上是巨大的创新，既坚持了科学社会主义的基本原则，又被我国实际和时代特征赋予了鲜明的中国特色；既搞活了公有制经济，又促进了多种所有制经济的共同发展。中国经验证明，那种认为公有制经济注定低效率，注定与市场经济相冲突的观点是根本站不住脚的。公有制的主体地位保证了市场经济的社会主义性质，有利于经济的持续稳定协调发展和实现社会的共同富裕。多种所有制经济的共同发展有利于发挥各种生产要素的作用，调动各方面的积极性。社会主义初级阶段基本经济制度的确立，为中国特色社会主义的发展奠定了坚实的基础。中国今天能够拥有这样比较雄厚的综合国力和重要的国际地位，能够在激烈的国际竞争中持续稳步发展，能够在急剧变革的转型过程中保持社会的基本稳定，经受住 20 世纪末苏东剧变、东亚金融危机和 2008 年的抗震救灾、金融海啸等重大突发事件的考验，都是与这个基本经济制度密不可分的。

（二）与社会主义基本制度相结合的新型市场经济体制，即社会主义市场经济体制

中国经济体制改革的目标是建立社会主义市场经济体制。社会主义

市场经济是与社会主义基本制度相结合的新型市场经济，中国经济改革获得成功的关键就是在社会主义基本制度特别是公有制经济与市场经济之间创造出了一种可以相互兼容和相互促进的新型关系。在这种新型关系中，社会主义基本制度具有了新的含义，焕发出新的活力；市场经济也具有了新的特点，体现了社会主义基本制度的要求。从中国的实践看，社会主义基本制度与市场经济相结合的途径和方式主要有以下几方面：建立与市场经济相适应的公有制的新形式和新体制，促进多种所有制经济共同发展；坚持公有制的主体地位，发挥国有经济的主导作用，深化国有企业改革；建立以按劳分配为主体、多种分配方式并存以及效率与公平相结合的收入分配制度；形成统一、开放、竞争有序的现代市场体系；建立健全计划引导下以市场为基础的宏观调控体系；建立健全完善的社会保障体系；建立与市场经济相适应的完善的法制体系；建立与市场经济相适应的新型社会管理体制；形成内外联动、互利共赢、安全高效的开放型经济体系；不断提高党和政府驾驭社会主义市场经济的能力。可以说，把社会主义基本制度与市场经济有机地结合起来，是中国经济改革的目标所在、实质所在、特色所在、经验所在。从经济运行的特点来看，中国改革开放以来形成的市场经济体制是一种以市场调节为基础、国家调节为主导、经济发展为目标、制度转型为背景的社会主义大国的市场经济体制，是一种计划调节与市场调节、中央集权同地方分权、直接调节与间接调节、供给管理与需求管理、短期目标与长期目标、总量平衡与结构优化有机统一的国家主导型的市场经济模式。这种市场经济体制与发达资本主义国家的市场经济体制存在重要的差别，也不同于其他发展中国家和转轨国家的市场经济体制。中国的经验再次告诉我们，强有力的国家干预是发展中国家实现现代化不可或缺的关键因素，更是社会主义制度的本质特征，所谓“大市场、小政府”和国家管得“越少越好”的自由主义观点是完全不靠谱的。

（三）以新型工业化和体制创新为动力的科学发展道路

发展是硬道理，发展是中国共产党执政兴国的第一要务。中国模式最引人瞩目的特点是它持续30多年近10%的高速经济增长奇迹。那么，中国经济增长的奇迹是如何取得的呢？国内外的学者们对此作了多方面的解释，如广阔的市场需求、稳定的政治环境、高的储蓄率和投资率、低成本的人力资源、有效的政府干预、经济的市场化、对外贸易和利用外资、技术的进步、二元结构的转换等。从根本上来说，中国经济的持续快速增长是以新型工业化和体制创新的不断深化为动力的。工业化与信息化的相互促进以及经济和社会体制的全面创新，一方面激发了资本、劳动力等资源投入的不断增加和需求的不断扩大，另一方面，推动了资源配置效率的不断提高和经济创新的持续深入。这是一种由结构性变迁、技术进步和体制创新共同推动的结构性或变革性的经济增长。新型工业化和体制创新作为推动这种增长的基本因素，在相当长的时期内是不会改变的，这就使中国经济的增长具有持续稳定的动力，这就是中国经济奇迹的所谓奥秘所在。中国经济模式的最重要成果和最宝贵经验就在于，它从中国的实际出发，探索并形成了符合中国特色的发展理论、发展战略和发展道路，最重要的是科学发展观，还有“三步走”和全面建设小康社会的战略，以及中国特色新型工业化道路、中国特色农业现代化道路、中国特色自主创新道路、中国特色城镇化道路、中国特色的区域发展道路等体现科学发展要求的经济发展道路。这些成果反映了中国特色社会主义对发展的客观要求，为中国的经济发展开辟了更加广阔而光明的前景。

（四）独立自主的对外开放战略

改革开放以来，中国确立了对外开放的基本国策，并通过主动、渐进和可控的方式，从建立经济特区到开放沿海、沿江、沿边、内陆地区再到加入世界贸易组织，从大规模“引进来”到大踏步“走出去”，实现了从封闭、半封闭到全方位开放的历史转折。中国对外开放的模式有以下主要特点：一是统筹国内国际两个大局，坚持互利共赢的开放战略；“引进来”与“走出去”相结合；充分利用国际国内两个市场，优化资源配置，拓宽发展空间；以开放促改革、促发展。二是明确经济全球化具有二重性，有两种发展趋势。一方面，它促进世界资源的合理配置，促进各国生产力的发展，从而造福各国人民；另一方面，它是资本主义经济关系的全球扩张，进一步加剧世界资源配置和经济发展的不平衡，继续扩大南北发展差距，加剧贫富分化和环境恶化。我们选择并推进前一种趋势，警惕并控制后一种趋势。三是把积极参与经济全球化同独立自主结合起来。在坚持对外开放的同时，把立足点放在依靠自身力量上，把引进与开放创新、利用外资与自己积累结合起来，注意维护国家的主权和经济安全，注意防范和化解国际风险的冲击，始终保持国家对关键行业和领域的控制力。我们不断提高自主创新的能力，努力建设创新型国家，形成了经济全球化条件下参与国际经济合作和竞争的新优势。

（五）以社会主义市场经济为目标的渐进式转型

20世纪80年代末90年代初，从传统计划经济向市场经济的过渡形成了两条不同的道路，即苏联、东欧的激进式改革和中国的渐进式改革。中国经济改革的成功不仅在于它向世人昭示，社会主义与市场经济是可以结合的，而且还在于它在实践中探索出了一条有中国特色的渐进式改革道路或改革方式，这种改革方式的主要特点如下。

——自上而下与自下而上相结合，在坚持统一领导的前提下，充分发挥基层单位在制度创新中的积极性和创造性。

——双轨过渡，增量先行，在保留计划协调的前提下，通过在新增资源中逐步扩大市场调节的比重，稳步向市场经济过渡。

——整体协调，重点突破，在坚持全国一盘棋的前提下，分部门、分企业、分地区地各个突破，由点到面，实现经济体制的整体转换。

——兼顾改革、发展与稳定，把改革的力度、发展的速度和社会可承受的程度统一起来，在社会稳定中推进改革和发展，通过改革和发展促进社会的稳定。

——分步推进，循序渐进，先试验后推广，根据实践的需要和认识的发展不断调整和完善改革的具体目标和具体思路。

目标决定方法，方法内生于目标，不能脱离改革的性质和目标，抽象讨论改革的方式问题。中国的经济改革之所以采取渐进的方式，从根本上来说，是由社会主义市场经济这一改革目标的特殊性质决定的。

首先，社会主义市场经济是与社会主义基本制度相结合的市场经济，改革的目标并不是要根本否定社会主义基本制度，而是要通过制度创新克服传统计划经济体制的弊端，赋予社会主义基本制度新的活力。中国经济改革的这种根本性质，决定了其方式和过程必然具有温和渐进的特点。新旧体制之间不是泾渭分明、截然对立的，而是具有明显的连续性和继承性的，它们之间的转换要经历许多具体阶段，经过许多中间环节，采取许多中间形式。

其次，中国目前处在社会主义初级阶段，市场发育和市场机制的作用不仅受社会制度的制约，而且受经济发展阶段的制约，在相当长的时期内面临着分工粗疏、结构简单、信息不畅、基础设施薄弱、城乡差距大等因素的制约，中国的市场化与工业化、体制模式的转型与发展模式的转型是结合在一起的。因此，市场经济的形成和发展必然要经历一个比较长的历史过程，中国的改革只能是渐进式改革。

再次，社会主义市场经济是一种新型的市场经济。它的具体含义和实现形式并不是先验的和固定不变的，而是处于不断变化发展的过程中，具有一定的不确定性。实际上，把改革目标确立为社会主义市场经济并不是一开始就明确了的，而是经历了从计划经济、商品经济到社会主义市场经济的长期探索过程。社会主义市场经济体制改革目标的确立，也没有一劳永逸地解决关于改革目标的所有问题，已经形成的社会主义市场经济仍需不断加以完善。

因此，中国渐进式改革与苏联、东欧激进式改革的根本区别，不在于市场化的方式和方法，而在于改革的目标和性质。正如科尔内所概括的，渐进与激进的差别不在于转型的方式和速度，也不在于它们是温和的还是激烈的，而在于究竟是改革还是他所谓的“革命”。[①] 中国经济改革的目标是完善社会主义制度，而苏联、东欧激进式改革的目标则是否定社会主义制度，这才是中国渐进式改革与苏联东欧激进式改革的根本区别。

中国经济模式上述几个方面的特点是相互联系的有机整体。中国的经济模式，从基本制度的角度看，就是以公有制为主体、多种所有制经济共同发展；这一基本制度体现在经济体制方面，就是社会主义市场经济体制；体现在对外开放方面，就是独立自主的对外开放战略；体现在经济发展方面，就是科学发展的道路。这些相互联系的内容集中到一点，就是建设中国特色社会主义经济。正如在党的十七大报告中胡锦涛总书记指出的，“改革开放以来我们取得一切成绩和进步的根本原因，归结起来就是：开辟了中国特色社会主义道路，形成了中国特色社会主义理论体系”。[②] 中国特色社会主义是中国经济模式的核心和灵魂，中国经济模式

---

① 科尔内所谓的“革命”，系指对公有制经济的全盘私有化。Jnos Kornai, *Highway and Byways: Studies on Reform and Postcommunist Transition*, Cambridge, MA: The MIT Press, 1995.

② 胡锦涛：《高举中国特色社会主义伟大旗帜为夺取全面建设小康社会新胜利而奋斗——在中国共产党第十七次全国代表大会上的报告》，中共中央文献研究室编《十七大以来重要文献选编》（上），中央文献出版社，2009，第8~9页。

形成和发展的过程，就是中国特色社会主义经济理论与实践形成和发展的过程。

认识中国经济模式的基本特征还需要把握以下几点：第一，中国的经济模式是在新中国成立以后社会主义革命和建设的基础上发展起来的，前30年的革命和建设为中国经济模式的形成奠定了物质的和制度的基础，改革开放30年的实践则形成了中国经济模式的基本内容和主要框架。第二，中国经济模式的核心是社会主义初级阶段的基本经济制度，主要内容是在社会主义制度的基础上推进市场化、工业化和对外开放，主题则是发展中国特色社会主义。第三，中国经济模式既有相对稳定的一般性特点，同时又是一个处在不断改革与发展过程中的动态概念，在不同的阶段、不同的部门和不同的地区有着不同的表现形式。第四，中国经济模式一方面体现了经济社会发展的普遍规律和时代特征，另一方面体现了中国的民族特色和基本制度，是在共性与个性的统一中创造的新的经济模式。

三　中国经济模式面临的矛盾与选择

中国的经济模式虽然业已形成并取得了举世瞩目的光辉成就，但是这一模式还不完善，还存在不少尖锐的矛盾和严重问题，如生态环境恶化、失业压力增大、贫富差距扩大、自主创新水平低、社会事业发展滞后、社会保障体系不健全、腐败现象严重等。

针对上述问题，近年来社会上流行着两种相互对立的观点。

一种是新自由主义的观点。这种观点认为，中国的改革之所以成功，是因为实行了所谓的私有化、自由化和国际化，而中国改革存在的问题则在于私有化、自由化和国际化的程度不够，公有制经济和国有经济的比重过大，政府的干预和调节过多，与国际接轨的程度不高，政治体制改革滞后。由此得出的结论是，要进一步深化市场化改革，继续减少与取消政府干预和社会调节，对国有企业实行彻底的私有化，进一步加快与国际经济接轨的步伐，并逐步引入西方式的所谓“民主化”的宪政体制，为自由市场的作用奠定政治和法律的基础。

另一种观点则对中国市场经济改革的方向提出了质疑。这种观点在西方一些新左派学者中比较流行，代表人物有大卫·哈维、马丁·哈特、沃克尔等人。[①] 持这种观点的学者认为，市场化的改革造成中国国有企业比重下降和私营企业比重上升，收入与财富分配越来越不公平，经济的扩张日益依赖外国投资与出口，资源与环境的危机日益加剧，阶级矛盾日益凸显，社会矛盾不断激化。如果不改变市场经济导向的改革方向以及相应的所有制和阶级结构，这些问题是不可能克服的。

西方新左派与新自由主义的观点看似对立，实则相通。它们都否定了社会主义与市场经济结合的可能性与合理性，也就从根本上否定了中国经济模式的价值与意义。不同的是，新自由主义否定的是社会主义，西方新左派否定的是市场经济。这当然不是什么新见解，而是那种把社会主义与市场经济相对立的右的和“左”的教条观点的再现。

那么，到底应当如何看待中国经济模式中出现的问题呢？从现象的层面看，问题是由多种因素造成的：有市场化不足的问题，如企业制度不完善、市场体系不健全、政府干预过多等；也有泛市场化问题，如公共部门乱收费、公共服务产业化、权钱交易现象的蔓延等；还有法律、法规、政策和管理不完善的问题；更多的则是发展中的问题，如科技水平落后、自主创新能力低、城乡二元结构、就业压力大、社会保障体系不健全等。这些问题虽然也与体制上的缺陷有关，但从根本上说，只能通过科学发展来加以解决。现实的问题错综复杂，不能简单归结为市场化不足或市场化过度。从根本上来说，我们所面临的主要矛盾还是如何实现社会主义与市场经济之间更好的有机结合的问题，这是贯穿于中国经济模式发展的主线，也是决定中国社会主义市场经济前途和命运的关键。关于这一点，中共十四大报告明确指出，“社会主义市场经济体制是同社会主义基本制度结合在一起的”。[②] 中共中央十五届四中全会进一步指出，“建立和完善社会主义市场经济体制，实现公有制与市场经济的有效结合，最重要的是使国有

---

① 参见 D. Harvey, *A Brief History of Neoliberalism*, Oxford, NY: Oxford University Press, 2005, pp. 120 - 151; Martin Hart - Landsberg and Paul Burkett, *China and Socialism : Market Reform and Class Struggle*, New York: Monthly Review Press, 2005; R. Walker and D. Buck, "The Chinese Road, Cities in the Transition to Capitalism", *New Left Review*, Vol. 46, July/ Aug., 2007, pp. 39 - 66.

② 江泽民：《加快改革开放和现代化建设步伐　夺取有中国特色社会主义事业的更大胜利》，中共中央文献研究室编《十四大以来重要文献选编》（上），人民出版社，1996，第19页。

企业形成适应市场经济要求的管理体制和经营机制”。[①] 中共中央十六届三中全会强调，“坚持社会主义市场经济的改革方向”，“继续探索社会主义制度和市场经济有机结合的途径和方式”。[②] 中共中央十六届四中全会提出，“把握社会主义市场经济的内在要求和运行特点，自觉遵循客观规律，充分发挥社会主义制度的优越性和市场机制的作用”。[③] 中共十七大报告在总结我国改革开放的历史经验时，把“坚持社会主义基本制度同发展市场经济结合起来”作为重要的经验之一。[④] 在当前新的历史条件下，实现社会主义与市场经济更好的有机结合，是从根本上解决制约我国经济发展诸多矛盾的必由之路。

实现社会主义与市场经济更好的有机结合的关键，是在实践中自觉坚持和完善我国的基本经济制度。在这一问题上，目前社会上存在不少模糊甚至混乱的认识。比如，把社会主义经济中的国有经济与资本主义经济中的国有经济混为一谈，认为国有企业的主要职能是提供公共物品，从事私有企业不愿意经营的部门，补充私人企业和市场机制的不足，等等。社会主义基本经济制度是我国经济和政治制度的基石，对于基本经济制度认识上的这种模糊、分歧乃至混乱，必然会影响中国特色社会主义事业的顺利发展。同时，我们也要看到，在社会主义初级阶段基本经济制度这一重要理论提出后的十多年时间里，我国的所有制结构发生了深刻而重要的变化，如何在新的历史条件下进一步坚持和完善我国的基本经济制度还面临着许多新的课题。例如，马克思的公有制理论与当代我国现实生活中的公有制有什么样的关系？公有制经济的优越性体现在哪些方面？社会主义国家的国有经济与资本主义国家的国有经济有什么不同？用什么样的指标来界定公有制的主体地位和国有经济的主导作用？如何确立社会主义国有经济的定位和功能？怎样看待国有经济在市场竞争中的“进”与“退”？能否不

---

① 《中共中央关于国有企业改革和发展若干重大问题的决定》，中共中央文献研究室编《十五大以来重要文献选编》（中），人民出版社，2001，第1004页。

② 《中共中央关于完善社会主义市场经济体制若干问题的决定》，中共中央文献研究室编《十六大以来重要文献选编》（上），第465、480页。

③ 《中共中央关于加强党的执政能力建设的决定》，中共中央文献研究室编《十六大以来重要文献选编》（中），中央文献出版社，2006，第276页。

④ 胡锦涛：《高举中国特色社会主义伟大旗帜 为夺取全面建设小康社会新胜利而奋斗——在中国共产党第十七次全国代表大会上的报告》，中共中央文献研究室编《十七大以来重要文献选编》（上），第8页。

分青红皂白地把国有经济的主导地位简单地等同于“垄断”？对于国有企业中存在的不合理的行政垄断，如何放松和解决？对于存在自然垄断的国有企业，国家如何推进资源税改革，有效地征收资源税，将租金用于公共服务？如何遵循社会主义生产关系的规定性搞好国有企业，同时又使其促进非公有制经济的发展？能把外资企业看作中国企业吗？这些问题是进一步坚持和完善我国的基本经济制度必须深入研究和解决的。

实现社会主义与市场经济更好的有机结合还要努力完善我国的收入分配制度。改革开放以来，我国居民的收入大幅增长，生活水平得到持续改善。与此同时，不同社会阶层之间的收入差距也越来越大，成为突出的经济和社会问题。中共十七届五中全会通过的《中共中央关于制定国民经济和社会发展第十二个五年规划的建议》强调，“加大收入分配调节力度，坚定不移走共同富裕道路”。[①] 我们知道，实现共同富裕与基本制度的完善是密切相关的。这是因为分配取决于生产，“所谓的分配关系，是同生产过程的历史地规定的特殊社会形式，以及人们在他们的人类生活的再生产过程中相互所处的关系相适应的，并且是由这些形式和关系产生的”。[②] 从当前的实际情况看，弄清这一问题需要区分两类性质不同的收入差距。一类收入差距发生在普通的劳动者之间，主要是由于不同部门、地区、行业之间劳动者的素质或贡献和生活费用的差别造成的。比如，高科技部门劳动者的收入高于一般的劳动者，城镇居民的生活费用高于农村居民的生活费用。同时，这些也与现实中存在的国有企业对行业的行政垄断、劳动力市场被分割或不完善等不合理因素有一定关系。这类收入差距大致能体现按劳分配的要求，有利于调动生产者的积极性，对于其中不合理的因素则需积极采取措施进行调节。另一类收入差距发生在不同的财产占有者之间，尤其是资本的所有者与劳动者之间，主要是由人们在财产（包括资本、房地产、各种金融资产和经济资源）占有特别是生产资料占有上的差别造成的。这类收入差距是市场经济发展的必然产物，有利于发挥市场机制的作用。但如果没有有效的限制和调节，必然会导致财产占有和收入分配的两极分化。一极是财富在少数人手中的不断积累和增大，另一极则是大多数人生活的

---

① 《中共中央关于制定国民经济和社会发展第十二个五年规划的建议》（2010 年 10 月 18 日中国共产党第十七届中央委员会第五次全体会议通过），《人民日报》2010 年 10 月 28 日第 5 版。

② 《资本论》（第 3 卷），人民出版社，2004，第 999 ~ 1000 页。

相对贫困。这就是马克思揭示的以私有制为基础的资本主义市场经济中资本积累的一般趋势。

对于我国目前是否存在两极分化，社会上有不同的认识。但是，至少两极分化作为一种趋势和日益临近的威胁已是不争的事实。我们不应当回避，必须高度重视。实现共同富裕固然需要加大收入再分配调节的力度，包括完善社会保障制度、增加公共支出、加大转移支付力度等措施，但初次分配体制和财产关系的公正合理才具有根本的意义。这就必须坚持和真正落实以公有制为主体、多种所有制共同发展的基本经济制度和以按劳分配为主体、多种分配方式并存的基本分配制度，建立和谐的劳动关系，保障劳动者的基本权益，完善工资正常增长机制，提高劳动收入在国民收入分配中的比重，普遍较快地增加城乡居民收入。还要构建能有效缩小贫富差距的税制体系，加大对财产性收益和资源利用的税收调节，依法逐步建立以权利公平、机会公平、规则公平、分配公平为主要内容的社会公平保障体系，更好地体现社会主义制度的优越性。

完善中国的经济模式，还必须在充分发挥市场机制的基础性作用的同时，更加关注科学发展，更加关注社会公平，更加关注民生建设，更加关注自主创新。归根结底，中国的经济模式是社会主义基本制度与市场经济相结合的成果，离开了社会主义基本制度与市场经济的结合这一主线，中国的经济模式就失去了灵魂，迷失了方向。应当清楚地认识到，中国模式不是一种一成不变的东西，而是丰富多彩、生机勃勃、与时俱进的历史创造过程。因此，我们必须从实际出发，不断解决和克服现实经济中存在的各种矛盾和问题，不断丰富和完善中国模式的内涵，赋予其新的活力和创造力，实现社会主义与市场经济的有机结合，使中国特色社会主义道路越走越宽广。

四　中国经济模式的意义：普遍性与特殊性

中国的经济模式是一种特殊的事例，还是具有普遍的意义呢？在普遍性上，人们的认识不尽一致。持否定态度的人认为，中国的成功主要得益于一系列有利的初始条件，因而，中国的改革经验不具有普遍意义，而是一种特殊环境的产物。持肯定态度的人则认为，中国的改革道路是一条代价低、风险小，又能及时带来收益的成功道路。既然改革中国家的传统经济体制及其弊端都是相同的，改革的道路也应该是相通的。所以，中国改革的经验是普遍的而不是独特的。[①]

应当说，中国的经济模式首先是中国特殊国情的产物，是与中国特色社会主义道路和中国的基本制度紧密地联系在一起的，此外，特殊的初始条件、特殊的历史文化传统以及特殊的改革路线乃至于领导集团特殊的风格，都是塑造中国经济模式的重要因素。走自己的道路，既是中国革命获得成功的根本经验，也是中国改革与发展获得成功的根本经验。任何照搬照抄别国理论与经验的教条主义做法，都必然会在中国改革与发展丰富多彩和生机蓬勃的实践面前折戟碰壁。同样，对中国来说是成功的模式和经验，并不一定适用于任何时代和任何国家，不同时代和不同国家的市场经济体制既有共性，也有差别，抽象的、适用于任何时代和国家的市场经济是不存在的，只有立足于现实和历史的市场经济环境和市场经济制度，市场经济发展的模式才是有生命力的经济模式。

或许有人会说，市场经济就是市场经济，在全世界都是一样的，没有什么国家与地区之分，更没有姓“社”与姓“资”之分，因此，不可能有什么中国特色的市场经济。事实并非如此。市场经济并不是可以脱离具体的社会结构而存在的某种设施或工具，可以在不同的制度环境和历史条件下随意搬来搬去。相反，不同历史阶段和不同社会结构下的市场经济体制既有共性，也有差别。古典的市场经济不同于现代的市场经济，英美模式不同于北欧模式，东亚模式又有自己的特点。同样是发展市场经济和实现工业化，中国与其他国家相比面临着如下一些特殊的社会历史条件：具有悠久而深厚的历史文化传统；实行社会主义的经济和政治制度；处于工业化与信息化的双重转型之中；人口众多而资源相对稀缺；在世界资本主义体系中处于相对落后的地位；地域辽阔且区域差异巨大；等等。因此，中国的经济模式既体现了经济现代化和市场经济发展的一般规律，又反映了中国特殊的制度、国情和历史阶段的要求。因而，它既尊重一般规律，又充满了首创精神；既有特殊性，也有普遍意义；既是民族的，也是世界的。

强调中国特色并不意味着中国的经济模式只是一种特例或偶然。共性寓于个性之中，特殊性中包含着普遍性。市场经济的形成与发展有其客观的、普遍的规律，中国的经验和模式中也必然包含着某些普遍的规律和一

① 参见林毅夫、蔡防、李周：《中国的奇迹：发展战略与经济改革》，上海三联书店、上海人民出版社，1994。

般的意义。中国经济发展的经验和模式开阔了经济学研究的视野，丰富了对市场经济发展规律的认识，深化了对经济发展和制度变迁规律的认识，这一点已为越来越多的人所认识。所谓“北京共识”，虽然不能说是一种严密的理论和权威的解释，却反映了人们试图提升中国经验的愿望。① 邹至庄的观点也具有代表性。他在《中国的经济转型》一书中提出，除了方法论之外，对中国经济转型的研究提供了六个关于经济学实质性的命题：私有制并不一定产生管理效率，市场刺激手段与经济迅速发展的关系不充分，政府的形式与经济发展的速度无关，不同的经济体制均可以为市场经济服务，政治上的可行性是经济转型的一种重要因素，中央计划下的官僚主义经济体制难以清除。②

在人类历史的发展进程中，中华民族从来不是、现在更不应当仅仅是世界文明的模仿者和追随者，而是有所发明、有所创造、有所贡献。中国经济模式向人们提供了这样一种启示，那些看似相互对立的因素可以相互补充、融合、渗透、促进和发展，包括公有与私有、效率与公平、国家与市场、自由与和谐、集权与分权、经济与社会、发展与稳定、传统与现代、自主性与全球化、新体制与旧体制等。归根结底，中国模式的根本意义在于，要在理论上推倒资本主义现代化的目的论，从区别工业化、现代化、市场化与资本主义化入手，得出现代化和市场化的转型未必要以资本主义的工业化和市场经济为标准的结论，挑战资本主义优越性和普遍性的意识形态，实现社会主义与市场经济的历史性结合。③ 这种结合就是特色，就是创造。

众所周知，对于国家与市场的关系，经济学家们历来众说纷纭，导致了经济自由主义和国家干预主义此消彼长的持久争论，形成了“自由市场论”“国家调节论”“国家推动发展论”“驾驭市场论”“亲善市场论”“发展型政府论”等多种观点。但是，其中的任何一种观点都难以准确地说明中国的经验和现实。由于面临着比较相似的历史文化传统和发展阶段，中国的经济模式具有比较明显的所谓“发展型政府”的特点。④ 但是，即使

---

① 乔舒亚·库珀·拉莫：《北京共识》，黄平、崔之元主编《中国与全球化：华盛顿共识还是北京共识》，社会科学文献出版社，2005。

② 邹至庄：《中国的经济转型》，中国人民大学出版社，2005。

③ 参见林春《“中国模式”议》，《政治经济学评论》2010 年第 4 期。

④ 发展型政府的原型是所谓的东亚模式，其主要特点有：政府对经济的干预程度较高，利用制定发展战略、规划和实行扶植性产业政策等方式促进经济发展，政治精英与经济精英在发展问题上达成基本一致，国家与社会合作等。

与一般的发展型政府相比，中国的国家与市场的关系也呈现出了许多新的特点。一是国家与市场的关系不是单一的，而是多元的，在不同部门、企业和领域有不同的组合。比如，沿海不同于内地，农村不同于城市，农业不同于工业，国有企业不同于非国有企业等。二是国家与市场的关系不是固定的而是不断变化的，在不同的发展阶段存在过不同的模式，如计划经济为主、市场调节为辅的模式，有计划商品经济的模式，社会主义市场经济的模式等，社会主义市场经济体制在不同的阶段也有不同的特点。三是国家与市场的关系具有经济、政治、文化和社会以及宏观与微观、生产力与生产关系等多种维度。比如，科学发展、社会和谐、政治动员、计划协调、统筹兼顾、宏观调控、微观管制、制度创新、国有资产管理等，都体现了政府的经济职能。四是中央与地方的关系具有特殊重要的地位，地方政府既是一级行政组织，又担当了类似企业家的角色，从而使国家与市场的关系呈现出与众不同的复杂结构，成为影响中国改革与发展的一个十分重要的因素。五是国家与市场的关系和社会主义经济及政治制度存在密切联系，体现了社会主义基本经济和政治制度的要求。中国模式中关于国家与市场关系的这些创新性的做法和思想，对经济理论和实践的发展无疑具有重要的启示。可以相信，随着中国经济模式的发展和影响的扩大，人们对中国经济模式一般意义的探索也会不断加强和深化。

加强和深化对中国经验和中国模式的认识，需要对已有的西方主流经济学信条以至知识体系保持必要的警醒，意识到它们的局限和偏颇。现在尤其需要破除这样一种新的教条主义或蒙昧主义思想。这种思想认为，经济学在全球只有一种即西方的主流经济学，它是“科学”的和“普适”的，无民族和国界的限制。所谓的中国经济学和中国经济模式是不存在的，存在的只是西方经济学和西方经济模式在中国的应用和推广。这种观点是错误的。第一，西方经济学并不只有一种，而是存在众多的理论和流派。而且这些理论和流派的地位与影响也随着历史的发展在不断变化，被许多人尊崇的现代西方新古典经济学其实也只是众多经济学流派中的一支，它绝不是什么普遍和永恒的真理。第二，经济学的发展与人类文明的发展一样，从来都是不同国家、不同时代和不同群体的人们根据他们自身特殊的环境、经验和知识背景提出的，是不同思想理论之间相互交流、碰撞、融合的结果。因此，经济学的发展绝不是某些国家和某些人的专利。第三，中国的发展是在与西方国家的工业化不同的历史条件和国际国内环境下进行的，因而不可能照搬西方的模式和经验。第四，任何一种经济理论都是以一定的现实为基础的，都不可避免地会反映出理论提出者的利益倾向、历史经验、价值理念、文化背景和思维方式。照搬西方的经济理论和发展模式，其危害不仅在于它无助于理解中国的道路和模式，而且会使我们成为新教条主义或新蒙昧主义的奴隶，失去应有的自我发展和自主创新的信心和能力。亨廷顿坦承："普世文明的概念是西方文明的独特产物。""20世纪末，普世文明的概念有助于为西方对其他社会的文化统治和那些社会模仿西方的实践和体制的需要作辩护。普世主义是西方对付非西方社会的意识形态。"① 中华民族的伟大复兴，必然伴随着理论的繁荣与兴盛，中国应当对人类有较大的贡献。我们要从中国的实际出发总结经验、提炼思想、创新理论，发展与中国经济模式相适应的自主性和原创性的经济理论，无愧于我们的时代和民族。

中国的经济模式为发展中国家走向现代化、发展市场经济和参与全球化，开辟出一条新的道路，展现了一种新的可能，同时也为人类的进步和社会主义的复兴带来了光明和希望。1956年毛泽东在《纪念孙中山》一文中说过："中国应当对于人类有较大的贡献。而这种贡献，在过去一个长时期内，则是太少了。这使我们感到惭愧。"② 1987年邓小平预期："到下一个世纪中叶，我们可以达到中等发达国家的水平。如果达到这一步，第一，是完成了一项非常艰巨的、很不容易的任务；第二，是真正对人类作出了贡献；第三，就更加能够体现社会主义制度的优越性。""这不但是给占世界总人口四分之三的第三世界走出了一条路，更重要的是向人类表明，社会主义是必由之路，社会主义优于资本主义。"③ 现在，当中国人民以一往无前的进取精神和波澜壮阔的创新实践，在建设富强民主文明和谐的社会主义现代化国家的征程上大步迈进的时候，我们是否可以说，中国模式的成功将会是中华民族对人类文明发展做出的新的较大贡献。

---

① 萨缪尔·亨廷顿：《文明的冲突与世界秩序的重建》，周琪等译，新华出版社，1998，第55、56页

② 《毛泽东文集》（第7卷），人民出版社，1999，第157页。

③ 《邓小平文选》（第3卷），人民出版社，1993，第224、225页。

《资本论》的当代意义*

张　宇

内容摘要：《资本论》是马克思主义理论体系的重要基石，是马克思主义世界观和方法论的集中体现，它揭示了社会生产、市场经济和资本主义经济的运动规律，指明了未来共产主义社会的基本特征，是发展中国经济学的重要基础。在当前，认真学习以《资本论》为代表的马克思主义经典著作具有十分重大的意义。

关键词：《资本论》　马克思主义　经典著作　当代意义

马克思主义的经典著作是马克思主义理论的本源和基础，集中体现了马克思主义的基本原理。在马克思主义的经典著作中，《资本论》无疑是最为重要的一部。在当前，认真学习以《资本论》为代表的马克思主义经典著作具有深远而重大的意义。

一　《资本论》是马克思主义理论体系的重要基石

众所周知，马克思主义理论是由哲学、政治经济学和科学社会主义三个主要部分组成的。这三个部分之间不是孤立的，而是紧密联系的，把它们紧密连在一起的纽带和关节就是《资本论》。《资本论》首先是马克思主义政治经济学的奠基之作。它科学地揭示了资本主义生产方式的运动规律和历史趋势，阐明了马克思主义政治经济学的基本理论，完成了政治经济学史上划时代的伟大革命。《资本论》同时也是阐述马克思主义哲学的重要的经典著作。人们通常讲，马克思主义的哲学即辩证唯物主义和历史唯物

* 本文发表于《政治经济学评论》2010 年第 4 期。

主义是马克思政治经济学的基础，马克思主义政治经济学是在马克思主义哲学的指导下建立起来的。这种看法从逻辑上讲有一定道理，但从历史上看并非如此。实际上，马克思主义的哲学特别是唯物史观正是在对政治经济学进行深入研究的过程中形成和发展起来的，并在《资本论》中得到了充分的体现。马克思关于辩证法的思想也是在《资本论》中得到系统阐发和运用的。从这个意义上说，《资本论》也是马克思主义哲学的重要基础。《资本论》还是叙述科学社会主义的主要著作。我们知道，科学社会主义是关于无产阶级解放的学说。这一学说是对资本主义经济运动的历史趋势以及资本家阶级和工人阶级对立关系进行深入考察的结果。恩格斯指出，“自从世界上有资本家和工人以来，没有一本书像我们面前这本书那样，对于工人具有如此重要的意义。资本和劳动的关系，是我们全部现代社会体系所围绕旋转的轴心，这种关系在这里第一次得到了科学的说明。”[1](p.79)“科学社会主义就是以此为起点，以此为中心发展起来的。”[1](p.548)《资本论》是工人阶级的“圣经”。因此，无论是唯物史观的建立，还是社会主义从空想到科学的发展，都是建立在马克思《资本论》所阐述的科学的政治经济学理论基础上的。所以，列宁说，政治经济学使“马克思的理论得到最深刻、最全面、最详尽的证明和运用”。[2](p.428)恩格斯说，无产阶级政党的“全部理论来自对政治经济学的研究”。[3](p.596)如果说马克思主义理论是一个完备而严密的有机整体，那么《资本论》无疑是这一有机整体的坚实的基石。离开这一坚实的基石，马克思主义理论的大厦就会坍塌；牢牢地站立在这一坚实的基石之上，马克思主义才有强大的生命力。

二 《资本论》是马克思主义世界观和方法论的集中体现

马克思的整个世界观不是教义，而是方法。《资本论》就是马克思主义世界观和方法论的集中体现和系统运用。列宁曾经说过：“虽说马克思没有遗留下‘逻辑’（大写字母的），但他遗留下了《资本论》的逻辑。在《资本论》中，唯物主义的逻辑、辩证法和认识论不必要三个词：它们是同一个东西都应用于一门科学。”[4](p.145)

在《资本论》第一卷序言中，马克思明确告诉人们，《资本论》的方法就是辩证的方法；他还强调，《资本论》是“把辩证方法应用于政治经济学的第一次尝试”。[5](p.239)但是，他的辩证法与黑格尔的不同，在黑格尔那里，辩证法是倒立着的。而马克思的看法则是，“观念的东西不外是移入人的头脑并在人的头脑中改造过的物质的东西而已”。[6](p.22)《资本论》在研究和叙述资本主义经济运动规律的过程中，深刻地阐述了辩证思维的逻辑以及抽象与具体、本质与现象、逻辑与历史、一般与特殊等重要范畴的辩证法。例如，关于抽象与具体，马克思指出，“从抽象上升到具体的方法，只是思维用来掌握具体、把它当作一个精神上的具体再现出来的方式。但决不是具体本身的产生过程”。[7](p.19)关于一般与特殊，马克思指出：“对生产一般适用的种种规定所以要抽出来，也正是为了不致因为有了统一忘记本质差别。”[7](p.3)关于本质与现象，马克思指出：“如果事物的表现形式和事物的本质会直接合而为一，一切科学就都成为多余的了。”[8](p.925)

《资本论》与唯物史观的关系是极为密切的。在《政治经济学批判序言》中，马克思把唯物史观当作“我所得到的、并且一经得到就用于指导我的研究工作的总的结果”。[7](p.32)恩格斯在为马克思《政治经济学批判》所写的序言中明确指出，马克思的经济学在本质上是建立在唯物主义历史观的基础上的。[7](p.38)列宁的下述论断也清楚地表明了《资本论》与唯物史观之间的密切联系，他说：“自从《资本论》问世以来，唯物主义历史观已经不是假设，而是科学地证明了的原理。”[9](p.10)毛主席曾经指出，“政治经济学和唯物史观难得分家”。

在《资本论》中，马克思对唯物史观的理论进行了深入的阐发和具体的运用。比如：在第1卷序言中，马克思指出，不管个人在主观上怎样超脱各种关系，它在社会意义上总是这些关系的产物。经济生活中的人都是经济范畴的人格化，是一定的阶级关系和利益的承担者。经济的社会形态的发展是一种自然历史过程，一个社会即使探索到了本身运动的自然规律，它还是既不能跳过也不能用法令取消自然的发展阶段，但是它能缩短和减轻分娩的痛苦。[6](p.10)在《资本论》第2卷中马克思指出，劳动者和生产资料始终是生产的因素，它们之间结合的特殊方式和方法，使社会结构区分为各个不同的经济时期。[10](p.44)在《资本论》第3卷中，马克思指出，所谓的分配关系，是同生产过程的历史地规定的特殊社会形式，以及人们在他们的人类生活的再生产过程中相互所处的关系相适应的，并且是由这些形式和关系产生的。[8](p.999)在分析商品货币时，马克思提出了著名的论断，“劳动二重性是理解整个政治经济学的枢纽”，这一论断具有重要的方法论意义。它是生产力与生产关系辩证关系在商品经济条件下的具体体现。我们可以看到，在《资本论》中，所有的经济现象和经济范畴都是生产力与生产关系二重性的统一，比如商品是使用价值与价值的统一、社会劳动是具体劳动与抽象劳动的统一、资本主义生产是一般劳动过程与价值增殖过程的统一、资本构成是资本的技术构成与资本的价值构成的统一、资本的积累是物质资料的再生产与生产关系再生产的统一、社会资本再生产在实物上分为生产资料和消费资料两大部类及在价值上分为C、V、M三个部分等。《资本论》对上述经济现象和经济范畴的分析把生产力与生产关系的辩证关系具体化为了一系列的经济规律，体现了唯物史观的精髓，丰富了唯物史观的内涵。

三 《资本论》揭示了社会生产的规律

马克思认为，说到生产，总是一定社会发展阶段上的具体的生产，因此，对于社会生产规律的研究不能脱离开一定的社会历史条件。同时，马克思也不否认，生产的一切时代有某些共同标志、共同规定、共有的规律，只要把这些共同点提出来，定下来，免得我们重复，它就是一个合理的抽象。在《资本论》中，马克思对社会生产的一般规律进行了多方面的探讨，提出了许多重要见解，例如：

> 劳动首先是人和自然之间的过程，是人以自身的活动来中介、调整控制人和自然之间的物质变换的过程。[6](pp. 207 ~ 208)
>
> 自由王国只是在由必需和外在目的规定要做的劳动终止的地方才开始；因而按照事物的本性来说，它存在于真正物质生产领域的彼岸。[8](p. 928)
>
> 一切发达的、以商品交换为中介的分工的基础，都是城乡的分离。社会的全部经济史，都概括为这种对立的运动。[6](p. 408)
>
> 社会地控制自然力，从而节约地利用自然力，用人力兴建大规模的工程占有或驯服自然力，——这种必要性在产业史上起着最有决定性质作用。[6](pp. 587 ~ 588)
>
> 一切规模较大的直接社会劳动或共同劳动，都或多或少地需要指挥，以协调个人的活动，并执行生产总体的运动——不同于这一总体的独立器官的运动——所产生的各种一般职能。[6](p. 384)

在《资本论》中，马克思还分析了提高劳动生产率的途径和方法、劳动过程的一般内容和基本要素、分工协作的发展规律、社会再生产两大部类的划分及其相互关系，以及机器、大工业和科学技术的作用等问题。马克思对生产一般的这些研究，对于包括社会主义在内的一切社会生产都是适用的。

关于这些见解的科学价值，我们可以举一个例子来说明，即如何认识发展的实质。近年来，人们对发展的认识日益从单纯追求 GDP 和物质财富的增长走向了更加重视人的发展；特别是科学发展观的提出，极大地丰富了对发展本质的理解，深化了对发展规律的认识。在《资本论》及其手稿中，马克思对发展问题提出过这样的认识，即社会的发展归根结底是生产力的发展，而生产力的发展等于劳动时间的节约，等于个人才能的发展，等于科学日益成为生产的主要动因，等于人与自然的和解，等于可支配的自由时间的增加，等于个性的自由全面发展。[11](pp. 88 ~ 111)正是基于对发展的本质和规律的上述认识，马克思恩格斯在《共产党宣言》中对共产主义的本质特征做了如下经典性的表述，即“代替那存在着阶级和阶级对立的资产阶级旧社会的，将是这样一个联合体，在那里，每个人的自由发展是一切人的自由发展的条件”。[12](p. 294)这个论断将生产力的发展、社会发展和人的发展有机地统一起来了。马克思关于发展的这些思想为科学发展观的形成奠定了深厚的理论基础。

四 《资本论》揭示了市场经济的规律

有一种流行观点认为，《资本论》主张计划经济，因而对研究社会主义市场经济没有指导意义。这完全是一种误解。实际上，《资本论》的研究对象是资本主义市场经济，而与计划经济并无直接关系。《资本论》第一卷第一篇“商品和货币”考察的是商品经济或市场经济的一般，在这部分的内容中，马克思阐明了有关市场经济的许多规律，诸如价值规律、供求规律、货币流通规律、价格运动规律、市场竞争规律等。这些一般规律在社会主义市场经济条件下无疑仍然要发生作用。除了第一篇以外，《资本论》的全部内容都是研究资本主义市场经济的。资本主义市场经济的规律如果抽去了资本主义特殊生产关系的内容，在一定程度上和范围内也适用于社会主义市场经济。还有一种流行的观点认为，马克思主义政治经济学研究的是经济的本质，西方经济学研究的是经济现象，因此，马克思主义政治经济学科学但不实用，西方经济学庸俗但比较有用。这种观点也是不正确的。马克思主义政治经济学与西方经济学的区别并不在于要不要研究日常的经济现象，而在于如何研究经济现象。马克思认为，事物的现象与本质往往是不一致的。科学的任务就在于从现象中发现本质，并从事物的本质出发对现象做出科学解释。这样才能揭示事物运动的规律。相形之下，西方经济学则满足于对现象的描述，只是在表面的联系内兜圈子，以最粗浅的现象描述做出似是而非的解释。读过《资本论》的人都知道，《资本论》对资本主义经济现象的研究是非常具体深入的。《资本论》第3卷主要考察的就是资本的各种具体形式和它们在运动中呈现出的种种现象形态，如成本、利润、信用、利息、地租、竞争的作用等。《资本论》第2卷对资本的循环、周转和社会资本再生产过程的考察也是非常具体和有用的。即使是《资本论》第一卷，虽然比较侧重于对资本主义生产关系的本质特征的考察，但这种考察也没有脱离开对经济现象的研究和把握。比如价值是本质，价格则是现象；劳动力价值是本质，工资则是现象；剩余价值生产是本质，工作日则是现象。马克思曾经明确指出，在《资本论》第一卷中，“我们研究的是资本主义生产过程本身作为直接生产过程考察时呈现的各种现象”。[8](p. 29)正是在本质与现象的统一中，《资本论》对市场经济的运行规律做出了完整系统和细致入微的分析。这种分析的科学价值，无论是西方的古典经济学还是现代经济学都不能与之相比。

《资本论》中关于市场经济的理论对于我们发展社会主义市场经济具有重要指导意义。这一点我们也可以举一个例子来说明，即如何认识市场经济的一般与特殊的辩证关系。从古典经济学家起，资产阶级经济学就形成了一个重要传统，即把资本主义市场经济当成超历史的永恒的自然现象，自觉不自觉地抹杀市场经济的历史特征和制度属性。马克思则认为：“商品生产和商品流通是极不相同的生产方式都具有的现象，尽管它们在范围和作用方面各不相同。因此，只知道这些生产方式所共有的抽象的商品流通范畴，还是根本不能了解这些生产方式的不同特征，也不能对这些生产方式做出判断。”[6](p. 136)现实的市场经济总是与某种特殊的社会制度结合在一起的，有着特殊的社会属性和具体特点。在《资本论》中，关于资本主义经济的所有规律和范畴，如资本、雇佣劳动、成本、利润、工资既是以商品货币关系为基础的，同时又体现了资本主义经济关系的要求，因此，市场经济是共性与个性的统一。社会主义市场经济是与社会主义基本制度相结合的市场经济，它同样是共性与个性的统一。我们既不能把市场经济与资本主义等同起来，否定市场经济的共性；也不能把市场经济的一般等同于社会主义市场经济，否定市场经济的个性。对于这一点，我们党的认识是非常清楚的。邓小平指出："社会主义市场经济优越性在哪里？就在四个坚持。"[13](p.1363)江泽民指出："我们搞的市场经济，是同社会主义的基本制度紧密结合在一起的。如果离开了社会主义基本制度就会走向资本主义。""'社会主义'这几个字是不能没有的，这并非多余，并非'画蛇添足'，而恰恰相反，这是'画龙点睛'。所谓'点睛'，就是点明我们市场经济的性质。"[14](p.202)胡锦涛同志在党的十七大报告中，把"坚持社会主义基本制度同发展市场经济结合起来"作为了我国改革开放获得成功的重要经验之一。马克思关于市经济的理论揭示了市场经济的本质和发展规律，是我们发展社会主义市场经济需要认真学习和领会的。

五 《资本论》揭示了资本主义经济的运动规律和历史趋势

需要说明的是，前面所阐述的《资本论》中关于社会生产和市场经济规律的理论虽然具有重要科学价值，但并不是《资本论》的核心思想和主要贡献。因为《资本论》所要研究的，"是资本主义生产方式以及和它相适应的生产关系和交换关系"，"目的就是揭示现代社会的经济运动规律"。[6](pp.10~11)《资本论》的核心思想和主要贡献是创立并系统阐述了剩余价值理论，揭示了资本主义生产方式产生、发展和灭亡的规律，证明了唯物史观的科学原理，使社会主义从空想变为了科学。《资本论》关于资本主义经济的理论博大精深，其主要观点可以概括为以下几个方面。

劳动力成为商品是货币转化为资本的关键，工资不是劳动的价格，而是劳动力价值的转化形式。

劳动与资本的关系是资本主义经济的轴心，剩余价值生产是资本主义生产的绝对规律。

相对过剩人口是资本主义特有的人口规律；财富在一极的积累，贫困在另一极的积累，是资本主义积累的一般规律。

周期性的生产相对过剩的危机是资本主义制度的必然产物，是资本主义生产方式内在矛盾的强制性解决。

资本具有冲破一切时间和空间的限制征服全球的冲动，资产阶级生产的一切矛盾在普遍的世界市场危机中集中暴露出来。

信用制度加速了资本主义矛盾的爆发，股份资本是与私人资本相对立的社会资本，是作为私人财产的资本在资本主义生产方式本身范围内的扬弃。

资本的原始积累是通过暴力掠夺的手段为资本主义发展创造历史条件的过程，“资本来到世间，从头到脚，每个毛孔都滴着血和肮脏的东西。”[6](p. 871)

资本主义积累的历史趋势是：生产资料的集中和劳动的社会化达到了同它们的资本主义外壳不能相容的地步，这个外壳就要炸毁了，资本主义私有制的丧钟就要响了，剥夺者就要被剥夺了。

《资本论》关于资本主义经济的这些理论在当代是否还有效呢？第二次世界大战后，资本主义的发展一度进入了黄金时期，20 世纪 80 年代末 90 年代初发生的苏东剧变，使资本主义的辩护士们在庆贺不战而胜的狂欢中竟然产生了资本主义社会是人类历史终点的幻觉，《资本论》过时论一时甚嚣尘上。然而，历史车轮并没有停转，物壮则衰，物极必反。进入 21 世纪之后，资本主义在全球迅猛扩张、高歌猛进的同时，它的内在矛盾和深刻弊端也随之迅速膨胀起来了。日趋严重的失业问题、日益加剧的两极分化、频繁爆发的金融经济危机、国际垄断资本对全世界的剥夺，特别是苏联、东欧国家向资本主义的过渡以迅雷不及掩耳的速度引发的空前灾难，以及 2008 年以来始于美国并波及全球的严重而持续不尽的金融经济危机，再次显示出了《资本论》强大的生命力和科学价值。资本主义的命运恰如马克思在评论自由贸易时所说的那样，“在实行自由贸易以后，政治经济学的全部规律及其最惊人的矛盾将在更大的范围内，在更广的区域里，在全世界的土地上发生作用；因为所有这些矛盾一旦拧在一起，互相冲突起来，就会引起一场斗争，而这场斗争的结局将是无产阶级的解放”。[15](pp. 295 ~ 296) 也就是说，资本主义生产关系的发展越是充分，其内在的矛盾也就越是尖锐，其自身的危机也就越是深重。资本主义生产的真正限制是资本自身，资本主义生产总是竭力克服它所固有的限制，但是它用来克服这些限制的手段只是使这些限制以更大的规模重新出现在它的面前，[8](p. 278) 从而使矛盾和危机在更大的范围和更广的区域里爆发，这就是历史的逻辑和辩证法。这就是为什么弗朗西斯·福山在提出历史终结论后仅 10 年又提出了这样的疑问，即“我们是否已经仅在 10 年时间内就实现了从全球资本主义的胜利向危机的转变”，而这篇文章的题目就是《重回〈资本论〉》。[16]

六 《资本论》指明了未来共产主义社会的基本特征

《资本论》虽然没有专门论述共产主义经济的篇章，但是马克思在研究资本主义的发展趋势及与资本主义生产进行对比时，对未来社会的基本特征进行了探讨，并提出了一些重要设想，主要有：生产资料社会占有，有计划调节社会生产，按劳分配和按需分配，消除城乡对立，个人自由全面发展等。在《资本论》中，马克思把未来社会称为“自由人的联合体”。而这里所说的自由就是指，“社会化的人，联合起来的生产者，将合理地调节他们和自然之间的物质变换，把它置于他们的共同控制之下，而不让它作为一种盲目的力量来统治自己；靠消耗最小的力量，在最无愧于和最适合于他们的人类本性的条件下来进行这种物质变换”。[8](p.928) 马克思认为，在这个自由人联合体中，“劳动时间就会起双重作用。劳动时间的社会的有计划的分配，调节着各种劳动职能同各种需要的适当的比例。另一方面，劳动时间又是计量生产者个人在共同劳动中所占份额的尺度，因而也是计量生产者个人在共同产品的个人消费部分中所占份额的尺度”。[6](p.96) 这里表达了未来社会要实行有计划调节和按劳分配的思想。马克思还对未来社会的所有制性质做了这样著名的概括，“在协作和对土地及靠劳动本身生产的生产资料的共同占有的基础上，重新建立个人所有制”，[6](p.874) 这个概括是对生产资料公有制或社会所有制的另外一种表述，其内涵是十分丰富而深刻的。

《资本论》中关于未来社会的这些思想阐明了未来共产主义和社会主义的基本原则，为社会主义革命和建设指明了方向。正是以这些理论为指导，并结合我国的具体国情和时代特征，我们党创立了中国特色社会主义理论。从经济方面看，这一理论包括以人为本、全面协调可持续发展的科学发展观；以公有制为主体、多种所有制经济共同发展的社会主义初级阶段的基本经济制度；社会主义基本制度与市场经济相结合的社会主义市场经济体制；以按劳分配为主体、多种分配方式并存和公平与效率统一的收入分配制度；把积极参与经济的全球化与坚持独立自主相结合的对外开放战略等重要内容。中国特色社会主义理论与包括《资本论》在内的马克思主义经典作家的思想是一脉相承而又与时俱进的，是中国化的马克思主义。

发展中国特色的社会主义必须坚持《资本论》所提出的社会主义的基本原则，并根据时代和国情的特点加以发展和创新。最重要的一点，就是必须毫不动摇地坚持和完善以公有制为主体、多种所有制经济共同发展的基本经济制度。一种流行的观点认为，在市场经济中，国有经济只应当提供公共产品，弥补市场失灵，国有经济应当全面退出竞争领域，实行私有化。但是，如果我们从马克思主义政治经济学的观点出发，遵循《资本论》的逻辑，就会得出完全不同的结论：生产资料的社会占有与市场失灵并无直接的关系，而是生产力与生产关系矛盾运动的必然产物。生产资料的社会占有是生产社会化和资本社会化的必然要求，是克服资本主义生产方式中存在的生产的无限扩大与劳动群众购买力相对狭小，以及个别企业的有组织性和整个社会生产的无组织性的深刻矛盾的根本途径。因此，在社会主义市场经济中，国有经济的作用不像资本主义经济中那样，主要从事私有企业不愿意经营的部门，补充私人企业和市场机制的不足，而是为了实现国民经济的持续稳定协调发展，巩固和完善社会主义制度，实现社会成员的共同富裕，发挥公有制经济在稳定宏观经济、调整经济结构、保障社会公平、维护经济安全、推动自主创新等方面的关键作用。国有经济的主导作用是与社会主义初级阶段的基本经济制度紧密联系在一起的，包括国有经济在内的公有制经济是我国社会主义制度的经济基础，是国家引导、推动、调控经济和社会发展的基本力量，是实现广大人民群众根本利益和共同富裕的重要保证。坚持马克思主义经济学的上述观点对于巩固和完善我国的基本经济制度、推动中国特色社会主义的健康发展至关重要。

七 《资本论》是马克思主义的百科全书

《资本论》不仅是一部伟大的马克思主义政治经济学著作，同时体现着马克思在哲学、政治、法律、历史、宗教、技术、教育、家庭、道德等各个方面闪烁着天才火花的宝贵思想。几乎所有的马克思主义学科，乃至于非马克思主义学科，都无不从《资本论》中吸取丰富营养，获得宝贵启示。

列宁指出，《资本论》专门研究资本主义生产关系的产生和发展，“但又随时随地探究与这种生产关系相适应的上层建筑，使骨骼有血有肉”。[4](p.162)比如，关于产权或财产权，马克思指出，它实际上是所有制的法律表现，法权关系或意志关系的内容是由经济关系本身决定的。关于法律，马克思在《资本论》中具体研究了英国的工厂法对于劳资关系的调节作用，阐述了法律、经济和阶级斗争的相互关系。在历史方面，《资本论》详尽地考察了资本的原始积累过程，商人资本、生息资本和资本主义地租的历史起源。关于宗教，马克思指出，在商品社会里，崇拜抽象人的基督教，特别是资产阶级发展阶段的基督教，如新教、自然神教等，是最适当的宗教形式。而在古亚细亚、古代等的生产方式下，人与人之间以及人与自然之间的狭隘性，观念性地反映在古代的自然宗教和民间宗教中。关于家庭，马克思指出，大工业使妇女、少年和儿童在生产过程中起着决定性作用，这也就为家庭和两性关系的更高级的形式创造了新的经济基础。关于教育，马克思指出，生产劳动同智育和体育相结合，不仅是提高社会生产的一种方法，而且是造就全面发展的人的唯一方法。关于道德，马克思从商品等价交换中发现了市场经济中平等意识的基础，又从劳动力买和卖的表象背后发现了资本主义社会自由、平等、博爱的虚伪性。关于意识形态，马克思深刻地分析了商品拜物教和资本拜物教的根源，并把资产阶级经济学的实质概括为资产阶级生产当事人关于他们自己的最美好的陈腐而自负的看法的系统化。

《资本论》是一部伟大的科学巨著，也是一幅完整的艺术作品。在1865 年写给恩格斯的信中，马克思谈到自己的作品：“不管它们会有怎样的不足，我文章的优点都是艺术性的整体。”[5](p.196)这里所说的艺术性整体既指理论上的完整、精致、严密和深刻，也指语言上的生动、优美、精彩和流畅。《资本论》的文学造诣是极为高超的，《资本论》中充满了生动形象的比喻，谐谑辛辣的讥讽，丰富多彩的典故、诗歌、神话、谚语、民谣和名言；它时而热情洋溢，时而悲愤满怀，时而静如止水；马克思使用的语言，一字一句都好像是在铁砧上锤炼出来的，使人见到形象，听到声音。[16](p.15)铁一样的逻辑和诗一样的语言完美地融合在了一起。哈维曾经这样介绍《资本论》，“它是一本非常丰富的著作。莎士比亚、希腊文化、浮士德、巴尔扎克、雪莱、神话故事、狼人、吸血鬼和诗歌全集合在这本书，与之相伴的还有无数的政治经济学家、哲学家、人类学家、记者和政治理论家”。[17](p.2)弗朗西斯·惠恩说，马克思的《资本论》不仅是划时代的经济学著作，也是一部未完成的文学杰作，它拥有多重结构，并可从多方面进行解读：他笔下的资本，活像哥特式小说中的妖怪；有些地方，又像维多利亚时代的情节剧、黑色剧甚至滑稽剧。有时它又像希腊悲剧，在他的笔下，人类的历史就像俄狄浦斯，唯物主义的命运早已被事先注定。在描写资本主义社会的疯狂本质时，又不由让人想起斯威夫特在《格列佛游记》中展露的那种讽刺手法。[18]可以毫不夸张地说，《资本论》是一部名副其实的马克思主义百科全书，是人类思想的高峰、知识的高峰、智慧的高峰。

八 《资本论》是发展中国经济学的重要基础

综上所述，《资本论》是马克思主义理论体系的重要基石，是马克思主义世界观和方法论的集中体现，它揭示了社会生产、市场经济和资本主义经济的运动规律，指明了未来共产主义社会的基本特征。中国经济学的建设与发展理应以马克思主义为指导，以《资本论》为重要基础。

然而，毋庸讳言的是，当前，马克思主义经济学在中国的发展面临着严重的挑战和被边缘化的严峻局面。近些年来，中国经济学界流行着这样一种新的教条主义或蒙昧主义思想。这种思想认为，整个世界上的经济学只有一种，那就是西方的主流经济学。它是科学的、普适的，是无民族、无国界的。毫无疑问地相信它、学习它，就是中国经济学发展的方向；不折不扣地贯彻它、实践它，就是中国经济改革的方向。这种所谓的主流经济学的主要特点是：抛开社会发展的历史过程和现实条件，抽象掉社会生活中的技术、制度、政治、文化等各种复杂因素，把追求自身利益最大化的理性的经济人当作考虑所有问题的出发点，把资本主义的市场经济当作人类永恒不变的理想形式，把抽象的数理逻辑当作判断经济学是否科学的主要标准。在政策主张上，其主要倾向则是：崇尚私有制而贬低公有制，崇尚市场调节而贬低政府干预，崇尚全球化而贬低国家利益，崇尚效率而贬低公平，崇尚个人自由而贬低社会合作，崇尚资本主权而贬低劳动主权，崇尚比较优势而贬低自主创新，崇尚西方式的民主而贬低社会主义民主，崇尚所谓的普世价值而贬低中国道路。

应当明确地认识到，这种对西方主流经济学的教条主义或蒙昧主义是根本错误的：第一，理论是现实的反映，经济学本质上是一门历史科学，不同时代和不同的国家有着不同的主流理论。实际上，无论是在历史上还是在当代，西方经济学中都存在众多的理论和流派，而且这些理论和流派的内容和地位是随着历史的发展而处在不断变化之中的，因此，从来就不存在什么可以脱离开特定的历史和现实条件而存在的普适性经济学理论。

第二，现代西方经济学具有明显的二重性：一方面，反映了社会化大生产和市场经济运行的某些规律，另一方面反映了发达资本主义国家特殊的社会制度、历史背景、利益诉求和价值观念，具有浓厚的意识形态色彩，同时在理论上也存在不少严重的缺陷。因此，对于西方经济学我们绝不能盲目崇拜，照搬照抄，全盘西化。第三，经济学的发展和人类文明的发展一样，从来都是不同国家、不同时代和不同人们对经济现实和经济实践进行抽象概括的结果，是不同思想和理论之间相互交流、碰撞、融合的结果，而绝不是某些国家和某些人的专利。在人类历史的发展进程中，中华民族从来就不是而且现在更不应当仅仅是文明的模仿者和追随者，而是有所发明有所创造有所贡献的。走自己的路既是中国革命获得成功的根本经验，也是中国改革与发展获得成功的根本经验。任何照搬照抄别国理论与经验的教条主义做法，都必然会在丰富多彩和生机蓬勃的实践面前折戟碰壁。特别需要注意的是，照搬西方的经济理论和发展模式的危害不仅在于它脱离了中国的实际，忽视了矛盾的特殊性，更在于它会使我们成为新教条主义或新蒙昧主义的奴隶，失去应有的自我发展和自主创新的能力，甚至会把西方国家的特殊经验、特殊利益和意识形态当作所谓的“普世价值”，危害中国特色社会主义事业，削弱马克思主义的主导地位和社会主义核心价值体系，迷失发展的方向，丧失前进的动力。

中国特色社会主义的伟大实践和中华民族的伟大复兴呼唤着文化和理论的自觉、自信、自强。我们要努力建设和发展具有中国特色、中国风格、中国气派和时代特点的经济理论。这种理论必须以马克思主义为指导，海纳百川，兼容并包，立足中国，面向世界，广泛吸收和正确借鉴世界上一切文明发展的优秀成果，充分反映我国的基本制度、发展道路、历史经验和核心价值，代表最广大人民群众的根本利益，在尊重传统的基础上与时俱进，努力为人类的发展做出贡献。马克思的《资本论》无疑是这种理论的重要基础。离开了这一重要的基础，就不可能实现理论上的自觉、自信、自强，就不可能坚持和发展中国特色社会主义的伟大事业。

参考文献

[1]《马克思恩格斯文集》（第3卷），人民出版社，2009，

[2]《列宁选集》（第2卷），人民出版社，1995。

[3]《马克思恩格斯文集》(第2卷),人民出版社,2009。
[4]《列宁专题文集》(论辩证唯物主义和历史唯物主义),人民出版社,2009。
[5]《马克思恩格斯〈资本论〉书信集》,人民出版社,1976。
[6]《资本论》(第1卷),人民出版社,2004。
[7]《马克思恩格斯选集》(第2卷),人民出版社,1995。
[8]《资本论》(第3卷),人民出版社,2004
[9]《列宁选集》(第1卷),人民出版社,1995。
[10]《资本论》(第2卷),人民出版社,2004。
[11]《1857~1858年经济学手稿》,《马克思恩格斯全集》(第31卷),人民出版社,1995。
[12]《马克思恩格斯选集》(第1卷),人民出版社,1995。
[13] 中共中央文献研究室编《邓小平年谱》(下),中央文献出版社,2004。
[14] 江泽民:《论社会主义市场经济》,中央文献出版社,2006。
[15]《马克思恩格斯全集》(第4卷),人民出版社,1958。
[16] 孟氧:《〈资本论〉历史典据注释》,中国人民大学出版社,2005。
[17] David. Harvey. *A Companion to Marx's Capital*, London: Verso, 2010.
[18] 弗朗西斯·惠恩:《马克思的〈资本论〉传》,中央编译出版社,2009。

马克思就业理论进路与我国就业促进机制构建*

李 萍 卢云峰

内容摘要：认真研读和体认马克思的经典原著，从资本、工资、劳动与分工等四个致思向度展现马克思的就业理论进路。在此基础上，结合我国目前业已进入工业化中期阶段，经济增长再度由重工业主导，经济增长、就业及其相关方面变化的现实，提出解决当前我国就业问题，构建四大机制即资本调控机制、工资浮动机制、弹性劳动机制和全面的沟通机制，有一定的现实意义。

关键词：就业 资本 工资 劳动 分工

一 引言

就业问题是当前宏观经济运行中的重大理论与现实问题，也是我国完善社会主义市场经济体制、实现国民经济平稳较快发展中亟待解决的重要课题。目前，既有文献或从相对过剩人口理论、资本有机构成理论切入来剖析马克思的失业思想（丛松日，1999），或从马克思的社会主义普遍就业思想观照我国的就业现实（郭宝宏，2011），或从补偿理论、劳动分工、劳动力供求等方面对马克思就业思想进行解读（宁光杰，2001），为我们深刻理解马克思就业理论的精髓奠定了一定的理论基础。本文结合我国就业实践的严峻问题，拟从重读经典原著中，发现马克思研究就业问题的基点及其就业理论进路，从中提取出我国就业促进的某些启示，彰显出马克思就

* 本文发表于《理论与改革》2012 年第 2 期。

业思想仍对现实有着不可替代的重要指导作用。

二　马克思的就业理论：从四个角度展开的理论进路

认真研读和体认原著，旨在洞察马克思研究就业问题的大致脉络，即“资本—工资（可变资本）—劳动—分工（具体劳动）”。这是马克思研究就业问题的四大基点。循着资本、工资、劳动与分工等四个致思向度，我们试图展现马克思的就业理论进路及其全貌。

（一）从资本切入的视角

命题1：资本积累制造相对过剩人口

资本积累会提高资本有机构成。其一，“使资本家能够通过从外延方面或内含方面加强对单个劳动力的剥削，在支出同样多的可变资本的情况下推动更多的劳动”。[1](p.697) 这样用于雇佣劳动力的可变资本部分便会相应减少，造成资本有机构成提高；其二，“简单的积累即总资本的绝对扩大，伴随有总资本的各个分子的集中，追加资本的技术变革，也伴随有原资本的技术变革”。[1](p.690) 积累中的技术变革使可变资本相对加速减少，资本有机构成提高。以上两种方式都造成了可变资本的游离和对劳动力需求的减少，而且“在积累进程中形成的追加资本，同它自己的量比较起来，会越来越少地吸引工人。另一方面，周期地按新的构成再生产出来的旧资本，会越来越多地排斥它以前所雇用的工人”。[1](p.689) 这样资本积累就不断生产出超过资本增殖需要的相对过剩人口。

命题2：资本在经济周期循环中排斥工人

资本积累的过程也是经济周期循环的过程，它对劳动力的影响也呈现周期性。“工业周期阶段的更替使相对过剩人口具有显著的、周期反复的形式，因此相对过剩人口时而在危机时期急剧地表现出来，时而在营业呆滞时期缓慢地表现出来”。[1](p.703) 危机阶段的劳动力呈现最为明显的游离状态，“生产的停滞会使工人阶级的一部分闲置下来，由此使就业的部分处于这样一种境地：他们只好让工资下降，甚至下降到平均水平以下”。[2](p.283) 但资本不会坐以待毙，它会采用新方法“提高一定量劳动的生产力，降低可变资本和不变资本的比率，从而把工人游离出来，总之，就是造成人为的过剩人口”。[2](p.284) 资本在危机期的活动进一步加剧了劳动力的游离。

命题3：资本过剩与岗位闲置

资本过剩是资本积累的必然结果。“所谓的资本过剩，实质上总是指那种利润率的下降不会由利润量的增加得到补偿的资本——新形成的资本嫩芽总是这样——的过剩，或者是指那种自己不能独立行动而以信用形式交给大产业部门的指挥人去支配的资本的过剩”。[2](p.279)资本过剩必然导致人口过剩，马克思解释道：“这些人口不能为过剩的资本所使用，因为他们只能按照很低的劳动剥削程度来使用，或者至少是因为他们按照一定的剥削程度所提供的利润率已经很低。”[2](p.285)资本的本性不允许这种低利润率，所以一部分生产必然停滞，岗位闲置也将不可避免。

命题4：资本的衍生品——产业后备军

产业后备军是资本积累的必然产物。这是因为“随着积累的增进而膨胀起来的并且可以转化为追加资本的大量社会财富，疯狂地涌入那些市场突然扩大的旧生产部门，或涌入那些由旧生产部门的发展而引起的新兴生产部门，如铁路等等。在所有这些场合，都必须有大批的人可以突然地被投到决定性的地方去，而又不致影响其他部门的生产规模。这些人就由过剩人口来提供”。[1](pp.693~694)这批过剩人口本身就是资本积累的衍生品，它反过来又是资本得以不断积累的前提条件。产业后备军使工人中的就业部分过度劳动，而这部分过度劳动工人又迫使另一部分工人（即后备军）无事可做，失业交相加剧。

（二）从工资切入的视角

命题1：工资是土地和资本让给工人的扣除

在地租、利润和工资三分天下的情况下，工资本应与其他二者鼎足而立，然而“在现实中，工资却是土地和资本让给工人的一种扣除，是从劳动产品中给工人、劳动所打的回扣”。[3](p.55)工资是工人的劳动报酬，是工人和资本家之间联系的纽带，但工资标准却并非完全来自工人和资本家的双向决定。“工人是被迫同意资本家所规定的工资，而资本家则是被迫把工资压到尽可能低的水平。强制代替了立约双方的自由”。[4](p.39)强制形式是供求关系、生产费用、劳动力价值和劳资竞争等共同作用于工资决定的结果，其中资本方的主导地位通常使工资处于工人被动接受的相对低下的水平。

命题2：工资升降与相对过剩人口

工资的被动接受性决定了其升降也主要操控于资本方之手，后者以机器为媒介以工资为手段调控着就业。工资最初的下降源于大工业对村镇的侵占，因为“农村比起城市来也有它的优点，在那里通常可以更廉价地雇到工人”。[5](p.301)后来工业发展引致机器对人工的替代，“技术发展的过程在不断地继续着，即使工人真的在新的劳动部门里找到了工作，机器的改进还是要把他从那里排挤出去，……机器一改进，工资就降低”。[5](p.423)机器以降低工资为中介以显性和隐性的手段析出相对过剩人口，① 工资提高则往往与劳动强度的提高相伴生，如马克思所言，“工资的提高引起工人的过度劳动”。[3](p.51)工人的超负荷劳动造就了快速的资本积累，而“由于这种积累，同一数量的工业生产出更大量的产品；于是发生生产过剩，而结果不是有很大一部分工人失业，就是工人的工资下降到极其可怜的最低限度”。[3](p.53)如此循环往复，工资最终没有按比例上涨，工人的劳动能力和劳动强度却大幅提升。

命题3：用于工资的部分资本游离减少岗位需求

工资的下等地位使其容易被不变资本侵占，处于相对下降趋势，表面看来这是生产力发展的结果。那么“以前用于工资的资本部分就会游离出来”。[6](p.545)游离必然伴随着岗位需求的相对减少。对于这部分游离的可变资本，马克思认为“这样游离出来的资本可以用于扩大这些生产部门本身，或者可以投入新的生产部门”。[6](p.545)用于扩大生产部门或投入新生产部门的资本必然转化为不变资本和可变资本两部分，因此很容易推断，新生产部门推动的劳动力无法填补旧生产部门析出的劳动力，因为以前仅用于可变资本的部分现在由不变资本和可变资本二马分肥了。

命题4：生存必需工资与劳动者间的竞争

工资的下等地位加剧了劳动者间的竞争，虽然表面来看竞争只会造成劳动者的岗位调整以适应其劳动能力，但是当竞争与生存必需工资相联系时，其恶性效应凸显，被排斥于劳动需求之外的相对过剩人口更是潜在的施压群体。“相对过剩人口的这一源泉是长流不息的。但是，它不断地流向城市是以农村本身有经常潜在的过剩人口为前提的，这种过剩人口的数量只有在排水渠开放得特别大的时候才能看得到。因此，农业工人的工资被压到最低限度，他总是有一只脚陷在需要救济的泥潭里”。[1](p.705)整个劳动

① 所谓显性手段，是指机器导致劳动需求降低而工资下降以析出人工；所谓隐性手段，是指减轻了劳动强度的工作可以用低薪雇佣女工和童工以排斥成年男工。

者群体的竞争本就剧烈，而其中以农业工人的竞争为最，其工资已经低到生存必需工资甚至更低。

（三）从劳动切入的视角

马克思曾对劳动与分工的关系进行论述，“单就劳动本身来说，可以把社会生产分为农业、工业等大类，叫做一般的分工；把这些生产大类分为种和亚种，叫做特殊的分工；把工场内部的分工，叫做个别的分工”。[1](p.389) 由此可见，分工是劳动本身的事情，即劳动的具体化，这里的劳动专指抽象劳动（具体劳动将在下文“分工”中详细分析）。劳动者的劳动力使用状况造成人口的就业规律，劳动生产规律是就业规律的必然基础。

命题1：生产力发展提高剩余劳动对必要劳动的比例

资本与剩余劳动紧密联系，“资本的规律是创造剩余劳动，即可以自由支配的时间；资本只有推动必要劳动即同工人进行交换，才能做到这一点。由此产生了资本要尽量多地创造劳动的趋势；同样也产生了资本要把必要劳动减少到最低限度的趋势”。[7](p.378) 剩余劳动比重加大对劳动者产生双重影响：整体劳动量增加与部分劳动人口过剩并存。在生产力发展的特定阶段，劳动需求是相对稳定的，如果剩余劳动量不断上升，则必要劳动势必被部分腾空，这部分劳动力自然成为过剩人口。劳动者提供多少比重的剩余劳动，除生存必需因素外，由资本方与劳动方的竞争决定。由于资本方处于优势地位，部分劳动者必然随必要劳动的相对降低而被排斥出岗位。

命题2：非生产劳动与劳动力分流

剩余劳动比例提高意味着对生产劳动者的需求相对下降，一方面被生产资本析出的劳动力必然寻找其他就业途径，另一方面生产资本发展造成了众多资本家和有产者的奢侈需求。马克思概括如下：“大工业领域内生产力的极度提高，以及随之而来的所有其他生产部门对劳动力的剥削在内含和外延两方面的加强，使工人阶级中越来越大的部分有可能被用于非生产劳动，特别是使旧式家庭奴隶在‘仆役阶级’（如仆人、使女、侍从等等）的名称下越来越大规模地被再生产出来。”[1](p.488) 这些非生产劳动属于个人服务的范畴，“个人服务是生产性雇佣劳动的对立面”[7](p.463)，它由生产劳动的相对过剩派生，既是生产劳动析出的结果，也是对生产劳动的补充，它使劳动力出现两极分流。

命题3：劳动浪费与劳动力过剩

剩余劳动比例提高是在资本主导下产生的，这必然伴生着对劳动的浪费。首先，在职劳动者的过度劳动必将随着浪费量的攀升而加重。“它对人，对活劳动的浪费，却大大超过任何别的生产方式，它不仅浪费血和肉，而且也浪费神经和大脑”。[2](p.105)其次，存在有劳动能力而不劳动的人口。“资本的进一步发展表明，这些过剩人口，除了工业的部分——工业资本家——以外，又分化出纯粹消费的部分，即专以消费他人的产品为业的游手好闲的人，由于粗陋的消费是有限度的，所以有一部分产品必须以较为精致的形式，作为奢侈品供他们取用”。[11](p.109)这种人口的存在本身就是劳动的浪费和过剩，其对他人劳动的过度靡费更是浪费。最后，部分妇女儿童被迫进入劳动行列，非成熟劳动力的使用不仅浪费劳动，而且加速了劳动力的过剩。

命题4：劳动竞争、劳动联合与就业

剩余劳动比例提高使劳动需求相对下降而劳动者处境艰难，劳动竞争与劳动联合必然同时加强。劳动竞争无处不在，它一定程度上造成劳动力的浪费和贬值，“当现代工厂中的分工无论巨细全由企业主的权力进行调度的时候，现代社会要进行劳动分配，除了自由竞争之外没有别的规则、别的权力可言”。[6](p.335)只要企业主占据领导权，劳动分配就必然采取竞争手段。劳动联合则是以工会组织方式进行的，“它们的目的是：规定工资，作为一个力量，集体地和雇主进行谈判，按雇主所获利润的多少来调整工资，在适当的时候提高工资，并使每一种职业的工资保持同一水平。因此，这些工会总是向资本家力争一个大家都得遵守的工资标准，谁拒绝接受这种工资标准，就向他宣布罢工。其次，工会还竭力用限制招收学徒的方法来维持资本家对工人的需求，从而使工资保持在一定的水平上；它们尽可能地竭力反对厂主靠采用新的机器和工具等欺诈手段来降低工资的企图。最后，它们还用金钱来帮助失业工人”。[5](p.503)工会的主要职能在于争取工资利益，其联合主要针对在业劳动者，用金钱帮助失业者并不能解决其长期生活问题，更不能使其重新就业。

（四）从分工切入的视角

命题1：分工造成岗位的专业性

分工作为具体劳动直接决定着就业岗位的种类，分工的程度则决定着就业岗位的细分程度。分工越发展，岗位越被细分，其专业化越强。机械分工需要工人固守其专业，而一旦出现危机，析出的专业性极强的工人难以在广阔的社会分工下对口就业。机器生产代替工场手工业之后，“机器生产同工场手工业相比使社会分工获得无比广阔的发展，因为它使它所占领的行业的生产力得到无比巨大的增加”。[1](p. 487)由此工厂内部分工同社会分工的矛盾得到了更大程度的加强，工人面临的就业问题不仅没有因分工加深而解决，反而因专业性的加强而更难以更换工作，就业面没有得到有效拓宽。

命题 2：分工导致的人的竞争与机器的竞争引致岗位减少

分工造成岗位的专业性，对工人就业最直接的影响在于加剧了专业内工人间的竞争。“由于工人彼此竞争而使每一个工人的劳动生产率达到最大限度，由于分工，由于机器的应用和自然力的利用，许多工人就没有工作做。”[5](p. 365)分工造成的竞争不断使在岗工人失业。分工也使企业主之间产生竞争，这种竞争是以机器的竞争为表现方式的。“机器用不熟练的工人代替熟练工人，用女工代替男工，用童工代替成年工；……统帅们即资本家们相互竞赛，看谁能解雇更多的产业士兵。”[9](pp. 503 ~ 504)资产者不会在分工条件下的劳动减轻过程中逐步解放劳动者，所以资产者每一个加强生产力的动作，都会牵动劳动者岗位的进一步削减。

命题 3：分工下的异化与结构性失业

分工造成的岗位专业性随着分工复杂化的进程而不断细化，“机器的采用加剧了社会内部的分工，简化了作坊内部工人的职能，扩大了资本积累，使人进一步被分割”。[8](p. 170)由此劳动的异化与工人的异化并存。异化的根源在于资本与劳动的分裂，“分工从最初起就包含着劳动条件、劳动工具和材料的分配，因而也包含着积累起来的资本在各个私有者之间的劈分，从而也包含着资本和劳动之间的分裂以及所有制本身的各种不同的形式。分工愈发达，积累愈增加，这种分裂也就愈剧烈。劳动本身只有在这种分裂的条件下才能存在”。[10](pp. 74 ~ 75)与分工体系不相容的才能得不到发展，将被未来分工体系所倚重的才能也受到压制，异化的劳动者将无力面对新领域的劳动挑战而引致结构性失业。

命题 4：分工下的异化与劳动力空缺

分工下的岗位专业化不仅导致了结构性失业，也同时造成了劳动力空缺。马克思表述了失业与缺岗并存的矛盾局面：“在成千上万的人手流落街头的同时，却有人抱怨人手不足，因为分工把人手束缚在一定的生产部门了。”[1](pp. 703 ~ 704)劳动者不得不在日趋激烈的竞争中不断加深其单一化技能，他被迫失去了自主性和创造性。异化范围内的分工造就的异化劳动者只剩下狭小的就业范围，“这些因为分工而变得畸形的穷人，离开他们原来的劳动范围就不值钱了，只能在少数低级的、因而始终是人员充斥和工资微薄的劳动部门去找出路”。[1](pp. 482 ~ 483)并且产业后备军在分工加剧的情况下已经失去了储备功能而加剧了竞争功能，使劳动者在岗位空缺的情况下依然深陷失业泥潭。

三　马克思就业理论的启示：构建四大就业促进机制

新中国成立 60 多年来，尤其是经历了改革开放 30 多年来的高速经济增长和发展，我国目前业已进入工业化中期阶段，经济增长再度由重工业主导。与前阶段轻工业的劳动密集型特点不同，重工业以资本、技术密集型为主要特点，这里，依循资本、工资、劳动与分工的致思理路，我们观察到经济增长、就业及其相关变化。

从资本方面看，经济呈现第一产业比重下降和第三产业比重上升的趋势；工业内部结构升级而投资增加，工业对国民经济的贡献率和拉动率在三次产业中居首；工业的资本劳动比率迅速上升，表明资本对劳动的吸纳能力减弱。从工资方面看，劳动者生活水平不断改善；城镇与农村居民家庭人均可支配收入均大幅提升；收入差距拉大，行业间和地区间收入不平等加剧。从劳动方面看，非生产劳动即第三产业发展迅速；第一产业析出的非农就业人口和依托非农就业人口生存的相关人口向城市集聚；国企改革及机关事业单位精简造成富余人员；劳动竞争激烈而劳动者素质偏低。从分工方面看，工业化演进导致产业结构转变，目前国内比较紧密的分工协作主要发生于产业集群中的中小企业间，而大企业与小企业间的分工协作较弱；我国在国际分工体系中仍处于不利地位，产业技术的自主创新能力不足。

以上情况表明，我国目前的状况在一定程度上有着马克思所分析的资本有机构成提高、工资地位偏低、劳动分流和竞争加剧与分工结构性调整的基本特征。那么按照马克思就业理论的整体思路，我国在就业实践中构建起以下四种调控促进机制，在一定意义上有助于就业问题的宏观综合治理。

（一）建立资本调控机制

从马克思的就业思路看，建立资本调控机制涉及四方面内容：一是在资本积累提高的同时增加可变资本支出，避免不变资本对可变资本的过度侵占，这就会或者在投资的同时增加劳动力，或者提高在职劳动者的收入。二是采取积极的投资措施抑制资方（企业主）提高劳动强度以实现对劳动的内涵式剥夺，在机器化程度不断提高的背景下进一步解放劳动者。三是合理引导过剩资本进入未来产业，避免资本陷入夕阳产业而将劳动者置于低收入、低保障的工作环境中，在引导资本发挥最佳状态的同时为劳动者创造发展型的岗位。四是侧重对非生产劳动部门的投资比重，在最广阔的社会环境下吸纳尽可能多的因结构性失业导致的产业后备军。

（二）建立工资浮动机制

这种工资浮动机制不是目前与岗位绩效挂钩的“浮动岗位绩效工资制”，而是劳动者有权参与其中的工资制定机制，以解决工资作为“土地和资本让给工人的扣除”的地位，体现劳动真正的货币价值。一是加强工资制定中劳动方的决定权，工资作为劳动方的收益增幅应达到与资本方相当的标准。二是以生产力发展为参照设立工资浮动标准，防止工资明升暗降或脱离生产力标准而单独使用劳动力商品标准。三是使工资额度与劳动强度挂钩。简单劳动与复杂劳动应有明显的工资分野，扭转目前某些重体力劳动、重脑力劳动强度大而报酬低的现象。四是以消费状况为标准设立全部劳动者的最低生存资金制度。这样才能取消恶性的过度竞争，使劳动竞争进入良性轨道。

（三）建立弹性劳动机制

这种弹性劳动不是目前社会上存在的非主流就业方式的弹性就业，而是指在普通就业领域内，实行劳动时间、劳动方式和劳动强度等方面的弹性机制，以顺应生产力发展与劳动者发展的需求。一是制定一个社会能够普遍接受的剩余劳动与必要劳动的比例，以此确定工作时间。这样在社会方面可以达到经济均衡发展，在劳动者方面可以发展其全面能力以适应结构调整。二是推进非生产劳动社会化，以吸纳众多由生产劳动机器化而析出的劳动力。三是限制过度劳动、提倡适度劳动、削弱寄生阶层。这样才能逐步消除过度劳动造成的活劳动浪费（儿童劳动和养育期妇女劳动也应归入过度劳动）。四是增加工会的职能与权力。这样可以将劳动竞争限制在合理范围内以利于劳动者适度就业，并且工会也是弹性劳动机制在操作过程中的主要监督者。

（四）建立全面的沟通机制

全面的沟通机制是解决分工状态下劳动异化的现实途径。一是促进不同专业劳动者之间的交流。在不同专业劳动者之间建立长期的接触关系以利于他们对其他专业的了解，甚至通过定期的换岗培训使劳动者掌握两门以上的专业技能，这将缓解劳动异化程度，拓宽就业范围。二是建立企业主与员工之间的沟通机制。有效的沟通可以使员工参与到生产与决策当中，提高劳动者的自主性和积极性。三是培养综合型人才，为特殊人才提供发展基金。综合性人才的培养需要建立全方位的教育培养模式。为特殊人才尤其是当前社会尚未出现现实需求的人才设立专门的发展基金，以进行人才储备与科学拓展。四是为劳动者建立系统的失业保障，将保障范围扩展为全体劳动者，并加大供给力度，这将是消除异化、顺畅沟通的保护手段。

综上所述，马克思就业理论对当前我国就业问题仍然具有一定的现实解释力和指导意义，其从资本、工资、劳动、分工四个角度出发的分析思路仍然切中肯綮。以此为参照，我国可以逐渐梳理并理顺目前市场经济中存在的各项就业相关要素并形成实践机制，以期系统地把握与有针对性地调控就业问题。

参考文献

[1]《马克思恩格斯全集》（第23卷），人民出版社，1972。

[2]《马克思恩格斯全集》（第25卷），人民出版社，1974。

[3]《马克思恩格斯全集》（第42卷），人民出版社，1979。

[4]《马克思恩格斯全集》（第2卷），人民出版社，1957。

[5]《马克思恩格斯全集》（第2卷），人民出版社，1957。

[6]《马克思恩格斯全集》（第47卷），人民出版社，1979。

[7]《马克思恩格斯全集》（第46卷上），人民出版社，1979。
[8]《马克思恩格斯全集》（第4卷），人民出版社，1958。
[9]《马克思恩格斯全集》（第6卷），人民出版社，1961。
[10]《马克思恩格斯全集》（第3卷），人民出版社，1956。
[11]《马克思恩格斯全集》（第46卷下），人民出版社，1980。

刘易斯拐点——基于马克思产业后备军模型的解析*

吴　垠

内容摘要： 刘易斯拐点在马克思产业后备军理论视野下既是一个发展命题，更是一个分配命题。本文对比分析了马克思产业后备军模型和刘易斯二元经济模型中无限弹性劳动力供给的来源、现代工业部门制度工资率的决定机制、产业后备军作为城市工业劳动力供给的蓄水池功能、两个模型中的劳资分配结果和劳动力市场发展拐点的对应等问题。文章认为，马克思的产业后备军理论模型不仅能够用于分析刘易斯拐点问题，而且对指导中国现阶段的城乡二元结构改革、劳动力市场以及劳资收入分配体制改革等都具有极其现实的针对性意义。

关键词： 产业后备军理论　刘易斯拐点　劳动力市场

从2004年中国沿海地区出现“民工荒”现象开始，一个关于中国是否已经迎来刘易斯拐点的理论命题逐渐为中国经济学界所关注。中国社科院人口与劳动经济研究所2007年的一份报告明确指出：中国经济的刘易斯拐点已经到来，中国劳动力过剩时代即将结束，中国未来的劳动力减少会对经济发展形成有力制约。这一理论观点一经发表，便引起了国内经济学界、人口学界的连续争论和深入探讨，其理论预测的科学性和精准度一直备受争议。

总体看来，目前学术界对中国是否进入了刘易斯拐点的争论呈现出泾渭分明的两大类观点。以蔡昉教授为代表的赞成者主要选取农民工工资上涨、农民工供给数量短缺、人口红利消失以及人口结构向老龄化社

*　本文发表于《经济学动态》2010年第10期。

会转变等实证材料来论证中国进入了刘易斯拐点区间、迎来了一个劳动力短缺的时代（蔡昉，2008，2010；王德文，2008）；而反对者（白南生，2009；钱文荣等，2009；周祝平，2007；刘伟，2008），则主要从农村大量剩余劳动力的精确测算数据、农民工供求的结构性矛盾、城乡二元结构短期内无法走向均衡以及劳动者工资比重占 GDP 比重的比例呈明显下降趋势等角度来证明现阶段谈论中国进入了刘易斯拐点还为时尚早。争论的核心指标，即中国农村剩余劳动力的估算数据呈现出极大的不一致（参见表 1）。

表 1　不同时期对中国剩余劳动力总量的估算结果

估算用数据年份	估算用数据	出处
1984～1992 年数据	接近或可能超过 1 亿人	托马斯·罗斯基（1997）
1992 年数据	9000 万人	章铮（1995）
1994 年数据	1.17 亿人	王红玲（1998）
1994 年数据	1.38 亿人	王诚（1996）
1998 年数据	1.52 亿人	农业部课题组（2000）
1999 年数据	1.7 亿人	国家统计局农调总队社区处（2002）
2000 年（预测）	1.9 亿人	劳动部课题组（1999）
2003 年数据	4600 万人	王检贵等（2005）
2003 年数据	7700 万人	章铮（2005）
2003 年数据	1.93 亿人（区间 1.7 亿～2.1 亿）	何如海（2005）
2006 年数据	1.1 亿人	马晓河等（2007）
2006 年数据	7465 万人	钱文荣等（2009）

虽然上述学者的结论差异巨大，所援引的数据等实证材料也各具特色、口径不一，但他们赖以立足的理论基础却是大体一致的：即都采用刘易斯本人所开发出来的二元经济理论模型作为分析的理论前提和立论的基本框架，所不同的主要是利用刘易斯二元经济理论来解释中国城乡二元劳动力市场发展演变的切入点有较大差异，因而会得出相互矛盾的结论。

这种由同种理论框架入手分析同一经济现象得出迥然不同结论的现实

似乎为后来的研究者提供了某种警示，如果继续简单地遵从刘易斯二元经济学说的理论前提去分析“中国的刘易斯拐点”问题，无论其所援引的数据有多么新颖、计量方法有多么复杂，所得出的结论不外乎为上述两大类观点作一新增注脚而已。能否换一种理论基础来分析刘易斯拐点问题？能否通过理论基础对比分析的方式来更进一步地阐明刘易斯拐点发生、发展、演变的阶段及其原因？答案是肯定的。考虑到农村劳动力大规模地向城市转移虽然是一个经济发展中的常见问题，但其背后体现的却是不同的劳动者群体利益变化这样一个政治经济学命题，本文尝试从马克思产业后备军理论的角度来分析刘易斯拐点难题，以期阐明一些单纯从刘易斯二元经济学模型角度难以觉察到的理论问题。

文章的结构安排如下：第一节从“内生性”的角度讨论“马克思产业后备军”理论对劳动力市场发展“拐点”的预判；第二节比较马克思产业后备军理论与刘易斯二元经济模型对拐点分析的具体差异；第三节是文章的小结。

一　马克思产业后备军理论的“内生性”及其对劳动力市场发展“拐点”的预判

马克思的产业后备军理论主要见于《资本论》第一卷第七篇的相关论述，其基本的理论逻辑是：资本有机构成提高之后将必然产生资本对劳动力的相对或绝对排斥，因此引致了“相对过剩人口”，这些“相对过剩人口”的不断积累形成了随时可供现代资本主义部门雇用的“产业后备军”。对于这一“产业后备军”的形成机制，马克思有一句经典表述：“工人人口本身在生产出资本积累的同时，也以日益扩大的规模生产出使他们自身成为相对过剩人口的手段。这就是资本主义生产方式所特有的人口规律。”[①] 如果从现代经济学的角度重新理解马克思对“产业后备军”形成机制的这段经典描述，我们可以看到，马克思实际上是将他所在时代资本主义社会的“产业后备军”形成机制进行了“内生化”处理，并认为：“产业后备军”的主要来源——过剩的工人人口“不受人口实际增长的限制，

① 《马克思恩格斯全集》（第23卷），人民出版社，1972，第692页。

为不断变化的资本增殖需要创造出随时可供剥削的人身材料”。[①] 马克思这句话实际上是要说明：产业后备军规模的变化既撇开了人口增长的外生因素的影响，又能够随时、足额地提供给现代资本主义工业部门所需的劳动力，具有“内生性”再生产的特征。

从理论渊源的角度来看，马克思产业后备军理论模型的内生性特征是马克思在摒弃了把马尔萨斯的人口法则作为产生无限弹性的劳动力供给曲线机制的做法之后提出的。[②] 马克思坚持认为，在制度决定的生存工资率下，现代工业部门的劳动供给具有无限弹性，他用存在超过工业部门所能雇用的生产性工人的“剩余劳动力”，即“产业后备军”来解释现代工业部门所提供的这一生存型工资率是确保资本快速积累的支柱。并意图说明这种资本积累机制背后的对广大劳动者而言存在的种种分配不公平的特征。

马克思产业后备军理论模型假定在资本主义的发展过程中会不断产生出产业后备军，所以它将永远不会耗竭，这是其模型“内生性”的重要表现。对于这一假定，马克思是从两个方面加以具体论证的：其一是从生产的社会形式分析资本主义产业后备军的存在及其影响；其二是从生产力本身的发展，特别是劳动生产率的提高来分析对劳动力需求的影响（蔺子荣，1983）。[③] 马克思将产业后备军以相对过剩人口的形式分为：流动的过剩人口、潜在的过剩人口以及停滞的过剩人口三类。并认为这些产业后备军最初来源于被现代资本主义企业挤垮而被迫到劳动力市场上去寻找就业的小农和用传统生产方式自我雇用的制造业者；随着资本主义部门的扩大，被驱逐出传统职业的那些人继续增长，并补充到产业后备军里。另外，资本家总是通过大规模的机械化竭力地用资本替代劳动，其结果是，现代工业部门就业增加的速度要比资本积累和产出

① 《马克思恩格斯全集》（第23卷），第693页。

② 马尔萨斯实际上也承认过剩人口对现代工业来说是必要的，“虽然他按照自己的偏狭之见，把它解释为工人人口的绝对过剩，而不是工人人口的相对过剩”［参见《资本论》（第1卷），人民出版社，1960，第695~696页］。

③ 蔺子荣（1983）指出，在马克思的时代，失业大军存在的原因，首先还不在于机器对在业劳动者的排斥，而在于机器代替手工劳动，使劳动简单化，扩大了资本的剥削范围，以及资本主义关系在农业中的发展、广大小农的破产，造成劳动力供给的迅猛增长。而第三次科技革命所带来的生产过程的现代化、自动化，使资本对劳动力的需求相对减少甚至绝对减少，成为现阶段资本主义国家失业人口存在的更重要的原因。

增长的速度低得多，其缓慢的就业增长不足以吸收掉传统部门追加到后备军中的人数。因此马克思认为，对他所在时代的业主式资本主义企业家来说，劳动力供给曲线呈水平状（即无限弹性供给）不是自然人口法则的产物，而是资本主义持续不断地再生产出产业后备军的结果，简而言之，产业后备军在马克思看来是内生于资本主义生产方式、具有无限供给特征的。

那么，马克思的这一内生化的产业后备军理论，是否存在产业后备军被现代工业部门吸纳完毕这一重要的拐点呢？马克思的产业后备军理论模型对于这一劳动力市场“拐点”的预判只是适应于他所观测时代的资本主义社会还是也能够对发展中国家特别是中国可能出现的刘易斯拐点现象进行有效分析呢？下面我们将对此进行详尽地分析。

1. 马克思意义上的资本主义劳动力市场发展拐点

在马克思看来，现代资本主义工业部门所提供的低制度工资率也不是一成不变的。“决定工资的一般变动的，不是工人人口绝对数量的变动，而是工人阶级分为现役军和后备军的比例的变动，是过剩人口相对量的增减，是过剩人口时而被吸收、时而又被游离的程度”。[①] 如果我们能够从劳动力供给与需求的角度对马克思产业后备军理论加以模型化，我们就能够发现马克思所论述的资本主义经济发展进程中劳动力市场的拐点问题，并阐明其重要指标——现代工业部门的制度工资率——如何变化。图 1 是我们利用劳动力市场供求模型所构造的“马克思产业后备军理论模型”。它表示资本主义现代工业部门的劳动力市场，纵轴和横轴分别度量工资率和就业情况。直线 D_1D_1、D_2D_2 分别表示特定资本存量劳动的边际产值，图 1 中还以制度性生存工资率画出了水平状（末端向上翘）的劳动力供给曲线 S_i（$i=1$，2）。在这里，马尔萨斯和马克思关于长期劳动力供给分析的最大区别就在于，如果是基于马尔萨斯“外生”的人口法则，那么劳动力供给曲线 S_i 无论在何种情况下都是一条水平直线；而马克思的劳动力供给曲线在过了反映产业后备军被吸收完毕的 R_i（$i=1$，2）这一点之后开始上升，它对应的必然是现代资本主义工业部门制度工资率的上升。

假定在初始期（O），对应于资本存量（K_1）的现代资本主义部门劳动

① 《马克思恩格斯全集》（第 23 卷），人民出版社，1972，第 699 页。

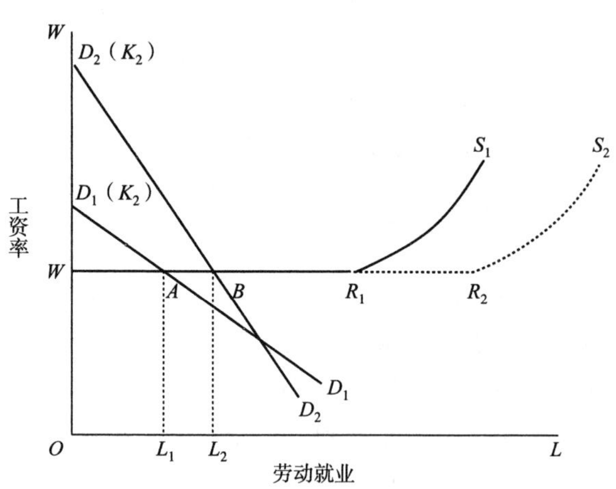

图 1　马克思产业后备军理论模型图示

力需求曲线位于直线 D_1D_1，最初的均衡在 A 点，以生存工资率 OW 雇用的劳动数量为 OL_1。然而，根据马克思的假设，在现代工业部门寻找就业机会的劳动力数量 WR_1 要比 OL_1 大。无法找到就业机会的那些人只能在贫民窟里靠非正规就业勉强度日，并等待着被资本主义部门雇用的机会。① 这些由 AR_1 度量的人口就是马克思定义的产业后备军。因此，在到达点 R_1 之前，由资本积累引起的劳动力需求增长并不会导致工资率的增长。

与马尔萨斯的无限期呈水平状的长期劳动力供给曲线不同，马克思的长期劳动力供给曲线可能从 R_1 点开始上升，意味着当产业后备军被吸收殆尽以后资本家不得不以更高的工资率来吸引劳动力。然而，在马克思本人的假设中，产业后备军是不断被再生产出来的，即在资本主义发展过程中，传统农业和家庭手工业中自我雇用的小生产者被资本主义企业挤垮而落入产业后备军的行列，使得产业后备军就像一个蓄水池一样源源不断地有后备劳动力注入。但是，这个产业后备军蓄水池是否会永不枯竭则不能仅凭有劳动力的不断注入来判定，因为如果劳动力的输出大于劳动力的注入，那么该蓄水池迟早还是会枯竭的，枯竭之时便是劳动力市场的拐点来临之日。

从图 1 可以看出，随着资本家把他们的大部分利润（AD_1W）用于投

① 马克思曾详细地援引 1846 ~ 1866 年的英格兰以及 1841 ~ 1865 年的爱尔兰需要靠官方救济度日的劳动力来说明贫民窟劳工的生活是报酬微薄、生活悲惨的。

资，资本存量从 K_1 增加到 K_2，他们的企业的产出从面积 AD_1OL_1 扩大到 BD_2OL_2，被这种资本主义生产扩张所挤垮的传统的自我雇用生产者（这其中必然包含农业生产者）及其家庭成员被迫到资本主义部门去寻找就业，导致长期劳动力供给曲线水平部分延长至 R_2。这个拐点向后延伸的根源是由于产业后备军的内生化生产方式造成的。仔细地推敲这一向后延伸的拐点 R_2，其实我们可以发现，只要资本主义工业部门维持住较高的投资率和吸纳就业的技术创新率，它从产业后备军蓄水池中吸纳就业的数量就可能超过传统部门（城市手工业、农业等）向蓄水池中注入的劳动力数量，以至于产业后备军被吸纳完毕的这一拐点 R_2 并不是可以无限地向外延伸的，最终出现的情况必然是产业后备军被吸纳完毕，同时现代资本主义工业部门制度工资率开始上升的拐点来临。

马克思产业后备军模型的另一假定是工业就业的增长慢于资本积累的速度。原因在于，马克思的理论形成于19世纪中期的英国，当时的英国已经基本完成了工业革命的洗礼，以蒸汽为动力的自动机械的使用已很普遍，所以固定资产占资本总量的份额上升了（表现为资本有机构成提高）。其结果是，相对于快速的资本积累和产出增长，就业的增长相当缓慢。在图1中，体现新的技术革命成果的机械资本在节省劳动方面的影响，由劳动力需求曲线从 D_1D_1 移到 D_2D_2 表现出来。劳动力需求曲线变得更为陡峭，意味着技术进步偏向于希克斯定义的节约劳动并更多地使用资本的方向。由于体现在新机械里的技术进步的偏差，就业从 OL_1 到 OL_2 的增长，慢于产出从面积 AD_1OL_1 到 BD_2OL_2 的增长。

因此，马克思的预想是，由于现代资本主义生产制度摧毁传统产业生产者的能力和工业技术中劳动节约的偏差结合在一起，产业后备军将快速地被再生产出来。在存在产业后备军的压力下，资本主义经济中的高利润率和高资本积累率就可以靠维持住较低的制度工资率①来保证。在他看来，产业后备军作为支撑资本主义经济发展的脊梁，是内生于资本主义发展体制，同时又为该体制提供发展动力的重要源泉。

图1所展示的马克思产业后备军理论模型还意味着资本主义的发展过程必定包含收入分配不平等的迅速增长。在英国产业革命之前的时代，工资率

① 这一低工资率若略高于农业劳动力的工资率，则也会持续不断地吸引农业劳动力向城市工业部门大量“移民”。

可能在短期内提高，一直到资本积累过程中人口调整到工资所需的增长。而在马克思所处的时代，产业工人持续地受到后备军替代的威胁，这种工资短期内提高的可能性不再存在。由于受节约劳动的现代工业技术的影响，劳动者的收入相对于资本家的收入减少了。这种趋势在图 1 中表现为，劳动者的工资占总产出的份额从 $AWOL_1/AD_1OL_1$ 下降到 $BWOL_2/BD_2OL_2$，而资本家的利润所占的份额从 AD_1W/AD_1OL_1 上升到 BD_2W/BD_2OL_2，而这却是后面我们要谈到的刘易斯模型所忽略了的要点。

2. 发展中国家在工业化初期为何会遇到马克思所预言的这一拐点

马克思关于劳动和资本对经济剩余分享不平等的描述，导致他认为劳动者阶级与资本家阶级之间将发生不可调和的冲突，以至于只有通过暴力革命来将资本主义私有制转化为社会主义公有制，通过分配方式和制度的彻底变革才能缓解这一矛盾。但马克思的这一预见始终没有在发达的资本主义工业化国家的历史上成为事实，反倒是在许多发展中国家的经济发展进程中出现了与马克思所描述的情形非常相似的境况，这是令许多经济学家和历史学家始料未及的状况。

实际上，我们已经看到，“二战”以后半个多世纪以来的发展中国家经济发展史上不断地反复上演着马克思的预言，许多发展中国家都试图把投资集中在现代工业部门（尤其是重工业部门）而实现快速发展。在政府财政、税收、金融政策的强力支持下，许多国家在短短的数十年间确实成功地实现了工业生产的迅猛增长。但是，也许是这种发展战略走过了头，也许是资本有机构成提高的铁律在发挥作用，投资集中在发端于高收入国家的现代机械和设备上，就业的增长一般要比产出的增长低得多。同时，由于这些发展中国家普遍出现了爆炸性的人口增长，[①] 劳动力外生供给的增长率很高。农业部门因迅速接近可耕种土地的临界点，对劳动的吸收达到了饱和点，以至于必然把剩余的劳动力从农村推向城市地区，而这些发展中国家在连续不断地企业改革、政府机构改革等浪潮中已经出现了大量的城市待业人口，这种待业人口和农村剩余劳动力在城市的交汇必然促成城市人口迅速膨胀。

膨胀的城市人口超过了高资本密集度的现代工业部门吸纳就业的上限

① 这种人口增长可能是经济发展所带来的食品产出率提高、医疗卫生条件改善所造成的人口死亡率下降导致的。

之后就会变成城市贫民窟的待业成员。过剩的贫困人口的积累与各类社会体制弊端丛生使这些发展中国家刚刚取得的所谓经济发展“奇迹”在很短的时间之内就变成了“明日黄花”，好不容易获得的国民经济剩余也在庞大的社会保障和社会稳定支出中消耗殆尽，真正实现向高收入国家收敛的发展中经济体少之又少。在这些发展中国家里看到的不断增加的不平等和社会不稳定是与马克思于19世纪中期在欧洲观察到的情形相同的。发展中国家如何在工业化的初级阶段克服这一发展难题，是它们进入发展的高级阶段之前必须加以解决的重要问题（速水佑次郎，2003）。

由此可见，上述问题的实质反倒并不在于清楚地预测这一发展中国家劳动力市场发展的拐点到来的时间（它至多只是个技术性问题），关键在于我们要把劳动与资本在经济发展尚未达到 R_1 时的这种不平等分配关系加以有效改善，把马克思所预言的这种潜在的社会矛盾通过制度化的手段化于无形。当然，对于中国而言，预测劳动力市场发生逆转的拐点与改善资本与劳动的收入分配结构都是同样重要的，原因在于，如果我们能较为准确地预知劳力市场发生逆转、劳动者工资普遍上升的这一拐点，那么这对于政府出台因势利导的改革收入分配制度的政策就是大有裨益的，至少也能够有效地遏制资本与劳动收入在国民收入中占比差距不断拉大的态势。

二　刘易斯二元经济模型与马克思产业后备军理论对拐点预测的对比分析

1. 刘易斯本人对“拐点”的分析

刘易斯二元经济理论的奠基之作是其发表于《曼彻斯特学报》1954年第2期的《劳动无限供给下的经济发展》一文。许多人认为在这篇文章里，刘易斯明确提出了“刘易斯拐点”这一命题。但这一看法是不确切的，因为刘易斯这篇著名文章的字里行间并未有过“拐点”或“转折点”一说，我们只能从其论述中归纳出所谓的“刘易斯拐点Ⅰ”——农业剩余劳动力不再具有无限弹性这一拐点，而无法归纳出“刘易斯拐点Ⅱ”——现代工业部门的劳动边际产品等于农业部门劳动的边际产品这一“商品化”拐点。

刘易斯本人清楚明确地提出“拐点Ⅰ”和“拐点Ⅱ”，是在20多年后即1972年在《国际经济和发展》杂志上发表的《对无限劳动力的反思》

一文中表述出来的：在这篇论文中他将所观测到的发展中经济体分为“资本主义”和“非资本主义”两大部门[①]，并明确指出：“当资本主义部门扩张时，可以设想工资在一段时间里保持不变。这里有两个转折点。第一个转折点在非资本主义部门的增长停止，其平均收入提高，并使资本主义部门的工资上升时出现。第二个转折点出现于资本主义与非资本主义部门的边际产品相等之时，这样我们便到达了新古典学派的单一经济的状态。并且，这两大转折点在封闭经济与非封闭经济条件下的具体表现是不相同的。”[②] 在其他一些场合，刘易斯又将其模型中的两部门表述为“现代部门”和“传统部门”，其“转折点”之所以发生，是与“现代部门”和“传统部门”的三个特征高度相关的：第一，现代部门通过从传统部门中吸收劳动力而得以发展；第二，在提供同等质量和同等数量劳动的条件下，非熟练劳动者在现代部门比在传统部门得到更多的工资；[③] 第三，在现行工资水平下，对现代部门的劳动力供给超过这个部门的劳动力需求。刘易斯在分析这三个特征时自己也承认，“拐点”是否出现是与现代部门和传统部门的相互影响、充裕劳动力的来源以及劳动力市场上差异的维持等因素高度相关的。[④]

2. 刘易斯追随者的研究

在刘易斯二元经济模型框架中所展示出来的这两个理论上的拐点被其他的一些经济学家（Ranis & Fei，1961；Todaro，1969）在工业和农业[⑤]的二元经济框架下进行了更精确化的表述，在他们看来，工业部门是符合新增长理论的判断、劳动报酬等于劳动边际生产力的现代增长部

---

① 刘易斯指出，“资本主义部门”，按古典学派的观点，可定义为雇用工人、销售产品以获得利润。当家务仆人在一家旅馆工作时，其归属于资本主义部门，在私人家中工作时则不然。现时流行的是工业与农业的划分，不过不应将资本主义生产与制造业等同起来，这是任何熟悉大农场经济的人士都明了的。

② 刘易斯：《对无限劳动力的反思》，载刘易斯《二元经济论》，施炜等译，北京经济学院出版社，1989，第112页。

③ 刘易斯这一假设其实没有考虑到劳动力流动的物质成本和心理成本，真正影响劳动力从传统部门向现代部门流动的激励应该是其扣除各种成本后的净收入。

④ 刘易斯：《再论二元经济》，《曼彻斯特学报》，第47卷第3期。载刘易斯《二元经济论》，施炜等译，北京经济学院出版社，1989，第150页。

⑤ 在这些经济学家看来，工业可视为刘易斯所述“资本主义部门”或“现代部门”的代表；而农业则可视为“非资本主义部门”或“传统部门”的代表。在不甚严格的基础上作这样的等价替换是可以的，但正如本文论述所表明的那样，刘易斯本人并未做过这样的简单化处理。

门；而农业部门则是存在大量劳动力以至于新投入的劳动力几乎没有产出、劳动的边际生产率即使不为零，也大大低于制度工资率（生存水平决定）的传统部门。可以用图 2（A、B）来展示刘易斯两大转折点的形态。

图 2A 中，*ORPT* 为农业总产出曲线，刘易斯拐点Ⅰ和Ⅱ分别由坐标所示的 *P* 点和 *R* 点标明，在刘易斯拐点Ⅰ之前，劳动的边际产量因剩余农业劳动力的大量存在而等于 0（表现为 *P* 点以右的切线斜率为 0），劳动者工资不是按边际劳动生产力决定的，而是“分享式”的，即 *OQ/OL*，这一农业劳动力的工资率是低于新古典条件下所决定的工业部门的制度工资率的，所以农村的剩余劳动力是愿意转移到工业部门中去的。从 *P* 点到 *R* 点的转移过程中，农业劳动力的边际产量就为正了，这一时段的劳动力转移会造成食品总产出（和人均产出）的绝对下降，以致食品价格相对于工业品价格上升。所以 *P* 点所对应的刘易斯拐点Ⅰ可以视为农产品尤其是食品的短缺点，在这一阶段中根据农村劳动力被吸收而引致的“相对稀缺性”以及生产劳动力所耗费的食品的价值上升，我们可以判定，在迈过刘易斯拐点Ⅰ之后，农村劳动力的实际工资水平是存在一个逐步上升的动态趋向的，但此时其工资率仍旧低于剔除价格因素之后的城市现代工业的制度工资率，因而农业劳动力依然有继续转移的激励。当达到 *R* 点所对应的刘易斯拐点Ⅱ时，农业劳动的边际产出与工业部门劳动的边际产出相等，整个社会的劳动工资率完全由劳动的边际生产率决定，城乡二元劳动力市场的发展状态趋于并轨。

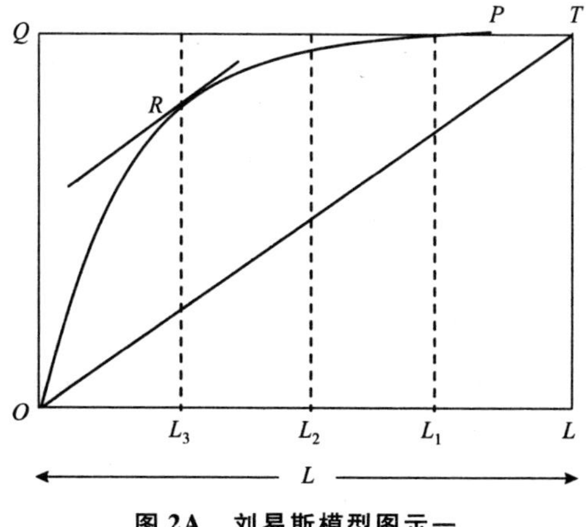

图 2A　刘易斯模型图示一

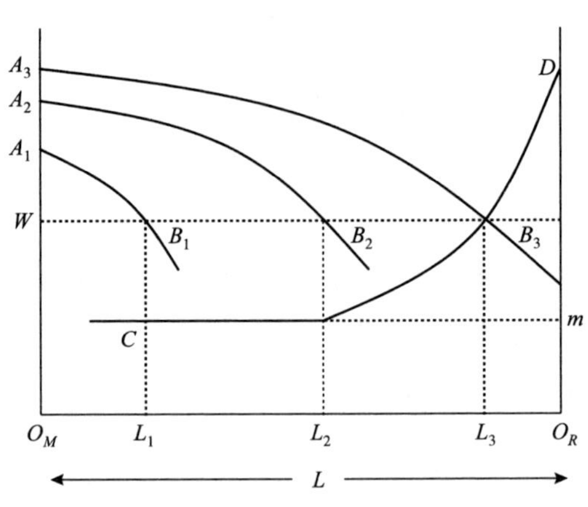

图 2B　刘易斯模型图示二

但是图 2A 的局限在于不能比较清楚地表明农业劳动工资率在不同阶段上与城市工业制度工资率的相对变化状况，而图 2B 的描述则能弥补这一缺陷。图 2B 假设整个经济是封闭的，分为城市和农村两个部门，L 表示该经济体的所有劳动力（搁置了人口增长），CD 表示农村劳动力供给曲线。O_R 表示农村部门劳动力数量的起点，O_M 表示城市部门劳动力数量的起点。由此可将经济发展过程分为三个阶段：第一阶段为 B_1B_2 阶段。假设农村部门存在大量剩余劳动力，工资水平维持在制度工资水平 m。城市部门的工资水平为 W，并高于农村部门的生存工资水平。最初，城市部门的劳动力边际产出是 A_1B_1，企业以利润最大化为目标，使劳动力边际产出等于工资水平 W，在 B_1 处形成均衡点，雇用 O_ML_1 单位城市劳动力，还有 O_RL_1 单位劳动力留在农村，获得生存工资水平 m，单个工人城乡账面工资收入差距至少为（$W-m$）。① 随时间变化，企业家获得利润，储蓄进行投资，资本存量上升，使城市部门劳动力边际生产力从 A_1B_1 逐步上升到 A_2B_2。同样为达到利润最大化，使劳动力边际产出等于工资水平，此时城市劳动力不足，将从农村吸收 L_1L_2 单位劳动力，达到新的均衡点 B_2。在 B_1B_2 这个过程中，由于有农村劳动力的补充，城市整体工资水平依然保持在 W，同时从农村转移到城市的只是剩余劳动力，对农村的工资水平不发生影响，还是维持在生存工资水平 m，所以这个阶段有时也被称为农村劳动力无限供给阶段。

① 这里还不包括城乡所享受到的公共服务、福利待遇等的差距，如果把这些隐性因素考虑进去，则城乡收入差距更大。

第二阶段为 B_2B_3 阶段。伴随城市部门资本存量进一步增加，企业家为使利润最大化，均衡点不断从 B_2 向 B_3 移。在这些均衡点下，虽然城市工资水平高于农村生存工资水平，城市能够继续从农村吸收劳动力，使城市工资水平继续保持在 W，但此时农村劳动力由于被过分吸收已变得稀缺，其工资水平开始逐步上升。在这个阶段，虽然农村工资水平有所上升，但依然低于城市工资水平。直到均衡点到达 B_3 时，农村劳动力工资水平等于城市工资水平，此时，城乡的工人工资皆由劳动的边际生产率来决定。第三阶段为均衡点形成于 B_3 右侧时。随着社会整体资本水平的提高，企业家为达到利润最大化的均衡点，继续从农村吸收劳动力（张晓波等，2010）。而这个阶段的农村劳动力和城市劳动力体现出相同的稀缺性，使城市和农村工资水平同步上升。由此可以看出，图 2B 中的 B_2 点和 B_3 点所对应的是刘易斯拐点Ⅰ和Ⅱ，它们也分别和图 2A 中的 P 点和 R 点相互对应，从而使刘易斯拐点的命题被较为精确地展现出来。

3. **比较分析**

仔细对比之前我们谈到的马克思内生化的“产业后备军”被吸收殆尽后的那个劳动力市场发展拐点以及刘易斯及其追随者所提出的刘易斯拐点Ⅰ和Ⅱ，我们发现至少有几点问题值得我们认真对比起来研究。

（1）如何区分马克思产业后备军模型和刘易斯二元经济模型中无限弹性劳动力供给的来源问题？

马克思的产业后备军模型中无限弹性的劳动力供给来源不是外生的人口增长，而是内生化的资本主义产业后备军生产机制本身，根据马克思的论述，再生产出产业后备军的速度与资本有机构成的变化成正比关系，因而这种产业后备军的生产机制必然是以技术进步为主要自变量的一个函数；而刘易斯拐点Ⅰ之前的无限弹性的劳动力供给来源于农村的剩余劳动力，这一剩余劳动力既与外生的人口（特别是农村人口）增长率有关，也与农村的资本配置方式包括农业的生产方式相关——是采取机械化耕作还是采取小农型生产，对农村可转移的剩余劳动力总量的影响是巨大的。因此刘易斯及其追随者所分析的农村剩余劳动力供给既受外生因素影响也受内生因素影响，是一个更为复杂的变量。

（2）如何比较两个模型中现代工业部门制度工资率和农业劳动工资率的决定机制？

在马克思模型中，现代工业部门的制度工资率是由资本家和工人的相对谈判能力共同决定的，是一个博弈均衡条件下的制度工资率。它之所以如此之低，在马克思看来，不过是由于大量劳动后备军的就业竞争存在，使在岗工人与资本家关于工资高低进行谈判的能力偏低；而在刘易斯及其追随者的二元经济理论模型中，其现代工业部门的低制度工资率则主要是由劳动的边际产品决定的，是一个新古典框架下的工资决定模型，其实质是从按要素贡献来分配经济剩余的角度来确定其劳动的工资率。

从农业劳动工资率的决定来讲，马克思产业后备军模型没有涉及农业部门，当然也就不存在该部门劳动的工资率决定问题。而刘易斯模型中农业剩余劳动力的工资决定则分为几个阶段，在刘易斯拐点Ⅰ之前，其工资率是农业生产总值除以农业劳动力总量测算出来的“分享式工资”；在刘易斯拐点Ⅱ之后其工资率由劳动的边际产品决定；而在刘易斯拐点Ⅰ和Ⅱ之间滞留于农业的劳动力的工资率决定是一个动态变化的过程，它决定于农村剩余农业劳动力逐渐转移后农业劳动力的稀缺程度。但这个时候进入城市工业部门就业的那部分农业剩余劳动力不必然获得城市工业制度工资率 W。根据包小忠（2005）的研究，它是一个介于城市工业制度工资率 W 和农业劳动力工资率 m 之间的一个工资值，其高低决定于劳资谈判能力、农民工预期工资水平和迁移成本之间的权衡。

（3）马克思的“产业后备军”作为城市工业劳动力供给的蓄水池是否对从农村转移来的剩余劳动力有“吸纳”作用？

我们可以将这个问题等价于城市的现代工业部门是直接从农村吸纳劳动力还是从城市的产业后备军中招聘？发展中国家较为普遍的现实是，在城市中已经出现大量失业人员的条件下依然有大量农村剩余劳动力涌入城市，从而形成异常严峻的城市就业形势。在笔者看来，尽管不可能排除城市现代工业部门直接吸纳农村剩余劳动力就业的相关渠道，但由于城市中的产业后备军具有某种“近水楼台先得月”的信息和成本优势，因此，产业后备军在城市就业市场上“率先就业”的相对优势是不言而喻的。从这个角度去思考刘易斯所指出的无限的农村剩余劳动力向城市现代工业部门转移的各个阶段及其拐点问题，就蕴含着一个前提，即农村剩余劳动力向城市工业部门的移动是被瞬时吸纳就业的，不存在就业搜寻、城市待业的时间；但城市劳动用工市场的现实告诉我们，刘易斯拐点成立的这一前提是理想化的，更多的农村剩余劳动力进入城市劳动力市场去搜寻现代工业部门提供的就业机会的过程并不是一帆风顺的，大多数农村剩余劳动力在进入城市后恐怕都是先成为城市产业后备军的一员，再去劳动力市场搜寻就业岗位；我们不能忽略在城市就业搜寻的等待时间以及等待过程中所必须耗费的物质、心理等成本对理性的农村剩余劳动力的直接和间接影响，那种大量农村剩余劳动力进入城市立马就找到现代工业部门岗位的情形恐怕只在理论上完全出清的劳动力市场中才可能出现。因而，从这个意义上说，马克思的“产业后备军”范畴实际上具备了吸纳农村剩余劳动力的“蓄水池”作用，与现实更加贴近。

（4）马克思内生化处理的产业后备军再生产机制与刘易斯拐点Ⅰ、Ⅱ所反映出的农业剩余劳动力将转移殆尽的矛盾如何解决？

刘易斯本人对此问题也做出过详尽的分析。首先，对于马克思所提出的内生化的“产业后备军”现象，他也是认可的：“马克思的关于资本主义本身创造了劳动后备军的观点在今天比在19世纪更加正确。”① 但是，对于马克思所指出的由于采用了节约劳动的技术创新（即表现为资本有机构成提高）失业大军将不断增加以致产业后备军永远不会消失的论断，刘易斯是持否定态度的。他认为发展中国家的技术进步是有双重作用的：“一个发展中的社会既需要创造就业的技术发现，也需要损害就业的革新。在一个充分就业的经济中，能创造就业、扩大工厂规模的发明，除非在其他领域中存在有损就业、促使劳动力能够流动的革新时，否则不可能被采用。从更广阔的领域看，制造业和大型通信业中的发明吸收劳动力；而农业、零售商业、小型运输和家庭服务业的新发明则释放出劳动力。”② 因此，失业大军是增加还是减少，产业后备军是扩张还是萎缩，根本上不在于要不要技术创新，而在于这类技术创新所形成的新兴部门对新型劳动力的吸纳与对传统部门劳动力的排斥之间的权衡。

刘易斯甚至援引欧洲的历史来证明马克思关于“资本主义系统有损于就业的发明总是超过相应的创造就业的发明，因而存在永久的失业大军”的预言是不够准确的，“19世纪后半叶，这两种革新（创造就业的革新和

① 刘易斯：《发展与分配》，原文刊于《就业、收入分配和发展战略》，伦敦：马克西姆版，1966，第26～42页。载刘易斯《二元经济论》，施炜等译，北京经济学院出版社，1989，第133页。

② 刘易斯：《发展中国家的失业》，原文刊于《纪念斯蒂芬森讲演》，《今日世界》，英国，牛津大学版，第23卷第1期，1967，第13～22页。载刘易斯《二元经济论》，施炜等译，北京经济学院出版社，1989，第99～100页。

排斥就业的革新）互相是平衡的，尽管创造就业的革新还不足以造成劳动力的短缺，但却足以阻止失业的增加”。[①] 当然，刘易斯也承认：“马克思关于19世纪发展中的社会的观点是不正确的，但是这并不能得出结论，他对20世纪的发展中的社会的看法也证明是错的”。[②] 因此，考察中国的刘易斯拐点是否来临，即产业后备军或农村剩余劳动力是否被城市工业部门吸收殆尽的关键必须关注三个方面：第一，现代工业部门的规模大小及增长率——它决定着所能吸纳农村剩余劳动力或产业后备军数量的上限；第二，这些现代工业部门所采用的节省劳动力技术的密集程度——马克思的产业后备军源源不断再生产出来的预言在对劳动力“相对”排斥的角度上依然是不能忽视的；第三，现代工业部门中的中小规模生产单位（中小企业）的多寡——它们是解决农村剩余劳动力进入城市之后的临时性就业和非正规就业的关键所在。

（5）现代工业部门资本高度积累所带来的劳资分配结果在马克思产业后备军模型和刘易斯二元经济模型条件下有何不同？

这个问题实际上关涉劳动与资本这两种要素在发展中国家经济发展中的分配机制是否合理与公平的重要命题。从马克思的产业后备军理论来看，劳动者的收入相对于资本家而言是非常微薄的，是一个只能用于再生产出其劳动力的价值。因此，马克思预言资本主义分配机制的不平等将刺激两大阶级之间的持久对立，最终是以暴力革命的方式来摧毁旧有的生产关系并建立公有制来解决这一分配不公。但刘易斯对这一分配机制存在的不公平问题却表现得出奇冷静，他在《发展与分配》一文中指出，资本主义经济增长过程中的分配机制非平均化并不是一个值得大惊小怪的命题：“发展不可能在经济的每一部分同时开始，因此发展必然是非平均化的”。[③] 刘易斯所说的非平均化的发展除了劳资收入分配的不平等外，还包括地区间的非平衡发展。由此可

① 刘易斯：《发展与分配》，原文刊于《就业、收入分配和发展战略》，伦敦：马克西姆版，1966，第26~42页。载刘易斯《二元经济论》，施炜等译，北京经济学院出版社，1989，第133页。

② 刘易斯：《发展中国家的失业》，原文刊于《纪念斯蒂芬森讲演》，《今日世界》，英国：牛津大学版，第23卷第1期，1967，第13~22页。载刘易斯《二元经济论》，施炜等译，北京经济学院出版社，1989，第99~100页。

③ 刘易斯：《发展与分配》，原文刊于《就业、收入分配和发展战略》，伦敦：马克西姆版，1966，第26~42页。载刘易斯《二元经济论》，施炜等译，北京经济学院出版社，1989，第130页。

见，刘易斯的观点是容忍在发展的初期阶段存在劳动与资本的收入在国民经济中占比的不平衡问题的。他甚至乐观地认为，随着发展进程的加速，劳动者与资本家的阶层界限不再是二元的和泾渭分明的了，而表现为一种“多元化”的趋势：“发展总是会使许多劳动力发生‘人往高处走’的巨大变化，形成熟练工人、管理者、低级中层人员、中级中层人员和专家阶层。中间阶层的扩大，是发展从一开始就减少不平等的事实证明，也是为什么发达国家比不发达国家更为平等的主要原因。这也是处于最低层的人心理满足的主要源泉：劳动者本人也许不能从发展中直接受益，但他们的儿子已经成为技师，女儿已经当上教师了。”① 因而在他看来，只要政府控制好影响收入分配结构的相关因素，② 权衡好增长与分配的基本关系，马克思意义上的收入分配不平等扩大化的趋势是能够抑制的。

（6）马克思所论述的产业后备军被吸纳完毕之后，劳动工资率上升的那个拐点 R_2对应的是刘易斯拐点Ⅰ还是Ⅱ？

如果仔细地考虑马克思对产业后备军永远不会消失的预测存在理论前提的不足，那么，产业后备军被现代工业部门吸收殆尽的那个转折点 R_2应该是和刘易斯拐点Ⅱ相对应的，在这两个拐点之后，城乡分割的劳动力市场将逐渐走向统一，其主要标志是农村剩余劳动力的工资和城市现代工业部门劳动力的工资呈同步上涨状态，劳动力的商品化特征更加明显——其定价完全决定于劳动力市场的供求（边际产品定价），那种“无限劳动力供给”时代的农村剩余劳动力的人均低工资和城市现代工业的制度工资率的差异将成为历史。

三　小结

通过本文对马克思产业后备军模型和刘易斯二元经济模型中所阐述的“拐点”的对比分析，我们可以看到，单就对经济发展进程中劳动力市场

---

① 刘易斯：《发展与分配》，原文刊于《就业、收入分配和发展战略》，伦敦：马克西姆版，1966，第 26～42 页。载刘易斯《二元经济论》，施炜等译，北京经济学院出版社，1989，第130 页。

② 这些因素包括：最初的财产分配，教育与技术培训投资水平，对小型企业的支持程度，适当技术的开发利用（包括工业和农业），对本地而不是进口原材料的使用，人员技能的利用，国外企业家的活动范围，国内储蓄占国民收入的比率，等等。

“拐点”的预判而言，马克思产业后备军模型的拐点 R_2 和刘易斯拐点Ⅱ是一致的。而刘易斯拐点Ⅰ是否存在的关键，就在于城市中业已存在的产业后备军是否会对农村剩余劳动力向城市的移民产生阻碍作用。马克思的深度在于，他敏锐地观察到了这种产业后备军壮大到超过城市现代工业吸纳就业能力的上限之后将必然引致的贫民窟现象以及由之带来的城市不平等和二元分化等可能引发社会不稳定的经济发展惯性机制，这对正处于这一发展阶段的国家而言具有极大的警示意义。因而，马克思产业后备军视野下的刘易斯拐点命题，既是一个发展命题，更是一个分配命题，对拐点的正确预判既关系到政府有效的发展方式转型政策的出台，同时还关系到社会收入分配制度变革政策的出台，而这是以往的刘易斯拐点研究中关注较少的领域。尽管刘易斯及其追随者的二元经济理论最终预期上述不平等的二元结构将随着发展阶段的演进而逐步消解，同时还将实现向经济社会一元化的并轨，但这些乐观化的预期并不能自动解决发展中国家尤其是中国业已出现的被马克思预言中的相关不平等现象。因此，从这个意义上讲，马克思的产业后备军理论模型对于分析刘易斯拐点及其衍生命题，以及指导中国现阶段的城乡二元结构改革、劳动力市场改革以及劳资收入分配不均等改革依然具有极其现实的针对性意义。

参考文献

[1] 蔡昉，2008：《刘易斯转折点——中国经济发展的新阶段》，社会科学文献出版社。

[2] 蔡昉，2010：《人口转变、人口红利与刘易斯转折点》，《经济研究》第4期。

[3] 王德文，2008：《刘易斯转折点与中国经验》，《中国人口与劳动问题报告 No. 9》，社会科学文献出版社。

[4] 白南生，2009：《刘易斯转折点与中国农村剩余劳动力》，《人口研究》第2期。

[5] 钱文荣、谢长青，2009：《从农民工供求关系看“刘易斯拐点”》，《人口研究》第2期。

[6] 周祝平，2007：《人口红利、刘易斯转折点与经济增长》，《中国图书评论》第9期。

[7] 刘伟，2008：《刘易斯拐点的再认识》，《理论月刊》第2期。

[8] 托马斯·罗斯基，1997：《关于中国农业劳动力数量之研究》，《中国农村观察》第4期。

[9] 章铮，1995：《农业劳动力合理数量的估算》，《中国农村经济》第10期。

[10] 王红玲，1998：《关于农业剩余劳动力数量的估计方法与实证分析》，《经济研究》第 4 期。

[11] 王诚，1996：《中国就业转型：从隐蔽失业、就业不足到效率型就业》，《经济研究》第 5 期。

[12] 农业部课题组，2000：《 21 世纪初期我国农村就业及剩余劳动力利用问题研究》，《中国农村经济》第 5 期。

[13] 国家统计局农调总队社区处，2002：《关于农村剩余劳动力的定量分析》，《国家行政学院学报》第 2 期。

[14] 劳动部课题组，1999：《中国农村劳动力就业与流动研究报告》，中国劳动出版社。

[15] 王检贵等，2005：《中国究竟还有多少农业剩余劳动力》，《中国社会科学》第 5 期。

[16] 章铮，2005：《民工供给量的统计分析——兼论“民工荒”》，《中国农村经济》第 1 期。

[17] 何如海，2005：《我国农村富余劳动力的存量和增量分析——基于城乡发展的综合视角》，《农业经济问题》第 9 期。

[18] 马晓河等，2007：《中国农村劳动力到底剩余多少》，《中国农村经济》第 1 期。

[19] 蔺子荣，1983：《试论社会主义的劳动后备军问题》，《文史哲》第 6 期。

[20] 速水佑次郎，2003：《发展经济学：从贫困到富裕》，社会科学文献出版社。

[21] Ranis, G. and Fei, J. (1961), “A Theory of Economic Development”, *American Economic Review* 51 (4): 76 - 106.

[22] Todaro, M. P. (1969), “A Model of Labor Migration and Urban Unemployment in Less Developed Countries”, *American Economic Review* 59 (1): 138 ~ 148.

[23] 张晓波等，2010：《中国经济到了刘易斯转折点了吗？——来自贫困地区的证据》，《浙江大学学报》（人文社会科学版）第 1 期。

[24] 包小忠，2005：《刘易斯模型与“民工荒”》，《经济学家》第 4 期。

马克思分工理论体系研究*

杨慧玲　张　伟

内容摘要：马克思的分工理论有两个重要特点：一是从分工经济提炼出"协作"范畴，把分工之效率源泉归结为协作创造的社会生产力，进而把人类生产当作协作网络自我演进的动态社会系统。因此，马克思的"协作"思路是对斯密"专业化"研究传统的飞跃。二是将分工作为政治经济学"一切范畴的范畴"，这既是对斯密传统的继承，更是发展：马克思历史地、具体地研究了分工，最终以协作—生产效率的互动机制为基础，建立了分工的政治经济学分析体系，将生产力、生产方式和生产关系乃至于上层建筑融为一体。这集中体现在他对资本主义分工的精辟分析中，马克思强调资本主义分工是资本控制的分工，后来杨格正是基于"生产的资本化"而发展了分工理论。

关键词：分工 协作　社会生产力　协作实现形式　全球化

经济学家对分工的研究，一般聚焦于分工对生产效率的影响，其基本切入点则是沿着斯密的传统思路——探究分工与专业化的关系，因此，在这方面取得了比较丰富的成果。①

---

*　本文发表于《经济学家》2011 年第 10 期。

①　斯密在《国富论》开篇就讨论了分工与生产效率的关系。他认为分工之所以提高了劳动效率，关键在于专业化的增进："第一，劳动者的技巧因业专而日进；第二，由一种工作转到另一种工作通常须损失不少时间，有了分工，就可以免除这种损失；第三，许多简化劳动和缩减劳动的机械的发明，使一个人能够做许多人的工作"，"人类把注意力集中在单一事物上，比把注意力分散在许多种事物上，更能发现达到目标的更简易更便利的方法。分工的结果，各个人的全部注意力自然会倾注在一种简单事物上。所以只要工作性质上还有改良的余地，各个部门所雇的劳动者中，不久自会有人发现一些比较容易而便利的方法，来完成他们各自的工作。"［亚当·斯密：《国民财富的性质与原因的研究》（上），郭大力、王亚南译，商务印书馆，1972，第 7 页］马歇尔专注于大机器在提高专业化水平从而提升产业发展方面的作用，提出了"规模经济"概念，这实际上是对专业化理论的发展；新兴古典经济学家对分工问题的研究则致力于对专业化的技术分析，并没有创新的概念和思想；交易成本经济学家对经济组织问题给予关注，提出交易成本概念，也是从专业化之间必然存在的交易需求从而交易费用入手的。

马克思同样关注分工对于生产效率的意义，但他是从人类劳动的社会性这一客观现实出发，跳出了孤立的“专业化”范畴，把视野扩展到了分工系统的连接环节。马克思发现，分工系统的关键因素是虽无形却有力的“协作”，因为协作创造着社会生产力，他认为分工效率之源泉正在于这种劳动之间的协作。与斯密的“专业化”范畴相比，“协作”范畴与人类所固有的社会属性高度契合，沿着“协作”思路，研究已经高度社会化、劳动联系空前紧密的现代资本主义生产方式，其理论高度显而易见。不仅如此，马克思把分工作为政治经济学的最基本范畴，将分工放置于生产方式演进的历史进程中加以具体剖析，对资本主义生产方式中的分工做了全面深刻的研究，甚至延伸到生产关系和社会政治等方面。所以，马克思的分工理论已经不再局限于生产效率，而是一个以协作与生产效率的互动机制为基础，涵盖了生产力—生产方式—生产关系乃至于上层建筑的政治经济学分工理论体系。这个历史主义的动态理论境界，是其他分工理论所未能达到的，也正好印证了分工是“政治经济学的一切范畴的范畴”。[①] 所以，研究马克思的分工理论体系，对于马克思主义政治经济学理论的发展具有重要意义，更是运用政治经济学基本理论解释在全球化趋势中迅速发展的现代资本主义生产规律的需要。

一　分工是政治经济学的基本范畴

马克思提出，分工是“政治经济学的一切范畴的范畴”，[②] “一个民族的生产力发展的水平，最明显地表现于该民族分工的发展程度。任何的生产力，只要它不是迄今已知的生产力单纯的量的扩大（例如，开垦土地），都会引起分工的进一步发展”。[③] 马克思在其政治经济学研究中给予分工问题高度重视，不仅把分工水平当作生产力发展程度的标志，更是把它作为政治经济学研究的最基本内容。这一点最具体、最集中地体现在：马克思政治经济学理论体系始终贯穿着“分工”范畴，马克思的分工理论体系，实质就是另一个侧面的政治经济学理论体系。

---

① 《马克思恩格斯全集》（第47卷），人民出版社，1979，第304页。

② 《马克思恩格斯全集》（第47卷），人民出版社，1979，第304页。

③ 《马克思恩格斯选集》（第1卷），人民出版社，1995，第68页。

二　分工的演进及其规律研究

作为历史唯物主义者的马克思，批判蒲鲁东将分工看作一种单纯而抽象的范畴时说："市场的大小和它的面貌赋予各个不同时代的分工的面貌和性质，单从一个'分'字，从观念、范畴中是很难推论出来的。"①

马克思分析的分工，都是活生生的、具体的、历史的分工形态。他是第一个对分工进行分类研究的人。

（一）历史地分析分工的类型

（1）自然分工。马克思将产生于生理基础上的劳动分工，称为自然分工。"在家庭内部，随后在氏族内部，由于性别和年龄的差别，也就是在纯生理的基础上产生了一种自然的分工。……这种自然的差别，在公社互相接触时引起了产品的互相交换，从而使这些产品逐渐变成商品。"②

自然分工为偶然性的交换准备了发生条件，此时所交换的物质对象本质上还只是产品，因为交换所依赖的自然分工并不意味着各个生产者之间已经形成真正相互依赖、相互协作的劳动关系，劳动者之间本质上还处于相互独立、各自为政的无序状态。

（2）社会分工与工厂内部分工。与自然分工比较，以商品交换为前提条件和推动力的分工，本质上代表着生产者之间经过交易行为的长期磨合和推动，在交易中发现相对优势的基础上逐渐建立了相互依赖、相互协作的有序劳动联系，这种有序的劳动体系反过来强化交易活动使之趋于稳定，二者相互反哺，形成经济组织的内在演进机制。马克思把这种代表有序劳动关系的分工细分为社会分工和工场手工业内部分工。他把劳动的社会分工称作"第一类分工"，把工厂内部的分工称为"第二类分工"，他说："第一类分工是社会劳动分成不同的劳动部门；第二类分工是在生产某个商品时发生的分工，因而不是社会内部的分工，而是同一个工厂内部的社会分工。"③ 当然这种工厂内部分工的最初形式即工场手工业内部分工。

---

① 《马克思恩格斯选集》（第1卷），人民出版社，1995，第157页。

② 《资本论》（第1卷），人民出版社，2004，第407页。

③ 《马克思恩格斯全集》（第47卷），人民出版社，1979，第305页。

对这两种不同类型分工的起源，马克思做了进一步分析，他说“社会分工是由原来不同而又互不依赖的生产领域之间的交换产生的”，[①] 这种产品交换产生于不同家庭、氏族、公社相互接触的地方，原因是不同公社因为各自所处的自然环境差异引起生活方式、生产方式乃至于产品的差异。以这种天然差异为基础而发生的交换使不同生产领域发生联系，变得相互依赖，逐渐发展成为社会分工体系。而工场手工业分工的起源，马克思讲到：“一方面，它以不同种的独立手工业的结合为出发点，这些手工业非独立化和片面化到了这种程度，以致它们在同一个商品的生产过程中成为只是互相补充的局部操作。另一方面，工场手工业以同种手工业者的协作为出发点，它把这种个人手工业分成各种不同的特殊操作，使之孤立，并且独立化到这种程度，以致每一种操作成为特殊工人的专门职能。因此，一方面工场手工业在生产过程中引进了分工，或者进一步发展了分工，另一方面它又把过去分开的手工业结合在一起。”[②] 马克思认为工场手工业内部分工是以“不同种的独立手工业的结合”为起点的。显然，如果“独立的”、没有任何关系的手工业“结合”在一起，必然意味着这种结合不是简单的集中，而是具有了互补关系，这种互补性要求原来没有任何关系的操作要相互匹配、相互“牵制”，这就是劳动的协作性。“协作”恰好是工场手工业生产产生的理由，因为它把原来相互独立的手工业操作结合起来，形成一种“合力”，这就是社会生产力被创造的过程。此外，马克思还指出，没有社会分工作为前提条件，就不可能有工场手工业内部分工，社会分工是工场手工业分工形成和发展的起点，“因为商品生产和商品流通是资本主义生产方式的一般前提，所以工场手工业的分工要求社会内部的分工已经达到一定的发展程度”。[③]

马克思分别对两类分工发生的物质前提做了分析，尤其深刻地指出了工厂内部分工与生产资本化之间的内在联系。工场手工业分工与之前就已经存在的社会分工的显著不同在于：工场手工业分工是针对目标商品的生产过程而展开的劳动分工，各个环节局部劳动之间因为在技术和工序上始终统一服从于商品的整体性质而天然存在紧密有序的协作性。所以，这样的分工体系强烈要求局部劳动必须具备接受统一指挥的物质

① 《资本论》（第1卷），人民出版社，1975，第390页。

② 《资本论》（第1卷），人民出版社，1975，第375页。

③ 《资本论》（第1卷），人民出版社，1975，第391页。

条件：“一定量同时使用的工人，是工场手工业内部分工的物质前提……”① 即必须有一个强大的力量能够同时掌握各种专业化的劳动，在这个力量的统一控制下，这些劳动才能完成技术和工序上所要求的严密配合与协调过程而真正成为整体劳动。历史地看，具备这种将特殊的、原本各自分离的劳动变成局部劳动，因而有能力驾驭整体劳动的力量只有资本。所以，从分工的角度，资本首先是一种社会劳动形式——把局部劳动集合在一起进行协作劳动的方式，资本本身因而就是一种社会关系——因劳动而建立的人与人之间的关系。所以，马克思指出“工场手工业分工完全是资本主义生产方式的独特创造”。资本主义生产方式就是生产资料和劳动者采取资本雇佣劳动这种社会形式相互结合。马克思在分析资本主义工厂内部分工产生和发展的前提条件时对资本主义生产方式的产生条件及其发展做了具体而详细的论述：“作业被截然划分，每个工人的劳动只是极其简单的操作，各种工作都由权威即资本来安排部署的工厂是一种什么东西。这种工厂是怎么产生的呢？要回答这个问题，我们应当考察一下，真正的工场手工业是怎样发展起来的。我指的是尚未变成拥有机器的现代工业，但已不是中世纪的手工业或家庭工业的那种工业。……形成工场手工业的最必要的条件之一，就是由于美洲的发现和美洲贵金属的输入而促成的资本积累。……大批农民不断被赶出乡村而流入城市。……被剥夺了收入来源的大批人口的出现，这就是工厂手工业形成的历史条件。……手工作坊的益处并不在于真正的分工，……劳动者集合在一个作坊是分工发展的前提。……机器发明之后分工才有了巨大进步。……总之，机器的采用加剧了社会内部的分工，简化了作坊内部工人的职能，扩大了资本积累，使人进一步被分割。”②

马克思在资本主义生产方式下阐述的资本积累与分工发展的观点，从另外一个角度支持了斯密关于物质财富积累是分工的前提和推动力的论述，只是马克思是用物质财富在资本主义生产中所采取的社会形式——资本这个概念加以阐述的，斯密则舍弃了具体的生产方式，直接从物质的自然形式——财富的角度来阐述。马克思的生产的资本化这一观点后来在杨格那里得到了认可与发展，所以杨格不仅把分工经济解释为迂回生产过程，同

① 《资本论》（第1卷），人民出版社，1975，第391页。

② 《马克思恩格斯选集》（第1卷），人民出版社，1972，第130~133页。

时也解释为生产的资本化。①

相对于工厂内部分工，社会分工则是不同劳动部门之间的分离，该分工体系中各个部门劳动之间因为人类生存和发展所需要的多样性物质和精神财富之间在生产或最终消费中的替代性和互补性而产生了普遍有序的联系性，这种劳动联系的约束条件在于由人类智力、体力所决定的劳动能力的相对有限性，所以，“……，同样，人口数量和人口密度是社会内部分工的物质前提”。② 这个观点与斯密的市场规模决定分工水平所表达的意思基本相同。

正因如此，马克思说：“整个社会内的分工，不论是否以商品交换为媒介，是各种社会经济形态所共有的，而工场手工业分工却完全是资本主义生产方式的独特创造。”③

（二）分工发展的一般规律研究

显然，马克思是基于具体的历史环境而展开对分工及其属性的研究的。当然，这并不妨碍他在此基础上对分工一般规律的总结，“一个民族内部的分工，首先引起工商业劳动和农业劳动的分离，从而也引起城乡的分离和城乡利益的对立。分工的进一步发展导致商业劳动和工业劳动的分离。同时，由于这些不同劳动部门内部的分工，在某一劳动部门共同劳动的个人之间的分工也愈来愈细致了。这种种细致的分工的相互关系是由农业劳动、工业劳动和商业劳动的使用方式（父权制、奴隶制、等级、阶级）决定的。在交往比较发达的情况下，同样的关系也会在各民族间的相互关系中出现”。④

分工和生产力之间的相互作用，外在地表现为现代社会生产领域的产业分化及其向纵深发展的趋势，除此而外，分工在空间领域或者地域上的

---

① 杨格发表于1928年的题为“报酬递增与经济进步”的演说，对长期以来新古典经济学仅仅局限于对单个企业的投入—产出、成本—利润进行静态的、个体主义的分析进行了反思；从系统化和动态的角度对斯密定理中的“市场规模”做了界定，强调产品之间、产业之间的相互产生机制，以此为基础提出了“分工一般的决定分工”的命题；他以“迂回生产方式”阐释分工经济的内涵，并注重劳动分工的社会历史性，把资本主义的迂回生产方式等同于“资本化的生产方式”。他的研究实际上坚持了辩证唯物主义和历史唯物主义。

② 《资本论》（第1卷），人民出版社，1975，第391页。

③ 《资本论》（第1卷），人民出版社，1975，第397页。

④ 《马克思恩格斯选集》（第1卷），人民出版社，1972，第26页。

延伸也直接导致了在近代经济史上产生重大影响的城乡分离。“一切发达的、以商品交换为媒介的分工的基础，都是城乡的分离。可以说，社会的全部经济史，都概括为这种对立的运动。”① 近代发展史上，城乡分离是伴随着资本主义分工的附属物——工业化而展开的，而这一切的基础正在于分工对手工业生产效率的促进，它进而为技术创新提供了物质条件，继而引发了工业革命，工业领域劳动生产率因此大幅度提高，随之而来的工业品市场的扩大，反过来又进一步推动了工业生产的劳动分工及其生产效率。马克思在分析资本主义机器大工业的影响时，就指出社会分工使各个工业部门建立了相互联系和依赖的关系，“有了机器纺纱，就必须有机器织布，而这二者又使漂白业、印花业和染色业必须进行力学和化学革命。同样，另一方面，棉纺业的革命又引起分离棉花纤维和棉籽的轧棉机的发明，由于这一发明，棉花生产才有可能按目前所需要的巨大规模进行。但是，工农业生产方式的革命，尤其使社会生产过程的一般条件即交通运输工具的革命成为必要”。② 至此，工业领域的分工水平因而劳动生产率远远超过了农业，工业生产集中的城市和进行分散农业生产的农村因此走向分离。当然，马克思之后，这种因为工农业生产效率差异而形成的城乡分离，在资本主义市场资源自由流动的过程中逐渐得到了弥合：先进工业领域的技术及其相应的劳动分工结构逐渐向农业劳动中渗透，最终使传统农业的生产走向工业化生产模式。因此发达国家的经济除了城乡在工农产业存在地域分工之外，实质上的城乡分离并不存在，而是呈现工业化的一元经济结构——不同产业间的技术和分工结构具有同质性。与此形成鲜明对比的是后工业化国家，由于历史原因，这些国家的生产都采取殖民地、半殖民地的封建生产方式。民族独立后，在占国民经济比重很小的工业领域，较快地学习和模仿了发达国家的技术及其相应的劳动分工结构，走上现代工业化的道路，但是这些国家的绝大部分经济都是传统的小农经济，农业本身又基本处于单一结构状态，加上缺乏灵活的市场机制，农业生产在技术上难以跟进工业化的步伐，其劳动分工结构因此也大大滞后，造成了城市先进的工业化生产与农村落后的农业生产之间的对比与真正的城乡分离，也就是二元经济结构。

---

① 《资本论》（第1卷），人民出版社，1975，第390页。

② 《资本论》（第1卷），人民出版社，1975，第421页。

马克思从哲学高度，对分工的历史发展趋势做了总结：在生产力达到一定水平之前，也就是资本主义生产方式之前的分工，都是“自发”的分工；当物质财富丰裕到使人的生产劳动可以根据自身的愿望和兴趣自由选择时，分工则发展到“自觉”状态，那将是人本身获得自由的标志。

三 分工创造劳动的社会生产力——效率的源泉

分工提高了劳动效率，这是分工经济的核心，任何一个经济学家研究分工必然要对这个核心命题进行深入探讨。与斯密对这个问题专注于“专业化”的讨论相比，马克思的深邃之处在于他看到了以专业化为节点而形成的分工网络，具有发挥或者扩大劳动过程的“社会性”这个特殊功能，也就是分工实现了劳动之间的“协作”，这与人类及其生产劳动所固有的社会性相吻合，所以它创造了一种社会生产力。

（一）工厂内部分工创造协作力

“许多人在同一生产过程中，或在不同的但互相联系的生产过程中，有计划地一起协同劳动，这种劳动形式叫作协作”，马克思用单个骑兵分散展开进攻的力量与一个骑兵团的总体进攻力量的差别做比喻，指出之所以“单个劳动者的力量的机械总和，与许多人手同时共同完成同一不可分割的操作所发挥的社会力量有本质的差别”，“这里的问题不仅是通过协作提高了个人生产力，而且是创造了一种生产力，这种生产力本身必然是集体力”。[①] 马克思详细研究了集体劳动提高生产力的具体原因：协作提高劳动的机械力，比如单个人无法抬起的重量，众人合力却可以轻松完成；协作扩大劳动的空间范围，同时与一定的生产规模相比，协作又会相对地在空间上缩小生产领域，这样就能节约非生产费用；协作可在紧急时期短时间内动用大量劳动，比如麦收时节的抢收，这样就避免了浪费；协作能激发个人的竞争心，使人集中精力，因为它发掘了人固有的社会性，从而提高了个人的工作效率；协作使许多人的同种作业具有连续性和多面性，劳动对象可以更快地通过劳动的不同阶段，或者劳动对象可在比较短的时间内

① 《资本论》第1卷，人民出版社，1975，第362页。

通过同样的空间，相同劳动时间内使劳动对象的不同空间部分得到加工而同时成长；协作过程中劳动者可共同使用生产资料而节约成本；协作也使个人劳动具有社会平均劳动的性质，即在集体劳动中，个人劳动与社会平均劳动的偏差被抵消。马克思强调协作产生的生产力是“劳动的社会生产力或社会劳动的生产力”，[①]“劳动者在有计划地同别人共同工作中，摆脱了他的个人局限，并发挥出他的种属能力”。[②]

随着分工水平的发展，劳动的协作性质越来越得到增强，生产效率进而不断提高。马克思在研究资本主义分工发展的时候，从资本主义机器大生产的特殊角度对劳动协作关系的强化进行了讨论：“现代社会内部分工的特点，在于它产生了特长和专业，同时也产生职业痴呆。”他引用尤特尔博士在《工厂哲学》中的表述“在手工劳动制度下，人的劳动通常是任何一件产品最宝贵的因素；而在机器劳动制度下，手工业者的技艺就日益为看管机器的简单动作所代替”，[③]工厂内部劳动协作的强化是通过劳动依附于机器转动的铁的规律而实现的，这样的协作具有更大的强制性和被动性：“在工场手工业和手工业中，是工人利用工具，在工厂中，是工人服侍机器。”[④]可见，随着资本主义分工体系的演进，资本借助机器，空前加强了对劳动的控制。

正因为工厂内部的生产具有高度的协作性，协作本身是一种社会力量，它的这种社会属性必然要求相应的社会管理，所以以资本化生产为特征的工厂内部管理就具有其必然性。“一切规模较大的直接社会劳动或共同劳动，都或多或少地需要指挥，以协调个人的活动，并执行生产总体的运动——不同于这一总体的独立器官的运动——所产生的各种一般职能。……一旦从属于资本的劳动成为协作劳动，这种管理、监督和调节的职能就成为资本的职能。这种管理的职能作为资本的特殊职能取得了特殊的性质。”[⑤]马克思基于这一点，讨论了资本主义工厂内部管理的二重性，即除了对这种社会劳动的必要管理之外，资本增值的要求也是资本主义管理的目的之一。

---

① 《马克思恩格斯全集》（第49卷），人民出版社，1982，第114页。

② 《资本论》（第1卷），人民出版社，1975，第366页。

③ 《马克思恩格斯选集》（第1卷），人民出版社，1972，第134~135页。

④ 《资本论》（第1卷），人民出版社，1975，第463页。

⑤ 《资本论》（第1卷），人民出版社，1975，第367~368页。

（二）构建普遍劳动协作网络的社会分工，是社会生产协调、可持续发展的内在要求，它创造了劳动的社会效率。

马克思看到以工场手工业分工为代表的生产单位内部分工，基于生产的工艺和技术的内在要求加强了劳动的集体协作力，从而创造了生产效率。关于社会分工与生产效率的直接关系，马克思在他的社会再生产模型，特别是他基于社会生产两大部类的划分所分析的商品价值实现规律（杨慧玲，2006年）中分明表达了这样的思想：与工场手工业内部分工中劳动联系的基础不同，社会分工网络中的劳动协作，其基础在于宏观的生产可持续发展（生产的目的和动力）本身的要求——生产和消费结构必须匹配。这里的生产是指社会分工体系中生产的产品数量和种类，消费包括生产性消费和生活性消费的产品数量和种类。生产可持续发展本身要求的这种生产和消费之间在产品数量和种类上内在的平衡规律使社会生产过程中各个部门的劳动之间天然地产生了联系，这种联系表现为时间维度和空间维度上的劳动数量比例关系。如果上述比例关系不合理，社会生产就无法实现持续性，无疑会造成效率的巨大损失。

（三）两类分工中劳动协作的实现形式

马克思在这里看到了在资本主义社会已经发展成熟的两种分工体系，其劳动协作的具体实现形式是截然不同的："社会内部的分工和工场内部的分工，尽管有许多相似点和联系，但二者不仅有程度上的差别，而且有本质区别。在一种内在联系把不同的生产部门连结起来的地方，这种相似点无可争辩地表现得最为明显。"①马克思深刻剖析了社会分工与工场手工业内部分工这两种不同类型的分工中，不同的劳动协作实现形式。

（1）企业内部分工中的协作实现形式——生产的资本化。分工范围相对有限的生产单位内部或者是企业内部分工体系，由对劳动具有支配权的资本家阶级控制，各个专业化劳动之间的联系，一般采取雇佣关系，由资本家计划管理的方式完成，只是由于单位内部分工的程度已经加深，所以这种管理的层级逐渐发展，形成了具有委托—代理特征的科层制组织结构。

对于资本主义工场内部生产协作的社会性质，马克思进行了深入的分

① 《资本论》（第1卷），人民出版社，1975，第392页。

析：他从协作是在许多人共同的劳动过程中才展开这个事实出发，指出工人作为单个的人，在出卖自己的劳动力给资本家时，拥有的仅仅是个人生产力，一旦单个工人因为出卖劳动力给同一个资本而发生关系，就具有了共同劳动这种协作的必要条件，但也是从那时起，协作劳动已经具有资本的性质，“作为协作的人，作为一个工作机体的肢体，他们本身只不过是资本的一种特殊存在方式。因此，工人作为社会工人所发挥的生产力，是资本的生产力。只要把工人置于一定的条件下，劳动的社会生产力就无须支付报酬而发挥出来，而资本正是把工人置于这样的条件之下的。因为劳动的社会生产力不费资本分文，另一方面，又因为工人在他的劳动本身属于资本以前不能发挥这种生产力，所以劳动的社会生产力好象是资本天然具有的生产力，是资本内在的生产力”。[①] 所以，“资本主义的协作形式一开始就以出卖自己的劳动力给资本的自由雇佣工人为前提”。[②] 马克思认为简单协作始终是资本主义生产方式的基本形式，虽然它与更加先进的大机器生产是并存的。

（2）资本主义社会分工中劳动协作的实现形式——市场交换。资本主义生产是以普遍分工为基础的，全社会范围内普遍分工的客观现实，使资本主义劳动联系的必然形式就是商品交换。就连具有绝对劳动支配权的资本家阶级，只要离开自己的工厂，在社会范围内支配劳动，就要以在自由市场交易中购买劳动力商品的特殊方式来实现资本对劳动的雇佣关系，这就是市场经济。可以说在社会分工体系中控制劳动的力量就是价值规律，这是由商品经济本身的经济关系所决定的。“当现代工厂中的分工无论巨细全由企业主的权力进行调度的时候，现代社会要进行劳动分配，除了自由竞争之外没有别的规则、别的权力可言。”“在宗法制度、种姓制度、封建制度和行会制度下，整个社会的分工都是按照一定的规则进行的。这些规则是由哪个立法者确定的吗？不是。它们最初来自物质生产条件，只是过了很久以后才上升为法律。分工的这些不同形式正是这样才成为同样多的社会组织的基础。”[③]

（3）两种劳动协作相互作用相互产生。对于资本主义生产中的两种不同的劳动协作形式，马克思说：“牧人、皮匠和鞋匠的独立劳动发生联系的

---

① 《资本论》（第1卷），人民出版社，1975，第370页。

② 《资本论》（第1卷），人民出版社，1975，第371页。

③ 《马克思恩格斯选集》（第1卷），人民出版社，1972，第120页。

是什么呢？那就是他们各自的产品都是作为商品而存在。反过来，工场手工业分工的特点是什么呢？那就是局部工人不生产商品。变成商品的只是局部工人的共同产品。社会内部的分工以不同劳动部门的产品的买卖为媒介；工场手工业内部各局部劳动之间的联系，以不同的劳动力出卖给同一个资本家，而这个资本家把它们作为一个结合劳动力来使用为媒介。工场手工业分工以生产资料积聚在一个资本家手中为前提；社会分工则以生产资料分散在许多互不依赖的商品生产者中间为前提。"① 工场手工业中，工人以一定的比例，按照预先的、有计划的方式，在资本家的绝对权威下进行劳动协作，与之形成鲜明对照的就是在社会生产中，价值规律以内在的、无声的自然必然性，在商品所有权的法权关系保护下，采取偶然和任意的方式进行劳动联系。显然，这两种截然不同的劳动联系方式共处于同一社会生产中，构成了社会生产的无政府状态与工场手工业的分工秩序并存的动态运动图画。关于社会分工和工场内部分工的关系，马克思认为是相互促进、协同演进的，而不是对抗关系。他指出，"可以得出结论说，社会内部自由的、似乎是偶然的、不能控制的和听凭商品生产者的任意行动的分工同工厂内部的系统的、有计划的、有规则的、在资本的指挥下进行的分工是一致的，而且这两种分工是齐头并进地向前发展的，通过相互作用而相互产生"。②

对此，马克思的分析是从分工发展的历史，结合资本主义生产方式的角度展开的，二者之间的联系纽带在于普遍的商品生产。在前资本主义生产方式下，社会分工已经存在，但是商品生产和流通仅仅局限于很小的产品范围，那时候社会分工体系中的劳动联系方式也并非商品交换，工场内部分工的形式根本还没有出现；在资本主义生产方式中，由于劳动力转化成商品，更多的生产成为商品生产，商品从此成为社会财富的基本形式。这就产生了两个结果：一方面，生产者只生产商品，也就是每个人的生产总是单方面的，而他的需求又是多方面的，因此，为了满足个人需要，各个独立劳动部门之间必须进行协作，也就是生产完全建立在社会分工的基础上，不仅社会分工扩大，社会分工体系内的劳动联系也自然而然地以商品所有权基础上的商品流通为媒介，受价值规律支配。另一方面，劳动能

① 《资本论》（第1卷），人民出版社，1975，第393～394页。

② 《马克思恩格斯全集》（第47卷），人民出版社，1992，第356～357页。

力成为商品，资本才能雇佣劳动，足够数量的劳动受同一资本控制才成为现实，以之为前提的工场内部分工才会产生。如果社会分工中的劳动联系不是商品流通，而是其他形式，那么就不会从中产生工场内部分工，更不可能有二者之间的和谐促进关系。“相反，在社会分工本身表现为固定的法律、外在的准则并受规章支配的社会形式中，作为工场手工业的基础的分工并不存在，或者只是偶然见到并处于初期阶段。……分工自然就从工场内部被排除了。”① 这是说在商品经济占统治地位的资本主义生产方式中，以商品流通为劳动联系方式的社会分工的发展，为工场手工业的内部分工创造了前提；同时，工场手工业内部分工，直接推动了劳动生产效率的提高，也推动着新技术和新机器的发明创造，表现为社会必要劳动时间缩短，从而节省社会总劳动，节省下来的劳动会进行新机器新产品的开发或生产，又使社会分工进一步扩大。

总之，社会分工的有序性促进了整个社会生产的可持续发展，为资本积累铺平了道路，最终为企业内部分工奠定了物质基础；企业内部分工协作的加强，熟能生巧的工艺创新，节省了社会劳动，积累了更多的社会知识，为产品创新，从而社会分工的扩大又准备着物质条件。

四　分工与所有制、人的异化

（一）分工与所有制的本质

马克思认为所有制产生的客观基础正在于分工：“分工发展的各个不同阶段，同时也就是所有制的各种不同形式。这就是说，分工的每一个阶段还根据个人与劳动的材料、工具和产品的关系决定他们相互之间的关系”。② “生产力、社会状况和意识——彼此之间可能而且一定会发生矛盾，因为分工不仅使物质活动和精神活动、享受和劳动、生产和消费由各种不同的人来分担这种情况成为可能，而且成为现实。要使这三个因素彼此不发生矛盾，只有消灭分工。”③

分工导致分配成为必然，马克思认为这种分配“是劳动及其产品的不平等的分配（无论在数量上或质量上）；因而也产生了所有制，它的萌芽和

① 《马克思恩格斯全集》（第 47 卷），人民出版社，1992，第 357 页。

② 《马克思恩格斯选集》（第 1 卷），人民出版社，1972，第 26 页。

③ 《马克思恩格斯选集》（第 1 卷），人民出版社，1972，第 36 页。

原始形态在家庭中已经出现，在那里妻子和孩子是丈夫的奴隶……，所有制是对他人劳动力的支配。其实，分工和所有制是两个同义语，讲的是同一件事情，一个是就活动而言，另一个是就活动的产品而言”。[①] 马克思指出：只要存在分工，生产者和消费者、劳动者和享受劳动成果的人就会发生分离，这与在没有分工的状态下劳动者自己享用自己劳动产品的情形有了本质的区别，那就是分工首先造成了生产和消费、劳动和享受之间的分离，这势必导致劳动产品分配与实际劳动付出之间不可能对等。在这种无法平衡的分配格局中居于优势地位者，也就是其产品分配所得大于劳动付出者，就是所有制的主导者，他们实际上成为净劳动付出者的所有者。比如原始家庭内部自然分工中丈夫对妻子和孩子的劳动及其产品有绝对支配和享有权，因而丈夫成为妻子和孩子的所有者。

马克思指出分工引起的生产与消费之间的矛盾是生产过程中劳动的占有与被占有状况产生的经济根源，只要分工存在，这种以对劳动的占有与被占有为其实质内容的所有制就有其存在的客观必须性。只不过这种所有制的表现形态会根据其所依据的法律关系而具有历史变化性：随着生产力发展，生产力诸要素在财富生产过程中的相对重要性从而其相对控制力在变化，相对控制力最强的要素居于生产的支配地位，也成为控制劳动的力量。这种生产力诸要素的力量对比状况决定当时法律关系从而所有制关系的性质：原始家庭内部的自然分工中，面对大量的土地和粗糙的工具，人类获取物质财富的多少主要依靠的是自身的体能，丈夫因此凭借其在体力上的优势而形成的父权制实施对妻子和孩子及其劳动的所有权；奴隶制社会和漫长的封建社会，靠天吃饭的基本生产力水平，使土地这种自然资源成为财富创造中的最重要因素，奴隶主和封建主依据其对肥沃土地这种主要劳动对象的占有，合法地占有奴隶或农奴及其劳动；到了资本主义时期，专业化分工水平大大提高，手工业及商业因此普遍繁荣，起初生产过程内部的分工协作及其发展，后来以机器为代表的生产技术发展及其相应的分工协作体系创新，成为生产效率提高的重要源泉，而它们都是以资本积累为前提，以大量资本为核心展开的，所以，资本主义财富生产过程中，土地等自然力和人力即劳动，都受资本的控制。资本的普遍社会形式就是商品，在“私有财产神圣不可侵犯”的法律保护下，资产阶级将商品所有权

① 《马克思恩格斯选集》（第1卷），人民出版社，1972，第37页。

规律转化为资本主义占有规律。

“随着分工的发展也产生了个人利益或单个家庭的利益与所有互相交往的人们的共同利益之间的矛盾；同时，这种共同的利益不是仅仅作为一种‘普遍的东西’存在于观念之中，而且首先是作为彼此分工的个人之间的相互依存关系存在于现实之中。……只要私人利益和公共利益之间还有分裂，也就是说，只要分工还不是出于自愿，而是自发的，那么人本身的活动对人说来就成为一种异己的、与他对立的力量，这种力量驱使着人，而不是人驾驭着这种力量。原来，当分工一出现之后，每个人就有了自己一定的特殊的活动范围，这个范围是强加于他的，他不能超出这个范围：他是一个猎人、渔夫或牧人，或者是一个批判的批判者，只要他不想失去生活资料，他就始终应该是这样的人。……社会活动的这种固定化，我们本身的产物聚合为一种统治我们的、不受我们控制的、与我们的愿望背道而驰的并且把我们的打算化为乌有的物质力量，这是过去历史发展的主要因素之一。”① 由于分工导致私人利益与分工体系的总体利益之间产生了矛盾，这种总体利益对于每个私人而言都是现实存在的，在生产劳动过程中个人不得不压抑自己内在的、真实的诉求，以屈服于整体利益，这种违心的、受物质需求控制的状态使人失去了自由和全面发展的要求，是一种“异化”。而个人之所以受制于“共同利益”这种力量，根源在于“受分工制约的不同个人的共同活动产生了一种社会力量，即扩大了的生产力”。② 个人凭借自身单独的力量获取生存资料的能力小于分工系统整体所产生的社会力量提供个人生存资料的能力，在物质财富普遍稀缺的状态下，为了更多获得生活资料，个人不得不在这种社会物质力量的控制下进行生产活动。“由于共同活动本身不是自愿而是自发的形成的，因此这种社会力量在这些个人看来就不是他们自身的联合力量，而是某种异己的、在他们之外的权力。关于这种权力的起源和发展趋向，他们一点也不了解；因而他们就不再能驾驭这种力量，相反地，这种力量现在却经历着一系列独特的、不仅不以人们的意志和行为为转移，反而支配着人们的意志和行为的发展阶段。”③ 而且，对比资本主义工场手工业分工和其发展形式资本主义工厂分工，马克思指出这种“人侍候机器”的分工体系，把局部工人的发展推向了片面

① 《马克思恩格斯选集》（第1卷），人民出版社，1972，第38页。

② 《马克思恩格斯选集》（第1卷），人民出版社，1972，第39页。

③ 《马克思恩格斯选集》（第1卷），人民出版社，1972，第39页。

的极致，“机器劳动极度地损害了神经系统，同时它又压抑肌肉的多方面运动，侵吞身体和精神上的一切自由活动”。①

马克思对于分工造成人的“异化”问题的研究，不限于仅仅从表面的在分工体系中从事专业化劳动的劳动者由于单一劳动的枯燥剥夺人全面锻炼的权利和机会来描述，更重要的是他从分工经济的本质深层次地揭示了“异化”：在私人利益的驱动下，个人的劳动活动被动受控于社会力量，这种社会力量就是个人所处的分工体系，与体系中的个人劳动相比，它代表社会生产力——一种更高的生产力水平。可见，这种异化人类的物质力量，却又确实是推动生产力发展的必要条件，所以“异化”的实质在于私人利益与社会利益之间的矛盾。基于上述分析，以历史唯物主义为出发点，马克思用历史发展的规律审视分工及其造成的“异化”问题，指出分工存在的理由在于形成了一种社会力量，因此创造了更高的生产力，从这个角度看，分工应该是一个永恒的客观存在。然而马克思认为在不同的生产力水平下，分工有“自发”分工和“自愿”分工的区别。造成异化的是“自发”分工，自发分工存在于物质短缺普遍存在的生产力状态中，所以，“异化”的经济根源是生产力的不发达，要消灭“异化”，就要消除“自发”分工，那就要借助于分工形成的强大社会力量持续推动生产力达到一定水平，由此才能创造极大丰富的物质财富，使保障个人生存资料无须屈服于社会力量，也就是私人利益与社会利益之间的矛盾因为物质财富的丰富而消除，“自发”分工失去其存在的必然性，个人因此完全有条件根据自己的兴趣和发展需要安排自己从事符合自己意愿的劳动，分工由“自发”转为“自愿”。

虽然马克思指出“自发”分工造成了人的“异化”，但他看到了这种异化的根源并不在于“分工”本身，而在于生产力低下而引起的私人利益与社会利益之间的矛盾。所以，我们可以看到马克思在论述资本主义生产方式的其他方面时也不断地提到异化问题，比如商品拜物教、货币拜物教等。

（二）分工与阶级、国家

马克思还从生产力不发达下的分工造成的私人利益和社会利益的矛盾入手，对国家及阶级问题进行了解释：“正是由于私人利益和公共利益之间

① 《资本论》（第1卷），人民出版社，1975，第463页。

的这种矛盾，公共利益才以国家的姿态而采取一种和实际利益（不论是单个的还是共同的）脱离的独立形式，也就是说采取一种虚幻的共同体的形式……”① 但是，国家这个共同体依然是建立在人们之间的各种联系特别是因分工而形成的各种个人进而集团或者阶级的利益联系之上的，所以国家内部的斗争，背后掩盖的是分工体系中个人所追求的个人利益之间的较量，这种个人利益在国家中一般以阶级利益的方式出现，不同于国家所代表的共同利益。“这些阶级既然已经由于分工而分离开来，就在每一个这样的人群中分离开来，其中一个阶级统治着其他一切阶级。由此可见，国家内部的一切斗争——民主政体、贵族政体和君主政体相互之间的斗争，争取选举权的斗争等等，不过是一些虚幻的形式，在这些形式下进行着各个不同阶级间的真正的斗争。”② 随着生产力发展阶段而变化的、在分工体系中居于对劳动支配地位的阶级，就成为国家的统治阶级，为了维护自己的特殊利益，把自己的利益说成是普遍的利益。一个阶级试图取得统治地位，也必须首先夺得国家政权，以便于把自己的利益说成是普遍的利益。尤其是作为国家中的阶级，因为始终有着自己的特殊利益诉求，他们在内心里将国家所代表的共同利益当作“异己的”和与自己分离的东西，所以“这些特殊利益始终在真正地反对共同利益和虚幻的共同利益，这些特殊利益的实际斗争使得以国家姿态出现的虚幻的‘普遍’利益对特殊利益进行实际的干涉和约束成为必要”。③

在马克思看来，分工造成的个人利益和公共利益之间的矛盾，是国家形成的基本经济条件，国家正是为了协调这个矛盾而产生的共同体。个人利益对于个体而言是实实在在的，与之相对的公共利益却无以寄托，但这种矛盾又是切切实实存在的，因此国家作为虚幻的共同体以独立的形式使共同利益外化。分工推动生产力发展的过程，也是分工体系中共同利益不断协调个人利益的过程，这个协调增强了分工体系的社会力量，因而推动着生产力发展，协调过程的核心力量仍然是每个生产力发展阶段中相对稀缺度最大、因而对生产起到瓶颈作用的要素，表现为国家所代表的共同利益总是以统治阶级利益为核心，而居于统治地位的阶级都是对劳动或者其他人的劳动具有绝对支配力的个人形成的集团，如前所述，这种劳动支配

① 《马克思恩格斯选集》（第1卷），人民出版社，1972，第39页。
② 《马克思恩格斯选集》（第1卷），人民出版社，1972，第39页。
③ 《马克思恩格斯选集》（第1卷），人民出版社，1972，第39页。

力正好来源于他们所掌握的要素具有稀缺和生产瓶颈的性质。同时，国家作为协调利益的共同体，仍然要以生产力发展作为协调的目的。在国家内部各种特殊利益的相互斗争中，有可能过于维护任何阶级或集团利益都会使分工体系这个构成国家的内在经济实体的协调性遭到破坏，从而阻碍社会生产力。和谐社会的经济根源也恰恰来源于分工体系本身所要求的内在协调性。

五　国际分工与经济全球化

以历史唯物主义为基础的马克思分工理论体系，其科学性和生命力进一步被基于这一理论的逻辑推理与现实历史发展趋势的高度一致性所证明：那就是分工的国际化和经济的全球化。

（一）分工的国际化是资本主义生产方式发展的必然结果

正如马克思已经详细阐述过的，资本积累对劳动分工的发展具有特别重要的促进作用。正是在一定程度资本积累的前提下，已有的、缓慢发展的社会分工这块土壤上才萌发出了资本化生产这种工厂内部分工的新形式，并最终赋予整个劳动分工以资本化的新特征。马克思已经历史地证明资本原始积累为资本主义生产方式准备了物质基础，而资本主义生产方式的确立是进行进一步资本积累的社会前提，从而也为生产的资本化开辟了道路。这是资本攫取剩余价值的本性所决定的，新发展起来的工厂内部分工与已有的社会分工相得益彰，取长补短，以分工为杠杆，在已有的生产力基础上充分发掘劳动的社会生产力，最大限度地攫取社会剩余。

作为劳动分工飞跃发展的历史平台，资本主义生产方式首先借助资本化的交换工具——货币资本和社会分工网络，完成资本雇佣劳动（这正是资本主义生产方式的实质），使生产成为资本化的生产，从而缔造了工厂内部分工这种新的分工形式；进而，借助社会分工和工厂内部分工网络，把生产的资本化延伸到分配的资本化和消费的资本化，最终形成了由货币资本、生产资本和商品资本之间的相互协调和衔接，和生产资本内部的协调联系共同构成的一幅分工的动态画卷——资本化的劳动分工体系。资本为何被马克思解释为一种生产关系，这一点必须从劳动分工的角度才能得到深入理解：生产关系代表的是人与人之间因为劳动分工而产生的相互依赖关系。这种关系在资本占据统治地位之后，其运动和发展完全依附于资本的本性和要求，借助资本（货币资本、生产资本、商品资本）的躯壳来完成。所以，资本不仅是直接的劳动生产过程中结成的人们之间的关系，而且是因此而产生的交换、分配、消费关系。

自此，资本成为成就分工并支配分工发展趋势的统治力量，于是在资本攫取剩余价值这个本性的驱使下，首先分工态势在外延和内涵上发生着进一步的嬗变。“从本质上来说，就是推广以资本为基础的生产或与资本相适应的生产方式。创造世界市场的趋势已经直接包含在资本的概念本身中。”[①] 分工随着资本扩张的内在冲动，跟随资本的代言人，跨越民族和国家的界限，走向国际化。“不断扩大产品销路的需要，驱使资产阶级奔走于全球各地……”“资产阶级，由于一切生产工具的迅速改进，由于交通的极其便利，把一切民族甚至最野蛮的民族都卷到文明中来了。”[②] “各个相互影响的活动范围在这个发展进程中越是扩大，各民族的原始封闭状态由于日益完善的生产方式、交往以及因交往而自然形成的不同民族之间的分工消灭得越是彻底，历史也就越是成为世界历史。”[③]

（二）资本主义生产方式主导下的国际贸易关系分析

马克思既从生产力与分工的相互作用机制中，论证了分工的国际化是资本主义生产方式发展的必然趋势，是资本本性的必然结果；同时又从利益关系的角度，以劳动价值论为基础，[④] 讨论了在资本主义生产方式主导下的国际分工体系产生的不公平国际经济分配格局，并由此对国际贸易关系展开了讨论。

首先，国际“自由贸易扩大了生产力”[⑤]，其必然结果是商品价格下跌。从马克思的论述逻辑来看，他认为自由贸易首先由于拓展了海外市场而增加了对商品资本的需求，以此推动了工业发展，带动了资本积累和积聚，使生产资本快速增加，促进了分工水平和以机器生产为基础的生产规

---

① 《马克思恩格斯全集》（第30卷），人民出版社，1995，第388页。

② 《马克思恩格斯选集》（第1卷），人民出版社，1972，第254~255页。

③ 《马克思恩格斯选集》（第1卷），人民出版社，1995，第88页。

④ 马克思的劳动价值论实际上是以分工经济这一客观现实为基础而创立的，篇幅所限，需另文专门论述。

⑤ 《马克思恩格斯选集》（第1卷），人民出版社，1972，第202页。

模，从而提高了整体劳动生产率。"生产资本的增殖也就意味着资本的积累和积聚。资本集中的结果是分工的扩大和机器的更广泛的使用。……分工使一个工人可以完成三个人的工作。机器的采用也引起了同样的结果，而且规模还更大得多。"① 根据马克思的劳动价值理论，劳动生产率与单位商品价值量成反比，劳动生产率提高必然引起单位商品价值下降从而价格下跌。

其次，自由贸易会引起出口产业中工人阶级之间的竞争加剧和工人失业，导致出口国家工人阶级相对收入呈现下降趋势。在马克思看来，由于出口国拓展了更大的国际市场，市场规模扩大直接促进了劳动分工水平的提高，劳动生产率迅速提高导致对工人的需求相对萎缩，会造成一部分失业。"分工的进一步发展使工人的手艺化为乌有。从前需要用手艺的地方，现在任何人都能做得到，从而工人之间竞争也就加剧了。"② 同时，生产资本的扩张使以大规模生产为基础的机器越来越代替工人，也会引起失业；除此之外，大规模生产排挤了小企业主，使他们也沦为工人阶级；进一步，相对于原来的国内市场，在世界市场上生产供给与市场需求脱节的风险相应加大，供求失衡导致经济危机而引起失业的概率大大增加，也会扩大无产阶级的队伍；最后，自由贸易促进了工业的发展，因此出现了更廉价的生活资料，"由于不断地找到以更廉价更低劣的营养品来维持工人生活的新方法，最低工资也就不断降低。"③

最后，自由贸易把资本剥削的范围从国内阶级之间引向了世界范围，把一个阶级牺牲另一个阶级而致富的模式扩大成了一国牺牲别国而致富的模式。马克思驳斥了当时一些资产阶级经济学家强调的自由贸易完全根据每个国家的自然禀赋优势使其参与分工的说法。他指出，以资本主义生产方式为主导的国际贸易，所谓自由贸易只不过是一个幌子，实质上始终由资本主义工业国所支配和主导的国际贸易，其最终所形成的国际分工格局，是以资本主义工业国家廉价的工业品掠夺发展中国家珍贵的原料和燃料等生产资源的不平等交换为基础的。"既然一切都成了垄断性的，那么即使在现在，也会有些工业部门去支配所有其他部门，并且保证那些主要从事于这些行业的民族来统治世界市场。例如，在国际交换中，棉花在贸易中比

① 《马克思恩格斯选集》（第1卷），人民出版社，1972，第202~203页。

② 《马克思恩格斯选集》（第1卷），人民出版社，1972，第202页。

③ 《马克思恩格斯选集》（第1卷），人民出版社，1972，第206页。

其他一切成衣原料具有更大的意义。自由贸易的信徒从每一个工业部门找出两三个特殊品种的生产，把它们跟工业最发达的国家中一般消费品的最廉价的生产等量齐观，这真是太可笑了。"①

马克思认为自由贸易所造成的这一切都是由资本的本性决定的，"在现代社会条件下，到底什么是自由贸易呢？这就是资本的自由。排除一些仍然阻碍着资本前进的民族障碍，只不过是让资本能充分自由活动罢了"。②

（三）对以资本主义生产方式为主导的国际分工体系基本性质的分析

马克思以资本为逻辑起点，以资本主义生产方式为历史起点，论证了分工国际化的必然性。也正是基于这个分析思路，马克思把分工的国际化当作资本在空间上扩张的途径，更把国际分工当作以资本为导线的资本主义生产方式进行全球统治与渗透的手段。马克思以其特有的阶级分析方法，敏锐地看到了国际分工体系中超越国家和民族的阶级利益对立格局。资产阶级通过资本所推动的国际分工，"正象它使乡村从属于城市一样，它使未开化和半开化的国家从属于文明的国家，使农民的民族从属于资产阶级的民族，使东方从属于西方"。③ 也就是说由资本国际化推动的分工国际化，实际上渗透着资本的本性：剩余价值生产和实现的国际化，构建的是国际分工范围内的不平等、剥削关系。

在当前金融危机的阴影褪去尚早的大背景下，一贯叫嚣自由贸易的发达资本主义国家，面对世界市场的萎缩，一再对中国等发展中国家发起各种各样的贸易保护战，这不正好印证了马克思的上述讨论吗？资本的利益大于一切！资本主义发展历史上，无论是提倡自由贸易还是推行贸易保护，无论是采取殖民主义还是推行自由主义，这种种手段都是资本对国际分工格局的"规划"和控制，其最终的目的只有一个，那就是资本积累自由。

参考文献

[1] 亚当·斯密：《国民财富的性质和原因的研究》（上），郭大力、王亚南译，商务印

① 《马克思恩格斯选集》（第1卷），人民出版社，1972，第208~209页。

② 《马克思恩格斯选集》（第1卷），人民出版社，1972，第207页。

③ 《马克思恩格斯选集》（第1卷），人民出版社，1972，第257页。

书馆，1972。

［2］麦克尔·迪屈奇：《交易成本经济学——关于公司的新的经济意义》，王铁成、葛立成译，经济科学出版社，1999。

［3］杨小凯、黄有光：《专业化与经济组织——一种新兴古典微观经济学框架》，张玉纲译，经济科学出版社，1999。

［4］阿伦·杨格：《报酬递增与经济进步》，贾根良译，《经济体制比较》1996 年第 6 期。

［5］侯风云：《马克思分工理论及在经济分析史中的地位考察》，《福建论坛》（人文社会科学版）2005 年第 2 期。

［6］吴易风：《马克思主义经济学和西方经济学》，经济科学出版社，2001。

［7］任治君：《经济全球化对世界市场价格决定的影响》，《经济学家》2004 年第 4 期。

［8］焦建华：《试析马克思主义对经济全球化结构的分析及其发展》，《当代经济研究》2006 年第 6 期。

［9］杨慧玲：《劳动价值实体是市场经济社会分配的必然客体——劳动价值论与要素价值论之比较》，《马克思主义研究》2007 年第 1 期。

［10］谢富胜、李安：《分工动态与市场规模扩展——一个马克思主义经济学的分析框架》，《马克思主义研究》2009 年第 9 期。

绝对地租产生原因、来源与价值构成实体的探讨*

杨继瑞

内容摘要：与利息作为资本所有权在经济上的实现形式一样，绝对地租也类似于土地所有权的特殊“利息”。使用土地不向土地所有者缴纳绝对地租，是违背土地所有权规律和价值规律的。绝对地租是级差地租的基础与平台载体。绝对地租的存在与农业资本有机构成的高低，并没有本质的必然的联系。绝对地租来源于利润平均化前的扣除。扣除的价值实体构成部分的不同，形成绝对地租Ⅰ和绝对地租Ⅱ。

关键词：绝对地租　土地所有权“利息”　绝对地租Ⅰ　绝对地租Ⅱ　绝对地租价值构成实体

一　绝对地租：土地所有权的“利息”

继原始土地公有制解体后，随之出现了各种形式的土地私有制。资本主义的土地私有制，是资本主义绝对地租产生的根本原因。“在这里地租是土地所有权在经济上借以实现即增殖价值的形式”。② “如果我们考察一下在一个实行资本主义生产的国家中，资本可以投在土地上而不付地租的各种情况，那么，我们就会发现，所有这些情况都意味着土地所有权的废除，即使不是法律上的废除，也是事实上的废除”。③ 尽管在社会主义制度下，取消了土地私有制，但是在社会主义公有制条件下，存在多种所有制经济成分，存在土地所有权与经营权的分离，因此地租作为土地所有权在经济

*　本文发表于《当代经济研究》2011 年第 2 期。

②　《马克思恩格斯文集》（第 7 卷），人民出版社，2009，第 698 页。

③　《马克思恩格斯文集》（第 7 卷），人民出版社，2009，第 849 页。

上的实现形式也必然存在。按照马克思主义的所有权理论，土地所有权的存在，总是要在经济上有所实现，也就是要求收取地租。恩格斯在《论住宅问题》中也明确指出："消灭土地私有制并不要求消灭地租，而是要求把地租——虽然是用改变过的形式——转交给社会。"① 列宁也曾指出："所谓归国家所有，就是说国家政权机关有权获得地租、有权规定全国共同的土地占有和土地使用的规则。"② 可以断言，地租是市场经济条件下的必然经济现象，只不过在资本主义社会是被土地所有者私人占有；在社会主义社会则类似于税收一样，体现的是一种"取之于民，用之于民"的经济关系。所以，马克思主义经济学关于包括绝对地租在内的地租地价理论对发展社会主义市场经济仍然具有重要的指导作用。

马克思指出，在资本主义制度下，把资本投资于土地而无须支付地租，只在偶然的场合才会存在。例如，第一，土地所有者自己就是资本家，或者资本家自己就是土地所有者。在这种场合，土地所有权不成为资本投资于土地的限制，只要劣等的土地产品价格，使资本得以正常增殖，它就会被耕种。不过，这种情况是偶然的，因而不能说明耕种最劣等的土地可以不支付地租。第二，在租地农场主的一整片租地中，可能会夹杂有少数地块，它们按照当时的市场价格水平不能支付地租，因而实际上是无代价耕种的。但在土地所有者看来，这些地块的地租已经包含在这一整片租地的总地租中了。因此，这种情况也不能说明独立耕作劣等土地可以不交地租。第三，租地农场主在已支付地租的土地上追加投资，如果这个追加投资的产品，按照当时市场价格，只能提供平均利润，就不会有追加的地租。因此，这块租地的全部投资中一部分是支付地租的，另一部分是不支付地租的。但由于在租约期内土地所有权对追加投资不起限制作用，从而这也不是耕作劣等土地可以不支付地租的理由。事实上，在地租存在的前提下，土地所有者自己就是资本家，或者资本家自己就是土地所有者，他也必然支付"概念地租"。如同用自己的资本来经营的资本家一样，也要获得"概念利息"。诚如马克思所说，用自有的资本从事经营的资本家，同用借入的资本从事经营的资本家一样，把他的总利润分为利息和企业主收入。利息归他所有，因为他是资本的所有者，是把资本贷给自己的贷出者，企

---

① 《列宁全集》(第31卷)，人民出版社，1985，第175页。

② 《列宁全集》(第16卷)，人民出版社，1988，第302页。

业主收入也归他所有，因为他是能动的、执行职能的资本家。“资本的使用者，即使是用自有的资本从事经营，也具有双重身份，即资本的单纯所有者和资本的使用者；他的资本本身，就其提供的利润范畴来说，也分成资本所有权，即处在生产过程以外的、本身提供利息的资本，和处在生产过程以内的、由于在过程中活动而提供企业主收入的资本。”① 也就是说，用自己的土地耕作的资本家，作为土地所有者，他获得地租；作为职能资本家，他获得利润；如果其资本也是自有的，他还获得利息。

土地所有权在绝对地租场合与级差地租场合的功能是完全不同的。在级差地租的场合“土地所有权只是商品价格中一个没有它的作用就已经产生（确切些说，是由于调节市场价格的生产价格决定于竞争这一点产生的）并转化为超额利润的部分所以会转移的原因，即价格的这一部分由一个人手里转移到另一个人手里，由资本家手里转移到土地所有者手里的原因。但在这里，土地所有权并不是创造这个价格组成部分的原因，也不是作为这个组成部分的前提的价格上涨的原因。另一方面，如果最坏土地 A——虽然它的耕种会提供生产价格——不提供一个超过生产价格的余额，即地租，就不可能被人耕种，那么，土地所有权就是引起这个价格上涨的原因。土地所有权本身已经产生地租”。② 土地所有权本身所产生的地租就是绝对地租。

事实上，作为级差地租实体的超额利润与土地所有权并无必然关系。有没有土地所有权，作为级差地租实体的超额利润都存在，土地所有权仅仅是把已经存在的级差地租拿走而已。土地所有权不产生级差地租，而只是把这种已经存在的超额利润转化为级差地租。绝对地租的产生则直接依赖于土地所有权本身，它与土地所有权之间是必然联系。亚当·斯密曾指出：“土地所有者在一定情况下有权利对资本进行有效的抵抗，使人感到土地所有权的力量并因而要求绝对地租……”③ 笔者以为，与利息作为资本所有权在经济上的实现形式一样，绝对地租也类似于土地所有权的特殊“利息”。为了与普通利息相区别，这种特殊“利息”被命名为地租。而这种地租只能是绝对地租。因为，土地所有权与级差地租没有直接关系，土地所有权仅仅是把已经存在的超额利润转化为级差地租，借以归土地所有

① 《马克思恩格斯文集》（第 7 卷），人民出版社，2009，第 421 页。
② 《马克思恩格斯选集》（第 2 卷），人民出版社，1995，第 565 页。
③ 《马克思恩格斯全集》（第 26 卷第二册），人民出版社，1973，第 381 页。

者占有。任何被使用的土地都必须向土地所有者缴纳相应的绝对地租，但不一定要缴纳级差地租：只有位置、肥力等方面质量较好的土地才存在级差地租。向土地所有者缴纳绝对地租，就像向资本所有者缴纳利息一样。只不过使用较好的土地，就如同使用较高质量的资本一样，除了要缴纳最低水平的“利息”之外，还必须向其所有者缴纳部分“级差利息”。也就是说在使用较好土地的场合，超过最低水平地租的那部分地租才能称为级差地租。所以，使用土地不向土地所有者缴纳绝对地租，是违背土地所有权规律和价值规律的。在一定的历史时期和历史条件下，一定市场半径区域内的单位土地绝对地租量与绝对地租率在一定的水平上受土地供求、竞争、市场利率、剩余价值率、利润率等诸多因素影响上下波动，形成向土地所有者缴纳各种地租的基础与平台载体。任何向土地所有者缴纳的地租均包括绝对地租，但不一定包括级差地租，级差地租以及高于一般级差地租的垄断地租无非是绝对地租基础上的或多或少的增量。因此，可以断言，绝对地租是级差地租的基础与平台载体。

二　绝对地租的来源：利润平均化前的扣除

土地所有权的垄断阻碍和限制资本的转移，使农业部门中的剩余价值不参与利润的平均化。由于土地所有权的存在，不缴纳地租，就不能投资开垦新的土地，尽管新开垦的土地是属于不会提供级差地租的等级。“如果没有土地所有权，只要市场价格略微上涨，它就会被人耕种，从而起调节作用的市场价格只是使这个最坏土地的耕种者得到他的生产价格。但是，因为有了土地所有权的限制，市场价格必须上涨到一定的程度，使土地除了生产价格外，还能支付一个余额，也就是说，还能支付地租”。[①] 在《资本论》中，马克思指出，由于农业资本有机构成低于社会资本平均有机构成，从而使农副产品价值高于其社会生产价格，其中的差额形成绝对地租。这是马克思主义地租地价学说中关于绝对地租产生的条件之一。

然而，一旦农业资本有机构成等于社会资本平均有机构成，这个差额消灭了，上述意义上的绝对地租就不复存在了。诚如马克思所指出：“如果农业资本的平均构成等于或高于社会平均资本的构成，那么，上述意义上

① 《马克思恩格斯文集》（第7卷），人民出版社，2009，第862页。

的绝对地租，也就是既和级差地租不同，又和以真正垄断价格为基础的地租不同的地租，就会消失。……如果随着耕作的进步，农业资本的构成已和社会平均资本的构成相等，那么，这样的现象就会发生。”① 但是，在这些发达市场经济国家，绝对地租并不会因为资本有机构成的提高而消失。但是，绝不能认为绝对地租就此销声匿迹。那种认为绝对地租只在农业资本有机构成低的情况下才有存在条件的看法，是值得商榷的。

诚然，第二次世界大战以后，特别是近20多年来，由于农业机械化以及为农业服务的工业部门的发展，化学、土壤学、生物学等方面的科学研究成果应用于农艺，使发达资本主义国家农业生产力的发展大大加速了。与此同时，这些国家的农业日益专业化和社会化，以农业为主体的“纵向联合”企业应运而生。由于农业的工业化和现代化，农业已经成为资本主义经济中占用资本量最高的部门之一。在美国、英国、法国等主要资本主义国家，农业已经成为资本主义经济中平均资本有机构成最高的部门之一，接近于工业的资本有机构成，具有拉平的趋势。这种情况不能不影响到马克思所讲的农业绝对地租的来源。农业和工业的资本有机构成的接近可以改变绝对地租的来源，但不能取消绝对地租。因此，持绝对地租“消失论”的同志所引用的马克思那句话，“上述意义上的绝对地租消失了”系指农业的平均资本有机构成等于社会平均资本有机构成的情况下，由于农业资本有机构成低于社会平均资本有机构成，从而农产品价值高于生产价格这个意义上的绝对地租消失了，并不是任何意义上的绝对地租都消失了。在农业资本有机构成低于社会平均资本有机构成的历史时期，假设在农业用地的旁边是一块资本有机构成很高的非农产业用地，它是不是就不缴纳绝对地租了呢？显然不可能。如果这样的话，土地所有者宁愿不租给非农产业经营者经营。可见，农业资本有机构成趋近于社会资本平均构成，只能改变绝对地租的价值构成来源，而不是绝对地租本身消失了。

既然农业和工业的平均资本有机构成的接近或相等只能改变绝对地租的价值构成来源，那么，绝对地租的价值构成来源究竟是什么呢？对此，学术界主要有以下几种代表性的观点。

——“扣除说”，即绝对地租来源于农业内部工资和利润的扣除。论据是马克思的这样一句话：“如果在一个国家，农业资本的构成与非农业资本

① 《马克思恩格斯文集》（第7卷），人民出版社，2009，第865页。

的平均构成相等，……土地所有者只好自己耕种这些土地，或者在租金的名义下，把他的租佃者的一部分利润甚至一部分工资刮走。”①

——“差额说”，即绝对地租来源于农产品价格高于农产品价值的差额。论据是马克思的这样一句话：“如果由于土地所有权在对未耕地上进行不付地租的投资造成限制，以致谷物不仅要高于它的生产价格出售，而且还要高于它的价值出售，那末，地租就会产生垄断价格。”②

——“垄断价格说”，即绝对地租来源于垄断资本统治下所产生的垄断价格以及国家对农副产品的价格补贴。持这种观点的同志认为，当垄断资本控制了农业时，垄断资本就有可能通过各种手段，包括垄断资本主义国家对农副产品的价格补贴，把农产品及其加工品的市场价格提高到价值或生产价格以上，形成垄断价格，并将其获得的高额利润的一部分，以绝对地租的形式缴纳给土地所有者。

对上述这些观点，笔者以为，都有商榷之必要。

第一，根据马克思主义劳动价值论、剩余价值论的基本原理，绝对地租的形成和分配的机制不能违背价值规律、剩余价值规律以及平均利润率规律，而只能在符合这些规律的前提下进行阐明。根据价值规律的要求，即使在某些暂时或偶然的场合会出现工资低于劳动力价值的情况，但从长趋势看，工资一般不应低于劳动力的价值。如果劳动力长期以低于价值的价格来实现或出卖，这既不符合价值规律的要求，也将导致劳动力的萎缩性再生产。从而使资本寻求不到与之相结合的充足的劳动力，进而影响剩余价值的生产。同时，根据平均利润率规律的要求，农业资本家进行投资，一般应获得平均利润。如果他进行农业生产经营活动而得不到与工业或商业大体相当的平均利润的话，那他势必会弃农而从工或经商。由于部分农业资本家由此抽走资本，会使农产品的生产供不应求而使价格上涨，直至既能向土地所有者提供绝对地租，又能使农业资本家获得平均利润。诚然，绝对地租作为农业劳动者所创造的剩余产品价值的一部分在分配时必然是对整个农业劳动者所创造的剩余产品价值的扣除。然而“扣除说”所界定的扣除部分，既不符合价值规律和剩余价值规律的要求，又违背了平均利润规律的基本准则。因此“扣除说”是难以成立的。

① 《马克思恩格斯全集》（第26卷第二册），人民出版社，1973，第448页。

② 《马克思恩格斯文集》（第7卷），人民出版社，2009，第877页。

第二，排除某些暂时的或偶然的情况，农产品的价格从总体上和长期观察，其价格高于价值的部分大体会与低于价值的部分相互抵销。结果，产品的价格基本上仍是按照其价值出售的，这是价值规律的客观要求。“差额说”把马克思所假定的情况和推论看作既定的现实，违背了马克思劳动价值论的一贯主张，因而是欠妥的。

第三，农产品以高于其价值的垄断价格出售，从而以超过其价值的部分交付绝对地租，这意味着工业品势必要按照低于其价值的价格出售。否则，整个社会的商品价格就会高于整个社会的商品价值，即商品总价格大于商品总价值。在这里“垄断价格说”导致了难以思议的“二律背反”现象：如果农产品以高于其价值的垄断价格出售，以保证其绝对地租来源，又能使工业部门获得平均利润的话，那么，商品总价格就必然会大于商品总价值，这就违背了价值规律。

第四，认为绝对地租来源于国家对农产品价格补贴的观点也是站不住脚的。因为，如果说农产品价格的补贴是符合价值规律要求的一种辅助或补充形式，那么，产品的生产者加上补贴在内的所得，恰好与农产品按价值出售的所得大体相当，并没有一块高于农产品自身价值的部分来支付绝对地租；如果说农产品价格补贴是不符合价值规律要求的一种超经济的分配，那么，这种补贴无非来自对非农产业剩余价值的一种扣除。即便后一种假设成立，试问，非农产业因使用土地而交付的绝对地租又来源于何处呢？

事实上，绝对地租不仅在农业中存在，而且在一切使用土地的工业、商业等非农产业中存在。只不过在非农产业中，绝对地租在整个剩余产品价值中所占的比重相对于农业而言，相对少一些罢了。正因为如此，马克思没有对资本有机构成比较高的非农产业中绝对地租的来源作详细的考察和分析。然而，马克思从来没有否认过非农产业中绝对地租的存在。他曾指出：“在生产上要用土地时，不论是用在农业上还是用在原料的开采上，土地所有权都会阻碍投在土地上面的各个资本的这种平均化过程，并攫取剩余价值的一部分。”① 他还指出：“十分简单：一定的人们对土地、矿山和水域等的私有权，使他们能够攫取、拦截和扣留在这个特殊生产领域即这个特殊投资领域的商品中包含的剩余价值超过利润（平均利润，由一般

---

① 《马克思恩格斯文集》（第7卷），人民出版社，2009，第872页。

利润率决定的利润）的余额，并且阻止这个余额进入形成一般利润率的总过程。这部分剩余价值，甚至在一切工业企业中也被拦截，因为不论什么地方，都要为使用地皮（工厂建筑物、作坊等所占的地皮）付地租。”①

马克思的这些精辟的论述给了我们深刻的启迪。

第一，不仅农业，而且其他非农产业都要使用土地，从而用地者要向土地所有者交付地租，包括级差地租和绝对地租。很明显，在同一时期，如果非农产业有机构成低于社会平均资本有机构成，那么，在非农产业中，资本有机构成则是高于社会平均资本有机构成的，此时非农产业领域仍然存在向土地使用者缴纳绝对地租的问题。可见，农业资本有机构成低于社会平均资本有机构成，并不是绝对地租存在的必要条件。

第二，在农业中，资本有机构成低于社会的平均资本有机构成而多生产的那部分剩余价值，受到土地所有权垄断的阻滞而被拦截在农业部门内部，不参加利润的平均化，然后再由农业资本家以绝对地租的分配形式交付给土地所有者。

第三，在工业和其他非农产业中，资本有机构成比较高，因而与农业部门相比，在剩余价值率不变的情况下，不会多生产剩余价值。但是，由于土地所有权垄断的障碍，土地使用者也必然要从其生产的剩余价值中剥离相应部分，然后以绝对地租的形式交给土地所有者。如果工业和其他非农产业的资本家不这样做，土地所有者势必会把土地租给农业资本家而不租给非农产业的资本家。也就是说，非农产业所生产和实现的剩余产品的价值，要在事先扣除了绝对地租之后，才参与利润的平均化。学术界不少人士也指出，从一般意义上说，绝对地租的存在与农业资本有机构成的高低，并没有本质的必然的联系：绝对地租来源于对全社会剩余价值的扣除。笔者以为，这种扣除是在利润平均化前进行的。其实，农业部门所生产和实现的剩余产品的价值，根据平均利润规律的要求，当其在事先扣除了绝对地租之后，也要参与利润的平均化，从而按照等量资本获得等量利润的原则来分配劳动者生产的剩余产品的价值。诚如马克思所说，只要绝对地租“不等于农产品的价值超过它们的生产价格的余额，这个余额的一部分总会加到所有剩余价值在各单个资本之间的一般平均化和按比例的分配中去。一旦地租等于价值超过生产价格的余额，这个超过平均利润的全部剩

① 《马克思恩格斯全集》（第26卷第二册），人民出版社，1973，第30页。

余价值，就会被排出这个平均化”。[①] 在资本家看来，土地是一种须臾不可缺的生产要素，如同资本要素、劳动力要素一样，需要通过市场交易行为来获取，从而必须要承担相应的交易费用。“土地所有权的正当性，和一定生产方式下的一切其他所有权形式的正当性一样”，[②] 要参与社会总剩余价值的分配，只不过基于土地所有权的垄断性，其分配发生在利润平均化之前罢了。在市场经济条件下，即便是纯粹流通费用，也要参与到社会总利润的分配之中。从表面上看，流通费用的补偿似乎增加了社会负担，减少了产业资本的利润，但实际上，产业资本是愿意让渡这部分剩余价值的，否则产业资本就得不到预期的利润率。同样，如果资本家在需要使用土地的场合，不向土地所有者缴纳绝对地租（较好的土地还必须缴纳级差地租）的话，他就得不到必需的土地要素，从而也就不可能进行剩余价值的生产。

三　绝对地租的价值构成实体：绝对地租Ⅰ和绝对地租Ⅱ

在《资本论》中，马克思论述的绝对地租的价值构成实体主要是农产品价值与生产价格之间的差额。因此，马克思认为，当农业资本有机构成等于社会平均资本有机构成后，农产品价值与生产价格之间的差额便消失了，从而作为农产品价值与生产价格之间差额实体的绝对地租当然也随之消失。然而，马克思所讲的消失的绝对地租仅仅是这种意义上的绝对地租，而不是绝对地租本身。因为，土地所有权不会因为资本有机构成的变化而不要求在经济上得以实现。更何况，土地资源供给的无弹性、稀缺性和人类经济社会活动的发展导致对土地资源需求的不断增大，土地供求关系伴随资本有机构成提高的进程而日趋紧张，引致土地所有权的垄断性、排他性更强烈，进而更需要在经济上得以实现。正如马克思所研判的那样，绝对地租价值构成实体在量上的多少与土地供求状况密切相关。绝对地租“究竟是等于价值和生产价格之间的全部差额，还是仅仅等于这个差额的一个或大或小的部分，这完全取决于供求状况和新耕种的土地面积”。[③]

事实上，在《资本论》中，马克思主要分析的是农业绝对地租。“绝对地租的本质在于：不同生产部门内的各等量资本，在剩余价值率相等或

---

① 《马克思恩格斯全集》（第25卷），人民出版社，1974，第859页。
② 《马克思恩格斯全集》（第25卷），人民出版社，1974，第702页。
③ 《马克思恩格斯全集》（第25卷），人民出版社，1974，第859页。

劳动的剥削程度相等时，会按它们的不同的平均构成，生产出不等量的剩余价值。”“这样，地租就成了商品价值的一部分，更确切地说，成了商品剩余价值的一部分，不过它不是落入从工人那里把它榨取出来的资本家手中，而是落入从资本家那里把它榨取出来的土地所有者手中。”① 在非农产业中，土地要素相对于农业而言其功能弱一些，所以被马克思在研究中抽象掉了。尽管马克思也谈到过非农产业的场地和采矿业的绝对地租问题，但总体上对非农产业领域中绝对地租产生的机理没有进行深入的探讨。出于构建剩余价值理论体系的抽象性需要，这是无可厚非的。然而，在现实生活中，土地作为场地要素须臾不可缺，城市土地所有权也要求绝对地租，好地段的城市土地所有权还会把已经产生的超额利润转变为各种梯次的级差地租。否则，最劣等的城市土地所有者绝不会把地让渡给工业、商业等职能经营者使用。从我国城市的用地情况，以及以城市最低使用权地价还原的绝对地租看，城市绝对地租不仅存在，而且呈上升趋势。

笔者认为，马克思所重点论述的农产品价值与生产价格之间的差额作为价值构成实体的绝对地租，可以被界定为绝对地租Ⅰ。农业资本有机构成等于社会平均资本有机构成从而农产品价值与生产价格之间的差额消失后所必须缴纳的绝对地租，以及其他与社会平均资本有机构成相比或高或低的非农产业领域的绝对地租，可以被界定为绝对地租Ⅱ。

当农业资本有机构成等于社会平均资本有机构成后，尽管农产品价值与生产价格之间的差额消失了，但是基于资本有机构成的提高或者资本流通速度的加快等，农业资本的效率与过去相比得以提升，从而相对剩余价值的生产水平提高，所以，当土地所有权在利润平均化前扣除或攫取相当于绝对地租Ⅰ水平的剩余价值后，仍然可以获得过去农业资本有机构成低于社会平均资本有机构成时的利润率，甚至可能更高的利润率，并进入利润平均化的进程。

在非农产业领域，尽管其资本有机构成与社会平均资本有机构成相比，有高有低。但由于绝对地租Ⅱ的价值构成实体与其资本有机构成没有必然联系，因此在非农产业领域，其创造的剩余价值首先也必须比照相当于绝对地租Ⅰ的水平进行扣除，交给城市土地所有者后，再进入利润平均化的进程。这样，在非农产业领域，资本家或经营者在向土地所有者缴纳绝对

① 《马克思恩格斯全集》（第25卷），人民出版社，1974，第869～870页。

地租（好地还要向土地所有者缴纳不同梯次的级差地租）后，扣除后的剩余价值进入利润平均化的进程，按照等量资本获得等量利润的规律，获得平均利润。

特别需要指出的是，非农产业对土地的依赖程度相对于农业而言比较低。在非农产业中，土地仅作为场地发挥劳动资料的作用；在农业中，土地既作为劳动资料，又作为劳动对象来发挥作用。在非农产业中，更容易在不扩大生产场所的条件下，进行内含式扩大再生产。“如果生产场所扩大了，就是外延上扩大；如果生产资料效率提高了，就是在内含上扩大。”① 再生产在内含上扩大的水平，即集约经营的程度，是伴随资本有机构成的提高而拓展的。于是，在单位面积土地上，由于资本绝对量的投入，资本所推动的活劳动的绝对量，并没有因为资本有机构成的提高而减少；有时还可能由于资本密集型和技术密集型产业的升级，单位面积土地上资本所推动的活劳动绝对量增加。这样，在剩余价值率不变时，单位面积土地上的剩余价值的绝对量仍能不变甚至增加。因此，有机构成较高的非农产业，在利润平均化前扣除了缴纳给土地所有者的绝对地租之后，其等量资本仍可获得与农业等量资本大体相当的平均利润。这样产业经营者和土地所有者在剩余产品价值的分配中各得其所，既保证了产业经营者按等量资本获得等量利润即平均利润，又使土地所有者获得了绝对地租。这种分配机理是建立在绝对地租源于剩余产品价值有序分配基础上的，既与平均利润的运行机制相契合，又将马克思的劳动价值论和剩余价值论贯穿始终。

必须指出的是，绝对地租以最劣等土地投入使用为前提的。土地不出租，土地所有者就没有任何收益，在经济上就没有任何价值。“单纯法律上的土地所有权，不会为土地所有者创造任何地租。但这种所有权使他有权不让别人去经营他的土地，直到经济关系能使土地的利用给他提供一个余额，而不论土地是用于真正的农业还是用于其他生产目的（例如建筑等等）。”② 因此，不缴纳地租，即使是最劣等的土地所有者也会宁可让自己的土地荒芜而不会让其他使用者去使用。这样，在农业中，可耕种的土地就会减少，农产品的供给就会下降，从而导致供不应求，价格上涨，直到拥有劣等土地的所有者也能获得绝对地租，其经营者也能获得平均利润；

---

① 《马克思恩格斯全集》（第24卷），人民出版社，1972，第192页。

② 《马克思恩格斯全集》（第25卷），人民出版社，1974，第853页。

在非农产业中，可利用土地就会不足，从而使非农产品与服务供不应求，价格上升，直到拥有劣等土地的所有者也能获得绝对地租，其经营者也能获得平均利润。“在这种情况下，产品价格昂贵不是地租的原因，相反地地租倒是产品价格昂贵的原因。”①

在现实的经济生活中，在农业领域，土地使用者向土地所有者缴纳的绝对地租，究竟是绝对地租Ⅰ还是绝对地租Ⅱ，有不同情况的各种组合。

第一，撇开土地供求关系的差异，当农业资本有机构成大幅度低于社会平均资本的有机构成时，土地使用者向土地所有者缴纳的绝对地租可能只是绝对地租Ⅰ，并且其绝对地租Ⅰ有可能仅仅是农产品价值与农产品生产价格差额的一部分。

第二，当农业资本有机构成低于社会平均资本有机构成的幅度缩小时，其绝对地租Ⅰ有可能是农产品价值与农产品生产价格差额的全部。

第三，当农业资本有机构成进一步趋近于社会平均资本的有机构成时，土地使用者向土地所有者缴纳的绝对地租是部分绝对地租Ⅰ和部分绝对地租Ⅱ的组合。因为，随着农业资本有机构成的提高，农产品价值与农产品生产价格差额必然会缩小，从而绝对地租Ⅰ缩小。“按问题的本质来看，随着农业的进步，这个差额必然会缩小。”② 但是，历史沿袭并由契约规定的绝对地租不会由此降低，其不足部分势必由一定量的绝对地租Ⅱ弥补。

第四，当农业资本有机构成与社会平均资本的有机构成相同甚至反超时，土地使用者向土地所有者缴纳的绝对地租则只有绝对地租Ⅱ。在非农产业领域，土地使用者向土地所有者缴纳的绝对地租，则主要是绝对地租Ⅱ。当然，在某些对土地依赖度大的非农产业领域，也有例外。比如对土地依赖度大的某些露天采矿场，土地使用者向其所有者缴纳的绝对地租，有可能是包含部分绝对地租Ⅰ甚至可能全部都是绝对地租Ⅰ。因为，“在那里，不变资本的一个要素即原料是完全没有的；并且在那里，——除了那些很大一部分资本是由机器和其他固定资本构成的部门以外，——必然是最低的资本构成占统治地位”。③

笔者认为，单位面积土地上，农业资本有机构成低于社会平均资本有机构成时的绝对地租Ⅰ的量，是全社会各产业领域中绝对地租的“基准价

① 《马克思恩格斯全集》（第25卷），人民出版社，1974，第860页。

② 《马克思恩格斯全集》（第25卷），人民出版社，1974，第870页。

③ 《马克思恩格斯全集》（第25卷），人民出版社，1974，第870页。

格”，是绝对地租Ⅱ的基础；绝对地租Ⅱ则是绝对地租Ⅰ的“扬弃”与“影子”。它们具有共同的本质：都是土地所有权产生的，都是利润平均化前的扣除。绝对地租Ⅰ与绝对地租Ⅱ的区别在于：两者的价值构成实体不同，前者是农产品价值与生产价格之间的差额；后者是部门产品价格参照单位面积土地上绝对地租Ⅰ的量作的一种扣除。

单位面积土地上绝对地租Ⅰ的量作为绝对地租水平的参考基准，往往是由土地使用者与土地所有者根据土地供求关系、剩余价值率、利息率、平均利润率等因素，在无数次的讨价还价和博弈中趋同的。就像各种复杂劳动换算为简单劳动一样，不是通过精确的数学公式计算出来的，而是通过无数次的交换行为形成的。“各种劳动化为当作它们的计量单位的简单劳动的不同比例，是在生产者背后由社会过程决定的，因而在他们看来，似乎是由习惯确定的。”① 因为，无论是绝对地租Ⅰ还是绝对地租Ⅱ，它们都是活劳动创造的剩余价值的组成部分，都是一定条件下的社会生产关系的折射与表现，都是土地所有权在经济上的实现形式。

参考文献

[1]《马克思恩格斯全集》（第23卷），人民出版社，1972。

[2]《马克思恩格斯选集》（第2卷），人民出版社，1995。

[3]《列宁全集》（第13卷），人民出版社，1987。

[4] 张衔：《农业资本有机构成与绝对地租——“垄断价格绝对地租说”质疑》，《教学与研究》2007年第2期。

[5] 刘诗白等：《政治经济学》，西南财经大学出版社，2008。

[6] 蔡继明：《社会主义地租问题探索》，《农业经济问题》1985年第4期。

[7] 萧骥、晏仁章：《政治经济学》，四川人民出版社，1988。

[8] 杨继瑞：《城市绝对地租的来源及形成机理》，《中国社会科学》1997年第5期。

① 《马克思恩格斯全集》（第2卷），人民出版社，1995，第122页。

马克思主义经济学视阈中的城乡、市场与政府观*

李　萍　安　康

内容摘要： 马克思、恩格斯以历史的视角分析了城乡分离、城乡差别的形成与资本主义城乡尖锐对立的客观经济条件及其历史根源，深刻揭示了消除城乡对立、实现城乡融合与生产力发展水平和生产关系性质及其变革的内在关联、历史过程及其发展趋势的规律性。马克思、恩格斯研究城乡关系的终极目标是实现城乡融合和人的全面发展。马克思主义经济学对市场、政府及其相互关系的认识，经历了一个从理论到实践，从设想到现实，从否定到有限度的承认再到肯定，在对立统一的辩证关系中修正与发展的漫长探索过程。回望和检视马克思主义经济学对城乡、市场和政府问题及其关系的认识、研究的演变，为我们研究城乡统筹发展中政府与市场的作用及其关系提供了一个清晰而明确的方向。

关键词： 城乡关系　市场　政府

马克思主义经典作家并没有专门或直接、明确地论述过城乡发展中的政府与市场的关系问题，但马克思主义经典作家对城乡关系、政府、市场问题，却有大量的相关论述，形成了深刻而富有科学预见性的城乡发展思想以及与时俱进的有关政府、市场的作用及其关系的理论。这对于我们今天科学地认识和把握统筹城乡发展中政府与市场的关系，仍具有重要的理论和现实指导意义。

一　马克思恩格斯论城乡关系：演进轨迹及其现实影响

相对于政府和市场问题而言，马克思恩格斯对城乡关系的研究比较完

* 本文发表于《当代经济研究》2010 年第 6 期。

整，且有诸多精辟的阐释，尽管这些散见于马克思恩格斯的《神圣家族》《1844年经济学哲学手稿》《德意志意识形态》《英国工人阶级状况》《共产党宣言》《政治经济学批判》《论住宅问题》《资本论》《论权威》等一系列经典著作之中。

概而言之，马克思恩格斯对城乡关系的认识和研究是从资本主义城乡利益的尖锐对立切入的，进而以历史的视角分析了城乡分离、城乡差别的形成与资本主义城乡利益尖锐对立的客观经济条件及其历史根源，深刻揭示了消除城乡对立、实现城乡融合与生产力发展水平和生产关系性质及其变革（包括分工的演化、大工业、城市化的发展和私有制转向公有制）的内在关联、历史过程及其发展趋势的规律性。马克思恩格斯研究城乡关系的终极目标是实现城乡融合和人的全面发展。

马克思恩格斯认为，城乡分离与对立及其变化是社会分工发展演变的历史必然产物。“最初，农业劳动和工业劳动不是分开的；后者包含在前者中。”[1](p.713)而后伴随着生产力的发展，“某一民族内部的分工，首先引起工商业劳动和农业劳动分离，从而也引起城乡的分离和城乡利益的对立”。[2](pp.24~25)进一步看，“物质劳动和精神劳动的最大的一次分工，就是城市和乡村的分离。城乡之间的对立是随着野蛮向文明的过渡、部落制度向国家的过渡、地方局限性向民族的过渡开始的，它贯穿着全部文明的历史并一直延续到现在”。[2](pp.56~57)

马克思恩格斯还明确指出：“城乡之间的对立只有在私有制的范围内才能存在。这种对立鲜明地反映出个人屈从于分工、屈从于他被迫从事的某种活动，这种屈从现象把一部分人变为受局限的城市动物，把另一部分人变为受局限的乡村动物，并且每天都不断地产生出他们利益之间的对立。”[2](p.57)

按照马克思恩格斯的观点，城乡对立，在资本主义社会，一方面呈日益尖锐化发展趋势。他们认为，“资本主义社会不仅不能消灭这种对立，反而不得不使它日益尖锐化”。[3](p.272)因为“资产阶级一天天地消灭生产资料、财产和人口等的分散状态。它使人口密集起来，使生产资料集中起来”，[7](p.470)“城市本身表明了人口、生产工具、资本、享乐和需求的集中，而在乡村里所看到的却是完全相反的情况：孤立和分散”。[2](p.57)另一方面，马克思恩格斯在分析资本主义城乡对立扩大加深的同时也看到了其内生的消灭城乡对立的条件。马克思在《资本论》第一卷中指出：“资本主义生产方式同时为一种新的更高级的综合，即农业和工业在它们对立发展的形式基础上的联合，创造了物质前提。”[6](p.552)之后，恩格斯在《反杜林论》中进一步指出：“大工业在全国的尽可能平衡的分布，是消灭城市和乡村的分离的条件”。[19](p.321)而“只有按照统一的总计划协调地安排自己的生产力的那种社会，才能允许工业按照最适合于它自己的发展和其他生产要素的保持或发展的原则分布于全国”。[19](p.320)马克思恩格斯这里所说的按照统一的总计划协调地安排自己的生产力的那种社会正是他们理想的“根据共产主义原则组织起来的社会”。[7](p.394)

马克思恩格斯早在《共产党宣言》中就已提出：“把农业同工业结合起来，促使城乡之间和差别逐步消灭”，[7](p.490)并强调“消灭城乡之间的对立，是社会统一的首要条件之一，这个条件又取决于许多物质前提，而且一看就知道，这个条件单靠意志是不能实现的”。[2](p.79)这个条件首先依赖于生产力水平的高度发展，已经达到“由社会全体成员组成的共同联合体来共同而有计划地尽量利用生产力；把生产发展到能够满足所有人的需要的规模；消灭牺牲一些人的利益来满足另一些人的需要的情况；彻底消灭阶级和阶级对立；通过消除旧的分工，进行生产教育、变换工种、共同享受大家创造山来的福利，以及城乡的融合，使社会全体成员的才能得到全面的发展；——这一切都将是废除私有制的最主要的结果”。[7](p.371)在这里，城乡融合则是指“结合城市和乡村生活方式的优点而避免二者的偏颇和缺点”。[7](p.368)

马克思恩格斯之后，列宁率先开始了对现实社会主义条件下城乡关系的理论与实践相结合的新探索。总体来看，由于时代的局限性以及社会主义制度诞生和发展的特殊性，马克思主义经典作家对实践中的社会主义城乡关系的认识，大致走过了一个从农村、农业抑制、城市、工业偏向发展到寻求城乡互利、工农结合、工业支持农业、城市带动乡村发展的曲折过程。在这一过程中，传统社会主义经济学对城乡关系的认识存在脱离实际、机械照搬的教条主义做法。简单地套用马克思恩格斯的某些论述，更多地强调了公有制和计划经济对消除城乡对立的积极作用，而对市场机制，尤其是政府适度干预的现代市场经济体制内在的优化配置社会经济资源，从而缩小城乡差距、促使城乡互补与融合发展的有效机制和功能却长期认识不足，甚至对此加以否定。忽视了对发达资本主义国家现代市场经济体制下，社会经济资源在城乡间自由流动与优化配置，工业反哺农业，特别是现代农业的迅速发展等过程中客观形成的城乡差距缩小、城乡一体化发展的历史趋势的认知和研究。这在很大程度上强化了我国城乡二元化结构的体制性，及其所带来的城乡差距扩大、城乡经济社会发展失衡的严重后果。

二　马克思主义经济学视阈中的市场和政府：解构与比较

如前所言，在马克思恩格斯的著述中我们可能无法直接找到系统而完整的政府与市场关系的理论。但是，当我们运用马克思主义经济学唯物史观的方法论来审视这一问题时，就不难发现，在马克思主义经济学理论体系中，伴随着对资本主义经济特别是对社会主义本质认识的进步，不仅有对市场、政府研究的一系列丰富而精辟的思想和论述，而且对市场与政府问题及其关系的认识还经历了一个从理论到实践、从设想到现实、从否定到有限度的承认再到肯定、在对立统一的辩证关系中修正与发展的漫长探索的过程。

概而观之，马克思主义经济学对市场、政府问题及其关系的研究，集中体现在以下三个方面：一是马克思恩格斯的研究及其设想。马克思恩格斯关于资本主义经济运行中市场交换、市场机制、市场优势、市场失败及政府作用的研究；以及马克思恩格斯对未来社会，即社会主义社会和共产主义社会中商品、货币、市场消亡与政府计划配置资源、调节经济的设想。二是列宁、斯大林以及毛泽东的实践和认识。对社会主义实践中政府与市场问题及其相互关系的认识，从否定到有限度地承认市场，以及对生产与流通、生产资料和生活资料、在政府与市场调节问题上简单的“二分法”。三是邓小平的探索与贡献。改革开放以来，邓小平同志对资本主义与社会主义的区分，在市场与计划关系认识上的突破，对社会主义本质和计划与市场“两种手段”的认识，对改革方向和目标的选择，对社会主义市场经济体制最终确立的重大贡献。

首先，马克思的鸿篇巨著《资本论》对商品经济的一般规律进行了系统的说明，而商品经济是商品生产和商品流通的统一，是市场经济的母体，它本身就包含着市场对资源配置的基础性作用及政府必要的保障作用。按照马克思的观点，劳动产品之所以要作为商品进行交换，根本原因在于社会分工的存在及社会分工条件下各生产者都是独立的所有者或所有权主体。这意味着当各生产者将他们的劳动产品进行相互交换时，“作为交换的主体，他们的关系是平等的”，“除了平等的规定以外，还要加上自由的规定。尽管个人 A 需要个人 B 的商品，但他并不是用暴力去占有这个商品，反过来也一样，相反地他们互相承认对方是所有者，是把自己的意志渗透到商品中去的人”。[8](pp. 193、195)只有在交换双方彼此尊重对方所有权与个人意志的前提下，按自由平等的原则和契约形式进行交换，市场交易和商品经济才能正常有序地进行。而所有权或产权的确认和保护则需要国家通过正式的法律制度安排（产权制度、契约制度等）以及必要的政府规制来加以保障。

马克思对市场问题的研究，深刻地分析和阐述了价值、价格、供求、竞争的各自相对独立的作用机理和特点，指出价值规律是实质的、内在的、起决定作用的机制，而价值、价格、供求、竞争的相互作用则构成市场机制，促进资源配置效率的提高，调节资源配置的流向和均衡，从而形成了比较完整的市场配置资源方式和机制的理论。具体而言，马克思就市场价格和供求关系的相互作用所引起的市场对资源进行配置的情况作了这样的描述：“供求可以在极不相同的形式上消除由供求不平衡所产生的影响。例如，如果需求减少，因而市场价格降低，结果，资本就会被抽走，供给就会减少……。反之，如果需求增加，因而市场价格高于市场价值，结果，流入这个生产部门的资本就会过多，生产就会增加到如此程度，甚至使市场价格降低到市场价值以下；或者另一方面，这也可以引起价格上涨，以致需求本身减少。”[1](p. 213)

马克思对市场经济资源配置机制进行了科学分析，最重要的是，他不仅强调了市场对资源配置的客观必然性、重要性及其历史的进步意义，同时更深刻地指出了市场机制的不足。早在 1848 年问世的《共产党宣言》中，马克思恩格斯就曾高度赞扬资本主义市场经济的历史积极作用。他们指出：“资产阶级在它的不到一百年的阶级统治中所创造的生产力，比过去一切世代创造的全部生产力还要多，还要大。自然力的征服，机器的采用，化学在工业和农业中的应用，轮船的行驶，铁路的通行，电报的使用，整个大陆的开垦，河川的通航，仿佛用法术从地下呼唤出来的大量人口——过去哪一个世纪料想到在社会劳动里蕴藏有这样的生产力呢?”[20](p. 36)在这里，尽管马克思恩格斯直接用的是“资产阶级”一词，但是，马克思恩格斯从历史发展的角度对资产阶级极大地推动生产力发展积极作用的肯定，实际上内含着其对封建关系和观念的彻底破坏，以及对新的生产方式建立的肯定。而马克思恩格斯对资本主义生产方式的论述，在很多地方、在很大程度上又包含着对市场经济共性的论述。正是在这个意义上，我们说马克思恩格斯对资产阶级、资本主义生产方式历史进步性的肯定，也包含着对市场经济的一定程度的肯定。另一方面，马克思又不止一次地尖锐指出：资本主义社会的根本缺陷之一就在于它对社会资源配置及经济活动缺乏有意识的调节。而恩格斯则进一步指出："个别工厂中生产的组织性和整个社会中生产的无政府状态之间的对立"是资本主义生产方式的基本矛盾。[19](p. 298)按照恩格斯的观点，资本主义市场经济事实上不可能内生地形成协调机制，只能导致"整个社会中生产的无政府状态"。那么，如何解决市场机制配置资源不可避免的无政府状态呢？马克思恩格斯认为，资本主义自身无法真正完成这个任务，只有在未来社会共同占有生产资料的条件下，才有可能按照整个社会需要制定的计划来协调和解决这一问题。马克思恩格斯在批判资本主义私有制的基础上，设想"一旦社会占有了生产资料，商品生产就将被消除"，[19](p. 307)同时，"社会生产内部的无政府状态将为有计划的自觉的组织所代替"。[19](p. 307)在马克思恩格斯设想的未来的那个"在一种与人类相称的社会状态下，社会就应当考虑，靠它所支配的资料能够生产些什么，并根据这种生产力和广大消费者之间的这种关系来确定，应该把生产提高多少或缩减多少，应该允许生产或限制生产多少奢侈品"。[21](p. 76)这样，"社会的生产无政府状态就让位于按照全社会和每个成员的需要对生产进行的社会的有计划的调节"。[19](p. 304)马克思在《资本论》中还指出："劳动时间的社会的有计划的分配，调节着各种劳动职能同各种需要的适当的比例。……社会生活过程即物质生产过程的形态，作为自由结合的人的产物，处于人的有意识有计划的控制之下。"[6](pp. 96 ~ 97)

如果说马克思恩格斯关于资源配置中"以计划替代市场"的经济思想还只是对未来社会的一种设想的话，那么，列宁则是将马克思恩格斯的计划经济思想付诸实践的先行者。从建立以高度集中的计划管理为特征的"战时共产主义"体制，到新经济政策的实施都体现了列宁在社会主义经济建设实践中所做出的现实探索，而这一探索也真实地记录了列宁在20世纪初期对社会主义经济体制、政府作用、商品市场关系认识的变化过程：从高度重视政府行为和单纯依赖计划的作用，到既利用市场机制和市场调节的作用，又重视政府行为和政府作用的转变。

俄国十月革命胜利后，实行了直接向共产主义过渡的“战时共产主义”体制和军事共产主义政策，然而，实行“余粮征集制”的军事共产主义政策不仅破坏了社会经济，而且极大地损害了工农联盟。所幸的是，列宁及时总结了“战时共产主义”体制和军事共产主义政策的教训，指出：“我们犯了错误：决定直接过渡到共产主义的生产和分配。当时我们认定，农民将遵照余粮收集制交出我们所需数量的粮食，我们则把这些粮食分配给各个工厂，这样，我们就是实行共产主义的生产和分配了。”[22](p.574)而实践的结果是，战时共产主义体制和军事共产主义政策的失败要比自卫军使苏维埃政权“遭到的任何一次失败都严重得多，重大得多，危险得多”[22](p.575)。由此，列宁对社会主义经济体制、政府作用、商品市场关系的认识发生了一系列重大转折性变化。他指出，“我们不得不承认我们对社会主义的整个看法根本改变了”。[22](p.773)“在一个小农生产者占人口大多数的国家里，实行社会主义革命必须通过一系列特殊的过渡办法”。[22](p.444)“我们不应该指望采用共产主义的直接过渡办法。必须同农民个人利益的结合为基础”。[22](p.581)列宁开始认识到商业和市场机制对发展社会主义经济的必要性和积极作用。为此，列宁果断地改余粮征集制为实行由“粮食税”启动的新经济政策，提出：“应当把商品交换提到首要地位，把它作为新经济政策的主要杠杆。”[22](p.533)并进一步指出：新经济政策并不是要改变政府统一的经济计划，而是要改变实现这个计划的方法，在当前历史条件下需抓住的环节，就是在国家的正确调节（引导）下活跃国内商业。

从上可见，作为马克思主义经济学重要组成部分的列宁学说，其精髓突出体现在一切从实际出发，实事求是，根据实践创新理论，修正错误，与时俱进上。列宁在领导俄国社会主义革命和建设的实践过程中提出：“现在一切都在于实践，现在已经到了这样一个历史关头：理论在变为实践，理论由实践赋予活力，由实践来修正，由实践来检验。”[11](p.208)基于此，列宁从当时俄国小生产占优势、生产力水平极为落后的实际出发，创造性地提出了俄国可以利用商品货币关系、利用私人资本主义并发挥国家资本主义的作用，迂回地实现社会主义的思想。这样，列宁在实践中提出的通过政府计划发展商品经济、实现经济计划与市场调节的某种结合的理论、国家资本主义的理论、通过“中间环节”向社会主义过渡的理论等，无一不体现出列宁基于历史视野、实践经验的认识跃迁，从不同角度和多个方面继承和创造性地发展了马克思主义。

列宁之后，斯大林时代围绕一国建成社会主义的理论出现了对社会主义认识的一系列偏差。尽管斯大林也看到了社会主义制度中商品生产和价值规律继续存在的必要性，但是，他的“特种商品生产论”和“商品外壳论”，即认为社会主义商品生产是建立在公有制基础上的，是特种商品生产，商品货币关系只存在于两种公有制经济形式之间，不适用于国营企业之间；商品的概念只适用于消费品，不适用于生产资料；价值规律只调节消费品流通，不适用于生产，调节生产的是有计划发展的规律等，人为设定了社会主义条件下商品生产和商品交换在时间和空间上的历史限制，反映出斯大林关于社会主义计划产品经济的基本思想以及生产与流通、生产资料和生活资料在政府与市场调节问题上的简单“二分法”。与此同时，斯大林建立起了中央高度集权的计划经济体制，这一方面虽然极大地强化了党和政府的权力与影响，在当时的条件下有效地集中起全国的人力、物力和财力进行经济建设，从而保证了苏联能在短短的十多年的时间里奠定了比较强大的社会主义物质基础，使一个原来小生产占优势、生产力水平极为落后的小农经济国家成为社会主义强国，工业生产一跃而居欧洲第一位、世界第二位，进而为第二次世界大战反法西斯战争的胜利奠定了雄厚的物质基础；但是，另一方面中央高度集权的计划经济体制，脱离了当时社会主义建设的实际，从根本上排斥商品经济和市场机制，从而对苏联、东欧及其他社会主义各国的社会主义经济建设以及社会主义经济理论与实践的发展产生了长期的不良影响。

在新中国的社会主义经济建设初期，毛泽东提出了以苏为鉴，仿效苏联建立起了中央集权的计划经济体制，制订并实施了国民经济发展的“五年计划”。这在当时百废待兴、启动和推进工业化进程的特定历史条件下，有利于迅速、有效地动员和集中全国的经济资源及其一切力量，为大规模经济建设创造各种条件。与此同时，毛泽东也认识到社会主义条件下“只要存在两种所有制，商品生产和商品交换就是极其必要、极其有用的”。[12](p.440)既然有商品生产和商品交换，也就必然存在市场和价格的调节作用。所以，毛泽东认识到价值规律在社会主义经济中的客观存在，提出要正确利用价值规律。他说：“算账才能实行那个客观存在的价值法则。这个法则是一个伟大的学校，只有利用它，才有可能教会我们的几千万干部和几万万人民，才有可能建设我们的社会主义和共产主义。否则一切都不可能。”[13](p.181)那么，计划和市场、政府组织经济活动或计划调拨与市场调节的关系如何把握呢？毛泽东在谈到农民养猪问题时回答了这一问题，他明确提出："我们是计划第一，价格第二，……前几年我们曾经提高了生猪的收购价格，对于发展养猪有很大的作用，但是，像现在这样的大量的普遍的养猪，主要还是靠计划。"[14]p.259 显然，这一时期，毛泽东坚持的是政府计划的主导性，价值规律仅仅是为计划经济服务的工具，强调社会主义经济本质上是计划经济，客观地说，这一认识有着鲜明的时代印记和历史局限。

虽然毛泽东提出以苏为师，但却不止于师。与斯大林相比较，毛泽东结合我国实践中的社会主义经济建设的经验教训，对商品生产的命运、价值规律作用的范围、社会主义计划经济体制发展中政府集权与分权、计划与市场的关系等一系列新的问题都有着不同于苏联传统理论和实践的新的认识体会和独到见解。首先，毛泽东从马克思主义唯物史观的生产力与生产关系的基本关系出发，正确地认识到"商品生产的命运，最终和社会生产力的水平有密切关系。因此，即使是过渡到了单一的社会主义全民所有制，如果产品还不很丰富，某些范围内的商品生产和商品交换仍然有可能存在"。[15]p.797 其次，毛泽东还修正了斯大林否认生产资料是商品的错误观点，批评了斯大林关于社会主义商品生产的范围只限于个人消费品的观点，表明了价值规律在市场领域和流通领域都发生作用的看法。再次，毛泽东对商品生产的性质也有着深邃的认识。他提出，商品生产不能与资本主义混为一谈。最关键的是，"商品生产，要看它是同什么经济制度相联系，同资本主义制度相联系就是资本主义的商品生产，同社会主义制度相联系就是社会主义的商品生产"。[12](p.439) 而发展社会主义的商品生产"不要怕，不会引导到资本主义，因为已经没有了资本主义的经济基础"。[12](p.440) 最后，毛泽东对高度集权的计划经济体制的弊端也有所思考。他指出："过分的集中是不利的，不利于调动一切力量来达到建设强大国家的目的。鉴于苏联的教训，请同志们想一想我们党的历史，以便适当地来解决这个分权、集权的问题?"[12](p.52) 基于马克思主义中国化的实践，毛泽东做出的这一系列深刻的思考和认识，在一定意义上推进了马克思主义的发展。

从历史发展的视野看，毛泽东思想的遗产中对商品、货币、价值规律、政府计划与市场调节的探索，为后来邓小平理论在社会主义市场经济方面的求实创新提供了有益的启示。至 20 世纪 70 年代末 80 年代初，传统计划经济体制运行在宏观与微观、集权与分权、政府与市场的关系上暴露出愈益突出的弊端，政企职责不分，条块分割，国家对企业管得过多、统得过死，政府权力过于集中，忽视甚至排斥商品生产、价值规律和市场机制的作用等，严重破坏了社会生产力的发展，致使国民经济濒临崩溃的边缘。邓小平深刻总结了世界社会主义实践特别是我国社会主义经济建设实践与理论探索的经验教训，提出了改革开放的发展理论：从根本上突破把社会主义与商品、市场经济对立起来的传统思想的束缚，抓住社会主义本质这一要害问题，进一步阐明了“社会主义的本质，是解放生产力，发展生产力，消灭剥削，消除两极分化，最终达到共同富裕”。[17](p.373) 1985 年邓小平在接见美国企业家时谈道：“社会主义和市场经济之间不存在根本矛盾。问题是用什么方法才能更有力地发展社会生产力。我们过去一直搞计划经济，但多年的实践证明，在某种意义上说，只搞计划经济会束缚生产力的发展。把计划经济和市场经济结合起来，就更能解放生产力，加速经济发展。”[17](p.148)之后，在 1992 年南方讲话中邓小平同志再次指出：“计划多一点还是市场多一点，不是社会主义与资本主义的本质区别”。[17](p.373)邓小平同志的社会主义市场经济理论，创造性地解析了社会主义条件下计划与市场的作用以及两者结合利用的内在关系，特别是将市场经济与基本制度剥离开来，把计划和市场都作为经济手段，辩证地处理了计划和市场的关系，从而科学地指导和推动了体制的创新，开创了中国改革开放和现代化建设的新局面，在“摸着石头过河”的改革过程中逐渐明确了改革的方向及目标，确立并构建起了社会主义市场经济体制，在改革开放的实践中丰富和发展了马克思主义经济理论，取得了举世瞩目的成就。

上述邓小平新的思想理论成果是马克思主义经济学中国化的最新成果，是马克思主义经济学与中国改革开放和现代化建设实践相结合的产物，它构成中国特色社会主义经济理论的重要内容，深化了对科学社会主义本质和特征的科学认识，丰富了社会主义经济中对宏观与微观、集权与分权、政府与市场关系的科学认识，为推动中国的经济增长和发展、增进人民的福祉、实现社会进步提供了强大的理论支撑。

三　结语

我们客观地、历史地看待马克思主义经典作家从各个时代、各个发展阶段、各个层面对社会主义理论和社会主义道路所进行的思考和探索中透显出的有关城乡关系以及政府、市场的认识和思想，既要看到其间一脉相承、与时俱进，从而指导社会主义各国经济建设和城乡发展的历史进步性，也要理解其特定历史环境和背景下的历史局限性。其中，对我们尤有深刻启示意义的是，马克思主义唯物史观的根本方法和经济学的基本原理，无论在过去、现在，还是将来，都始终是贯穿于社会主义理论和社会主义道路探索、追求和发展过程的一条基本主线。回望和检视马克思主义经济学关于城乡、政府和市场问题及其关系的认识、研究的演变，为我们研究城乡统筹发展中政府与市场的关系提供了一个清晰而明确的方向。

参考文献

[1]《马克思恩格斯全集》(第25卷)，人民出版社，1974。

[2]《马克思恩格斯全集》(第3卷)，人民出版社，1957。

[3]《马克思恩格斯全集》(第18卷)，人民出版社，1964。

[4]《马克思恩格斯全集》(第1卷)，人民出版社，1960。

[5]《马克思恩格斯全集》(第2卷)，人民出版社，1957。

[6]《马克思恩格斯全集》(第23卷)，人民出版社，1972。

[7]《马克思恩格斯全集》(第4卷)，人民出版社，1958。

[8]《马克思恩格斯全集》(第46卷上)，人民出版社，1979。

[9]《列宁全集》(第41卷)，人民出版社，1982。

[10]《列宁全集》(第4卷)，人民出版社，1972。

[11]《列宁全集》(第33卷)，人民出版社，1985。

[12]《毛泽东文集》(第7卷)，人民出版社，1999。

[13] 毛泽东：《关于山西省五级干部会议的情况报告的批示（1959年3月30日)》，《马克思恩格斯列宁斯大林毛泽东关于社会主义经济理论问题的部分论述》，新华出版社，1984。

[14] 中央人民共和国史学会编《毛泽东读社会主义政治经济学批注和谈话》(简本)，国史研究学习资料，1999。

[15] 中共中央文献研究室编《毛泽东著作专题摘编》(上)，中央文献出版社，2003，第977页。

[16] 石仲泉：《毛泽东的艰辛开拓》，中共党史资料出版社，1990，第179页。

[17]《邓小平文选》(第3卷)，人民出版社，1993。

[18]《邓小平文选》(第2卷)，人民出版社，2001。

［19］《马克思恩格斯全集》（第 20 卷），人民出版社，1971。
［20］《马克思恩格斯文集》（第 2 卷），人民出版社，2009。
［21］《马克思恩格斯文集》（第 1 卷），人民出版社，2009。
［22］《列宁选集》（第 4 卷），人民出版社，1995。

马克思主义公共产品理论及其建构性价值*

——基于中国特色公共产品理论创新与发展的视角

王朝明　李西源

内容摘要：马克思在论述阶级斗争和无产阶级国家建立过程中，在不同场合对含有公共产品蕴意的满足社会公共需要的那部分社会总产品在范围、供给（资金）来源、供给方式、供给目的和政府供给责任等方面都做了论述。马克思主义公共产品理论与现代西方公共产品理论在立论基础、理论假设、研究方法以及公共产品内涵特征等方面都存在重大的理论分野。现代西方公共产品理论只研究了“理性经济人”和偏好信息完全假设下的公共产品问题，无法揭示中国特色公共产品变化发展的规律。只有马克思主义公共产品理论坚持辩证唯物主义和历史唯物主义的分析方法，坚持社会主义集体利益与个人利益统一的观点，坚持公共产品供给的国家职能和政府责任的主导性，坚持公共产品的“公益性”本质和满足人的自由、全面发展之目的。因此，研究的结论认为马克思主义公共产品理论是科学的、是能与社会主义市场经济相融合的，对构建中国特色公共产品理论具有指导性的建构价值。

关键词：马克思主义公共产品理论　现代西方公共产品理论　中国特色公共产品理论　建构性价值

一　问题提出及研究意义

随着中国改革转入公共经济领域的建构，现代西方公共产品理论在我国公共产品理论研究领域大行其道，影响日渐扩大，不少人接受了西方公

---

*　本文发表于《当代经济研究》2010年第7期。

共产品的定义、特征，在现代西方公共产品理论框架下对我国公共产品问题进行研究，似乎给人一种印象：公共产品理论和实践必言西方。实际上对全盘拿来的现代西方公共产品理论的局限和糟粕并没有进行认真的清理；同时，对马克思主义公共产品理论的认识和研究又明显不足，有着淡化和动摇马克思主义公共产品理论指导地位的倾向。可以说，目前结合中国改革发展的实际对马克思主义公共产品理论研究的成果尚不多见，① 其他相关的研究不多且集中于马克思主义社会保障思想探讨方面，这对于我国转型中公共产品理论的研究与改革实践是十分不利的。显然，对马克思主义公共产品理论进行深入系统的考察具有重大的理论和现实意义。而针对当前公共产品理论研究的偏颇与不足，在对马克思主义公共产品理论及其科学性进行分析的基础上，揭示其对中国特色公共产品理论创新与发展的建构性价值，具有更为重要的意义。

二　马克思主义公共产品理论

“公共产品”一词，虽然是西方经济学家林达尔 1919 年在《公平税收》中首次提出来的，马克思的著作里没有直接使用公共产品这一概念，也没有论述公共产品问题的专著，但马克思在论述阶级斗争和无产阶级国家建立过程中，在不同场合对含有公共产品蕴意的满足社会公共需要的那部分社会总产品的范围、供给（资金）来源、供给方式、供给目的和政府供给责任等问题都做了论述。因此，后来散见于马克思主义理论中的这些思想观点及其继承发展构成了马克思主义公共产品理论的基本内容。

1. 公共产品供给的目的与含义及其本质特征

首先，马克思主义从国家职能、政治统治和社会稳定发展的角度揭示公共产品供给的目的。认为，“政治统治到处都是以执行某种社会职能为基础，而且政治统治只有在它执行了它的这种社会职能时才能持续下去”。[1](p. 523) 其次，从满足社会需要、公共需求的视角揭示公共产品供给的目的。认为，社会产品可分为“直接由生产者及其家属用于个人的消费”和“用来满足一般的社会需要”的两部分，对社会总产品进行必要扣除是

① 从文献检索发现，胡钧、贾凯君等直接对马克思主义公共产品理论与西方公共产品理论进行了比较研究，参见胡钧、贾凯君《马克思公共产品理论与西方公共产品理论比较研究》，《教学与研究》2008 年第 2 期。

为了满足社会公共需求的不同方面。最后，从社会发展规律的角度揭示公共产品供给目的。认为，“过去的一切运动都是少数人的或者为少数人谋利益的运动。无产阶级的运动是绝大多数人的、为绝大多数人谋利益的独立的运动”。[2](p. 283)未来“代替那存在着阶级和阶级对立的资产阶级旧社会的，将是这样一个联合体，在那里，每个人的自由发展是一切人的自由发展的条件”。[11](p. 730)这样，马克思主义通过对剥削阶级社会公共产品供给目的的虚伪性、个体性和自利性的批判，阐明了未来新社会公共产品的供给目的是：为每个人全面自由发展创造条件，为广大人民群众谋取根本利益。

可见，从马克思那里虽没有直接提出也没有界定公共产品，但从马克思主义公共产品的供给目的看，公共产品就是满足社会公共利益，维护社会稳定、和谐，促进社会进步和人的全面发展的产品。显然，公益性是其本质特征。

2. 公共产品的范围与分类

关于公共产品范围，马克思和恩格斯明确指出，社会主义产品分配之前必须对社会总产品进行必要的“扣除”，用来建立“应付不幸事故、自然灾害等的后备基金或保险基金”，以及“为丧失劳动能力的人等设立的基金”，而且作为“一般管理费用”，用来满足学校、保健设施等共同需要，[1](pp. 302 ~ 303)用来建筑“公民公社的公共住宅”，用来发展交通运输业等。[2](p. 240)列宁也认为，社会主义国家应当“保证社会全体成员的充分福利和自由的全面发展”，[3](p. 193)必须从消费品中拿出一部分作为管理费以及学校、医院、养老院等的基金。[4](p. 193)尤其应当让年老或丧失劳动能力的工人享受国家保险，[5]“对失去劳动能力的老年工人发放养老金”，[3](p. 196)“对未满 16 岁的儿童一律实行免费的义务教育”，等等。[3](p. 195)同样毛泽东也认为，人民政府应当救济灾民、难民，对工人实行适当的失业救济和社会保险，发展民族的科学的大众的文化教育，积极发展人民医药卫生事业；[6]在农村应把兴修水利、荒地荒山绿化、环境卫生、疾病防治、扫除文盲、修建道路、建立广播网和电话网纳入发展规划等。[7]社会主义公共产品的范围还不仅限于上述公益事业、公共服务和公共基础设施，其范围相当广泛。根据公共产品是“自由人的联合体”的公共事务、公共利益和共同需要之思想，公共产品的范围涉及“真实的集体”共同消费或占有的所有物品。只是根据共产主义发展分为若干阶段的思想，在经济社会发展的不同阶段公共产品的范围也在发展变化。

而公共产品的类型，以马克思在《哥达纲领批判》中提出的对社会总产品进行必要的“扣除”为逻辑起点，到人类社会存在和发展被分为生存型、发展型和享受型三个层次，相应地公共产品类型也就有满足生存的公共产品、满足发展的公共产品与满足享受的公共产品。

3. 公共产品的资金来源及其筹措形式

（1）资金来源

马克思主义认为，资本主义社会公共产品供给资金只不过是剩余价值的一部分，是对剩余价值的扣除。“劳动产品超出维持劳动的费用而形成剩余，以及社会生产基金和后备基金靠这种剩余而形成和积累，过去和现在都是一切社会的、政治的和智力的发展的基础。”[1](p.538)而对于一项非生产费用“资本知道怎样把这项费用的大部分从自己的肩上转嫁到工人阶级和下层中产阶级的肩上”，[8](p.706)资产阶级的慈善救济是在“吸干了无产者最后一滴血，然后再对他们虚伪地施以小恩小惠”。[9](p.566)而在社会主义条件下公共产品供给资金则是对社会总产品的必要扣除，其原则是“取之于民、用之于民”，必要扣除的部分被用作社会主义的后备基金、保险基金和一般管理费用。

（2）资金筹措形式

资金筹措有多种方式，马克思主义认为，赋税是“行政权力整个机构的生活源泉”，[10](p.221)属于社会公共的“生产费用”。为了维持公共权力需要公民捐税。然而，“随着文明时代的向前进展，甚至捐税也不够了；国家就发行期票，借债，即发行公债”。[11](p.171)至于“救济之法，除政府所设各项办法外，主要应依靠群众互助去解决”。[12](p.1176)各国工人和农民捐献也不失为救济饥民的最好形式之一。[13](p.134)显而易见，马克思主义公共产品供给资金筹措方式是灵活多样的，赋税、捐税、期票、借债、公债、社会互助、社会捐助都是其重要渠道。

4. 公共产品供给方式

公共产品供给方式包括政府供给、市场供给、自愿供给和混合供给。在《不列颠在印度的统治》一文中马克思通过东、西方节约用水和共同用水供给方式的比较分析，道出了公共产品的“私人企业家联合供给”和“政府举办”两种方式。[14](p.145)同时在《政治经济学批判》一文中马克思通过对资本家铁路条件的分析，阐明了公共产品通过“国家让国家承包商来经营”的方式。[15](pp.22~23)在这些论述中，马克思提出了公共产品供给的三种方式，即市场供给、政府供给、政府和资本家的混合供给。此外，恩格斯在揭露资产阶级慈善虚伪性和分析资本主义慈善效果时，还揭示了公共产品供给的另一种形式——自愿供给。马克思主义承认公共产品有多种供给形式，但依据国家职能，政府供给不能不居于主体地位。

5. 政府的供给责任

基于国家职能，马克思主义认为，供给公共产品是政府职责，政府在公共产品供给中承担主要责任。对此，马克思这样写道：一个国家可以在生产方面感到铁路的必要性，但当修筑铁路所产生的直接利益非常微小，甚至投资只能造成亏本时，资本就把这些开支转嫁到国家肩上，或者由国家凭借其公共权力迫使资本家拿出他们收入的一部分来兴办这类公益工程。[15](p. 24)列宁则进一步指出，“最好的工人保险形式是工人的国家保险”，政府应在社会保障的实施与组织管理中承担主要责任。[16](p. 155)

综观马克思主义公共产品供给责任理论，一般而言一个国家的其他任何团体或个人都不具有政府供给公共产品的权威性、公平性和有效性，它不仅可以通过征税来满足公共需求，而且可以通过公平合理的制度来促进和协调不同方式的公共产品供给，在直接、间接供给公共产品中承担着不可替代的关键作用。

6. 公共产品的需求偏好显示与供需平衡

马克思主义公共产品的需求偏好是通过人民民主和社会调查显示的。首先，在人民当家做主的社会，广大人民群众没有根本利益冲突，能够妥善处理好各种利益关系。在此前提下，直接民主、间接民主的形式以及民主集中制的原则为人民显示真实的需求偏好开辟了道路。其次，国家公务人员坚持群众路线，通过广泛深入的社会调查可以了解和集中人民群众的需求偏好。因此，马克思主义经济理论注重国民经济综合平衡和经济利益协调，强调政府在平衡、协调中的作用，公共产品供需平衡也是马克思主义公共产品理论的题中应有之义。

三　比较分析：马克思主义公共产品理论与现代西方公共产品理论

马克思主义公共产品理论与现代西方公共产品理论有着相同的古典经济学的理论渊源，并在公共产品范围、资金筹措形式、供给方式、公共产品价格（税价）、“政府失灵”、“市场失灵”等方面存在一些共同见解，但二者毕竟是沿着不同方向发展的理论，在诸多方面差异显著。

1. 立论前提

现代西方公共产品理论以资本主义私有制为基础的市场经济和资产阶级统治为立论前提，如何利用市场机制提高供给效率、实现供需均衡、维护资产阶级利益及其政治统治成为理论研究的主题。基于资本主义自由放任的市场经济和政府干预经济的矛盾、市场失灵和政府失灵的困扰，现代西方公共产品理论必须对政府与市场的关系、政府供给机制和市场供给机制是有效还是失灵以及如何弥补等问题做出回答，顺此思路，理论得以展开和发展。由于资本主义体系自身存在难以克服的对抗性矛盾，其理论在宏观层面上对公共产品供给难以做出科学回答，但在微观层面研究上大大拓展，在模型化、计量化研究方面不断深入。

马克思主义公共产品理论以社会主义市场经济、人民当家做主的国家政权和广大人民群众的根本利益为立论基础，如何发挥政府在公共产品供给中的主导作用和公有制经济的主渠道作用，如何促进协调、不断满足经济社会发展和人民群众对公共产品的需求是它要着力解决的问题。由于社会主义经济内部不存在自身难以克服的对抗性矛盾，其理论能够对社会主义公共产品供给的各个方面做出科学而深刻的回答。

立论基础的差异决定了两种公共产品理论分属于两个性质根本不同的理论体系。现代西方公共产品理论既要为资本主义公共产品供给提供理论指导，又要为资本主义制度进行辩护。为了把必将被社会主义取代的资本主义说成“永恒”的制度存在，它不得不在理论的庸俗化、形式化上有所发展。尽管它在理论上存在某些合理的成分，但在总体上是非科学的。马克思主义公共产品理论以科学的社会制度为基础，为理论的科学性开辟了道路。

2. 理论假设

现代西方公共产品理论以“理性经济人”为假设，认为政治和经济主体都是“理性经济人”，他们经常不表露真实需求偏好，经常不打算促进公共利益，只有在针对公共利益进行博弈的进程中才可能表露真实需求偏好；只有在有利可图时，才愿意或联合供给公共产品。公共产品的供给数量、供给结构和供给优先顺序均服从于理性经济人的博弈和利益最大化的需求，看不见的手的“自动公益性”在公共产品供给中起着非常重要的作用，至于“慈善”也只不过是人的本能的“利他主义”的作用，其背后仍然是“利己主义”在作祟。

马克思主义公共产品理论在人的本质基础上以“社会人”① 为假设，认为，个人的利益和偏好决定于一定的社会关系，时刻受他所属阶级（集体）的利益的影响。而代表个人利益、保障个人利益、实现个人利益的“真实的集体”在把握需求偏好、确定供给数量、选择供给方式、调整供给结构、优化供给顺序中发挥巨大作用。因此“真实的集体”在个人利益与社会利益的辩证统一关系中能够自觉地实现公共产品供给数量、供给结构、供给优先顺序的平衡。至于社会慈善，它不仅不是“利己主义”的作用，也不简单的是“利他主义”情结，而是集体利益和个人利益有机统一的自觉体现。

“人的本质不是单个人所固有的抽象物，在其现实性上，它是一切社会关系的总和。”[2](p.60)因而，从抽象人性出发的“理性经济人”是超越历史和现实之外不切合实际的“虚假的人”，它至多是人的属性的某一方面。在资本主义私有制和私有观念下，以此为前提的现代西方公共产品理论尽管可能部分回答资本主义现实中公共产品的供给问题，但难以从根本上正确回答公共产品这一全社会公益物品的供给问题。而马克思主义公共产品理论在科学揭示人的本质的基础上进行理论假设，理论建立在坚实的科学基础上，能够对公共产品供给的现实问题一一做出科学回答。

3. 研究方法

个人主义和整体主义的区别、边际分析法和科学抽象法的区别是现代西方公共产品理论与马克思主义公共产品理论分析方法上的显著区别。

现代西方公共产品理论从个人主义视域研究公共产品供给。它以“理性经济人”为假设，把个人利益作为目的，把公共利益作为手段；将个体利益、个体需求的线性相加作为整体利益和整体需求；用个人偏好、个人消费意愿、个人效用水平确定公共产品的供给数量、供给价格、供给结构和供给效率；以能否满足供给者利益最大化决定公共产品最终能否由市场供给。虽然理论上把公共产品界定为集体消费品，但实质仍然是从个人和微观利益角度定义公共产品。这就是詹姆斯·布坎南所宣扬的：“本质上，

① 关于“社会人”学术界有不少的讨论，概括讲“社会人”包含着人的多方面属性，是“经济人”“政治人”“道德人”的综合体，因而是“多方面的人”。从社会发展的趋势看，他又必然是“全面发展的人”，在现实性上，是一切“社会关系的总和”。

从事公共经济分析的经济学家，必须以与私人经济分析同样的一组条件假说作为起点。他的研究对象——作为决策单位的个人，不论身处私人选择还是公共选择的场景中，是同一个人。”[17](p.4)这就不难理解为什么公共利益被认为是个人利益的简单相加，公共产品供给被认为是“看不见手”作用下的“自动公益”。每个个人利益的总和即是社会利益，这是整个西方经济学个人主义分析方法明显的“合成谬误”。社会虽由个人构成，但并不是个人的简单相加：个人利益总和不一定等于社会利益，整体利益往往超越个体利益之总和。研究和认识个体、个体利益是必要的，但个人主义分析方法在割裂个人与整体、个人利益与集体利益关系的基础上研究个体与个体利益，排除了影响个体、个体利益的诸多社会因素。以此研究具有社会公益性的公共产品问题，势必难以对公共产品理论做出准确而科学的分析。

马克思主义公共产品理论从整体（社会制度、组织、群体等）和社会整体利益出发分析公共产品供需平衡。它立足于“社会人”的假定，虽然也从个人需求、个人利益角度分析公共产品供给，但并不孤立地看待个人需求和个人利益，而是把个人需求和个人利益放到“人类社会和社会化的人类”“阶级和阶层”的需求和利益中来研究，认为公共产品供给是为了整体利益，既包含每一个人的利益需求，又不是每一个人利益需求的简单相加，而是个人利益和整体利益的有机统一。整体主义分析方法，将公共产品置于个体利益与整体利益的有机统一和影响公共产品的复杂因素中进行分析，不仅能科学解释公共产品现象，而且能揭示其规律，保证理论的宏伟性和科学性。

边际分析法使公共产品供给的数量分析成为可能，为公共产品均衡分析提供了技术手段，为公共产品理论研究提供了新的视角。利用边际分析法，现代西方公共产品理论对税收（税价）负担、供给效率、局部均衡和一般均衡、最优供给条件等问题进行了系统分析和探讨，理论自身不断丰富、完善和发展，尤其在微观分析、模型化、计量化研究方面不断深入与拓展。但由于一味追求自我的个体需求偏好难以显示，边际分析往往没有牢固的客观基础，因而有关供给价格、供给效率、供给均衡的研究结论难以令人信服。同时，由于制度、文化、传统习俗等因素对需求的影响难以度量，边际分析的应用范围受到限制。另外，边际分析只是一种微观分析、定量分析，与宏观分析、定性分析的脱节也是其致命的缺陷。

马克思主义公共产品理论坚持辩证唯物主义与历史唯物主义的世界观

和方法论，坚持历史和逻辑相一致、归纳与演绎相统一，运用人类思维的“抽象力”，从社会性质、社会发展规律和人的本质上去探究满足个体的社会公共产品供给的特点和规律。它既没有抛开也没有停留在概念特征、供需平衡、最优供给、公共选择等表面现象上，而是避免在表面联系上兜圈子，深入研究公共产品的本质和变化规律；它既没有抛开也没有停留在微观分析、模型化分析、定量化分析层面上，而是进行科学抽象，运用“抽象力”去研究公共产品的社会规定性及其生产规律。离开了科学抽象法去探究公共产品问题都只能是妄论空谈、浅尝辄止。

4. 均衡与平衡：供求分析的不同思路

现代西方公共产品理论以边际效用理论为分析工具，从需求偏好显示，即市场需求的视角探讨公共产品的需求与供给，借助于供给曲线和需求曲线探讨公共产品均衡供给和最优供给的条件，确定均衡供给、最优供给的数量以及均衡价格（税价）。庇古均衡、林达尔均衡、萨缪尔森均衡、俱乐部均衡，无不遵循上述研究思路。需求曲线以个人偏好为前提，事实上林达尔的“讨价还价博弈中真实偏好的完全表露”、萨缪尔森的“很有洞察力的人知道个人偏好”、布坎南的“俱乐部成员自由流动和自主决策”的偏好表露、蒂布特的“用脚投票”的偏好显示等都不能真正解决真实偏好的直接、间接显示问题，即使是公共选择学派提出的民主政治程序这一目前被所谓“看好”的办法也难以显示真正的需求偏好，因为政治制度本身也是公共产品。所以在个人不愿意表露真实个人偏好的情况下，公共产品需求曲线只能是一条虚假的曲线，公共产品供给均衡和最优化条件就失去了坚实的理论基础。

马克思主义公共产品理论以公共利益需求为导向，以生产力发展和共同利益需要为前提，以个人利益和公共利益关系相互统一为基础，以国家公共政策和宏观调控为主要手段，在综合平衡中研究公共产品供给均等和平衡。马克思主义公开声明为绝大多数人谋利益，主张利益协调和人的全面自由发展。在对利益主体的认识上，把人视为“社会人”，把人的需要及实现条件置于“一切社会关系总和”中进行考察；在个人利益和公共利益关系中强调个人利益，并从公共利益中把握个人利益；在生产发展与公共利益的关系上，认为公共产品供给资金来自社会总产品的“扣除”，但又必须保证社会再生产顺利进行；在经济发展和利益分配上，主张消除城乡差别、阶级差别（包括阶层差别）和脑体劳动者之间的差别；在经济利益协调发展上，认为“社会生产内部的无政府状态将为有计划的自觉的组织所代替”。[1](p.757) 由马克思主义的利益协调、利益平衡思想可以看出：公共产品供需平衡是马克思主义经济思想的题中应有之义，而国家计划、政府调节在实现公共产品供给平衡或均等化中起着关键作用。

5. 界定公共产品的角度

表面看来，现代西方公共产品理论从集体消费、集团消费、俱乐部消费、多数人消费及消费的外在特征——非排他性、非竞争性等方面定义公共产品，① 实质上是从个人占有或消费角度界定公共产品。

第一，“集体与群体、整体的含义是不一样的”，[18](p.168) 并非所有的组织、集团都是集体。马克思主义语境中的“集体”应该是人人独立、自由、全面发展、没有阶级差别和对立的联合体（马恩称之为“自由人的联合体”），这就是马克思、恩格斯所说的“真实的集体”。西方公共产品定义中的集体、集团、俱乐部等在实质上只能是群体或团体，属于马克思恩格斯所界定的“虚幻的集体”。西方经济学家虽然极力地去阶级化，将公共产品视为具有全社会共同利益的产品，但在这种“虚幻的集体”下形成的共同利益必然是狭隘的、自私的、特殊的，同“真实的集体”下形成的共同利益是对立的、不相符合的。正如纯公共产品为集体消费和占有，但在个人中把握公共利益、把个人利益当作目的、把公共利益当作手段的背景下，范围极其有限的纯公共产品，其阶级属性和“虚幻的集体”的特点也显而易见。

第二，非排他性、非竞争性和“真实的集体”消费并不存在直接的统一，只要是群体性消费产品或整体性消费产品就具有消费的非排他性和非竞争性，它们既可以是“真实的集体”消费品的外在表现形式，又可以是“虚幻的集体”消费品的外在表现形式，故而，非排他性、非竞争性难以说明产品是真正的集体消费品。

马克思主义公共产品理论从“自由人的联合体”这一“真实的集体”消费或占有的角度，即从真正的社会共同利益角度界定公共产品。在马克

① 萨缪尔森将公共产品定义为“每个人对这种产品的消费都不会导致其他人对该产品消费减少的产品”，即“所有人共同享有的集体消费品”；奥尔森把公共产品视为“某一集体（集团）内部的产品”；布坎南则将公共产品界定为“俱乐部产品”；金格马认为，“公共物品是被不止一个人消费的商品”；于是沿袭萨缪尔森的思路，西方经济学家们纷纷从非竞争性、非排他性的不同组合以及非排他性的不同方面定义公共产品。

思主义理论中，“自由人的联合体”所要实现的自由和利益不是一部分人的自由和利益，而是集体中每个人的自由和利益，且每个人的自由和利益不妨碍其他人的自由和利益，是一切人自由和利益的实现条件。显然，“只有在集体中，个人才能获得全面发展其才能的手段，也就是说，只有在集体中才可能有个人自由”。[19](p.84) 显然，这是在走向阶级对立和旧的分工差别消亡进程中人们真正能获得的自由和利益。可见，马克思主义公共产品是真正的集体消费品。

6. 对公共产品本质特征的认识

现代西方公共产品理论把消费的非竞争性和非排他性作为公共产品的两个基本特征，而马克思主义公共产品理论则把为“真实的集体”中每个成员的共同利益服务的特性，即公益性，作为公共产品的本质特征。

西方公共产品理论以非竞争性和非排他性定义和判断公共产品，又以公共产品揭示这两个基本特征，陷入了由基本特征决定和说明基本特征同义反复的“逻辑谬误”。事实上，非竞争性和非排他性只是公共产品消费方面的二个重要特征，而非本质特征。以此定义、判断公共产品、构建公共产品理论，既有碍严谨性又有损科学性，只会使对公共产品的定义和研究片面化和庸俗化。而公益性揭示了公共产品存在和发展的根据，唯有公益性才能将公共产品与私人产品进行科学区分。公共产品公益性的揭示为马克思主义公共产品理论研究奠定了科学基础。

7. 政府供给的地位

长期以来，西方公共产品理论一直把市场供给视为主导方式，政府供给、第三部门供给、“多中心供给”被看作弥补市场供给不足的手段。而马克思主义的公共产品理论始终把政府供给放在多种供给方式的主体地位。美国医疗卫生保健供给严重不足[20](pp.17~21) 和一些发达资本主义国家农村公共产品供给短缺的事实，[21](pp.18、19) 暴露了市场供给为主体的弊端，而我国政府加大民生治理，推行城乡教育发展均等化，构建全民社会保障体系等成效证明了政府供给主体地位的正确性。

四 坚持以马克思主义公共产品理论为指导，创建中国特色公共产品理论

在推进和完善社会主义市场经济的进程中，作为创建中国特色公共产

品理论的指导思想必须是科学的、能揭示社会主义市场经济中公共产品供求规律且与社会主义市场经济相“融合”的理论。

分析表明，现代西方公共产品理论只研究了“理性经济人”和偏好信息完全假设下的公共产品问题，无法揭示中国特色公共产品变化发展的规律。同时，它只是对发达资本主义市场经济下公共产品问题的理论概括，既对市场经济不成熟的发展中国家的公共产品问题束手无策，更对社会主义市场经济条件下的公共产品问题缺乏深刻的洞见。另外，其整个理论性质是非社会主义的、非科学的和庸俗的。这些重大理论缺陷表明，西方公共产品理论根本不可能作为创建中国特色公共产品理论的指导思想。

当然，现代西方公共产品理论在一定程度上反映了市场经济通常条件下公共产品的一般原理，其中的某些合理成分还是可以借鉴的。如其提出的市场需求决定供给、公共选择、供给模式、供给效率与公平、产权分析、博弈分析等理论观点都可以作为构建中国特色公共产品理论的借鉴与启示，并且对丰富和发展马克思主义公共产品理论也有重要意义。除此之外，其数学化、模型化、边际分析等工具可以为中国特色公共产品理论提供新的研究视角，可以充实马克思主义公共产品理论体系的内容和结构，把某些没有说清楚的地方说得更清楚，增强马克思主义公共产品理论的说服力与实践运用力。当然在借鉴现代西方公共产品理论的合理成分和研究方法时，绝不能从根本上动摇马克思主义公共产品理论的指导地位。

马克思主义公共产品理论是在分析、批判资本主义制度基础上，依据人类社会发展规律创立的社会主义社会的公共产品理论。它既有对旧社会公共产品理论的“扬弃”，又有新的发展。分析表明，它是系统科学的理论。同时，它也是能与市场经济相互结合的理论。因为，社会主义社会的发展分为若干阶段，刚刚从资本主义中产生出来的社会主义必然“在经济、道德和精神方面都还带着它脱胎出来的那个旧社会的痕迹”，[1](p.304)社会主义在继承旧社会公共产品供给的“合理职能”并铲除其剥削性、压迫性时，并不对市场供给模式进行简单否定，而是要求公共产品的供给以政府供给为主导、多种供给方式并存。

我国的社会主义并不是脱胎于发达的资本主义社会，与当年马克思设想的社会主义社会还有很大距离。处于并将长期处于社会主义初级阶段是基本国情，发展社会主义市场经济是我们不可逾越的阶段。在此阶段，必须充分发挥市场供给的重要作用，提高公共产品供给效率。同时，又必须高度尊重和保护市场中经济个体的正当利益。这既是市场经济的要求，又是社会主义集体主义原则的体现。因而，坚持以马克思主义公共产品理论为指导，必须结合社会主义初级阶段、社会主义市场经济的实际。从马克思主义公共产品理论本身讲，其理论比较原则，在许多方面还没有充分展开，必然要求结合中国具体实际，创新和发展马克思主义公共产品理论，使之融会贯通到中国特色公共产品理论的构建之中。

而这种理论品质的建构性价值，首先体现在其基本立场、观点和方法上。当然我们不能拘泥于马克思论述公共经济领域个别已经不合时宜的词句上，但马克思主义论述公共产品问题的立论基础与假设条件、辩证唯物主义和历史唯物主义的分析方法、社会主义集体利益与个人利益关系统一观、公共产品的“公益性”本质和满足人的自由全面发展之目的、公共产品供给的国家职能和政府责任、公共产品供给平衡等，这样一些理论的基本立场、观点和方法，始终是中国特色公共产品理论构建的基础。

其次，马克思主义公共产品理论的建构性价值体现在对我国公共产品供给中一些重大的理论问题和实践问题的认识与解决上。它主要包括以下几个方面。

（1）如何在公共产品供给中体现政府的主导作用和政府供给的主体地位。政府的主导作用不仅体现在公共产品的直接供给上，而且体现在公共产品的供给规制上；政府供给的主体地位不仅体现在承担私人不愿意或无力供给的公共产品上，而且体现在与其他供给方式的联合、对其他供给方式的引导和控制上，同时也体现在供给高质量的制度公共产品上。

（2）如何在公共产品供给中将市场化运作与政府责任、政府供给结合起来。社会主义市场经济条件下，应坚持政府为主导、市场为基础。政府供给为主体，也要充分利用市场机制，根据区域之间和城乡之间的实际，逐步吸引多种资金，引入多种供给方式，不断改善公共产品供给。既要重视市场供给作用，又要克服计划经济时期单一的供给模式，也要防止政府以市场供给为借口推卸直接供给的责任。

（3）如何在社会主义市场经济条件下实现公共产品供给目的。应坚持公共产品的公益性，明确公共产品的价值取向，把公共产品供给效率与公共产品的公益性有机结合起来，充分认识公共产品供给对社会和谐稳定发展和解决重大民生问题的意义。社会主义市场经济条件下，衡量公共产品的供给效率不仅要看供给成本和边际效率，更要看公共产品的需求满足程度和实际受益范围。公共产品供给公平不仅是“税价”的公平或成本均摊，更为重要的是区域之间、城乡之间的供给协调和享用均等，即基本公共产品和公共服务供给的均等化。

（4）如何在公共产品供给中保护个人正当利益。以社会主义个人利益和集体利益的关系为指导，既要通过多种供给不断实现和维护公共利益，又要避免公共产品负外部性对个人利益和局部利益的侵害，还要保护市场供给主体及其他供给主体的正当利益。

（5）在公共产品供给中建立何种供给决策机制和偏好显示机制。应将社会主义民主、集体主义原则、群众路线和市场信号有机结合起来，建立公众参与的供给决策机制和市场反馈、民众表达与社会调查相结合的个人与集体偏好显示机制；建立农村和城市社区的公众直接参与和直接表达的供给决策机制与偏好显示机制。既防止“市场失灵”，又克服官僚主义，防止“政府失灵”。

总之，中国改革发展的实践证明，市场经济与社会主义的有机结合是马克思主义公共产品理论指导下创建中国特色公共产品理论的丰厚土壤。马克思主义公共产品理论不仅科学地阐明了公共产品发展规律，而且与社会主义市场经济紧密契合，从而在构建中国特色公共产品理论中发挥着不可替代的建构性价值。

参考文献

[1]《马克思恩格斯选集》（第3卷），人民出版社，1995。

[2]《马克思恩格斯选集》（第1卷），人民出版社，1995。

[3]《列宁全集》（第6卷），人民出版社，1986。

[4]《列宁选集》（第3卷），人民出版社，1995。

[5]《列宁全集》（29卷），人民出版社，1985。

[6]《毛泽东选集》（第3卷），人民出版社，1991。

[7]《毛泽东选集》（第5卷），人民出版社，1991。

[8]《马克思恩格斯全集》（23卷），人民出版社，1972。

[9]《马克思恩格斯全集》（第2卷），人民出版社，1957。

[10]《马克思恩格斯全集》（第8卷），人民出版社，1961。

[11]《马克思恩格斯选集》（第4卷），人民出版社，1995。

[12]《毛泽东选集》（第4卷），人民出版社，1991。

[13]《列宁全集》(第42卷),人民出版社,1987。
[14]《马克思恩格斯全集》(第9卷),人民出版社,1961。
[15]《马克思恩格斯全集》(第46卷下),人民出版社,1980。
[16]《列宁全集》(第21卷),人民出版社,1990。
[17] 詹姆斯·布坎南:《公共物品的需求与供给》,上海人民出版社,2009。
[18] 郝云:《利益理论比较研究》,复旦大学出版社,2000。
[19]《马克思恩格斯全集》(第3卷),人民出版社,1956。
[20] 杨静:《统筹城乡中农村公共产品供给:理论与实证分析》,经济科学出版社,2008。
[21] 陈东:《我国农村公共产品的供给效率研究——基于制度比较和行为分析的视角》,经济科学出版社,2008。

“重建个人所有制”理论的历史沉思及其在中国的实现*

蒋南平　帅晓林

内容摘要：一百多年来，马克思提出的“重建个人所有制”理论始终是“经济学之谜”。近年，学者们对此提出的“生产资料、消费资料及其他资料公有加个人所有制论”“共同占有的社会所有制论”“生产资料与消费资料不分离的个人所有制论”以及“泛化的个人所有制论”均有需认真商榷之处。应当从时代发展的全面性、“个人所有制”内涵的全面性、原文译法的全面性、研究方法的全面性、实践过程的全面性出发，正确理解马克思提出的“重建个人所有制”。马克思所指的“个人所有制”，是与公有制紧密联系的、动态的、实践的“个人所有制”，是资本主义向社会主义过渡时期形成的局部生产资料公有制基础上的“消费品个人所有制”。我国已经具有实现马克思“重建个人所有制”的时空条件及实践条件，可以通过多种途径来“重建个人所有制”。

关键词：马克思　个人所有制　实现　中国改革

如何解读被称为“马克思经济学之谜”的“重建个人所有制”理论，在学术界长期争论不休，至今难以形成共识。认为马克思这个理论是指“重建个人生产资料所有制”“重建个人消费资料所有制”“重建劳动者自身劳动及产品的局部个人所有制”“重建生产资料个体所有制”“重建劳动力的个人所有制”及“重建劳动力的私人所有制”等都是颇具代表性的观点。甚至有的学者还认为马克思的“个人所有制”是“原始所有制下的个人所有制”，只不过“克服了原始经济形态下的个人所有制的不足，加进了

* 本文发表于《当代经济研究》2010 年第 2 期。

新的内容”而已。[1]的确，自马克思在1867年出版的《资本论》第一卷第二十四章第七节中提出这一理论以来，已有143年之久。如果这一理论还不能有一个较明确的认识，不仅会对全面系统理解马克思主义经济学留下学术空白，而且会影响马克思主义经济学对现实经济社会，特别是对全球金融危机下中国经济改革深化的指导作用。

一　“重建个人所有制”理论的历史审视

马克思提出“重建个人所有制”之后，杜林是第一个提出异议的。在杜林看来，马克思这个理论是难以理解的，“个人所有制”既是个人的又是公共的所有制，是一个“混沌世界”。并认为这种“个人所有制”就是马克思所称的“公有制”。恩格斯对杜林的这种看法进行了抨击，在其名著《反杜林论》中，他明确了“个人所有制”的内涵。“靠剥夺剥夺者而建立起来的状态，被称为以土地和靠劳动本身生产的生产资料的公有制为基础的个人所有制的恢复。对任何一个懂德语的人来说，这就是，公有制包括土地和其他生产资料，个人所有制包括产品即消费品。”[2]

对恩格斯的这段原话，以后的学者们均有不同理解。一个重要原因是原文的译法引起的歧义，另一个重要的原因是“个人所有制”在现实经济社会中如何实现的问题难以解决。

一些学者认为，应将马克思“个人所有制”内容的这一段话的原译，即“在资本主义时代的成就的基础上，也就是说，在协作和对土地及靠劳动本身生产的生产资料的共同占有的基础上，重新建立个人所有制”[3]，改译为“在资本主义时代的成就即协作和在土地及靠劳动本身生产的生产资料公有制的基础上，重新建立个人所有制”。这里的个人所有制，只有在社会化与生产力和与其相适应的生产资料公有制构成的社会主义生产方式的基础上，才能重新建立。[4]这里的关键在于“共同占有”及“公有制”的译法。一些学者，如苏伟（2009）认为，“重建个人所有制”，绝不是重建个人所有权，恰恰相反，就生产资料的“所有权”而言，马克思强调的是“共同占有”。这些学者的观点强调在社会实现生产资料公有制的前提下，对其他资源及资料（主要是消费资料）的“个人所有制”。

而另一些学者持不同看法。智效和（2009）认为，“重建个人所有制”是在社会主义条件下实行的，这与社会主义要实行“社会公有制”或“公有制”，在实质上是一样的。因为从哲学意义讲，社会主义公有制是对被资本主义否定了的个人所有制的肯定，是高层次上重新建立个人所有制。从经济上讲，社会个人所有制的所有者是“社会个人”，是全社会的劳动者作为无阶级差别的个人联合起来的共同占有，这是一种“新”的或“重新建立”的个人所有制。

刘锋（2009）根据他对德语、法语、日语、汉语译法的研究，认为马克思所指的“个人的所有”，有与土地等生产资料无法分开的“不可分离的所有”之意，即在表示“个人的私有”的同时，也表示生产者（=所有者）和生产手段的“原始性统一”“一体性”“不可分离的所有”。

许崇正（2009）认为，马克思提出的“重建个人所有制”包括五个方面的内容。其一是生产资料自由人联合体所有；其二是劳动力自由个人所有；其三是产品自由人联合体所有；其四是劳动者自由个人所有；其五是人的自由全面充分的发展。而这五大内容中，第一条是基础与前提，第二、三、四条是第一条的引申、展开与结果。由于生产资料已为自由人联合体所有，因而劳动者自由个人不仅对自己的劳动力也对自己的劳动具有所有权和占有权。

上述有代表性的观点，从不同角度反映了当前理论界研究“重建个人所有制”的最新成果，均有一定的真理性，但也存在不同程度的缺陷。第一种观点可以称为“生产资料、消费资料及其他资料公有加个人所有制论”。这种观点强调的是必须在公有制的基础上，才能实行消费资料与其他资料、资源的个人所有。这种观点，不能解释恩格斯在《反杜林论》中依照《资本论》将第一版的“共同占有”变为第二版的“共同所有”，使得这意味着土地和其他生产资料划入社会所有、生产物即消费对象划入个人所有的较早说法。[5]同时，这种观点也易引起“个人所有”的内容的扩大化，更易产生“个人所有”的歧义。例如，一些学者将劳动力、劳动过程、劳动产品所有权、共同所有权等，都纳入了“个人所有制”的范围，这会脱离马克思所指的“个人所有制”的本意。第二种观点可以称为“共同占有的社会所有制论”。但这种观点与恩格斯解释为重新建立消费品的个人所有制的思想相悖。而恩格斯的解释，是得到马克思的首肯的。因为恩格斯在《反杜林论》序言中说过：“我的这种著作如没有他的同意就不会完成”，“在付印之前，我曾把全部原稿念给他听，而且经济学那一编的第十章《〈批判史〉论述》就是马克思写的。”[6]我们不能设想与马克思最亲密、与其同时代的恩格斯错误理解了马克思的原意，还会受到马克思的首肯。第三种观点可称为“生产资料与消费资料不分离的个人所有制论”。可这种观点仅从语义进行分析，未从马克思提出“重建个人所有制”的背景并根据经济社会的历史发展进行全面分析，故有难以服人之处。第四种观点可称为“泛化的个人所有制论”。因为这个观点将“劳动、劳动力”划归自由个人所有，“生产资料及劳动产品”划归自由人联合体所有。其“所有制”的“所有”对象的内涵被严重扩大了。这种观点由于“个人所有”对象的泛化，不仅与恩格斯及绝大多数学者的解释相悖，更主要的是容易导致“个人所有内容的泛化”。如经济社会出现的既非生产资料，又非消费资料的诸如时间、信息、知识、技术等资源或发展资料是否应“个人所有”等内容的泛化，使理论研究无法具有针对性及确定的对象而难以取得实质性进展。同时，这种观点将所有制归入“原始自然经济形式下的个人所有制”，“交换关系形态下的资本主义所有制”，“自由经济关系下的个人所有制”，并认为“劳动力个人所有”是三大经济形态的共同点，因此也认为这是马克思“重建个人所有制”的一个很重要的内容。而三种经济形态划分是否符合马克思、恩格斯的划分？“自由经济关系下”的内涵是什么，是否指共产主义经济关系？三种经济形态是否都存在“劳动力个人所有”的特点，如奴隶制社会“劳动力”能完全个人所有吗？等等，这些都值得商榷。因此，如何正确全面地理解马克思“重建个人所有制”，并用以指导中国经济改革的实践，仍是一个还需要重视并尽快解决的课题。

二　全面性：正确理解“重建个人所有制”的关键

马克思提出“重建个人所有制”一定有确切的内涵，这是十分肯定的。然而一百多年来，从杜林、列宁、斯大林到当今时代的学者们，却总是难以形成一个共识。我们认为，对马克思这个理论必须多角度进行全面性地理解，才能正确理解其真正内涵。

（一）从时代发展的全面性理解“重建个人所有制”。一百多年以来，对“重建个人所有制”的理解形形色色，一个重要原因是时代发展的不同经济社会时期的历史差异性。我们认为，恩格斯理解的“个人所有制包括产品即消费品”，最符合马克思所指的意思。因为马克思认为，以后社会形成的自由人联合体中，“这个联合体的总产品是社会的产品。这些产品的一部分重新用作生产资料。这一部分依旧是社会的。而另一部分则作为生活资料由联合体成员消费。因此，这一部分要在他们之间进行分配”。[7]但是，要明白马克思这里指的“个人所有制”，并不是当时社会现存的所有制，而是未来社会的一种所有制。当然，马克思、恩格斯不可能十分具体地描述未来社会这种所有制的全部内容，只能大致认为“个人所有制包括产品即消费品”。再次，马克思所指的“个人所有制”，是指资本主义社会正在消亡过程中的一种动态的所有制，是一种正在时代发展过程中不断完善的理想的所有制。因为不能想象在马克思、恩格斯设想的共产主义社会中，已实现了产品的按需分配，还必须对产品或消费品通过“个人所有制”来占有、使用、处置有什么实际意义。应该认为，马克思所指的“个人所有制”具有动态的时代内容，是不能静态地加以理解的。

（二）从内涵的全面性理解“重建个人所有制”。马克思的“重建个人所有制”，有两个关键之处。其一是什么是“重建”，其二是“个人所有制”的内容。从动态角度或从时代发展的全面性看，“重建”显然并不只是在原有基础上进行恢复，而是在原有基础上赋予其新的内涵。根据马克思的哲学思维脉络及全部社会经济时期的客观存在过程，这种新内涵应是在唯一存在过的“原始自由人的个人所有制”的基础上形成的不仅包括土地在内的一切凝结了过去劳动的生产资料的公有（这里可指社会人人共有)，而且也包括消费品的“个人所有”的“个人所有制”。因为在马克思设想的这种“未来社会”到来之前，不仅生产资料“非公有”，而且消费品也因受自然力量或社会力量（如资本家阶级）的剥夺，使劳动者对其不能实现“个人所有”或不能完全实现“个人所有”。而在未来社会，不仅土地及生产资料公有，消费品个人完全所有，而且一切资源都将实行社会公有或个人所有。

（三）从原文译法的全面性理解“重建个人所有制”。以德文理解马克思的“个人所有制”的意思应是最为确切的。但是马克思主义经济学的国际意义与经济发展的国别差别，包括语言文字背景的差别，也会使理解德文“公有制”及“个人所有制”的原意出现差别。甚至对恩格斯指的公有制的理解，一些人也有异议。以致恩格斯不得不强调：“对任何一个懂德语的人来说，公有制包括土地和其他生产资料，个人所有制包括产品即消费品。”[8]综观各种译法，对德语“公共所有制”的翻译，上海译文出版社、外语教学与研究出版社、商务印书馆出版的《德汉词典》译为“公有制”

或“公共财产”；世界图书出版公司出版的《杜登通用德语词典》及《资本论》英文版将其也翻译成“公有制”；中译本《资本论》则译为“共同占有”；[9]在法译本《资本论》中译为“共同占有”；在德文版《资本论》第一版中，其意思为“共同占有”，而在第二版中变为“共同所有”。德文“个人所有制”的译法较为确定，只能译成“个人的所有制”或“个体的所有制”，两者意思十分接近。但还要注意到日耳曼共同体的“个人的所有”，是与土地无法分开的“不可分离的所有”，不仅是指“个人所有”，而且是生产者、所有者、生产手段的“原始性统一”，“一体性的”，“不可分离的所有”。显然可见，上述各种译法，对德文“公共所有制”的理解以“公有制”居多。对“个人所有制”的理解，则没有多少歧义。但结合日耳曼共同体的语境，“个人所有制”是与“公有制”不可分割的一种所有制则是确切无疑的。因此，可以认为马克思所指的“个人所有制”，是实现了生产资料公有制时的一种个人所有制。在马克思恩格斯时代，社会普遍只将物质资料划分为生产资料及消费资料时，这种个人所有制只能是“消费资料的个人所有制”。

（四）从研究方法的全面性理解“重建个人所有制”。马克思提出的“个人所有制”，是在研究经济社会发展规律中形成的。其目的在于揭示社会主义制度必然实现，人人自由全面发展，形成人类最终的普世价值的规律性。马克思、恩格斯出版的《社会主义从空想到科学的发展》作了明确说明：“资本主义的占有方式……让位于那种以现代生产资料的本性为基础的产品占有方式：一方面由社会直接占有，作为维持和扩大生产的资料，另一方面由每个人直接占有，作为生活和享乐的资料。”[10]但要指出的是，马克思是通过多种方法的运用，在从事经济社会规律的研究时才提出“重建个人所有制”的。唯物辩证法是其根本方法。通过这个方法马克思把所有制看成一种运动变化的社会存在，而“个人所有制”理应是人类经济社会发展过程中的一个特定的所有制，它尽管只在未来社会出现，但却是一次“否定之否定”，可以“重新建立”。由于马克思主义经济学的研究方法被学者们认为是方法群，[11]因此，历史与逻辑统一的方法、抽象法、理论与实际结合法、数理方法、归纳法、演绎法等均是其研究人类经济发展规律，从而提出“重建个人所有制”所用的方法。例如运用历史与逻辑统一的方法，马克思揭示了“个人所有制”从无到有，从“原始的个人所有制”，经历史演变而超越时空，逻辑地发展到高级“未来社会”的“个人所有制”的趋势。运用抽象法，可以从大量的各社会经济时期的人类生产、交换、分配及消费的现象中概括出所有制关系，特别是概括出“剥夺剥夺者”以后的社会的“个人所有制关系”。运用归纳法、演绎法及数理方法可从不同层面补充或辅助说明“建立个人所有制”的必要性及必然性。特别是运用理论联系实际的方法，使“建立个人所有制”既有历史的实践印证，也有理论的言之凿凿，令人信服。因此，马克思多角度、全方位地运用方法群，使“建立个人所有制”的理论深刻地反射出历史性与现实性、逻辑性与实践性、具体性与抽象性、时间性与空间性、规范性与实证性的真理之光。

（五）从实践过程中的全面性理解“重建个人所有制”。一般认为，马克思主义经济学是实践的经济学，这有几层含义。其一指其来源于社会经济的实践过程；其二指其是对各社会经济时期实践成果的总结；其三指其能指导社会经济发展的实践。当然，“重建个人所有制”也是实践过程的产物。原始时代社会的人类社会实践，特别是人类的生产实践，产生出特有的“原始个人所有制”。而经过以后的社会特别是资本主义社会人类的实践，资本主义的占有方式让位于高级的“由个人直接占有，作为生活和享乐的资料”[12]的“个人所有制”。我们当今正处于这种“资本主义占有方式”的转化时期，也应是马克思“个人所有制”进行“重新建立”的时期，这个理论对当今的经济社会实践也有重大的指导意义。而“个人所有制”在以后社会怎样发展，按马克思的逻辑，必然是共产主义社会包括所有资源在内的生产资料、消费资料、社会发展资料“社会公有与自由人个人所有相融”的“最高级形态的个人所有制”。而这时，具有占有、使用而取得收益的排他性的权属意义的“个人所有”已毫无意义。

综上所述，我们认为马克思所指的“重建个人所有制”，是“重建”一种逐步取代资本主义占有方式，并在资本主义时代的生产力成果基础上形成的局部生产资料“公有制”（土地及凝结过去劳动的生产资料的公有制）条件下的消费品的个人所有制；是与公有制紧密联系的、动态的、实践的“个人所有制”；是特指资本主义向社会主义过渡时期的“个人所有制”。因为在生产资料公有制的条件下，劳动者“除了个人的消费资料，没有任何东西可以成为个人的财产”。[13]在社会主义或共产主义经济时期，“个人所有制”中，甚至消费资料都不再作为“个人的财产”，这时会形成“社会公有与自由人个人所有相融的最高级的个人所有制”。

三 "重建个人所有制"如何在中国实现

马克思"重建个人所有制"理论的强大生命力及巨大意义主要在于指导经济社会的实践，特别是指导中国深入进行经济改革的实践。马克思的"重建个人所有制"是建立在逐步取代资本主义占有方式，实现了局部生产资料公有制基础上的消费品的"个人所有制"，而中国的现实国情，使马克思"重建个人所有制"的理论在当前中国既有实现的时空条件，又有其实现的实践条件。其时空条件表现为：第一，我国正处于社会主义的初级阶段，生产力尽管还有待于发展，但已逐步取代了资本主义占有方式。第二，我国现行的"以公有制为主体，多种经济成分共同发展"的基本经济制度，符合"局部公有制"的特征。第三，我国社会主义初级阶段的现实国情，以及现有的基本经济制度，决定了消费资料的"按劳分配为主体的多种分配形式"，决定了消费资料或消费品的排他性的"个人所有"。其实践条件表现为：第一，我国社会主义市场经济的实践，为生产关系的调整积累了丰富的经验，以公有制为主体、多种经济成分共同发展的格局已经形成。第二，在我国现有的基本经济制度条件下，以按劳分配为主体、多种分配形式共存的格局正在形成，消费资料的分配关系正在进一步理顺，但深层次的矛盾亟须解决，亟须马克思"重建个人所有制"理论的指导。第三，我国正处于进一步完善社会主义市场经济框架的过程中，许多新现象、新问题成为丰富与发展马克思"重建个人所有制"理论的鲜活材料。因此，在当今中国，实现马克思"重建个人所有制"是完全可能的，也是必然的。

既然如此，必须明确，我们要重建的"个人所有制"，并不与现有的公有制发生冲突，而是在现有的以公有制为主体、多种经济成分共同发展的基本经济制度框架下的"消费品个人所有制"。同时还要明确，要"重建"的"个人所有制"是属于"产品分配"关系的一种生产关系。而我国当前的公有制则是属于"生产资料所有"关系的一种生产关系。生产资料的"所有"关系尽管决定生产产品的"分配"关系，但后者将直接体现前者，并反作用于前者。这是我们实现马克思"重建个人所有制"、维护社会主义基本经济制度、深化我国经济改革的重要理论依据。

改革开放以来，我国生产资料的所有制结构发生了重大变化，公有制的实现形式亦发生了重大变化。随着形势的发展，公有经济与其他经济成分如何协调发展的问题、国有资产流失问题、效率与公平的矛盾问题等日益突出，特别是各类经济成分不平衡发展、各社会成员不平衡发展，使人们不断进行公有制实现形式的反思。因为不平衡发展导致的两极分化，与社会主义的本质特征相违背。一些学者认为应尽快实现国有资产私有化；另一些学者认为应完全股份化；还有一些学者则反对上述两种观点，建议重新加强国家控股。这些观点，都难以真正解决我国当前深化改革中存在的诸多难题。解决这些难题，必须根据我国现实情况，以马克思“重建个人所有制”理论为指导，方能达到目的。

在我国实现马克思所说的“重建个人所有制”，应该要澄清理论上的不同说法及实践中的混乱做法。第一，“重建个人所有制”绝不是“重建个人私有制”，绝不能将“个人所有制”等同于“私有制”；第二“个人所有制”不等于“公有制”，“重建个人所有制”并不是“建立生产资料社会主义公有制”；[14]第三，股份制等形式并不能实现“重建个人所有制”。因为马克思“重建个人所有制”的内涵表明了它不是生产资料的所有制关系，而是消费资料的分配关系。这种消费品的分配关系有利于支撑及实现社会主义生产资料的所有制关系，即公有制关系。也可以说，我国公有制关系的实现，可以通过“重建个人所有制”即重建“个人消费品”的分配关系来实现。

根据这种思路，可以通过下列途径来实现“重建个人所有制”。第一，建立我国人民的基本生活保障制度，使人民群众具有无偿获得能基本生存的消费资料的权利，这些消费资料由代表人民的国家提供。第二，提倡及鼓励人民通过劳动，通过其他自有生产要素的流动获得个人收入或各种消费资料，并给予切实的法律保护。第三，在农村，通过集体土地在使用或流转过程中长时期赋予农民收益权，如形成较长的土地、林地、草地等的承包期，延长农民的收益期，使农民获得长期稳定的消费资料。第四，在城市，进一步协调国企与民企，及其他社会经济组织的关系，通过用工制度及社会保障制度的结合，使城镇就业人员获得稳定的收入或消费品。第五，通过多种渠道，使人们在医疗卫生、教育体育及其他公共设施方面，获得有保障的广义的消费品。第六，使人民在公有资产的使用、特别是收益方面拥有持续的权利，通过这些权利的实现，使人民获得可持续拥有的消费资料。第七，形成保障人民拥有个人消费资料的法律体系，并形成人民拥有个人消费资料的供给体系。

参考文献

[1] 许崇正:《马克思“重建个人所有制的本质特征”》,《经济学家》2009 年第 9 期。

[2]《马克思恩格斯全集》(第 20 卷),人民出版社,1971,第 143 页。

[3]《马克思恩格斯全集》(第 44 卷),人民出版社,1972,第 874 页。

[4] 王成稼:《大力开展马克思文本研究》,《中国资本论年刊》(第六卷),西南财经大学出版社,2009,第 145 页。

[5]《列宁全集》(第 1 卷),人民出版社,1975,第 165 页。

[6]《马克思恩格斯选集》(第 3 卷),人民出版社,1972,第 49 页。

[7]《马克思恩格斯选集》(第 3 卷),人民出版社,1972,第 171 页。

[8]《马克思恩格斯选集》(第 3 卷),人民出版社,1972,第 710 页。

[9]《马克思恩格斯全集》(第 44 卷),人民出版社,2001,第 874 页。

[10]《马克思恩格斯全集》(第 19 卷),人民出版社,1963,第 241 页。

[11] 蒋南平:《马克思经济学中国化的几个问题》,《江汉论坛》2009 年第 4 期。

[12]《马克思恩格斯全集》(第 19 卷),人民出版社,1963,第 241 页。

[13]《马克思恩格斯全集》(第 19 卷),人民出版社,1963,第 21 页。

[14] 杨代玖:《重新建立个人所有制就是建立生产资料社会主义公有制》,《中国资本论年刊》(第七卷),西南财经大学出版社,2009,第 255 页。

经济金融化何以可能

——一个马克思主义的解读*

赵　磊　肖　斌

内容摘要：金融业产生于社会分工需要的职能资本裂变过程。由于金融业的运作方式迎合了资本主义价值增值的动机，金融业资本的发展未能沿着从属于产业资本的逻辑进行扩张，从而资本主义的经济积累越来越趋于金融化。

从根本上讲，驱动经济金融化的原因在于资本主义的生产关系：一方面，资本主义生产关系与价值增值的悖论致使经济积累越来越依赖于金融渠道；另一方面，金融化是解决资本主义分配关系下需求不足的必然选择。然而，金融化这种让消费者进行透支消费的经济模式，不仅没能解决资本主义的过剩问题，而且潜伏着更大的危机。

关键词：金融化　社会分工　价值增值　透支消费　生产关系

从20世纪80年代开始，资本主义主要经济体都朝着金融化的方向加速发展，经济活动的重心从产业部门转向金融部门。从经济积累的角度来看：金融业的利润在总经济利润中的份额不断上升，同时非金融企业的收入中源于金融活动的比重也越来越大。这种金融化的经济模式，尽管带来了短暂的经济繁荣，却造成了实体经济与虚拟经济发展的严重不平衡，最终加速了经济危机的到来。近年来发生的美国次贷危机和欧洲主权债务危机，都跟经济金融化直接相关。本文基于马克思主义的分析方法来探寻产生这种模式的深层次原因。

---

* 本文发表于《当代经济研究》2013年第3期。

一　经济金融化原因一个简要的文献综述

金融化（Financialization）是对一种经济现象的描述，格莱塔·克瑞普纳的定义最能反映本质，他将金融化定义为一种经济积累模式：“利润的获取越来越多地通过金融渠道进行，代替了传统的商品生产和贸易渠道。”[1]这就是说，经济中真实资本的积累越来越依赖于金融市场。近年来，金融化现象越来越受到马克思主义者的关注，其中有关金融化原因的观点归纳起来主要有以下几种。

第一，金融权势膨胀论。埃德温·狄更斯对世界经济金融化进程中的重大事件做了历史性的描述，把金融化的主要驱动力概括为：金融机构政治影响力的重新崛起，以及金融精英势力的不断膨胀。[2]持类似看法的还有杜梅尼尔、列维和爱泼斯坦等人。金融资本权势的上升左右了一些政府决策和制度安排，从而放大了金融市场上具有破坏性的“羊群效应”，催生了金融泡沫。[2]

第二，新自由主义体制论。詹姆斯·克罗蒂等人研究了韩国的金融危机，并认为韩国建立高度金融化和全球化的经济体系的原因在于，金融管制遭受了持续的攻击。[2]大卫·科茨也认为，“近几十年来推动金融化进程的直接原因在于新自由主义的重构”，[3]但他觉得金融化更深刻的原因并不在此。

第三，投资回报下降论。格莱塔·克瑞普纳认为，美国经济金融化趋向的起源是20世纪70年代困扰企业获利能力的危机。正是由于劳工斗争和国际竞争的加剧，美国非金融企业的投资回报不断下降，从而资本从生产领域转移到金融市场。[1]投资回报下降和实体经济增长停滞只不过是同一硬币的两个面，所以约翰·福斯特认为金融化源于资本主义经济停滞的趋势。[4]

第四，资本主义阶段论。持此观点的人认为金融化是公司资本主义仍在继续的趋势，持这一观点的代表人物是大卫·科茨，他认为：“一旦进入公司资本主义阶段，人们不难发现在资本主义核心发展过程中所表现出的强烈的金融化趋势”。[3]

以上几种观点对经济金融化现象的产生都有一定的解释力，但也存在某些局限性。比如，金融权势膨胀论正确地认识到了政治对经济的能动作用，但我们认为金融权势膨胀，更多的是金融化的一个表现或者结果。而用结果来解释原因，容易陷入逻辑上的混乱。新自由主义的思潮影响了整个世界经济的发展，金融化趋势也因之得到了强化，虽然新自由主义体制论看到了放松管制对金融自由与繁荣发展的影响，但是没能发现金融化现象更深刻的原因。投资回报下降论虽然突破了金融化的表面原因，肯定了投资回报下降与金融化的联系，但对投资回报下降的解释仅限于劳工斗争和国际竞争，而没有进一步深入资本主义生产关系的层面。资本主义阶段论看到了金融化是一定阶段的必然现象，但未认识到公司资本主义只是为金融化提供了一个理想的制度环境，也未能看到金融化现象与资本主义生产关系的长期共存性。

上述几种理论观点从不同的角度和深度来解释经济金融化趋势的原因，对我们进一步解读金融化的根源大有启发。虽然有些学者部分坚持了马克思主义的分析框架，但是这些理论解释缺乏深入分析，也没有统一的逻辑体系。本文拟运用马克思主义的分析方法，从生产力和生产关系方面对经济金融化产生的根源做一个探讨。

二　社会分工需要的资本裂变与经济金融化

社会生产力的进步引起了社会分工的发展，历史上每一次社会大分工出现的原动力都在于此。对前三次社会分工的划分学术界一致公认，分歧颇多是有关第四次社会分工出现的标志，有学者认为是“脑力劳动和体力劳动的分离”，[5]也有人认为是科技业的兴起。比较流行的是把服务业的产生作为第四次社会分工出现的标志。而金融业就是在第四次社会大分工中出现的，属于服务业的亚种分工，它为生产和消费提供融资服务、调节社会资金的流动、向企业和个人供给信用以及信息产品等。下面将介绍社会分工产生金融业的两条逻辑路径，说明分工机制如何促进了金融业的膨胀式发展，从而使资本主义经济日趋金融化。

1. 金融业的产生：基于社会分工需要的职能资本裂变过程

在资本主义的生产方式下，当货币预付到商品生产领域并追求价值增值时，就成了货币资本。这种货币不仅具有基本的货币职能，也具有一般资本的职能。货币作为预付形式的资本，是保持产业资本连续运动的前提条件，从而再生产过程中的一部分产业资本必须要以货币资本的形式存在。

货币也是借贷资本、货币经营资本形成的初始条件，从而天然地构成了金融业产生的逻辑起点。虽然如此，但我们认为现代金融业是基于社会分工的需要由职能资本裂变而来的。

(1) 金融业沿着借贷资本而发展

产业资本循环用简单公式表示为：C→W…P…W′→C′。这体现了价值增值是一切资本生产运动的目的，在循环的三个不同阶段产业资本采取了不同的职能形式，商品形态和货币形态的资本不断地相互转化，从而保证了再循环的连续性。我们可以观察到，在不断循环的过程中会有一部分剩余价值，既非用于资本积累也非用于个人消费，而是以货币的形式作为风险准备金闲置着；还有一部分剩余价值正处于积累周期和消费周期之中，也会暂时地闲置起来。这些从产业资本循环中游离出来的货币资本，以一定的利息为报酬，把生产剩余价值的支配权贷给需要它的职能资本家，就成为借贷资本，是资本主义生产方式下生息资本的主要形式。马克思说："生息资本的形成，它和产业资本的分离，是产业资本本身的发展、资本主义生产方式本身的发展的必然产物。"[7]

随着资本主义生产的发展，产业资本的规模越来越大，循环周转的链条越来越粗，再生产需要的资本积累也越来越多，相应地从循环中游离出来的资本也越来越庞大。另外，由于竞争的需要和再投资规模的扩大，那些依赖借贷资本进行生产的资本家，对货币的需求量会越来越大。那么，刚开始只发生在一小部分职能资本家之间的借贷市场就会进一步扩大，货币借贷业务量会随之增多，这对同时也是借贷资本家的产业资本家来说，需要对那种与生产无关的环节投入更多的精力和劳动。这种业务越是成熟和扩大化，就越需要大量专门的资本和劳动，而业务本身与产业资本家的生产过程是相分离的，从而不利于职能资本家专注的生产和售卖，增加了资本循环过程的烦琐度。为了提高效率，减少交易的成本，分工成立专职于借贷业务的机构就成了现实需要。这些专职机构的资本家也雇佣劳动帮助经营，通过一定的信用桥梁，收取利息报酬进行资本使用权的让渡。

随着社会分工的进一步发展和生产的继续扩大，出现了更加独立的、专职于借贷的机构——银行。相对于产业资本家而言，这个机构系统中的资本家是食利阶层，他们预付一小部分的资本金，主要靠吸收社会闲散资金转贷给货币需求者以赚取利息差。为了适应资本主义发展的需要、方便市场交换，银行也发行简单的金融工具如本票、汇票、银行券等，从而为现代金融业的发展确立了最基本的组织形式。

（2）金融业沿着货币经营资本而发展

在产业资本和商业资本的运动中，由于循环活动可能的不连续性或者为了保证循环活动的连续性，资本的一部分必须不断地作为贮藏货币，作为可能的货币资本而存在。这部分是等待使用的暂时闲置资本，是货币形式的购买准备金和支付准备金，而且资本的一部分也以这种形式不停地流回。在价值循环过程中，处于流通阶段的资本家要向市场中支付大量的货币，同时也从市场中获得大量的货币支付。这些技术性的收付货币和记账业务，以及管理贮藏货币的业务，主要管理着货币的流通和支付职能，让贮藏货币不断分解为流通手段和支付手段，也使售卖回流的货币和到期应收款项重新形成货币准备金，但需要分配大量的劳动去专门从事。马克思认为这些技术性的业务，是与资本职能本身相分离的，并且会耗费一定的劳动引起相应的费用，但不创造任何新的价值。

当产业资本和商业资本经营的规模扩大时，货币的收付活动会更加频繁，留作准备金用的贮藏货币也会愈来愈多，企业固定资本的折旧和流动资本的沉淀总量也会增大。这使以货币形式存在的资本，在收支上的规模越来越大，流转的速度越来越快，流通的市场越来越扩大化。因此，那些由资本的职能决定的技术性业务独立出来专门化经营就有可能性，也显得很有必要。

为了提高资本增值效率，资本运营体系的社会分工客观上要求尽可能地由一类代理人或者专职的资本家来替其他资本家完成这种货币的技术性业务。由此，货币经营资本家产生了，他们预付一定的货币经营资本进行特殊的营业：一方面为其他资本家的货币机制进行集中性的、专业化的服务；另一方面在营业内部又发生细密的分工，形成相互独立的子部门，如国内和国际货币的收付、货币贮藏保管、差额平衡、来往账目登记等。它们形成了一个庞大的行业体系，与银行机构共同构成较完整的金融系统。

2. 金融化趋势：对马克思有关产业资本一个逻辑的发展

马克思认为，在资本主义生产方式的统治下，其他派生资本要从属于产业资本的发展。然而，马克思也强调：资本家存在的意义就是为了不断地积累抽象财富，“生产过程只是为了赚钱而不可缺少的中间环节，只是为了赚钱而必须干的倒霉事。(因此，一切资本主义生产方式的国家，都周期地患一种狂想病，企图不用生产过程作媒介而赚到钱。)”[8]从某种程度上来说，资本以产业资本的形式存在是资本家必须的选择。马克思在分析银行资本的组成部分时，反复强调了银行资本（大部分由债权、国家债券、股票构成）的虚拟性。可见，经典作家们在乐观预见产业资本统治的时候，并没有忽视金融的膨胀式和寄生性发展趋势，只是当时还未显现出那种趋势。

现代金融业正是以那种虚拟性的资本为基础，进行“钱生钱”（C……C′）的活动，迎合了剥削者“拼命想要钱的暴发户”本质。“人们对财富的竞争，异化为对虚拟资本的竞争，对财富的追求异化为对投机利润的追逐——人们越来越热衷于金融投机而不是生产性投资，人们确信虚拟资本能够更快地使人致富。”[9]为了获取更多的潜在利润，金融业资本家在行业内部不断地进行创新和细分工，企业之间分工与企业内部分工相互转化，促进了金融业的膨胀式发展。事实也证明，在后来资本主义的发展过程中，金融扩张主要是采取马克思所说的寄生性的资本形式：个人贷款、信用卡贷款、债券融资、债务杠杆等。显然，金融业资本并未从属于产业资本的发展，而是越来越脱离其原本的服务性，使资本主义的经济逐步地走向了金融化。

三　经济金融化根源的进一步解读：基于资本主义生产关系的逻辑

前面的分析表明，金融业是生产力发展到一定阶段，由于社会分工需要而产生的。虽然社会分工机制对资本主义的金融化有一定的推动作用，但是经济金融化更为深刻的原因在于资本主义生产关系的特殊性，下面将从两个方面展开分析。

1. 金融化是解决资本主义生产关系与价值增值悖论的必然途径

资本主义的所有制决定了资本家和工人之间的雇佣关系与剥削关系，并因为这种剥削关系使资本价值增值成为可能，进而决定了资本主义价值增值目的的实现。资本增值程度由利润率来反映，利润率高资本增值率就高，反之则低。我们发现，利润率与剩余价值率是同向变动的，而与资本有机构成是反向变动的。为了追逐更多的利润，资本家或是提高劳动生产率来提高剩余价值率，或是增加资本投资额。但资本主义生产关系由于其特殊性，最终都会引起资本有机构成提高，从而利润率下降，阻碍资本进一步的价值增值。首先，劳动生产力的提高如果是由再生产劳动力商品价值的降低所引起的，那么不变资本的价值相对于可变资本会增加；如果推动一定量不变资本的可变资本数量减少，不变资本相对于可变资本的价值比同样会提高。其次，由于生产资料资本主义私人占有制决定了雇佣劳动力的工资运动范围极其狭窄，且因相对过剩人口规律的作用，工人实际工资的增长不能达到威胁资本积累的地步，[10]从而增加资本投资额也会提高不变资本相对于可变资本的比例。因此，资本追逐利润的行为造成了自身利润率的下降，而利润率越下降扩大这种行为的倾向性就越大。

总之，资本及其自行增值是资本主义生产的动机和目的，这是生产资料的资本主义私人占有制决定的。资本主义生产关系下的资本要不断地追逐利润，但最终又会引起资本利润率的下降。这种特殊的生产关系既决定了价值增值的目的，又阻碍了价值增值的进一步扩大，从而形成了悖论。

前面那种在资本主义生产关系下与积累结合的利润率下降，势必会促使资本谋求利润量的增加。然而，由利润量的增加来谋求补偿并不是资本家的普遍情况，这只适用于社会总资本雄厚和地位巩固的大资本家。要达到价值增值的目的，资本之间必须进行竞争以取得这种补偿条件。竞争的手段无论是降低产品价格，还是提高工资来争夺工人，都会使其利润进一步降低。

在竞争中总是有些资本因得不到补偿处于闲置的状态，也不能独立行动，而以信用的形式交给大产业资本家进行支配，并以较低的利润进行增值。这部分不会由利润量的增加而得到补偿的过剩资本，会力求寻找新的增值途径。“因此，大量分散的小资本被迫走上冒险的道路：投机、信用欺诈、股票投机、危机。”[11]当利润率下降到一定程度，不仅过剩资本会从生产部门中撤出，而且大资本也会退出传统的实体经济部门，转移到更为虚拟的金融业，它不再直接创造剩余价值，而主要是以“复利率魔法”方式对产业利润、政府税收、个人的可支配收入等进行掠夺。

2. 金融化是缓解资本主义分配关系下需求不足的必然选择

在由资本主义生产关系决定的分配关系中，分配的前提是资本主义的所有制结构，那就是：劳动者的一切劳动条件都被剥夺。而这些条件集中在少数资本家手中，并据此来源源不断地占有剩余劳动产品。作为工人的工资，首先是以预付资本的形式同工人相对立，然后工人自己创造出与之等量的价值额，经过分配之后转化为工资收入形式，最后形成再生产劳动力的基本资料。而由工人超额劳动所创造的价值，则无偿地转化为资本家阶级的收入。

资本家要把收入（剩余产品）的一部分作为消费基金，把一部分转化为资本投入再生产，从而不断地再生产上述的分配过程和分配关系。这造成大多数的社会财富越来越集中在极少数的资本家手中，形成财富垄断。与此同时，占社会大多数的工人却只拥有极少数的财富总量。这种分配方式使构成社会产品主要消费者的工人日益地相对贫困化，进而制约了产品市场的消费能力。关于分配与消费的关系马克思更精准的描述为："社会消费力既不是取决于绝对的生产力，也不是取决于绝对的消费力，而是取决于以对抗性的分配关系为基础的消费力；这种分配关系，使社会上大多数人的消费缩小到只能在相当狭小的界限以内变动的最低限度。"[11]

而另一方面，资本主义以价值增值为目的和动机的商品生产，并不是为了满足市场消费需要。发展的结果就是，膨胀式的产品堆积与狭小的市场消费能力越来越矛盾，造成了有效需求的不足，出现大量的产品过剩，从而实体经济停止前进，严重的时候会引发经济危机。在这种情况下，一部分在竞争或者危机中被挤出生产部门的资本，继续寻求增值转而投向金融业，使资本积累逐步走向金融化。斯威齐指出，"由于经济整体增速的放缓和实体经济增长的停滞，资本主义经济正越来越多地依赖金融部门的扩张增加货币资本量，资本积累的过程逐步被金融化取代"。[12]面对有效需求不足时，资本家也向消费者提供各式的金融贷款，试图通过"透支消费"来解决生产相对过剩的问题，从而家庭的负债比越来越高，使消费者也被搅进了经济金融化的"罗生门"。"然而'透支消费'的悲剧性因素在于，透支消费在扩大需求的同时，它又成为新的麻烦制造者：生产过剩催生了透支消费，透支消费导致了金融危机；把透支消费打压下去了，生产过剩的问题必将浮出水而；一旦社会难以承受生产过剩之重，透支消费又必将卷土重来。"[13]事实也证明了这种消费模式是不可持续的，虽然可以解决短期的过剩问题，但是潜藏了未来更严重的生产过剩，也加深了资本主义经济的金融化程度。

四 结语

我们回归到马克思主义的基本分析方法，重新解读经济金融化产生的根源。从生产力角度分析，社会分工产生了金融业，主要是从借贷资本和货币经营资本独立化、专业化的经营发展而来的。虽然金融业不创造剩余价值，但参与剩余价值的分配，正是这种“食利性”迎合了资本主义价值增值的动机，使资本主义的经济模式逐步金融化。

资本主义生产关系与价值增值悖论的集中点是利润率的下降。在利润率下降规律的作用下，过剩资本从传统生产部门抽出转入金融业寻求资本的增值。另外，由资本主义生产关系决定的分配关系，使不断扩大的社会产品总量与相对有限的市场消费能力形成了难以调和的矛盾，生产过剩成了常态。解决途径要么是生产性资本转移到金融市场，要么是让消费者透支消费来缓和有效需求不足的压力，这都会引起经济的金融化。综上可知，经济金融化的根源在于资本主义内在的生产关系。

参考文献

[1] Great R. Krippner. The Financialization of the American Economy. *Socio - Economic Review*, 2005, vol. 3, No. 2: 173 - 208.

[2] Gerald A. Epstein. *Financialization and the World Economy*. Edward Elgar Pub. 2005: 210 - 219, 111 - 148, 77 - 110.

[3] 大卫·科茨：《金融化与新自由主义》，孙来斌、李轶译，《国外理论动态》2011年第11期。

[4] John Bellamy Foster. The Financialization of Aceumulation. *Monthly Review*, 2010, Vol. 62, No. 5: 1 - 17.

[5] 钱书法：《劳动分工深化、产业组织演进与报酬递增》，《马克思主义与现实》2003年第6期。

[6] 李翀：《论社会分工、企业分工和企业网络分工——对分工的再认识》，《当代经济研究》2005年第2期。

[7] 马克思：《资本论》（第3卷），人民出版社，2004，第683页。

[8] 马克思：《资本论》（第2卷），人民出版社，2004，第67~68页。

[9] 杨慧玲：《现代资本主义发展轨迹与美国金融危机——全球化与金融化的角度》，

《海派经济学》2009 年第 27 期。
[10] 鲁保林、赵磊、林浦：《一般利润率下降的趋势：本质与表象》，《当代经济研究》2011 年第 6 期。
[11] 马克思：《资本论》（第 3 卷），人民出版社，2004。
[12] Paul Marlor Sweezy. Economic Reminiscences. *Monthly Review*, 1995, Vol. 47, No. 1: 1 - 11.
[13] 赵磊、李节：《金融危机：为什么要重提马克思》，《马克思主义研究》2009 年第 6 期。

经济学批判与批判的经济学

——金融危机冲击下的西方“主流”经济学范式危机*

盖凯程

内容摘要：国际金融危机折射出了西方“主流”经济学的逻辑困惑和现实悖论，危机使其核心理论要素广遭质疑和批评。“主流”经济学的范式危机在于其致力于形式逻辑的日益精致化，却无法满足理论与经验事实的一致性检验，深层原因在于其先天哲学基础导向的“现象经济学”倾向、单维度的科学实证主义标准以及数学演绎方法的形而上学。范式危机，预示着“主流”经济学进一步演化的转换方向，走出困境的根本出路在于按照现实世界的本来面目来理解、分析和描述世界。

关键词：范式危机　方法论　形而上学　批判

经济学范式危机是指经济学学科领域内部的人们基于经济实践对理论的冲击而不再接受或至少是部分拒绝原来共同掌握的信念、价值标准、假设和定理等。倡导并践行西方“主流”经济学的美国发生了金融危机并影响着全球经济，凸显了对西方“主流”经济学范式及其危机予以剖析的重要性。

自马歇尔以来，西方“主流”经济学再未随时代变化而进行过整体的理论范式变迁，而是致力于在原有基础上进一步通过数理化手段进行维护和巩固，形成了一个貌似强大、不可动摇的经济学范式，在当代以新古典综合、货币主义和理性预期等为代表，执思想界之牛耳，成为“别无选择”（TINA，撒切尔夫人语）的支配性主流学说。国际金融危机对其理论逻辑进行了现实的严酷拷问，危机面前的苍白无力使其逻辑困惑与现实悖论暴露无遗，因此这场危机不仅是经济上的转折点，而且是我们思考经济学的

---

* 本文发表于《经济学动态》2010 年第 9 期。

转折点（Joseph Stiglitz，2009）

一　国际金融危机冲击下“主流”经济学的“自由落体”：来自西方学者的批判

次贷危机伊始，哈佛大学经济学家丹尼尔·罗德里克（2008）就曾指出，当前的问题不是经济的问题，而是经济学家的问题。随着危机的蔓延，Krugman（2009）认为，学术建筑的崩塌恰恰也意味着现实世界中市场的崩溃，其结果是严重的经济衰退。Stiglitz在《自由落体》（Freefall）中指出，不仅仅是经济出现了“自由落体”，经济学理论也在“自由落体”。

1. 对“完美理性”“有效市场假说”的批判

面对“女王的难题”，英国10位知名学者（Sheila C. Dow；Peter E. Earl；John Foster；Geoffrey C. Harcourt；Geoffrey M. Hodgson；J. Stanley Metcalfe；Paul Ormerod；Bridget Rosewell；Malcolm C. Sawyer；Andrew Tylecote）在2009年8月10日联合上书女王，指出危机未被预见的原因之一是“主流经济学家广泛宣传的广遭质疑的‘理性’和‘有效市场假说’”。

Stiglitz（2009）在回答“本轮危机的产生究竟是监管环节的玩忽职守，还是基础理论本身的缺陷?”时，矛头直指“完美理性”：危机发生前后“业主、投资者、金融机构以及企业管理者方面表现出的显而易见的不合理”表明了这一假定很难与现实观察到的现象挂钩。危机中所有人都失去了理智，金融家们的贪婪、普通投资者的盲目、监管者的懈怠、政府的失察，都表现得淋漓尽致，“危机让这一理论显现出了裂痕”。Krugman（2009）认为对于经济体制的浪漫化和纯净化使大部分经济学家忽略了没有什么是永远对的。他们对人类理性的限度视而不见，从而导致经济体制遭受了突然的、不可预料的冲击，所以“当涉及全人类都要面对的经济衰退和萧条问题时，经济学家们需要抛弃那些简洁而错误的‘人类理性、市场完美’假设，以使经济学至少有点靠谱”。

“有效市场假说”是芝加哥大学的Eugene Fama基于“理性投资者”提出的一个假说。危机伊始，作为主流经济学的“灯光”（科林·里德，2009），这一假说遭到了严厉批判。Krugman（2009）指出，整个经济学都被“有效市场假说”支配着，对于有效金融市场的盲目相信使太多经济学家看不到史上最大金融泡沫的产生，有效市场理论也从一开始就在这个泡沫的膨胀中起到了可观的作用。“华尔街一字不差地接受有效市场理论家的观点，而这些战略对如今席卷世界经济的灾难起了关键作用。”耶鲁大学行为金融学家 Robert Hiller（2009）将“有效市场假说”称为“经济思想史上最惊人的错误”。乔治·绍罗什（2009）也认为，有效市场假说认为市场总趋向于平衡，偏离是随机的。但是“有效市场假说不切实际。市场可能会出现失衡，……市场存在着系统性风险”。

2. 对“信息完全”的批判

从信息经济学的角度，斯蒂格利茨指出，信息必须完全公开并不在旧有经济学理论的几项关键假设之中。在标准理论中，信息的重要性被忽略掉了。“市场中的经济行为很难与基础理论中描述的相符”，现实中即使只是很小一部分的信息不完整，也会在很大程度上提升垄断的力量，破坏均衡竞争。而在市场信息不完整的情况下，金融外部性问题显得特别重要。事实证明了“金融市场的失灵对于社会其他组成部分的外部性影响非常大。……金融体系在去做它该做的事情上的失败，其破坏性程度堪比大萧条时期各种宏观经济的失败”。日本著名的“美国式市场万能论”、新自由主义的信奉者中谷岩（2009）在危机面前进行了深刻的理论自省，他在《资本主义为什么自灭——经济结构改革急先锋的忏悔》一书中指出金融危机的教训之一是经济学假设市场参与者都拥有完全信息，但在现实世界，信息是不对称的，“信息被操纵，市场也就没有效率”。华尔街经济学家罗伯特·巴巴拉（2009）也认为金融衍生产品背后的经济模型的错误之一是支撑那些标准模型的是一种假设，即人们掌握充分信息，而且行为理性，但是他们未能认识到“金融市场会定期出现混乱状态”。

3. 对经济数学模型的评判

作为“人类智力进步”（萨缪尔森）的产物，“主流”经济学在复杂精密的数学模型的武装下，以高雅、科学、时髦的框架结构展开，并使之成为其取得学术霸权的重要工具。但是“在主导的经济模型中，没有任何事情能预示去年的经济大崩溃”（Krugman，2009）。精巧的模型在危机面前的完全失灵让其蒙羞。Sheila C. Dow（2009）等在给女王的上书中指出“经济学家的狭隘——只关注数学技术工具和构建无约束的形式实证模型——成了我们这个职业失败的主要原因”。而正是这一不大关注现实世界的对数学技术的偏好，让许多经济学家偏离了至关重要的整体性观察的轨道。Stiglitz（2009）认为，普遍流行的经济学模型所倡导的政策恰恰策源了经济危机，危机显露了这些模型的缺陷，而且还不是小缺陷，因为很多错误实际上是反复出现的。

Krugman（2009）认为经济学领域误入歧途是由于经济学家误把那些美妙的、令人印象深刻的数学当作了真理，“经济学领域失败的最核心原因莫过于他们试图包罗万象、思维优雅，顺带炫耀他们数学才能的欲望”。之所以铸成如此大错，要害在于充满幻想的经济学家们“理想化地勾勒出一种理智个人与完美市场和谐共处的经济体制，并穿上了别致的方程式华服”。为了证明自己的观点，Krugman 以金融经济学家提出的一个惊人而优雅的理论模型——资本资产定价模型（CAPM）为例（该模型假设所有的投资者都理性地平衡了风险和收益），“如果你接受这个模型的前提条件，它会大有用途”。然而他们几乎从来都不去问这样一个看起来显而易见的问题：“资产价格在现实世界里像盈利这样的基本问题中是否管用？……他们只考虑资产价格在资产价格给出的情况下是否合理。”结果这一需要“物理学家一般的计算能力”才能掌握的模型背后的逻辑就如同“通过证明两夸脱番茄酱恰好是一夸脱番茄酱价格的两倍，从而得出结论证明番茄酱市场是完全有效市场”（拉里·萨默斯，2009）一样荒唐。

二 “保护带”的自动收缩：“主流”经济学应对危机的方法论战略

Imre Lakatos 认为就科学结构本身而言，“范式”包括“硬核”和“保护带”两部分：“硬核”（hard core）是不可动摇、无可辩驳的事实；起辅助作用的“保护带”（protective held）则表示当理论假说被经验验证时可以向外延伸，而当遭到反驳时可以向内收缩的部分。它承受检验的压力，进行调整和再调整，或者完全替换，来保护硬核。“主流”经济学最初由于其“保护带”要素与现实距离太远，在新生理论的冲击下不断收缩：充分竞争假设首先由不完全竞争和垄断竞争理论突破，“交易成本”则打破了现实世界无摩擦的假设。针对未来不确定性，经济学家试图用完全信息假设将其转化为确定性，即假设虽然未来不确定，但是经济主体通过理性预期，将原来不确定条件下的经济决策转化为通过一定概率进行选择的确定性决策，以此作为新的“保护带”来应对未来不确定性的现实冲击。鉴于这一假设仍然与现实严重摩擦，信息经济学以信息不对称作为新的假设前提，提出了“信息成本”概念，使其与现实进一步接近。但信息不对称仍然隐含着一个假设前提：只要经济主体愿意付出足够的信息成本费就可以获得完全信息，从而把基于不确定性上的人的认知能力不足转化为信息成本约束。如是，通过不断收缩“保护带”来保护其“硬核”，“主流”经济学表面上摆脱了一次又一次的理论范式危机，并在一定程度上保证了自身范式转换的空间和生命力。

本轮国际金融危机中，面对质疑和批评，主流经济学家在保持了短暂的“沉默和矜持”后，迅速站出来应战。面对克鲁格曼“为何如此离谱”的责难，美国金融协会副主席，芝加哥大学布斯商学院教授 John H. Cochrane（2009）针锋相对地写就了《到底是经济学家们错了，还是保罗·克鲁格曼错了?》一文。面对克氏“承认经济是有缺陷和摩擦的”以及对经济参与者行为风险承担能力假设进行修改的建议，Cochrane（2009）坦承“宏观经济学家一直在把 Kydland 和 Prescott 1982 年的文章当作永恒真理去崇拜。我们过去 30 年几乎一直在做的就是在模型中引入市场缺陷、摩擦和其他新的行为，特别是关于风险倾向的新模式，并定量地对结果模型进行数量上的比较。……我们实际上一直在做”。而对于克氏“误将美轮美奂的数学当作真理”的批判，Cochrane（2009）讥之为“卢德式”攻击，他首先以“除了数学没有更好的替代品”为“主流”经济学开脱，“问题不在于数学的滥用，恰在于没有足够的数学。数学在经济学中让逻辑更加直接，以确保逻辑关系中的‘那么’确实是由‘如果’推导出来的”。但他接下来话锋一转，承认了经济模型约束条件设定的随意性：“目前的挑战是，要减少这种经济学中的随意性成分、弄清楚背后的真正关系，实在是太困难了。使用我们现在使用的数学工具，摩擦实在是太难处理了。”可以看出，“主流”经济学再一次试图故伎重演——通过自动收缩部分“保护带”来应对危机带来的理论挑战。因此，从一个更深的层面审视，“主流”范式阵营内部大量表面上有差异的经济理论实际上来源于在保护带内对非公理性假设的放松，但是所有放松的参照系或底线是其赖以产生并受到顶礼膜拜的硬核。

从一般意义上说，经济学理论作为一个整体理论系统需要不断接受经济实践的检验和修裁，而主流经济学家的做法表明：在既定范式的支配下，只要既有的逻辑体系和方法论原则能够在一定经济分析工具的帮助下相对合理地解释现象，该范式就会得到认可和维护；即使经济分析的逻辑结论和现实经济经验并不相符，他们也不会怀疑范式本身是否出现了危机，而是通过修正自身对范式的认识和理解，将反常的经济现象勉强硬塞入既定范式所蕴含的逻辑空间中去，进而去巩固和维护旧范式，最终结果必然是范式的僵化和阻碍科学的进步。

三　西方“主流”经济学范式危机的深层原因解析

1. 先天哲学基础导向的“现象经济学”倾向

Peter. Urbach（1996）指出：“经济学作为一种范式，最重要的恐怕要数边际主义的发展，尤其是主观效用价值论以及随之而来的边际分析方法。”后来西方经济学家从这个一般方法中选出一部分用以构造其独立范式，以边际效用为核心的主观效用价值理论在对传统生产成本价值论进行批判的同时，无意中也促成了真正意义上的“主流”经济学的基本范式并一直被沿用至今。这种范式的最大特点在于力图把经济理论奠基在主观意义上，运用主观心理范畴分析社会经济活动。如门格尔曾提出推广内省的心理分析来认识需求和价值等的重要性。马歇尔则从市场消费心理角度阐释人的欲望与市场消费趋向间的内在关系，其“边际效用递减规律”实质上是一个标准的心理感受问题。艾克纳将新古典理论概括为四个核心要素：①建立在假定效用函数上的一组无差异曲线，②建立在假定生产函数上的一组连续光滑的等产量线，③厂商的一组斜率为正的供给曲线，④投入要素的一组边际实物产量曲线，而这四组曲线无一例外都是一种先验的思想产物。

作为从哲学中分离出来的具体学科，无论是哪种经济学流派、思想都有隐含或不隐含的哲学基础。哲学基础的不同，必然导致不一样的世界观和方法论，进而影响经济学范式的特点。以主观唯心为哲学基础的边际主义以人及其心理活动作为经济学范式的支撑点，虽然更“人性化”，其解释更接近现实生活中的人的经济活动现象，但仅限于表面而非本质层面。马克思说：“观念的东西不外是移入人的头脑并在人的头脑中改造过的物质的东西而已。”人的思想是现实世界发展到一定阶段的产物，是对现实世界的一种反映，人的行为心理其实是在长期经济活动中形成的，是经济活动的结果而非原因。片面夸大人的主观心理对经济活动的决定作用，颠果为因，从根本上说无助于把握复杂经济现象背后的真实规律；从学科知识增长的角度看，则会使经济学的发展趋于僵化，越来越执着于在原有范式基础上进行更为规范性的描述，表现为越来越规范的经济学范式和越来越优美但和经验世界本质规律越来越远的模型，呈现出一种“现象经济学”的倾向。也正因为此，在追究金融危机根源时，主流阵营的反思诸如“信息不透明和政府监管缺位”（梅拉梅德）、“投资者低估风险”（格林斯潘）、“银行犯了错误”（约翰·斯诺）等，这些解释并不比杰文斯荒谬的“太阳黑子活动周期论”更高明。这种流于表面的分析看似偶然，实则完全符合其一贯的个人主义方法论，与其经济哲学基础之间具有内在的必然的逻辑联系。

2. 单维度的科学实证主义标准

弗里德曼和萨缪尔森就现代经济学方法论的原则进行过预测主义和描述主义之争：前者关注于假说和其预测的检验；而后者既要求检验假说，也重视检验假设。从科学哲学角度看，这场争论是在科学主义语境内发生的，双方操持着理性科学主义的语言，表面上体现了证伪主义与证实主义的对立。实质上波普尔一直被逻辑实证主义者看作一个能用可证伪性代替可证实性的持不同意见的实证主义者，因此弗氏和萨氏本质上都属于实证主义者，争论只是基于对“证伪原则”及“实证原则”的不同解读。实际上二者都认为只有“科学命题”——可以进行逻辑实证检验的命题——才具有学术研究的合法性，所以尽管观点不同，但是双方却乐于分享共同的理论“硬核”——从个人效用函数出发的逻辑起点和最优美标准的“帕累托”原则，参照系则是自由市场制度。

按照其共同的逻辑，给定完备性和传递性的理性定理，附以连续性和凸性公理，即可获得稳定的偏好序，然后以偏好序的度量（事先设好的连续效用函数）为目标给定约束条件，于是整个选择就成了求最优解的过程。如此公理化过程后，牛顿力学环境下孕育出来的经济学的演绎过程愈来愈“被自然科学化”。遗憾的是其标榜的科学主义标准无法在其中贯彻始终而使其不自相矛盾，这个充斥着形而上学的求解过程——典型地内含不可测量的概念或词项——所得的最优解即选择结果必然从开始就是决策者最偏好的，结果序实际上就是偏好序的体现。于是，其研究范式就出现了一个悖论——作为演绎前提的公理性假设与科学主义标准相冲突；要改变公理性假设，则须将历史、认知变量内生化，从而违背其自然科学化的初衷。这种悖论在金融危机中得到了进一步地诠释、验证和展开，如个体理性选择和社会群体理性的缺失；“均衡状态”与金融市场的结构耗散；金融模型的共时性结构与资本市场的历时性结构；稳定性偏好、静态分析与经济金融体系的非平衡性和非线性、计量经济分析对稳态数据的依赖和危机下经济金融数据段的突变；等等。

科学哲学本身经历了从“实证原则”到“证伪主义”，再到“约定主义”“历史主义”和“还原主义”等的不断转换，体现了一种文化转向的潮流，倾向于反科学实在论。后现代的科学哲学强调科学研究中方法论的多元化，认可逻辑和历史的统一，实证主义不再是唯一的评价标准。反观当代“主流”经济学却仍在坚持唯科学主义，尊崇的仍是老套的单维度科学实证主义标准。布坎南（1988）说：“假如我们围绕所谓的‘具有自然科学性’的经济学……打转，……我们就会促进人类进入衰败过程。”“主流”经济学在其方法论最高原则上始终固守过时的极端实证主义标准，导致了经济学哲学层面的贫困化和意义维度的缺失。所谓弗氏和萨氏在预测标准和描述标准上的争论，以后现代科学哲学的观点看来，根本就是一个伪问题，是科学主义导致经济学在方法论上深陷泥沼而不自知的体现。

3. 数学演绎方法的形而上学

Robert Kuttnet（1987）说：“就方法而言，标准经济学高度抽象，倚重……数学和演绎，并不孜孜计较体制。”在封闭、静态的经济体系中，这种方法有助于对复杂的经济现实进行抽象把握，在假设条件下借助数学进行逻辑演绎进而得到结论，仅从理论体系建构本身而言，这种分析没有问题。但正如劳森等指出的，现实世界是一个开放、发展的复杂系统，并不具备实验室的封闭特征，为了分析方便而先验地把现实中事实上存在的、并对经济运行产生重要影响的因素轻易剔除掉，就会使“整个现实世界都淹没在抽象世界之中”（马克思），由此得出的结论即使科学，也是一种“片面的科学”。这种方法的伪科学性在于它基本上不依附于除了从它本身的思想体系的内部逻辑中产生的原则以外的任何原则，在其理论视阈中，“经济学家给自己提出把历史一笔勾销的荒唐任务”。于是，经济学的演绎推理靠数学来证明，而数学证明则通过演绎来推理，偏离了科学关于确认产生被观察事件一般模式的深层结构和基本因果力量的目标，结果如马克思所说，“运动的纯粹逻辑公式……就会把人所共知的经济范畴翻译成人们不大知道的语言”，这种形而上学的语言认为“进行抽象就是进行分析，越远离物体就是越接近物体和深入事物，……世界上的事物只不过是（数量）

逻辑范畴这种底布上的花彩”。

“主流”经济学强调基于形式逻辑的数理建模和基于计量实证的量化分析，擅长运用数学演绎方法把复杂的经济现象高度抽象成很少的变量，然后通过对这些变量的解释进而对社会经济的运行进行诠释，从而把经济理论所描述的简单化的理想世界同复杂的现实世界混淆起来，由此导致了历史性维度、现实性维度、复杂性维度、人性维度和批判理性维度的缺失。也正因为此，“主流”阵营中几乎没有人能预测到（也不可能预测到）危机的到来，更可怕的是经济学家们不愿意看到市场经济发生灾难性故障的可能性（Krugman，2009）。因为“经济人的预期达到了魔力般的一致，经济人的决策得到了完美的协调”（宋小川，2010）。根据其苦心经营的数学模型，完美的市场经济制度会发生灾难性的危机无异于痴人说梦。次贷危机爆发之前，针对 Robert Shiller 等发出的房地产泡沫警告，“有效市场假说”之父 Eugene Fama 嗤之以鼻：“泡沫这个词快让我疯掉了。”Larry Summers 更斥之为“误导”。话音刚落，金融海啸奔涌而来。

预测失败并非最糟的，毕竟“预言失误只是经济领域最不起眼的问题”（Krugman，2009）。糟糕的是当这种建立在对现实世界高度简化甚至异化的先验假定下的理论被用于改变世界时，一方面经济决策者由于知识的囿限，往往会根据理论结论本身去选择经济政策，从而导致理论之于实践的高昂的“适应误差成本”；另一方面，出于维护自身既得利益和巩固现有理论范式的动机，经济学家也并不情愿帮助政策执行者分析现实的约束条件，而是极力推崇理论本身的价值，“毕竟胡佛研究所和华尔街的工作机会不容忽视”（Krugman，2009）。当其运用理论解释经济事实时，会有意无意地弱化抽象理论和具体操作的边界，醉心于将理论抬到普释性的高度。事实上，就在危机前不久主流阵营还在为塑造了“经济学的黄金时代”而欢呼雀跃：理论上，他们自认为解决了内部争端，经济学家的观点达到了“广泛的一致”；实践上，新古典领袖罗伯特·卢卡斯（2003）宣布“防止经济萧条的核心问题已经彻底解决了”。金融危机让其梦想破碎了，而在救市问题上，其错误愈发明显。卢卡斯将奥巴马的刺激政策斥为“伪劣经济学”，他的同僚约翰·科克伦说它们建立在没有说服力的“童话故事”上。加州大学伯克利分校的德龙将这种漠视现实的狂妄和傲慢称为芝加哥经济学派的“理智大厦的倒塌”，克鲁格曼则称之为“宏观经济学黑暗时代的产物”。

四　西方“主流”经济学范式的转变

当经济学科内出现原来共同的信念、价值标准、假设和定理被怀疑，即产生范式危机时，往往也意味着出现了经济学理论创新的契机。“主流”经济学的危机在于其致力于形式逻辑的日益精致化，却无法满足理论与经验事实的一致性检验，因此，其走出困境的根本出路在于按照现实世界的本来面目来理解、分析和描述世界。

1. 方法论范式的多元化改造：马克思、非主流与跨学科的视角

约翰·内维尔·凯恩斯（2001）说：“合理的方法既是抽象的，也是现实的；既是演绎的，也是归纳的；既是数学的，也是统计的；既是假说的，也是历史的。”极端科学主义方法论拒绝随着时间推移而发生的知识、数量的变化和不可逆性，它使经济学陷入了无系统误差、无积累发展的均衡图式之中，不论是在预测还是在描述的意义上。后现代科学哲学强调“什么都行”的多元方法论，而经济学的结论归根结底应该是逻辑和历史的双重统一。“主流”经济学方法论范式转变的趋势应是复古人文传统，同时结合其原有的演绎逻辑方法优势，将演绎和归纳的分析方法相结合、动态和静态相结合的逻辑和历史相统一的分析方法，在经济研究中导向对经济系统和环境、认识主体和对象的关系进行内生化，重点去研究经济系统的不确定性、多样性和非线性特征。

国际金融危机彰显了马克思经济学强大的逻辑穿透力、理论想象力和现实解释力，“掌握了马克思的方法论，无异于掌握了迄今为止仍然是最强有力的先进武器”（方大左，2004）。“主流”经济学方法论范式转变的出路之一是进行“马克思的改造”，在从具体到抽象和从抽象到具体的思维行程中，始终以现实社会为最大的公理性前提，一如马克思所说：“就是在理论方法上，主体，即社会，也必须始终作为前提浮现在表象面前。”在认识的多样性规定辩证统一基础上逼近对混沌总体表象的理性再现，坚持现实事物运动决定理性思维发展变化而非理论假说决定现实事物的运动，未经社会实践检验的理论假说不能成为改造现实的标准，以现实来修正理论假说而非以理论假说来剪裁现实。“主流”经济学的规范分析框架——界定经济环境、设定行为假设、给出制度安排、选择均衡结果、进行评估比较——作为一般的理论规范分析无可厚非，但要使经济理论转化为经济政策，上述过程则非一次完成即可，而需辨别逻辑结论的特殊性和一般性，并到经验世界中进行检验和修正。通过修正，将上述分析过程进行多次重复分析，经过否定之否定的辩证认识过程，拓展其逻辑空间，最后才有可能得出相对一般性的结论来。

另外，一些非主流经济理论也因为对金融危机有所触及而备受瞩目，行为金融学家希勒是为数不多的成功预测危机的学者，行为经济学承认市场的“摩擦、冲突和欠缺”“非理性过度行为”“羊群行为”等，在金融危机面前表现出了一定的解释力。“主流”经济学需要更多地借鉴和吸收其他非主流经济学，如行为经济学、适应性经济学、演化经济学和复杂经济动态学等差异化、多样化的研究方法，互为弥补并修正自身。此外，不仅要从经济学自身理论深化和逻辑扩展的角度来把握经济学学科的发展方向，而且要顺应历史时代的思潮变化与整体范式转换要求来探寻经济学变革的可能路径，同经济学知识系统之外的其他思想形态和知识形态的“主流”思想相吻合，特别要与当代主流化的哲学观及其方法论相适应。

2. 寻求理论严密性和现实意义性之间的平衡：假设条件的现实还原

深入理论假设层面来确立基本思想并展开逻辑叙述是现代经济学研究的应有之义。通过假设条件先把复杂多变的现实世界简单化，在此基础上不断通过修正、还原假定前提，使理论向现实世界步步逼近，从一般意义上讲符合从简单到复杂的认识规律，是经济思维接近客观真理的有效途径。“主流”经济学的问题在于对现实世界不加限制地高度简化和抽象，使理论建构染上浓重的空想色彩，整个理论体系“整洁、有说服力，但却是错误的”（Krugman，2009）。所以有必要赋予其人文意义的现实性要素来充实其公理性假设，突出公理性假设的现实性、科学性和辩证性。

鉴于经验世界的复杂性和完全认识世界成本过高，经济学在进行逻辑推演的过程中所依据的逻辑前提应尽量接近现实的经验事实，而不是也不可能追求和经验世界完全一致的逻辑前提，以期寻求在理论的严密性和现实的意义性之间的折中。这就需要对“主流”经济学的部分假设进行还原。以理性经济人为例，这是一个为了分析问题而构建的工具性假设，通过抽掉不相关因素而力图形成一个可控制的分析环境。从现实性维度看，以现实人为基础概括而成的经济人经过了一个从描述性向分析性、从真实人向符号人转化的过程，这一公理性假设属于典型的以偏概全的片面型假设。这一教条表面来自斯密实则源自边沁的“发明”——从“效用原则”中虚构人的本性，在马克思看来其片面性来自边沁“幼稚而乏味地把现代的市侩，特别是英国的市侩说成是标准的人”；从历史性维度看，人的本质是一切社会关系的总和，具体到现实中，即人的经济行为本质上要受生产关系的制约。私有制、市场经济只是人类社会发展到特定阶段的产物，在此条件下的“经济人”只是一个历史概念。因此“首先要研究人的一般本性，然后要研究在每个时代历史地发生了变化的人的本性”。所以该假设必须被严格限制在特定的历史条件下，在其现实性上则须至少寓含如下命题：①利己和利他双重性；②理性与非理性两种状态；③好（坏）制度会使其在增进社会利益（个人利益）最大化过程中实现（破坏）个人（社会）利益最大化。

3. 数学模型的恰当使用：工具主义向分析工具的还原

数学上完美无瑕的推演模型是经济学“帝国主义”的重要霸权工具，数学方法的运用使经济学具备了高度的理论清晰度和逻辑严密性。正如 Solow（1997）指出的：好的经济模型通过“关注一两个因果或条件因素而排除了所有其他因素，并且希望理解实体的一些因素是如何起作用的以及它们之间的相互作用”。但“主流”经济学以数学工具为主导的研究范式，以“程式化事实”为研究对象，沉迷于科学的构建，通过形式完美而内涵空洞的数理推导去验证不完全的过去和预测完全的未来。由于其目标是建立普释性的逻辑理论，所以需要数学，而且不是数学多了，而是远远不够（Cochrane，2009）。于是，经济学无奈地被数学“强奸”了。霍奇逊说：“经济学越来越成为应用数学的一部分，经济学的目标也已不再是去揭示经济世界的真实过程和结果，而是为了自身的兴趣去探索数学技巧。……经济学因此成了一种数学游戏，……不再受到描述的充分性或者参照现实这些问题的限制”，工具主义泛滥的结果是经济模型的非实在论和反科学倾向。当然，经济学家从中而获益匪浅，“被卓越数学技巧武装的温文尔雅的经济学院教授们得以在华尔街一展身手，成为穿梭在金融市场的行家，赚着华尔街高额的薪水”。

马克思说：“如果我们抽掉构成某座房屋特性的一切，……结果只剩下一个一般的物体；如果把这一物体的界限也抽去，结果就只有空间了；如果再把这个空间的向度抽去，最后我们就只有同纯粹的数量……打交道了。”这种将抽象混同于分析的形而上学将现实中一切事物的偶然性都抽掉了，但是现实世界中的许多因素是难以量化且不可忽略的，一旦舍象掉，将得出迥然不同的结论。不可否认，客观存在是质、量的统一体，质量互变规律本身内含着量化的客观要求。但必须强调的是，数学只是研究量的一种分析工具而已。数学帮助我们对事物的认识更准确和简洁，因此不应该排斥数学方法在经济学中的运用，关键是要处理好内容和形式的关系，以免导致研究者对数学过度迷恋使语言受到损伤，最终彻底丧失对现实的解释力。所以，可能的趋向是谨慎而恰当地应用数学，还原其在经济学中辅助性分析工具的本来面目，使用具有恰接性和黏合力的数学语言来描绘可观察的经济行为，让形式化支持实用性，使工具化服从于思想性。

参考文献

[1] Solow, Robert. M., How did Economics Get that Way and What Way did It Get? *Daedalus*, 1997, (126)

[2] Peter. Urbach. *The New Palgrave: A Dictionary of Economincs*. 1996. p. 851.

[3] 保罗·克鲁格曼：《经济学家们怎么如此离谱?》，http://www.tianya.cn/publicforum/content/develop/1/397594.shtml。

[4] John H. Cochrane：《到底是经济学家们错了，还是保罗·克鲁格曼错了?》，http://www.tianya.cn/publicforum/content/develop/1/397594.shtml。

[5]《全球经济危机的“女王难题”》，http://business.sohu.com/20090917/n266795778.shtml。

[6] 斯蒂格利茨：《经济学理论也正在“自由落体”》，http://business.sohu.com/20100408/n271378976.shtml。

[7] 乌斯卡里·迈凯主编《经济学中的事实与虚构》，上海人民出版社，2006。

[8] 霍奇逊：《演化与制度——论演化经济学和经济学的演化》，任荣华等译，中国人民大学出版社，2007。

[9] 约翰·内维尔·凯恩斯：《政治经济学的范围和方法》，华夏出版社，2001。

[10] 詹姆斯·布坎南：《经济学家应该做什么》，西南财经大学出版社，1988。

[11] 罗伯特·库特纳：《论经济学现状》，〔美〕《交流》1987 年第 3 期。

[12] 阿尔弗雷德·S. 艾克纳：《经济学为什么还不是一门科学》，北京大学出版社，1990。

[13] 马丁·沃尔夫：《自我毁灭的种子》，〔英〕《金融时报》2009 年 3 月 9 日。

[14] 于青：《资本主义为什么自灭? 一个经济学家的反思》，《人民日报》2009 年 3 月 23 日。

[15] 吴易风：《当前金融危机和经济危机背景下西方经济思潮的新动向》，《经济学动

态》2010 年第 3 期。

[16] 朱富强:《现代经济学为何缺乏方法论的反思》,《经济学家》2009 年第 12 期。

[17] 中国社会科学院“国际金融危机与经济学理论反思”课题组:《国际金融危机与新自由主义的理论反思》,《经济研究》2009 年第 11 期。

[18] 李念:《经济学思维范式的“失真”与“危机校准”》,《金融论坛》2009 年第 5 期。

[19] 朱成全:《经济学人文传统的回归与科学哲学的文化转向——对“F 论点”和“F 扭曲”之争的重新审视》,《经济学家》2009 年第 9 期。

[20] 宋小川:《萧条经济学与萧条时期的经济学》,《经济学动态》2010 年第 1 期。

[21] 风文光:《序二:关于阅读〈资本论〉的方法》,载方大左《〈资本论〉引读》(第 1 卷),中央编译出版社,2004。

[22] 田国强:《现代经济学的基本分析框架与研究方法》,《经济研究》2005 年第 2 期。

三

西方马克思主义经济学研究动态

西方的马克思主义经济学研究新进展*

刘灿 李萍 吴垠

内容摘要： 近30年来，西方的马克思主义经济学研究呈现出两种融合范式，一是马克思主义经济学由古典向新古典演化，二是马克思主义经济学与西方异端经济学的融合，同时，也普遍具有三个显著特征，即研究的主题转换了、研究的领域扩大了、研究者之间的联系加强了。西方的马克思主义经济学学派主要有分析马克思主义、生态马克思主义、女权主义的马克思经济学等。西方的马克思主义经济学研究的理论创新主要表现在对最近数十年中在西方经济学界发展起来的新的分析工具和新的研究方法的自觉应用，以及提出了许多新的理论观点，丰富和发展了马克思的经济理论。

关键词： 西方的马克思主义经济学　学派　研究主题　研究方法

"西方的马克思主义经济学"，大致上分为以沿袭早期西方左派、激进主义为代表的，坚持正统马克思主义并将其方法论和研究建立在包括辩证的、历史唯物主义基础上的对马克思经济学理论进行研究的成果，以及西方非马克思主义学者对马克思经济学理论进行研究的成果两大类。① 它们共同构成近30年来国外马克思主义经济学研究中发展最迅速、成果最丰富的重要领域。② 这里的"西方的"主要是一个政治经济概念，而不是单纯地

---

* 本文发表于《河北经贸大学学报》2011年第2期。

① 下文将综合这些学者的叙述，不再具体区分具体学术派别。

② 仔细追溯起来，马克思主义经济学在西方经济学界的发展大体分三个阶段。这三个阶段是：第一，1867年《资本论》（第一卷）问世到20世纪30年代资本主义世界经济大危机。这个阶段总的特点，主要是对马克思经济理论进行大肆歪曲和攻击。第二，第二次世界大战后，特别是20世70年代发达资本主义国家普遍发生"滞胀"后到20世纪80年代，这个阶段总的特点，主要是对马克思经济理论开始逐渐感兴趣并掀起了一阵热潮。第三，20世纪90年代苏联解体、东欧剧变以后。这个阶段总的特点，是对马克思经济理论的热度虽然减弱，但研究持续不断。见魏勋《马克思主义经济学在西方经济学界》，《南开学报》（哲学社会科学版）2001年第1期。

理上的概念。这些研究者本人可能并不是马克思主义者，但这并不妨碍他们对马克思主义经济学展开科学研究。作为国外经济学的一个重要领域，近30年来西方的马克思主义经济学研究中聚焦了一些重大理论问题，而国内外学者的直接沟通也为这些理论问题研究的发展注入了新的活力。

与中国改革开放的30年相对应，近30年来西方马克思主义研究的相关文献表明，在整个西方资本主义国家的马克思主义研究中占据主导地位的已是以英美学者为主进行的马克思主义经济学研究。[①] 如何较好地归纳这一西方马克思主义经济学研究的新动向、新特征、学派演化和方法创新，是本文所关注的核心主题，我们将对此展开较为详尽的阐述。

一 西方的马克思主义经济学研究新动向

（一）融合范式Ⅰ：马克思主义经济学由古典向新古典演化[②]

这种方向以分析马克思主义为代表。分析马克思主义也叫理性选择马克思主义，是兴起于20世纪七八十年代的西方马克思主义经济学的一个流派，反映了西方学者的一种研究思路。[③] 分析马克思主义者在价值取向方面可能是马克思主义者，但同时又是新古典经济理论的信徒。分析马克思主义经济学家认为，从19世纪继承下来的传统的马克思主义，尽管其基本理论仍有强大的生命力，但按照现代社会科学的标准来看，它显得很粗糙，至少存在三个问题：一是概念不清晰，论证不严谨；二是对社会历史问题只有宏观论述而缺少微观分析；三是它的一些理论或者已经过时或者是错误的。[④] 他们坚决反对自普列汉诺夫以来大多数马克思主义者一致认同的观点，即马克思主义和资产阶级的社会科学在方法上存在根本的分歧。相反，他们提出，要使马克思主义成为科学的理论就必须运用分析的方法对其进行重构、修正和补充。他们所说的分析的方法，主要是指以流行于西方国家的实证主义哲学为基础、以理性选择理论为基本教义、以数学形式化分析为特征的一种思维和

---

① 段忠桥：《20世纪70年代以来英美的马克思主义研究》，《中国社会科学》2005年第5期。

② 崔学锋：《西方马克思主义经济学的两种发展方向》，《贵州财经学院学报》2006年第3期。

③ 本文将在后文中详细阐述分析马克思主义学派的特征及其演化。

④ 段忠桥：《20世纪70年代以来英美的马克思主义研究》，《中国社会科学》2005年第5期。

研究方法，这种方法大量使用博弈论等新古典经济学的分析工具。这一流派的主要代表人物有牛津大学的柯亨（G. A. Cohen）、加州大学戴维斯分校的约翰·罗默（John E. Roemer）、芝加哥大学的乔恩·埃尔斯特（Jon Elster）和威斯康星大学的赖特（Erikolin Wright）。

柯亨在《卡尔·马克思的历史理论：一种辩护》（1978）一书中，为马克思在《〈政治经济学批判〉序言》中对历史唯物主义的经典解释进行了辩护。在该书中，作者坚持马克思关于物质属性和社会属性的两种区分，运用分析哲学的方法，对历史唯物主义的基本范畴，如生产力、生产关系、生产方式、经济基础、上层建筑等进行了功能性解释，并对历史唯物主义的一些基本原理做出了与众不同的说明，比如从人具有理性和自然环境不能满足人的需要出发，说明生产力在社会历史中的决定作用等。

埃尔斯特的工作范围则仅限于方法论层而，他特别赞赏理性选择方法的使用和博弈论的应用，在《理解马克思》一书中，他对马克思的几乎所有论点都做了批判性分析，并力图用方法论的个人主义修正马克思的社会历史理论。

西方分析马克思主义经济学最主要的代表人物罗默认为，要解决很多经典的马克思主义的问题，新古典经济学的一般均衡体系和数学形式化建模方法不仅是适当的，而且是必不可少的。在早期著作《马克思经济理论的分析基础》（1981）中，罗默对马克思的经济理论进行了高度数学化的重建，尤其是讨论了阶级与技术之间的关系。然而，罗默最富争议的、也是反映了分析马克思主义流派所取得的最有突破性和最有创造力的成就之一的则是其《剥削与阶级的一般理论》（1982）。该书具有以下特点：第一，受主流经济学寻找宏观经济学的微观基础的影响，罗默试图把马克思主义对阶级等宏观社会现象的描述建立在个人微观动机的基础之上，在严格遵循了主流经济学使用的方法论上的个人主义的前提下，提出了整个分析马克思主义的课题；第二，罗默使用了主流经济学认可的一般均衡模型和博弈论方法，从个体效用最大化出发，在对剥削和阶级身份进行独立定义的前提下，经过严格推导，提出了阶级—剥削一致原理；第三，在此基础上罗默提出了非劳动价值论的剥削概念：剥削归因于个人的不同的禀赋以及他们的不同偏好。由此，阶级和剥削理论就从劳动价值理论中独立出来，马克思的剥削和阶级概念就可以被解释为源于标准的新古典经济模型，而且，劳动过程也不被看作一个斗争的场所：工人和资本家签订工资合同，劳动是在没有争议的情况下出现的。

分析马克思主义引起了英美学术界的高度重视，并使英美这两个国家出现了一股研究马克思主义的热潮。然而，理论界对它的评价却褒贬不一。一些学者认为，分析学派创造性地用西方主流经济学方法来研究马克思主义经济学，可以更加科学地发展马克思主义，有助于改变马克思主义经济学在西方国家受迫害的不利地位，是马克思主义经济学在未来的发展方向。持反对意见者则认为，分析学派言过其实，似是而非，尤其是方法论上的个人主义等主流经济学理念与马克思经济学的“社会化个人”思想在本质上是不相容的，这种道路有可能使马克思主义经济学被曲解，使马克思主义经济学中本质的东西被稀释、淡化，甚至被抛弃，不应当提倡这种做法。

（二）融合范式Ⅱ：马克思主义经济学与西方异端经济学的融合[①]

马克思主义经济学在西方本身就被视为异端学派，自诞生之日起就遭到主流学派的敌视，这种情形直到今天也没有得到根本性改观。同时，长期以来，马克思本人的一些论述给人们造成这样一种印象，即马克思主义经济学与其他的西方异端经济学也是无法沟通的。

然而，一些西方研究马克思主义的经济学者在世纪之交的工作改变了这种传统看法。拉威（1992）[②] 研究了马克思主义经济学与老制度主义、后凯恩斯经济学和女性主义经济学等异端流派的关系，认为它们除了对主流经济学持共同的否定态度外，还存在如下共性：（1）强调阶级（或阶层）分析；（2）重视财富的生产，而不是存量资源的配置；（3）认为资本主义经济制度本身容易爆发危机，再生产出不平等，带来贫困、异化和不平衡的发展；（4）这些流派都为妇女、少数民族和穷人权利做辩护，主张政府保持在一定程度上对经济的干预，以此作为潜在平台形成对抗资本的大众压力；（5）在方法论上，也大都认同广义上讲的实在论、有机整体论和过程理性。

---

① 持此观点的学者有崔学锋和贾根良等。参见崔学锋《西方马克思主义经济学的两种发展方向》，《贵州财经学院学报》2006 年第 3 期；贾根良：《西方异端经济学传统与中国经济学的激烈转向》，《社会科学战线》2005 年第 3 期。

② Lavoiem, *Foundations of Post – Keynesian Economic Analysis*, Aldershot: Edward Elgar, 1992.

奥哈诺（1999）[1] 认为，马克思与凡勃伦之间具有充分的连续性，这足以用来支持在马克思主义经济学和老制度主义经济学之间建立某种基础意义上的融合。此外，缪尔达尔、格鲁奇等人的研究也得出类似结论。目前，西方的马克思主义经济学家加强了与这些流派的联系，相互参加彼此发起的学术会议，在由其他流派主办的杂志上发表论文，担任由其他流派主办杂志的编辑，等等。尤其引人注目的是，西方马克思主义经济学的重要代表人物——保罗·斯威齐、霍华德·谢尔曼也分别是1999年和2005年演化经济学协会颁发的凡勃伦—康芒斯奖的获得者。这种融合不仅大大开阔了马克思主义经济学的研究视野，而且由此诞生了一些新的学术流派。比如：激进制度主义就可以看作马克思主义与老制度主义两大流派融合的产物。它继承了老制度主义经济学的许多原理和有机整体论方法，强调演化并把权力和文化纳入分析中来，同时又抛弃了传统的老制度主义者对马克思的阶级、异化分析的轻视，吸收了马克思的社会化个人的思想和激进阶级分析。其代表人物有比尔·杜格（Bill Dugger）、罗恩·斯坦菲尔德（Ron Stanfield）、里克·惕尔曼（Rick Tilman）等。20世纪80年代以来，激进制度主义者对大公司和文化霸权、阶级异化等进行了彻底批判，主张在企业中实行工人分享的民主和自我管理，在美国产生了一定的影响。

调节学派[2]也可以看作马克思主义经济学与西方异端经济学思想融合的产物。法国的一些经济学家通过对马克思、凯恩斯和卡尔多经济理论的独特理解，并从布罗代尔等人的法国年鉴学派和波拉尼、熊彼特的理论中汲取灵感，发展了一种研究资本主义经济长期演化的"调节"方法，从而把制度与凯恩斯的宏观经济学结合到马克思主义经济学中。调节学派最著名的工作就是运用其框架对欧美资本主义从福特制向后福特制的转变进行了分析，目前它的思想和方法已经被吸收到经济地理学、社会学、国际政治经济学、转型经济理论、发展中经济和经济全球化的研究之中，逐渐成为一个具有国际影响的经济学流派。

此外，经济全球化进程在20世纪末的加快使原本就存在的全球生态危机进一步加剧。美国学者将马克思主义经济学与生态经济学结合起来，提出了生态马克思主义概念；女权运动在西方各国的蓬勃发展最终攻破了主

① O'Harapa. , *Marx, Veblen and Modern Institutionary Economics: Principles and Dynamics of Capitalism*, Edward Elgar, 1990.

② 贾根良：《法国调节学派制度与演化经济学概述》，《经济学动态》2003年第9期。

流经济学的堡垒，创立了女性主义（或女权主义）经济学。这一崭新的流派迅速吸引了一些西方马克思主义经济学者的注意，他们将马克思经济学与女性主义经济学联系起来，创建了女性马克思主义经济学。

马克思主义经济学与其他的西方异端经济学的融合还使学者们提出了演化经济学的创造性综合这一崭新课题。演化经济学的兴起是20世纪末国际学术界的主要事件之一。作为一门跨学科的研究领域，它有可能成为替代新古典主流经济学的主导范式，被称为“21世纪的经济学”。随着研究的深入，国内外学者逐步认识到演化经济学的创新和创造性综合离不开马克思经济学，例如英国学者霍奇逊就指出，马克思是一位百科全书式的大师，他的经济学有时也被认为具有“演化的”性质；C. 弗里曼和F. 卢桑把马克思看作演化经济学的前驱之一。[①]

二　西方马克思主义经济学研究的新特征

根据段忠桥教授（2005）的归纳，[②] 西方马克思主义及其经济学研究，普遍具有三个显著的特征。

（一）研究的主题转换了

“西方马克思主义”出现于俄国十月革命以后和原苏东社会主义国家开始走下坡路之前的西欧大陆。其主要目标是探索一条不同于俄国的、在西方资本主义国家实现社会主义的道路。这种背景决定了其理论研究的两个主题，一是批判现存的资本主义制度，二是批评苏联的社会主义模式。近年来崛起的英美马克思主义经济学研究热潮，则是在原苏东社会主义国家趋于解体和资本主义加速全球化的背景下出现的，因而，它更关注的是发达资本主义国家如何走向社会主义以及如何应对资本主义在全球的扩张。

（二）研究的领域扩大了

“西方马克思主义”的早期代表人物大多与所在国的共产党有直接或间接的关系，这种情况迫使他们的研究大多限于远离政治的哲学领域，其研

① 崔学锋：《西方马克思主义经济学的两种发展方向》，《贵州财经学院学报》2006年第3期。

② 段忠桥：《20世纪70年代以来英美的马克思主义研究》，《中国社会科学》2005年第5期。

究成果大多是艰深晦涩的哲学论著。相比之下，近期以英美为代表的马克思主义者是在20世纪60年代的新左派运动背景下成长起来的左翼知识分子，而且大多是各个学科的知名学者，因此他们的研究领域跨越了哲学、经济学、政治学、社会学、生态学等众多领域。

（三）研究者之间的联系加强了

“西方马克思主义”早期的发展特征是其代表人物之间彼此缺少理论联系，各讲各的理论和主张。最近一个时期的发展则不同，其代表人物之间在理论上的联系非常密切，这不仅表现在他们在理论上的相互沟通和借鉴，而且更表现在他们经常围绕某一问题展开激烈的争论。可以说，在目前的西方马克思主义经济学研究中，每一种理论或主张都带有其他理论或主张的痕迹，其学派演化、融合的特征是非常明显的。

三　西方马克思主义经济学学派演化

早在1942年，以琼·罗宾逊的《论马克思主义经济学》的出版为代表，非马克思主义的理论和方法就开始被西方学者纳入对马克思主义经济学的研究中去，但是直到冷战结束前夕，这种趋势才演变为一股清晰可辨的潮流。20世纪70年代末，作为西方的马克思主义经济学一个分支的激进政治经济学加强了与老制度主义的沟通，创建了激进制度主义这一新流派；20世纪80年代，约翰·罗默、乔恩·埃尔斯特等人将新古典主流经济学中的均衡概念和博弈论、数学形式化等分析工具和技巧用在马克思主义经济学研究中，诞生了分析马克思主义经济学（即理性选择马克思主义经济学）；20世纪90年代，除了与老制度主义的联系和融合进一步加深外，西方的马克思主义经济学也开始与生态经济学、女性主义经济学等异端经济学的新兴流派展开对话，诞生了诸如生态马克思主义、女性马克思主义等流派；等等。下面，我们将择其要者对这些具体的学派及其演化作一鸟瞰。

（一）分析马克思主义

产生于20世纪70年代后期的分析马克思主义（Analytical Marxism），因其鲜明的方法和独特的观点而引人注目。该学派主张用分析哲学和现代社会科学的方法论工具重新解释马克思主义，以便重建马克思主义。该学派特别注重运用现代数学、数理逻辑和模型分析等手段来研究马克思主义的基本理论，试图为其确立“微观基础”。

该学派代表人物有英国的分析哲学家 G. A. 科亨、美国的约翰·罗默、乔·科亨、乔恩·埃尔斯特等。分析马克思主义的研究范围包括：(1) 经验理论，主要探讨历史唯物主义、阶级斗争和对资本主义经济的分析；(2) 规范理论或道德理论，主要研究公正和伦理理论，如异化、剥削等问题；(3) 方法论，主要阐述功能解释、方法论的个人主义原则、博弈论等在马克思主义研究中的运用。尽管这些学者们所提的是一些“异端”的问题，但他们把历史唯物论、阶级和剥削作为自己著述的主要内容，相信有一个比现存的资本主义更优越的社会主义，在这种社会中，现代资本主义的异化和不公正现象能够被克服。

分析马克思主义者为什么要求助于马克思主义？它的代表学者罗默是这样认为的：“这是因为在我们这个时代，社会主义的胜利表现出盛衰无常，说资本主义必然衰败的断言令人将信将疑。这种现象无疑是对从 19 世纪继承下来的马克思主义的严重挑战。对于这种挑战有四种反应：第一种方式是退回到对马克思的概念进行犹太式的辩护，去寻找一种符合既往历史的解释。第二种方式是否认那些看来是历史事实的东西。第三种方式是把马克思主义当作基本上错误的东西加以拒斥。第四种方式是承认马克思主义是 19 世纪的社会科学，这样，按照现代的标准，它必然是粗糙的，在细节上是有错误的，甚至某些基本主张也是错误的。但是，在解释某些历史阶段和历史事件时，它又表现出很强的说服力，因而人们就觉得其中必定有一个需要澄清和阐发的合理内核。人们是不会因为一件好工具在某些用场上失灵就把它扔掉，尤其是在没有发现更好的工具的情况下。”① 这段话表明，在分析马克思主义者看来，尽管按照现代社会科学的标准来看，从 19 世纪继承下来的传统的马克思主义显得很粗糙，在细节上有错误，甚至有些主张是错误的，但它仍是目前最好的认识社会历史的理论。他们所要做的就是运用分析的方法将传统马克思主义重构为一种严谨的现代科学理论，并进而以重构的马克思主义去分析现实的资本主义和社会主义。②

分析马克思主义者在马克思主义的研究上取得了丰硕的成果。科亨在

---

① John E. Roemer (ed.), *Analytical Marxism*, Cambridge: Cambridge University Press, 1986, pp. 1－2.

② 段忠桥：《20 世纪 70 年代以来英美的马克思主义研究》，《中国社会科学》2005 年第 5 期。

他的 *Karl Marx's Theory of History*: *A Defence* 一书中，运用分析哲学的方法，对历史唯物主义的一系列基本范畴如生产力、生产关系、生产方式、经济基础、上层建筑等进行了澄清；对历史唯物主义的一些基本原理做了与众不同的说明，如从人具有理性和自然环境不能满足人的需要出发说明生产力在社会历史中的决定作用，运用功能解释说明生产力对生产关系、经济基础对上层建筑在解释上的首要性。罗默还运用经济分析和博弈论的方法，论证了对初始生产资料的不同所有权设置是剥削产生的决定性因素；提出了非劳动价值论的剥削的新概念；把历史唯物主义作为解释剥削形式是如何最终被消灭的理论而重新加以研究；确定了阶级地位和剥削状况之间的对应原则。赖特在其“*Class*（Verso，1985）”一书中，集中研究了当代资本主义社会的阶级结构问题，提出并论证了资本主义的社会阶级结构表现为三种以复杂的方式相互交叉的剥削，即以资本主义所有制为基础的剥削、以对生产组织的控制为基础的剥削和以对生产技术的拥有为基础的剥削，并以大量的调查材料为依据描述了美国和瑞典两个资本主义国家在阶级结构上的异同。分析马克思主义的出现引起了英美学术界的高度重视，并使英美这两个多年压制马克思主义的国家第一次出现了研究马克思主义的热潮。

就性质而言，构成分析马克思主义实质的主要是它的方法。分析马克思主义的内在一致性表现在研究方法上，而不是表现在马克思主义的基本观点上。马克思主义对他们而言只是一个理想的讲坛、一个对话的场所，而不是一个科学的、具有内在一致性的理论体系。① 柯亨直言不讳地说：“分析马克思主义者对构成分析马克思主义的那些方法的信奉是绝对的。无论是就广义的分析方法而言，还是就狭义的分析方法而言，我们对分析的方法的力量的相信是不可改变的。”② 还说：“就三个创立者的情况而言，我们对马克思主义的论点的赞同在程度上并不像对分析方法的赞同那样绝对。”③ 普泽沃斯基说，“对那些喜欢贴标签的人来说，这就是‘分析马克思主义’：我首先接过马克思主义的一些前提，然后用社会科学家今天所了解的知识，研究相对应的结论是否出现。一个人可能并不信仰马克思主义而只把‘分析’马克思主义当作一种‘职业行为’，但这并不妨碍他作为

---

① 曹玉涛：《略论分析马克思主义对马克思主义的“重建”》，《哲学研究》2010 年第 6 期。

② Cohen, *History, Labour, and Freedom: Themes from Marx*, Oxford University Press, 1988, p. 55.

③ Cohen, *History, Labour, and Freedom: Themes from Marx*, Oxford University Press, 1988, p. 55.

一名分析马克思主义者。”① 既然分析马克思主义者并不一定同时也是马克思主义的信仰者，那么为什么要用“分析马克思主义”这一概念来命名这些学者所从事的工作呢？对此，罗默写道：“为什么这类工作能够被称作马克思主义的呢？我不能确定它应该如此；但是‘分析马克思主义’这个标记至少告诉我们，它的某些基本的洞见都来自马克思。”② 此外，从分析马克思主义者的言论中也可以看出，他们并不是真正的马克思主义者，至多只是半信半疑的马克思主义者。譬如，1988 年埃尔斯特在中国讲学时，当有人问起他是不是马克思主义者时，他十分含糊其辞地回答说：“我不能肯定。但马克思所说的自我实现、社会公正是很重要的，从这一点说，我是马克思主义者。”③ 1995 年 9 月，柯亨在中国人民大学讲学时回答听众的提问时说：“如果把马克思主义说成是非常小的马克思主义，我不想是个马克思主义者。如果把马克思主义看作解释剥削等问题，那我就是马克思主义者。”④ 2009 年 8 月，分析马克思主义的旗手、社会主义平等主义的斗士——柯亨教授去世，分析马克思主义的发展势头可能开始式微。但尽管如此，认真汲取分析马克思主义的政治抱负和批判精神，潜心研究资本主义变化了的现实，不断开拓马克思主义研究的新方法、新思路、新境界，仍然是时代赋予每一个马克思主义者的使命。

（二）生态马克思主义

进入 20 世纪 90 年代以后，随着原苏东社会主义制度的解体以及全球化进程的加快，原本就已存在的全球性的生态危机进一步加剧。在这一背景下，美国的一些马克思主义者在深刻反思 20 世纪各种生态理论和运动之后，开始转向对马克思生态思想的研究，以寻求正确的指导思想，产生了以戴维·佩珀、詹姆斯·奥康纳和约翰·贝拉米·福斯特为代表的生态马克思主义者。

在佩珀看来，马克思主义认为人与自然的关系受到人们组织生产的方式的强烈影响，这意味着，资本主义生产方式蕴含着人与自然的“资本主义”关系。从马克思和恩格斯的论述可以看出，他们把 19 世纪的环境问题

---

① 转引自王福兴、那风琴《分析的马克思主义浅析》，《北方论丛》1995 年第 3 期。

② Roemer, *Analytical Marxism*, Cambridge University Press, 1986, p. 2.

③ 文烈：《分析学派的马克思主义》，重庆出版社，1993，第 21 页。

④ 曾枝盛：《分析马克思主义学派的形而上学方法论》，《马克思主义研究》1997 年第 3 期。

主要归结为与城市化和资本主义工业化相关的经济剥削。马克思和恩格斯的这种分析具有重要的意义，因为它使人们将注意力转向当今正在全球蔓延的资本主义经济制度，而如果没有对这个制度的理解，“我们就不能理解为什么它对环境体系的干预达到了一个威胁我们的持续存在的程度”。[①]

既然生态危机的根源在于资本主义制度本身，那么解决这一矛盾的出路就只能是把资本主义制度转变为社会主义制度，即实现他所倡导的生态社会主义。佩珀还指出，在自然与社会的关系上，技术中心论者提出人类应该控制自然，生态中心论者认为自然的限制应该制约人的活动，而马克思主义表明的则是自然与社会的辩证关系。马克思主义认为，在自然和人类之间不存在分离，它们彼此是对方的一部分，是矛盾着的对立面，因而人与自然都不可能排除与另一个的联系来界定自己；人与自然在一种循环的、互相影响的关系中不断地相互渗透和相互作用，人类社会改变自然，被改变的自然又影响着社会对它的进一步改变。由此出发，佩珀进而强调，在人与自然的关系上人总是处于中心地位，是从人的利益出发对待自然的，但导致人对自然的破坏的原因却不是人的这种地位，因为“人类不是一种污染物质，也不‘犯有’傲慢、贪婪、挑衅、过分竞争的罪行或其他暴行。而且，如果他们这样行动的话，并不是由于无法改变的遗传物质或者像在原罪中的腐败：现行的经济制度是更加可能的原因。”[②]

虽然不少人现在已经承认马克思的著作中包含着许多值得注意的关于生态问题的论述，但又往往喜欢对其加以诋毁，大体上有以下几种看法：(1) 马克思有关生态的论述在其著作中不过是枝节末梢，因而不值得考虑；(2) 马克思的生态思想更多地来自他早期对异化的批判，在其后期著作中则谈得很少；(3) 马克思没有论述对自然的掠夺问题，而且采取的是一种赞同技术的同时反对生态的观点；(4) 马克思认为，资本主义的技术和经济进步已经解决了生态限制的所有问题，未来联合的生产者的社会将存在于物质极大丰富的条件下；(5) 马克思对科学问题及技术对环境的影响不感兴趣，因而不具备分析生态问题的科学知识基础；(6) 马克思是“物种主义者”，将人与动物彻底分离开来并认为前者优于后者。

福斯特对这六种说法一一予以了批驳，并明确提出需要“系统地重建

① 戴维·佩珀：《生态社会主义——从生态学到社会正义》，刘颖译，山东大学出版社，2005，第96页。

② 同上书，第354~355页。

马克思的生态思想”。[①] 福斯特强调，马克思的生态思想与当前流行的“人类中心主义”和“生态中心主义”都不同，它是以唯物主义为基础的。为此，他明确反对简单地把注意力放在生态价值上的种种做法，认为它们就像一般意义上的哲学唯心主义和唯灵论，对解决人类社会与自然的复杂关系没有任何帮助。通过对马克思有关生态问题的几乎所有论述的考察分析，福斯特提出，马克思的生态思想的核心是以劳动为中介的自然与社会的“新陈代谢”，并认为“马克思关于城乡之间、人类和自然之间的新陈代谢关系断裂的观念……使他能够逐步展开对环境恶化的批判，这一批判预见了很多当今的生态学思想”。[②]

（三）女权主义的马克思经济学

朱富强（2008）[③] 认为，在当前西方经济学界，女性所占的比例非常低，有成就的女性经济学大家则更少。为什么会出现这种现象呢？主要不在于流行的说辞：女性的逻辑抽象能力较低，因为女性在经济学领域中所占的比例要比在数学或自然科学领域所占的比例还要小；相反，根本上在于主流经济学本身的特质，因为它具有明显的性别结构缺陷。事实上，尽管现代主流经济学是建立在西方人的心理之上的，但并没有反映所有西方人的共同心理，而主要是建立在具有强烈扩张和征服欲望的男性的心理基础之上的，从而具有非常强的偏见，这严重限制了女性对经济学的贡献。正是这个原因，导致了20世纪80年代之后女性主义经济学的兴起。

但是，据段忠桥（2005）的考证，[④] 实际上，自原苏东社会主义国家解体之后，资本主义国家自身存在的种种社会问题开始凸显，妇女解放再次成为左翼学者关注的一个问题，女性主义经济学就开始有了萌芽的迹象。特别是随着时代的发展，后现代主义的兴起和泛滥，很多人对马克思主义失去了兴趣和信心，认为马克思主义全然无助于当代妇女的解放事业。这一情况引起了英美一些马克思主义者的重视。为此，美国左派学术刊物《科学与社会》在2005年1月出版了一期题为“今日的马克思主义——女

---

① John Bellamy Foster, *Marx's Ecology*: *Materialism and Nature*, New York: Monthly Review Press, p. 10.

② John Bellamy Foster, Monthly Review Press, pp. 141 - 142.

③ 朱富强：《女性主义经济学与中国经济学的本土化》，《经济学家》2008年第6期。

④ 段忠桥：《20世纪70年代以来英美的马克思主义研究》，《中国社会科学》2005年第5期。

权主义思想”的专刊，集中发表了5篇关于马克思主义与女权主义关系问题的论文，其中马撒·E. 吉梅内斯的论文 Capitalism and the Oppression of Women：Marx Revisited 和特里萨·L. 艾伯特的论文 Rematerializing Feminism，尤其反映了当前女权主义的马克思主义研究的代表性观点。

针对后现代主义对马克思主义的诋毁，吉梅内斯在她的论文中首先指出：“只要资本主义仍然是占统治地位的生产方式，不以马克思著作中的分析为基础，就不可能充分理解压迫妇女并形成男女之间那种关系的力量。”① 她所说的“分析”，指的就是马克思的方法论，包括他对抽象的辩证理解、他对那种源自脱离并先于对所考虑现象背后的历史的特殊结构和关系的研究的批判，以及他的历史观和关于共性与个性的辩证法。在她看来，尽管马克思并未专门地、详细地论述妇女受压迫的问题，但他的方法对于理解资本主义如何压迫妇女却有着重要的意义。通过运用马克思的方法，吉梅内斯进而提出了分析资本主义制度下男女不平等关系的马克思主义的基本原则，即在资本主义生产方式占主导地位的社会形态中，生产方式是决定社会组织和人类再生产或再生产方式的经济基础。这里所说的再生产方式，指的是历史的特殊的劳动结合，以及存在于再生产主体关系中的再生产条件和手段（用于完成再生产任务的物质基础——生物意义上的和经济意义上的）。在资本主义制度下，由于生产方式决定再生产方式，因而也决定了男女间的不平等关系。她认为，这一原则确认了存在于无产者中的资本主义再生产模式的结构性基础。这意味着，尽管这种再生产模式是以一种永恒的、看似普遍的“家庭”形式出现的，但实际上是由资本主义生产方式决定的。

艾伯特的论文则从历史唯物主义的观点出发，批判了当前流行于女权主义理论中的“文化转向”。她首先指出，无论哪种冠之以“后”的理论，如后结构主义、后殖民主义、后现代主义及后马克思主义，在对性别的说明上采取的策略都是回避劳动和资本问题，而代之以对文化差异的详细描述。这种“文化转向”使有关性别问题的争论脱离了它们的物质基础。而在历史唯物主义看来，文化非但不是独立存在的，相反，“它总是而且最终是生产的物质关系的社会表现”。② 艾伯特认为，她并不否认人们在性别上

① Marrha E. Cimenez, Capitalism and the Oppression of Women: Marx Revisited, *Science and Society*, 2005, vol. 69, No. 1, p. 11 - 12.

② Teresa l. Ebert, Rematerializing Feminism, *Science and Society*, 2005, vol. 69, No. 1, p. 34.

存在的差异，但认为这些差异不是独立存在的，而是受人们所处的阶级关系特别是劳动上的不平等所制约的，因为“性别只是在阶级社会中才成为社会差异的标志”。[①] 因而，实现社会整体变革的最有效的方式是阶级斗争，这种斗争将通过对劳动和资本关系的重组而带来“根基”的变化，并消灭社会中存在的阶级。

可见，上述学者的论述承认社会心理上的差异引致了男女双方在经济学研究上截然不同的表现；这不是因为女性的行为有问题，而是现代主流经济学的思维和规范本身就是片面的。事实上，女性主义经济学之所以出现，并不是因为经济学太客观了，而是因为它还不够客观，因为太多的假设和方法论思想还没有经过全面的批判性审查就开始被主流经济学团体视为普遍而客观的了。正因为如此，一些女性主义学者对数学化、客观化的科学认识论发出了深深的质疑。他们认为，当前这种流行的科学至上主义会把整个世界（无论是物质世界还是生活世界）物化为他者，女性注重协作的互动行为对社会的破坏性更小，更适应与自然世界之间的良性互动；也正因如此，他们强调科学本身就是主观的，应该把人的认识和情感结合起来，要强调科学的整体性、和谐及复杂性而不是简化论、统治和直线。推而广之，不同的社会文化下的人们的行为机理也是不同的，因而与之相适应的理论也应该存在差异，否则必然是有局限性的，这从东方人与西方主流经济学之间的关系上可见一斑。[②]

四　20 世纪 90 年代以来西方马克思主义经济学的其他研究主题

20 世纪 90 年代以来，国外马克思主义经济学的研究重心由发达资本主义向市场社会主义转移，由抽象的理论问题向社会经济现实问题转移。当代国外马克思主义经济学从不同的视角和方法对马克思主义经济学基本理论做了深入的研究，除了我们之前谈到的分析学派的马克思主义、生态马克思主义和女权主义经济学外，其他一些研究主题集中在以下几个方面。

第一，马克思主义经济理论的后现代主义阐释。以詹姆逊、哈维、德

① Teresal. Ebert, Rematerializing Feminism, *Science and Society*, 2005, vol. 69, No. 1, p. 37 – 38.

② 朱富强：《女性主义经济学与中国经济学的本土化》，《经济学家》2008 年第 6 期。

里达等人为代表的西方学者，力图从后现代主义解释学角度理解马克思主义文本的意义。这些学者认为，资本主义社会的发展经历了市场资本主义、垄断资本主义（即帝国主义）和后工业社会（即跨国资本主义）三个阶段。由此出发，他们提出资本主义的文化发展也经历了三个阶段：与市场资本主义相对应的是现实主义，与垄断资本主义相对应的是现代主义，与跨国资本主义相对应的是后现代主义。这就表明：后现代主义不过是当代资本主义的文化反映。只要后现代的资本主义存在，与之相对立的后现代的马克思主义就必然存在。

第二，市场社会主义理论。以施威卡特、劳勒、蒂克庭、奥尔曼等为代表的国外马克思主义者致力于证明公有制和市场的有机结合能够同时达到公平与效率，并试图通过二者的结合实现社会主义。这一学派的学者认为：社会主义并不等于共产主义的最高形式，社会主义是从资本主义的母体脱胎而来，带有其由此产生的旧社会的痕迹。它不是一个完美无缺的社会。“它是一个非资本主义的经济制度，它保留了资本主义取得的最好的成就，克服了资本主义的最坏的弊病。”[①] 而市场社会主义是发达资本主义国家走向社会主义的唯一可行的方案。

第三，阶级、阶级结构和阶级斗争理论。现阶段，资本主义基本矛盾依然存在，资产阶级和工人阶级的矛盾越来越尖锐：作为马克思主义社会分析核心范畴的阶级概念和马克思主义的阶级斗争学说仍然是分析当代西方社会阶级关系的正确理论。但是，随着资本主义社会结构的复杂化，资本主义社会的阶级关系出现了一些新情况，需要具体问题具体分析。该派学者认为，对社会秩序的分析应该更加注重阶级结构的变化，而不只是强调该结构内部的权力等级和妥协。他们注意到，战后的妥协是阶级斗争的产物，管理者在与工人、职员的联合之中起到了关键作用，而资产阶级的特权也得到遏制，以至于出现了资本主义阶级结构的新现象需要引起高度关注。比如：（1）位于雇佣劳动者行列中的管理者现象；（2）管理者与职员之间非工人工作任务的极化以及职员与工人的“趋同”现象；（3）中间阶级化的中止现象；等等。这些都预示着阶级、阶级结构、阶级斗争理论存在改进的空间。

---

① 伯特尔·奥尔曼编《市场社会主义——社会主义学者中的论争》，段忠桥译，新华出版社，2000，第19页。

第四，资本主义私有制的改造问题。许多国外马克思主义学者认为，马克思实际上先后提出过三个克服资本主义弊病的疗法。第一种疗法是废除私有财产；第二种方案是靠所谓的“渐进社会主义”去逐步蚕食私有制，即马克思在《共产党宣言》中提出的10条改造措施；第三种独特的疗法没有被马克思认可，但同样适合他的目的，即既不蚕食私人产权，也不废除私人财产本身，而是把资本所有制从极少数人扩大到许多人。

第五，当代资本主义历史地位的考察。目前正在重新活跃起来的国外马克思主义经济学家们仍然坚信：社会主义是可行的，是垄断资本主义发展的必然趋势。不过，他们现在一般不主张通过革命的手段去推翻资本主义，而是致力于提供一整套加强经济平等和社会公正的计划来改造资本主义社会。

第六，社会主义公有制形式和内容的分析。许多学者提出了社会所有制形式是资本和利润“社会化”和“公有化”的新概念。加州大学哲学教授理查德·阿尔内森认为，在社会主义条件下，存在的是公有制而不是私有制。但此处的“公有制”并非通常所说的“拥有”（Own），作为社会公有制的一个成员，任何个人对公共企业的所有权只构成人均对全部企业的利润享有权。

第七，经济全球化理论。法国学者伯尔纳·波鲁瓦勒指出，全球化是资本主义基本矛盾作用的结果，它既缓和了这一矛盾，同时也使这一矛盾扩大并进一步加剧。经济全球化从根本上说是为了解决资本主义生产中的价值实现问题。法国学者克罗德·鲍迪埃考察了全球化对资本和劳动关系的影响。

此外，西方的马克思主义经济学者还对劳动价值论的当代价值、资本主义利润率变动趋势、国家职能的变动、如何超越资本主义、社会主义模式比较以及社会经济形态的演化等问题进行了深入研究。

五　西方马克思主义经济学研究的方法和观点创新

西方马克思主义经济学研究的理论创新，表现在对最近数十年中在西方经济学界发展起来的新的分析工具以及新的研究方法的自觉应用。例如，数理分析方法在马克思经济理论研究上的应用表现得十分突出，这表明对马克思理论的研究走上了精确化、严密化和科学化的道路。以森岛通夫的

《马克思的经济学》和森岛通夫与凯特弗里斯合著的《价值、剥削和增长》为例，这两本书对诸如价值的决定（包括单一产品生产和联合生产）、剩余价值和剩余价值率的决定、剩余价值率和利润率的关系、马克思的基本定理以及以迭代方法对转化程序的研究等问题都进行了严密的数学论证。他们发表在《经济学》杂志上的马克思理论研究的大量文章，也无不贯穿着数学分析。以致可以说，不懂得数学，是难以读懂西方经济学家关于马克思经济理论的著作的，更不要说研究他们的理论了。

西方马克思主义经济学家的理论创新还在于他们提出了许多新的理论观点，丰富和发展了马克思的经济理论。例如，斯威齐和巴兰所写的《垄断资本》就是一本创新之作。该书的主题是“垄断资本条件下，经济剩余的产生和吸收”。“经济剩余”是指“一个社会所生产的产品与生产它们的成本之间的差额”。在解释“经济剩余”的含义时，他们指出：“剩余的大小是生产能力和财富的指标，是一个社会享有多大的自由来完成它给自己树立的任何目标的指标。剩余的组成部分表明一个社会是怎样利用那种自由的：它在扩大它的生产能力上投资多少，它以各种形式消费多少，它浪费多少，是怎样浪费的。”[①] 这是他们提出的一个不同于马克思剩余价值的概念，是一个新的马克思主义经济学的概念。在说明采用新概念的原因时他们指出：马克思的剩余价值在大多数熟悉马克思经济理论的人的心目中或许等于工资+利息+利润+地租的总和。诚然，马克思在《资本论》和《剩余价值学说史》中的一些分散在各处的段落，表明了剩余价值也包含其他项目，例如国家和教会的收入、商品转变为货币时的支出、非生产性工人的工资等。但是，一般说来，他把这些看成是次要因素，并将之排除于他的基本理论图示之外。“我们的论点是，在垄断资本主义制度下，这种程序不再是恰当的了；我们希望术语的更换，将有助于实现理论见解的必要转变。”[②] 斯威齐和巴兰所说的剩余的产生和吸收，按照他们在《垄断资本》一书中的分析，实际上就是一个收入水平决定的问题。一方面，由于现代资本主义大公司追求最大限度的利润的活动，例如通过确定较高的垄断价格，通过各种销售的努力，通过采用新的生产技术和加强经营管理，形成了过多的资金和生产能力，即所谓经济剩余有日益增长的趋势；另一

---

① 斯威齐、巴兰：《垄断资本》（中译本），商务印书馆，1977，第14~15页。

② M. 德赛：《马克思的经济学》，牛津大学出版社，1979。

方面，则要通过资本家的消费和投资，通过销售的努力，通过政府的民用支出，通过军费开支和实行对外扩张的政策等，使所形成的过多的资金和生产能力得以吸收。斯威齐和巴兰认为，在垄断资本主义时代，经济剩余有日益增长的趋势，而资本主义吸收剩余的能力则相对不足，因此，将不断出现经济萎缩、经济衰退或经济危机。这种对剩余的形成与吸收的分析，论证了资本主义制度的不合理性。这种理论创新赋予了马克思主义经济理论以鲜明的时代特征，赋予原有理论以新意，或解释了原来没有说清楚的问题。在这个方面，还可以以德赛的《马克思的经济学》一书为例予以说明。

关于马克思的等一的、无差别的抽象劳动概念，德赛认为其不但具有理论分析的抽象意义，而且也是一个现实的历史过程。他指出，把特殊的具体的劳动按照一个共同的尺度归结于抽象劳动，在资本主义条件下是较为有效的。因为在资本主义条件下，有技艺的专门化的劳动普遍消失。这是一个把手艺人降为特殊的活动功能的分工过程。这是一个长期的历史过程，而且从来没有完全实现。在今天的发达经济中仍然存在由有技艺的工匠手工制造的产品。但是绝大多数商品并不根据其所体现的特殊劳动进行交换。因此，劳动价值比率既是一种程式，同时也是一个历史过程。这就是抽象的、无差别的劳动的范畴不是一种抽象而是一个历史趋势的原因。把抽象的劳动范畴作为一个历史过程或历史趋势看待，虽然在马克思著作中也有所论述，但没有德赛这里讲得这么清楚，抽象劳动概念在马克思那里更多地具有抽象的理论分析的意义。关于资本主义的特点，德赛强调马克思指出的劳动力商品市场的形成是资本主义区别于以前生产方式的特点。德赛在分析劳动市场的特殊的商品交换关系时，特别强调阶级关系是劳动市场过程的决定性关系。他指出，重要的是要记住，实际工资的变动过程，不管是向上还是向下，都不是自动的，也不在机制上依赖于劳动生产力的提高。它是一个作为一个阶级的工人反对作为一个阶级的资本家的斗争的过程，表明工会的成长、罢工、封闭工厂、立法、政治活动等的斗争是重要的决定实际工资过程的推动力量。像德赛说的，工资率的决定，或者，实际工资和劳动力价值之间的差额，在马克思经济学中还是一个需要探讨的问题。

可以看到，西方马克思主义经济学家关于马克思经济理论的研究所取得的研究成果，为发展马克思主义经济理论做出了重要贡献。他们之所以能够取得突破性的研究成果，最重要的一点在于他们不拘泥于马克思主义经济理论原有的结论，而是从当代社会经济的现实出发，并在深入研究现有的马克思主义经济理论的基础上，找到了可以把马克思主义经济理论向前推进的突破口。虽然他们生活在视马克思主义为异端邪说的资本主义国家，研究马克思主义往往还会受到种种干扰和责难，却写出了不少富有创意的马克思主义经济理论新著，有些甚至可以成为马克思主义经济理论的经典性著作。因此，为了推进当代马克思主义经济学的研究，我们中国学者更应该充分了解近年来西方马克思主义经济学的研究现状，了解西方学者在马克思主义经济学研究上的最新成果和研究方法，了解他们用马克思主义的基本理论对当代经济全球化和资本主义新现象、新问题、新矛盾的分析；在学术研究上加强交流与沟通，这是当代繁荣马克思主义经济科学的一个重要途径。

利润率下降规律研究述评

——当代西方马克思主义经济学研究的新进展*

刘　灿　韩文龙

内容提要：经典的马克思主义经济学将资本有机构成和剩余价值率的变化归结为影响利润率下降的主要因素。当代西方新马克思主义经济学对此问题的研究除了考虑这两个因素外，还考虑了真实工资率、劳动生产率、生产性劳动和非生产性劳动的比例变化、社会制度和冲突的积累以及人口统计学等方面的因素。他们对利润率下降规律的实证研究采用了多样化的方法，得出了完全不同的结论：利润率或是上升的，或是下降的，或是具有不确定性的。这些理论和实证研究为我国马克思主义经济学理论的创新提供了新的思路和方法。

关键词：利润率　剩余价值率　资本有机构成　非生产性劳动

一　引言

马克思在关于利润率下降规律的论述中，认为利润率下降与剩余价值成正比，与资本有机构成成反比。随着技术的进步，资本有机构成可能会提高，进而利润率也会趋于下降。马克思的这一经典假设引起了学者们很多的争论。20 世纪以来，学者们对此假设的争论仍然不遗余力。他们争论的焦点在于影响利润率下降的因素是什么，以及实证检验中利润率的变化趋势。在影响利润率下降规律的因素方面，除了资本积累、剩余价值率外，学者们还考虑了真实工资率、劳动生产率、生产性劳动和非生产性劳动的比例变化、社会制度和冲突的积累以及人口统计学等方面的因素。在理论

---

*　本文发表于《政治经济学评论》2013 年第 4 期。

分析的基础上，学者们对利润率下降规律进行了实证检验，其结果也是多样的：或下降，或上升，或具有不确定性。

目前，国内学者对西方新马克思主义经济学对利润率下降规律的研究进展还没有做出过系统性的综述。因此，本文介绍了利润率下降规律的四次争论，综述了利润率下降规律的影响因素，介绍了利润率下降规律实证研究的理论依据、实证方法和结论等，以期待对国内的相关研究有所启发。

二　关于利润率下降规律的四次争论

20世纪以来，西方新马克思主义经济学学者对马克思提出的利润率下降规律进行了深入研究。在此过程中，学者们对此假设有过多次争论，不过本文认为其中四次大的学术性争论是值得一提的。

（一）置盐信雄与罗默的争论

20世纪前半期，多布（Dobb）①、斯威齐（Sweezy）② 和吉尔曼（Gilman）③ 等都对马克思提出的利润率下降规律进行过论述。进入20世纪中叶，置盐信雄（Okishio）发表的一篇名为《技术变化与利润率》的文章引起了巨大的争论。④ 置盐信雄对萨缪尔森（Samuelson）⑤ 提出的利润率理论进行了证明，认为在假定真实工资率不变的情况下，技术进步肯定会导致利润率上升，另外，真实工资不变、技术进步和利润率下降的情况不会同时存在。后来他的理论被称为“置盐信雄定理”。随后，鲍尔斯（Bowles）还对“置盐信雄定理”进行了数学证明。⑥

不过，“置盐信雄定理”引起了巨大的争议。罗默（1979）对“置盐信雄定理”提出了质疑，他认为在资本主义原子化的生产中，资本家为了

---

① H. Dobb, *Political Economy and Capitalism*, New York, International Publishers Co., 1939.

② P. Sweezy, *The Theory of Capitalist Development*, New York, Monthly Review Press, 1942.

③ J. Gilman, *The Falling Rate of Profit: Marx's Law and its Significance to Twentieth – century Capitalism*, London, D. Dobson, 1957.

④ N. Okishio, “Technical Change and the Rate of Profit”, *Kobe University Economic Review*, Vol. 7, 1961.

⑤ P. Samuelson, “Wages and Interest: A Modern Dissection of Marxian Economic Models ”, *American Economic Review* , Vol. 47, 1957.

⑥ S. Bowles, “Technical Change and the Profit Rate: A Simple Proof of the Okishio Theorem”, *Cambridge Journal of Economics*, 1981 (5).

最大化利润，用机器替代劳动很可能会导致利润率的下降。① 随后，杜梅尼尔和列维（Duménil & Lévy）也对置盐信雄定理中的固定工资假设提出了质疑。② 莱伯曼（Laibman）也对“置盐信雄定理”进行了评论，认为其关于利润率的论述没有足够的说服力。③

置盐信雄与罗默等学者争论的实质是从理论上来分析真实工资、技术进步和利润率下降的关系问题。

（二）沃尔夫与莫斯里的争论

沃尔夫（Wolff）在理论分析中提出一般利润率变化的方向未必和资本有机构成的变化方向相反，同时认为未必存在利润率下降的趋势。④ 他利用美国 1947 ~ 1967 年的数据进行实证分析后发现，在此期间，资本（有机）构成和剩余价值率都上升了，不过由于剩余价值率上升的速度快于资本构成上升的速度，利润率下降了。随后在 2001 年和 2003 年，沃尔夫继续使用了最新的数据实证分析了美国的利润率发展趋势，仍然坚持了利润率上升的观点。

由于沃尔夫的理论和实证分析与马克思提出的利润率下降趋势的论述是相反的，他的研究引起了又一次争论。莫斯里（Moseley）对沃尔夫的研究结论提出了质疑，他认为沃尔夫的估计与马克思关于利润率下降规律的论述相左的主要原因是没有区分生产性劳动和非生产性劳动。⑤ 莫斯里认为按照马克思的定义，在估计利润率时应该仅仅使用生产性劳动部门的数据，因为非生产性劳动是不会创造价值的。由于沃尔夫和莫斯里在对待“什么劳动创造价值”的理念上有分歧，这导致在他们的实证估计中，资本构成和剩余价值的估计差异分别为 44% 和 85% 。

---

① J. Roemer, “Continuing Controversy on the Falling Rate of Profit: Fixed Capital and other Issues”, *Cambridge Journal of Economics*, Vol. 3, 1979.

② G. Duménil, D. Lévy, “The Tendency of the Rate of Profit to Fall or the Optimization Process in Disequilibrium”, *Mineo*, 1982.

③ D. Laibman, “ Okishio and His Critics: Historical Cost and Replacement Cost”, *Political Economy*, Vol. 17, 1999.

④ E. Wolff, “ The Rate of Surplus Value, the Organic Composition, and the General Rate of Profit in the U. S. Economy, 1947 - 67 ” , *American Economic Review*, Vol. 69, 1979.

⑤ F. Moseley, “ The Rate of Surplus Value , the Organic Composition, and the General Rate of Profit in the U. S. Economy , 1947 - 67: A Critique and Update of Wolff's Estimates”, *American Economic Review*, Vol. 78, 1986.

随后，沃尔夫回应了莫斯里对其的批评，他认为莫斯里关于生产性劳动和非生产性劳动的划分是值得争论的。按照莫斯里的研究思路，其生产性劳动中没有包括政府性企业；另外造成他们估计结果不一致的原因还有数据因素，沃尔夫采用的是投入产出表中的数据，而莫斯里使用的是国民账户分类别数据。①

可见这一次争论的焦点是生产性劳动和非生产性劳动的划分问题，其实质是关于非生产性劳动是否创造价值的理论分歧。

（三）库伦伯格和莫斯里的争论

库伦伯格（Cullenberg）对莫斯里提出的非生产性劳动增加是导致战后美国利润率下降的原因提出了批评。② 他认为莫斯里仅仅用静态模型来分析非生产性劳动是不充分的。在莫斯里看来，非生产性劳动仅仅是剩余价值的“拖累”（drag），因为它会参与剩余价值的分配；而对库伦伯格来说，非生产性劳动应该被看作是“拖累”和提高剩余价值动态生产的组合体，它在对剩余价值进行分配时会对利润率产生相反的作用。

随后，莫斯里从价值模型、观点等方面对其进行了回应，仍然坚持非生产性劳动参与了剩余价值的分配，从而降低了战后美国的利润率。③ 库伦伯格和莫斯里争论的焦点仍然是非生产性劳动对利润率的影响，即其作用方向是相反的还是同向的。

（四）勃伦纳和莫斯里的争论

勃伦纳（Brenner）分析了20世纪七八十年代的金融危机，认为只有更好地了解了导致危机的原因，才能找到克服危机的办法。④ 他认为利润率是解释资本主义经济出现波动以及生产经济危机的关键变量。他还认为，在20世纪70年代，驱动资本主义经济发展的主要动力就是资本家试图把利润率恢复到早期水平的努力。而为了使利润率得到恢复，资本家采取了

---

① E. Wolff, "The Rate of Surplus Value, the Organic Composition, and the General Rate of Profit in the U. S. Economy, 1947 – 67: Reply", *The American Economic Review*, Vol. 78, 1988.

② S. Cullenberg, "Unproductive Labor and the Contradictory Movement of the Rate of Profit: A Comment on Moseley", *Review of the Radical Political Economics*, Vol. 26, 1994.

③ F. Moseley, "Unproductive Labor and the Causes of the Decline in Rate of Profit: A Reply to Cullenberg's Comment", *Review of Radical Political Economics*, Vol. 26, 1994.

④ R. Brenner, "The Economics of Global Turbulence", *New Left Review*, Vol. 229, 1998.

直接削减工人工资，加速物价上涨，将生产转移至低工资水平的其他地方等措施。

莫斯里同意了勃伦纳关于利润率是导致资本主义经济波动和经济危机的关键因素等说法，不过他认为资本家采取降低工人工资和转移生产等手段来恢复利润率的做法一方面导致了高的失业率，另一方面降低了工人的生活水平。[①] 莫斯里也赞同了勃伦纳对“利润率挤占”理论的批评，即利润率下降不是由于工人索取高工资等原因引起的。勃伦纳认为，战后20世纪六七十年代美国制造业部门利润率下降的主要原因是来自德国、日本等国家的低价商品冲击给美国本土制造业带来的竞争压力。莫斯里部分同意勃伦纳关于制造业部门利润率降低原因的解释，不过他认为一般利润率是全社会的总体利润率，而制造业部门的利润率仅仅是单个部门的利润率，故不能用单个部门的利润率变动趋势来解释一般利润率下降规律。

勃伦纳和莫斯里争论的内容是部门（如制造业）利润率能否替代一般利润率来解释利润率下降规律，其实质是对一般利润率规律概念的界定和理解的分歧。

三　利润率下降规律原因的不同解释

当代西方新马克思主义经济学对此问题的研究除了考虑资本有机构成和剩余价值外，还考虑了真实工资率、劳动生产率、生产性劳动和非生产性劳动的比例变化、社会制度和冲突的积累以及人口统计学等方面的因素。

（一）剩余价值率和资本有机构成

马克思主义经济学的经典理论中，剩余价值率和资本有机构成的变化是导致利润率变化的两个主要因素。在当代，西方学者进一步发展了这一理论，并将其数量化。虽然置盐信雄、沃尔夫和汤普森[②]等都在对利润率下降规律的研究中涉及了剩余价值率和资本有机构成，并将其模型化，但是

① F. Moseley, “The Decline of the Rate of Profit in the Postwar US Economy: A Comment on Brenner”, Mount Holyoke College, Working Paper, 2000.

② F. Thompson, “Technical Change, Accumulation and the Rate of Profit”, *Review of Radical Political Economics*, Vol. 26, 1995.

真正具有说服力的理论模型，本文认为是考葛（Cogoy）使用的多期的利润率模型。[①] 首先，该模型假定存在一个不变的资本有机构成增长率 u 和劳动力价值的减值率 l，不变资本第0期表示为 c_0，第1期和第n期的不变资本则可以分别表示为 $c_1 = c_0(1+u)$，$c_n = c_0(1+u)^n$，同样，对于可变资本而言，第0期的可变资本表示为 v_0，第n期的可变资本可以表示为 $v_n = v_0(1-l)^n$。规定A为新近生产的价值，且 $A = v + s$，$s_0 = A - v_0$，$s_n = A - v_0(1-l)^n$。第0期的利润率可表示为 $r_0 = \frac{s_0}{c_0 + v_0}$，第n期的利润率可表示为 $r_n = \frac{s_n}{c_n + v_n} = \frac{A - v_0(1-l)^n}{c_0(1+u)^n + v_0(1-l)^n}$

由上式可以得到以下结论：（1）u 为正时，如果 $n \to \infty$，那么 $r_n \to 0$。（2）$u = 0$ 时，如果 $n \to \infty$，那么 $r_n \to A/c_0$。（3）u 为负时，如果 $n \to \infty$，那么 $r_n \to \infty$。这样，该数学模型就可以较好地概括各类条件下利润率的变化趋势。

（二）技术变化

因为技术进步可能会导致资本有机构成提高，而资本有机构成的提高又会降低利润率，所以一般认为利润率下降是技术变化的结果。不过罗默认为这一影响可能会因为其他抵消性的因素而变得无效。[②] 依马克思的观点，利润率可以表示为 $\rho = e/(k+1)$，而 $k = C/V$ 为资本有机构成，e 为剩余价值率。如果“死劳动”替代“活劳动”，那么技术进步可以增加资本有机构成 k；如果 e 没有同时增加，那么 ρ 可能会下降。罗默认为这样表示存在三种逻辑性错误：（1）新生产技术的采用未必会改变商品的劳动价值结构。因为资本技术构成（以人均拥有的机器数量来度量）的增加并不一定会带来资本有机构成的增加。如果技术进步导致的不变资本的贬值快于可变资本，那么 k 可能会降低。（2）只有假定真实工资不变时，技术发生变化，剩余价值率 e 才会上升。（3）利润的价值率（以劳动价值表示）和利润的价格率（以价格表示）的转化问题应该考虑。当假定工人的真实工

---

① M. Cogoy, “The Falling Rate of Profit and the Theory of Accumulation”, *International Journal of Political Economy*, 1987, Summer.

② J. Roemer, “The Effect of Technological Change on the Real Wage and Marx's Falling Rate of the Profit “, *Australian Economic Papers*, Vol. 6, 1978.

资消费约束不变时，罗默认为，如果采用成本节约型的技术，一般性均衡的结果会使利润率增加。

（三）真实工资率

克里斯蒂安森（Christiansen）认为影响利润率的因素除了资本技术构成和由生产率决定的有机构成外，还包括真实工资率。[①] 汤普森（Thompson）也认为技术变化和资本积累对利润率的影响主要依赖于真实工资率。他建立了一个利润率与真实工资变化关系的模型：$r = \frac{1 - wl}{m} - 1$，其中，r 为利润率，w 为真实工资率，m 为物质材料的投入产出系数，l 为劳动的投入产出系数。在其构建的利润率模型中，如果真实工资率对资本积累和技术变化没有影响，那么可用的技术变化可能会增加均衡时的利润率；如果真实工资变化以维持劳动收入份额在净产出中保持不变，资本投入型的技术变化可能会降低均衡时的利润率；当真实工资率上升时，如果真实工资的变化没有使劳动需求降低，资本投入型的技术变化对均衡利润率的影响要依赖于初始的利润率、技术变化前后的技术系数、劳动需求对真实工资的弹性和资本的积累率。[②]

（四）劳动生产率

沃尔夫构建了新的利润率模型：$\rho = S/(C + V) = \varepsilon/(\sigma + 1)$，假设 $\varepsilon = S/V = (\lambda_c/\lambda_w).(\tau/w)$（其中 λ_c 为以不变价格表示的一美元物质资本所负载的平均劳动量，λ_w 为以不变格表示的一美元工资商品所负载的平均劳动量，τ 表示资本的技术构成，w 表示真实工资），那么 $\rho = \varepsilon/(\frac{\tau\lambda_C}{w\lambda_w} + 1)$。[③] 以此为基础，沃尔夫提出影响利润率的主要因素是劳动生产率增长率和真实工资增长率。在实证研究中他认为，在美国，1967 年后利润率下降主要是由于真实劳动补偿（或工资）增长的速度快于劳动生产率的增长速度。

---

① J. Christiansen, "Marx and the Falling Rate of Profit", *American Economic Association*, Vol. 66, 1976.

② F. Thompson, "Technical Change, Accumulation and the Rate of Profit", *Review of Radical Political Economics*, Vol. 26, 1995.

③ E. Wolff, "The Rate of Surplus Value, the Organic Composition, and the General Rate of Profit in the U. S. Economy, 1947 – 67: Reply", *American Economic Review*, Vol. 78, 1988.

战后，美国的劳动生产率出现了波动，年均增长率1947~1958年为2.2%，1958~1967年为3.1%，1967~1976年为0.4%。相比而言，此阶段真实劳动补偿的增长率波动相对较小。因此，在战后，真实工资对利润率施加了向下的压力，而利润率和劳动生产率则呈现了相似的变动趋势。

（五）生产性劳动和非生产性劳动的比例变化

莫斯里等提出了导致利润率下降的新的解释：（1）人均资本存量的增加；（2）非生产性劳动与生产性劳动比率的增加。[①] 莫斯里对非生产性劳动与生产性劳动的比例变化问题做了重点分析。莫斯里构建了新的表示利润率的公式：$RP = \frac{P}{K} = \frac{S - U_f}{C + U_S} = \frac{S/V - U_f/V}{C/V + U_S/V} = \frac{RS - UF}{CC + US}$，其中 RP 为利润率，P 为利润，K 为资本存量，S 为剩余价值年流量，U_f 表示非生产性成本的年流量，U_s 表示投资于非生产性目的的资本存量，V 为可变资本，RS 为剩余价值率，UF 和 US 分别为非生产性成本和资本与可变资本的比率，CC 为资本构成。从莫斯里构建的公式中可以看出，利润率与剩余价值率成同方向变化关系，而与资本构成、非生产性成本和资本与可变资本的比率成反方向变化关系。由此可以推导出，随着非生产性劳动的增加，利润率会出现逐步下降的趋势。

（六）社会制度和冲突积累

鲍尔斯、戈登和韦斯科夫（Bowles & Gordon & Weisskopf）利用积累的社会结构理论（Social Structure of Accumulation），即SSA理论分析了利润率下降规律问题。[②] 他们不仅关注了影响利润率的经济因素，而且拓展了视域，聚焦了影响资本积累和技术变化过程的社会制度和社会冲突等因素。在SSA理论视角下，在给定的制度环境中，历史的和制度的因素会影响利润率，这些因素包括阶级斗争、国际冲突以及其他可以引起制度结构性变革的因素。虽然SSA理论为利润率下降规律的研究拓展了视域，但是其包

---

① F. Moseley, "The Rate of Profit and the Future of Capitalism", *Review of Radical Political Economics*, Vol. 12, 1997.

② S. Bowles, D. Gordon, E. Weisskopf, "Power and Profits: the Structure of Accumulation and the Profitability of the Postwar U. S. Economy", *Review of Radical Political Economics*, Vol. 18, 1986.

罗政治、经济、制度、文化等多种因素的分析框架并没有给予人们足够的理由去理解和信任它。

（七）工资推动型的利润挤占

对资本主义利润率下降问题的解释，格林和苏利夫（Glyn & Sutcliffe）[①] 以及韦斯科夫（Weisskopf）[②] 等学者提出工资推动型的利润率挤占是其主要原因。他们认为20世纪60年代末和70年代初，美国工人通过工会等形式的斗争取得的高工资是引起利润率下降的主要原因。在此时期，较低的失业率增加了工人在工资谈判中的地位，使工人以牺牲资本家的利润为代价，获取了高工资。依据这种说法，当时资本主义的经济危机主要是武装化了和取得谈判地位的工人索要高工资的结果，这会降低利润率。

不过这一理论很快受到了莫斯里[③]和勃伦纳[④]的质疑。他们认为工资推动型的利润挤占理论不能解释为什么利润率长期保持低水平。如果说低失业率有利于工人在工资谈判中处于优势地位，而高失业率时期为什么利润率仍然是下降的？最后他们认为，也许利润挤占理论可以解释利润率下降，但不能解释为什么近20年来在高失业率和低工资并存的状态下，利润率仍然没有回复到以前的水平？

（八）人口统计学因素

科特雷尔和科克肖特（Cottrell & Cockshott）试图从人口统计学的视角来解释利润率下降规律。[⑤] 他们认为现代成熟的资本主义社会已经经历了人口特征的转变，即人口出生率已经低于人口再生产水平。这预示着劳动力供给将会出现停滞和下降。虽然这一影响可以部分地被退休年龄的推迟以及女性参与产生的数量的增加抵消，但是在这种情况下，任何净资本积累

① A. Glyn, and B. Sutcliffe, "*British Capitalism, Workers and the Profit Squeeze*", Harmondsworth: Penguin Books, 1972.

② E. Weisskopf, "Marxian Crisis Theory and the Rate of Profit in the Postwar U. S. Economy", *Cambridge Journal of Economics*, Vol. 3, 1979.

③ F. Moseley, "The Rate of Profit and the Future of Capitalism", *Review of Radical Political Economics*, Vol. 12, 1997.

④ R. Brenner, "The Economics of Global Turbulence ", *New Left Review*, Vol. 229, 1998.

⑤ A. Cottrell , P. Cockshott, "Demography and the Falling Rate of Profit", *Indian Development Review*, Vol. 2, 2006.

都会压低利润率。

四　利润率下降规律的实证检验

（一）检验的理论依据

在实证分析中，对利润率进行检验的理论依据主要是马克思主义经济学的经典理论、修正理论以及加入时间趋势项的计量分析。

1. 经典理论

对利润率进行检验的经典理论主要是从马克思在《资本论》中的论述演变而来的。一些学者依据马克思的表述，将利润率 r 表达为：$r=\frac{s}{c+v}=\frac{s/v}{c/v+1}=\frac{s'}{c'+1}$，其中 s' 为剩余价值率，c' 为资本有机构成。从公式中可以看出，利润率与剩余价值率成正比，而与资本有机构成成反比。利润率 r 的另外一种表达方式是 $r=\frac{s}{c+v}=\frac{s/v}{c/v+1}=s'(1-q)$，其中 q 为资本技术构成，且 $q=c/(c+v)$。在此公式中，利润率与剩余价值率成正比，而与资本技术构成成反比。

2. 修正的理论

一些西方学者认为经典的利润率下降模型不能很好地反映理论和现实，需要进一步修正。其中代表性的修正模型主要有如下几种。

（1）莫斯里修正模型。在以前研究的基础上，莫斯里①详细地阐述了区别生产性劳动和非生产性劳动后利润率的表达方式：$RP=\frac{P}{K}=\frac{S-U_f}{C+U_S}=\frac{S/V-U_f/V}{C/V+U_S/V}=\frac{RS-UF}{CC+US}$，此模型将 UF 和 US 分别作为非生产性成本和资本与可变资本的比率引入了利润率公式中，从而解决了生产性劳动和非生产性劳动对利润率的影响问题。

（2）汤普森模型。汤普森认为技术变化和资本积累对利润率的影响主

① F. Moseley, "The Rate of Surplus Value , the Organic Composition, and the General Rate of Profit in the U. S. Economy , 1947 - 67: A Critique and Update of Wolff's Estimates", *American Economic Review*, Vol. 78, 1986.

要依赖于它们对真实工资的影响。[①] 为此，他建立了一个利润率与真实工资变化关系的模型：$r = \frac{1 - wl}{m} - 1$，其中，r 为利润率，w 为真实工资率，m 物质材料的投入产出系数，l 为劳动的投入产出系数。以此模型为基础，他讨论了技术变化和资本积累对工资的影响，以及由此所产生的对利润的影响。

(3) 考葛的多期模型。考葛构建了一个多期的利润率模型：$r_n = \frac{s_n}{c_n + v_n} = \frac{A - v_0 (1 - l)^n}{c_0 (1 + u)^n + v_0 (1 - l)^n}$。[②] 通过此模型，考葛讨论了 u 分别为正数、零和负数时，利润率的变化情况。

(4) 伊斯凯尔模型。伊斯凯尔（Izquierdo）分析了西班牙 1954 ~ 2001 年利润率的变化趋势，他把利润率表示为：利润率 = 剩余价值率/资本的价值构成，他又将其分解为利润率 = 利润份额 × 资本的劳动生产率。[③]

3. 加入时间趋势项的计量分析

与前两种理论不同，对利润率进行实证分析的第三种方法是直接用带时间趋势项的计量模型对相关参数进行检验。蒂帕克和帕纳约提斯（Deepankar & Panayiotis）构建了一个带有时间趋势项的计量模型来测量利润率的变化趋势。[④] 时间序列模型如下：$\log r_t = a + \beta t + \gamma_1 z_{1t} + \gamma_2 z_{2t} + \gamma_3 z_{3t} + \gamma_4 z_{4t} + u_t$，其中 α 为常数项，u_t 为扰动项，r_t 为利润率，z_{1t} 用来度量劳动剥削率，z_{2t} 用来度量工资率与劳动力价值的偏离程度，z_{3t} 用来度量经济体中的剩余人口，z_{4t} 用来度量不变资本的相对价格，而 t 则代表利润率变化的时间趋势。应用这个带有时间趋势项的计量模型，就可以度量利润率的变化趋势。

---

① F. Thompson, "Technical Change, Accumulation and the Rate of Profit", *Review of Radical Political Economics*, Vol. 26, 1995.

② M. Cogoy, "The Falling Rate of Profit and the Theory of Accumulation", *International Journal of Political Economy*, 1987, Summer.

③ S. Izquierdo, "The Dynamics of the Profit Rate in Spain (1954 - 2001)", *Review of Radical Political Economics*, Vol. 39, 2007.

④ B. Deepankar, T. Panayiotis, "Is There a Tendency for the Rate of Profit to Fall? Econometric Evidence for the US Economy, 1948 - 2007", Working Paper, 2010.

（二）数据和转化问题

1. 数据问题

纵观利润率下降规律的实证研究，数据问题一直是个难点。因为，马克思的利润率公式中涉及了不变资本和可变资本的价值度量问题。在现实中，机器设备、原材料、人力等都是用价格来计量的。由于缺乏用劳动力价值表示的数据，学者们大多采用的是用价格度量的近似数据。目前，不变资本、可变资本和利润率等数据主要有两类数据来源：国民账户类别数据（National Accounting Categories），莫斯里等学者使用过；投入产出表数据（Input - Output Table），沃尔夫等学者使用过。

2. 转化问题

（1）加权平均的部门利润率与一般利润率

勃伦纳把单个私人部门的利润率进行加权平均后得到了一般利润率。[①]这一方法遭到了莫斯里的质疑。[②] 莫斯里认为从经典马克思理论的视角来看，仅仅制造业部门利润率的下降不能引起全社会一般利润率的下降；一般利润率不能由单个部门的利润率加权平均得到。一般利润率的下降是由广泛的经济原因引起的，而不是个别部门利润率的下降导致的。

（2）利润率的价值形式和价格形式

价值转化理论是马克思经济学理论的难点，也是计量检验的一个难点。如何获得准确的数据？主要存在两种方式：一种方式是直接采用以价格表示的变量来替代以价值表示的变量，如莫斯里[③]及于特纳和玛安瑞（Jüttner & Muaary）[④] 的研究采用的就是价格形式的数据。第二种方式是将以劳动价值形式表示的变量用价格形式进行转化。罗默[⑤]和沃尔夫[⑥]等做了相关的尝

① R. Brenner, "The Economics of Global Turbulence", *New Left Review*, Vol. 229, 1998.

② F. Moseley, "The Decline of the Rate of Profit in the Postwar US Economy: A Comment on Brenner", Mount Holyoke College, Working Paper, 2000.

③ F. Moseley, "The Rate of Surplus Value , the Organic Composition, and the General Rate of Profit in the U. S. Economy , 1947 - 67: A Critique and Update of Wolff's Estimates", *American Economic Review*, Vol. 78, 1986.

④ D. Jüttner , H. Muaary, "Notes and the Numbers on Marx's Falling Rate of Profit", *The Economic Record*, 1983, December.

⑤ J. Roemer, "The Effect of Technological Change on the Real Wage and Marx's Falling Rate of the Profit", *Australian Economic Papers*, Vol. 6, 1978.

⑥ E. Wolff, " The Rate of Surplus Value, the Organic Composition, and the General Rate of Profit in the U. S. Economy, 1947 - 67", *American Economic Review*, Vol. 69, 1979.

试。一般来说，将变量的价值形式转化成价格形式再进行计量分析，其结果才具有可信性。

当然，对利润率进行测度的具体方法主要是传统的利润率计算方法、资本回报率方法和托宾 Q 法[①]等。

（三）实证结论

1. 利润率上升

吉安（Gyun）利用美国和欧洲七国制造业部门的数据分析了利润率变化的趋势。[②] 其实证结果发现，在过去的 30 年间美国等国家制造业部门的利润率出现了上升的趋势，这是由于更高的剥削率，即剩余价值率引起的。不过，不同资本主义国家的资本家对工人的剥削手段是不同的。

2. 利润率下降

莫斯里（1986）在对沃尔夫（1979）的估计做出批评后，其估计结果显示资本有机构成从 1947 年的 3.46 增加到了 1976 年的 4.88，这与马克思的预测相同；而剩余价值率从 1947 年的 1.4 增加到 1976 年的 1.66，这与马克思的预测相反。[③] 由于资本有机构成增加的比例大于剩余价值率增加的比例，这一时期的利润率呈现出下降的趋势。蒂帕克和帕纳约提斯利用带时间趋势项的时间序列模型检验了美国 1948 ~ 2007 年的利润率变动趋势，发现利润率变动趋势有点随机游走的迹象，不过从长期来看却显示出一般利润率下降的趋势。[④] 考克肖特、科特雷尔和迈克尔森（Cockshott & Cottrell & Michaelson）利用英国的数据测度了利润率等的变化趋势，其结果显示资本有机构成增加和利润率下降的假设是有效的，不过这种有效性需要

---

① S. Bowles, D. Gordon, E. Weisskopf, “Power and Profits: the Structure of Accumulation and the Profitability of the Postwar U. S. Economy”, *Review of Radical Political Economics*, Vol. 18, 1986.

② G. Gyun, “The Dynamics of Manufacturing Profit Rates in Seven Industrialized Countries”, Working Paper, 2009.

③ F. Moseley, “The Rate of Surplus Value, the Organic Composition, and the General Rate of Profit in the U. S. Economy, 1947 – 67: A Critique and Update of Wolff's Estimates”, *American Economic Review*, Vol. 78, 1986.

④ B. Deepankar, T. Panayiotis, “Is There a Tendency for the Rate of Profit to Fall? Econometric Evidence for the US Economy, 1948 – 2007”, Working Paper, 2010.

建立在正的资本积累率的条件之上。①

3. 利润率趋势的不确定性

沃尔夫的实证结果显示一般利润率和剩余价值率在 1947 ~ 1958 年都出现了下降，而在 1958 ~ 1963 年却上升了，在 1963 ~ 1967 年缓慢增加，一般利润率在 1947 ~ 1967 年下降了仅仅 1%，但是剩余价值率却增加了 7%。这说明利润率的上升虽然具有波动性，不过长期来看具有微弱的下降趋势。② 沃尔夫利用 1947 ~ 1976 年的数据重新测算了美国的劳动生产率和利润率下降问题。③ 他发现，1947 ~ 1967 年，美国的一般利润率基本保持不变，而 1967 ~ 1976 年，美国的利润率出现了急剧的下降。他认为利润率的运动规律受到劳动生产率增长率和真实工资增长率的影响。1947 ~ 1967 年，这两个因素变动基本同步，而此后真实工资增长超过了劳动生产率的增长，进而产生了利润挤占问题，这导致了此阶段利润率的下降。不过他的利润率挤占理论后来受到了一些学者的批评。于特纳和玛安瑞利用经典的利润率公式实证分析了澳大利亚 1919 ~ 1981 年剩余价值、资本有机构成和利润率的变化情况，发现三者并没有呈现出可识别的运动规律。④

五　简评及展望

综上所述，西方新马克思主义经济学学者对利润率下降规律进行了深入的研究，争论很多。针对影响利润率下降规律的原因，学者们从资本积累、剩余价值率、真实工资率、劳动生产率、生产性劳动和非生产性劳动的比例变化、社会制度和冲突的积累以及人口统计学因素等方面给出了解释。从实证分析的角度看，利润率可能是上升的、下降的，甚至是不确定的。虽然西方马克思主义经济学学者对利润率下降规律原因的解释没有取得一致意见，实证分析也由于理论依据、数据处理、估计方法的不同而不

---

① P. Cockshott, A. Cottrell, G. Michaelson, “Testing Marx: Some New Result from UK Data”, *Capital & Class*, Vol. 55, 1995.

② E. Wolff, “The Rate of Surplus Value, the Organic Composition, and the General Rate of Profit in the U. S. Economy, 1947 – 67”, *American Economic Review*, Vol. 69, 1979.

③ E. Wolff, “The Rate of Surplus Value, the Organic Composition, and the General Rate of Profit in the U. S. Economy, 1947 – 67: Reply”, *The American Economic Review*, Vol. 78, 1988.

④ D. Jüttner, H. Muaary, “Notes and the Numbers on Marx's Falling Rate of Profit”, *The Economic Record*, 1983, December.

尽一致，但是他们的研究拓宽了利润率下降规律研究的视野，这是值得我们学习和借鉴的。

对于未来利润率下降规律的研究，本文认为理论上可以对利润率模型进行修正，加入更多的变量对利润率及其影响因素进行静态和比较静态分析，同时要拓展研究的视域，利用人口学等跨学科的知识来拓展和深化该领域。在实证方面，一是利用越来越多的跨国数据和多国数据来检验利润率下降规律，二是可延长时间长度，利用较长的时间序列来检验利润率下降规律，三是可应用新的计量方法来测度利润率的变化趋势。

四

马克思主义经济学在中国的传播与发展史研究

陈豹隐与《资本论》理论在中国大学讲堂的传播*

刘诗白

今天是陈豹隐先生诞生127周年，西南财经大学特别地组织《陈豹隐全集》发行会，以纪念这位马克思主义在中国早期的传薪者、《资本论》最早的翻译者，这是非常有意义的事情。今天又是5月5日，是马克思诞生195周年，发行会在今天的举行更分外地有意义。

陈豹隐是20世纪“五四”运动以来中国左派社会活动家、经济学大师、教育家，是西蜀人杰。他一生从事革命社会活动、学术活动。他的人生经历丰富、波澜起伏。最初东瀛留学，1917年任北京大学法科教授，1919年他是“五四”运动的积极参与者。20年代大革命时期投笔从戎。他担任过国民革命军政治部的宣传委员，当时政治部的主任是邓演达，副主任是郭沫若，还担任过国民革命军第20军政治部主任。1924年他参加中国共产党和中国国民党，他与国民党左派一起共同支持参与北伐。1926年任黄埔军校的政治教官，是农民讲习所的教员。宁汉分裂前，国民党中央和国民党的右派人士进行了激烈的斗争，当时他是武汉国民党中央政治会议秘书长，积极参与共产党领导的反对蒋介石“分裂”的活动，是大革命时期的活跃人物。大革命失败后，遭到国民党的通缉，1928年他流亡日本，将他的精力转入革命的学术活动，研究、翻译马克思的经济学说，他首先翻译了河上肇的《经济学大纲》，紧接着又翻译了马克思的《资本论》。

陈译《经济学大纲》在国内出版后深受读者欢迎，大大超过了当时国内介绍马克思主义的其他书籍。20世纪三四十年代，许多青年知识分子就是从该书了解了马克思主义的经济学说，而后走上革命道路的。据称该书“毛主席读过不只一遍”。我国著名经济学家关梦觉先是学西方资产阶级经

* 本文发表于《经济学家》2013第6期。

济学的，“九一八”事变后流亡到北京，开始自学马克思主义，首先接触到的著作之一，就是陈豹隐翻译的《经济学大纲》。因此，关梦觉称陈豹隐是他的启蒙老师。

陈豹隐翻译的《资本论》是根据考茨基国民版（1928年德文版），参照日、法、英文版，其主要内容为《资本论》第一卷第一篇《商品和货币》。尽管《商品和货币》这一篇在马克思经典大作《资本论》中只占一小部分，但它是马克思劳动价值原理的集中阐述，是整个《资本论》大厦的基石，也是全书中最难翻译的部分。陈豹隐精通多国语言，他中学时代就学好了法文，留学日本时学习了德文、英文和日文，他的多种语言功底对这部书的翻译有很大的帮助。《资本论》是马克思主义全新的经济学体系，它有着很多新鲜的专业范畴，词语和文字表述优美生动，要确切翻译好这本书，除经济学专业功底外，还需要很好的外文功底和文字功底。

陈豹隐除了翻译《资本论》第一卷第一篇正文及第一、二版序言外，还用了近190页的篇幅刊载“译者例言”“资本论旁释”“考茨基国民版序”等内容。在一些难译的地方，加上了自己的注释，即“陈注”，共47条。除了有三条是注释地名外，其余各条都是陈豹隐对《资本论》中名词概念翻译的注释。仅此一例，足见陈豹隐为传播马克思主义用心良苦之一斑。

陈豹隐（当时名字为陈启修）翻译的《资本论》于1930年3月在上海昆仑书店出版。这部书的出版启动了30年代的《资本论》翻译工程。有多位进步学者、翻译家参与了该书其他内容的翻译。1932年9月，北平国际学社出版了王思华、侯外庐翻译的《资本论》第一卷上册。1933年1月，北平东亚书店出版了潘冬舟的《资本论》第二、三、四分册，定名为《资本论》第一卷二、三分册，成为陈译本的后续部分。1934年5月商务印书馆出版了第一卷第一、二篇，译者是吴半农，校译者是千家驹。1936年6月出版了玉枢（侯外庐）和右铭（王思华）的第一卷中、下册的合译本，接替了陈豹隐把《资本论》第一卷译完。由于是众家所译，所以内容不统一、体例庞杂，需要有一个更好的译本。1936年上海一些左派出版社邀请郭大力和王亚南翻译三卷《资本论》，郭大力为翻译这本书深居古庙，全心全意，从朝至暮。经过长年艰苦努力，1938年郭王本的《资本论》第一、二、三卷由上海读书生活出版社出版。当时是在上海租界里印的，大后方还不能印这部书，因为马克思的著作被政府作为禁止出版的反动著作。经过上海方面的各种努力，运一个版到重庆，用内地土纸印出，所以中国完整的《资本论》译本是1938年的郭王本，重庆出版的。新中国成立后，由三联书店印刷，这就是后来1972年国家编译局《资本论》的新译版本的前身。

陈豹隐的译本对原作十分忠实，文字十分优美。编译局出版的72年译本，只是说译本参考了郭王本，并没有说参考了陈启修译本。但是我发现编译局新译本若干地方与陈豹隐译的译文几乎没有多大差别。我举个例子，在第一版序言里，马克思有一句有名的话，编译局的译文是："政治经济学所研究的材料的特殊性，把人们心目中最激烈、最卑鄙、最恶劣的情感，把代表私人利益的复仇女神召唤到战场上来反对自由的科学研究。英国的高教会宁愿饶恕对它的三十九个信条中的三十八进行攻击，而不饶恕对它的现金收入的三十九分之一进行攻击。"陈豹隐的译文是："经济学的研究材料所带着的一个特殊性质，会把人类胸里最激烈、最狭量、最带恶意的情念，把私的利益的复仇女神唤到战场上，去反对经济学。如像英国的国教会，就宁肯宽恕那种对于他的'三十九个信条'的三十八个的攻击，不肯饶恕那种对于他的货币所得的三十九分之一的攻击。"这里面，编译局译文的好些语句与陈译几乎是完全一样的。

这里，我还要讲一下编译局译文，"把人们心目中最激烈、最卑鄙、最恶劣的情感"——重点为本人所加——这句话，与陈译"把人类胸里最激烈、最狭量、最带恶意的情念"——重点为本人所加——存在不同。一个是"人们心目中"，一个是"人类胸里"，如果仔细推敲，那些"最卑鄙、最激烈的情感"应该是"胸中"的情感，而不是"心目中"的情感，"心目中"与"胸里"的含义是不同的，"心目中"往往指外物在个人脑海中的印象，"胸里"则指心胸中内在的愤怒。根据彭迪先老师1944年送给我的1922年汉堡奥托梦士纳出版社的《资本论》德文本，德文原文是"Der menshlichen Brust"，正确译文是"人类胸中"。莫斯科外文出版社英文版为"human breast"，即人胸内。对这一句话，我觉得陈译更忠实、更准确。

陈译《资本论》的出版启动了30年代一系列的《资本论》续译和出版，对马克思主义学说在中国的传播起了重大的作用。《资本论》启迪教育了一大批革命青年，中国30年代有名的左翼经济学家，如王亚南、郭大力、王思华、薛暮桥、彭迪先、许涤新、漆琪生等，都是《资本论》的卓越研究者或者是翻译者，郭大力与彭迪先还翻译了《资本论》勘注。

陈豹隐还是中国较完整的马克思主义经济学教材的最早的编著者。《资本论》是马克思经济学的基础，但是要进入中国的大学讲堂，还要编译自己的教材。陈豹隐的《政治经济学讲话》出版于1933年11月北京好望书店，1937年前三次印刷。该书是陈豹隐在北平大学商学院讲课的内容，由几位学生记录整理而成，内容包括价值理论、剩余价值理论、平均利润理论、资本蓄积理论、危机理论，最后是资本扬弃理论，即对《资本论》第一卷中有关资本主义积累导致资本被否定和社会主义产生的历史趋势的理论介绍。这是一部洋洋五六十万言的马克思主义政治经济学教材，较系统完整地介绍了《资本论》三卷的理论，结合中国实际，针对中国的社会问题，发表了陈豹隐的观点。二三十年代的中国大学，尽管有很多左派学者，但在经济学领域，主要讲授的是英美经济学说，内容是当时英美流行的马歇尔经济学。马寅初先生是一位革命的、民主的知识分子，他出版了一部教材，叫作《马先尔经济学》，当时国内不少大学使用这一教材。

20世纪30年代中国大学讲堂已经出现了马克思主义经济学的讲授者。据罗章龙回忆，陈豹隐1922年是“北平大学马克思研究会”《资本论》研究组导师，给研究会会员辅导《资本论》。1932年，陈豹隐在北平大学商学院任教时编写的《经济学讲话》，系统介绍了马克思的经济学说，联系了中国的实际，讲了中国未来要进行资本的扬弃，走向社会主义。我没有发现1933以前其他经济学家有如此系统的政治经济学讲稿。1934年，沈志远出版了一本《新经济学大纲》，这是一部很有名的著作，应该说是第二本较系统的马克思主义经济学教材。

所以，陈豹隐应该是中国编著系统的马克思经济学教材的第一人，而且是将系统的马克思经济理论引入大学讲坛的第一人。陈豹隐为马克思主义经济学进入中国大学做出了的重要的贡献，促进了《资本论》理论在中国的研究和学习。

最后我还想讲一下陈豹隐在泰山讲学时写的一首诗。1934年陈豹隐应冯玉祥邀请，在泰山讲学，讲授中国的新政治、新经济，宣传团结、抗日，争取民主、民族独立和社会进步。他的这首诗为：“朝讲学斯，暮游息于斯，朝朝暮暮念兹在兹，吾身遂与世长辞耶，吾念将终无已时耶，世若无知者，吾宁永寄踪于凌汉峰下梅花岗上之烈士祠。”这首诗表明了陈豹隐先生的壮志豪情和革命抱负，可以说是陈豹隐的精神追求、高尚品德在泰山石壁上散发的光辉。我们的青年同学要好好体会这首诗的丰富意涵！有志于理论研究的同学应静下心来，认真钻研马克思《资本论》的理论和方法，并用它来分析当代中国实际、当代世界实际和当代经济思潮，为坚持和发展马克思主义经济学而不懈努力。

西南财经大学早期马克思主义经济学家学术成就述评*

刘方健　杨海洋　陈　拓

内容摘要：作为国内马克思主义经济学重镇的西南财经大学，以马克思主义的立场与方法研究中国问题已有近百年传承。用历史的眼光，站在战略的高度，梳理这段历史，以纪念先辈，启迪来者，在今日显得尤为迫切。

关键词：马克思主义经济学　陈豹隐　彭迪先　汤象龙　刘洪康

西南财经大学（以下简称西财）马克思主义经济学的百年传承，起于陈豹隐1905～1917年的留日生涯（师承河上肇和福田德三）。1952年，以成华大学（原光华大学成都分部）为基础，联合西南地区多所院校，在彭迪先、陈豹隐、刘洪康等领导下，筚路蓝缕，组建四川财经学院。西财早期马克思主义经济学者正是在这时百川汇海，济济于此。以下以专题为纲、以人物为线，对西财早期马克思主义经济学者的学术成就进行扼要述评。

一　《资本论》百年因缘

陈豹隐（1886～1960），原名陈启修，字惺农，1905年从法国人兴办的广州丕崇书院毕业后，因赴法读书未果，遂东渡日本，1913年考入东京帝国大学法科大学政治科。当时在日本“马列主义甚见流行”，在经济学界尤以京都帝大的河上肇和东京高等商业学校的福田德三最为知名，二人时

* 本文发表于《经济学家》2012第12期。

有论辩，[1](pp. 135、167) 陈豹隐颇受他们影响，并开始接触马克思主义。

1917 年陈豹隐从东京帝大毕业，受邀担任北京大学法科教授兼政治门研究所主任。1919 年初他在《新青年》第 6 卷第 5 号（即著名的“马克思研究”专号）发表《马克思的唯物史观与贞操问题》，指出“女子贞操也是随物质变动而变化的”。1921 年 7 月陈豹隐又在砺群学会做了题为“社会主义底发生的考察和实行条件底讨论与他在现代中国的感应性及可能性”的讲演，在对社会主义理论和社会主义实行条件进行系统论述后，指出：未来中国“恐怕舍实行社会主义和与国际社会党联合外，别无他法”。[2] 表明他已从思想上逐渐接受和信仰马克思主义。

1922 年 3 月北大马克思学说研究会发布特别通告称：“本会另设《资本论》研究组，并承陈启修先生允为本组导师。”[3] 即是说在此之前，陈豹隐至少已初步研读过《资本论》。1923 ~ 1924 年他赴苏联和西欧进修，其间加入中国共产党，并当选为中共第四期旅莫支部审查委员会委员。①

1927 年大革命失败后，陈豹隐流亡日本。1929 年 4 月他翻译出版了河上肇的《经济学大纲》，② 该书长期是学习研究《资本论》的入门书。据介绍，此书“毛主席生前读过多遍，不但写下了许多的批注文字，而且把书中错误的标点符号一一改正过来”。[4](p. 488) 而时为清华大学经济系学生的吴组缃在 1929 年 12 月 29 日的日记亦称：“晚间读陈豹隐译《经济学大纲》《资本的生产进程》一篇，并作札记。”[5](p. 23) 足见其影响之广。

1930 年 3 月陈豹隐所译的《资本论》第一卷第一册（即《商品与货币》篇）由上海昆仑书店出版发行（1935 年再版）。该书为《资本论》的首个中译本，它以考茨基国民版的第八版（1928 年德文版）为底本，综合参考法译本、英译本和日译本，“拟采用分册出版的形式，分为十册”，将《资本论》陆续出齐，但因故未能续译。1932 ~ 1933 年潘冬舟先后翻译了

① 中共中央组织部、中共中央党史研究室、中央档案馆：《中国共产党组织史资料》（第一卷），中共党史出版社，2000，第 701 页。共同担任该届审查委员会委员的有李大钊、罗亦农、王一飞、王若飞。

② 〔日〕河上肇：《经济学大纲》，陈豹隐译，乐群书店，1929。河上肇原书分《资本家社会的解剖》和《资本家的经济学的发展》两部分，陈豹隐只翻译了上篇《资本家社会的解剖》，即原理部分。他在《经济学讲话》中称：“我所译的是上半部，……当然下半部也是其研究的精华，但是脱稿较上半部早三五年，所以其中含有心理派等非马克思主义的思想，他也曾声明过。这种思想的存在就是我不全译的主要理由。”〔陈豹隐口讲，马玉璞等记：《经济学讲话》（第三版），好望书店，1937，第 11 页〕

《资本论》第一卷第二至四篇，定名为《资本论》第一卷二、三分册，由北平东亚书店出版，成为陈译本的后续部分。

陈译《资本论》的一个特色是，他考虑到《商品与货币》篇“素称难读”，特辑《马克思经济学说在思想史上的地位》（考茨基）、《〈资本论〉在马克思经济学说上的地位》（河上肇）、《〈资本论〉第一篇在〈资本论〉上的地位》（由恩默特《马克思的经济学要览并语汇》和河上肇《第一篇解题》二文合成），定名《〈资本论〉旁释》，附于译者序之后，“以便读者于读《资本论》的原序、原跋，并正文以前，先由这个《资本论旁释》得到一些在读《资本论》以前应该知道的知识”。[6](p.2)他的这一努力得到了时人的肯定：“陈译确也有许多使初读《资本论》的人，得到不少的益处，就是加入了《资本论旁释》。这个旁释，在我看来，不仅是使读者得到‘在读《资本论》以前应该知道的知识’，而且尚能知道《资本论》著者思想的来源，及第一篇的内容。”[7]

关于陈豹隐首译《资本论》还存在一个插曲：如前所述，陈豹隐曾于1922年3月被聘为北大马克思学说研究会《资本论》研究组导师。据罗章龙1978年9月回忆：当时他所在的学会翻译室德文组“曾译了《资本论》的第一卷。我们当时是硬啃，实在不懂的地方，就把困难绕过去。后来我们把《资本论》第一卷译稿交给了一个教经济学的老师，名叫陈启修。他说日本人译的《资本论》，有些地方译得不是很合适的，再从日本文译成汉文后，更走神了。那时我们要结束这项工作，就由这位老师参照我们的本子，直接从德文译了出来，当时也印出来了，但不流行”。[8](p.49)可蹊跷的是，朱务善、刘仁静的回忆和罗章龙另两处的回忆，① 都未提及译本交陈豹隐，甚至根本未提及译《资本论》。且陈豹隐自称，他所依据的德文版1928年方在柏林出版，而所参考的高畠素之日译本1927年才由东京改造社

① 朱务善1960年6月20日的《回忆北大马克思学说研究会》，载中国社会科学院现代史研究室、中国革命博物馆党史研究室《“一大”前后——中国共产党第一次代表大会前后资料选编》（二）（人民出版社，1980：118～121）未提及译《资本论》；罗章龙1978年9月4日的《回忆北京大学马克思学说研究会》（上揭书，第184～194页），虽提及译《资本论》，但未提及交陈豹隐；刘仁静的《回忆我在北大马克思学说研究会的情况》，载中国革命博物馆党史研究室《党史研究资料》（第一集）（成都：四川人民出版社，1980：58～66），未提及译《资本论》；罗章龙的《北京大学马克思学说研究会》，载罗章龙《椿园载记》（生活·读书·新知三联书店，1984：57～72），是他系列回忆文章中最详尽的一篇，未提及译《资本论》。

发行，而马克思学说研究会至迟在1926年即已停止活动了。① 由于缺乏独立的第三方材料，此事已难真正证实或证伪。即使罗章龙提到的译本存在，且给了陈豹隐，时隔多年，陈豹隐此后又长期在国内外东奔西走，尤其是先后遭北洋政府和国民政府通缉，仓促之间，学生们的译本他未必重视，更未必随时带着身边，故不足以动摇其首译者的地位。②

值得注意的是陈豹隐对《资本论》的辩证态度，他强调："马克思的基本思想，要严厉地保守和发展，可是经济学的顺序，却因时代的不同和经济现象的变迁，而不能不采用顺时代的方式，用不着死守《资本论》的顺序……。特别是对于中国人，岂能无环境和文化上的顾虑？"[9](pp. 19~20)这也是他晚年能克服教条、笃守真理的一个思想渊源。

巧合的是，彭迪先也尝试过翻译《资本论》，而且同样是第一卷。彭迪先（1908~1991），原名彭伟烈，1926年冬赴日留学，1932年考入九州帝大经济系，他自称："我以极大的努力提前一年读完大学本科毕业所需的学分。我利用最后一年时间，在过去几年的基础上，全力以赴地系统学习《资本论》等经典著作，写了许多本学习笔记。"[10](p. 22)1935年，他本科毕业后留任助教并攻读研究生，"中国留学生之任经济科助教者，实以彭君为矯［嚆］矢"。[11](p. 2)

1940年彭迪先所译的《马克思未发表遗稿〈资本生产物的商品〉》在《理论与现实》连载，该文是"马克思本人题名为'第一卷，资本的生产过程，第六篇，直接的生产过程的诸结果'的底稿的最后部分"，[12]另有苏联经济学家列昂节大的附识。同年，读书出版社将该文与郭大力的《资本论》三卷本勘误表合编为《〈资本论〉补遗勘误》，以小册子形式发行。在

① 北大马克思学说研究会的活跃期是在1920~1922年。据罗章龙称："学会的活动据说一直延续到一九二六年，不过，我早已离开北大，此后就不知其详了。"且学会在后来已"逐步成为党的外围组织，不再是一个学术讨论团体，而是直接参与革命的行动组织了"（罗章龙《椿园载记》，第71~72页）。

② 关于陈译《资本论》还有个插曲：据姜殿铭《才华横溢的市川妥十年——访东京的"郭沫若文库"》（《光明日报》1982年11月11日）称："在这里（按：指东京"郭沫若文库"），还看到了郭老用'陈启修'这一笔名翻译的《资本论》第一卷。译本由上海昆仑书店于一九三0年出版。"显误。此外，《新青年》1921年9月1日第9卷第5号《人民出版社通告》著录有："资本论（已出版，定价一角）李漱石译"，实际是指《马格斯资本论入门》（马尔西著，李汉俊译，社会主义研究社，1920）。

之后重印的郭大力、王亚南译《资本论》中，该文长期作为第一卷附录并行。①

20 世纪 60 年代彭迪先还为上海人民出版社撰写了《资本论》辅导读物第三卷《马克思的货币理论》约 20 万字的书稿，1966 年不幸在抄家时遗失。1980 年他在《经济研究》第 9 期发表《马克思论抽象劳动》，指出抽象劳动是商品经济特有的历史范畴。1985 年又接受陶大镛邀请，撰写《中国大百科全书·经济学卷》"抽象劳动"条。他注重对基本理论问题的正本清源，促进了马克思主义经济学研究的科学化。

二　社会主义制度下的商品生产和价值规律

1924 年访苏期间，陈豹隐即曾称赞苏联新经济政策："他们不是凭空地想实现共产主义的理想，也不是盲目地采用资本主义的方法"，这"对于产业未发达的国家，是一个明白的榜样"。[13]同时，他对苏联新经济政策施行后到五年计划施行前（1922～1928 年）经济体制中的积弊也表现了清醒的认识："（一）工业品与农业品在价格上剪刀问题的发生"；"（二）一般消费品的缺乏"；"（三）失业人数的增加"；"（四）一般工业的国家补助金的增加"；"（五）输出额减少"。② 这些批评可谓切中肯綮。

"马克思主义经典著作没有将社会主义生产方式与商品生产相联系。苏联的理论也只是承认社会主义社会有极其有限的商品交换关系。"③ 新中国成立后随着高度集中的政治经济体制的建立和苏联《政治经济学教科书》的教条化，社会主义制度下是否存在商品生产和价值规律几乎成了学术禁区，陈豹隐在晚年，"不随大流，不回避矛盾"，"表现了他在学术研究中的勇气和独创精神"。[14](p. 85)

1959 年 4 月，在上海召开了全国第一次关于社会主义制度下商品生产和价值规律问题的理论讨论会。与之相呼应，1959 年 7 月四川财经学院举

---

① 例如近年出版的郭大力、王亚南译《资本论》（第 1 卷），上海三联书店，2009，第 577～596 页。

② 陈启修讲，林伯雅记《产业合理化》，《北大学生》，1931－06，（5、6）：75～77。1931 年正值西方经济危机，苏联却高歌猛进，因而陈豹隐对苏联五年计划总体抱有很高期望。

③ 胡寄窗、谈敏：《新中国经济思想史纲要（1949～1989）》，上海财经大学出版社，1997，第 83 页。此章由赵晓雷执笔。

办了第二次科学讨论会，陈豹隐作为主席团成员，做了题为《我对社会主义制度下的商品生产和价值规律的看法》的著名发言，据当时在场的刘诗白和曾康霖回忆，其发言可谓振聋发聩。

对于社会主义制度下的商品生产，陈豹隐认为即使“在共产主义阶段，商品生产恐怕也还要存在，除非生产劳动社会化停止即协作和分工停止，否则商品生产仍是人类所需要的”。[15]他既不同意所谓生产资料不是商品或只是形式上的商品的“外壳论”，亦反对把商品与私有制等同的“所有制论”，他说：“第一，我不同意‘外壳论’，既然实质上是那个东西，为什么叫外壳，似不必转弯抹角，不如叫它是社会主义商品。其次，所有制论我也不同意，因为私有制以前也有过商品生产，现今国营企业内部也有商品生产。”[15]

对于社会主义制度下的价值规律，陈豹隐指出：“有计划规律与价值规律是有矛盾的。”在社会主义经济中价值规律的作用“应分开来说：(1)等值交换作用仍然存在，而且还扩大了（如各种新行业的发展，如火箭航空行业、原子能操纵的行业等等行业的发展）。(2)社会再生产重分配的调节作用仍然存在，但发生了变化。过去是自发的，现在被计划的调节代替了。但因人们的计划在短时期不能够完全周到完美，所以自发的调节作用还会一时的发生。……把这个调节作用称为影响作用，我认为是不必要的。(3)促进生产力发展的作用，当然依旧存在，而且因为人类认识了它和主动地利用了它，作用加大了。例如社会主义竞赛措施就是利用了这个作用”。[15]

陈豹隐还将这种意识灌注在了诗歌创作中：1958年他在歌咏“五个并举”时，耐人寻味地写道：“按比例而发展啊，不是一句空洞话。客观物质有规律，要按规律定规划。”① 1959年8月在党的八届八中全会后，他又写了一首《颂八届八中全会对生产指标的调整》的长诗：“经济规律性，首先要掌握。条件有利否，亦须弄明确。主观能动性，努力勤挖掘。三者都具备，计划定适合。有一不周到，实现就难说。过高或过低，感觉会错讹。……实事求是者，负责心昭昭。”② 展现出了老一辈经济学者

① 陈豹隐：《五个并举同时做》手稿（陈若豹藏）。“五个并举”即工业和农业、重工业和轻工业、中央工业和地方工业、土法生产和洋法生产、大型企业和中小型企业同时并举。

② 陈豹隐：《颂八届八中全会对生产指标的调整》手稿（陈若豹藏）。

的高风亮节。

三　马克思主义金融学①

西财马克思主义金融学的代表人物是彭迪先，陈豹隐旁涉，而梅远谋、程英琦、温嗣芳等金融学成就也很高，但相对处于马克思主义外围。

彭迪先除运用马克思主义观点对各货币学流派进行介绍、评析外，其金融学著述主要围绕通货膨胀和货币信用学进行（两者往往又是合一的），他提出了系统的通货膨胀实质说与治理说。②

在彭迪先看来，“本来通货的增发，在适宜的条件下，是有刺激工商的效能的，但若将发钞转化为救济财政困难的工具，转化为实质上的一种征税手段，转化为巧取豪夺人民的物质与人力的魔术时，最后钞票必将滥发而不能控制”。[16]他对通货膨胀下了一个马克思主义式的定义，即“因为纸币的发行，膨胀到流通所必需的货币数量以上，因而引起纸币的价值降低，反映出物价高涨的这种现象，普通就叫做‘通货膨胀’”。③

彭迪先从货币职能出发，分析了通货膨胀的形成过程。他指出：“本来是从货币的流通手段的机能发生，而实质上只是一种辅助的流通手段的纸币，只要已经是在市面上流通，就常常被发行货币的国家所滥用。尤其是财政困难的国家，就把她发行的纸币，转变为实际上的一种征税手段。”[17](p.55)一旦完成这种功能转化，纸币的发行，便如脱缰之马，“早已不是商品流通本身的要求，而是因为国家财政的必要。……纸币的流通量，超过货币的流通必需量”，[17](pp.55~56)即势在必然。

通货膨胀具有惯性。首先，通胀所带来的物价腾贵，会抵消通胀的税收效益，“国家为了获得必需的商品，势必要开足印刷纸币的机器的马力，无限制地把纸币投入流通里”；[17](p.56)其次，通胀预期会改变人们的消费投

① 本节参考了唐丽森、陈拓、赵劲松、刘方健、缪明杨《彭迪先金融思想学说概要》（载曾康霖、刘锡良、缪明杨《百年中国金融思想学说史》（第一卷），中国金融出版社，2011，第302~318页的第一部分。

② 沧《介绍两本货币学》（《读书与出版》1948年1月15日）在比较彭迪先《新货币学讲话》和杨培新《新货币学》时，即将此点作为彭著的主要特色。

③ 彭迪先：《新货币学讲话》（再版），生活书店，1948，第57页。1940年彭迪先即完成了此书初稿并移交重庆生活书店，后因其出版业务暂停而失去印行机会，今本为1947年他在旧稿基础上加以整理补充而成。

资行为，“于是大家都赶快放出纸币，换成商品……。这样，纸币的增发，促成纸币信用丧失，纸币的信用丧失，更促进增发纸币的速度，在这种相互作用之下”，[17](p. 57)通胀变得一发不可收拾。

“通货膨胀，实际上是一种无形的租税，而且是一种以民众为对象的征课”，[17](pp. 152~153)它对生产和分配都有显著影响。

在生产领域：一方面通货膨胀会通过影响投资预期、改变投资结构来直接影响生产，“由于纸币的剧烈贬值，资本家感觉前途变化难测，生产事业因资本周转期间较长，往往极感不利，反而不如用在商品流转上，特别是用在投机性交易上去”；另一方面，通货膨胀会通过影响商品流通、居民购买力和国际贸易来间接影响生产，“投机猖獗，囤积居奇”，“工人、农民和其他小资产阶级的经济情况恶化”，导致国内市场萎缩，而外汇行市低落，“在此基础上就可以实行外汇倾销”，“在通货没行贬值的国家，就会采取关税壁垒来对付”，导致国际市场萎缩，国内国际市场的双萎缩必反作用于生产。[18](p. 112)

在分配领域，通货膨胀会拉大收入差距：一方面因工资调整滞后于物价上涨，“薪水阶层”的实际收入会急剧缩水，“他的名目上的薪水虽已增加，而实际上的收入却减少了，从而生活也就不能不随之降低而日趋于恶化。实际工资的减少，就意味着劳动力（它是肉体的也好，精神的也好）的价格的降低，实际上也就等于减薪”；[17](p. 60)另一方面，投机商和豪门资本官僚资本之类，却趁机大发“国难财”。“由于这两方面偏畸，致使社会的财富分配愈趋不均，愈集中于少数特殊阶级的手里，而百分之九十五以上的民众，均在经济上日趋没落。”[17](p. 153)

在“国家财政优裕，经济情况良好”的前提下，彭迪先提出了三种理想的通货膨胀治理模式[17](pp. 62~63)。第一，废止：“废弃旧纸币，改用新制定的安定的纸币，信用货币或铸币等”。第二，货币贬值或平价切下：“只停止旧纸币的发行而不废弃旧纸币。在这个场合，旧纸币所代表的价值依然很低也好，但因业已停止发行，就不会再降低了。旧纸币所代表的价值与金币（或银币）的价值之间，确定了相当安定的比率。这个比率，由国家正式认定，以后国家用旧纸币跟新纸币或金币（银币）相交换”。第三，通货收缩：“保留着旧纸币的流通效力，但不仅停止以后发行新纸币，还要把旧纸币的数量减少。为了减少纸币的数量，普通是国家把她由租税或其他收入而获得的货币的一部分，不再投入流通就行了。这样，流通里剩下的纸币所代表的价值，渐次上涨，达到与金币（或银币）的价值相等的程度”。

彭迪先深入剖析了通货膨胀的实质及影响，并提出了三种在恶性通膨的条件下安定通货的办法，对当时和今天都具有借鉴意义。

改革开放后，彭迪先积极参与和组织金融学学术活动，并出任四川省金融学会名誉会长，目前可考的彭迪先逝世前最后一篇文章即《祝愿金融学会工作更上一层楼——在四川省金融学会第二届理事会第二次会议暨学术交流会上的书面发言》（《西南金融》1991 年第 7 期），可以说，他为马克思主义金融学的发展贡献了毕生心血。

四　马克思主义人口学

在第一代经济学家中，最早探讨人口问题的是陈豹隐。1925 年他在《中国的人口总数》一文中，通过土地面积大小、县数、一般人口增加率、食盐消费量四个指标，推算出当时中国的实际总人口数约为 5.47 亿人，比官方统计多出约 1 亿人。[19]1926 年他在担任黄埔军校政治教官期间，“对马尔萨斯的《人口论》，曾引用马克思学说的理论给予批判”。[20](p. 444)

新中国成立后，“我国人口学界对我国人口的控制与反控制进行的大论争”，“1957 ~ 1958 年是一个高峰，1960 年又是一个高峰”。[21](pp. 441 ~ 442) 1957 年 4 月陈豹隐在四川省政协会议上，明确提出“计划生育论”，他说：“我想的办法是‘计划生育论’。什么是‘计划生育论’呢？它和‘节育论’有什么不同呢？‘计划生育论’是为解决目前暂时阶段人口生产速度过大而工农业生产赶不上的矛盾所采取的一种办法。”具体而言，办法有三：“第一，提倡晚婚”；“第二，使已婚的青年夫妇不要在一个地区或一个机构工作”；“第三，采取安全期性交的办法”。最后他强调：“关于‘计划生育论’我正在开始研究，目前只能说到这里。”[22]遗憾的是，因政治和身体原因，我们未能见到他的后续研究成果。

陈豹隐的这一“计划生育论”终被刘洪康发扬光大。刘洪康（1911 ~ 1990），1928 年初留日，考入东京明治大学经济系，1931 年归国，1939 年曾到陕西宜川的“民族革命大学教政治经济学、资本论”。他“从 1972 年开始，结合中国人口发展的实际，积极从事马克思主义人口理论的研究工作”，① 1979年领导创办了四川财经学院人口理论研究室（后扩建为人口研究所），成为中国最早的几个人口研究单位之一。

1977年12月汕头全国人口理论学习班工作座谈会和1978年11月第一次全国人口理论科学讨论会，虽有人论及“两种生产”，但影响有限，当时的讨论重心还在人口规律上。1979年12月刘洪康在全国第二次人口理论科学讨论会上，发表了《试论马克思主义人口理论的一个基本观点“两种生产”》一文，系统阐发了恩格斯的“两种生产”理论，指出社会生产是物质资料生产和人类自身生产的统一体，人类自身生产周期长且具有惰性，必须两种生产一起抓，把人口计划放在国民经济计划的应有地位。[23](pp. 37~49) 1981年8月他在“人口与经济专题讨论会”发言中，进一步将两种生产上升到哲学高度，指出：两种生产不违背一元论历史观，“物质生产起决定作用不等于别的因素都不起作用，并不否定人的生产也起重要作用，一元论不等于一物论，唯物史观不等于经济史观”。[24] 之后他在《人口手册》《再论两种生产》《人口原理》等论著中，② 和吴忠观一起，初步构建了两种生产的知识体系，“把探索的重点从人口规律转移到两种生产理论，充分反映了人口理论的深入发展”。[25](p. 179)

五　马克思主义指导下的经济史和经济思想史研究

西财中国经济史的奠基人是汤象龙，世界经济史和经济思想史的奠基人是彭迪先，陈豹隐更多着眼于经济史和经济思想史理论，左治生则在财政史领域有卓越贡献。

汤象龙（1909~1998），1925年考入清华大学首届文科。1929年毕业后留任罗家伦特别研究生一年，专攻中国近代经济史。20世纪30年代在北平社会调查所与中央研究院工作期间，他与陶孟和创办并实际主持了第一

① 刘述云：《人口学家刘洪康》，《成都文史资料》（第28辑），成都出版社，1995，第213、215页。刘述云为刘洪康夫人。

② 刘洪康主编《人口手册》，1981年初版，1984年修订，前两版均由成都计划生育宣传教育分中心内部发行，1988年修订后，由西南财经大学出版社公开发行；刘洪康：《再论两种生产》，《人口研究》1983年第2期；刘洪康、吴忠观：《人口理论》，西南财经大学出版社，1991，其中第一、二章为阎海琴根据刘洪康遗稿和生前口述大意整理而成。

份中国经济史专业的学术刊物——《中国近代经济史研究集刊》，领导发起了第一个重视中国经济史研究的学术团体——史学研究会。他组织大规模抄录清宫档案中的财政经济史资料，并运用统计方法做了系统整理。他被誉为“中国经济史学科的主要奠基者与创始人”。①

严格讲，汤象龙在新中国成立前并未系统研读过马克思主义，但他在研究中却有意识地践行着唯物史观。他在《中国近代经济史研究集刊》《发刊词》中开宗明义地讲道：“在我们认识经济在人类生活上的支配力并且现代经济生活占据个人、民族、国际的重要地位的时候，我们便不得不说历史的大部分应该为经济史的领域。”②

新中国成立后，汤象龙对马克思主义的运用从无意识变成了自觉，在他看来：经济史“是政治经济学的基础科学。又是历史学中最重要的一部门”，“我们搞经济建设不作调查研究，不了解事物的现状，不了解它的历史变化，办起事来一定是要脱离实际，犯主观主义”。[26](pp. 280 ~ 281) 晚年，他老骥伏枥，完成了《中国近代海关税收和分配统计（1861 ~ 1910）》这一皇皇巨著。[27]

陈豹隐也十分重视经济史和经济思想史研究，他曾对经济学理论、经济思想史、经济史三者的关系作了一个非常精辟的论断，他指出：“经济学理论，经济思相［想］史，经济史，三者，从他们的根本关系说来，原是不可分的：因为，第一，经济学理论如果离开了经济思想史，就会弄得不明白那种理论在人类思想进程上的地位所在而使它成为孤立的智识，如果离开了经济史，就会弄得不明白那种理论所据以发生的实际环境而使它成为空漠的思索；第二，经济思想史如果离开某种经济理论，就会失掉了批判的标准而变成单纯的材料堆砌，如果离开了经济史，就会变成一部不知从何而来的空想史；第三，经济史如果离开了某种经济理论，就会变得无从叙述史实，如果离开了经济思想史，就会弄得不明白种种经济史实的动机而使它成为一部完全没有人类意识的要因的天然史。”他认为，《资本论》之所以成为“空前的大著，想来也是因为认识了三者间的不可离的根

① 2009 年西南财经大学举办了汤象龙百年诞辰纪念会，相关文章收入汤象龙研究室《中国经济史学科主要奠基人汤象龙先生百年诞辰文集》，西南财经大学出版社，2009。

② 《发刊词》，《中国近代经济史研究集刊》1932 年第 1 期。该文未署名，但汤象龙为该刊主编，并将该文收入自己的文集（汤象龙著，刘新渼主编《中国近代财政经济史论文选》，西南财经大学出版社，1987。刘新渼为汤象龙夫人），故著作权当归汤象龙。

本的关系的缘故"。[28](p.1)他还将理论落实到实践，撰写了《马克思经济学在一般经济学史上的地位》，概括出了"马克思经济学说具体的特殊理论"，即抽象劳动价值论、剩余价值说、平均利润论、绝对地租论、资本积蓄论和恐慌的理论、帝国主义论、资本主义扬弃论。[29]在今天看来，大体抓住了马克思主义经济学的精髓。此外，他还在《经济学原理十讲》《经济学讲话》等著述中运用马克思主义观点对各派经济学说进行了绍评。

在经济史和经济思想史领域，陈豹隐都曾有过雄心勃勃的翻译计划。他在《经济学大纲》译者跋中称："读了《经济学大纲》以后，更想进一步研究的人们，自然就非得研究经济史和经济思想史不可。关于经济史的最有用处的书，莫过于日本'改造社'新出版的《经济新史》"，"译者想把他于本年内译成中文"；而"经济学史，我可以把（一）'剩余价值学说史'的关于重农学派的部分，（二）河上肇博士的'资本家的经济学的发展'，（三）Buharin 的'吃利的人的经济学'合译起来，为成一本《经济学新史》。"[30](pp.595~596)同时，《乐群月刊》1929 年第 2 卷第 8、9、11 期等均登有题为《陈豹隐集译〈综合经济史〉出版预约》的广告，称：经济史"有两种：一种是专门叙述经济发达的通性的，那所谓一般经济史；一种是专门叙述一个地方经济的发达的特性的，即所谓各国经济史"，他想合二为一，"为成综合经济史"。全书计划分为经济史概论和英、美、德、法、俄、日经济史共七章，"约六十五万字"。然而不知何故，此书未见出版。

彭迪先早在留日时期即积极参与国内的"中国农村社会性质论战"，但他不是就中国言中国，而是通过世界经济史，通过探讨普遍规律性来展开论战。1934~1936 年，他在《中国经济》相继发表《地租理论之史的发展》《历代土地制度概要》等文，指出："经济学的研究对象是人类的生产关系"，[31]并将"土地所有的如何"视为"农村生产关系的枢轴"。[32]

1939 年彭迪先撰著了《世界经济史纲》，① 全书分"概论""各论·各国资本主义发达史""结论·资本主义的发展及其矛盾的严重化"三篇。书中他坚持马克思辩证唯物主义，既反对"误解唯物史观主张经济关系是唯一的决定的要素，对于上层建筑的各种要素，毫不注意"[33](p.22)的经济

① 1939 年，彭迪先挂名在国立编译馆当馆外翻译，并利用空闲时间，着手撰著此书，同年底完成初稿，1940 年初交付生活书店，后因日寇侵占香港，书稿遗失，1946 年寻回，1948 年方由香港生活书店正式出版。

决定论，也反对主张“‘清一色’的纯粹的社会经济形态”，[33](p.155)忽视各国差异性的线性进化论。

其后，彭迪先的研究重心基本转向了经济思想史。① 1940～1943 年他先后发表了《经济学的根本问题》《评奥国学派经济学》《论自然主义的经济学》等文。他将古典学派称为自然主义经济学，认为其受自然科学影响，“将社会现象，解作自然现象”，“由此演绎出毫无历史性与社会性的抽象的经济原则，或超越时空的绝对主义”；[34]历史学派矫枉过正，“把经济学解消在单纯的经济史和统计调查里去了”；[35]奥国学派则偏主观，对欲望的可测性及不同质的种种欲望如何转化为同质的欲望而加以数量大小的比较等问题，未能有效解决。[36]

1948 年彭迪先出版了《经济思想史第一册》。在他看来：“任何经济思想，均不外为一定的社会经济的反映，不过是学者思想家观察当时当地的经济事象，经济关系所提出之理论的说明而已。”但社会意识又具有相对独立性，“客观的经济事象，经济关系，对于主观的经济思想，并没有完全而绝对的决定作用”。从柏拉图到新旧历史学派，书中彭迪先运用马克思主义对“凡关于经济思想的发生与演变，其意义与价值，以及各种经济思想相互间之关系，等等问题”，② 进行了系统梳理和评述。

新中国成立后西方经济思想史研究长期受到压制。改革开放初，刚复出的彭迪先即在各种场合呼吁要重视西方经济思想史研究。他指出：“三十年来，我们对资产阶级经济理论曾经有过完全否定的态度。对于他们的研究，很少认真进行”，“从资本主义学术著作中吸取有益的素材，马克思早就给我们做出了光辉的榜样”。[37]“加深我们对外国经济学说和经济政策的认识，通过比较和鉴别，必将有助于我们更快更好地找到一条适合中国国情的经济建设新路子”。③ 他认为：“马列主义应当研究，但马列主义总不能代替所有社会科学”，“政治问题和学术问题不能混为一谈”，“在外国经

① 对这一学术转向，彭迪先的解释是：当时武汉大学“教经济思想史的教授程英祺（四川人，留英的）因为要到成都办长江银行兼华西大学经济系主任，他离开武大后，学校当局实在找不到留英美的教授来接替程英祺讲授经济思想史”，“不得已才通过汪贻荪（武大历史系教授，与我在日本九州帝大同学）的介绍，找我去武大接替程英祺”（彭迪先：《我的回忆与思考》，四川人民出版社，1992，第 63 页）。

② 彭迪先：《经济思想史》（第一册），国立四川大学经济系，1948，第 1 页。

③ 彭迪先：《在外国经济学说研究会第一届年会上的讲话》，打印稿（彭迪先子女藏），1981 年 4 月 29 日。

济学说研究上也要反‘左’防右”。[38]同时，他还强调：要重视西方学者对《资本论》的研究，“要结合现代资本主义的实际，来研究《资本论》”。①他的这些言论为破除成见和疑虑，促进经济思想史研究的繁荣做出了卓越贡献。

此外，如陈豹隐在财政学领域的成就等，因不属于马克思主义，故不在本文论述范围内。

参考文献

[1] 萨孟武：《学生时代》，广西师范大学出版社，2005。

[2] 陈启修讲，余家菊、陈石孚记：《社会主义底发生的考察和实行条件底讨论与他在现代中国的感应性及可能性》，《评论之评论》，1921，1（4）。

[3]《马克思学说研究会特别通告》，《北京大学日刊》，1922年3月22日（4）。

[4] 孙宝丈、刘春增：《更改〈经济学大纲〉等书中的错误标点符号》，《毛泽东谈读书学习》，中央文献出版社，2008。

[5] 吴组缃：《拾荒集》，北京大学出版社，1988。

[6] 陈启修：《译者例言》，《资本论》（第一卷第一分册），陈启修译，昆仑书店，1930。

[7] 廷泰：《读陈译资本论》，《读书杂志》，1932，2（9）。

[8] 罗章龙：《回忆“五四”运动和北京大学马克思主义研究会》，《文史资料选辑》（第61辑），中华书局，1979。

[9] 陈豹隐口讲，马玉璞等记《经济学讲话》（第三版），好望书店，1937。

[10] 彭迪先：《我的回忆与思考》，四川人民出版社，1992。

[11] 波多野鼎：《著者汉译本序》，载波多野鼎著《现代经济学论》，彭迪先译，商务印书馆，1936，第2页。

[12] 彭迪先译《马克斯未发表遗稿〈资本生产物的商品〉》，《理想与现实》，1940，2（1）。

[13]《陈惺农教授自苏俄来函》，《北京大学日刊》，1924年3月3日（3）。

[14] 刘诗白：《怀念我国早期的马克思主义经济学家陈豹隐》，《财经科学》1986年第6期。

[15] 陈豹隐：《我对社会主义制度下的商品生产和价值规律的看法》，《财经科学》

① 彭迪先：《在“评西方学者对〈资本论〉的研究”讨论会上的发言》，手稿（彭迪先子女藏），1985年8月13日。

1959 年第 4 期。

[16] 彭迪先讲，胡熙明记《从大钞发行说起》，《知识与生活》（北平）1948 年第 33 期。

[17] 彭迪先：《新货币学讲话》（再版），生活书店，1948。

[18] 彭迪先、何高：《货币信用论大纲》，生活·读书·新知三联书店，1955。

[19] 陈启修：《中国的人口总数》，《国立北京大学社会科学季刊》，1925，3（4）。

[20] 文强：《我在黄埔军校的见闻》，《中华文史资料文库》（第二卷）政治军事编，中国文史出版社，1996。

[21] 徐雪寒、王淑文：《社会主义人口理论》，《经济研究》编辑部《建国以来社会主义经济理论问题争鸣（1949～1984）》（下），中国财政经济出版社，1985。

[22]《对“节育论”提出不同意见——陈豹隐主张“计划生育论”》，《四川日报》1957 年 4 月 15 日第 3 期。

[23] 刘洪康：《试论马克思主义人口理论的一个基本观点“两种生产”》，《人口问题与四化》，四川人民出版社，1981。

[24] 刘洪康：《两种生产的观点不违背一元论历史观》，人口与经济专题讨论会发言，《人口研究》1982 年第 1 期。

[25] 查瑞传：《人口学百年》，北京出版社，1999。

[26] 汤象龙：《谈谈中国经济史的研究工作》，载刘新编《中国近代财政经济史论文选》，西南财经大学出版社，1987。

[27] 汤象龙：《中国近代海关税收和分配统计（1861～1910）》，中华书局，1992。

[28]《陈豹隐先生序》，载（苏）鲁平《新经济思想史》，陶达译，好望书店，1932。

[29] 陈豹隐：《马克思经济学在一般经济学史上的地位》，《对抗》1932 年第 1 期。

[30] 陈豹隐：《译者跋》，载河上肇《经济学大纲》，陈豹隐译，乐群书店，1929。

[31] 彭迪先：《地租理论之史的发展》，《中国经济》，1934，2（11）。

[32] 彭迪先：《历代土地制度概要》，《中国经济》，1936，4（8）。

[33] 彭迪先：《世界经济史纲》（沪初版），生活·读书·新知三联书店，1949。

[34] 彭迪先：《论自然主义的经济学》，《国立武汉大学社会科学季刊》，1943，8（1）。

[35] 彭迪先：《经济学的根本问题》，《读书月报》，1940，2（4）。

[36] 彭迪先：《评奥国学派经济学》，《读书月报》，1941，2（11）。

[37] 彭迪先：《提高经济科学水平，迎接八十年代》，《经济科学》1980 年第 1 期。

[38] 彭迪先：《在外国经济学说研究上也要反“左”防右》，本刊编辑部举行座谈会分析当前资产阶级经济学的新动向，《经济学动态》1981 年第 7 期。

陈豹隐对马克思主义经济理论的贡献及启示*

刘方健　蒋海曦

内容摘要： 陈豹隐是中国著名的老一辈经济学家，他一生的学术研究对马克思经济学理论的传播、继承与发展做出了巨大贡献，他在商品、商品生产、价值、价值规律方面的研究具有独特价值并给我们以重要启示。

关键词： 马克思经济理论　陈豹隐　学术思想　研究

陈豹隐（原名陈启修）是中国最早传播马克思经济理论的老一辈经济学家。在20世纪初期，他先后任北京大学马克思学说研究会的《资本论》导师、黄埔军校的政治讲师、广州农民运动讲习所教师。在最早传播马克思经济学的先驱中，"五四"运动时期即有"南陈（豹隐）北李（大钊）"之称，冯玉祥泰山办学时期即有"南李（达）北陈（豹隐）"之谓。早年接受过"五四"运动洗礼的陈豹隐作为一名马克思主义经济学家，坚持继承马克思经济理论，著述了多部经济学著作并是我国最早的《资本论》中文译本的翻译者。在一生研究工作中，他在继承马克思经济理论的基础上，根据中国的实际将马克思经济理论具体化、中国化，在许多方面特别是商品及商品生产、价值及价值规律的研究方面，见解独特，为发展马克思经济理论做出了特殊的贡献。

一　陈豹隐商品理论的学术思想

1927年底至1929年底，陈豹隐东渡日本，为经济理论的发展发愤著述。除翻译马克思的《资本论》、河上肇的《经济学大纲》外，还出版了

---

*　本文发表于《经济学家》2010年第7期。

《新经济学》《经济现象的体系》《财政学总论》等百万字的著作。这一时期，他已打下了很好的经济学理论基础，并达到了很高的学术造诣。当时的中国经济十分落后，但在西方发达国家及苏俄的影响下，商品经济及其理论伴随这些国家的民主政治开始引起了陈豹隐及一大批先进知识分子的关注。由李大钊最初筹划、陈豹隐为首届执行部理事的丙辰学社通过“研究真理、昌明学术、交换智识、促进文化”，不仅向中国民众介绍欧美、苏俄的文化政治，还介绍其商品社会的状况。陈豹隐在丙辰学社社刊《学艺》杂志上发表的《欧洲大联邦国论》等论文产生了积极的社会作用。

“五四”运动对陈豹隐产生了重大影响，这时他开始着力运用马克思主义观点，在北京大学开设马克思主义的经济学概论，阐述以商品为社会细胞形成的资本主义生产关系，以及资本主义生产关系的最终趋势，引导学生系统学习《资本论》，从而通过对商品理论及由商品引发的一系列社会问题的关注力图解决当时中国经济社会的现实问题。陈豹隐还与李大钊合作，讲授十月革命后的苏维埃俄国及其他国家的工人运动及当时中国劳工的状况，联系实际剖析商品及商品社会关系，深受学生及其他听众的欢迎。在中国共产党还未成立的1920年，陈豹隐能理论联系实际，阐述商品及商品社会问题，从而传播和继承马克思主义经济学理论，实属不易。当然，也正是陈豹隐等人在北京大学传播、继承马克思主义经济学的历史，使北京大学更加著名。以致著名学者周培源说：“我认为一所大学办得好与不好，其水平如何？它的决定因素或根本标志之一乃是这所大学的教师阵容。教师是学校的主体，古今中外绝无例外，北京大学在过去曾集中过一批国内外知名的学者，象陈独秀、李大钊、钱玄同、胡适、刘半农、沈尹默、陈豹隐（陈启修）……，就是其中的代表，所以成为名副其实的国内最高学府之一。”[1]陈豹隐在1925年至1926年，已开始将马克思主义基本经济理论广泛地向社会传播，积极向工人、农民、军人宣讲。例如，他与恽代英等人作为黄埔军校政治讲师，名列政治教官前列。① 他在广州农民运动讲习所第6期的“授课情形：中国财政经济状况4小时，经济常识18小时，苏俄状况18小时”。② 大众热烈欢迎邀请他演说，“5月5日工农两大会举行马克思108周年联合纪念大会。到二千余人，会场高呼‘全世界无产阶级

① 参见黄埔军校第四期《同学录》。

② 参见《中国农民》1926年第9期。

联合起来’‘共产主义万岁’等口号，高唱国际歌，并请陈豹隐（陈启修）、郭沫若等演说”。①

1930年3月，上海昆仑书店出版发行了陈豹隐翻译的马克思的《资本论》第一卷第一分册，主要内容为《资本论》第一篇《商品与货币》。这成为陈豹隐继承马克思商品理论及发展马克思商品理论的重要里程碑并是已知最早的《资本论》中译本。这个中译本的内容——商品与货币，是最难理解及最难翻译的。但通过他的努力，在当时中国工业处于初创时期，商品经济及商品尚不发达而不被关注之时，该书无疑对中国经济社会的发展有重要意义。

陈豹隐在商品理论方面有较高的学术造诣，并成功地成为翻译马克思《资本论》的最早的中国学者，这与他在早年翻译日本著名学者河上肇的《经济学大纲》所受到的影响是分不开的。陈豹隐对河上肇评论道：“他由商品到货币，由货币到资本，由资本的成立到资本的积蓄，更进而到资本的集中，真是可以说得上，他的研究方法如同剥笋壳一样，越剥越到好处。同时，他的叙述方法又好象画家画像一样，一笔一笔的加上去，结局画成一个谁也理解得到的整个的人。”[2](p.2)而陈豹隐对商品的理解及对相关理论的理解，总是将其放在经济社会的大背景下，认为是经济社会发展到一定时期的产物。例如，他认为商品在中国的产生与中国的政治权力有关。“民治政治即资本政治”，“历史上原先本无政治，后来随着社会财富的发达而形成奴隶政治，又由奴隶政治演进为封建政治，由封建政治而演进为资本政治，将来随着生产的社会化，权力也就社会化，政治将归于消灭”。[3]又如，他认为中国商品及商品经济的萌芽，一开始就受到外国商品的冲击。“中国的资本主义的生产业，虽有地理上的便利，却绝对不能和工业先进国的商品的价值竞争。因为，中国关税不能自主，无拒绝外国商品入口的可能。”[4](p.17)陈豹隐还认为，尽管中国的商品及商品经济受到外国商品冲击，但中国封建地主与外国资本家的利益都是一致的。“如果从外国资本家输进资本主义的廉价农产品一层看，则中国地主是和外国资本家的利益相反的。因为，这种商品大量输入，中国农村的衰落必愈快，结果，中国地主的地租必有收不到手的忧虑。”“如果从外国资本家输进廉价工业品一层看，则中国地主的利益不但不和外国资本家冲突，并且还是一致的。因为，这种

① 参见《新青年》1926年第5期。

工业品的输入，必然越发使中国小规模生产的工业破产，从而使中国的工业生产越发资本主义化。其结果，必然会使资本的有机构成提高。因此，就会使中国地主的地租及其反映物的地价高涨——这当然是于中国地主有利的，从外国资本家来看，中国农村小生产因中国地主的剥削而来的破产，正是外国资本家的商品发展的好机会，所以特别和中国地主要好，他们间的利害是一致的。”[4](p.18)

在对马克思《资本论》中的商品理论的理解及继承中，在长期结合中国国情研究商品现象的过程中，陈豹隐对马克思的商品理论有精辟的见解及深刻的理解，从而在他晚年尽管存在深受苏联高度集中的计划体制的影响，否认商品、商品经济的思潮为主流的情况，他仍然坚持社会主义条件下“存在商品”的观点，并且不同意仅把商品看作社会主义产品的“外壳论”。他认为：“我不同意‘外壳论’，既然实质上是那个东西，为什么叫外壳，似不必转弯抹角，不如叫它是社会主义商品。”[5]从中国经济社会发展的整个历程来看，陈豹隐的商品理论被证明是完全正确的。

二　陈豹隐商品生产理论的学术思想

陈豹隐通过对商品现象的认识，根据马克思主义的经济学原理，在商品生产方面也有很好的研究。应该说，陈豹隐早在1913年翻译日本著名学者小林丑三郎著的《财政学提要》一书时就通过全面而系统地介绍欧洲资产阶级的租税论及西方国家的政府理财方法，探索了当时中国如何产生商品及商品生产的问题。在他的许多著作中都涉及了商品生产理论。他这方面的著作有许多，如1921年《晨报》副刊连载的《中国改造的研究》，1929年乐群书店出版的《经济现象的体系》《新经济学》《科学的社会观》《科学的宇宙观》，1931年北京大学出版的《经济学原理》，1932年乐群书店出版的《经济学原理十讲》，以及1934年北京好望书店出版的《经济学讲话》等，可谓内容丰富。陈豹隐在当时学术界充斥研究商品生产及相应关系的松散堆砌读物的情况下仍能通过求实研究而形成思想精品之作实属不易。正如他自己评价当时情况时所说的那样：“在普通的大学经济原理的教科书上，往往堆着一些掩饰门面的东西。如象所谓生产条件论，……但是，在一方面只管有这些堆砌粉饰，在另一方面，却又把紧要的关节，完全不理，……生产和流通的内部关系，等等东西，照例都是不说的，所以

弄得到处是漏缝，只构成一个‘一盘散沙’式的智识。”[2](p.2)

陈豹隐之所以能在“‘一盘散沙’式的智识”中脚踏实地地阐明自己的商品生产理论，仍在于他根据马克思商品生产理论，结合中国国情认真探索的努力。例如，他在《经济学讲话》中指出：“中国的资本主义生产，处于和外国资本主义同等自由竞争领域，而外国资本主义的资本有机构成高，生产率高于中国，因此，外国资本主义的生产品，通过市场价值的实现，必然包含着有中国资本主义生产品的价值在自己的价格上未能实现的部分。”[4](p.60)针对当时中国学界存在一种不切实际的“复兴农村经济论”，陈豹隐认为，这时中国农村的经济，已经全部破产了，以农立国的基础已经根本动摇了。第二次世界大战前，中国农村经济还可以与外国并驾齐驱，但是在第一次世界大战之后，情况不同了。外国农业因大量的农业机械的生产发生了很大的进步，使农业大资本化成为可能，中国农民直接被外国资本主义农产品所打击。那么，“怎样去解决中国农村总破产的问题呢？当然是应该促进农业劳动生产性的发展，使农业生产方法改良及推广农业机械的使用。然而这种改良必然涉及土地制度上的剥削，必然要利用政治上的力量去禁止外国农产品的输入。所以，提高农业劳动生产性的前提条件必然是一面改革土地制度，一面改革国内外政治，使军阀豪绅地主资产阶级榨取而不可能才行”。[4](p.67)可见，在20世纪30年代初期，陈豹隐能运用马克思经济学原理，剖析当时中国商品生产及农业生产的弊端，提出鲜明的根除时政弊制等思想，确实难能可贵。而对中国如何发展商品生产的民族产业，他也清醒地认识到：“要发展民族产业，解决的途径，第一步必须使中国的国际政治地位真正独立自主，独立自主不是可以用妥协或乞怜的方法得来，而必须用民族的革命手段去争取，即革命。第二步的办法就是使全国土地国有。”[4](p.70)陈豹隐的这些思想，应该说是十分先进的，而为了改变当时中国经济社会的落后现状，他认为应通过政治与经济两个方面的手段来解决。其中经济手段在于商品生产的手段及效率改革。“经济上的方法也有两种：（一）增加劳动的生产性，使生产品的每个单位的价值减少。劳动生产性的增加，最主要的条件有两个：第一条件是劳动者本身的能力的增加，第二条件是技术的获得。这两个条件，显然在最近将来的中国是没有实现的希望的，所以劳动的生产的增加这句话，在今日，完全是一句空话。（二）把主要的生产手段从获得利润的目的，解放出来。”[4](p.72)显然，陈豹隐当时已对如何提高商品生产的效率及如何改变当时中国商品生产落后现状有深刻的认识。

陈豹隐还特别注意发展商品生产的其他经济社会条件。例如，他认为政治权力会严重影响商品生产诸方面的关系。例如，其一，政治现象的发生及发展要受商品生产的生产关系支配，现在与将来均会是如此；其二，当时的商品生产的生产关系正发生新的变动。物的方面，生产手段慢慢地社会化起来了，如所谓国有事业的扩展、土地公有化、资本的公共节制、劳动能力的社会保护、一般私有权的限制、全国经济事业的经营管理等事项，就是明例。物和人两方面的变动是向着权力社会化及权力消灭的方向走的，为什么呢？理由很明白，因为权力发生的根本原因在于生产手段的私有，但权力会最终走向消灭。再如，他还认为中国地域性的因素也对当地经济社会发展具有重大影响。例如他对当时处于抗日战争前沿的广西地区的经济实力及人民斗志做了着重描述。他在 1939 年 11 月发表的《广西是一整个要塞》中说道："从风俗上说，广西民众战斗精神之横溢，夙有名于内，最近数十年历史可资佐证。至于勤苦耐劳之风，不仅遍及于男子，而且普及于妇女，许多经济生产工作，皆由妇女担任，故广西民众除老弱外无一不勇敢地站在奋斗的岗位，这种风俗岂不等于一个大要塞内各个成员都很踊跃地站在战斗的岗位上吗。则此看来，广西实在可以譬喻成为战斗准备已成的整个大要塞。"[6] 又如，陈豹隐还注意到人口增长制约商品生产及经济发展。在 1957 年他就提出"计划生育论"。他认为"现阶段人口增长速度过大，而工农业生产赶不上，乃是发展国民经济的矛盾"。[7] 为了解决这个矛盾，陈豹隐提出提倡晚婚、适当分居、安全其避孕等措施。这些措施在当前也是有效的。

陈豹隐晚年，对商品生产理论已有系统、深刻的认识。1959 年，在四川财经学院第二次科学讨论会上，他对商品生产的起源、发展、阻碍及飞跃进行了系统阐述。他认为商品生产的起源，在于人类社会的"协作"。有了分工之后，协作越来越复杂，协作分工越来越多，生产的结果发生剩余，形成交换萌芽，于是一般产品生产转化为商品生产。但他又客观地认为"这并不是说，一切生产都变成商品生产，那是要经过一个相当长的时期的"。[8] 对于商品生产的发展，他认为是随劳动社会化的范围扩大，由人类物质生活享受更加丰富促进的。商品生产有利于人类，且还可以作用于社会必要平均劳动量规律，提高生产，会继续发展下去。[8] 而对于商品生产在整个经济社会发展的过程中可能遇到的阻碍，他也作了深刻分析。认为这些阻碍第一会来源于战争侵略和掠夺；第二会来源于私有制的存在，特别是奴隶所有制及农奴私有制；第三是资本主义私有制的剥削；第四是帝国主义垄断的私有制。而社会主义制度会使商品生产大飞跃。“社会主义制度的成立，使商品生产进入一个大飞跃，使它进行了一个否定之否定，它依靠生产手段公有制的建立，扬弃了种种阻碍和毒害，向生产社会化和更大的更有效的协作和分工迈进。”[8]而对于商品生产今后发展的趋势，陈豹隐有独特的见解，认为在共产主义社会也还有商品生产，商品生产是永存的。“社会主义制度下的商品生产是一种崭新的社会关系，具有广大的发展前途，即使在共产主义阶段，商品生产恐怕也还要存在，除非生产劳动社会化停止即协作和分工停止，否则商品生产仍是人类所需要的。”[8]陈豹隐的这种认识，是基于他对商品生产的定义的理解而形成并不断深化的。因为他认为商品生产指的是，“不是为生产者自己消费而是交换与别的生产者供其消费，这种生产就是商品生产”。[8]这种观点尽管与传统理论不尽相同，但陈豹隐立足于马克思商品生产理论，为发展商品生产理论做出不懈努力的理论勇气是令人十分钦佩的。

三　陈豹隐价值规律理论的学术思想

陈豹隐对价值规律的理解及认识，可以说来源于他早期对马克思经济理论的研究及对社会规律的认识。他在专著《科学的宇宙观》序言中写道：“我从去年 12 月起就决了心，要连译带著，写一大部有系统的民众教科书，总名叫做《科学的生活指导原理》。内分六个小部分：（一）科学的宇宙观，（二）科学的社会观，（三）科学的伦理观，（四）科学的中国民族观，（五）科学的中国革命观，（六）科学的中国未来观。”[9]可见，陈豹隐在早年就形成了系统认识包括价值规律在内的经济社会规律的思维基础。所以，在陈豹隐的学术研究中，总是注重捕捉规律性的东西。例如，他在分析资本利润、利息、工资等各种分配物等，总是动态地、联系地加以研究。“如象对于利润、利息、工资各种分配物的相互联系，生产和流通的内部关系，等等东西”，他都认为应认真研究。同时还认为：“把一些现象排列着，并不肯从动的方面去观察各种现形的变化，所以往往把真理埋没了。”[2](p.3)

正是在科学的宇宙观、认识论的指导下，陈豹隐对当时中国经济社会受价值规律影响的认识十分客观。如 20 世纪 30 年代的中国曾出现了一种

“工业救国论”。陈豹隐认为单纯地提倡工业，推广国货，只能是不切实际的幻想。他在《经济学讲话》中指出，提倡工业与提倡国货，并不是简单之事，而是一个价值法则即价值规律的适用问题。[4] “从价值论的价值法则来说，单单的提倡国货，奖励国货于事实毫无补益的。”[4](p.70)

陈豹隐的晚年更加关注价值规律特别是在社会主义条件下的特殊意义。1959 年，他在四川财经学院第二次科学讨论会上深刻地阐述了价值规律的基本内容及重大作用。他认为价值规律的基本内容“有两个：第一，不同种类劳动化为等值劳动的规律（即等价交换规律）部分。这当中包含人类的一般抽象劳动原则，亦即人类精力支出原则，和复杂劳动如何化为单纯劳动的原则”。“第二，同种劳动之间的量的决定的规律，即社会必要平均劳动规律。这即是说，商品价值是由社会必要的平均劳动决定的，而不是由一个商品实际上所费了的劳动所决定的，并不是一个凭空想象的量决定的。因此，这个平均劳动量只是一个抽象的量，然而也是由一定社会具体的劳动所决定的，并不是一个凭空想象的量”。[10]这段阐述，不仅指出价值规律包含的价值决定及价值实现的内容，还特别把人类的一般抽象劳动原则归纳为人类精力支出原则，归纳为复杂劳动简化为单纯劳动的原则，这是陈豹隐独到地深刻地理解价值规律的具体反映。同时，陈豹隐把价值决定的价值规律内容归纳为社会必要的平均劳动规律，还认为平均劳动量既是抽象的量，但又不是一个凭空想象的量，这说明陈豹隐的确对价值规律掌握得非常熟练，理解得非常深刻。

陈豹隐还认为，具体劳动由于技术的巧拙、工具的利钝、劳动的勤惰、劳动对象的优劣等，而致所消耗的劳动有多有寡，“所以消耗劳动少者的商品比较消耗劳动多者的商品容易在同一市场交换出去，因而常处于有利地位，常常促使落后者向先进者赶上去，所以说这个规律有促进生产技术发展的作用”。[5]，进而，陈豹隐又详尽地对价值规律的作用进行了阐述。他认为价值规律的作用“主要有三个：1. 等价交换作用，2. 社会再生产重分配作用，即调节作用，3. 促进生产作用，它能够鼓励劳动者提高技术”。[5]特别是在社会主义条件下价值规律的作用，在理论界长期是一个理论禁区或争议区，但陈豹隐创造性地作了发展。他认为价值规律在这种条件下发生的作用“应分开来说：(1) 等值交换作用仍然存在，而且还扩大了（如各种新行业的发展，如火箭航空行业、原子能操纵的行业等等行业的发展)。(2) 社会再生产重分配的调节作用仍然存在，但发生了变化。过去是自发的，现在被计划的调节代替了。但因人们的计划在短时期不能够完全做到完美，所以自发的调节作用……称为影响作用，我认为是不必要的。（3）促进生产力发展的作用，当然依旧存在，而且因为人类认识了它和主动地利用了它，作用加大了。例如社会主义竞赛措施就是利用了这个作用”。[5]显然，陈豹隐在高度集中的计划体制下，坚持价值规律在社会主义制度下仍然存在的理论，从中国计划体制转化为市场经济体制的历程来看，陈豹隐在价值规律理论方面的学术思想既有历史意义又有现实意义。值得注意的是，陈豹隐认为价值规律对经济调节的作用与计划调节的作用不能并行不悖，因为两者的对立是明显的。“认为计划的作用和价值规律的作用各行其是，不相干涉，没有主从关系的说法我是不能同意的，因为有计划规律与价值规律是有矛盾的。”[5]这个观点振聋发聩，因为他在1959年7月提出的这个观点，对我们在中国的改革进程中如何处理好计划与市场的关系，如何处理好市场经济与宏观调控的关系，至今都是非常重要且值得我们认真思考的。

四　陈豹隐学术思想的当代启示

陈豹隐作为老一辈经济学家，学术著作颇丰，学术思想深邃，成就巨大。他的学术思想，不仅留给我们一份丰富的经济学遗产，而且具有重大的现实意义，给我们不少启示。

第一，陈豹隐学术思想的成就，来源于现实的社会需要。因为作为一个经济学者，应根据经济社会发展的需要，特别是根据中国市场经济改革的需要，踏实研究，投身实际，才能有利于取得成绩。例如，陈豹隐在早年就投身于当时中国经济社会的变革之中，通过研究思考，将自己的理论通过1925年底至1926年初李大钊主持的北京区委党团积极分子训练班，毛泽东主持的第6期广州农民运动讲习所及黄埔军校第4期，马克思108周年联合纪念大会等途径进行传播及阐述，从而直接为社会服务，产生了改革当时经济社会的强大动力。

第二，经济学研究者要取得较大的成就，必须在多个方面具有良好的素养及基础知识。这是因为经济社会的发展，总是各种现象相互联系的，必须从多角度全方位地加以分析研究，才能得出客观科学的结论。陈豹隐正是如此。他不仅在经济学、财政学、社会学、政治学方面有很高的造诣，甚至在文学方面也有许多研究。例如，他先后著译了《财政学提要》《财政学总论》《地方财政学》《中国改造的研究》《新经济学》《科学的社会观》《科学的宇宙观》《社会科学研究方法论》《现代国际政治讲话》《高尔基与文学》《酱色的心》《新的历史戏曲集》等，由此可以领略一代大师陈豹隐的知识功底及丰富的学术内涵。

第三，作为一个经济学家，要有正确的世界观与方法论，特别在当今从事经济研究，尤其是这样。陈豹隐在进行经济学研究的过程中，十分注意研究方法的运用，尤其他对唯物辩证法运用得十分娴熟。“如果承认存在决定思维，那么在历史及社会的领域内，当然就主张先要改革制度——特别是被认为社会真实基础的经济构造。”[10]同时，他在方法论中，还十分精辟地讲述了质量互变、对立统一、否定之否定规律，并提出辩证唯物论的宇宙观，将其作为经济学研究的重要基础。这些方面，都为现代经济学研究树立了楷模。

第四，经济学研究应有坚实的哲学体系作为重要支柱。纵观在经济学领域能成为大师者，均有自己的学术思想体系。而这种学术思想体系，必须构建在自己具有的哲学基础之上。陈豹隐即是如此。早在20世纪30年代初，陈豹隐就对马克思主义哲学作了系统、全面的研究，并以此作为自己经济学的哲学基础。他在这一时期，在北京大学等校配合经济学说的论战，讲述马克思主义哲学，并在全面、系统讲述马克思主义辩证唯物论的基础论、方法论、宇宙观、辩证逻辑、人生观等的基础上，将自己的心得体会及相关学术思想记录在《社会科学研究方法论》一书中。在以后的研究中，他都将这种思维贯穿于自己的学术内容，以致他的经济学思想中，都有这种哲学思想的内涵支持着他的整个经济学术思想体系。

第五，一定要坚持理论联系实际，从经济实践中汲取经济理论的营养。从陈豹隐从事经济学研究的过程来看，从经济社会实践中汲取营养是他形成系统的经济学理论的重要原因。经济学理论要具有生命力，一定要有现实经济社会根基，这就需要投入经济社会的变革中，踏实地去努力探索。陈豹隐即是如此。早年留学日本，回国后投入当时中国的经济社会变革中，传播、继承、发展马克思主义经济理论，在理论上拨乱反正，在实践中做出贡献，这些都是我们学习的榜样。

第六，作为一个经济学家，能否取得理论上的巨大成绩，与自己的人格高尚与否有重要联系。陈豹隐在进行经济学研究的过程中，提出了针对自己的持己准则和对世的准则。他的持己准则是：其一，要不断努力从现实中去认识客观真理。其二，要不断努力，从实践中去接近客观真理。其三，要不断努力握住现在及将来，不要留恋过去，而忽略了现在及将来。其四，要不断努力，从支配世界、改造世界的实践中去改造自己，不要听天由命，也不要任情纵性。其五，要不断努力，做一个现实的理想主义者，不要做醉生梦死的物质主义者，也不要做空想的理想主义者。而陈豹隐的对世的准则是：其一，要不断努力，从增进生产力的方向，为社会服务，不要于社会的发展原理专做利己的行为，使社会退化。其二，要不断努力替历史的阶级及其所支配的国家服务，不要害阶级、害国家，以至于害己害社会。其三，要不断努力，用牺牲精神，从协力斗争当中卫护自己协力的组织及同志，并克服斗争的对立者，不要积极地或消极地危害组织及同志及扶助斗争的对立者。其四，要不断努力以友谊及真理领导家族及朋友，使他们走到社会主义的道路上去。其五，要不断努力，使自己所属民族及世界各民族都早日脱离由不合理的制度而带来的痛苦，同登自己的王国。[10]

参考文献

[1] 周培源：《访美有感》，《人民日报》1980 年 4 月 2 日。

[2] 河上肇：《经济学大纲》，陈豹隐译，乐群书店，1929。

[3] 陈豹隐：《新政治学》，乐群书店，1928，第 66 页。

[4] 陈豹隐：《经济学讲话》，北京好望书店，1934。

[5] 陈豹隐：《我对社会主义制度下的商品生产和价值规律的看法》，《财经科学》1959 年第 4 期。

[6] 陈豹隐：《广西是整个要塞》，《大公报》1939 年 11 月 16 日。

[7] 陈豹隐：《在四川省政协座谈会上的发言》1957 年 4 月 15 日。

[8] 陈豹隐：《在四川财经学院第二次科学讨论会上的发言》，1959，第 7 页。

[9] 爱罗尔德：《科学的宇宙观》，陈豹隐译，乐群书店，1929，第 2 页。

[10] 陈豹隐：《社会科学研究方法论》，上海科学部编译部，1932，第 134 页。

李约瑟难题的王亚南解：一个马克思主义经济学的贡献*

蒋南平　李　博　邹　宇

内容摘要：近年来，“李约瑟难题”再次引起了中外学术界的热烈探讨。而李约瑟难题有其深刻的经济学引申内容。因此，从经济学角度对其解答是完全必要的。但不少的经济学解答有很大的局限性，而王亚南立足于马克思主义经济学分析框架，根据当时中国的特殊国情，很好地解答了这一难题，为马克思主义经济学中国化做出了贡献。

关键词：马克思主义经济学　李约瑟难题　王亚南解

一　李约瑟难题的经济学引申

1976 年，在为纪念范德比尔特大学的经济学家 Nicholas Georgescu－Reogen 而写的一篇纪念性论文中，Boulding 一句偶然的归纳使今天为学界所热烈讨论和关注的“李约瑟难题”得以正式命名。自此，这一问题便时时萦绕于中外学人心中。实际上如以 16 世纪为思考的起点，该问题延续到今天已逾 5 个多世纪。特别值得一提的是，在 20 世纪后半期以来中国经济快速发展的时代背景下，这一问题再次引起中外学术界的高度关注，并日渐成为一个具有高度启发性的问题。学者们对于这一问题的关注早已超出将之视为一个中西方科技发展史比较研究的狭窄范围，而将研究视域扩展至一个囊括中西方经济、社会、政治和文化长远发展模式的宏大命题；那些主张采用更长的时间来看待社会发展趋势的学者，更试图在东亚（中国）

*　本文发表于《当代经济研究》2012 年第 2 期。

现代早期的贫弱与今天的复兴之间建立更紧密的历史联系。[1]

“李约瑟难题”，在不同时期有不同的内涵。其一，李约瑟本人在《中国科学技术史》（1954）的序言和第一章中分别有两种表述。在序言中，李约瑟写道：“中国的科学为什么会长期大致停留在经验阶段，并且只有原始型和中古型的理论？……并在公元3世纪到13世纪之间保持一个西方科学所望尘莫及的科学知识水平？”在第一章中，难题被表述为这样一段话：“为什么现代科学，亦即经得起全世界的考验、并得到合理的普遍赞扬的伽利略、哈维、凡萨里乌斯、格斯纳、牛顿的传统——这一传统肯定会成为统一的世界大家庭理论基础——是在地中海和大西洋沿岸发展起来，而不是在中国或亚洲其他任何地方得到发展呢？”其二，中国学者刘钝、王扬宗在《大滴定：东西方的科学与社会》中，将“李约瑟难题”表述为：“为什么在公元1世纪至公元15世纪，中国文明在获取自然知识并将其应用于人类实践需要方面要比西方有成就得多？为什么现代科学只在欧洲文明中发展，而未在中国（或印度）文明中成长？”其三，中国学者文贯中在《中国传统科学——一种比较的观点》的引言中，将该问题表述为：“第一，为何现代科学，即伽利略时代的‘新的，或者说实验性的’哲学只兴起于欧洲文化，却不见于中国或印度文化呢？第二，为何在科学革命前的大约14个世纪中中国文明在发现自然并将自然知识造福于人类方面比西方有成效得多？”

在李约瑟对问题的直接表述中并没有直接提到工业革命、市场经济和资本主义等在中国的成长和发展等内容，但结合他与王亚南在1943年的两次晤谈中向王亚南所提的问题，可以合理地推测，李约瑟本人也已经意识到这一问题很难单纯地在科学范畴内得到解释，而必须在不同历史背景下从多个方面特别是经济结构等方面的差异入手。所以，他在1983年完稿的《中国与西方的科学与社会》一文中，曾把他所提的难题转换为经济学方面的问题：“直截了当地说，无论谁要阐明中国社会未能发展近代科学，最好是从说明中国社会未能发展商业的和工业资本主义的原因着手。”他认为，没有资本主义、资本主义社会的兴起和封建社会的衰亡，近代科学、改革运动及文艺复兴都是不可想象的（张兴国、张兴祥，2003）。显然，对“李约瑟难题”的解答，已难以从该难题本身的自然科学方面得到结论，还必须从社会科学方面，特别是经济科学方面寻找答案。这一点不仅李约瑟本人有所认识，我们也认为是合乎科学逻辑的。因为，第一，根据马克思主义经济学的基本原理，科学是推动社会生产的重要力量。正如马克思认为的那样，生产力里面有科学。而到了现代，邓小平更将科学看成推动社会生产的第一要素，认为科学技术是第一生产力。而生产力是推动社会前进的动力，因此，科学技术是与社会生产力的发展，或与经济社会的发展紧密联系的。第二，从学科发展的历史来看，在漫长的过程中自然科学与社会科学特别是经济科学从未分家，只是到了近代，为了便于研究，各学科才有了分门别类的人为划分。但按照学科发展的自然逻辑，它们都是我中有你，你中有我，共同反映和揭示作为整体的经济社会、人类思维及自然界的统一世界的规律的。第三，经济学研究的发展趋势，越来越“帝国主义化”。在众多的研究成果中，没有广泛的领域探索，如制度探索、道德伦理探索，特别是科学技术探索，是难以支持经济学理论大厦的。因此，明智的经济学家如发展经济学家、制度经济学家等总是以广阔的眼光关注科学技术、制度、道德等因素在经济社会中扮演的重要角色，并形成自己的理论体系。综上，李约瑟难题已具有极重要的经济学内涵。

二　李约瑟难题若干经济学解的局限

通过几十年来持续不断的研究，关于“李约瑟难题”已经有了极为丰硕的研究成果，然而总体情况并不令人十分满意。造成这种现状的原因固然和问题本身的复杂性、启发性和演化性特征有关，但更主要的原因还在于研究方法存在问题，我们将之归为两方面的负面影响。其一，受制于现代学科分类体系，各学科特别是经济学科不能相互借鉴和融合。当前的学术分工壁垒森严，学科之内日益向专业化、精深化方向发展，学科准入门槛日渐提高，严重阻碍了不同学科间特别是经济学科之间的交流、借鉴和融合。而对于“李约瑟难题”这样一个复杂、动态和宏大的问题，不同学科之间的相互借鉴不仅必要，而且必须。其二，陷于“范式依赖”和“范式之争”的双重困境，迟迟不能形成一个最低限度的为大家所共同接受的解释框架。具体而言，对某一范式报有共同信念的科学共同体，通常落入“范式依赖”的困境中，将具有假设性质的理论预设视为不可动摇的先验结构通盘接受，全不考虑理论预设是否与历史经验一致。在马尔萨斯范式中，对于中西方人口史的不同“假定”成为一个“事实”；在斯密范式中，中西方在商品化程度、政府与市场关系性质方面的差异也被先验地“确定”

了。对历史进程的探讨转变为纯粹的逻辑游戏，即便是在用经验材料去证实某一假设的时候，也不免与用史料去迁就理论结构。与同一学术群体之内基本信念的高度一致不同，不同学术群体之间的论争则颇为激烈，被一个群体视为不可动摇的内容却可以成为另一群体批判的焦点。大多数假说都试图证明别人假说的不正确性，以及自己假说的正确性，并且往往具有这样的趋向，即只有自己的假说永远是正确的假说，而其余的假说则往往是错误的。真实的情况可能是，虽然每一种解说在逻辑上都是自洽的（否则它不应该被称为一个假说而应该被称为“谬误”），因而具有理论上的解释力，但在对于历史经验的解释上可能只有部分的合理性，甚至有完全背离事实的可能。要廓清到底属于哪一种情况，停留在“范式之争”的层面可能作用有限，更应该让位于经验主义的评判。所以，我们认为只从“范式”角度来解答“李约瑟难题”是不完全的，或不是完全科学的。

作为马尔萨斯主义一方的坚定支持者，赵冈在《中国历史上的人口与土地》（1986）中重构了2000年来的中国人口史以试图解决李约瑟难题。赵冈认为中国的人口经验与前近代欧洲的经验截然不同。中国家庭对于后嗣的重视和诸子析产的制度安排使消极的人口生产抑制（也称预防性抑制）机制失效。同时他还指出，在12世纪以后，中国已经拥有的人口规模在很大程度上不受50年内严重影响人口规模的积极抑制（也称现实性抑制，如战争、饥荒、内乱和瘟疫等）机制的影响。在赵冈的分析中，宋代成为一个关键的时点，自此以后主要的战争、自然灾害的破坏力变得相对较小，积极的人口抑制机制的效力也大大减弱。[2] 赵冈对于消极抑制机制的论证尚需进一步的分析，但关于积极抑制机制失效的论证则明显与历史事实不符，也与他自身的数据前后矛盾。在此处，赵冈提供的数据显示，1592年（明末）全国人口约为2亿人，在1657年（清初）则为7200万人左右，在王朝更迭、战争频仍的60年左右时间里，人口下降了约65%。另外一个对赵冈极为不利的因素在于，他的数据太过粗略，仅用了10个数据来涵盖其对近2000年中国人口史和土地—人口关系变迁的概括，几乎不能支持其有关人口变迁与经济发展之间动态因果关系的相关假设。因此，尽管这些学者对解答“李约瑟难题”做出了积极的努力，但实证上有严重缺陷。

相反，彭幕兰、李中清和李伯重则主张中国的人口体制是稳定的，人口增长率并未表现出任何马尔萨斯主义的特征，与同时期的欧洲相比较，在增长率上并没有出现重大差别。李中清和王丰基于微观数据对中国人口史的归纳显得更加翔实可靠。从重男轻女的价值观念导致的溺婴传统、性别不平衡的婚姻市场和更低的婚内生育率等因素出发，李中清和王丰解释了这一人口生产机制得以形成的原因。中国的人口长期以来按照可持续和可控的方式发展。在公元1世纪到1750年，人口自然增长率在万分之五以内，在1750～1950年，小于5‰，只是到了1950～1999年才升至1.7%（李中清、王丰，2000）。中欧之间在人口抑制的机制上确实存在重大差别，但人口增长的实际态势从长期来看却是趋同的。[3]基于上述经验主义的判断，采用马尔萨斯主义范式来解释中国农业的停滞是缺乏充分说服力的。人口因素当然在解释任何一个经济体的经济增长时都是重要因素，但基于上述经验研究，我们认为它并非一个主要的解释变量。而以非主要变量作为解答李约瑟难题的主要考虑因素，势必减弱其结论的说服力。

李丹更加重视从阶级结构和剩余榨取方面来解释经济增长与技术创新，将之归纳为剩余榨取模型（李丹，2009），马若孟（1987）称之为“分配理论”。[4]该模型假定：一个经济体系总是具有自身的阶级结构的，该结构有效地区分了直接生产者与将剩余部分据为己有的精英阶层。经济发展的方向很大程度上取决于这个阶级系统赋予各阶级的激励、机会以及权力。实际上，在利用这种模型方面，布伦纳对欧洲农业发展的研究是典型代表。他将分析建立在对欧洲地区的土地所有权关系进行的微观阶级[5]分析的基础之上。布伦纳的观点是，在小农力量较为强大的地方，传统的农业生产模式可以维持几百年。而在小农大体上已经被剥夺了传统、组织和抵抗能力的地区，开明的绅士和萌芽的中产阶级有意愿和能力通过资本主义农业重建以利润和科学创新为目标的土地所有权关系。所以，要实现特定的转型，就需要有一个既有经济兴趣来推动这种变革，同时又有政治资源来实现这种转型的群体（阶级）出现（李丹，2009）。但这些学者没有详细解释在这种模型中，中国小农经济对破解“李约瑟难题”产生了多大作用。

利佩特（1987）则用剩余榨取模型来解释传统中国的小农经济。利佩特认为传统农业产生了相当多的剩余，并且精英阶层有效地从小农及工匠手中榨取了这部分剩余。然而这个阶层却是一个食利阶层，将本可以用于生产性投资的剩余多数用于奢侈性消费和土地购置上。

利佩特的剩余榨取模型主要依赖三个前提：第一，传统经济产生了大量剩余；第二，农业社会高度分化，包含一个人数较少的精英阶级和一个庞大的小农阶级；第三，精英分子的消费行为受到文化价值观与经济价值观的影响，阻碍其以生产性的方式将剩余用于投资。并认为剩余是否存在以及在社会总产出中占有多大的比例是决定其解释是否具有现实意义的一个关键因素。如果证明了存在较高比例的剩余，还可从侧面反驳中国人口遵循马尔萨斯式增长的观点。

在中国农业经济提供了多少剩余这一问题上，利佩特自身的研究估计，在 1933 年，全国收入的 16.9%（具体分解如下：地租 10.7%，农场经营利润 3.4%，农业利息付款 2.8%）是由农村经济剩余来提供的。这些剩余成为地主收入、高利贷者收入和使用雇佣劳动的经营式农场主利润的主要来源。考虑到 1933 年中国特殊的动荡背景，在那个时间段内农业剩余取得大幅增加的可能性很小，因此，作为一种趋势性的分析这个比例的剩余似乎可取。黄宗智依据土地分成得出的数据也与利佩特的估计大致相当，珀金斯对地租率的估计同样证实了这一点。在传统农业经济能够提供可观的剩余这一点上，利佩特已经获得了越来越多的支持。

利佩特框架的第二个前提实际上独立于第一个前提，因为设想存在一个更平等的分配格局是可能的。然而，利佩特对此持相反的看法，他指出中国传统社会是一个阶级分化严重的社会，大量的经济剩余被数量极少的精英阶层占有了。利佩特估计，在 19 世纪晚期，流入士绅（大约占人口的 1.9%）的收入占全国净产值的 22.3%。但是由于利佩特的分析极为笼统，与其说是成熟的经验研究，毋宁说更像一份研究纲领；就是其经验研究部分，也多是依据二手资料。对于偌大的中国社会存在的明显的区域差异，在进行长时段分析时对时代差异的忽视都进一步地削弱了其说服力。好在借助于其他研究者更多地基于地方层次的研究成果，[6]我们能够谨慎地接受利佩特的第二个前提。

与对上述两个前提的论述相比，利佩特对于第三个前提的论证尤其薄弱。利佩特对此的论证从两方面展开：从生产关系方面看（利佩特本人所使用的是所有权安排，从其上下文的分析来看，将这种所有权安排理解为生产关系是合适的），特殊的所有权安排在经济系统中发展出一种结构特征：直接生产者提供了大量的生产剩余，但与生产过程相分离的精英阶层却通过各种机制占有了这些剩余中的大部分；此外，在生产关系之上，还存在一种肤浅的社会习俗（可以理解为一种伦理价值观，也即上层建筑的一部分），它制约了精英阶层的行为方式，使之习惯于奢侈性消费并满足于其作为食利者的身份。利佩特的分析揭示了若干中国传统经济的特征，但却使问题偏离了方向。问题不在于这些特征为何，而在于为何能持续存在如此之久的时间，甚至自我加强。此外，利佩特对于伦理价值观的过分强调使其存在倒向新制度主义的可能，而在马克思的框架中，阶级结构的变化以及由此引起的阶级冲突，才是制度变迁的先决条件和基本动力。他将精英阶级作为一个无差别的整体所进行的分析，使我们完全不能看清楚在这一阶级内部，不同的群体——官僚、地主、商人——在面对同样的外部约束时行为的差异，也将这些阶层之间灵活生动的互动——从矛盾冲突到协作配合——完全抹去了。因此，这种分析难以全面准确地解答“李约瑟难题”。

三　突破难题：王亚南的经济学解

王亚南和“李约瑟难题”结缘颇早。1943 年，时任中山大学经济系教授兼系主任的王亚南与李约瑟有过两度长谈。临到分手的时候，李约瑟突然提出中国官僚政治这个话题，要王亚南从历史与社会方面作扼要的解释。虽然其时王亚南尚不清楚李约瑟有此一问的因由，对于这个素未留意的问题也没有贸然作答，但此后这一问题却时时萦绕于心，逼他做出回答。数年答一问的最终结果便是 1948 年《中国官僚政治研究》的出版。虽然其时“李约瑟难题”尚未正式命名，王亚南对于中国官僚政治的研究当然不能说以回答该问题为直接的诉求，然而“殊途同归”，这一回答却成为 20 世纪上半叶对于该问题最系统、最深刻也最具有说服力的回答。王亚南的解答没有陷入“政治官僚体制决定论”（赵红军，2009）、“政经制度缺陷论”（汪立鑫，2006）等的原因在于，这些提法都无法涵盖王亚南解释的系统性和整体性，而对官僚政治的理解也仅仅停留在体制（制度）层面。尽管王亚南之前及之后都有不少如前所述的学者对“李约瑟难题”做过解答，但综观其述，仍是王亚南的解答最为科学合理，最为完整系统。其根本原因在于王亚南立足于马克思主义经济学的理论基础，很好地结合了当时中国的实际。

（一）王亚南经济学解的切入点

在王亚南的理论结构中，官僚政治是一把认识“和中国社会突出的宗法组织、伦理传统、儒家思想等等在一起成为我们所提论到的中国社会经济特殊发展规律”[7]的钥匙；同时，王亚南的著作又是一部比较研究的杰作，牵涉到对“中西异质的经济结构、社会体制、历史传统、思想体系”的综合对比分析（张兴国、张兴祥，2003）。

王亚南的官僚政治研究以经济结构作为切入点，同时向上和向下延伸至政治、经济和文化各层面，并将其作为一个有机的整体加以系统地、全面地考察。其目的在于说明中国社会的长期停滞问题，也即要解释“中国典型的或特殊的封建组织的长期存续问题；又因为中国特殊的封建组织在政治上是采取集中的专制的官僚的形态，于是，我们那种特殊封建社会体制的长期存续问题，自始就与专制官僚政治形态保有极其密切的联系”。[8]要说明这一问题，“就不但要从中国特定封建生产方法的强固性去说明它，且还从官僚政治不绝给予那种生产方法以固定的或阻滞其发展的影响去说明它”。[9]这一提论是富有启发性的，它明确地指出了“王亚南解”的核心——“地主经济”和“官僚政治”。这也恰恰是王亚南两本代表性著作《中国地主经济封建制度论纲》（1954）和《中国官僚政治研究》（1948）所关注的焦点。我们则较为具体化地将之表述为两个“一体”。具体地讲，即以地主经济为基础的中国封建社会，一方面通过对经济资源、政治权力和文化意识形态的全面整合和控制，建立起“经济—政治—文化三位一体”的“超稳态”社会结构（见图1）；另一方面以官僚政治为核心，建立了“官僚—地主—商人—高利贷者四位一体”[10]的统治阶级联盟。在不威胁到统治秩序的前提下，这种结构保证了有限度的商品经济的发展、市场的繁荣和社会阶层的流动，又使新生力量始终不能突破既有社会生产关系的限度而陷于长期停滞。

（二）当时中国的“超稳态”社会结构：李约瑟难题之解的背景分析

王亚南在解答李约瑟难题时首先分析了中国当时的经济社会结构。他认为，西欧与中国在封建时代最重要的差别表现在前者以领主经济为特点，而后者以地主经济为特点。[11]前者农奴被束缚于土地，土地不得自由买卖，劳动生产在领主庄园制下展开，自然经济的色彩极为浓厚；而中国自春秋战国之始，与西欧接近的领主经济制便受到多方面的动摇，及至商鞅变法对其进行了彻底的改造，世卿、世禄、世业的领主经济便被破坏无遗。人民获得相对的自由，在相当大的范围内私人土地所有权获得确认，土地得以自由买卖。劳役地租向实物地租和货币地租的转化，无形中增加了商品经济的程度，市场规模相应扩大，分工也更为精细，一种建立在小农集约经营基础上的地主经济得以建立并四处绵延，成为整个社会的基础。

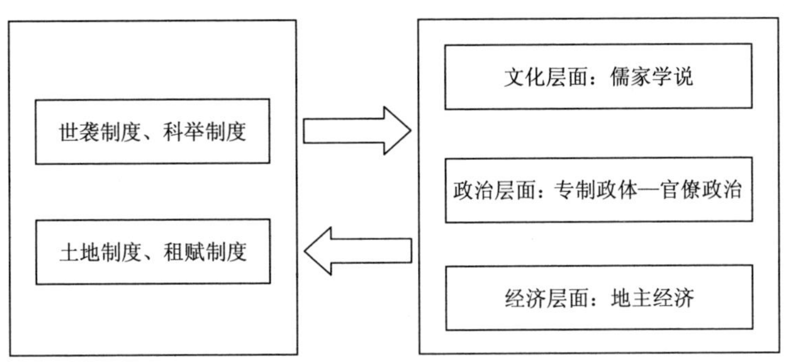

图 1　“经济—政治—文化三位一体”的超稳态社会结构

在制度层面，精心设计的土地制度与租赋制度相配合，使农业剩余源源不断地向上转移，维持了专制政体和庞大的官僚体系的运行。商人阶层亦以其周转流通之功而分得其中的一部分，与其他阶层达成了经济利益分配上的妥协。世袭制度和科举制度的建立和完善，在皇权的继承和一般政治权力的分配上建立了稳定的制度机制，既保证了专制政体之延续，又赋予了社会阶层以相当大的流动性和活力。在其上则将以“天道观念、大一统观念和纲常教义”为核心的儒家学说奉为圭臬，定为一尊，垄断了整个文化意识形态。至唐朝中叶，这样一种“经济—政治—文化三位一体”的“超稳态”社会结构便建立起来。虽然其后也多有技术性的调整，但其整个精神贯彻始终，成为分析中国中古社会[12]坚固不易的“背景条件”。它向社会中不同阶层的人施加了不同的激励和约束，深刻地影响了他们的行为、资源的流向和阶级力量的此消彼长。

（三）当时中国的阶级统治联盟分析：李约瑟难题的开题之钥

王亚南认为，领主经济向地主经济的转化必然导致以分权为特征的权力分配向集权和专制的权力分配转进，贵族政治被官僚政治所取代。“秦以后这样一种在地主经济基础上建立的中央集权、官僚专制的政治便作为制度确立下来；一经当做一个制度，被确立固定下来，它就要反过来对地主经济发生作用。”[13]这就成为解开“李约瑟难题”的一把钥匙。

王亚南进一步分析到，官僚政治虽然仅是专制政治的副产物和补充物，[14]但没有了这一副产物和补充物却连专制政治本身都无法维持。理解这一点的关键在于把握官僚政治和官僚阶层的存在对于缓和精英阶层内部阶级矛盾的影响，尤其重要者在于官僚阶层和代表新兴力量的独立工商业者间的结盟，以此为纽带形成“官僚—地主—商人—高利贷者四位一体”的精英统治联盟，阶级矛盾大为缓和，同时也打通了工商业资本—官僚资本—土地资本—高利贷资本之间的壁垒，引导了社会剩余更多地流向奢侈性的消费和向地权的投资，而不是用于生产性投资。

王亚南立足于经典的阶级分析方法，因为马克思和恩格斯都非常强调新贵族和商人阶级的兴起在推动西欧资本主义制度过程中的作用（张宇燕、高程，2006）。这种作用通过两方面发挥影响：在消极的一面，它能够分解旧的生产方式，对原有的小农业和家庭工业结合的经济形态，对原有村社共同体经济形态产生分化瓦解的作用；在积极的一面，它能够促进新的生产方式成长，壮大新兴阶级的力量，进而引发相应的制度变革和社会转型。然而，究竟“用何种新生产方式来代替旧生产方式，也不是由商业而定，而是由旧生产方式自身的性质而定”。[15]历史的事实是，在中国，商业仅发挥了它消极方面的影响，促成了小农经济的破败，“而没有在经济崩溃和政治腐败之外，再引起别的结果”。[16]因为，中国历史上的工商业阶层和工商业资本是紧紧地寄生在旧的生产方式上的。作为一个阶层，它满足于自己作为精英阶层一分子的地位而与官僚、地主暗通款曲，共同的压榨处于被剥削地位的小农阶级；作为一种资本，它热衷于土地兼并，“以末致财，以本守之”，作为进身和自保的手段。但这种结盟并不意味着商人阶层与官僚、地主阶层之间的地位是平等的，它始终是一种依附性的存在，自身尚不能免于被侵夺的可能。

中国商人阶层的构成极为多样，按其身份划分则有官商、地主商人和独立工商业者诸种。官商的身份重在官，而地主商人的身份重在地主，前二者与专制政权和官僚政治是天然的同盟，却又垄断了工商业中最有利润的部分，“社会的最高主宰者专制君主，他同时就是大地主，同时又是国内比较有利可图的商工业，如铁、盐、茶、米、纸……等加工业的垄断者”。[17]这就不能不压缩新兴工商业者的生存空间，减缓资本积累的速度；小农经济中农工结合的家庭经营对中间商业的排斥更使新兴工商业的扩张处境艰难。如果我们非要说存在一个独立的新兴工商业阶层的话，他们也仅仅是以“自发阶级”的形式存在，既缺乏明确的组织资源、阶级目标，在官僚体系和最高统治阶层中亦缺乏代理人，这都极大地削弱了独立工商业者保护自身阶级利益的能力。同英国的同行们相比，同期中国的独立工商业阶层在改变其阶级处境的努力上，既缺乏能力亦缺乏意愿，其最终的选择不过是消极地和官僚阶层的某一分子结成同盟，寻求个人特权和保护。官僚阶层和独立工商业者的结盟即在这一基础上得以建立，极大地改变了精英阶层内部阶级斗争的性质和发展的方向。

阶级能力的缺乏使独立工商业者放弃了通过斗争推动制度变革从而实现制度化的产权保护的努力。对长期的、整体的和正式的制度变革的寻求让位于短期的、个体的和潜规则的官僚保护。具体的途径则是“投资”和“购买”。“投资”多以宗族关系为纽带，指商人对宗族中的才俊之士进行资助，后者在登科及第之后予以种种回报。晚明时期，中国商人后裔占到进士和举人总数的3/4以上。明清两代共考取进士51000人，其中商业最为兴旺的江南地区有7800余人，约占1/6，他们绝大部分都是商业富户的子弟。宋以后，特别到了明朝末期，中国的“士”多出于商人家庭，以致士、商之间的界限逐渐模糊。以至于有人感叹：古者四民分，后世四民不分。古者士之子恒为士，后世商之子方能为士，此宋元明以来变迁之大概也。……天下之势偏重在商，凡豪杰有智略之人多出焉（张宇燕、高程，2006）。

“购买”则更为直接，贿赂、收买是主要途径，更不乏在政府卖官鬻爵的活动中直接为自己谋求一官半职者。封建时代在制度方面的极大弹性恰好给官僚可能的“寻租”活动打开了方便之门。一方有这个需求，另一方能提供相应的保护甚至特权，正可谓“一个愿打，一个愿挨”，官僚与独立工商业者的结盟便告完成，一种非制度化的产权保护机制得以建立。但这是一种极不稳固的保护制度，财产之安全和特权的取得完全系于官员个人的宦海浮沉。在科举之下，官员的升迁调降本就频繁，这种风险更形加大。其结果，商人难免“富不过三”的预言，官僚也难以逃脱“君子之泽，五世而斩”的命运。最大的获益者却是那个高高在上的专制皇权。

由此，工商业者始终是在夹缝中生存，为求自保，常常“以末致财，用本守之”，其积累多数用于土地兼并和政治投机，从不曾成为一股独立的政治力量。

从单纯经济发展的角度看，这当然不是最好的选择，但如果站在以寻求专制皇权的延续为最主要目标的最高统治者的角度看，这种制度却是最优的选择；对于依附于专制政体的官僚阶层来说，作为既得利益集团的一分子，他们当然乐于维护这样的制度；从长期而言，这对独立工商业者的整体发展当然不利，但如果结合特定的制度环境来看，这样的制度对个体的工商业者而言也似乎是次优的选择，在上他们可以通过政治投献获得某种并不稳固但却实在的保护甚至特权，在下还有众多的“编户齐民”可以剥削。于是，一个扩大了的“官僚—地主—商人”精英集团得以建立，这一集团内部的阶级冲突得以有效缓和，代之以定期或不定期的政治权力和经济资源的再分配，大量社会资源剩余如果不是消耗于这种内斗中，便是消耗于精英阶层的奢侈性消费之中，一个稳固然而始终缺乏质的突破的社会结构和生产方式便长期延续下来。直到作为整个基础的小农经济不堪重负，起而革命，完成王朝更迭的“大业”，做出若干技术性的调整，在新的基础上完成对于之前结构的重建，其精神则一如其旧。这样，当时的中国便陷入一个怪圈，即具有古文明，却无法以科学技术的开放及发展推动社会生产力的发展。这样，李约瑟难题就找到了解题之钥。

至此，王亚南已经完成了对于“王亚南解”中核心的因果进程的分析，它着眼于回答“李约瑟难题”的泛指层面，并将阶级分析置于中心地位，这意味着它主要按照马克思主义的范式展开分析，同时又并不排斥与其他范式的结合。例如，这一框架能够和基于“斯密动力”的分析范式相得益彰。斯密对分工和市场的分析对于解释中国早期的发达提供了一种很好的理论结构。但与通常认为的相反，“斯密动力”并不是源源不绝的，分工和市场的扩展同样受制于具体的生产方式、阶级结构和自然环境。

王亚南的分析正是克服了之前的所有理论的局限，立足于马克思主义经济学的分析框架，结合当时中国的经济社会实际，经过大量调查，多层次、多角度地解答了李约瑟难题，不仅显示了马克思主义经济学的强大作用，也对马克思主义经济学中国化做出了贡献。

参考文献

[1] 这方面研究的代表尤其见于日本京都学派和世界体系学派，其代表人物包括杉元薰、滨下武志、阿瑞基、许宝强、弗兰克等人。

[2] 在这一点上，赵冈与马尔萨斯本人的结论也极为不同。马尔萨斯认为消极的预防

机制对于中国是失效的，但积极的抑制始终在发挥作用。

[3] 黄宗智对彭幕兰和李中清等人关于中国人口史的部分论证及数据提出了质疑，可参见黄宗智（2002）。但如果我们关注的是中国人口史的长期发展趋势的话，黄的论证并不能提供关键性的反驳。

[4] 马若孟总结的分配理论的内容包括：大部分收入以地租、高利贷利息、赋税和不平等交换的形式从农民中夺走，以致农民手中的技术没有能够用于改善或加强农业生产，提高生活水平。不过他认为用这种观点解释华北是不正确的。

[5] 布伦纳采用微观阶级而非阶级来描述其论证，其原因在于他把研究对象局限于地方层次，从而可以更加细致地考察特定的背景条件施加于阶级结构的影响。相对于更宏观的“阶级”层面的描述，这样的分析能够更充分地利用经验材料。

[6] 如黄宗智（1986）对于土地分成的分析和对阶级结构的评估，珀金斯（1984）对于地租率的估计。

[7] 王亚南：《王亚南文集》（第四卷），福建教育出版社，1988，第 128 页。

[8] 王亚南：《王亚南文集》（第三卷），福建教育出版社，1988，第 257 页。

[9] 王亚南：《王亚南文集》（第四卷），福建教育出版社，1988，第 270 页。

[10] 王亚南用“四位一体”这一概括来表达中国之地主封建制与西欧领主封建制在阶级和身份和职业流动上的重大差别。和西欧领主封建制不同，在地主封建制下，地权、职业和身份的高度流动性使一个人可以身兼这四种不同的身份而成为“通家”，经济权力、政治权力和道德（知识）权威相互缠绕，彼此协调，因而各阶层之间可以相安无事，阶级对立大为缓和，恰和西欧形成鲜明的对比。还在战国之时，这种现象就已经非常普遍，如齐之孟尝君，后来秦之吕不韦、嫪毐等都是其典型，代不乏人。

[11] 王亚南：《王亚南文集》（第四卷），福建教育出版社，1988，第 68 页。

[12] 中国传统史学通常按古代（秦汉之前），中世［又分中世前期（汉—唐），中世后期（宋—清末）］和近代（鸦片战争—中国人民共和国的建立）作为划分标准（周谷城：《中国通史》，1957）。王亚南将两税法的创制和科举制的建立和完善视为官僚政治高度发达的标志，其时段大致对应于中世后期，但官僚政治在秦汉之后除两晋南北朝之际略有反复外，占据主导地位则是不争的事实，其间的差别只在发达与高度发达之间，因此在文中采用了中古社会的说法。

[13] 王亚南：《王亚南文集》（第四卷），福建教育出版社，1988，第 75 页。

[14] 王亚南：《王亚南文集》（第四卷），福建教育出版社，1988，第 136 页。

[15] 王亚南：《王亚南文集》（第四卷），福建教育出版社，1988，第 91 页。

[16] 王亚南：《王亚南文集》（第四卷），福建教育出版社，1988，第 92 页。

[17] 王亚南：《王亚南文集》（第四卷），福建教育出版社，1988，第 92 页。

彭迪先对构建中国经济学的贡献*

蒋南平　朱　琛

内容摘要：彭迪先是老一辈经济学家，他在毕生的经济理论研究及实践探索中，正本清源，引领实践，启示当代与未来，为中国经济学的发展做出了卓越贡献。

关键词：彭迪先　经济理论　经济实践　贡献

彭迪先是中国著名的老一辈经济学家之一。20世纪30年代开始，彭迪先开始致力于经济学理论的研究，一生著述以传播马克思主义经济学说，解剖西方现代经济学说的源流脉络，纠正经济理论界的歧见，弘扬经济学理论与实践结合的精神为主旨，为经济学理论与实践的发展，为启示当代及未来建立中国经济学做出了卓越贡献。

一　正本清源：经济学理论的卓越贡献

经济学理论是人们认识经济现象及经济规律的知识体系。经济学理论是否具有真理性，在于它本身是否是一种正确的认识。早在20世纪30年代，彭迪先在日本九州帝国大学经济系本科及研究院留学期间，就十分注重对经济理论的正确阐释及运用，并十分关心经济学界的动态。在当时，世界许多国家对西方流行的边际效用学说十分推崇，但许多人并不了解其来龙去脉，也就无法辨识其真理性。彭迪先对西方理论做了认真解构之后，很快将日本学者波多野鼎所著的《现代经济学论》译成中文，由商务印书馆出版。该书对当时的西方经济理论进行的系统剖析，使人们耳目一新，

* 本文发表于《经济学家》2010年第8期。

产生了强烈反响。通过彭迪先的推介工作，理论界认识到，西方经济学由门格尔奠定了主观主义经济学的基础，后经庞巴多维克的发展达到高峰，经克拉克及马歇尔加以折中后，形成了客观主义经济学的雏形，继而再由卡塞尔等人进一步发展，形成了客观主义经济学框架，从而为了解西方经济学的源流打下了一个重要基础。

20 世纪 30 年代末，彭迪先《实用经济学大纲》一书由生活书店出版。该书主要针对当时学界和社会广泛推崇西方经济理论特别是奥国学派理论到极端的不正常现象而著。该书除了剖析当时资本主义社会各种经济现象并介绍了当时社会出现的“金融机构”和“国际金融机构”之外，还介绍了资本主义的产业统制、股份、公司、垄断的形式等内容。特别重要的是，在学界对各种经济所得观莫衷一是之时，该书从对资本主义企业的分析开始，阐明了资本的周转和增殖，阐明了平均利润及地租，着重说明了流通过程不能产生利润，澄清了一些人在这些问题上的误解。彭迪先还提出“基本所得”及“派生所得”两个概念，认为工资、利息、股息、地租皆属“基本所得”。契约基础上由各种途径产生的所得，如公务人员薪资、自由职业者的收入等均属“派生所得”，一种派生所得还会产生新的派生所得。而一切所得将向消费市场、金融市场和租税流动。而租税反过来又会通过人事和物品费用再流向金融、消费资料及生产资料市场。

为了进一步阐明自己的观点，明确指出当时的一些学者不注重资本主义社会物与物之间的关系隐藏着人与人之间关系的弊端，彭迪先在 20 世纪 40 年代先后发表的《经济学的根本问题》和《评奥国学派经济学》两篇论文，既肯定了古典学派的贡献，又指出了历史学派的理论缺陷以及奥国学派方法论的谬误等，使西方经济理论的原貌能清楚地呈现给人们。

20 世纪 30 年代的中国，农村经济成为当时封建社会的经济基础，但面临多种困境。因此，1931 ~ 1932 年，学界针对这时候封建社会崩溃及资本主义的萌芽影响农业结构发生质变的经济现象，展开了一场中国社会史的论战。1935 年又兴起了一场中国农村社会性质的论战。当时存在两种理论观点：其一，认为“资本主义在中国社会已占优势”；其二，认为中国仍是纯粹的封建社会。彭迪先认为，出现这些理论分歧及混乱，在于许多人不具备经济史的基本知识。为此，他于 20 世纪 40 年代初，出版了论著《世界经济史纲》。该书尽管历经磨难于 1948 年 5 月正式在香港出版，但在整个40年代已产生积极影响。该书首先评价了前人的各种历史观；[①] 其次全面翔实地将外国经济史和现代世界经济结合起来，论述了原始共产主义社会、古代奴隶社会、中世纪封建社会和资本主义社会的经济发展史；最后，根据史实及数据，阐明了各国特别是各资本主义发达国家经济发展的一般性及特殊性，阐述了它们经济发展的共同规律，概括了它们发展的变异及差别。

在长期的经济理论研究过程中，彭迪先以求实的态度，特别注重基本理论的正本清源。早在20世纪30年代，不少学者对马克思在1859年《政治经济学批判》的序言中提到的“亚细亚生产方式”产生了不同看法，一些学者将其理解为一种不同于一般社会发展形态中任何一种形态的特殊形态，并着眼于从东亚特别是从中国社会发展的一些特点来加以理解。另一些学者，则强调中国社会的历史发展不同于一般发展状况，以此为基础解释马克思的这个思想。归纳起来，不外乎形成三种观点。第一种观点主张“亚细亚生产方式”是古代奴隶社会的变形；第二种观点主张它是封建制或变形的封建制；第三种观点主张它是原始共产主义社会或氏族社会。到底孰是孰非，彭迪先经过大量研究及求证，认为第三种观点是正确的。彭迪先的根据是：第一，马克思、恩格斯的原意并没有否认“亚细亚生产方式”是原始共产主义社会制度。因为在马克思、恩格斯合著的《共产党宣言》及1849年马克思《雇佣劳动与资本》的第五章提出的唯物史观模式的观点中，没有提到原始共产主义社会是因为原始共产主义的遗迹尚未发现，有些研究还未展开。而当这些发现及研究已有结果后，恩格斯1888年对《共产党宣言》特别加上了说明为什么当时遗漏了原始共产制的注释。第二，马克思早对“亚细亚”生产方式的原始共产制做了预见。因为1853年马克思在《不列颠在印度的统治》一文中，就已经看到并说明了“亚细亚的，尤其是印度的各种公有形态”的存在（尽管原始社会的研究尚未发达成熟），并论证了“原始发生的公有制形态”普遍存在的可能。之所以称之为“亚细亚的”生产方式，是由于在亚细亚各国原始村社遗迹较多，它们的生产方式具有原始共产社会的各种特征。第三，恩格斯及后来的学者对“亚细亚的生产方式”属于原始共产主义社会做了进一步论证。因为随后毛勒等人的发现，特别是1877年摩尔根《古代社会》的出版，证实了原始社

---

① 彭迪先：《世界经济史纲》，生活书店，1948，第5~22页。

会不仅存在于亚细亚各国，还存在于欧美各地，所以“亚细亚生产方式”具有世界性的普遍意义。因而1884年恩格斯在《家庭、私有制和国家的起源》中，开始将古代奴隶社会以前的生产方式不再称为亚细亚生产方式，而称为氏族制度，即原始共产主义社会。

新中国成立后，彭迪先更加注重马克思主义经济理论的研究，并注重对基本经济理论问题的正本清源。他认为马克思的劳动价值论是其经济理论的重要基础，不能误解，更不能曲解。在1980年9月，学界一些学者认为马克思在《资本论》第一卷第一篇第一章中所讲的“抽象劳动”，是一切社会经济形态共有的，且永恒的经济范畴。对此，彭迪先在《经济研究》(1980年第9期）发表了一篇题为《马克思论抽象劳动》的学术论文，提出了自己的意见。他认为，第一，体现在商品中的劳动二重性问题，是经济学说史上的重大问题，只有马克思才科学地解决了这个问题。马克思在劳动价值论上的创造性发展，是“理解政治经济学的枢纽”。[①] 第二，必须认识到抽象劳动是社会生产关系的范畴，而不是单纯的生理学意义上的范畴。第三，必须认识到抽象劳动仅是商品经济所特有的范畴，是一个历史的范畴，因而不是一切社会经济形态所共有的永恒的范畴。所以，彭迪先针对理论界一些需要澄清的看法提出了自己的观点。第一，一些人认为的“既然抽象劳动是人类劳动力在生理学意义上的耗费，则就是永恒的范畴，因而劳动二重性是历史上的一切创造劳动产品的劳动的共同特征”的看法是缺乏根据的。因为马克思在《资本论》中指出的具体劳动与抽象劳动是体现在商品中的劳动的二重性，而不是体现在非商品的一般劳动产品中的劳动的二重性，所以抽象劳动是商品经济的产物。此外，根据马克思《政治经济学批判》一书中的说明，也可以知道，尽管劳动在任何条件下都是一般人类劳动力在生理学意义上的耗费，但只有在商品交换条件下，它才会采取形成商品价值的抽象的形式，从而生产商品的劳动才表现为具体劳动与抽象劳动的二重性。马克思并没有把劳动的二重性看作历史上一切创造劳动产品的劳动所具有的共同特征。第二，认为抽象劳动是一切社会形态所共有的范畴是不对的。因为这种看法混同了“一般劳动”范畴与“抽象劳动”范畴。一般劳动是生理学意义上的人类劳动的耗费，它与体现在商品中的抽象劳动是不相同的。抽象劳动是通过商品交换来表现其社会性

① 马克思：《资本论》（第1卷），人民出版社，1972，第55页。

的一般人类劳动，也是形成商品价值的一般人类劳动。第三，认为封建社会中也存在抽象劳动范畴的观点是错误的。因为这种看法以封建社会中不管农奴从事何种劳动都要以封建地租的形式向封建主提供剩余劳动为根据，显然不妥。这种劳动只是一般劳动，而不是抽象劳动。正如马克思所说，"在这里（指中世纪的农奴制度——引者），劳动的自然形式，劳动的特殊性是劳动的直接社会形式，而不是象在商品生产基础上那样，劳动的共性是劳动的直接社会形式"。[①] 第四，认为抽象劳动这个范畴在共产主义社会也将是适用的，也将存在的观点也是不正确的。这个观点强调在共产主义社会人们高度关心劳动时间的节约、耗费及核算，必须将具体劳动还原成抽象劳动，因而抽象劳动范畴在共产主义社会会存在。彭迪先认为，共产主义社会已形成单一的完全的公有制，已不存在商品生产，在劳动量的比较上，可以直接以劳动时间为尺度，不必通过价值范畴来进行，因此不存在抽象劳动。彭迪先的上述理论，对澄清基本理论做出了杰出贡献。

二　引领实践：经济实践的卓越贡献

彭迪先深知，经济理论如果不与实践结合，不运用于实践，只能成为纸上谈兵的游戏。因此，在进行经济理论探索时，他十分注意理论的指导引领实践的作用。

20 世纪 30 年代，正值彭迪先留学、执教于日本之际，抗日战争爆发。彭迪先拒绝了在日本帝国大学的优厚待遇，毅然回国参加救亡。当时的中国学界对抗日战争的未来忧心忡忡，学者们根据中日双方的各种实力，特别是经济、军事实力进行理论探讨，形成了两种理论。一种是悲观理论，认为日本国力雄厚，经济强大，如抗战下去中国将亡。一种是乐观理论，认为日本国小，其经济难以为继，如抗战则中国很快会胜利。这两种理论，实际上是在经济理论方面反映出当时人们普遍存在的两种观点。但是经济学界这两种理论，多系泛泛之词，很少根据实际材料进行系统分析，因此既无理论意义，更无现实意义。彭迪先根据留学日本时对日本经济及相关方面的实际考察获得的第一手资料，以及当时中国经济社会的实践材料，于 1938 年出版了《战时的日本经济》一书，翔实地对日本经济各个方面进

① 马克思：《资本论》（第 1 卷），人民出版社，1972，第 94 页。

行了剖析，揭示了日本经济的内在矛盾，以及它将逐渐无力支持侵华战争的暗淡前景，有力地佐证了以毛泽东同志为首的中国共产党“持久战”的光辉思想。彭迪先认为，日本战时的经济“只有局部的、片断的统制，而无全体的、综合的统制。这样，某一个经济政策，不能与别个经济政策并立，而第三个政策又妨碍别的政策，使其丧失效果。混乱错杂、极少系统。举几个最显著的例，譬如：战时金融政策与贸易政策的矛盾；金融与贸易统制下，和平产业、输出产业、中小商工业所受的致命打击；战时经济统制下，农业生产力的衰颓，物价的急涨，劳动情势恶化，国民大众生活的降低与不安等等”。[①] 显然，如果没有深入实践的努力，对日本国情是难以进行如此透彻的分析的。同时，彭迪先根据中日双方实际情况，得出了精辟的结论，为指导和引领抗日战争的经济实践做出了贡献。他认为日本会随着战事的发展而使其经济困难越加严重，“这些困难，随着日本战时经济的进展，只有增加而无减少之理，这些矛盾随日本战时经济统制的强化，只有尖锐而无缓和下去之理。本来，我国的抗战，已使日本经济的种种矛盾越加深化，此后，我国如继续抗战，坚持抗战到底的长期抗战政策，则日本战时经济危机的爆发，必将越加接近迫切，终于要使日本帝国主义者的军事冒险遭受致命的打击；经济的破产将使日本法西斯军阀及其一切机构毁灭无余”。[②] 这个结论，后被抗日战争的政治及经济实践所证实。

20 世纪 30 年代至 40 年代，鉴于中国的国情，中国学术界在经济理论方面主要关注当时中国的经济问题，特别是具体经济问题。然而有些学者没有对中外经济实践进行深入了解，不占有大量第一手资料，因而在研究问题时要么用现象的说明代替本质的分析，要么用死材料来堆砌活理论，甚至对当时存在的制度歌功颂德。而 20 世纪 30 年代以来中国学术界兴起的中国社会性质和中国农村性质的论战以及对中日战争胜利预测方面的讨论，都再现了这种状况。显然，脱离实践的空洞理论，因为不切合实际，根本不可能引导中国经济的实践。彭迪先正是针对这种状况，脚踏实地对中外特别是中日两国的经济及相关方面进行了考察，撰写出《世界经济史纲》《实用经济学大纲》《战时的日本经济》等著作，对人们认识中国国情，进行经济实践产生了重大作用。

---

① 彭迪先：《战时的日本经济》，生活书店，1938，第 149 页。

② 彭迪先：《战时的日本经济》，生活书店，1938，第 150 ~ 151 页。

抗战结束后，国民党统治区法币疯狂贬值，物价飞涨。1947 年 1 月，物价指数已达 1 万多倍。到 4 月，更达 2 万 2 千多倍。全年物价最终上涨至 14 万倍，迫使国民党政权抛出“金圆券制度”。如何使人民清楚地认清这一现象，看清“金圆券制度”的实质，彭迪先又一次从经济实践的角度出版了《新货币学讲话》一书。该书通俗地从马克思的价值形态发展理论出发，阐明了货币的本质。并认为“倘若我们知道货币的发生过程和货币的本质，就可以明白，货币的一切权力都是现代社会制度造成的。所以，要刨除金钱的种种罪恶，就必须变革资本主义的社会制度”。[①] 而对金圆券产生的理论基础及实际本质，及其在经济实践上的危害，该书也认为有必要加以揭露，只有如此才使理论有实践意义。彭迪先认为，西方凯恩斯主义的货币学说“不仅在理论上被许多学者所倡导，风靡一时，就是在实践上，也是资本主义国家世界货币政策的理论基础，最高指导原理”。[②] 在资本主义国家克服经济危机的手段不外是加强准备金，增发币券，贬低币值，降息及统制金融等。但是，“在经济恐慌期间，基于货币数量学说的克服危机的种种企图无一不惨遭失败，这就是实践粉碎了数量学说的幻想的最好证明”。[③] 在从理论的角度批判了“金圆券制度”的理论基础之后，彭迪先更是直接从实践上反对国民党政权的“金圆券制度”及通货膨胀政策。“本来，当一个国家由平时经济进入战时经济的时候，因为供应大量的军需，财政支出的膨胀是不可避免的。但是掌管国家财政的人，若能遵守财政上及经济上的原则，慎重处理，则战时支出的膨胀，并不一定会招致财政经济的破产；反之，如果主持财政大计的人，或因自私与责任的缺乏，或为维护少数人和特殊阶级的利益，而牺牲民族国家的利益，其结果，不仅战时财政的本身会濒于破产，而且必然导致整个经济走入绝境。上次欧战后的德国，可说是‘殷鉴不远’。然而此时来检讨我国的战时财政，却不能不认为依然走上了同样的道路。”[④] 彭迪先还认为，经济实践上，国民党政权“一味使用通货膨胀的方式，实行饮鸩止渴的自杀政策，结果抗战期中的经济问题，不啻是一个单纯地以物价继续高涨为背景的通货膨胀问

① 彭迪先：《新货币学讲话》，生活书店，1947，第 22 ~ 23 页。
② 彭迪先：《新货币学讲话》，生活书店，1947，第 127 页。
③ 彭迪先：《新货币学讲话》，生活书店，1947，第 132 页。
④ 彭迪先：《新货币学讲话》，生活书店，1947，第 145 页。

题”。①

此外，彭迪先还揭示了国民党政权实行通货膨胀政策及“金圆券制度”在经济实践中的危害。“通货膨胀，实际上是一种无形的租税，而且是一种以民众为对象的征课，恶性的通货膨胀等于无代价地没收一般民众的资产。由于物价直线式的上升，他们的实际所得，比例地逐渐减少，减到难以维持最低的生活，挣扎于饥饿线上。尤其是贫雇农，以及固定收入者，均陷于极悲惨的命运中，这是一方面。另一方面，物价上涨形成所谓战时景气，特别是1939年左右，工商业的利润好象随物价上涨而日益丰厚；而事实上，战时的暴利，确曾使若干人发了‘国难财’，可是这些得到暴利的人，不外是投机操纵或囤积居奇的奸商，以及豪门资本、官僚资本之类。而正当的工商业却只是在野马式的物价压迫下喘息着，在苛捐杂税的重压下苟延残喘。由于这两方面的偏畸发展，致使社会的财富分配愈趋不均，愈集中于少数特殊阶级手里，而95%以上的民众，均在经济上日趋没落，这便是战时通货膨胀所造成的惨痛的结果。”② 针对国民党政权对通货膨胀的辩解，彭迪先反驳道：“固然物资缺乏等因素也是不容忽视的。战争所引起的经济上的破坏，一天天的加深，大多数的生产机构——如工厂、矿场及农村等破坏之一。但是，假如我们明了战时法币增发的情形，假如不讳疾忌医，故意掩饰通货膨胀的事实，那么，我们应当承认，造成战时物价高涨的有力因素，是通货膨胀而不是物资缺乏。这次大战中间，许多国家都遭受空前的破坏，生产停滞，物资匮乏，其情形有更甚于中国者。然而它们的物价问题并不如我们的严重，可见物资缺乏并不是主要的原因。反观我国，因经济落后，与政治效率过低，战时财政的赤字惊人，而政府又不愿采用公平有效的财政政策——有钱出钱，钱多多出，唯一的办法就是乞求于增发通货。这样一来，物价问题就更严重了。”③ 最后，彭迪先指出国民党政权在实践上通货膨胀的根本原因及必然结果。“战后物价高涨的主要原因是通货膨胀；而通货膨胀的主因则为财政的不平衡，而财政无法平衡的主要原因则为内战。” “在目前这样通货恶性膨胀、经济濒于崩溃的局面下，……法币是否会陷于1923年德国纸马克的悲运，都是值得注意的问

① 彭迪先：《新货币学讲话》，生活书店，1947，第146页。

② 彭迪先：《新货币学讲话》，生活书店，1947，第153页。

③ 彭迪先：《新货币学讲话》，生活书店，1947，第152页。

题”。[①] 果然，不久国民党政策的“法币”便破产了。

随着1949年春天解放战争形势的急转直下，当时任国民党四川省主席的王陵基为挽救失败，要发行一种“地方流通券”来筹措军费。甚至还有人为其出谋划策，建议如果没有金银，还可能用粮食作准备金，发行“粮食流通券”。对此，彭迪先赶写了题为《地方流通券最好缓发——兼评粮食流通券》的文章，发表于1949年2月17日的《西方日报》上。文章从理论与实践上分析了这种做法的欺骗性及危害性，指出这是一种剥削压榨人民的征税手段，如果作为供应市场的筹码，币券无法回笼，会导致更严重的通货膨胀。而以粮食为准备，不仅理论上站不住脚，实践上更行不通。这种地方流通券或粮食流通券，是一种国民党货币魔术的重演，如果实行，很快将会破产。此文一出，在社会上震动很大，国民党四川省政权再不敢实行此招，从经济实践方面减少了四川解放的阻力。随着1949年初解放战争的进展，国民党在政治、军事、经济上均呈土崩瓦解之势。但一些国民党人士鼓吹第三次世界大战，甚至有人在四川成都到处讲演，认为第三次世界大战很快会爆发，而一经爆发，美国凭借原子弹就会打败苏联，从而挽救国民党。此时彭迪先又根据掌握的实际材料，从理论与实践上对这种论调进行反驳，并于1949年3月间，在成华大学等校发表了“第三次世界大战不可避免吗?”的讲演，内容被当时的《工商导报》全文登载，这从实践上又一次引导了人们的思想，后来的实践结果也再次证明了彭迪先的理论是正确的。

三　启示当代：经济学科多个领域的贡献

彭迪先一生致力于经济理论探索及实践，因此不仅在基础经济理论，而且在经济学史、货币金融学、世界经济学等经济学科的多个领域做出了卓越贡献。这些贡献突出表现在对当代的经济社会发展具有巨大的启示意义及作用。

从彭迪先的主要著述中，我们可以看出他在经济学科多个领域所做的不懈努力。1936年，商务印书馆出版了他的译作——日本学者波多野鼎著的《现代经济学论》；1938年7月，生活书店出版了他的《战时的日本经

① 彭迪先：《新货币学讲话》，生活书店，1947，第179页。

济》；1940 年《理论与现实》第二卷第一期发表他翻译的马克思未发表的遗稿《资本生产物的商品》；1940 年 7 月，生活书店发表了他的《实用经济学大纲》；1947 年 12 月，生活书店发表了他的《新货币学讲话》；1948 年 1 月，四川大学出版了他的《经济思想史》（上册）；1948 年 5 月及 1949 年 9 月，香港生活书店及上海三联书店分别出版了他的《世界经济史纲》；1955 年 10 月，三联书店出版了他的《货币信用论大纲》；等等。这些著译作体现了彭迪先杰出的思想贡献及踏实的实践行为。正因为如此，早在 1935 年，日本著名学者波多野鼎就称赞他道："中国留学生之任经济科助教者，实以彭君为矯（嚆）失，由此足证其学识、品格如何为大学所器重也。"[①] 以后的几十年中，彭迪先均为中国学界所崇敬，堪为一代大师。

在研究西方经济理论与马克思经济理论的过程中，彭迪先经过认真比较，发现了西方经济理论的许多缺陷，而当时国人特别是许多青年人却甚为无知和茫然。彭迪先出于启示人们、启示社会、启示未来的考虑，在《经济学的根本问题》《评奥国学派经济学》中，指出了古典学派未解决的理论矛盾，指出了历史学派在经济理论上的缺陷及无视经济规律的谬误，批评了奥国学派的边际效用学说的荒谬之处，但也客观地肯定了一些理论，特别是古典学派的理论贡献。此外，彭迪先还翻译了一篇马克思从未发表过的遗稿——《资本生产物的商品》，这篇遗稿是马克思作为《资本论》第一卷补遗所写的。彭迪先的这项翻译工作，对帮助人们正确掌握马克思经济学原理，比较西方经济理论，也具有重要的启示作用。从彭迪先的研究过程来看，老一辈经济学家对西方经济学及马克思经济学的研究已达到了相当高深的程度，并给我们树立了发展马克思经济学，借鉴西方经济学的榜样。

彭迪先撰写《实用经济学大纲》一书，其中一个目的，也是为了启示社会，启迪青年。因为当时他发现许多读者，特别是广大青年迫切需要获知经济学的基本知识及系统知识，但苦于无从入门，因此，他写作了此书。彭迪先 1940 年初写出的 30 万言的《世界经济史纲》，也具有重大的启示目的及意义。写作该书的背景在于，当时的中国迫切需要人们正确认识中国社会性质，从而必须掌握科学的经济史知识。但当时此方面的中外著述，多未触及本质问题。鉴于此，彭迪先决心写出贯穿唯物史观的经济史，以

① 〔日〕波多野鼎：《现代经济学论》，彭迪先译，生活书店，1936，第 2 页。

启发人们正确考虑中国的未来。不仅理论著述如此，在实践中，彭迪先也以理服人，以启迪人们之觉悟为己任。例如，1943 年 3 月，他在成华大学等校发表的“第三次世界大战不可避免吗”的公开讲演，词充理沛，发人深省。而在他先后执教的大学，在授课内容中，对于各种经济思想的发生、发展，他都通过严密的论证，启发大家认识到经济思想的社会根源，启发大家认识到任何经济理论，尤其是马克思主义经济理论的产生，都是时代及社会的需要。因此，他的理论及授课内容等，条理分明，头头是道，能解决实际问题，启示意义很大。

彭迪先经济理论的一个重大意义，还在于对现实社会、当代经济现象的启示。例如，他在研究西方经济理论的时候，觉得凯恩斯的失业理论有严重的缺陷，因为凯恩斯的思想普遍以一个假设为前提，即强调“在一定的技术资源和成本状态下”。在彭迪先看来，由于经济社会的不断进步，社会资本的有机构成会不断提高，会造成垄断利润在社会总所得中的份额激增，而劳动所得的份额将锐减。由于不变资本的增加必然大于可变资本的增加，于是永久性的失业人群就会形成。凯恩斯仅把失业解释为资本主义国家策略上的错误，归因为“货币性失业”，并企图通过增加货币数量、膨胀信用来实质地降低实际工资是十分有害的。在 20 世纪 40 年代，彭迪先对西方失业现象的原因、西方失业理论的缺陷分析得如此透彻，的确难能可贵。彭迪先的观点，给当代经济社会失业问题的解决提供了很好的启示。即不能完全按凯恩斯的观点，通过货币供给、膨胀信用来解决失业，否则难以奏效。事实也证明了彭迪先的理论。自 20 世纪 30 年代以来，西方发达国家的失业率越来越高，失业问题从来没有解决过。以致当代的学者提出了这样的假说：“随着经济社会的发展，只有局部地区或个别国家的失业问题可以解决。除非自愿失业，否则，全球性的失业现象是不会根除的。”①

新中国成立后，1955 年三联书店出版了彭迪先的《货币信用论大纲》。该书阐明了马克思货币信用的原理，并探索了社会主义条件下货币信用的职能和本质以及我国人民币制度的若干问题，亦对当代经济社会发展具有重要的启示作用。该书认为货币职能的发展将助长商品经济社会中矛盾的

① 蒋南平、蒋海曦：《全球金融危机下的失业问题》，《中共成都市委党校学报》2009，第 4 期。

扩大。在社会主义条件下，社会劳动的支出，不能直接用劳动时间来计算，因此要还原为同质劳动而予以数量上的比较及计算，只能辅助以价值形式即货币。社会主义货币的各种相互联系的职能，是社会主义货币本质的表现。该书还对当时中国多种经济成分并存时期的货币进行了分析，认为这时的货币还不能完全等同于完全社会主义经济中的货币。由于个体经济成分、私人资本主义经济以及国家资本主义的存在，在一定范围内，货币还有可能成为资本。这些论述，完全符合中国经济发展的实际，而对当前的启示意义尤为重大。彭迪先的这些思想，完全可以作为我们利用货币、积累资本、深化经济改革的理论依据。该书尤为精彩的部分，还在于对西方资本主义货币信用制度的深刻分析。彭迪先认为，通货膨胀对于资本主义国家的国民经济会产生破坏性的影响。例如，资本家经济因生产事业周转期长，而把资金用于多种投机交易；通货膨胀会大大削弱国家的信用基金，促使货币制度的崩溃；发行纸币不仅无法解决财政困难，反而会由于发行所得收入实际价值的急剧下降而增加困难。在信用方面，信用会促进资本有机构成的提高，造成失业的增加，并使购买及售卖行为在长时间内互相分离而成为投机的基础。这是因为在产业循环的过程中，工业的膨胀造成了信用规模的扩大，且信用的扩张会超过生产的增长，一旦经济危机爆发，企业会无法归还银行的贷款，大量银行信用会强制清理，大批银行将倒闭。而资本主义总危机条件下的货币信用制度危机将造成货币流通和信用稳定性的破坏。例如，借贷资本的长期过剩、信用制度的寄生性、国家实行通货贬值等。彭迪先的分析对照当前全球金融危机的现状，真是振聋发聩。西方国家在当代已将大量的过剩资本转嫁他国；西方发达国家尤其是美国通过信用制度的寄生性大肆掠夺民众的财产；次贷危机形成的金融危机，实质损害了美国乃至全球的中、下层人民；而以美国为首的西方国家多年来实行通货贬值，给本国经济乃至全球经济造成了重大影响及损失。诸如此类，我们不能不更加敬佩彭迪先等老一辈经济学家的远见卓识，以及他们的理论给我们的启示。

图书在版编目(CIP)数据

当代马克思主义经济学研究报告:2010~2013/刘灿主编.
—北京:社会科学文献出版社,2014.10
ISBN 978-7-5097-6426-8

Ⅰ.①当… Ⅱ.①刘… Ⅲ.①马克思主义政治经济学-研究报告-2010~2013 Ⅳ.①F0-0

中国版本图书馆 CIP 数据核字(2014)第201219号

当代马克思主义经济学研究报告(2010~2013)

主　　编/刘　灿
副 主 编/李　萍　盖凯程

出 版 人/谢寿光
项目统筹/王　绯
责任编辑/赵慧英

出　　版/社会科学文献出版社·社会政法分社(010)59367156
地址:北京市北三环中路甲29号院华龙大厦　邮编:100029
网址:www.ssap.com.cn
发　　行/市场营销中心(010)59367081　59367090
读者服务中心(010)59367028
印　　装/三河市尚艺印装有限公司

规　　格/开　本:787mm×1092mm　1/16
印　张:39　字　数:651千字
版　　次/2014年10月第1版　2014年10月第1次印刷
书　　号/ISBN 978-7-5097-6426-8
定　　价/158.00元